西學東漸
中學西傳

甲午年陽春 崔希亮題

总第三十一集
2021年秋冬卷
CSSCI来源集刊
北京语言大学主办

语言资源高精尖创新中心支持项目

阎纯德　主编

漢學研究

Chinese Studies

學苑出版社

图书在版编目（CIP）数据

汉学研究．总第三十一集 ：2021年．秋冬卷 / 阎纯德主编．-- 北京 ：学苑出版社，2021.12
ISBN 978-7-5077-6375-1

Ⅰ．①汉… Ⅱ．①阎… Ⅲ．①汉学－文集 Ⅳ．①K207.8-53

中国版本图书馆CIP数据核字(2022)第025107号

责任编辑：杨　雷　张敏娜
封面题字：朱天曙
出版发行：学苑出版社
社　　址：北京市丰台区南方庄2号院1号楼
邮政编码：100079
网　　址：www.book001.com
电子信箱：xueyuanpress@163.com
销售电话：010-67601101（销售部）　67603091（总编室）
经　　销：新华书店
印 刷 厂：北京虎彩文化传播有限公司
开本尺寸：710mm×1000mm　1/16
印　　张：39.375
字　　数：600千字
版　　次：2021年12月第1版
印　　次：2021年12月第1次印刷
定　　价：80.00元

汉学研究编辑委员会

卷前絮语

汉学（Sinology）是一位四百多岁的年轻“老人”，但“他”的体质与精神却是老而不衰！关于“他”及其研究，由于人类和谐的总体趋向，意识形态的你中有我、我中有你的包容，汉学定会日渐年轻而强壮起来。

中国文化是一棵有着数千年绿荫的、高大的常青树，一代代的中国知识者，为“她”浇水施肥，为“她”添花加彩，为“她”死得其所！始自明末清初，数不胜数的汉学家相继不告而别，留下他们永远无法做完的“学问”——汉学研究——我们的“国学”！

自2016年，就有影响深远的俄罗斯的齐赫文斯基（Сергей Леонидович，1918—2018）、季塔连科（М. Л. Титаренко，1934—2016），法国的谢和耐（Jacques Gernet，1921—2018）、汪德迈（Leon Vandermeersch，1928—2021）、班巴诺（Jacques Pimpaneau，1934—2021）、魏柳南（Lionel Vairon，1960—2021），瑞士的冯铁（Raoul David Findeisen，1958—2017），美国的孔飞力（Philip Kuhn，1933—2016）、傅高义（Ezra Feivel Vogel，1930—2021）、荷兰的施舟人（Kristofer Marinus Schipper，1934—2021）等先后离开了我们，他们都是为中国文化传播与研究做出卓越贡献的著名汉学家。

当我们怀念他们的时候，我想起法国作家、哲学家、结构主义人类学创始人克洛德·列维-斯特劳斯的名作《忧郁的热带》中曾引用过浪漫主义作家创始人弗朗索瓦-勒内·夏多布里昂（François-René，vicomte de Chateaubriand，1768—1848）作品里的一句话：“每一个人，身上都拖带着一个世界，由他所见过、爱过的一切所组成的世界，即使他看起来是在另外一个不同的世界里旅行、生活，他仍然不停地回到他身上所拖带着的那个世界去。”

这句话很有哲理，我把它视为汉学家对中国文化的研究；但是，汉学家们的学术个性和追求是不同的，就是说，他们往往追求“不同”的观点；而我们中国学者，对他们的“同”和“异”，都会一视同仁地倾听，对这些

“他山之石”发出的回声，或接受，或反对，或求同存异地把他们的研究作为镜子，把他们的世界，看作我们世界的一部分……

阎纯德

2021 年 10 月 1 日

目　录

Contents

Translated by Yang Yuying

Revised by Xiong Wenhua

·国学特稿·

均平观念与平等价值观的中国传统文化基础*

方　铭

摘　要：平等是社会主义核心价值观的重要内容，也是中国传统文化所追求的目标。追求政治权利和经济权利的平等，是中国古代先贤所积极追寻的目标，也是古代革命者反抗暴政的动力。中国早期思想家在论述均平思想时，都着眼于从“天道”中寻找建立“平等”观念的理论必然性。孔子既注重终极的“平等”，同时又把“平等”看作一个动态的过程。平等既是近代西方文明的重要成果，更是中华文明的结晶，体现了中国人几千年的价值追求。

关键词：原始儒家　孔子　核心价值观　平等

“平等”即均平、均等、无差别，是现代法治体系建立的基础原则，即法律面前人人平等。辛亥革命以后公布的《中华民国临时约法》，规定“中华民国人民一律平等，无种族、阶级、宗教之区别”。1914 年，袁世凯颁布强化总统权力的《中华民国约法》，仍保留了“中华民国人民，无种族、阶级、宗教之区别，法律上均为平等”的条款。《中华人民共和国宪法》也继承了辛亥革命的成果，规定“中华人民共和国公民在法律面前一律平等”。

一、平等释义

作为法律术语的“平等”的概念，实际主要包含政治权利的平等和经济

* 本文为 2015 年北京社科研究基地重点项目“社会主义核心价值观的中国传统文化基础研究”相关成果，批准号 15JDWYA001。

权利的平等。政治权利的平等就是凡我国民在一切政治活动中不受歧视的权利，经济权利的平等就是凡我国民的生存权应该得到平等的照顾。

“平等”是法国大革命的主要口号之一，也是近代文明的最核心的成果。是否承认人人平等，是检验社会善恶的试金石。法国人皮埃尔·勒鲁（Pierre Leroux，1797—1871）在《论平等》（*De L' égalité*）一书中论述为什么法国大革命需要用“自由、平等、博爱”这3个词来表述他们的政治理想，他认为这是有“深刻的道理”的。人的一生的“全部行动中”都是合“知觉-感情-认识”为一体的，“自由”是与“知觉”相应的政治术语，“博爱”是与“感情”相应的政治术语，“平等”是与“认识”相应的政治术语。在自由、平等、博爱这3个词构成的文明体系中，“平等”是“自由”和“博爱”的基础和前提。也就是说，人们之所以需要拥有自由的权利，是因为人人平等；人人平等，人人自由，才能像亲兄弟一样互相爱护。①

“平等”一词在中国古代出现，源自早期佛教经典传入中国时，译者以该词解释前世、今生和来世“三世 ”及三善道（天道、阿修罗道、人道）、三恶道（畜生道、饿鬼道、地狱道）“六道”轮回众生无差别的理念，即人与人之间、有情众生之间、有情众生与无情众生之间法性平等、际遇平等、地位平等。《金刚经·净心行善分》说：“是法平等，无有高下。”②《楞严经》卷八说：“妙圆平等，获大安隐。”③ 佛教认为众生的差别是因善业、恶业的不平等引起的。

在翻译佛教经典时，翻译者也以“平等”一词作为主张经济权利均平之意义。如《百喻经·二子分财喻》说：“教汝分物使得平等，现所有物破作二分。”④

就“平”“等”的原始意义而言，都是均平、齐整之意。《庄子·齐物论》所谓“齐物”的观点，就是说万物平等，无差别。而名家惠施的“合同异”，阐述万事万物无非彼此，生死、善恶、美丑、是非、大小等相敌对之概念本质上并无分别。按照庄子“齐物”之论及惠施“合同异”的观点，

---

① ［法］皮埃尔·勒鲁著，王允道译，肖厚德校《论平等》第11—15页，商务印书馆，1988年。

② （明）朱棣集注，一苇校点《金刚经集注》第166页，齐鲁书社，2007年。

③ 圆瑛法师《大佛顶首楞严经讲义》第269页，上海圆明讲堂，1993年。

④ 周绍良译注《百喻经译注》第100页，中华书局，2008年。

要认识到世间万物万事之间有区别，有联系，并可互相转化，更要认识到万事万物之间从本质和归宿上都是一致的，只有这样，才能摆脱世俗名利是非之累，实现精神的超越性。庄子和惠施的观点，与佛教的“平等”观殊途同归。

虽然佛教经典使用的“平等”一词在今天被广泛使用，但是，中国古代“平等”的观念并非始于佛教。就强调“平等”权利而言，中国传统价值观显然走在了世界前面。法国大革命以“自由、平等、博爱”为革命目标，而孔子所提倡的忠恕、均平、仁义观念，与自由、平等、博爱相对应，而其内涵则更为丰富且深刻。其中“均平”即“平等”，也即“公平”。《说文解字》曰：“公，平分也。”①《周礼·地官》曰：“贾师各掌其次之货贿之治，辨其物而均平之。展其成而奠其贾，然后令市。凡天患，禁贵价者，使有恒贾。四时之珍异，亦如之。凡国之卖价，各帅其属而嗣掌其月。”② 周代设贾师之官，即为平准物价，防止囤积居奇，影响公平交易。《后汉书·显宗孝明帝纪》载，光武帝中元二年（57）二月，光武帝崩，十二月甲寅，汉明帝下诏：“今选举不实，邪佞未去，权门请托，残吏放手，百姓愁怨，情无告诉。有司明奏罪名，并正举者。又郡县每因征发，轻为奸利，诡责羸弱，先急下贫。其务在均平，无令枉刻。”③《后汉书·虞傅盖臧列传》载虞“台郎显职，仕之通阶。今或一郡七八，或一州无人。宜令均平，以厌天下之望”④。《三国志·魏书·乌丸鲜卑东夷传》小部落鲜卑人轲比能“每钞略得财物，均平分付，一决目前，终无所私，故得众死力，余部大人皆敬惮之”⑤。以上记载，“均平”不仅仅指经济权利，也包括了政治权利。《艺文类聚》卷二十二《人部六》载：“晋徐藻妻陈氏与妹刘氏书……老庄者，绝圣弃智，浑齐万物，等贵贱，忘哀乐，非经典所贵，非名教所取，何必辄引以为喻耶，可共详

---

① （汉）许慎撰《说文解字 附检字》（卷二上）第 28 页，中华书局，1963 年。

② （汉）郑玄注，（唐）贾公彦疏《周礼注疏》第 1590 页，《十三经注疏》，中华书局，2009 年。

③ （南朝宋）范晔撰，（唐）李贤注《后汉书》（卷二）第 97 页，中华书局，1965 年。

④ 《后汉书》（卷五十八）第 1872 页。

⑤ （晋）陈寿撰，（南朝宋）裴松之注《三国志》（卷三十）第 358 页，《四部备要》，中华书局，1936 年。

之。"[①] 老子、庄子"绝圣弃智"显然背离孔子思想，但"等贵贱"的精神，也并非完全与孔子思想背道而驰。

二、平等与天道

追求政治权利和经济权利的平等，是中国古代先贤所积极追寻的目标，也是古代革命者反抗暴政的动力。《法言·君子》载，有人问扬雄说："人有齐死生，同贫富，等贵贱，何如?"扬雄回答说："作此者其有惧乎?信死生齐，贫富同，贵贱等，则吾以圣人为嚣嚣。"[②] 扬雄之意，如果真能实现生死、贫贱、富贵的平等，圣人就不需要教化百姓了。此处"同贫富，等贵贱"即包含了经济权利和政治权利的平等。《皇宋通鉴长编纪事本末》卷十三载北宋太宗时王小波、李顺有"吾疾贫富不均，今为汝均之"[③] 的革命口号。《续资治通鉴》卷一百七载，南宋鼎州人钟相不满社会不公，认为"法分贵贱贫富，非善法也。我行法，当等贵贱，均贫富"[④]。"等贵贱，均贫富"的口号深受百姓拥戴，成了钟相、杨幺革命的纲领。

中国早期思想家在论述均平思想时，都着眼于从"天道"中寻找建立"平等"观念的理论必然性。《道德经·德经》说："天道无亲，常与善人。"[⑤]《文子·符言》引用老子的话说："天道无亲，唯德是与。"[⑥]《荀子·天论》说："天行有常，不为尧存，不为桀亡。"[⑦] 又说："天不为人之恶寒也辍冬，地不为人之恶辽远也辍广。"[⑧]《说苑·敬慎》记孔子之周，观于太庙，见右陛之前金人背有铭文，表达"无多言，多言多败；无多事，多事

① （唐）欧阳询《艺文类聚》第407页，上海古籍出版社，1982年。

② （汉）扬雄撰，（晋）李轨注《扬子法言》（卷十二）第52页，《四部备要》，中华书局，1936年。

③ （宋）杨仲良《皇宋通鉴长编纪事本末》第268页，《宛委别藏》，江苏古籍出版社，1988年。

④ （清）毕沅撰《续资治通鉴》（卷一百七）第1141页，《四部备要》，中华书局，1936年。

⑤ 朱谦之撰《老子校释》第306页，中华书局，1984年。

⑥ （宋）杜道坚撰《文子缵义》（卷四）第24页，《四部备要》，中华书局，1936年。

⑦ （清）王先谦撰《荀子集解》（卷十一）第306—307页，《新编诸子集成》，中华书局，1988年。

⑧ 《荀子集解》（卷十一）第311页。

多患”之意,[1] 文中也有“天道无亲，常与善人”[2] 一句。孔子顾谓弟子说：“记之，此言虽鄙，而中事情。《诗》曰：‘战战兢兢，如临深渊，如履薄冰。’行身如此，岂以口遇祸哉!”[3] 此段记载，也见于《孔子家语·观周》。又《说苑·谈丛》说：“天地无亲，常与善人。天道有常，不为尧存，不为桀亡；积善之家，必有余庆；积恶之家，必有余殃。一噎之故，绝谷不食；一蹶之故，却足不行。心如天地者明，行如绳墨者章。”[4]“天道无亲”“天地无亲”“天行有常”“天道有常”表达的就是天道的“平等”原则。

《庄子·德充符》载：

> 鲁有兀者叔山无趾，踵见仲尼。仲尼曰：“子不谨，前既犯患若是矣。虽今来，何及矣!”无趾曰：“吾唯不知务而轻用吾身，吾是以亡足。今吾来也，犹有尊足者存，吾是以务全之也。夫天无不覆，地无不载，吾以夫子为天地，安知夫子之犹若是也!”孔子曰：“丘则陋矣。夫子胡不入乎，请讲以所闻!”无趾出。孔子曰：“弟子勉之！夫无趾，兀者也，犹务学以复补前行之恶，而况全德之人乎!”[5]

《庄子》大抵皆寓言，叔山无趾因罪而失足，决心投奔孔子，改过自新，孔子认为已经来不及了，叔山无趾以天覆地载的道理与孔子对谈，孔子即被说服。虽然这个故事未必是真实，但庄子让叔山无趾以天地平等待人游说孔子，充分说明庄子是理解孔子“有教无类”所体现的平等原则的。

《关尹子·三极》说：“圣人不以一己治天下，而以天下治天下。天下归功于圣人，圣人任功于天下。所以尧舜禹汤之治天下，天下皆曰自然。曰：天无不覆，有生有杀，而天无爱恶。日无不照，有妍有丑，而日无厚薄。”[6]“天无不覆”“地无不载”“日无不照”，也表述的是平等的观念。

---

① （汉）刘向撰《说苑》（卷十）第69页，《四部备要》，中华书局，1936年。

② 《说苑》（卷十）第69页。

③ 《说苑》（卷十）第69页。

④ 《说苑》（卷十）第106页。

⑤ （清）郭庆藩撰，王孝鱼点校《庄子集释》（卷二下）第207—209页，《新编诸子集成》，中华书局，2012年。

⑥ （周）尹喜撰《关尹子》第5页，《四部备要》，中华书局，1936年。

《道德经·德经》又说："天之道，其犹张弓，高者抑之，下者举之，有余者损之，不足者与之。天之道，损有余而补不足。人道则不然，损不足以奉有余。孰能有余以奉天下？其唯有道者。是以圣人为而不恃，功成而不处，思不见贤。"① 老子认为天道损有余而补不足，人道损不足以奉有余，因此，人类应该摒弃"损不足"以"奉有余"的恶习，而应遵从天道的平等理念。

三、孔孟论均平

《论语·季氏》载，鲁国执政卿季孙氏准备讨伐颛臾，孔子的高足弟子冉有（字子有）、仲由（字子路，又称季路）见孔子说："季氏将有事于颛臾。"② 孔子认为颛臾是社稷之臣，不能伐，因此批评冉求说："求，无乃尔是过与？夫颛臾，昔者先王以为东蒙主，且在邦域之中矣，是社稷之臣也。何以伐为？"③ 冉求推脱说："夫子欲之，吾二臣者皆不欲也。"④ 孔子认为担任大臣，就应该扶危济困，引导领导人做正确的事情，因此又批评说："求，周任有言曰：'陈力就列，不能者止。'危而不持，颠而不扶，则将焉用彼相矣？且尔言过矣，虎兕出于柙，龟玉毁于椟中，是谁之过与？"⑤ 孔子对季孙氏的真实意图了如指掌，冉求见孔子如此认真，也就实话实说："今夫颛臾，固而近于费，今不取，后世必为子孙忧。"⑥ 费是季孙氏的食邑，季孙氏意欲消灭费，目的就是扩张领土，谋取自己家族的利益。孔子说：

> 求，君子疾夫舍曰欲之而必为之辞。丘也闻有国有家者，不患寡而患不均；不患贫而患不安。盖均无贫，和无寡，安无倾。夫如是，故远人不服，则修文德以来之；既来之，则安之。今由与求也，相夫子，远

---

① 《老子校释》第298—300页。

② （魏）何晏集解，（宋）邢昺疏《论语注疏》（卷十六）第5476页，《十三经注疏》，中华书局，2009年。

③ 《论语注疏》（卷十六）第5476页。

④ 《论语注疏》（卷十六）第5476页。

⑤ 《论语注疏》（卷十六）第5476页。

⑥ 《论语注疏》（卷十六）第5476页。

人不服，而不能来也；邦分崩离析，而不能守也；而谋动干戈于邦内。吾恐季孙之忧，不在颛臾，而在萧墙之内也。①

孔子在与学生冉有、子路的对话中，系统地阐述了他的“均平”主张，“不患寡而患不均；不患贫而患不安。盖均无贫，和无寡，安无倾。夫如是，故远人不服，则修文德以来之；既来之，则安之”②，既关注了经济权利，也包含了政治权利，这是与其“大同”思想一脉相承的政治原则。

《孟子·梁惠王下》载，庄暴见孟子，说：“暴见于（齐宣）王，王语暴以好乐，暴未有以对也。”庄暴问：“好乐何如？”孟子答曰：“王之好乐甚，则齐国其庶几乎！”他日，孟子见齐宣王说：“王尝语庄子以好乐，有诸？”齐王难为情，说：“寡人非能好先王之乐也，直好世俗之乐耳。”孟子说：“王之好乐甚，则齐其庶几乎！今之乐犹古之乐也。”齐王说：“可得闻与？”孟子问：“独乐乐，与人乐乐，孰乐？”齐王答曰：“不若与人。”孟子又问：“与少乐乐，与众乐乐，孰乐？”齐王答曰：“不若与众。”孟子说：

臣请为王言乐。今王鼓乐于此，百姓闻王钟鼓之声，管籥之音，举疾首蹙頞而相告曰：“吾王之好鼓乐，夫何使我至于此极也？父子不相见，兄弟妻子离散。”今王田猎于此，百姓闻王车马之音，见羽旄之美，举疾首蹙頞而相告曰：“吾王之好田猎，夫何使我至于此极也？父子不相见，兄弟妻子离散。”此无他，不与民同乐也。今王鼓乐于此，百姓闻王钟鼓之声，管籥之音，举欣欣然有喜色而相告曰：“吾王庶几无疾病与，何以能鼓乐也？”今王田猎于此，百姓闻王车马之音，见羽旄之美，举欣欣然有喜色而相告曰：“吾王庶几无疾病与，何以能田猎也？”此无他，与民同乐也。今王与百姓同乐，则王矣。

齐宣王问：“文王之囿方七十里，有诸？”孟子答曰：“于传有之。”齐宣王又问：“若是其大乎？”孟子回答说：“民犹以为小也。”齐宣王说：“寡人之囿方四十里，民犹以为大，何也？”孟子答曰：

---

① 《论语注疏》（卷十六）第5476页。

② 《论语注疏》（卷十六）第5476页。

文王之囿方七十里，刍荛者往焉，雉兔者往焉。与民同之，民以为小，不亦宜乎？臣始至于境，问国之大禁，然后敢入。臣闻郊关之内，有囿方四十里，杀其麋鹿者，如杀人之罪。则是方四十里为阱于国中，民以为大，不亦宜乎？①

孟子阐述的“与民同乐”“与民同之”的观念，既是阐述君主应全心全意为人民服务的宗旨，也是强调君主与人民有共同的权利。

四、平等的动态性

孔子既注重终极的“平等”，同时又把“平等”看作一个动态的过程。《礼记·礼运》指出“礼”产生于小康社会，其本质特征是为了维护“大人世及”的秩序，因此是反“大同”的。但是，要从“礼崩乐坏”的乱世走向“大同”，必须经过“德治”此过程，而在德治的社会中，分别亲疏贵贱的礼又是实现“大同”的必然路径。《礼记·丧服小记》说：“亲亲尊尊长长，男女之有别，人道之大者也。”②《礼记·祭统》说：“长幼有序。”③ 恢复周礼，目的并不是反“平等”，而是通过承认差别，实现“平等”的动态平衡。《礼记·乐记》：“乐者为同，礼者为异。”④ 因此，孔子在强调礼的同时，一定要把乐和礼联系在一起，并要求礼乐必须受“仁”的制约。《论语·泰伯》载孔子说：“兴于诗，立于礼，成于乐。”⑤《论语·八佾》载孔子说：“人而不仁，如礼何？人而不仁，如乐何？”⑥ 如果只强调礼的差别而不把“合同”看作终点，如果礼乐之中不能体现“仁”的核心价值，也就“异化”了。

---

① （汉）赵岐注，（宋）孙奭疏《孟子注疏》（卷二上）第 5815—5817 页，《十三经注疏》，中华书局，2009 年。

② （汉）郑玄注，（唐）孔颖达疏《礼记正义》（卷三十二）第 3242 页，《十三经注疏》，中华书局，2009 年。

③ 《礼记正义》（卷四十九）第 3485 页。

④ 《礼记正义》（卷三十七）第 3315 页。

⑤ 《论语注疏》（卷八）第 5401 页。

⑥ 《论语注疏》（卷三）第 5356 页。

《论语·颜渊》载齐景公问政于孔子，孔子答曰：“君君、臣臣、父父、子子。”[①]《论语·子路》载子路问政，孔子说：“先之，劳之。”子路又问孔子说：“卫君待子而为政，子将奚先？”孔子回答说：“必也正名乎！”子路说：“有是哉，子之迂也！奚其正？”孔子说：

> 野哉，由也！君子于其所不知，盖阙如也。名不正，则言不顺；言不顺，则事不成；事不成，则礼乐不兴；礼乐不兴，则刑罚不中；刑罚不中，则民无所错手足。故君子名之必可言也，言之必可行也。君子于其言，无所苟而已矣。[②]

君君臣臣父父子子，就是各人恪守自己的角色本位，做自己应该做的事情。君仁臣忠，父慈子孝，也就是“正名”，名实相副。而处于优势地位的人应该“先之”，即率先垂范，“劳之”，即关心处于弱势地位的人。《论语·颜渊》中孔子教育鲁国执政卿季康子说：“政者，正也。子帅以正，孰敢不正？”“苟子之不欲，虽赏之不窃。”“子为政，焉用杀？子欲善而民善矣。君子之德风，小人之德草，草上之风，必偃。”[③]《论语·子路》说：“苟正其身矣，于从政乎何有？不能正其身，如正人何？”[④] 在孔子的观念中，等级贵贱不是利益分享的权利，而是责任与义务的担当。

《礼记·礼运》所载孔子描述的“大同”社会“选贤与能，讲信修睦，故人不独亲其亲，不独子其子，使老有所终，壮有所用，幼有所长，矜寡孤独废疾者，皆有所养。男有分，女有归”[⑤]。平等不是按劳分配，而是要让弱势群体有尊严地生存，让有贤能的人有机会给社会做出更大贡献。要实现这样的“平等”目标，就需要承认差别，要通过礼乐制度建设，扶弱济困，防止淫辟、争斗、遗弃以及暴君行恶给社会造成的混乱。

《礼记·经解》说：

---

① 《论语注疏》（卷十二）第 5438 页。

② 《论语注疏》（卷十三）第 5445 页。

③ 《论语注疏》（卷十二）第 5439 页。

④ 《论语注疏》（卷十三）第 5447 页。

⑤ 《礼记正义》（卷二十一）第 3062 页。

是故隆礼由礼，谓之有方之士；不隆礼不由礼，谓之无方之民。敬让之道也，故以奉宗庙则敬，以入朝廷则贵贱有位，以处室家则父子亲兄弟和，以处乡里则长幼有序。孔子曰："安上治民，莫善于礼。"此之谓也。①

又说：

故朝觐之礼，所以明君臣之义也。聘问之礼，所以使诸侯相尊敬也。丧祭之礼，所以明臣子之恩也。乡饮酒之礼，所以明长幼之序也。昏姻之礼，所以明男女之别也。夫礼，禁乱之所由生，犹坊止水之所自来也。故以旧坊为无所用而坏之者，必有水败；以旧礼为无所用而去之者，必有乱患。故昏姻之礼废，则夫妇之道苦，而淫辟之罪多矣。乡饮酒之礼废，则长幼之序失，而争斗之狱繁矣。丧祭之礼废，则臣子之恩薄，而倍死忘生者众矣。聘觐之礼废，则君臣之位失，诸侯之行恶，而倍畔侵陵之败起矣。②

《荀子·君子》说：

故尊圣者王，贵贤者霸，敬贤者存，慢贤者亡，古今一也。故尚贤使能，等贵贱，分亲疏，序长幼，此先王之道也。故尚贤、使能，则主尊下安；贵贱有等，则令行而不流；亲疏有分，则施行而不悖，长幼有序，则事业捷成而有所休。故仁者，仁此者也；义者，分此者也；节者，死生此者也；忠者，惇慎此者也。兼此而能之，备矣。备而不矜，一自善也，谓之圣。不矜矣，夫故天下不与争能而致善用其功。有而不有也，夫故为天下贵矣。③

《淮南子·俶真》说：

---

① 《礼记正义》（卷五十）第 3494 页。

② 《礼记正义》（卷五十）第 3495 页。

③ （清）王先谦撰《荀子集解》（卷十七）第 453—454 页。

今夫积惠重厚，累爱袭恩，以声华呕苻妪掩万民百姓，使知之欣欣然，人乐其性者，仁也。举大功，立显名，体君臣，正上下，明亲疏，等贵贱，存危国，继绝世，决挐治烦，兴毁宗，立无后者，义也。①

《淮南子·览冥》说：

昔者黄帝治天下，而力牧、太山稽辅之，以治日月之行律，治阴阳之气，节四时之度，正律历之数，别男女，异雌雄，明上下，等贵贱，使强不掩弱，众不暴寡，人民保命而不夭，岁时孰而不凶，百官正而无私，上下调而无尤，法令明而不暗，辅佐公而不阿，田者不侵畔，渔者不争隈。道不拾遗，市不豫贾，城郭不关，邑无盗贼，鄙旅之人相让以财，狗彘吐菽粟于路，而无忿争之心。②

司马光《书心经后赠绍鉴》说：

余尝闻学佛者言，佛书入中国，经、律、论三藏合五千四十八卷，《般若经》独居六百卷。学者撮其要，为《心经》一卷。为之注者，郑预最简而明。余读郑注，乃知佛书之要，尽于“空”一字而已。或问扬子：“人有齐死生，同贫富，等贵贱，何如？”扬子曰：“作此者，其有惧乎？”此经云“照见五蕴皆空，度一切苦厄”，似与扬子同指。然则释、老之道，皆宜为忧患之用乎？③

平等既是近代西方文明的重要成果，更是中华文明的结晶，体现了中国人几千年的价值追求。

（方铭　北京语言大学首都国际文化研究基地、中华文化研究院教授，
博士生导师，孔子与儒家文化研究所所长，
光明文学遗产研究院专家委员会主任委员）

---

① （汉）刘安撰，（汉）高诱注《淮南子》（卷二）第 18 页，《四部备要》，中华书局，1936 年。

② 《淮南子》（卷六）第 53—54 页。

③ （宋）司马光《司马温公集编年笺注》（册五）第 251 页，巴蜀书社，2009 年。

现代经学的思想史进路

——劳悦强经典诠释方法论述评*

毛朝晖

摘　要：在晚清以来的新学术体制中，中国的传统经学亦被迫谋求现代转型以建立现代经学的新形态。在此过程中面临着两大挑战：一是必须适应专门的知识研究；二是必须发展出现代科学意义的方法论。在新加坡当代经学研究领域，新加坡国立大学劳悦强教授是一位代表性人物。本文旨在述介劳氏的经典诠释研究，阐述他对于现代经学意义、性质和方法的独特见解，着重述评他提出的经典诠释方法论。劳氏首先将经典诠释区分为知识、学问、经验三个层次，其次将学问或思想层次的诠释归属于“思想”的研究，将经验层次的诠释归属于“史”的研究。“思想”的研究要求深入“文内”，而“史”的研究则要求旁通“文外”，“文内”“文外”诠释构成一种互动诠释的关系。这表明，经典诠释必须既是“思想”的研究，同时必须又是“史”的研究，因而必须是“思想史”的研究。这一方面阐明了经学研究的学科性质，另一方面建立了一种经典诠释的方法论，在这个意义上，劳氏的经典诠释有力回应了现代经学研究的两大挑战。

关键词：现代经学　思想史　劳悦强　经典诠释　方法论

自晚清以来，中国传统的知识结构和学术系统无论是在内容还是形式上都逐渐被近现代西方的学术分科与知识体系所影响。这一过程，就是左玉河

* 本文为中山大学高校基本科研业务“中青年教师科研能力提升-哲学系（珠海）”项目（2021qntd58）成果。

所谓由“四部”之学到“七科”之学的转型。[①]“四部”原本的一个功能是书籍分类，依此概念，经书是一类古代文献，在这个意义上，经学研究可算是一种经书学，传统经学对经书的训诂考据、词章评析和义理解释均可囊括其中。“七科”则是一个学术分科概念，对清末民初的学者而言，在现代学术体制中进行的现代经学研究就必须遵循现代学术分科，凸显其科学性，以便纳入“七科”之列。[②] 所谓现代“科学”，通常被认为是专门知识研究以及实证方法。[③] 这对于现代经学提出了两个严峻挑战：第一，现代经学必须由传统的浑沦一体的经书学转型为现代的专门学科的经典诠释学，亦即在文学、哲学、史学、语言学等学术分科的各个领域内进行专门诠释。第二，现代经学必须由传统的解经方法发展出现代的科学方法，亦即必须具有严格的可证实或可证伪的属性。民初经学研究者所面对的挑战至今依然存在，经典诠释的现代定位及其方法论建构是值得现代经学研究者深思的问题。

新加坡的经学研究也面临着上述两大挑战。自新加坡建国以来，从事经学的学者不多，前辈学者的代表性研究有林徐典《诗经研究》、陈荣照《诗经史料价值研究》、龚道运《〈乐记〉的美学思想》等。目前仍然从事经学研究的学者主要有劳悦强、梁秉赋和严寿澂三位先生。梁先生长期从事谶纬研究，

---

① 左玉河《从四部之学到七科之学——学术分科与近代中国知识系统之创建》“导论”第 2 页，上海书店出版社，2004 年。

② 本文所谓“现代经学”是指在现代学术分科中开展的专门知识研究，这是相对于传统经学的区别而言的。根据杨庆中先生的界定，传统经学兼有知识系统、价值信仰两个层面，现代经学则强调专业知识层面的研究，因此“站在传统经学的立场看近现代经学研究，发现的是割裂、是去价值化等；站在近代学术的立场看‘现代经学’研究，发现的则是发展、是超越”。见杨庆中《国学视阈中的“现代经学”研究》，载《华南师范大学学报》（社会科学版）2012 年第 1 期。

③ David C. Lindberg 指出“科学”的定义主要有两种方式：第一，在知识论上，科学必须能够用实证的方法尤其是实验方法所检验。第二，在内容上，科学是关于物理学、化学、生物学、地质学、人类学、心理学等专门知识的研究。即，“define by its methodology or epistemological status”与“define by its content”。参看 David C. Lindberg, *The Beginnings of Western Science: the European Scientific Tradition in Philosophical, Religious, and Institutional Context, Prehistory to A. D. 1450*, Chicago: University of Chicago Press, 2007, pp. 1-2。Arthur N. Strahler 也采用两个方式对“科学”进行定义，一是科学本身是一种知识（a category of knowledge），二是科学是获取知识的一种方法（a method of obtaining knowledge）。这与 David C. Lindberg 的定义基本一致。参看 Arthur N. Strahler, *Understanding Science: An Introduction to Concepts and Issues*, Buffalo, New York: Prometheus Books, 1992, pp. 7-10。

发表论文多篇，但迄今尚未结集成书；严先生著述宏富，遍及四部，经学方面撰有《百年中国学术表微·经学编》等书。劳先生在经典诠释的研究与教学方面致力尤深，长年在新加坡国立大学教授“四书”“《论语》研究”“《庄子》”“中国哲学史”等课程，并撰有《论语心》、《梦中占梦——庄子真的这么说?》、《文内文外——中国思想史的经典诠释》[①]（以下简称《文内文外》）等书。《文内文外》一书，为劳氏长年从事经典研究的结晶。与梁先生着重谶纬、严先生着重经学史研究不同，劳先生对于经典诠释之为“学”提出了系统的见解，并建立了颇为完整的经典诠释方法论。本文的主旨即在述介劳氏经典诠释的主张，其经典诠释系统回应了前述现代经学的两大挑战，其经典诠释方法论开拓了现代经学的思想史进路。

一、经典诠释与思想史的内在关联

劳氏诠释的经典并不限于儒家，也兼涉佛、道二教。以《文内文外》为例，该书除“导论”外收论文10篇，有2篇分别是关于道家经典《庄子》和道教经典《清静经》的诠释，1篇是关于佛教经典《维摩诘经》的诠释。大部分则是关于儒家经典的诠释。经典之所以“经典”，是因为它们历久弥新，被后代不断承传，构成某一文化传统的核心文本。[②] 在中国文化传统中，劳氏特别重视儒家经典尤其是《论语》，曾出版《论语》诠释的专著《论语心》，而且在《文内文外》中收录6篇《论语》诠释的论文，占全书的大半。[③] 劳氏认为，《论语》是了解华夏文化的钥匙：

> 在大学教学十数年，从北美到南洋，几乎每一年都教过《论语》这一部经典。这并非来自大学方面的要求，而是我个人的信念。我相信，

① 劳悦强《文内文外——中国思想史的经典诠释》，台北：台大出版中心，2010年。按：此书所收论文的撰写时间跨度历时10年，部分曾以英文发表于 *Journal of Chinese Philosophy*，*Monumenta Serica* 等刊物。

② Ronald Carter, *Keywords in Language and Literature*, London, New York: Routledge, 1995, p. 17.

③ 劳氏尚有专著《可得而闻——道德世界以外的孔门面貌》即将出版，主要也是对《论语》的诠释。

> 要了解华夏文化，最简单直接而又公平可靠的方法就是虚心读《论语》。我并不是说一部《论语》可以尽知华夏文化，不过，《论语》可说是华夏文化的核心。[①]

作为现代人，我们为什么还要去了解那源自远古的华夏文化呢？对于所有提倡读经的人而言，这都是一个必须严肃回应的问题。这是因为，假如古代的文化传统并无现代价值，则研读经典将成为多余，而经典诠释也将丧失其现代意义。

劳氏认为儒学具有普世价值。他说："儒家并未过时，而且也并非任何特别的族群才能实践奉行的生活方式。儒家思想是一种古老清澈的智慧，到今天依然是人伦关系的指引。"[②] 劳氏认为"儒学"是后起的名称，其实不妨名为"人学"，反而更近实情。所谓"人学"就是做人之学，"所追求的是人类群体生活理想以及个人的人生情操和德行"[③]。正如孔子所说："性相近也，习相远也。"（《论语·阳货》）这种追求具有普遍的人性论基础，并不会因为古代与现代、中国与西方而大相径庭。既然如此，古代做人的智慧同样可以用于指导现代的人生实践。换言之，古代文化传统依然具有现代价值。既然经典被公认为是一种文化传统的核心文本，则研读经典便依然具有现代的重要性与必要性。综上可知，对于劳氏而言，经典诠释的本质便是基于对一个文化传统核心文本的认识、承传与发扬而开显的做人之学。

与做人之学相关，我们需要先了解劳氏的一个学术观念。劳氏认为治学有三个阶段或层次：知识、学问和经验。所谓"知识"，是指各专门学科的知识，如文学、史学、哲学、语言学等不同领域的知识。所谓"学问"，则是中国人独有的名词，强调知识通过"学""问"与人产生的互动。所谓"经验"，是指人所赋予知识的意义。"经验有时可以脱离知识和学问而存在，但多数时候，经验是前者转化成个人内在所拥有的最高境界。"[④] 换言之，在多数情况下，"经验"是基于"知识"的意义赋予和实践转化，而"学问"则是此一转化的中间过程，其所"学"所"问"可以是指涉知识层面，也可以

① 劳悦强《论语心》第10页，阿汤图书，2006年。

② 劳悦强《新马遗瀋——漫谈中华文化与教育》第205页，书韵文化出版社，2004年。

③ 《新马遗瀋——漫谈中华文化与教育》第97页。

④ 《新马遗瀋——漫谈中华文化与教育》第201页。

是指涉经验层面。

这三个阶段或层次虽然是讲治学的不同阶程，但劳氏同时也以此来理解做人之学的不同境界，并落实在他的教育实践中。他说："要教的并非单是中国历史、哲学、文学等，更重要的是从历史、文学、哲学中所领略的待人处事之道。"① 他认为知识是人为的，知识的核心是"人"，教课实在是在教人。因此，"任何教育或知识都好，一切的一切，最终归结到'人'的认知和体验上"②。很明显，劳氏认为教育的目的最终都归结到人的经验，即现实生活中的待人处事之道。这些经验的获得在多数时候，乃是基于知识的意义赋予和实践转化，而并非凭空而得。基于待人处事的目标，在"知识"向"经验"的转化过程中，还有一个重要的中间过程，那就是"学问"，而"学问"的对象则并不限于客观化的知识，还包括能将知识转化为经验的"师"者其人。正是在这个中间过程，凸显了"师"者的特殊价值，即，"师"不只是知识的传授者，而且是将知识转化为经验的过来人。

基于上述教育理念，劳氏对韩愈《师说》中"传道、授业、解惑"的六字真言提出了独到的理解。照他理解，"解惑"是一切学术和教育事业的真实起点。正因为人生有"惑"要解，才产生了寻求待人处事之道和相关专门知识的真切动机。③ 也就是说，"传道、授业、解惑"的六字真言完全是基于并归结到人生的实践经验，其中的枢纽是"解惑"，它向上指向待人处事的"道"，向下要求解惑明道的"业"。不难发现，"业""惑""道"三者与上文所述"知识""学问""经验"构成一个三层次的对应关系。在这个意义上，劳氏的教育理念实际上可以视为是对韩愈《师说》教育思想的一个现代的诠释。

上文之所以叉开笔墨，先用三段文字扼要阐述劳氏的学术观念与教育理念，是因为这种学术观念与教育理念在深层上决定了他对于经典诠释的整体理解。前文已经指出，劳氏理解的经典诠释是基于一个文化传统的做人之学。然而，此做人之学不能脱离知识的研究而凭空获得，也不能脱离与他人的互动而孤立实践，而是必须置于上文所述"知识-学问-经验"的层次框架中来

① 《新马遗瀋——漫谈中华文化与教育》第200—201页。

② 《新马遗瀋——漫谈中华文化与教育》第201页。

③ 劳悦强《莱头粿——给怜爱英才的新加坡老师》第9—15页，草根书室，2012年。

获得理解。

事实上，劳氏正是基于“知识—学问—经验”的层次框架来理解儒家经典诠释的现代意义。劳氏认为，“儒学研究”“儒家思想”“儒学”必须予以区分。[①] 所谓“儒学”，指的是古代自孔孟而下，历代儒者所追求的人类群体生活理想以及个人的人生情操和德行。这是“经验”的层次。所谓“儒家思想”，也可以称为儒家学说，指的是对儒者自己讲求的人类群体生活理想和个人的人生境界，其本人所做的反思和比较有系统的论述。这种思想或学说的形成一方面必须经过知识的专门探究，另一方面也指向人生的实践经验（但未必完全落实），可说是居于“知识”与“经验”之间的“学问”层次。所谓“儒学研究”，指的是学者研究“儒学”或“儒家思想”的学术论述，也就是将“儒学”或“儒家思想”知识化、客观化的活动。这种研究活动属于“知识”的层次。

基于这一分疏，儒家经典的诠释实际上起初必然落在“知识”层次，但是它可以导向更高的层次。一方面，要将这些关于经典的知识变成比较有系统的论述，就必须上升到“学问”层次或“儒家思想”的研究。另一方面，根据劳氏的学术观念，经典诠释的最高追求是为了指导“儒学”实践，因而必须进一步上升至“经验”层次，也就是要诠释出儒者所追求的生活理想、人生情操和德行实践。如果说学问或思想层次的诠释属于“思想”的研究，经验层次的诠释由于其实践的指向，则要求必须将此诠释落实到具体的历史

① 《新马遗瀋——漫谈中华文化与教育》第96—100页。劳氏后来撰有专文对三者进行更详细的辨析，见劳氏著《从学术、修养、信仰论孔门儒学》，载《中国哲学与文化》2011年第9辑。该文厘清了儒学、儒家思想以及儒学研究的分别，而且分辨了学术儒学、修养儒学、信仰儒学3个维度。其中，学术儒学相当于现代学者的儒学研究，修养儒学与信仰儒学则涉及儒学与儒家思想。本文对知识、学问、经验的界定主要是基于对《新马遗瀋——漫谈中华文化与教育》的诠释，同时也参照该文。但严格而言，本文所说的“知识”“学问”，虽然可与“儒学研究”“儒家思想”对应，但本文所说的“经验”却比劳氏“儒学”的概念更为狭窄，具体是指出儒家思想在历史情境中的实践。至于学术儒学、修养儒学、信仰儒学的区分，本文则不做讨论。劳氏对这3个层次的区分实受朱熹启发。朱熹说：“学问，就自家身己上切要处理会方是，那读书底已是第二义。”这是以“经验”或“体验”为第一义，以“读书”为第二义。劳氏在此基础上再将“读书”细分为“学问”与“知识”两层。见（宋）黎靖德编，王星贤点校《朱子语类》（第一册）第161页，中华书局，1986年。有关劳氏经典诠释与朱熹的渊源关系，马来西亚学者关启匡亦已指出，参看关启匡《〈文内文外——中国思想史的经典诠释〉书评》，载《马来西亚人文与社会科学学报》2015年第4卷第1期。

情境中，因此必须是“史”的研究。这就说明，经典诠释既是“思想”的研究，同时又是“史”的研究，因而是“思想史”的研究。由此，劳氏进而发展出他的经典诠释方法论。

二、文内与文外

从“思想”研究的旨趣出发，就必须深入经典文本内部，做纯粹的“文内”诠释。什么才是“纯粹”的文内诠释呢？劳氏主张，文内诠释必须尽量避免由现代译本或权威注本带来的先入之见，以致成了了解“本义”的障碍。例如，现代人由于受到“新文化运动”批判儒家的影响，预设中国自古以来都存在着性别歧视，这就导致他们在解读《论语·阳货》“唯女子与小人为难养也”章时，无论中译或英译，几乎不约而同都以“女子”作“女性”或“妇人”解，从而论断孔子轻视妇女。劳氏力排众议，通过概念范畴、语用分析、文脉内证、文际互证乃至义理贯通各方面的辨析，证明朱注训“女子”与“小人”为“臣妾”实符合《论语》本义。① 基于对此类习焉不察的先入之见的警惕，劳氏强调：“要认识孔子，最好还是自已去读《论语》。要读《论语》，最好就是看《论语》白文。”② 换言之，必须空无依傍，以经解经，以《论语》解《论语》，才是纯粹的文内诠释。

如果跳脱“文内”诠释，则“思想”研究将丧失其客观性的依据。劳氏指出：“文本本身有其内在的意义，因此，读者不能随意诠释文本，尽管所谓内在意义仍然受到产生文本本身的外缘情境包括作者之主体性以及其所置身之思想史脉络的制约。”③ 仍以上举《论语·阳货》篇“唯女子与小人为难养也”章为例，劳氏从“文内”诠释的角度提出以“女子”泛指女性的3个困难：第一，如果“女子”是泛指女性，则下文“远之”和“近之”似乎就无从说起了，因为对于陌生的女性，孔子根本就没有所谓“远之”或“近之”可言；第二，文本中“不逊”一词不容轻轻放过，孔子从“位”的角度出发，要求在下位的“小人”对于居上位的“君子”逊顺，那么，他在该章将

① 《文内文外——中国思想史的经典诠释》第109—146页。

② 《论语心》第176页。

③ 《文内文外——中国思想史的经典诠释》“自序”第VI页。

“女子”与“小人”并列，均要求他们对居上位的“君子”逊顺一定也是从“位”的角度出发立言，而不是泛指一般女性；第三，文本中“难养”一词非常重要，为什么只有“女子”与“小人”才称得上“难养”呢？“难养”的前提就是说话的人需要“养”他们，因此才有“难养”的问题。[①] 综合以上三方面“文内”证据，劳氏认为朱注以“臣妾”解释“小人”与“女子”，比现代人一边用女性泛解“女子”一边用道德泛解“小人”，更吻合《论语》文本，在这个意义上更接近“本义”。

从“史”的研究旨趣出发，劳氏又特别重视“文外”诠释。所谓“文外”，“当然包括读者本人，但同时也兼指产生文本的外缘因素以及有关读者本身的种种历史文化外缘，其中思想史的脉络尤为关键”。[②] 正如脱离具体的历史情境，我们无从了解儒者的实际“经验”，同样，如果脱离文外的历史因素，我们也无从了解文本作者的主体性与文本诠释者（读者）的主体性。原因可分两方面来讲：一方面，文本作者的主体性固不能脱离其历史情境而了解其“经验”；另一方面，本文诠释者的主体性同样不可能脱离其历史情境而予以了解，因为“读者的想象尽可以漫无边际，但其范围最终必由读者本人的见识以及其时代关怀、风气观念、思想史脉络等等所决定”[③]。

不难看出，劳氏重视“文外”诠释的基本旨趣是强调文本作者与诠释者的主体性。以《论语》为例，劳氏一再强调：“读《论语》必须认识孔子其人。”[④] 要了解经典的作者与诠释者其人，最重要的历史情境之外缘因素有两种：一是文化史的因素，二是思想史的因素。基于这种看法，劳氏所说的“文外”诠释，也相应地大致可细分为文化史的文外诠释和思想史的文外诠释两种。

与《文内文外》副标题中“思想史”一词涵盖文化史、思想史等所有历史情境的外缘因素不同，此书第四部分“思想史的文外诠释”中“思想史”一词含义较窄，主要是指思想观念或哲学概念演变的历史脉络。例如，第四部分所收《温故知新——孔子之川流不舍与朱熹之川流不息》一文，针对朱熹《论语集注》中“道体”这一哲学概念，通过对《论语·子罕》篇“子在

① 《文内文外——中国思想史的经典诠释》第128—139页。

② 《文内文外——中国思想史的经典诠释》“自序”第V—VI页。

③ 《文内文外——中国思想史的经典诠释》“自序”第VI—VII页。

④ 《论语心》“凡例”第6页。

川上”章历代注疏的考察，指出朱熹将原文“不舍”的川水解读为“不息”的道体，这遮蔽了孔子在此章中原本流露的诗人性情。① 之所以出现这种诠释的盲区，是因为朱熹在北宋理学的影响下对此章做出形而上学的解读。如果不注意从汉魏六朝到北宋的思想史脉络，我们就很难充分了解北宋理学家提出的“道体”新观念，也无从恰切地解释朱熹对此章进行形而上学诠释的背景与思路。

所谓“文化史”的文外诠释，则是强调思想以外宗教、情感等历史情境的因素。例如，第三部分所收《攻乎异端——刘宝楠父子对朱熹的爱恨情结》一文，根据刘氏《论语正义》中广采朱注却大量存在采其说而没其名、斥其说而隐其名等现象，指出刘氏父子一方面在治学上非常重视朱熹，另一方面似乎并不愿意公开承认这个事实，从而表现为一种“爱恨情结”。个中原因，劳氏认为是源于乾嘉以来流行的汉学风气，汉学家治学在宗旨和方法上有其共识，隐然形成一种讲究门户、党同伐异的学术身份认同。道咸以来，宋学复兴，这种风气渐有转变。刘氏父子夹在乾嘉、道咸之间，产生一种既开始重视朱熹又依然忌讳朱熹的矛盾心态。② 毋庸置疑，如果不深察当时学术风气的上述细微转变，我们将无法注意到，更无法理解刘氏父子在其经典诠释中所表现出的复杂情结。

相对而言，“文外”诠释比“文内”诠释更为根本。以《论语》的诠释为例，劳氏指出：

> 生活是孔子思想的基础，也是孔子思想一个非常重要的泉源，不容我们漠视。孔子思想如果是一种上层建筑，那么，要了解它，我们必须认识它的基层结构。我们必须站在孔子的生活基础上，才能够抬头观察建立在这个基础之上的思维世界，才可能在这样的认识基础上，推扩开去，以同情的眼光去体味孔子思想深刻的蕴含和引申的意义。③

这就是说，“思想”（上文所谓“学问”）是在“生活”的历史情境

---

① 《文内文外——中国思想史的经典诠释》第 341—389 页。

② 《文内文外——中国思想史的经典诠释》第 249—281 页。

③ 《论语心》第 24 页。

（即上文所谓“经验”）的基础上产生的。因此，就思想的产生而言，是由“生活”的历史情境而产生“思想”；就经典诠释而言，则需将“思想”进一步还原至其产生的“生活”的历史情境。只有到达这个层次，读者的“生活”世界与文本作者的“生活”世界才能发生身临其境的互动。正是在这个意义上，劳氏指出：“读者与文本之间存在着一而二、二而一的关系，两者同而不同，关键在于读者本人能够清楚认识其间的分际以及两者如何交缠互动。”[①] 在这种“交缠互动”中，读者通过自身的生活经验复活了文本作者的生活经验，反过来，文本作者的生活经验又丰富了读者的生活经验。这就是经典诠释为什么能够影响诠释者的现实人生而成为一种“做人之学”。

结　论

劳氏的经典诠释需要置于“知识—学问—经验”的三层次框架中才能完整地予以理解。与此相应，儒学研究、儒家思想、儒学便构成儒家经典诠释的三个层次。学者的“儒学研究”是“知识”层次；儒者的“儒学”是“经验”层次；儒者的“儒家思想”则是处于“知识”与“经验”之间的“学问”层次。从事经典诠释，首先要清楚认识自己在做什么层次的经典诠释，想做什么层次的经典诠释。

在劳氏看来，儒家经典诠释的本质是基于儒家文化的核心文本而开显其做人之学。这种做人之学是基于文化传统的历史经验，并具有人性论的普世基础，因此对于现代人依然具有指导意义。相应地，经典诠释也依然具有现代意义。基于“知识—学问—经验”的三层次框架，经典诠释并不排斥“知识”的研究，这意味着现代经学完全可以与“七科之学”的专门知识研究结合。不过，经典诠释不能总停留在“知识”层次，必须上升到“学问”层次。这就是说必须将经典中的“知识”转化为系统化的学术或思想，从而对于经典获得更系统、整体的理解。然而，这仍不足以成为做人之学。经典诠释还需再上升到“经验”层次，即必须将经典中蕴含的学术或思想尽量还原到相应的历史情境中，看它具体如何产生、如何实践，从而身临其境地理解其在历史脉动中活泼的生命力。与此同时，这种具生命力的历史经验又会反

① 《文内文外——中国思想史的经典诠释》“自序”第 VI 页。

过来丰富诠释者自身的生活经验，从而使经典诠释最终成为做人之学。这便是劳氏经典诠释的旨归。

这种经典诠释的主张与西方的诠释学颇有接近之处。韩子奇教授便指出劳氏这种文本与读者“交缠互动”的主张其实是基于伽达默尔（Hans-Georg Gadamer）的“视域融合”（fusion of the horizons）说，即认为古代的文本与现时的读者构成融为一体、交互影响的“诠释圈”（hermeneutic circle）。[①] 尽管劳氏在书中并未明引伽达默尔之说，但韩教授这一比较无疑非常贴切。值得补充的是，劳氏的经典诠释主张并非限于文本、读者这两个要素，而是同样关注文本作者以及作者与读者所在的历史情境。这使人很容易联想到文学理论家艾布拉姆斯（M. H. Abrams）提出的世界、作者、作品、读者四元素说。[②] 只不过，艾氏强调的是文学批评必须兼顾这四元素，而不能只局限于作品本身或作品与某一个元素的关联。劳氏则着眼于经典诠释的层次性，即区分基于文本的“思想”诠释以及基于历史情境的“史”的诠释，并认为这实际上对应着由“知识”研究而衍生的“学问”与“经验”层次的诠释。正是从这个观点出发，劳氏特别援引了文学理论家赫施（E. D. Hirsch Jr.）对意涵（meaning）和意义（significance）所做的辨析[③]，相较于艾布拉姆斯，赫氏的辨析凸显了“文内”意涵与“文化”意义的分别，诚然更能契合劳氏对“文内”诠释与“文外”诠释的区分。

尽管如此，劳氏的本意并非要建立一种哲学的或文学理论的诠释学，而是更着意于发掘中国固有的诠释传统。在《文内文外》的导论中，劳氏指出文内、文外两种经典诠释的区分可以溯源到孔子，“这两种诠释取向早已见于春秋战国时期，而其后为汉儒所继承和发展”[④]。劳氏为钱穆先生再传弟子，其对“思想史”的重视也带有深刻的钱门烙印。钱穆先生一生极重视思想史研究，在其名著《中国思想史》中，力辩中国思想也有条理，有组织，有系

① Tze-Ki Hon, “Book Review: *Wennei Wenwai*: *Zhongguo Sixiang Shi Zhong de Jingdian Quanshi* (Intratextual and Extratextual: Interpretations of Chinese Classics in Chinese Intellectual History)”, *Journal of Chinese Philosophy*, Vol. 30 (1), p. 161.

② M. H. Abrams, *The Mirror and the Lamp*: *Romantic Theory and the Critical Tradition*, New York: Oxford University Press, 1953, pp. 6-7.

③ 劳悦强《文内文外——中国思想史的经典诠释》“自序”第 XI 页。

④ 劳悦强《文内文外——中国思想史的经典诠释》第 3 页。

统，有进展，有变化，有派别。[①] 就其条理、组织、系统着眼，则为“思想”的研究，就其进展、变化、派别着眼，则为“史”的研究。又认为：“中国传统思想，不当专从书本文字语言辩论求，乃当于行为中求。中国传统思想乃包藏孕育于行为中，包藏孕育于广大群众之行为中，包藏孕育于往古相沿之历史传统，社会习俗之陈陈相因中。”[②] 这就是说，思想史研究于文本之外还必须重视历史情境，即必须兼顾文内、文外诠释。只不过，钱氏的用意是旨在回应西方哲学的冲击，辩护中国虽然没有西方形态的哲学，但有思想；而且中国思想并非停滞不前，而是不断发展。时过境迁，劳氏面临的问题已经不再是替中国思想申辩，而是需要阐明经典诠释的现代意义，并建立一种归宿于做人之学的经典诠释方法论。正是在这个意义上，本文认为劳氏经典诠释的主张有力地回应了现代经学研究的两大挑战。

［毛朝晖　中山大学哲学系（珠海）哲学博士，副研究员］

① 钱穆《中国思想史》，台湾学生书局，1995 年。

② 钱穆《中国思想通俗讲话》“自序”第 5 页，生活 · 读书 · 新知三联书店，2002 年。

新儒学的模式

——朱熹与程颐为什么不同

［美］陈荣捷 著　杨玉英译

译者按：《新儒学的模式——朱熹与程颐有什么不同？》为华裔美国学者陈荣捷教授（Chan Wing-tsit）于1978年发表在《中国哲学》上的一篇期刊文章①。

选译如下：

首先来探讨朱熹与程颐之间的关系。最早的朱熹（1130—1200）传记《朱子行状》由其弟子也是其女婿黄榦（1152—1121）所著。该传记说，朱熹的父亲研究了程颢和程颐两兄弟（二程）的学说，经常背诵《大学》和《中庸》，并致力于扩展《大学》中所传授的知识并使其意旨变得更加诚挚。朱熹自小就被这些书籍和学说所吸引。在他的父亲临终时，他让其年14岁的朱熹师从他的朋友胡宪（1086—1162）、刘勉之（1091—1149）（后来成为朱熹的岳父）和刘子翚（1101—1147）。朱熹专心研究道教和佛教近10年，卸任同安主簿后，他走了几百里路去看望父亲的同窗兼好友李侗（1093—1158）。李侗是罗从彦（1072—1135）的弟子，而罗从彦则是杨时（1053—1135）的弟子。当朱熹的学问成熟时，他致力于最大程度地研究"理"（principle），以扩展自己的知识，并坚持具体实践"敬"（reverence）。

《宋史》中的《朱熹传》没有在黄榦的朱熹传记的基础上添加任何新的东西，大多数学者都遵循着其中的记载。奇怪的是，黄榦没有提到程颐。或许是，所有人都知道杨时是二程的杰出弟子，所以没有必要提及他。但是，

---

① Chan Wing-tsit. "Patterns for Neo-Confucianism: Why Chu Hsi Differed from Ch'eng I", *Journal of Chinese Philosophy*, Vol. 5, 1978, pp. 101-126.

后来所有人却都知道罗从彦是杨时的弟子。无论如何，程颐被遗漏是显而易见的。在后来的传记中确实有补充说，朱熹把周敦颐、二程、张载和邵雍及其弟子们的学说精心编辑成一本。但这里，程颐不是单独地被提及的，而是与其他人一起。在这个传记中，程颐似乎没有占据一个突出的位置。

王懋竑（1669—1741）的标准完整版传记《朱子年谱》为我们提供了更多信息。从这里我们了解到，在朱熹13岁或14岁时，他的父亲教他程颐的《论语》评注。朱熹的三个早期的老师之一刘勉之，在得知谯定（1203—?）是程颐的追随者后，去师从谯定。谯定的信息是从朱熹为其老师刘勉之撰写的碑文中得知的。朱熹在为他的另一位老师胡宪所写的碑文中，提到了胡宪曾师从谯定的事。然而，王懋竑强调，这篇碑文并未说谯定曾师从程颐。就目前而言，这是正确的。但王懋竑却忘了说，朱熹在碑文中明确指出，胡宪师从胡安国（1074—1138）学习二程学说。胡安国曾师从杨时。王懋竑还告诉我们，朱熹分别在1157年、1158年、1160年和1162年去拜访过李侗四次，当时朱熹分别是28岁、29岁、31岁和33岁。他之所以去师从李侗，是因为他对自己的三位老师不满意。李侗告诉他佛教的错误，并把他引导回儒家经典。于是，他放弃了所有自相矛盾的学说，师从李侗。大家都知道，李侗教他的是，“危坐终日，以验夫喜怒哀乐未发前之气象为如何，而求之所谓中”①。根据王懋竑的说法，朱熹并不总是同意他的老师李侗的观点。最后，在1170年，即他41岁那年，朱熹从程颐学说中挑选出两句作为他自己学说的基础。程颐的这两句是这样说的：“修身也，尊贤也。致知在格物。”② 王懋竑指出，25年后，朱熹的信念一直保持着没有变。

从上可知，与黄榦相比，王懋竑对程颐在朱熹的思想发展中的作用给予了更大的认可。1971年，钱穆出版了朱熹的五卷巨著，纠正了王懋竑的一些小错误，但一直密切关注着他。此外，他还补充说，朱熹从李侗那学到了三样东西，其中包括程颐的学说“理一分殊”。这是我们将要回归的新儒学的重要名言之一。

尽管王懋竑和钱穆都认识到程颐对朱熹的巨大影响，但他们都在朱熹的

---

① 此为原文注释17：This doctrine of equilibrium is taught in *The Doctrine of the Mean* , Chapter 1. For Li's teaching，see *The Yen-p'ing Ta-wen* In Chu Hsi ed. *Surviving Works of Master Chu* . pp. 13b & 22a.

② 此为原文注释20：Ch'eng Hao and Ch'eng I. *I-shu*（*Surviving Works*）In *Erh-Ch'eng Ch'üan-shu* . 18；5b.

青年时期与他接受程颐学说这个时期之间留下了很大的空白。在这段时期，程颐似乎对朱熹的思想没有起任何作用。钱穆将朱熹重返儒学的年代回溯到更早些时候，即 1159 年，朱熹在他 30 岁时编辑《上蔡先生语录》（上蔡先生是对谢良佐的尊称）之时，谢良佐（1050—1103）是程颐的另一个杰出弟子，因此，朱熹对谢良佐学说的编辑可以认为是与程颐相关的。然而，像王懋竑一样，钱穆仍然强调朱熹年轻时就已经从儒教转向了佛教和道教。钱穆引用这段时期朱熹的许多诗来证明他的观点。钱穆认为，朱熹接受了程颐的学说，只是很多年后，他才终于拒绝了李侗的学说。王懋竑承认，朱熹在 1168 年曾说过："修己以敬，格物致知。"但王懋竑至少说过三遍，1170 年，朱熹从程颐学说中挑选出关于"修身也，尊贤也。致知在格物"的观点来作为他自己学说的基础。我个人认为，朱熹从儿童时代起就从未摆脱过程颐的影响。因此，他对程颐学说的拥护无论是佛教、道教还是老师李侗都没有令其发生改变。与此相反，这是一个逐渐发展的过程，并在 1170 年达到顶峰。如果我们回顾他的思想发展过程，这一点将变得很清晰。

我们注意到朱熹曾与其父亲一起学习过程颐的《论语》评注。我们不知道他从三位老师那里学到了什么。当朱熹师从他们时，他进进出出佛教和道教大约 10 年。在写给友人的信中，回顾自己对"道"的寻求时，朱熹没有提三位老师的名字。在另一封信中，朱熹坦率地说他没有从他们那里学到自己想要的东西，这就是他去师从李侗的原因。那他为什么对胡宪、刘勉之和刘子翚这三位老师感到失望呢？从他后来对程颐学说的热情来看，不可能是程颐的哲学。正如王懋竑所推测的那样，令他失望的是老师们思想中的佛教元素。我相信，在这个时期，也就是朱熹 14—24 岁这个时期，当他第一次去拜访李侗时，尽管他对佛教和道教感兴趣，但他仍然遵循着程颐的传统。有许多证据可以支撑这个结论。他本人说，当他年轻的时候，他努力地阅读《四书》。十五六岁时，他读了《中庸》，之后读了《周礼》。当他十七八岁时，他每天早上要读 10 遍《中庸》和《大学》。他十七八岁开始读《孟子》，但即便是他到了 20 岁也没有把它读懂。20 岁时，朱熹读了《上蔡先生语录》。

说朱熹学习的那些儒家文本是必不可少的教科书并非牵强附会，正如它们在程颐学派中的实际地位一样。至于《上蔡先生语录》，朱熹说他从小就受到其启发。不可避免的是，他对谢良佐的兴趣在 1159 年他 30 岁编辑《上蔡先生语录》时达到顶峰。这是朱熹曾编辑或汇编的第一本书。他在"跋"中说谢良佐是二程最杰出的弟子，并怀疑书中有50多个段落是伪造的，因为二程在这些段落中被指控偏爱佛教。这些段落后来被证实确实是伪造的。我们可以看出，他对谢良佐的尊敬并不比他对谢良佐的老师程颐少。

程颐对朱熹的影响即使在他师从李侗的时候也很明显。几乎所有的记载都说，李侗对他的教导是“危坐终日，以验夫喜怒哀乐未发前之气象为如何，而求之所谓中”。正如《中庸》所教导的，李侗教导他在“静”中找到这种平衡。由于对李侗的观点感到不满意，朱熹在他41岁时回到程颐那里。这个记载所蕴含的意思是，“静”是他和李侗之间讨论的主题，为了追随李侗，他离开了程颐。他与李侗之间的对话和书信往来对此说是否定的。令我惊讶的是，在其《延平答问》中，程颐被提及19次，程颢被提及9次。如果加上对程颐语录的引用，数量则更大。相比之下，张载仅被提及2次，杨时5次，而罗从彦3次。长期以来，人们一直认为到朱熹从李侗那里学到了“理一分殊”的理念，尤其是“分殊”，这是程颐的学说，朱熹和李侗在《延平答问》中至少对其讨论了3遍。当讨论中提到程颐的名字时，往往讨论是较长的。毫不夸张地说，在他师从李侗期间，他的思想是专注于程颐学说的。

王懋竑提出了一个非常有力的证据，证明朱熹受李侗的影响不大，他与李侗有所不同。朱熹在其1166年，即李侗去世4年后，的信中，甚至没有提到李侗。从1173年开始，朱熹在与弟子和友人们的讨论和往来信件中，完全将李侗忽略了。王懋竑所忽视的是，是李侗让朱熹一直保持着对程颐的兴趣。当朱熹最终接受二程的学说时，这并不是一个从佛教和道教的寻求转向李侗的静坐之说的过程，而是程颐从幼时起对其影响的直接而逐步的发展。1163年，当他选择二程的阐释作为《论语》的标准评注时，这一发展达到了一个很高的阶段。1168年，当他39岁时，他编撰了《二程遗书》。朱熹在“序”中说，二程的学说代表了失传的孔孟思想。他将二程的学说总结为“修身也，尊贤也。致知在格物”①。

朱熹从程颐那里获得了什么呢？关于这个问题，钱穆的著作既明确又详尽。两年前，我在巴黎用英文发表了一篇名为《朱熹新儒学的完成》（“Chu Hsi’s Completion of Neo-Confucianism”）的文章，该文最近被翻译成中文，并

① 此为原文注释45：Chu Hsi. *Chu Tzu Wen-chi*（*Collection of Literary Works by Master Chu*）. 75：15b.

发表在台北的两本期刊上。在这篇文章中，我讨论了朱熹对“理”与“气”之间关系的澄清、对“太极”这个概念的发展、将“仁”这个概念推向高潮、对“道统”概念的完善以及对《大学》、《论语》、《孟子》和《中庸》（即《四书》）的章句注。关于《道德经》的传播部分于1968年以中文出版。在所有讨论下，我都讨论了朱熹从程颐那里获得的东西，也解释了出于严格的哲学原因，他不得不与程颐不同。这里，我们将不再重复其哲学的原因，因为我们现在主要是对其模式感兴趣。

我们多次引用了程颐的那两句名言，即“理一分殊”和“修身也，尊贤也。致知在格物”。这些和“体用”学说可被视为新儒学的基本模式。如前所述，“理一分殊”源自程颐。程颐在《伊川易传》中说，世间的“理”只有一个，但其在万物中的表现却很多。他还说，世间有很多学说，但其“理”却只有一个。他说：“万物无有穷尽也……万物一理耳。”[①] 他又说：“静动者，阴阳之本也。五气之运，则参差不齐矣。物之名义，与气理通贯。”[②] 但是最有名的观点是在他给弟子杨时的一封回信中，该信谈及张载的《西铭》。《西铭》也许是新儒家关于伦理学的最重要的文章。根据程颐的说法，张载在文中阐明了“理一分殊”这一学说。而朱熹认为，《西铭》一文本身并没有阐释“理一分殊”，程颐大师只是在有人对此表示怀疑时才会这么说。

请注意在程颐的信中找到的“理一分殊”这个术语。汉字“分”不能读成“阴平”表“分成”。如果这么误解，将会导致将其翻译为“区别”。汉字“分”应该读成去声，意为“责任”“份额”“天赋”。从哲学上讲，它是指赋予个人或事物“理”或“气”，即，普遍被部分或全部体现在特殊中。因此，“理一分殊”中的“分”应该被翻译成“表现”（manifestation）。

张载说“乾称父，坤称母。……民吾同胞，物吾与也。……尊高年。……长慈孤弱。……幼其幼。圣其合，德贤其秀也”[③]，等等。就是说，博爱只有一个“理”，但其在与父母、长者、幼者等的关系中的表现方式却是不相同的。墨家的“博爱”之所以受到批评，是因为墨子知道“理”只有一个，

---

① 此为原文注释48：Ch'eng Hao and Ch'eng I. *Ts'ui-yen（Pure Words）* In Erh-Ch'eng Ch'üan-shu. 1：15b-16a.

② 此为原文注释49：Ibid.，2：30a.

③ 此为原文注释52：*The Western Inscription* in Chapter 1 of the *Chang Tzu Ch'üan-shu*（*Complete Works of Master Chang*）.

但并不知道其有很多的表现形式，因为墨子希望人们把别人的父母当成他自己的父母。在儒家学说中，一个人应该爱所有的人，对父母的爱应该以孝顺为特征，通过兄弟之爱来表现对自己兄弟的爱，等等。正如朱熹所说："天之生物，有血气者本于父母，无血气者本于根。皆出于一，无二者也。惟其本出于一，故其爱亦主于一焉。盖一体分，血气连属，眷恋之情自不能已。固非他人之可比也。自是外则因其分之亲疏远近而所以为爱者有差焉。"①

倡导这一学说时，程颐的兴趣主要是伦理的。当他谈论"五气参差不齐"时，他的目标是将"理"理解为一种自我修养的方式。他谈到圣人对"理"之统一的恢复，及变革运作中的影响和反应法则，即，人该如何应对变化的环境。因此，在朱熹与李侗关于程颐这一学说的对话中，谈论的是伦理的问题。朱熹继续保持着对伦理的这种兴趣。例如，他说："理只有这一个。道理则同，其分不同。君臣有君臣之理，父子有父子之理。"② 但他也把这一学说扩展到了形而上的范畴。当被问及"理"与"气"之间的关系时，他回答说："伊川（程颐）说得好：'理一分殊。'合天地万物而言，只是一个理。及在人，则又各自有一个理。"③

朱熹更明确地说："有天地之性，有气质之性。天地之性是极本穷原之性。一本万殊。一阴一阳，生生不穷。天之所以命，只是一般。缘气质不同，遂有差殊。"④ 这里，"一本万殊"这个短语的字面意思是，只有一个根本，但却有一万种差异，其与"理一分殊"的意思是相同的。这里的重点是该学说与"太极"之间的相关性。实际上，这并不奇怪，因为对朱熹来说，"太极"与"理"是相同的（只是"理"）。他说："本只是个太极。万物各具一太极。如月在天，只一而已。及散在江湖，则随处可见，不可谓月分尔。"⑤ 正如我在《中国哲学文献选编》中所说的："'理一分殊'这一观点源

① 此为原文注释54：Chu Hsi. *Meng Tzu Huo-wen* (*Questions and Answers on The Book of Mencius*). Comment on 6A：7.

② 此为原文注释56：Chu Hsi. *Chu Tzu Yü-lei* (*Classical Conversations of Master Chu*), 1880 edition. 104：9a.

③ 此为原文注释57：Ibid., 1：2a.

④ 此为原文注释58：Chu Hsi. *Hsing-li Ta-ch' üan* (*Great Collection of Neo-Confucianism*). 30：4a.

⑤ 此为原文注释60：Chu Hsi. *Chu Tzu Yü-lei.* Op. cit. 94：41b-42a.

自程颐，但直到朱熹它才得到了完全的发展……朱熹的月的类比可能是间接借鉴了大洋与海浪的佛教比喻。”① 从实际来源来看，这个比喻源自《华严经》第23卷第24节，经文说：“但一日出，悉能普照一切众生。然彼日但一无二。”

提及“太极”，让我们不得不讨论程颐和朱熹之间巨大的差异。对朱熹来说，“太极”至关重要。而对程颐来说，它是不存在的。根据朱熹自己的说法，二程从未讨论过“太极”或周敦颐的《太极图说》。朱熹的解释是，二程从老师那里得到了这张太极图，但将其作为秘密保存，因为他们认为自己的弟子都理解不了它。二程从未提到过“太极”是事实吗？程颐的《伊川易传》中有两个序，一是为《易经》写的“序”，一是为《伊川易传》写的“序”。《易经》“序”中提到了“太极”，而《伊川易传》“序”中则没有提及。一些学者同意《易经》“序”为程颐所写，但其他学者却认为这个“序”是伪造的。葛瑞汉（Angus Charles Graham）在其《中国的两位哲学家——程明道与程伊川》（*Two Chinese Philosophers*：*Ch'eng Ming-tao and Ch'eng Yi-ch'uan*）中，很好地核实了最早的版本中并没有《易经》“序”，而程颐的弟子和朱熹本人则仅提及《伊川易传》“序”而没有提及《易经》“序”。陆象山［陆九渊（1139—1193）］在他与朱熹的争论中说，二程从未在太极图中谈论过“无极”，而朱熹也没有挑战陆象山的这个观点。葛瑞汉说，但是，“提到‘太极’与‘无极’本身就证明伊川不是作者的有力证据”。该结论尚未得到证明。蔡咏春在其关于程颐的著作中做得更好些。他认为：“‘序’中的术语和措辞听起来不像是程颐的。这个‘序’是不是他写的，非常令人怀疑。”②

我从与此相反的方向得出了相同的结论。对我而言，不是两个“序”之间的差异表明了《易经》“序”是伪造的，而是它们的相似之处。从程颐和朱熹的追随者引述和讨论《伊川易传》“序”这一事实来看，《伊川易传》“序”的真实性是毋庸置疑的。然而，《易经》“序”开头的句子与《伊川易传》“序”中的句子令人惊讶地相似。为什么程颐要重复写两个“序”呢？

---

① 此为原文注释61：Wing-tsit Chan translated and compiled. *A Source Book in Chinese Philosophy*. Princeton：Princeton University Press，1963，p. 639.

② 此为原文注释68：Ts'ai Yung-ch'un. “The Philosophy of Ch'eng I，a Selection of Texts from the ‘*Complete Works*’”. Ph. D. dissertation，Columbia University，1950，p. 76.

从根本上说，既然他不编辑或出版《易经》，那他为什么要写《易经》“序”呢？另外，这个“序”中的观点沿用了周敦颐《太极图说》中的观点。如果，如朱熹所说，二程把《太极图说》作为秘密保存起来，那为什么程颐又要在“序”中揭示这些观点呢？《四库全书总目提要》在关于程颐的《伊川易传》一节中，仅提及《伊川易传》“序”，而没有提及《易经》“序”。更重要的是，朱熹在关于程颐的传记中只提及《伊川易传》“序”。因此，有充分的证据表明，《易经》“序”是伪造的。在《易经》“序”中提及“太极”与否完全与程颐无关。

至于朱熹的解释，即二程之所以把太极图保密，是因为他们担心没人能理解它，这看起来合理吗？朱熹真的相信这个说法吗？我认为他是相信的。《伊川易传》已经完成很长时间了，但是程颐却不将其示人。朱熹说，《伊川易传》已经完成很长时间了。当人们问起它时，程颐才终于在其病重去世前把它给了弟子尹焞。我们知道，尹焞（1071—1142）等了半年才被允许读《大学》和《西铭》。我们也知道，很长一段时间以来，程颐就《诗经》中的诗歌介绍写了两篇文章，但拒绝将其示人。最终，这两篇文章才在尹焞的要求下公开。朱熹本人也是将其《太极图说解》和《西铭解》保存了很长时间，才最终将其示人。因此，对于新儒家来说，把他们的著作保密是很平常的。我不相信二程确实从其老师那里得到了太极图。我的意思是，朱熹并没有必要为了欺骗我们而编造故事。

程颐为什么不谈论“太极”呢？我自己的解释是，除了对邵雍外，“太极”这个概念在他那个时代并不重要。张载很少谈论它。在其主要著作《正蒙》中，“太极”只出现了两次。而在他的《上蔡先生语录》中则根本就没有提及“太极”。“太极”当然是邵雍的一个中心概念，其“数术”哲学是基于从“太极”到“阴阳”这两个主要模式，再到其四个主要模式和次要模式，进而形成“形”或“象”和具体的东西的数学数列。但是程颐不喜欢这种推测。尽管他和邵雍做了 30 年的邻居，但在他们的谈话中从未提到过“数”。

但是，对朱熹来说，“太极”这个概念是必不可少的。二程发展了太极的“形而上”和“形而下”之说，但是他们从未把二者之间的关系阐释清楚。为了避免两个范畴间的分歧，朱熹诉诸太极学说。这就是为什么他采用周敦颐的《太极图说》并将其置于新儒家形而上学的首位。在他看来，“太极”

既是一个“理”，又是所有“理”之总和。同时，由于万物只是一个“理”，因此万物都有“太极”。因此，“太极”涉及万物，同时万物也涉及“太极”。换句话说，宇宙是一个宏观世界，而万物是一个微观世界。从某种意义上说，周敦颐在《通书》中暗示了这种模式。他说：“是万为一，一实为万。万一各正，大小有定。”[①] 但是，一直到朱熹，都没有对“一”与“万”之间的关系进行逻辑上的解释。程颐在这方面没有做出贡献。

在对《西铭》的评论中，程颐还谈到用“体用”这个术语论及“理一万殊”。在《伊川易传》“序”中，他说：“体用一源，显微无间。”这是程颐的另一著名学说，被后来的新儒家一再引用。在二程的作品中，“体用”至少被重复了四次。

“体用”这一概念源于王弼（226—249）的《老子注》，后成为中国佛教一以贯之的传统。僧肇（384—414）用的是“寂用”。“寂”意为“涅槃”。而法藏（643—712）则用的是“体用”。华严宗“从体用的角度”对“理”“一”“实体”“万”之间的关系进行了广泛的讨论。在传统的中心主题中，“体”与“用”是相同的。正如禅宗派六祖慧能（638—713）所说：“定慧一体，不是二。定是慧体，慧是定用。即慧之时定在慧，即定之时慧在定。”[②]“灯是光之体，光是灯之用。名虽有二，体本同一。”[③]

从表面上看，程颐的想法似乎与佛教徒的想法非常相似。这因他的观点“咸恒，体用也。体用无先后”[④] 而得到加强，并导致一些日本学者认为“体用一源，微小无间”这一学说源于佛教。《大汉和辞典》（*The Great Chinese-Japanese Dictionary*）认为，该学说的前半部分源于澄观法师（760—838）的《华严经疏》。但正如太田锦城（1865—1825）指出的那样，该观点无论是在澄观法师的《华严经疏》中或是他的其他任何作品中都没有出现过。有可能是出现在他现在丢失的那部分注疏中，但如果是这样的话，则没有人能对此提供任何具体的信息。然而，澄观法师在其注疏中实际上相当广泛地论及

① 此为原文注释 80：Chapter 22 of *T'ung-shu* . For a translation of *T'ung-shu*, *see* Wing-tsit Chan translated and compiled. *A Source Book in Chinese Philosophy*. Op. cit., Chapter 28.

② 此为原文注释 87：Hui-neng. *The Platform Script, the Basic Classic of Zen Buddhism* , translated by Wing-tsit Chan. New York：St. John's University Press, 1963. Section 13.

③ 此为原文注释 88：Ibid., Section 15.

④ 此为原文注释 89：Ch'eng Hao and Ch'eng I. *Erh-Ch'eng Yi-shu* . 11：2b.

与此同样的东西，尽管用的词略有不同。到 11 世纪，这种说法在佛教徒和新儒家中都很流行，以致唐顺之（1507—1560）说：“儒者曰：‘体用一原。’佛者曰：‘体用一原。’儒者曰：‘显微无间。’佛者曰：‘显微无间。’其孰从而辨之。”① 至于该观点的后半部分，太田锦城说是法藏的，但他拿不出具体的证据。

无论如何，我们必须注意，程颐确实对“体”“用”做出了明确的区分。他说：“忠者体，恕者用。大本达道也。”② 他又说：“‘和顺于道德而理于义’者，体用也。”③“理义，体用也。理义之说我心。”④《中庸》中描述的“大本”是指“体”，而“达道”则是指“用”。“体”“用”自然是不同的。怎么能不是两个呢？

尽管如此，程颐的重点在“理”，而非“分”。程颢在描述“天地”的运作时说：“其体则谓之易，其理则谓之道，其用则谓之神。”⑤ 朱熹对此评论说：“此皆就天上说。”⑥ 程颢还说：“形而上为道，形而下为器，须着如此说。器亦道，道亦器。”⑦ 朱熹说，这里强调的重点是，“道”与具体的事物是分不开的：“以时节分段言之，便有古今；以血气支体言之，便有人己。”⑧ 简而言之，强调的核心重点是它们的统一性。程颢还写了一篇简短但著名的《识仁篇》，文中说：“仁者，浑然与物同体。”⑨ 朱熹觉得这太宽泛了。这些是程颢的观点，但程颐分享了他的观点。

在评论程颢的《识仁篇》的同一段落中，朱熹也引用了程颐的话：“一人之心乃天地之心，一物之理即万物之理。”⑩ 朱熹告诉我们，在编撰《近思

---

① 此为原文注释 93：*T' ung Ching-ch' uan Chi*（*Collected Works of T' ung Ching-ch' uan*），1553 edition. 6：2b.

② 此为原文注释 94：Ch' eng Hao and Ch' eng I. *Erh-Ch' eng Yi-shu* . 11：5b.

③ 此为原文注释 95：Ibid.，11：8a，12a.

④ 此为原文注释 96：*Yi-ch' uan Wen-chi*（*Collections of Literary Works of Ch' eng I*）In *Erh-Ch' eng Ch' üan-shu* . 5：10a.

⑤ 此为原文注释 99：Ch' eng Hao and Ch' eng I. *Erh-Ch' eng Yi-shu* . 1：3b.

⑥ 此为原文注释 100：Chu Hsi. *Chu Tzu Yü-lei*. Op. cit.，95：9b.

⑦ 此为原文注释 101：Ch' eng Hao and Ch' eng I. *Erh-Ch' eng Yi-shu* . 1：3b.

⑧ 此为原文注释 102：Chu Hsi. *Chu Tzu Yü-lei*. Op. cit.，95：6b.

⑨ 此为原文注释 103：Ch' eng Hao and Ch' eng I. *Erh-Ch' eng Yi-shu* . 2A：3a-3b.

⑩ 此为原文注释 105：Ch'eng Hao and Ch'eng I. *Erh-Ch'eng Yi-shu* . 2A：1a.

录》时，由于担心人们理解不了它，所以未将其列入文集中。他还说："万殊而一贯，此《西铭》之大指也。观其推亲亲之厚，以大无我之公，因事亲之诚，以明事天之道，盖无适耳，非所谓分立而推理一者。然言不尽而理有余。"① "伊川语录中说'仁者以天地万物为一体'，"朱熹说："说得太深，无捉摸处。"②他一次又一次地抱怨程颐的思想太高深了。他说："今学者皆是就册子上钻，却不就本原处理会。……看先生所解文字，略通大义，只是意味不如此浃洽。"③ 朱熹再一次指出，程颐关于"理"的讨论，"噬嗑明在上，动在下，是明得事理，先立这法在此，未见犯底人，留待异时而用。……此是伊川之意，其说极好"④。他反复说，《伊川易传》太深难了："易传难看，其用意精密，道理平正，更无抑扬。伊川易说理太多。"⑤

基于这些原因，朱熹对程颐的《伊川易传》给予了严厉的批评，并试图避免这种情况。他之所以称赞程颐为第一个用"理"去阐释《易经》的人，是因为"以前解《易》，多只说象数"⑥。但程颐的阐释与《易经》用于占筮的本意相反。朱熹抱怨说："自程门以后，人方都作道理说了。程先生只说得一理。"⑦因为他关注一个"理"，所以他敦促人们只去研究王弼的《周易注》，因为王弼认为，《周易》中的"理"涵盖了所有的东西。⑧ 程颐说："若一爻止做一事，则三百八十四爻，止做得三百八十四事。"⑨ 朱熹说："也说得极好。然他解依旧是三百八十四爻，止做得三百八十四事用也。"⑩ 朱熹说："易传言理甚备，象数却欠在。"⑪ 他说，程颐的《伊川易传》总是"豫先说下未曾有底事，故乍看甚难"。"'求言必自近，易于近者，非知言者也。'此

① 此为原文注释108：Chu Hsi. *Chu Tzu Yü-lei.* Op. cit.，97：5b.

② 此为原文注释109：Ibid.，95：11b.

③ 此为原文注释110：Ibid.，113：11b.

④ 此为原文注释111：Ibid.，71：20a.

⑤ 此为原文注释112：Ibid.，67：8a；72：15b-16a.

⑥ 此为原文注释113：Ibid.，67：5a.

⑦ 此为原文注释115：Ibid.，67：6b.

⑧ 此为原文注释116：See Wing-tsit Chan translated and compiled. *A Source Book in Chinese Philosophy*. Op. cit.，p. 319.

⑨ 此为原文注释117：Ch'eng Hao and Ch'eng I. *Erh-Ch'eng Yi-shu*. 1：24b.

⑩ 此为原文注释118：Chu Hsi. *Chu Tzu Yü-lei.* Op. cit.，67：8a.

⑪ 此为原文注释119：Ibid.，67：7a.

伊川吃力为人处。"[①] 朱熹极其不情愿地将程颐的《伊川易传》包括在他的《近思录》中。其理由是《伊川易传》本身就是一本书。朱熹之所以自相矛盾，是因为他确实从周敦颐的《通书》中选择了他需要的东西。在其合作者吕祖谦（1137—1181）的敦促下，朱熹终于从《伊川易传》中选择了很多观点，这些主要是关于日常实践的。

程颐从未将"一本万殊"与"体用"学说联系起来，但朱熹却做到了。他说："盖至诚无息者，道之体也，万殊之所以一本也；万物各得其所者，道之用也，一本之所以万殊也。"[②]他又说："盖尽已为忠，道之体也。推己为恕，道之用也。忠为恕体，是以分殊，而理未尝不一。恕为忠用，是以理一，而分未尝不殊。"[③]

朱熹从未真正定义过"体用"这个术语，但我们可以辨别出他使用"体用"的至少四种意义。一是事物本身及其运作。正如他所说："如耳听目视，自然如此，是体。开眼看物，着耳听声，便是用。"[④] "此身是体，动作处是用。"[⑤] 在这里，"体"的基本含义可以理解为"身体"，而"用"则意为"使用"。这个观点当然不限于某个具体的东西。他说："理者，天之体；命者，理之用。"[⑥]"体"也可理解为"来源"。"仁是爱底道理，公是仁底道理。故公则仁，仁则爱。端蒙。"[⑦] 就是说，"爱"由"仁"之体生。正如他所说："后来生底便是用。"[⑧] 二是，"体用"可理解为同一事物的两个阶段，就像心的状态一样。"当其未发此心，至虚无所偏倚故谓之中。以此心而应万事之变，无往而非中矣。是则二义虽殊而实相为体用。"[⑨] 同样，"中庸之中，实

---

① 此为原文注释 121：Ibid.，117：8a.

② 此为原文注释 126：Chu Hsi. *Lun-yü Chi-chu*（*Commentary on the Analects*）. Comment on 4：15.

③ 此为原文注释 127：Chu Hsi. *Lun-yü Huo-wen*（*Questions and Answers on the Analects*）. Comment on 4：15.

④ 此为原文注释 128：Chu Hsi. *Chu Tzu Yü-lei*. Op. cit.，1：3a.

⑤ 此为原文注释 129：Ibid.，16：11a；17：16a.

⑥ 此为原文注释 130：Ibid.，5：1a.

⑦ 此为原文注释 131：Ibid.，20：18b & 20a.

⑧ 此为原文注释 132：Ibid.，6：3a.

⑨ 此为原文注释 134：Ibid.，69：19b.

兼体用。其所谓庸者，又有平常之意焉，则比之中和"①。三是，有一种以"体"作为因或作为导致其"用"的因素来对"体用"进行的解释。因此，喜怒悲乐是"用"，导致其存在的"因"是"体"。正如朱熹所说："如孺子将入于井，不拘君子小人，皆有怵惕、恻隐之心，便可见。"②

所有这些观点中，要注意的一点是，必须对"体"和"用"进行明确的区分。当朱熹被问及是否宇宙中所有的创造、转化、兴衰，都可以被视为道之体时，他说这并不令人满意，因为这仅描述了"用"。他说，水本身是体，但是当其流动或静止时，则成了用。同样，扇子是体，当有人摇扇子时，它则成了用。或者像秤，带有星底的秤是体，但是当其被用于称量物事时，则成了用。他说："至于形而上下，却又分别。须分得此是体，彼是用，方说得一源。分得此是象，彼是理，方说得无间。"③

（作者：［美］陈荣捷　知名华人学者；
译者：杨玉英　长江师范学院外国语学院教授）

① 此为原文注释 136：Chu Hsi. *Chung-yung Huo-wen*（*Questions and Answers to The Doctrine of the Mean*）. Comment on Chapter 1.

② 此为原文注释 138：Chu Hsi. *Chu Tzu Yü-lei*. Op. cit., 17：16a–17b.

③ 此为原文注释 142：Chu Hsi. *Chu Tzu Wen-chi*. Op. cit., 48：17a–17b.

·窗外的风景·

汉学家克莱默-宾与《东方智慧丛书》*

马晓舟

摘　要：英国诗人、汉学家克莱默-宾的一生可分为诗人时期、译者及丛书主编时期、学者时期，他与中国结缘甚早，影响了美国诗人庞德及英美“意象派”的创作，并对此时英国音乐界的东方趣味有一定影响。他主编的《东方智慧丛书》覆盖英美图书市场，以通俗、便携、便宜的特点，向西方世界普及东方知识与文化。以其中26部与中国相关书籍为例，可见其具体的出版过程、图书定位及流通情况，并以丛书中国系列的收书范围为例，可见其以平等、客观的态度进行东西方深度交流的文化观念。

关键词：克莱默-宾　《东方智慧丛书》　中国　经典

克莱默-宾（Launcelot Alfred Cranmer-Byng，1872—1945）是活跃于20世纪初的英国汉学家，他英译中国诗歌，主编发行时间长达70年、范围涉及整个英语世界的《东方智慧丛书》，并在晚年进行了中西文化沟通与交流的反思，贡献卓然。本文在考察克莱默-宾东方因缘的基础上，讨论其主编丛书的特点、意义与贡献。

一、克莱默-宾的中国因缘及其影响

（一）克莱默-宾的中国因缘

克莱默-宾出生于英国，曾在剑桥大学威灵顿学院（Wellington College）

---

* 本文为国家社科基金项目“中国古典诗歌英译选集研究（1829—1947）”的成果，批准号（20XZW016）。

及圣三一学院（Trinity College）接受教育，他主要的身份除作为诗人、翻译家、中国诗歌专家及丛书编者等外，他还在艾克塞斯地区担任市议员及和平绅士，承担公共事务。[①]

克莱默-宾于19世纪最后10年开始诗歌创作，出版了一系列诗集，如《异教之诗：生命与爱之歌》（*Poems of Paganism; or, Songs of Life and Love*, 1895）[②]、《晨菊》（*Daisies of the Dawn*, 1896）、《黄昏之声》（*Voices in the Twilight*, 1897）等，并与他的兄弟Hugh Edward Cranmer-byng共同创作了短篇小说集《市集罗曼史》（*A Romance of the Fair, and Other Stories*, 1897），这部文集由16篇短篇小说组成，收于《罗克斯布拉罗曼史丛书》（*Roxburghe Romance*）之中，他们在扉页中感谢了埃格蒙特·哈克（A. Egmont Hake, 1849—1916），并称他是超越时代的伟大思想家。[③] 埃格蒙特·哈克是英国作家和社会思想家，他的伯父查理·乔治·戈登（Charles George Gordon, 1833—1885）是英国陆军少将，1860年随第二次鸦片战争进入中国，协助清政府与太平军作战，被两宫太后封为提督，被称为“中国人戈登”（Chinese Gordon）。埃格蒙特·哈克以他的经历创作了《中国人戈登的故事》（*The Story of Chinese Gordon*, 1884）、《戈登在中国及苏丹》（*Gordon in China and Soudan*, 1885），两本书籍出版时戈登将军刚刚在喀土穆阵亡，戈登的死及英国在苏丹的失败，引起了英国社会和政界的震动，这两部作品在此时广泛传播。克莱默-宾对于包括北非的整个东方的兴趣（其中尤以中国为甚），很大程度上是受埃格蒙特·哈克所写戈登将军故事的影响与启发。

此时，克莱默-宾读到了法国汉学家德里文（Marquis d'Hervey de Saint-Denys, 1822—1892）翻译编选的《唐代诗歌》（*Posies de lpoque des Tang*, 1862）及英国外交官、汉学家翟理思（Herbert Allen Giles, 1845—1935）编译的《古文选珍》（*Gems of Chinese Literature*, 1883）、《古今诗选》（*Chinese Poetry in English Verse*, 1883）等，并深为这些中国古代诗歌所吸引。

克莱默-宾与后来被视为意象派代表性诗人的艾伦·厄普得（Allen

---

① Clarence L. Barnhart, *The New Handbook of English Literature (Revised Edition)*, New York: Appleton Century Crofts, 1956, p. 288.

② 该诗集以笔名“Paganus”发表。

③ Hugh Edward Cranmer-byng and Launcelot Cranmer-Byng, *A Romance of the Fair, and other stories*, London: The Roxburghe Press, 1897.

Upward，1863—1926）相识，艾伦·厄普得在一份1915年6月写给杂志《个人主义者》（*Egoist*）的信件中，回忆了克莱默-宾将翟理思的《古文选珍》和《古今诗选》带到了他的阁楼里，此后“东方的蝴蝶”便在他的阁楼中萦绕不去，克莱默-宾还介绍给他一些常见的中国意象：柳、弃妇和春，他甚至说自己“很快地以我的灵魂亲吻中国的不朽之魂，并意识到西方人确实是蛮夷和魔鬼，我们几乎不了解诗歌”。并自称为李白和莎士比亚的追模者。[①] 基于二人共同的喜好与诗歌理念，二人于1900年在伦敦创办了出版社 Yellow Press，后更名为 Primrose Press，出版了艾伦·厄普得的两部作品。出版社于1903年关闭。继而成立了东方出版社（Orient Press）。1904年开始，克莱默-宾与帕西裔学者卡波迪亚（S. A. Kapadia，1857—1941）合作，开始主编出版《东方智慧丛书》（*The Wisdom of the East Series*），并使其成为影响遍及整个英语世界长达70年之久的系列丛书。

20世纪初期，克莱默-宾出版了数部译作，如《长恨歌及其他》（*The never-ending wrong, and other renderings of the Chinese from the prose translations of Professor Herbert A. Giles*，1902）及《诗经》（*The Book of Odes*，1904）、《玉琵琶》（*A Lute of Jade*，1911）、《华灯宴》（*A Feast of Lanterns*，1916），后三者收于《东方智慧丛书》之中。此外，他还为《特鲁博纳东方书系》（*Trübner's Oriental Series*）中的英译本《大唐慈恩寺三藏法师传》（*The life of Hiuen-Tsiang*，1911）作序。

在此一阶段，克莱默-宾的主要身份为译者和编者。虽然他不懂汉语、波斯语及阿拉伯语，但他能巧妙借助他人的英译本，以自身的文学修养，将东方诗歌以维多利亚风格或十四行诗的形式翻译出来，[②] 适合英语读者的阅读习惯。他主编的《东方智慧丛书》在很大程度上促进了东方文学与文化的西方传播。虽翟理思和厄普得对他启示良多，但他所秉持的东方观念却与二人不太一致。翟理思是英国驻华外交官，持有隐约的西方文明优势论，热情澎湃的诗人厄普得被中国诗歌所折服，极力称赞中国诗歌及文明的同时，对西方文学和文化多有贬斥，二者从自身的职务、兴趣出发褒贬一个民族的文化和

① Leonard Diepeveen, *Mock Modernism: An Anthology of Parodies, Travesties, Frauds*, 1910-1935, Toronto: University of Toronto Press, 2014, pp. 66-68.

② 克莱默-宾的中国诗歌翻译多以维多利亚风格呈现，并将《真境花园》翻译为十四行诗。

文明，既不公正也不客观。克莱默-宾的可贵之处在于其文化观念已超越简单的文明价值判断论，是站在世界主义的角度，探讨东西方文明以平等的姿态的互相了解、沟通，进而探讨文明互补的可能性与必要性。

克莱默-宾晚年的专著开始反思东西方文化的交流问题，他的《亚洲展望：中国艺术与文化解读》（*The Vision of Asia*：*An Interpretation of Chinese Art and Culture*，1932）一开首引用了曾作有《东方哲学故事》（*The Story of Oriental Philosophy*，1926）的英国小说家、传记作家亚当·贝克（L. Adam Beck，1862—1931）的一句话："东方和西方的价值观并不冲突，二者是互为补充且可互相交换的，如果充分认识到这一点，且思想能自由在东西之间流通时，将对整个世界大有裨益。一个民族的信仰是她的灵魂，文学是她的智慧。"① 在这部书中，克莱默-宾对于东方文化的看法与认识已较为成熟，他不断探讨中国人的文化精神和哲学体系、宗教思想对于西方的可借鉴之处。在《明日之星：打破与重塑世界之论》（*Tomorrow's star*：*An essay on the shattering and remoulding of a world*，1938）中，克莱默-宾指出此著作是"人的灵魂之自传"②，他以东西方文学、哲学及宗教的视角，回顾自己的心灵史。

克莱默-宾的一生经历了作家时期、编者和译者时期及学者时期，他的文化事业以西方文学创作为起点，并在此时与东方结缘，此后转向于翻译东方文学，主编《东方智慧丛书》，他对于东方的关注已超出文学范畴，及于历史、哲学、民俗等领域，他秉持了公允与客观的东西文明观，并不如其前的汉学家简单评判东西方文明之高下，而是在更高的角度上提出东西方文化交流的可能性与必要性。他的晚年转向于文化反思，以文化比较的观念，深化了他一贯秉持的文化交流的观点。

（二）克莱默-宾的交游及其中国诗歌英译的影响

克莱默-宾中国诗歌英译的影响主要及于文学和音乐领域，文学方面，通过好友艾伦·厄普得间接影响到了美国诗人艾兹拉·庞德（Ezra Pound，1885—1972），并因庞德的影响力和号召力，于20世纪初形成了英美诗坛的"意象派"诗歌及文化界的"中国热"。音乐方面克莱默-宾与英国作曲家格

---

① L. Adam Beck，*The Vision of Asia*：*An Interpretation of Chinese Art and Culture*，New York：Farrar & Rinehart，1929，p. 5.

② L. Cranmer-Byng，*Tomorrow's star*：*An essay on the shattering and remoulding of a world*，London：Golden Cockerel Press，1938，p. 1.

兰维尔·班托克（Granville Bantock，1868—1946）私交甚笃，班托克在1914—1933年之间为45首中国古代诗歌英译本谱曲，并发行了13张谱曲作品集，这些诗歌大多是克莱默-宾所英译，并形成了一股中国风情歌曲的热潮。

英国意象派诗人艾伦·厄普得的中国哲学和诗歌的兴趣源自于克莱默-宾的影响，[①] 直接影响了他日后的创作，并使他与庞德结缘。厄普得于1908年出版了引以为傲、自认可以获得诺贝尔奖的大作《新词》（*The New Word*），庞德十分喜爱这部著作，其中对于神话的词源学考察及孔子思想介绍让庞德印象深刻。1911年，从美国来到伦敦已三年的庞德经人引荐拜访了艾伦·厄普得，艾伦·厄普得于1912年出版了诗集《瓷器上的香叶》（*Scented Leaves from a Chinese Jar*），诗集包含30首富含中国意象的小诗，庞德在一封信中回忆："厄普得说他的中国诗作不是翻译作品，而是在非正常状态之下，使用了一定的中国回忆的创作。"[②] 虽然厄普得从未到过中国，也不会中文，他的"中国回忆"当为他对翟理思《古文选珍》《古今诗选》的深刻印象。庞德于1912年在大英博物馆阅读时决定发动一场诗歌界的意象派运动，并将艾伦·厄普得的作品收录了他编选的第一部意象派诗歌选集之中，艾伦·厄普得也由此被认定为是意象派诗人。

在庞德与艾伦·厄普得的交往之后，1912年底庞德在伦敦遇到了美国诗人厄内斯特·弗诺伦萨（Ernest Fenollosa，1853—1908）的遗孀玛丽·弗诺伦萨，并将其亡夫的中日诗歌翻译手稿交给了庞德，庞德根据手稿整理出版了《华夏集》（*Cathay*，1914），广受评论界称赞，被视为庞德创作史中的一个高峰，《华夏集》不仅影响及庞德日后的重要诗集《诗章》，亦对英美现代诗中重要的派别意象派诗歌产生了重要影响。[③] 借由克莱默-宾的间接影响，对著名诗人庞德及美国现代派诗歌中最显要的"意象派"诗歌的创作有促进之功。

克莱默-宾发表其中国诗歌译作之后，即有作曲家将其作为歌词并为其谱曲，以音乐的形式发行，如Clayton John、Frances Allitsen与Walter Bainbridge

① Anne Witchard, *British Modernism and Chinoiserie*, Edinburgh: Edinburgh University Press, 2015.

② Paige, D. D. (ed.), *Letters of Ezra Pound*, New York: New Directions. 1950, p. 22.

③ 赵毅衡《诗神远游：中国如何改变了美国现代诗》第17—22页、163—171页，上海译文出版社，2003年。

等相继发行了以克莱默-宾的英译中国诗歌为题材的音乐作品。1914 年，英国作曲家格兰维尔·班托克开始为克莱默-宾的中国诗歌谱曲，他自小倾慕东方文化，对东方器物，特别是中国山水画十分痴迷，甚至让家人穿上中国式的衣服，并将家里的猫起名叫茉莉。① 他总计谱曲中国诗歌约 45 首，其中有 32 首是克莱默-宾的翻译，虽克莱默-宾的诗歌英译与原诗有一定的距离，但克莱默-宾是以维多利亚诗歌风格将诗歌译出，与其浪漫化和戏剧化的作曲风格较为贴近。② 作为 20 世纪前后英国具有较大影响力的谱曲家，班托克对克莱默-宾诗歌的音乐化，体现出了克莱默-宾中国诗歌翻译的影响力。

二、《东方智慧丛书》的编辑、出版及影响——以中国系列书籍为中心的考察

1904 年，克莱默-宾与帕西裔律师、学者卡波迪亚开始在东方出版社发行共同主编的《东方智慧丛书》，此后由英美两地共同发行，至 1977 年停止，是英语世界中最具影响力的东方丛书。

（一）《东方智慧丛书》之前的东方书系

在克莱默-宾《东方智慧丛书》之前，对哲学和语言学深有兴趣，并跟随专门学者学习过梵文和希伯来语的德国出版商尼古拉斯·特鲁博纳（Nicolaus Trübner）从 1878 年开始发行《特鲁博纳东方书系》。该丛书包含 102 部关于东方的英语书籍，是英语世界中关于东方研究的丛书，在 1890 至 1930 年间发挥了相当重要的作用。这套丛书不仅可以反映编者的学术兴趣，也可借以观察这一时代的关于东方的学者旨趣，其内容包含亚洲、非洲和中东的语言和文学、宗教和哲学、历史和经济等。这套丛书对于印度、中东和非洲的兴趣远大于东亚，对中国佛教的兴趣远大于儒家，总体而言，是偏向于宗教的译介和研究，作者及译者主要为传教士和宗教学者，带有十分明显的传教士汉学的印记，传教士对于中国的观察多以宗教视角出发，并以基督教在中国

① Myrrha Bantock, *Granville Bantock: A Personal Portrait*. London: J. M. Dent & Sons. 1972, pp. 85, 106.

② Chinghsuan Lily Hsieh, *Chinese Poetry of Li Po by Four Twentieth Century British Composers: Bantock, Warlock, Bliss and Lambert*, Dissertation of the Degree Doctor of Musical Arts in the Graduate School of The Ohio State University. 2004, pp. 39-58.

的传播作为落脚点。[①] 克莱默-宾为丛书中塞缪尔·比尔翻译的《大唐慈恩寺三藏法师传》1911年新版作序进行推介。

继之而生的《东方智慧丛书》，则带有十分明显的20世纪汉学的倾向，克莱默-宾出版第一部诗集时，其笔名即为Paganus，即“乡野之人、无宗教信仰之人”之意，他并不以宗教视角观察东方，而意在于介绍东方各民族的文学和文化经典，以超越不同宗教、教派间的区别，发掘东方文化的精华，以实现东西方的共情与互相理解。较之于《特鲁博纳东方书系》的宗教旨趣和学术偏好，克莱默-宾《东方智慧丛书》的定位则偏向于普及东方文化和文学经典，使他的丛书变为畅销读物，这也是他的丛书大获成功、经久不衰的重要原因之所在。

（二）《东方智慧丛书》的编选缘起与出版过程

1904年始，克莱默-宾便与卡波迪亚共同主编出版《东方智慧丛书》，此套丛书主要英译北非、中东、印度及远东地区各民族的经典文学、哲学、思想及民俗等文献，与此时西方眼中的“东方”这一地理和文化概念相吻合，用以满足对于东方知识的需求。

1.《东方智慧丛书》的编选缘起与初衷

克莱默-宾于1902年出版了《长恨歌及其他》，是其中国诗歌翻译的先声，该书出版后好评甚多，《周日特刊》（*Sunday Special*）在称赞之余言“他（克莱默-宾）似乎抓住了远东精神”[②]。以此为基础，他主编的《东方智慧丛书》第一辑有7部作品，以中国作品译介为主，包括《〈诗经〉选》《〈论语〉选》《〈老子〉选》等，每部书前附载一段“编者语”，明确丛书编选的缘起和初衷：

> 这些书籍应该作为东方与西方互相理解和善意的使者，东西方分别代表已逝的思想世界，和当下的实践方式。……十分确信东方思想中伟大的理念和崇高的哲学，可以帮助复兴无惧于任何信仰和肤色民族的真正博爱的精神。

---

① 陈友冰《英国汉学的阶段性特征及其成因探析——以中国古典文学研究为中心》，载《汉学研究通讯》2008年第3期。

② 此评论附于他所翻译的《诗经选》之后，见 L. Cranmer-Byng, *Odes of Confucius*, London: The Orient Press, 1904.

此后，1906年10月16日，克莱默-宾与卡波迪亚共同致信给匈牙利伊斯兰学者 Ignaz Goldziher，重申丛书编选目的不仅在于让西方了解中国的宗教、哲学、文学等，更在于让东方与西方的联系更为紧密，西方的理念早已被说英语的东方人所熟知，但东方的理念对于大部分西方人而言却几乎不为所知。他强调这套精致的小书以通俗的方式写成，并以大部分读者可以接受的价格印行，并被大部分公众和皇家所喜欢，这与其用欧洲大陆语言翻译而成是相当重要的。①

促进东西方文化、思想的平等交流和互补，是丛书编选的初衷，第一辑出版后受到了评论界的一致好评，如 *The Educational Times* 评论其"我们无须怀疑，它们（此丛书）将会为我们打开一条对古代东方最好的思想的欣赏之路，且能继续使西方对于东方智慧的不同态度有更好的理解"②。可见此丛书达到了其初衷。

2.《东方智慧丛书》发行与流通

《东方智慧丛书》第一辑出版之后，转由约翰·默里出版社（John Murray Press）发行，可保证丛书的发行量和影响力。与此同时，该丛书由达顿出版社（Dutton Press）联合在美国发行，但发行量极小。二战后，丛书转由美国格罗夫出版社（The Grove Press）和佳作书局（The Paragon Book Gallery）发行，后者是纽约一家专门出版亚洲专题的出版社，直至1977年停止发行。

该丛书的发行是为了普及东方知识及文化，所发行的书籍均为便于携带的大小，丛书第一版封面及书衣并无任何图画设计，直至1910—1920年的版本才开始加以图画的封面设计。1904年初版时每本仅售1先令，后改为5先令，在美国发行时也多为1美元，低廉的价格保证了这套丛书的大量传播，其中部分书籍很快再版或三版。③《东方智慧丛书》中的书籍，除普遍的版本之外，还有口袋版本（Pocket Edition），做成口袋书的形式，以方便文本的传播与流通。

此丛书迅速成为畅销书，并被给予好评，如《格拉斯哥先驱报》（*The Herald*）评论道："这套新的丛书目的明确、崇高，值得支持。这些书籍小巧、

① *A Letter from L. Cranmer-Byng and S. A. Kapadia to Ignaz Goldziher*, 1906.

② *The Educational Times*. 1905. 10. 02.

③ Louis Henry Jordan, *Comparative Religion: Its Adjuncts and Allies*. Oxford: Oxford University Press. 1915, p. 446.

便宜，很适合装入口袋。书中的每一页都令人耳目一新、触动人心。”① 此套丛书的编选的通俗性、经典性，发行面的广阔性，以及文化目的的准确性，切中20世纪初期西方对于东方文化的需求，而丛书的价廉与小巧、轻便，均是其得以成为畅销书籍的重要保证。

（三）《东方智慧丛书》所收书籍及其编选策略——以中国系列书籍为例

自1904年丛书出版第一批书籍，到1977年停止发行，70余年间共出版发行了128本书籍，涉及东方各民族的文化与文学经典，丛书中共有25部中国系列书籍，如表1所示：

表1 《东方智慧丛书》所收中国系列书籍详表

英文题名	中文题名	译者/作者	出版时间
The Book of Odes, A Selection of Ancient Chinese Poetry from the Shih Ching	《〈诗经〉选》	L. Cranmer-Byng（克莱默-宾）	1904
The Saying of Confucius	《〈论语〉选》	Allen Upward（艾伦·厄普得）	1904
The Sayings of Lao Tzu	《〈老子〉选》	Lionel Giles（翟林奈）	1905
Book of History, Shu King	《〈尚书〉选》	Walter Gorn Old（欧尔德）	1906
The Conduct of Life, The Universal Order of Confucius	《中庸》（《人生之道：孔子学说中的普遍规范》）	Ku Hung-ming（辜鸿铭）	1908
The Book of Filial Duty, A Translation of the Hsaio Ching	《〈孝经〉及〈二十四孝〉》	Ivan Chen（程艾凡）	1908
Musings of a Chinese Mystic, A Collection of Texts Featuring Chuang Tsu	《〈庄子〉选》	Lionel Giles（翟林奈）	1909

① L. Cranmer-Byng, *Odes of Confucius*, London: The Orient Press, 1904.

续表

英文题名	中文题名	译者/作者	出版时间
The Flight of the Dragon, an Essay on the Theory and Practice of Art in China and Japan, Based on Original Sources	《飞龙在天：中日艺术理论及其实践》	Laurence Binyon（比尼恩）	1911
A Lute of Jade: Selections from the Classical Poets of China	《玉琵琶：中国经典诗人作品选》	L. Cranmer-Byng（克莱默-宾）	1911
Yang Chu's Garden of Pleasure	《杨朱的逸乐花园》	Alfred Forke（佛尔克）	1912
Taoist Teachings from the Book of Lieh-Tzu	《〈列子〉选》	Lionel Giles（翟林奈）	1912
A Feast of Lanterns, A Collection of Classic Chinese Poetry	《华灯宴：中国古典诗歌选》	L. Cranmer-Byng（克莱默-宾）	1916
Ti-Me-Kun-Dan, Prince of Buddhist Benevolence, A Mystery Play	《赤美衮丹》（或写作《直美衮登》）	Millicent H. Morrison	1925
The Religion of Tibet: A Study of Lamaism	《西藏的宗教：喇嘛教研究》	J. E. Ellam	1927
The Buddhist Pilgrim's Progress: From The Shi Yeu Ki, "The Records of the Journey to the Western Paradise"	《〈西游记〉选》	Helen M. Hayes	1930
The Herald Wind: Translations of Sung Dynasty Poems, Lyrics and Songs	《风信：宋词选》	Clara Argaret Candlin	1933
An Essay on Landscape Painting by Kuo Hsi	《郭熙〈林泉高致〉》	Shio Sakanishi（坂西志保）	1935
The Spirit of the Brush: Being the Outlook of Chinese Painters on Nature, from Eastern Chin to Five Dynasties	《神来之笔：东晋到五代的中国自然画家概览》	Shio Sakanishi（坂西志保）	1939

续表

英文题名	中文题名	译者/作者	出版时间
Selections from The Three Hundred Poems of the T'ang Dynasty	《〈唐诗三百首〉选》	Soame Jenyns（詹尼斯）	1940
The Book Of Mencius	《〈孟子〉选》	Lionel Giles（翟林奈）	1942
A Further Selection from the Three Hundred Poems of the T' ang Dynasty	《〈唐诗三百首〉续选》	Soame Jenyns（詹尼斯）	1944
The Rapier of Lu, Patriot Poet of China	《陆游诗选》（《陆氏之剑，中国爱国诗人》）	Clara Argaret Candlin	1946
A Gallery Of Chinese Immortals	《列仙传》	Lionel Giles	1948
A Confucian notebook	《儒家笔记》	Edward Herbert	1950
Tao Te Ching, The Book of the Way and Its Virtue	《道德经》	J. J. L. Duyvendak（戴文达）	1954

从《东方智慧丛书》中国系列书籍可见，其主要有以下几个特点：

首先，中国系列中的书籍均选自中国的哲学、历史和文学经典，其中以儒家典籍为主，另涉及道家等学派的著作。文学方面则以诗歌为主，有《诗经》、唐诗和宋词，亦有小说（《列仙传》）、戏剧（《赤美衮丹》）等，并稍及于艺术理论。从宗教而言，《列仙传》中的故事体现了道教神仙信仰，《赤美衮丹》是八大藏戏之一，宣扬佛教布施思想。从收录文献可见，中国系列触及了中国文化、文学及信仰的等方面，有较强的代表性。

克莱默-宾所召集的译者均为东西方的著名学者和诗人，其中包括英国汉学家翟理思之子翟林奈（Lionel Giles，1875—1958）、英国著名星象学家欧尔德（Walter Gorn Old，1864—1929）、德国汉学家佛尔克（Forke Alfred，1867—1944）、英国艺术学者比尼恩（Laurence Binyon，1869—1943）、英国诗人艾伦·厄普得（Allen Upward，1863—1920）等，此外还包括华人学者辜鸿铭（1857—1928）、程艾凡，及美籍日裔学者坂西志保（Shio Sakanishi，

1896—1976）等，胡适亦为克拉拉·坎德林（Clara M. Candlin）所翻译的宋词选《风信》作前言。这些译者和作者对于中国思想、文学和艺术的翻译和认识均具有权威性和可信性，而借助丛书的畅销与声誉，部分学者以此开始了汉学生涯，如翟林奈以此套丛书作为阵地，出版了 6 部中国儒家和道家典籍。坂西志保所英译北宋时期著名画家、绘画理论家郭熙的《林泉高致》出版于 1935 年，是她翻译的第一部中国艺术批评书籍，这一译本反响甚佳，成为她关于中国绘画理论著作《神来之笔》（*The Spirit of the Brush*：*Being the Outlook of Chinese Painters on Nature*，*from Eastern Chin to Five Dynasties*，1939）的基础，《神来之笔》是坂西志保最知名的代表作，[①] 亦在《东方智慧丛书》中出版。由翟林奈和坂西志保之例可见，丛书作为平台推介和培养了一批重要的研究者。

其次，《东方智慧丛书》以轻便、小巧、价廉为出版旨要，成为畅销书系，其受众为普通读者，丛书中讲求内容的通俗性。但中国系列书籍多为儒道典籍、唐诗宋词及艺术理论等，有诸多抽象观念、典故意象及理论知识等，不仅对翻译工作提出了挑战，亦为西方文化中读者的接受设置了诸多困难。

丛书于 1906 年出版欧尔德英译《〈尚书〉选》（*Book of History*，*Shu King*），此前欧尔德已出版英译本《尚书》（*The Shu King*：*Or the Chinese Historical Classic*，1904），这是对今本《尚书》58 篇的全译本，他严格按照《尚书》文字进行翻译，忠实呈现了《尚书》的语体特征，并对涉及的人物、地名及名物等进行了详细的注解，文后还附有中国计时方法和三代历史简介。欧尔德对《尚书》的定位是中国古代的信史，对《尚书》的定位是资料性、学术性和知识性的兼容。此书出版后，《神智学评论月刊》（*The Theosophical Review*）有文称《尚书》对于修习神智学的学生大有裨益。可见其目标受众是特定的专业人士，而非普通读者。

丛书 1906 年出版的《〈尚书〉选》较之前此译本区别十分明显，可被视作《尚书》的节译和改编本，从《尚书》中抽出了关于尧、舜、禹、夏桀、太甲、盘庚、武丁、商纣、周文武二王及周公的十则小故事，以叙事体写成，改变了《尚书》本身侧重记言的形式，且语言简明流畅，与佶屈聱牙的特性

① Greg Robinson，*The Great Unknown*：*Japanese Amercian Sketches*，University of Colorado，2016，pp. 6-9.

大相径庭，可见《〈尚书〉选》在体例、语言上的改编，是为提升其可读性和趣味性，保证《尚书》能被普通读者所接受，更有利于其在大众市场中的传播。

再次，丛书的导言中强调东西方文化交流的重要性，中国系列中的书籍则是对这一主旨的延续与深化。传统中国典籍中蕴含的智慧令汉学家惊叹，他们横向对比中西方文化，指出中国文明已十分灿烂时，西方还处于荒蛮阶段。对中国思想闪光点的发现，使他们更为迫切地希望当下西方人能正视中国，并与中国展开平等的交流和对话，这一观念体现于中国系列各书籍的序言之中，以欧尔德 1906 年版《〈尚书〉选》为例，他提及：

> 想想吧！在基督教的曙光和英国文明开始前的二十五个世纪，以及大约在罗马城建立前的二十个世纪，中国就已经有了民法和刑法、成文法、九牧制度、大量的家庭产业、进出口贸易，以及系统的灌溉、河道交通、常备军，和大量的农业、地方政府及其纳贡制度，以及由世系贵族所拥护的文学、艺术、科学和音乐教育。
>
> ……因此带着一些信心，我胆敢以这些简单的小故事，关注中国历史中知名人物，以希望用现代西方标准来衡量他们时不至于遭受不利，并期望让我们的同胞能对这个伟大而古老的民族有更切近的理解。[①]

与此相类的意识几乎可以在丛书中国系列每一部书籍中看到，西方的中国观念从兼有财富与王权的“孔教乌托邦”，在 18 世纪工业革命之后逐渐变为精神愚昧、道德堕落、历史停滞，甚至有“黄祸”之称，中国被视作西方的对立面。[②] 西方学者看到了工业革命之后西方社会产生的种种弊病，试图从中国古代典籍中寻求其优点，以期获得西方读者对中国的尊重与正视，并进而在中西文化交流的基础上，能促进文化间的理解与重视，吸收中国传统智慧之所长。

最后，丛书中国系列书籍聚焦先秦、汉代及唐宋时期，艺术理论著作至

---

① Walter Gorn Old，*Book of History, Shu King*，London：John Murry，1906，pp. 14-16.

② 此类关于西方中国形象流变的研究，见周宁《孔教乌托邦》，学苑出版社，2004 年。周宁《龙的幻象》，学苑出版社，2004 年。邹雅艳《13—18 世纪西方中国形象演变》，南开大学出版社，2016 年。

迟涉及宋代，因此编者所期望的中西方文化的平等交流和互相理解，其实是以昔日之中国沟通今日之西方，他们巧妙地回避了19世纪以来的中国现状，因他们认为此时残破、羸弱、混乱的中国并无多少能为西方所取之处，有厚古薄今之特点。系列中仅有一位译者关注到了当下的中国，此人就是著名学者辜鸿铭，在其英译本《中庸》（*The Conduct Of Life* ，*The Universal Order Of Confucius*，1908）之序言中，辜鸿铭认为中国旧有的道德文明和真正的社会秩序不会消亡，道德责任是中国社会秩序的基础，中国文明的理想目标不是个人的极度幸福，而是“致中和，天地位焉，万物育焉”。中国文明在当下百姓饥馑、政府失序、内外战乱中并没显示出它的失败，反而显示出巨大的成功，中国百姓在这样的社会中仍能高度可靠和守法，皆应归功于中国文明。[①] 辜鸿铭学贯中西，是一个自觉维护中国传统文化的学者，他强调中国文明在当下的重要意义，这与主流的西方观念甚为不同，丛书将此种观点收入，更可见其包容性。

《东方智慧丛书》对于东方文化的西传意义重大，且其在20世纪初期所提倡的东西文明平等的价值判断观念与交流互通的观念，具有相当的客观性和前瞻性。时至今日，中国传统文化的当代价值和世界意义，仍是学界研究的热点之一。

（马晓舟　西北师范大学文学院副教授）

① Ku Hung-ming, *The Conduct Of Life*, *The Universal Order Of Confucius*, London: John Murry, 1908, pp. 7-13.

两位汉学家的高论

顾　农

一、傅汉思《梅花与宫闱佳丽》

美国著名汉学家傅汉思（Hans H. Frankel，1917—2003）的《梅花与宫闱佳丽》（*The Flowering Plum and the Palace Lady：Interpretations of Chinese Poetry*），副题《中国诗选译随谈》，原是为英语世界的读者而作。他翻译的106篇中国古代诗赋，为不大懂汉语的人们提供了很好的英语译本，而又附以相关的解说；然而正如作者在本书前言中所说，“那些已然掌握了汉语的读者，包括中国诗歌方面的专家，（我希望）也会通过阅读找到本书更多的意义”。可知他对自己为这些诗赋而写的“随谈”期许甚高，而他的这些谈论也确实是富于启发性的。在英语世界，此书曾获得了极高的评价。

《梅花与宫闱佳丽》这个漂亮的书名，来自本书选译解读的第一篇作品，即萧纲的《梅花赋》。此赋是典型的宫体，现存的文本将梅花与美女打成一片来写，文字清新绮丽，南朝梁陈时代这一类作品甚多，很容易等闲读过，未必能看清其意义。傅汉思目光锐利，他深刻地看出了此篇的要害是“作者让一个人物形象和一棵半人格化的树在诗中互动，而其互动又生发出一个抽象概念”，即“美的转瞬即逝”。①

赋中描写的胜景是春梅与佳丽交相辉映，双美惊艳：

乍开花而傍巘，或含影而临池。
向玉阶而结彩，拂网户而低枝。
于是重闺佳丽，貌婉心娴，

① ［美］傅汉思著，王蓓译《梅花与宫闱佳丽》第1、4页，三联书店，2010年。

怜早花之惊节，讶春光之遣寒。
夹衣始薄，罗袖初单，折此芳花，举兹轻袖。
或插鬓而问人，或残枝而相授。
恨鬟前之太空，嫌金钿之转旧。
顾影丹墀，弄此娇姿，洞开春牖，四卷罗帷。

但是情况很快就发生了变化——

春风吹梅畏落尽，贱妾为此敛娥眉。
花色持相比，恒愁恐失时。

梅花与宫闱佳丽虽曾盛极一时，仍不免转眼成空。宫体诗赋往往在光彩夺目的佳人与美景之后，隐藏着幻灭的悲哀和一切皆是变动的哲理性思考，[①]《梅花赋》亦同出此辙。

萧纲做他的王子和太子的时候，萧梁王朝太平日久，江表无事，但他似乎已经有一种不祥的预感，深恐这样的盛世未必能够长久。当然这时他还是从佛教的观念出发，相信生住坏灭不停地流转，如露如电，世界上从来没有什么真正长久的东西。想通这个道理，即谓之悟道，可以成佛。稍后，果然发生了侯景之乱，大好的局面转瞬即逝，血流成河，一片狼藉。

傅汉思研究中国古代文学受“新批评”浸润甚深，他在其书的前言中说：“本书未定位于文学史或所谓发展脉络，而是以所处理材料的理解性的、审美的和情感性的鉴赏为主要方向。与诗歌的交流可以被比作人际交往。要了解一个人有两种方式：你可以尽可能地努力找出关于他的童年、背景、父母、祖先、亲属、师长、朋友、同事以及凡过来曾受过他影响的人和相关情况；或者你也可以接受此人现有的状态，研究他的外貌，感同身受地倾听他所诉说的一切，享受与他的相知相伴。我选择的是后一种方式。”[②] 这后一种方式，在中国古代的文学鉴赏中原是非常丰富多彩的，例如各种诗话词话中就充满了对作家作品的亲切感受；但是一说到研究，特别是学究派的研究，则社会

① 参见顾农《东晋南朝诗人对哲理的追寻》，载《随笔》2016年第2期。

② 《梅花与宫闱佳丽·前言》第2页。

学思路大为流行，背景，乃至后台往往成了主攻的对象，年谱、交游考之类大受重视，越做越细密，在某些极端的情况下，作家本人的外貌和内心倒反而有点被忽略了。在这种情形下，傅汉思这种本来平淡无奇的谈诗的方式，倒反而显得亲切有味，留给人们更深刻的印象和启迪。

本书译诗的选目及随谈都大有傅氏特色，不落俗套，富于启发性。

这里固然选择了若干传统的名篇，也多有过去人们不那么注意的篇章。例如这里就有杨广的两首诗，一首《宴东堂》，一首《春江花月夜》，皆见于第一章《人与自然》的部分。隋炀帝杨广其实是一位高水平的作家，但在一般的文学史上从来没有得到充分的估计。另一位亡国之君陈后主陈叔宝的诗，本书中也选译、谈论了两首（见于第五章《爱情诗》）。作为皇帝，这两位，特别是陈叔宝，乃是名声很差的问题人物，但人们不妨在诗言诗，暂时不管他们先前的种种劣迹和最后的灭亡。

书中没有选屈原，也没有选陶渊明，却选入了若干知名度相当低的诗人，如南朝诗人颜师伯（419—465）、元曲作家徐再思（生卒年不详）等人。书中选录了后者的《人月圆·甘露怀古》一曲：

江皋楼观前朝寺，
秋色入秦淮。
败垣荒草，
空廊落叶，
深砌苍苔。

远人南去，
夕阳西下，
江水东来。
木兰花在，
山僧试问：
知为谁开？

秋风落叶，一座荒废的古庙，诗人在此为远客送行，情景交融，可读性不错。而傅汉思乃是在诗句之平行这个视角下来讨论这首散曲的，他细致地指出，“败垣荒草，空廊落叶，深砌苍苔”这三行，“每行的第一个名词都属于建筑物废墟的一部分，而第二个名词都来自植物的领域”；“远人南去，夕阳西下，江水东来”这三行，“每行的第一个字都是修饰语，第二个字总是名词，第三个字是指示方向的副词，而最后一个字则是表示位置改变的动词。三个方位副词与三个表示位置改变的动词连在一起，动态地扩大了场景的范围，使其朝着三个不同的方向向外拓展。但是，三种扩展的结果却并不令人欢欣鼓舞，反而让人沮丧伤感，因为这三种运动都代表着消失与失去：友人越来越远去，夕阳正要落下，而江河东流代表着过去无可挽回地一去不返……”① 中国读者读这首散曲也许会觉得倒也普通，未必肯这样细细地去体会，而原曲的作者也未必是出于刻意的安排，他很可能不假思索地就这样写。由此可知，傅汉思特别选这么一首过去人们不大重视的曲子来翻译和分析，是合于他那种“新批评”式细读的期待视野的：这里有很多话可说。

而一般的中国读者以及研究者却很可能觉得这里平安无事、平淡无奇。

从这里最能看出中西文化传统及其影响之下作品解读方式的不同。叶嘉莹先生有一段话说得非常敏锐透彻、发人深思，值得大段地引用出来：

> 凡是真正的好诗，都有一种感发的作用，富有一种感发的力量，因此这种诗都是含蓄丰美的，具有多种联想的可能。然而作者在创作时却不一定曾经想到把这些内容都写进去。其实这正是中国文学作品与西方文学作品的不同之处。那天几位中国作家到温哥华来，我们这里搞当代小说研究的学生向中国作家谌容提了一个问题说，你的短篇小说《周末》里写几个人在一起打扑克，最后一个人出的牌是一张红心的“K”，你为什么要讲那张牌是红心？谌容女士回答说，我也不知道，我当时只觉得出个红心才好。——这就是一种类型的中国作家。他们在写作的时候，就是凭一种感发力量作用的本能。当然，中国现在也有了受到西方影响的新派作家，像台湾的白先勇就是。白先勇是研究西洋文学的，他的脑子里有一大套西方的文学理论，所以在他的小说中，每一个景象都有它的含义……在西方，很多小说家和诗人在写作时都很明确地意识到他用哪一个形象进行一种什么样的象征。但中国的传统不同……西方人在分

① 《梅花与宫闱佳丽》第 328 页。

析这些东西的时候常常不能理解，总是想给它加上一点儿什么。这样做对白先勇那一类作家是可以的，对中国旧传统中成长起来的那一类作家则不行。①

傅汉思解读《人月圆·甘露怀古》用的是西方办法，按说西法是只适合拿来分析西方作品或大受西方影响之作家作品的，也就是说未必完全适合用来解读元朝人的怀古送别之作；但是傅汉思到底是一位中国通，一位高水平的汉学家，所以他虽然是用西方办法来解读中国古代的作品，却并不显得很生硬、很牵强，还是可以接受的，我们甚至可以从这里获得某种启发——他的细读有助于人们从另一侧面来把握中国古代诗歌的艺术性。

文学鉴赏的实际表明，方法与对象完全配套自有它的好处，完全不配套固然行不通，而不完全配套仍然可以在某种程度上奏效：既然中国古代作品包含了多种联想的可能性，那么有节制地采用西法很可能会有意外的收获——当然，这时多少有点过度诠释是难免的。过度就过度一点吧，读者心中有数，再把它往回拉一拉也就是了。解读与原作完全合拍、斗缝合榫只是一种理想的状态，可以做到的只能是尽可能地接近。

从《梅花与宫闱佳丽》的全书看去，傅汉思对中国古代文学作品以及中国传统的解读方法知之甚深，他的大本领是能够打通中西说话，所以虽用西法，而仍能说得头头是道。西学为体、中学为用，正是傅汉思的拿手好戏。

让我们举一个例子来看他的高妙之处。孟浩然《与诸子登岘山》诗云：

人事有代谢，往来成古今。江山留胜迹，我辈复登临。
水落鱼梁浅，天寒梦泽深。羊公碑尚在，读罢泪沾襟。

“羊公碑”的出典见于《晋书·羊祜传》：

祜乐山水，每风景，必造岘山，置酒言咏，终日不绝。尝慨然叹息，顾谓从事中郎邹湛等曰：“自有宇宙，便有此山。由来贤达胜士，登此远望，如我与卿者多矣。皆湮灭无闻，使人悲伤！如百岁后有知，魂魄犹

① 叶嘉莹《汉魏六朝诗讲录》第116—117页，河北教育出版社，1997年。

> 应登此也。”湛曰：“公德冠四海，道嗣前哲，令闻令望，必与此山俱传。至若湛辈，乃当如公言耳。”……襄阳百姓于岘山公平生游憩之所建碑立庙，岁时飨祭焉。

这个典故亦颇为后代读者所耳闻或熟知。孟浩然此诗是一首吊古伤今的名作，语淡而意深，前人评述多矣，似乎已无剩义；而傅汉思读诗精细，他做到了将鉴赏向前推进，指出此诗的复杂高妙在于“它围绕着两套不同的时间体系运行”：“一方面，它记录了一个瞬间的经历，诗人与其同伴登上岘山，从山顶往下眺望，并因为阅读纪念羊祜的碑文而深受感动；另一方面，羊祜、诗人及其友人都被视为历史这条漫长锁链上一个个链环，必须遵从人事代谢和兴衰荣枯的永恒法则”，“它巧妙地结合起两个时间体系”，“诗作的后半部分描写了从山顶的俯瞰所见，以客观的描述开始而以个人化、情绪化的反应作为结束，悲伤在此处倾泻而出，显得更加富有震撼力”。[①] 这样的细读对人们理解此诗确有帮助。如果只是囫囵吞枣地读过，做普泛性的解说，那是远远不够的。

有的人死了，他还活着，活在后人的心中，也活在已成文物的碑上。人事代谢，流转不歇，但是真有重大贡献的人物是可以超越这种代谢而不朽的，只是很不容易做到罢了。

“羊公碑尚在，读罢泪沾襟”，诗人孟浩然的形象也就此高大鲜明起来，呈现于读者眼前。

傅汉思很能理解中国古代诗歌，理解古代的诗人，这是值得我们认真学习的。研读过此书以后，我们在审视鉴赏古代诗歌时的思路可以更加丰富起来。这样的书并不多见。

如果说这本大著还有什么缺憾的话，那就是还可以再多选多谈一些好诗，首先是屈原和陶渊明的作品。当然，好诗是翻译不尽，谈论不尽的，那么也就不要求全责备了吧。

---

① 《梅花与宫闱佳丽》第213—214页。

二、郁白《悲秋》

法国汉学家郁白（Nicolas Chapuis，1957—）的《悲秋——古诗论情》（*Tristes automnes：poétique de l' identité dans la Chine ancienne*）是一本主题学的名著，书中选取中国古代诗歌中以悲秋为主题的若干作品，结合中国古代文论和西方诗歌评论，深入地加以探讨，得出一个重要的结论说，悲秋作品中的声音同儒家提倡的中庸平和往往是格格不入的。

宋玉《九辩》唱道：

悲哉，秋之为气也！
萧瑟兮草木摇落而变衰。
憭栗兮若在远行，登山临水兮送将归。
泬漻兮天高而气清，寂寥兮收潦而水清。
憯悽增欷兮，薄寒之中人。
怆怳懭悢兮，去故而就新。
坎廪兮贫士失职而志不平，
廓落兮羁旅而无友生，惆怅兮而私自怜！
燕翩翩其辞归兮，蝉寂漠而无声。
雁廱廱而南游兮，鹍鸡啁哳而悲鸣。
独申旦而不寐兮，哀蟋蟀之宵征。
时亹亹而过中兮，蹇淹留而无成。

这里的调子近乎是绝望的，而其根本原因无非是“贫士失职”，为体制所抛弃。郁白分析说，这里的诗眼在于“私自怜”：

“怜”指使人去援助别人的怜悯之情，“怜”字意味着他者的在场。然而，宋玉是孤独的，举目无亲，以至于怜悯只能反射到自己（“自”）身上。于是，汉代注释者声称：“玉深心自虑，为私愁所苦。”更有甚者，“私”（“私自的”“我独”）字将这段文字个人化了。除了他自己，没有人会同情他的命运，他在社会生活中彻底失败了。[①]

由此开端的“悲秋”主题就这样奠定了一种“寓物写情”的传统。郁白引用他最为钦迟的钱锺书先生《管锥编·楚辞洪兴祖补注》之《九辩》部分的意见道：

> 悲愁无形，侔色揣称，每出两途。或取譬于有形之事……是为拟物。或摹写心动念生时耳目之所感接，不举为比喻，而假以为烘托，使读者可以玩其景而会其情，是为寓物。[②]

这其实也就是中国古代诗歌中最为常见的所谓“情景交融”。《九辩》中因悲秋而发的汹涌澎湃的抒情，同《诗经》里那些“怨而不怒”“哀而不伤”的调子，是很不同的。《诗经》里本来也不是没有情绪激昂的篇章，但经儒家的经师一解释，就都是“温柔敦厚”、非常注意同道德原则、社会规范认同的了。《诗经·小雅》里有一首《四月》，悲秋的调子原很激昂，略近于宋玉《九辩》，但是被经师们给予“一种政治性和社会性的解读”[③]，就完全消解了原诗的锋芒，而后来的读者也就往往按这种经典性的诠释来理解其诗。

这种诠释无非说明儒家的诗教“欲将诗歌创作置于政治审查之下以避免《楚辞》式的感情泛滥”[④]，这样的诗教不仅指导读者的接受，同时也深刻地影响了后来的诗歌创作，促使诗人们在自抒其情的时候，十分讲究与道德原则、社会规范认同，做到“发乎情，止乎礼义”（《毛诗大序》）。

《悲秋》分析诗歌止于唐朝，重点研究杜甫的七律《秋兴八首》和王维的五律《过香积寺》，书中指出，这些诗都没有把情感推之极致，诗人们虽然都致力于表现自己，但绝对不肯离经叛道，所以其中多有自我调节和压抑，避免过激的言辞；或者另外寻求取得内心平静的方式。《过香积寺》诗云：

---

① ［法］郁白著，叶潇、全志刚译《悲秋——古诗论情》第38—39页，广西师范大学出版社，2004年。

② 钱锺书《管锥编》第628页，中华书局，1986年。

③ 《悲秋——古诗论情》第29页。

④ 《悲秋——古诗论情·引言》第10页。

不知香积寺，数里入云峰。古木无人径，深山何处钟。
泉声咽危石，日色冷青松。薄暮空潭曲，安禅制毒龙。

诗中比较费解的是末尾的两句，对于外国读者来说尤其是如此。这里用了一个佛教的关键词“毒龙”（喻指俗人的妄念）。“安禅制毒龙”是说信佛的高士自能进入禅定的状态，可以制服各种妄念。入世的诗人同主流社会的体制认同，出世的诗人则与佛教的经典认同。王维是禅宗之南宗的信徒，他把香积寺一带的万籁俱寂与自己胸中的俗虑全消打成一片，并进而说一旦达到这一禅定的境界，人就能得到解脱，放下一切妄念就能见性成佛了。

杜甫与王维这两位唐诗中的绝顶高手，各有其认同的原则，他们都讲究自持，不完全放任自己的感情，以免泛滥成灾。宋玉以及中古时代的若干诗人则一味跟着感觉走，虽然也各有其成就，但总是做不到第一等人物。当然，如果完全没有自己的想法，没有激越的感情，只是一味认同于规范或佛经，那只能做等因奉此的俗吏或躬行本本主义的小和尚，根本不可能成为一个诗人了。郁白说得好：

> 杜甫的《秋兴》，十个多个世纪来被公认为中国诗中不可与之争锋的代表作，该诗有力地确认了抒情和与抒情相和谐的比兴，在表达自我认同中的必要作用。诗中的情与兴，由于诗人对朝廷剪不断的眷眷深情，且只有在梦里情与兴才能调和起来，因而带上了悲苦的浓重色彩。
>
> 面对着同样的困扰，王维向他身后悠久岁月中的中国文人提供了大受欢迎的解决办法，为了生存，应当压制潜在的自我认同，也就是要压制住潜藏在我们个人思维之“潭”深处，随时会醒来的“毒龙”。
>
> 粗粗看来，可以从这儿找着与儒家箴言或佛教戒律貌似殊途同归的“自律”或是“节制”。自制并不是在漠然的状态下对情感（或是激情、自我）的淡而化之。恰恰相反，这是诱人而又危险的自我认同之承认。①

这一总结颇有辩证的深度，道出了诗歌创作的奥秘即在于其内部的张力。《悲秋》一书论中国古诗只到唐朝为止，因为在本书作者看来，“在此之

① 《悲秋——古诗论情·引言》第11页。

后，中国诗走上了模仿和重复的下坡路”[①]。讨论中国古诗中的某些问题，到唐为止固然未尝不可，但把唐以后的诗一笔加以抹杀，大有格杀勿论的气势，就未必恰当了。事实上此后写悲秋这个主题的仍有佳作，不去谈论它们当然可以，但最好不要横扫一切。

（顾农　扬州大学中文系教授，资深古典文学研究家）

① 《悲秋——古诗论情·引言》第9页。

他山之石

——蔡襄在海外的影响及研究*

姜西良

摘　要： 蔡襄是北宋著名的政治文化人物，在政治、文学、文化、书法、茶学、农学等领域都取得了令人瞩目的成就，在当时和后世都有较大的影响，其著作、书迹在后世也流传国外，产生了相当大的国际影响。蔡襄在海外的影响和国际蔡襄研究以日本和美国为代表。关注蔡襄在海外的影响及研究成果，有助于促进国内的蔡襄研究更进一步发展。

关键词： 蔡襄　海外　影响　研究

蔡襄是北宋著名的儒家学者，在政治、文学、文化、书法、茶学、农学等领域都取得了令人瞩目的成就，在当时和后世都有较大的影响。蔡襄的好友欧阳修在《端明殿学士蔡公墓志铭》中评价他说："谁谓闽远，而多奇产。产非物宝，惟士之贤。嶷嶷蔡公，其人杰然。"① 南宋大儒朱熹在《跋蔡端明帖》也说："蔡公节概、议论、政事、文章，皆有以过人者，不独其书之可传也。"② 蔡襄一生刚毅正直、光明磊落，在25岁时即因其所作的《四贤一不肖

* 本文受北京市哲学社科研究基地重点项目"传统闲适诗史及其文化精神的现代诠释"（项目编号：15JDWYA003）和北京语言大学院级项目（中央高校基本科研业务费专项资金）（项目批准号：19YJ150003）资助。

① （宋）欧阳修著，洪本健校笺《欧阳修诗文集校笺》第923页，上海世纪出版股份有限公司、上海古籍出版社，2009年。

② （宋）蔡襄著，吴以宁点校《蔡襄集》第823页，上海古籍出版社，1996年。

诗》而声闻邻国契丹。[①] 其著作、书迹在后世也流传国外，逐渐产生了国际影响。[②]海外的蔡襄影响和研究以日本和美国为代表，蔡襄在日本是被学习的典范，其茶学、诗文、书法都是晚近日本学者乐于揣摩品鉴的对象；蔡襄在美国是被研究的对象，其思想观念、政治行为、文化活动等都是美国汉学界重要的学术视界。

一、蔡襄在日本的影响

蔡襄的作品何时传入日本不易考明，从笔者接触的资料来看，至迟在清代（1636—1912）中期以前，即江户时代（1603—1868）的日本学者就已经读到蔡襄的诗文著作，看到他的书迹了。

日本京兆香川修德太冲父是江户时代的茶学家，他曾为当时的赏茶家三谷氏的《和汉茶志》作序，其中说道：

> 三谷氏专好茶事，亦少日自西州来取征于京，而深叹世之赏茶家无学以文之，故习因仍，有志未立。予尝以蔡襄《茶录》一编为赠，盖警发之也。三谷氏见之大喜，始知非学以文之，则茶事拘蔽，无通权变。尔来立志学文，茶事所系，涉猎颇多，而后益知华之赏茶，肇于唐陆羽，弘于宋蔡、丁数人。[③]

根据文末署款，可知这篇序文作于皇和享保丁未（1727）仲秋既望。自荣西（1141—1215）从南宋把茶种、茶学带回日本，日本的茶学逐渐发展，形成了具有日本特色的茶道。到了江户时代，茶事虽盛却无茶学，此即三谷

① 宋仁宗景祐中（1036）范仲淹、余靖、尹洙、欧阳修因得罪宰相吕夷简，先后被贬，“时蔡君谟为《四贤一不肖诗》，布在都下，人争传写，鬻书者市之，颇获厚利。虏使致，密市以还。张中庸奉使过幽州，馆中有书君谟诗在壁上”。参见（宋）王辟之著《渑水燕谈录》第15页，中华书局，1981年。

② 蔡襄书迹今仍有藏于国外者，如《谢赐御书诗》《颜真卿告身跋》，今藏日本东京书道博物馆。参见刘正成主编《中国书法全集》第32卷《蔡襄卷》第199、204页，荣宝斋出版社，1995年。

③ ［日］神宫司厅古事类苑出版事务所编《古事类苑》“游戏部九”第664页，1914年，见中日古籍全文资料库（日本古典书籍库），日本凯希多媒体公司、得泓信息有限公司共同研制。

氏“深叹世之赏茶家无学以文之”。修德太冲父也看到了这个问题，因此他赠三谷氏以蔡襄《茶录》一编，期待三谷氏能够通过学习蔡襄《茶录》振兴日本的茶学。而三谷氏不负所望，编成赏茶家的首部《和汉茶志》，其中多次引证蔡襄《茶录》的内容。[①] 由此可见，蔡襄《茶录》是江户时期日本茶学界重要的修习内容，对当时的学者茶人重振茶学起到了至关重要的作用。

南湖堀正修也是江户时代的学者，他曾因朋友之请而作《斗茶》诗，其题序云：

> 蔡忠惠《茶录》云：“建安斗试，以水痕先者为负，耐久者为胜，故较胜负之说，曰‘相去一水两水’。”此斗茶之由也。谷南川讲茶礼者，其斗茶会约有试茶，有较茶。每茶一服，分其香、气、味，盖与香式相为表里，别自有所传准。而原藁氏揭“斗茶”二字以告其社友，乃其赏会，标置为茗仙家生一色。请余作诗：“斗茶传旧法，心赏辙开场。覆中品初定，不须问蔡襄。”元文已未九月后一日南湖堀正修题。[②]

这一段题记作于元文已未（1739），比修德太冲父作《和汉茶志·序》晚了一纪，不妨看作当时茶学振兴过程中学者学习蔡襄《茶录》的个案例证。南湖堀正修记述的当时的斗茶会从形式、内容、标准等各个方面都传承发展蔡襄《茶录》所记北宋建茶的做法，虽云“别自有所传准”“覆中品初定，不须问蔡襄”，但不可否认蔡襄作于1052年的《茶录》[③] 在近700年后仍对大洋彼岸的日本学者、茶人之茶会有不可忽视的重要影响。

江户时代的著名学者尾藤二洲（1745—1813）是著名的朱子学者，为“宽政三博士”之一，也是有名的汉诗人，他在《冬读书余》中提到他对蔡襄一联诗句的评价：

> 松间喝道，甚杀风景。严维《游云门寺》云：“深木鸣驺驭，晴山耀武贲”，实不雅也。蔡襄云：“欲望乔松却飞盖，为听山鸟歇鸣驺”，庶几

① 《古事类苑》“游戏部十”第709、710页，“游戏部十一”第755、789页，“游戏部十二”第805页。

② 《古事类苑》“游戏部八”第554页。

③ 蔡维锬《蔡襄年谱》第100页，厦门大学出版社，2000年。

免俗。(原注：徐氏)余渭却鸣驺犹是俗意，不如忘之之最为高。①

引文中原注徐氏指的是明代的著名学者徐𤊹，他所著《笔精》有“松间喝道……庶几免俗”一段记载。尾藤二洲对徐氏所论不以为然，认为蔡襄的诗仍有俗意，为听山鸟，而让传呼喝道的骑卒（“鸣驺”）休歇，不如忘却他们的存在最为高妙。虽然蔡襄诗句在此是被批评的对象，但我们可以由此推断，蔡襄的诗作至少在日本宽政庚申（1800）年前后即直接或经由明代学者的著作间接传到了日本，成为日本学人吟咏品评的内容。②

明治时代（1868—1912）的日本文人对蔡襄的书法也颇为熟悉。明治初期著名汉诗人森春涛编纂汉诗集《新文诗》，载橘门居伯起《静观居士书画册序》曰：

吾尝观于温岳之出云卷舒，变幻若鹏翼，若鱼鳞，有不可名状者。虽张旭醉书、蔡襄散草不能佛乎其真也。又尝观于紫溟之扬波，澎澎乎湃乎其来如山，其崩中雪，有可眙可愕者。虽使摩诘道子写之，亦唯假影而已。③

序中将张旭醉书、蔡襄散草并提，用来渲染静观居士所画温岳出云卷舒变幻莫测之妙，可知作序者、受序者必然都熟谙张旭、蔡襄的书法作品，并且钦赞张、蔡二人的书法风格。

森春涛之子森槐南（1863—1911）青出于蓝而胜于蓝，汉诗成就比他的父亲更大，对蔡襄相关的诗书逸事掌故更是烂熟于心，其《青萍即和见答因用前韵再赋一首》诗曰：

重涉仙家水石乡，洞天幸未误津梁。碧萝阴岭盘盘路，赤谷西崦树树霜。无意寻诗偶然得，有时隐几嗒焉忘。兴来还展东坡帖，天际乌云

① ［日］尾藤二洲《静寄轩集》第564页，中日古籍全文资料库（日本古典书籍库），日本凯希多媒体公司、得泓信息有限公司共同研制。

② 详见《静寄轩集》第547页。

③ ［日］森春涛编纂《新文诗》第三十九集第478页，中日古籍全文资料库（日本古典书籍库），日本凯希多媒体公司、得泓信息有限公司共同研制。

写蔡襄。[1]

诗的最后一联所指为苏轼所书蔡襄诗帖。蔡襄《梦中》诗云："天际乌云含雨重，楼前红日照山明。嵩阳居士今安在，青眼看人万里情。"苏轼欣赏此诗，将其书之于纸，成为经典的《天际乌云帖》。[2] 森槐南运用苏轼所书蔡襄诗帖的典故来和朋友诗作，自然犹如天成，也反映出其时日本文人群体对苏轼书、蔡襄诗的接受与推赏。

昭和时代（1926—1989），日本公开出版的汉诗集《东华》先后向学界介绍米芾、苏轼、黄庭坚和蔡襄，多次提到"宋四家"之称，体现了蔡襄书法在日本学者中的地位。[3] 著名的文学史学者青木正儿（1887—1964）在其全集中也收录了蔡襄《茶录》并对其进行了研究。[4]

此外，当代日本学者小林义广《蔡襄的谕告文》介绍了蔡襄5篇谕告文的创作时代和主要内容，认为《太平圣惠方序》作于蔡襄首次知福州时，《福州五戒文》《教民十六事》《戒山头斋会》作于他第二次知福州期间，《谕乡老诸生文》作年不明。文章回顾了宋代福建路谕告文的历史，对比了蔡襄谕俗文与陈襄庆历八年至皇祐三年（1048—1051）知台州仙居县时所作《劝学文》《劝谕文》的异同，并通过梳理蔡襄谕俗文对南宋朱熹《（漳州）龙岩县劝谕榜》、刘爚《（福州）闽县谕俗》、真德秀《福州谕俗文》《再守泉州劝谕文》、高斯得《谕俗文》、方岳《邵武军劝谕》的影响，指出蔡襄谕告文关注福建当地民风民俗问题的一贯风格，及站在儒家立场对福建地区葬仪、佛教等陋俗的批判，肯定了蔡襄谕告文对教化民俗、规范福建地区宗族活动和建设安宁的乡村社会等方面的贡献。[5] 小林义广的文章对于深入蔡襄文章研究具

---

① ［日］森槐南《槐南集》第518页，中日古籍全文资料库（日本古典书籍库），日本凯希多媒体公司、得泓信息有限公司共同研制。

② 衣若芬对此帖内容及其流传有详细的考证，参衣若芬著《书艺东坡》第3—31页，上海古籍出版社，2019年。

③ 国分青厓等编《东华》第六集第280页、第六十八集第41页、第八十八集第39页、第一百集第44页，艺文社出版，中日古籍全文资料库（日本古典书籍库），日本凯希多媒体公司、得泓信息有限公司共同研制。

④ ［日］青木正儿《青木正儿全集》第8卷，日本春秋社，1971年。

⑤ ［日］小林义广《蔡襄的谕告文》，载《名古屋大学东洋史研究报告》二九号，2005年3月。

有很好的启示意义。

二、美国的蔡襄研究

美国的蔡襄研究在西方学界具有相当的代表性，是伴随着当代美国对汉学和中国学的兴盛逐渐展开的。笔者所知较早的研究是傅申证明“宋四家”之“蔡”为蔡襄而非蔡京的论述。傅申在这篇完成于1976年的博士论文中，不同意明代张丑《清河书画舫》中“苏黄米蔡”之“蔡”原为蔡京而非蔡襄的说法，为蔡襄本书法“宋四家”之列正名。①

随后在80年代，倪雅梅（Amy McNair）在美国《宋辽金元》（*Bulletin of Sung and Yuan Studies*）上发表《宋代书法家蔡襄》（*The Sung Calligrapher Ts' ai Hsiang*）专文讨论蔡襄的书法。倪雅梅首先描绘了当时以美国为代表的西方社会对蔡襄了解甚少的现状：蔡襄名列书法“宋四家”，但与苏轼、黄庭坚、米芾三家相比，蔡襄无论对业余书画爱好者还是中西学生而言，都是一个比较陌生的名字。大概有感于此，她才撰写此文，专门介绍并讨论蔡襄独特的书法地位和不可忽视的艺术成就。文章主要从三个方面论述蔡襄书法的成就：一是蔡襄对王羲之和颜真卿的融会兼综；二是蔡襄对宋楷发展的引领和创新；三是蔡襄对苏、黄、米三大家的巨大影响。她认为“蔡襄在书法领域所取得的成就的重要性及其对宋代书法发展的影响，对未受过专业训练的人来说不那么显而易见。然而，他在历史中是关键中枢，因为他站在晋唐古典传统的终结和宋代伟大表现主义的开端之间。他对王羲之和颜真卿风格的综合兼融，为宋代其他三位书法大师奠定了基础，至今仍是书法发展个体风格的根本途径”②。文中提到1981年上海新出版的北京故宫博物院藏《蔡襄墨迹精品》计9件书作，以及同年《书法丛刊》第一期发表的单国强的《蔡襄的几件存世墨迹》，结合先前日本东京书道博物馆和台北故宫博物院已公布出版的蔡襄作品，使得学界能够看到蔡襄的几乎全部存世作品；文章结尾部分引用近人潘伯鹰分“宋四家”苏黄为一派、米蔡为一派的观念来论证蔡襄与

① 傅申博士论文未出版，转引自 Amy McNair，“The Sung Calligrapher Ts' ai Hsiang”，*Bulletin of Sung and Yuan Studies*, No. 18，(1986)，p. 61.

② “The Sung Calligrapher Ts' ai Hsiang”，pp. 61-62.

米芾在视觉冲击和学古理路等艺术核心层面的亲密关系，这都体现出她作为一位美国学者对中国书法学界蔡襄研究的敏锐观察和虚心学习。在随后关于宋代书法史和书法文化的研究中，倪雅梅继续保持对蔡襄书法成就和书法作用的挖掘和阐释。①

80年代还有一篇值得注意的文章，即杨渭生1988年发表的《过去十年中国宋代研究概要》一文，也是发表在《宋辽金元》(*Bulletin of Sung and Yuan Studies*)。② 文章从专著和论文集、宋代政治史研究、宋代经济史研究、宋代制度史研究、宋代教育和文化研究、宋代人物研究、南宋史研究、宋代文献整理和研究、近期宋代研究的特点和不足等9个方面介绍了过去10年(1978—1988)学界的成果和学术的进步，其中宋代人物研究部分比较详细地介绍了5个著名人物的研究情况，其中第一个便是蔡襄。1987年在中国宋史学会、杭州大学宋代研究中心等机构的支持下在福建莆田召开第一届蔡襄研究国际研讨会，70位专家提交了53篇论文，会议论文由蔡襄后人蔡金发主编《蔡襄思想及其家世研究》并于1988年在福建人民出版社出版。蔡襄研究的成果主要体现在对传统只关注蔡襄书法和建造泉州"洛阳桥"等狭窄视野的全面突破，学界开始探讨蔡襄的总体成就和评价，研究他的政治思想、经济和贸易思想、科技思想、艺术和书法、《荔枝谱》、《茶录》、水利工程桥梁建造等方方面面。杨渭生此文虽然是学者的研究成果，介绍的是改革开放之后10年内中国宋代研究的主要成果，但此文作为开篇文章发表在美国著名期刊，可以看出海外汉学界对中国国内宋史研究的关注和重视，文章关于蔡襄研究的成果及进展介绍也促使美国汉学界将更多的眼光投向蔡襄研究，由此也揭开了21世纪海外蔡襄研究的大幕。

进入新的世纪，研究者开始超出书法领域，关注蔡襄的思想观念、家族关系、政治行为、文房评鉴甚至医政措施等多个领域。首先是包弼德(Peter K. Bol)在其博士论文的基础上，经过多年修改、出版的《斯文：

① Amy McNair, "The Engraved Model-Letters Compendia of the Song Dynasty", *Journal of the American Oriental Society* , Vol. 114, No. 2 (Apr. - Jun., 1994), pp. 209-225. Amy McNair, *The Upright Brush*: *Yan Zhenqing's Calligraphy and Song Literati Politics*, Honolulu: University of Hawaii Press, 1998.

② Yang Weisheng and Lee-fang Chien, "A Brief Survey of Song Dynasty Studies in China over the Past Decade", *Bulletin of Sung and Yuan Studies* , No. 20 (1988), pp. 1-17.

唐宋思想的转型》一书，经刘宁翻译后2001年出版中文版，2017年再版。[①] 书中通过蔡襄与谢伯初的书信往来讨论蔡襄"学道先于学文"的观念，提到了蔡襄作《四贤一不肖诗》对范仲淹、欧阳修、余靖和尹洙的政治支持与在求道问题上思想的相近，指出契嵩对韩愈的攻击直接忤逆了所有那些取法韩愈的人，包括欧阳修、蔡襄和尹洙，还分析了苏轼论蔡襄飞白书的思想价值。

2001年，休·克拉克（Hugh R. Clark）发表《仙游蔡氏调查：蔡襄、蔡确、蔡京和亲缘关系政治》[②] 一文，回顾他对以蔡襄、蔡确和蔡京为代表的仙游蔡氏家族的亲属政治进行的实地调查研究，提出了一些富有启示意义的论点。如文章认为蔡襄作为蔡氏家族的重要嫡子，不到20岁就高中进士，成为宗族之中明确记载的科举及第第一人，后因对范仲淹、余靖、尹洙和欧阳修等人直接的褒扬和支持而名声大振，又作为重要人物积极参与庆历新政，新政虽然失败，但为后来的王安石变法提供了可资借鉴的先例，蔡襄本人也为蔡氏子孙树立了一个积极参与政治的典范。另外文章指出蔡襄一生仕宦，出入往来，但始终保持与出生地和宗族紧密不断的联系。这也点出了蔡襄在宋代士大夫之所具的特色。

2016年，伍伯常发表长文《宋代中国的地域文化传统："南唐文房四宝"》[③]，运用德国埃及学专家扬·阿斯曼（Jan Assmann）的文化记忆理论和日本学者佐竹靖彦（Satake Yasuhiko）的地域文化传统理念来阐释宋代文人对"南唐文房四宝"（诸葛笔、龙尾砚、李氏墨和澄心堂纸）从忽略、轻视到欣赏、称颂，乃至复制、仿作的态度变化及文化意义，讨论"南唐文房四宝"所代表的江南地域文化传统在唐宋文化转型和宋代文人文化形成过程中所具备的独特价值。文章虽非研究蔡襄的专论，但提到蔡襄达37次之多。文章大量引证蔡襄《文房四说》及蔡襄收藏、鉴赏笔墨纸砚的文人雅事，其结论部分在宋人众多文房相关史料专著中独选蔡襄《文房四说》

① ［美］包弼德著、刘宁译《斯文：唐宋思想的转型》，江苏人民出版社，2017年。

② Hugh. R. Clark, "An Inquiry into the Xianyou Cai: Cai Xiang, Cai Que, Cai Jing, and the Politics of Kinship", *Journal of Sung-Yuan Studies* 31, 2001, pp. 67-101.

③ Ng Pak-sheung and 伍伯常, "A Regional Cultural Tradition in Song China: 'The Four Treasures of the Study of the Southern Tang' ('Nan Tang wenfang sibao') ", *Journal of Song-Yuan Studies*, Vol. 46 (2016), pp. 57-118.

的精鉴品评来总结北宋中期文人对“南唐文房四宝”价值的重新发现和广泛认同。文章对蔡襄鉴藏品赏文房用具的考察、引证，举蔡襄之论为宋代文人之代表，不仅开拓了蔡襄研究的视野和领域，也提示了蔡襄作为北宋中期文人士大夫代表在引领和促进唐宋文化转型和宋代士人文化兴盛过程中的典范意义。

艾提婕（TJ Hinrichs）的研究涉及蔡襄在地方的医政措施，指出蔡襄在福州时出于易用性的需要对朝廷颁刻的100卷《太平圣惠方》进行删节处理，从而便于普通民众使用，并将其作为教化风俗的一个方面。① 史乐民（Paul Jakov Smith）的研究则关注到蔡襄《国论要目・任材》对当时军事的判断，蔡襄作《四贤一不肖诗》对范、欧、余、尹四人的政治支持以及对吕夷简的猛烈抨击。② Christian de Peer 的研究比较详细地分析了蔡襄《谢公堂记》所记谢绛在洛阳兴学功德，并考察了蔡襄此记在洛阳实地环境中的文化意义。③

结　语

日本是中国的近邻，唐宋以来受汉文化影响甚巨，蔡襄作为唐宋时代中国复合型儒家士大夫的卓越人物之一，其诗文、书迹传入日本，为江户、明治以来的日本文人学者所品味、评价和学习，成为中国古代文化在日本的一个典范代表。现代美国重视对中国的研究，蔡襄首先是以书法家身份进入以美国为代表的西方学者的研究视野。随着美国汉学研究的不断深入和拓展，海外学者开始扩大视野关注中国国内的研究成果，探讨蔡襄的政治活动、文化行为，不仅深入研究蔡襄的家族亲缘政治关系，还涉及蔡襄的文道思想、文房评鉴、医政观念等。蔡襄在美国学界主要是作为中国宋代士人文化的高

---

① TJ Hinrichs, “Picturing Medicine in Daily Life: Court and Commoner Perspectives in Song Era Paintings”, *Imagining Chinese Medicine*, edited by Vivienne Lo et al., vol. 18, Brill, 2018, pp. 240-242.

② Paul Jakov Smith, “A Crisis in the Literati State: The Sino-Tangut War and the Qingli-era Reforms of Fan Zhongyan, 1040 - 1045”, *Journal of Song-Yuan Studies*, Vol. 45 (2015), pp. 59-137.

③ Christian de Peer, “Wards of Words: Textual Geographies and Urban Space in Song-Dynasty Luoyang, 960-1127”, *Journal of the Economic and Social History of the Orient*, 2009, Vol. 52, No. 1, *Rock, Paper, Scissors: Fragments of Local History in Middle-Period China* (2009), p. 95.

峰之一而被瞩目。了解关心蔡襄在海外的影响和海外的蔡襄研究成果，有助于国内学者拓展研究视野，借鉴海外优秀的研究成果，同时避免其不足之处，从而促进蔡襄研究的深入和发展。

（姜西良　北京语言大学中华文化研究院副院长）

·张西平专栏·

白晋与礼仪之争

张西平

摘　要：白晋为法国来华耶稣会士，康熙皇帝的近臣。在礼仪之争中，他赞成利玛窦路线。铎罗访华后，被康熙帝委以重任。本文介绍了铎罗来华后，白晋作为康熙近臣而卷入礼仪之争的历史过程。这个历史过程对白晋的思想演变产生了影响。

关键词：康熙　白晋　礼仪之争

一

白晋（J. Bouvet，1656—1730），法国来华耶稣会士。1687 年（康熙二十六年）11 月 26 日他与洪若翰（J. de Fontaney ，1643—1710）、刘应（Claude de Visdelou ，1656—1728）、张诚（Jean Francois Gerbikkon ，1654—1707）、李明（Louis Le Comte，1655—1728）5 人做路易十四所委派的“国王数学家”来到中国，然后他们从宁波启程前往北京，1688 年（康熙二十七年）2 月 7 日到达北京，但一个月前南怀仁已经去世了。在葡萄牙来华耶稣会士徐日升（Thomas Pereira，1645—1708）的引荐下法国传教士们见到了康熙皇帝。[①] 洪若翰在信中写道：

---

① 法国传教士来华后受到了葡萄牙来华传教士的冷遇，因为，最初教宗授予了葡萄牙东方传教的护教权，所有前往东方的传教士都要从里斯本出发，后由于英、法等国的崛起，教宗解除了葡萄牙在东方的护教权。法国来华传教士的到来显然是不受葡萄牙管辖的。这种矛盾自然产生。例如，入华后中国主教罗文藻同意免除法国来华传教士的宣誓，而徐日升等葡萄牙来华传教士仍坚持他们应该宣誓。参阅［美］魏若望著，吴莉苇译《耶稣会士傅圣泽神甫：索隐派思想在中国及欧洲》第 46—47 页，大象出版社，2004 年。

> 1688 年 3 月 21 日，我们有幸觐见皇帝。这位伟大的君主对我们极其和善；在责怪我们不愿意全部都留在他的宫中后，他向我们宣布，他要把张诚神父与白晋神父留下为他服务，允许其他神父到各省传播我们神圣的教义。然后，他吩咐给我们上茶，并赐给我们一百金币，对中国人而言，此举可谓是极高的礼遇。①

张诚和白晋留在京城后开始给康熙上课，讲授西方科学与哲学，后合作编撰《哲学原理》等西方哲学书。②

由于白晋的突出表现，取得了康熙的信任，康熙就委派白晋返回法国，招募更多的传教士来中国。在巴黎期间，白晋完成了两部法文著作：《中国现任皇帝传》和《中国服饰史》。这两部书开启了法国来华传教士向欧洲传播中国文化的宏大运动。

白晋从法国返回中国最大的成绩就是促成了“安菲特利特”号前往中国。当时法国东印度公司没有能力派出一艘前往中国的贸易船只，白晋说服了玻璃制造商儒尔丹，由他出面与东印度公司达成协议，由他支付费用促成这次航行。③

从法国返回中国时，他完成了康熙交给他的另一个重要任务：招聘新的来

---

① ［法］杜赫德编，郑德弟等译《耶稣会士中国书简集》（一）第 269 页，大象出版社，2001 年。

② 白晋在《中国现任皇帝传》中写道：“康熙皇帝研究几何学以后，还打算学习哲学。为此，旨谕我们俩用满语编写进讲哲学的草稿。皇上谕令我们以他很自然地想到的我们讲授几何学时所采用的方法，来编撰哲学讲稿。蒙上帝的恩宠，我们在以前的进讲中取得了成绩，所以我们希望能够把这项工作做得更为成功。我们有理由相信，这项工作将能够带来比做其他任何工作更大的效果，因为编写出优秀的哲学书籍，是教化中国人，特别是儒士，使他们接受福音书真理的最行之有效的方法。想到这些，我们不能不加倍努力去完成这项工作。在当时参阅的古今哲学书籍中，与我们的目的最吻合的是王室学者学会会员迪阿迈尔（J. B. Duhamel，1624—1706，法国祈祷协会会员）的《古今哲学》一书。从这位优秀哲学家令人信服的精辟论述来看，确实再没有比这本书更适合我们的意图的了。所以，这本著作是我们完成哲学讲稿时的主要资料来源之一。”［法］白晋著，杨保筠译《中国现任皇帝传》，载［德］莱布尼茨著，［法］梅谦立、杨保筠译《中国近事：为了照亮我们这个时代的历史》第 80—81 页，大象出版社，2005 年。

③ 关于这次中法之间的第一次贸易，意大利画家聂云龙著有《1698 年乘坐“安菲特利特”号前往中国的旅途》（*Ralation du voyage fai à la Chine sur le vaisseau L'Amphitrite en L'année* 1689）一书。

华传教士。1698年3月6日，白晋乘坐“安菲特利特”号（Amphitrite）从法国出发，被他招聘来的新的传教士有：翟敬臣（Charles Dolzé，1663—1701）、南国光（Louis Permon，1664—1702）、利圣学（Jean-Charles-Etienne de Broissia，1660—1704）、马若瑟（Joseph-Henri de Prémare，1666—1736）、雷孝思（Jean-Baptiste Régis，1663—1738）、巴多明（Dominique Parrnenin，1665—1741）、颜伯理（Philibert Geneix，1667—1699），以及建筑雕塑家卫嘉禄、画家聂云龙（Giovanni Gheradini）。到达广州后，白晋受到了隆重的接待，因为，他是康熙的钦差大臣，仪式非常隆重。

> 10月31日将近傍晚6点时，我离开乘坐了8个月的船只，与白晋一同前往广州。岸上全副武装的士兵肃立，锣鼓声喧闹。我们登上小艇，就听到三声迎接神父的问候，接下来四周响起礼炮声。小艇上挂着两个硕大的灯笼，灯火通明，船体上还刻有“钦差”字样。在我们经过所有哨卡时，都会响起三声炮响。①

白晋对这次首次中国和法国的贸易做出的另一个重要贡献就是，通过他的游说，“从总督和海关总管处获准，“昂菲特利特”号可沿珠江上溯行驶，距离不限。它还享有免受海关官员检查和计量的特权，不必缴纳任何税款，甚至可免交计量费和锚地费——这两笔款是任何船只均须向皇帝缴纳的”②。

康熙在扬州接见了白晋和他带来的传教士。③ 白晋的法国之行获得了成功，得到了康熙的认可。

---

① 《1698年乘坐“安菲特利特”号前往中国的旅途》第73—77页。转引自解江红博士论文《百年浮沉：法国耶稣会传教团在haul活动研究（1685—1785）》第71页，澳门大学博士论文，2018年。感谢汤开建教授和解江红提供给我这篇博士论文。

② 《耶稣会士中国书简集》（一）第145页。此处“安菲特利特”号被译为“昂菲特利特”号。学者研究，白晋这样顺利是因为他熟知中国社会的特点，让法国人给中国的官员们送了重礼。“如黄埔海关监督曾得到300两白银的商品礼物，中国公司也向黄埔海关送礼600两。1698年1月17日，当白晋拜见两广总督石琳时，奉上了中国公司提供的丰厚礼物。”参阅耿昇《法国汉学史论》（下册）第578页，学苑出版社，2015年。

③ 《耶稣会传教士白晋神父致国王忏悔师、本会可敬的拉雪兹神父的信》，载《耶稣会士中国书简集》（一）第146页。

> 康熙帝令新来的传教士中的五人在皇宫等候任用，其他人可以随意到各省传教。随白晋一起来的法国商人们也得到了可以在广东租屋营业的许可。白晋还向康熙皇帝呈献了法国国王路易十四的礼物，其中包括几张王室的画像。①

1699年（康熙三十八年）康熙南巡，在杭州的杭州天主堂召见了潘国良，白晋、张诚作为康熙近臣也随同巡访江南。②

二

礼仪之争爆发后，白晋更是成为康熙帝所信赖的传教士，被委以重任。

礼仪之争是明清之际中西文化交流史上最重要的历史事件，它不仅仅是来华传教士在华传教策略上的分歧，也是欧洲思想文化史上内在思想矛盾的体现。在一定意义上，这场文化之争源于西方自身，它本和中国并无关系。它是西方国家和基督教在全球扩张中，首次遇到一个文化悠久于它，经济实力高于它的中国时，在宗教理解上所发生的分歧。原本是一个纯粹文化的问题，但当罗马教廷派遣使者前来中国宣布教宗的礼仪之争训令时，这就变成了清政府与罗马教廷之间的外交关系问题。③ 白晋作为康熙最信任的传教士自然也卷入其中。

1701年12月5日，罗马教宗任命铎罗（Charles Thomas Maillard de Tournon）为使华特使，1704年教宗克雷芒十一世（Clement XI，1700—1721）于1704年11月20日签署了关于中国礼仪的密令。由此，在中国礼仪上曾经来

① ［德］柯兰霓著，李岩译《耶稣会士白晋的生平与著作》第28页，大象出版社，2009年。

② 参阅韩琦、吴旻校注《熙朝崇正集·熙朝定案》（外三种）第189页，中华书局，2006年。“二十六日，良同远臣张诚、白晋等蒙皇上钦赐御宴湖舫，游览西湖，至晚偕诣行宫，谢恩而归。二十初三日，良同远臣张诚、白晋等蒙皇上钦赐御宴，游览虎丘。”

③ 参阅［美］苏尔·诺尔编，沈保义、顾卫民、朱静译《中国礼仪之争：西文文献一百篇》（上），上海古籍出版社，2001年；张国刚《从中西初识到礼仪之争》，人民出版社，2003年；李天纲《中国礼仪之争：历史、文献和意义》，上海古籍出版社，1998年；张西平《欧洲早期汉学史：中西文化交流与西方汉学的兴起》，中华书局，2009年；张西平《儒学西传欧洲研究导论：16—18世纪中学西传的轨迹与影响》，北京大学出版社，2016年。

回摇摆动摇不定的罗马教廷有了一个明确的意见，以颜珰（Charles Maigrot）为代表的托钵修会意见占了上风，以利玛窦为代表的耶稣会适应路线没有被罗马教廷接受。①

1705年12月4日，铎罗使团到达北京。12月31日，北京的全体耶稣会士拜见了铎罗特使，白晋在其中。康熙得知了这消息，对此有明确的意见，他已经意识到铎罗来华并非朝贡，这是一种新的外交形式。

> 铎罗系奉教之人，来查其教，并非西洋王遣来纳贡，着穿我本地衣服，尔等咨会督抚，优礼款待，供给船夫，派人照料，从速遣王京城。此旨着令西洋人看，听其如何言语，若如谓如此好。赫世亨即用清文缮文，交付督抚之子弟，以面从速咨行，一面奏闻。再有他言，续行具奏候旨。②

1705年12月31日（康熙四十四年十一月十六日），康熙皇帝第一次在畅春园接见了铎罗特使。在会见了铎罗后，康熙决定派特使到罗马给教宗送去礼物，以感谢教宗派特使来华。康熙就派人到铎罗处询问，如果派一名特使到罗马，派哪位好。铎罗提出派沙国安（Mariani）为特使。但康熙得知后感到不妥，因为沙国安是铎罗特使团成员，并不懂汉语，他认为既然是清廷派往罗马的特使，自然要懂汉语。于是康熙给铎罗提出，应派白晋和沙国安一起前往罗马，白晋为正使，沙国安为副使。康熙希望白晋和沙国安尽快前往广州，乘坐英国轮船前往欧洲。

汉文文献证明了白晋奉康熙命，准备回欧洲之事。满文老档存有一份关于白晋前往广州一事的文献：

> 总管内务府为给白晋等准备驿马船只到厦门出海赴欧洲事行文兵部（康熙四十四年十一月十八日）

① 1645年9月12日，教宗英诺森十世（Innocent X，1644—1655）宣布了禁止中国教徒实行中国礼仪的通谕。但在卫匡国返回欧洲后的努力下，教宗亚历山大七世（Alexander VII，1655—1667）在1656年又发布了与教宗英诺森十世意见相反的通谕，允许中国教徒实行中国礼仪。

② 中国第一历史档案馆、澳门基金会、暨南大学古籍所合编《明清时期澳门问题档案文献汇编》（一）第69页，人民出版社，1999年。

总管内务府行文兵部，为知会事。本月十七日，据员外郎赫世亨、张常柱前来禀称：我等已奉有旨，谕曰，西洋人白晋、沙国安均骑马有宿疾，可于尔等属下人内选派一人，沿途择取驿马给予骑乘。若不能骑马时，可以准换乘车。若乘船前往较快，则准换乘船。抵闽之后，若海船泊于金门、厦门等地，则将西洋人送至泊船之地，而后可以返京。钦此。钦遵此谕，于当日将养心殿笔帖式佛保、布尔赛，武英属殿监造关保、常瑞、色楞、双丁、爱保、陶格、陈喜祥、高斌，南熏殿监造王凯、双玉、博和里、八十等人之名开列于单绿头牌奏览。奉旨：着养心殿笔帖式布尔赛去，着派兵部领催一人随同前去。钦此。钦遵。为给伊等签发勘合，先期准备驿马、车辆、船只，以期不误行程，特拟文咨行。为此知会，内务府大臣何硕色咨行，笔帖式杨洪成送去后，已交付员外郎杨琳收讫。(选译自“内务府行文档”卷25)①

总管内务府为护送旭阳人白晋等搭船回国并派拨驿马送往赏物事致兵部咨文。(康熙四十四年十一月十九日，1706年1月3日)

十九日，总管内务府咨行兵部，本月十七日，据员外郎赫世亨、张常柱告称，我等奏称，笔帖式布尔赛、西洋人白晋、沙国安抵达福建后，若海船尚未起行，俟西洋人等登上海船，布尔赛即行返回，倘若海船业已起航，布尔赛或返回，或送至广州之处，请旨。等因奏入，奉旨：海船若已开行，则送至广东澳门。倘澳门有海船，俟登船即回；倘无返回海船，广州府有天主堂，可将西洋人等交付彼处巡抚安置于天主堂，布尔赛自行返回，西洋人搭明年返回海船前往。返回之消息，由巡抚等转告尔等。钦此。查得，据称，赏赐西洋教化王之小件不计外，仅绸缎即有三七匹，请酌拨驿马买送，等因。故请尔部查照旨内事项，转行该巡抚，拨驿马齐送赏物。为此，总管内务府大臣赫硕色咨行。笔帖式萨尔格送往，交付郎中杨琳。②

① 中国第一历史档案馆、中国海外汉学研究中心合编《清初西洋传教士满文档案译本》第292页，大象出版社，2015年。

② 《明清时期澳门问题档案文献汇编》(一)第68—69页。

赫世亨奏为布尔赛已带白晋、沙国安并赏赐物品回京事朱批奏折（康熙四十五年十二月初九日）

赫世亨谨奏，为奏闻事。

布尔赛带西洋人白晋、沙国安及赏赐物品，于本月初八日夜回来，并将沙国安安置于徐日升所主教堂。初九日晨，布尔赛入内交付带回之赏赐物品，即行往迎皇上。为此谨具奏闻。（朱批）：知道了。（选译自“满文朱批奏折”卷157）①

这3份文献都提到了康熙准备派白晋、沙国安带到罗马的礼物，以及如果登上船和登不上船如何处理和返回后的情况。白晋和沙国安赶到广州时英国船已经出发。

罗马耶稣会档案馆Jap. Sin. 169号文件也记载了白晋前往广州一事。

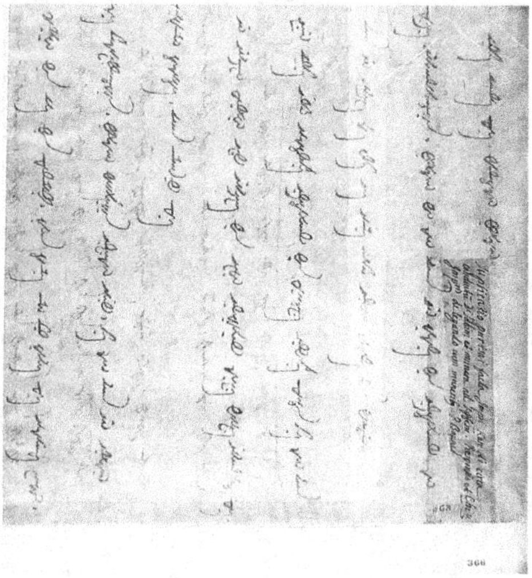

图1　罗马耶稣会档案馆藏白晋前往广州的满文文献

① 《清初西洋传教士满文档案译本》第309页。

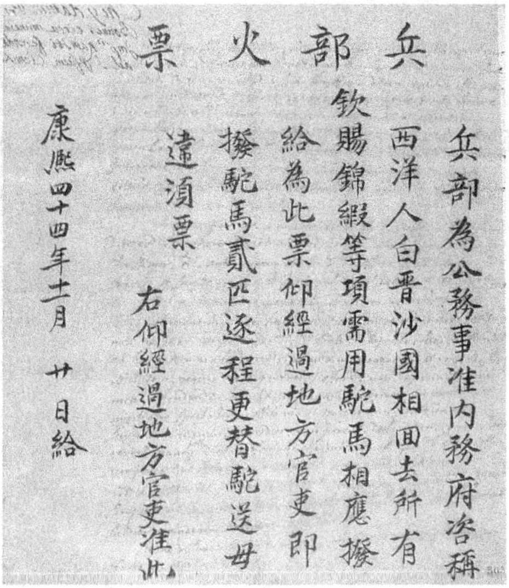
兵部火票

兵部為公務事准内務府咨稱
西洋人白晉沙國相回去所有
欽賜錦緞等項需用駝馬相應撥
給為此票仰經過地方官吏即
撥駝馬貳匹逐程更替駝送毋
違須票
右仰經過地方官吏准此
康熙四十四年十一月 廿 日給

图 2　罗马耶稣会档案馆藏白晋前往广州的汉文文献

此时，在北京的铎罗特使听到康熙这个安排，大为恼火。1706 年 6 月 1 日，纪理安同一清廷官员拜见铎罗，铎罗说有事要向康熙禀报，康熙回旨，令铎罗前往他处觐见，铎罗却说自己身体不好，无法前往。

> 六月二十日皇上遣官来听取铎罗愿奏之事，铎罗宗主教盛怒，大声喊说白晋不能充报聘使。……特使团员闻言都大惊失色，耶稣会士不敢翻译。铎罗特使逼迫毕天翔逐句说明。①

铎罗认为，派往罗马的特使正职应该由他所率领的特使团成员来担任，不应该由白晋来担任。

白晋和沙国安在 1706 年 1 月 4 日离开北京。在前往广州的路上，白晋

① 罗光《教廷与中国使节史》第 120—121 页，台北：光启出版社，1961 年。

作为皇帝的特使享有优先地位，这样自然和沙国安产生了矛盾。此时，铎罗让白晋的上司张诚命白晋把礼物箱的钥匙交给沙国安。康熙皇帝得知了此事。①

> 览铎罗所奏，朕知道了。无用再谕。但白晋已与沙国安不和，叫回白晋何如？还有不尽之谕，等铎罗好了陛见之际再谕。传与铎罗宽心养病，不必为愁。②

当康熙这个御批送给铎罗时，铎罗十分高兴，但当他得知可将白晋和沙国安从广州召回时，吓得眼泪直流。因为，他已经向教宗写信，说康熙将送礼物给教宗。如果现在康熙不再派人前往罗马这势必引起罗马教廷不满。得知这个情况后，康熙让白晋暂时待在广州，铎罗听到这个消息后大哭起来。

关于康熙派白晋回去给罗马教宗送礼一事所产生的风波，实际上是铎罗犯的严重错误。因为，这是清廷代表中国政府所送的礼物，自然应由康熙皇帝决定，而铎罗却在此时要实现他的宗教权力，完全混淆了这件事的基本性质。从康熙对这件事的处理中可以看到康熙对白晋的信任。③ 安多神父在寄给

① 按照德国汉学家柯蓝妮的看法，张诚由此失去了康熙的信任，在他去世时，康熙并未有任何表示。参阅《耶稣会士白晋的生平与著作》第52页。

② 陈垣《康熙与罗马使节关系文书》，见［意］马国贤著，李天纲译《清廷十三年——马国贤在华回忆录》第115页，上海古籍出版社，2004年。

③ 关于铎罗使华研究可以参阅：D. E. Mungello《中国礼仪之争：历史和意义》（*The Chinese Rites Controversy: its History and Meaning*），Nettetal; Steyler Verlag，1994；《铎罗使华记述》［*Anecdotes sur l'État de la Religion dans la Chine, Tome I*（Relation de M. le Cardinal de Tournon Patriarche d'Antioche, VisiteurApostolique; avec pouvoir de Légat à latere à la Chine, écrite par lui-même）］；［德］柯蓝妮著，余三乐译《纪理安——维尔茨堡与中国的使者》，载《国际汉学》2004年第2期；珂蓝妮、王潇楠《颜珰在中国礼仪之争中的角色》，载《国际汉学》2010年第1期。

欧洲的信中详细记载了这件事。①

在召颜珰来京后，铎罗的访华使命就基本终结了。1706 年 8 月，颜珰从热河到北京后，铎罗就被禁在北堂之中，8 月底离开北京。1706 年年底，康熙皇帝就发布了领票的旨意。

> 奉旨：凡愿永不返回之西洋人等，缮写印票，钤总内务府印发给。印票须写明西洋国籍、年龄、会别、来华年限。永不返回西洋，因来京谒见圣明，特颁印票。钦此。②

按照内务府的统计，截至康熙四十七年（1708）共有 48 名传教士领票。领票的传教士中耶稣会士 39 人，方济各会 9 人；其中法国人 19 人、葡萄牙人 12 人、意大利人 10 人、西班牙人 5 人、德国 1 人、波兰 1 人。③

---

① “主教的第四件事情是关于皇帝向教皇送礼事宜。陛下曾准他选派一人押运礼品并将其呈送教皇。铎罗先生挑选了他的助理沙国安先生。皇帝则做了额外之事：他认为由他委派使者运送礼品要比由铎罗先生的侍从押运并呈送礼品更为体面，因此，他把目光投向了宫中神父并钦命白晋神父以他的名义前往罗马。礼品送到主教先生处后，人们便委托白晋神父和沙国安先生照管。……但皇帝的传旨官只对白晋神父说话，因此宫中无人怀疑白晋神父是皇帝唯一代表，而沙国安先生只代表主教先生，因为说到底，若非君主委派，任何人都不得享有钦差头衔。皇帝召见白晋神父和沙国安先生时也只对前者说话且只嘱托他一人以其名义向教皇致意。更有甚者，沙国安先生请要国书，皇帝拒不给他，而只给白晋神父一人使节证书。……在遥远的国度，在一个猜忌其权力的宫廷中，主教先生打算运用自身的权威，甚至以越权的方式处理此事。礼部派人将礼品装箱后把钥匙只交给白晋神父一人。主教向神父要钥匙，神父服从，把钥匙给了主教阁下。后来，神父当着证人的面先后六次向主教讨要钥匙，但主教根本不予回答。最后，动身的日期到了。铎罗先生把钥匙给了沙国安。主教先生而且不许他将其交给白晋神父，除非沙国安死于途中。到达广州后，为他们引路的官员准备返回宫中；这时，沙国安先生向官员索要原本为白晋神父颁发的使节证书，人们也向沙国安出示了证书。于是，白晋神父向沙国安先生表示，既然他已经从官员手中看到了证据，就不可能不知道自己的身份了，因此，如果沙国安先生担心官员会对宫廷做于他本人不利的证词，应当把礼品箱的钥匙给自己。主教先生不久就知道了白晋神父的意图，为此十分不快，于是致信沙国安先生，要他宁肯把礼品扔到海里也不能把钥匙交给白晋神父，还说他将嘱咐白晋神父的上司张诚神父，让他命令前者辞去（皇帝交办的）差使。”参阅《耶稣会士中国书简集》（第三卷）第 132—133 页。

② 《明清时期澳门问题档案文献汇编》（一）第 77—78 页。

③ 《明清时期澳门问题档案文献汇编》（一）第 80—82 页。

表 1 领票传教士一览表（截至 1708 年）

姓　名	修会	国籍	居住地
高尚德（Charles de Rezende）	耶稣会	葡萄牙	正定府
王義仁	耶稣会	德国	京城
康和子（Carolus Orazi di Castorano）	耶稣会	意大利	山东临清州
卢保罗（Jean-Paul Gozani）	耶稣会	意大利	河南开封府
伊大任（Bernardino de la Chiesa）	方济各会	意大利	山东临清州
汤尚贤（Pierre-Vincent de Tarte）	耶稣会	法国	山西太原府
方全济（Jérôme Franchi）	耶稣会	意大利	山东济南府
艾若瑟（Joseph-Antoine Provana）	耶稣会	意大利	山西绛州
艾斯汀（Augustin Barelli）	耶稣会	意大利	杭州府
郭忠川（Jean Alexis de Gollet）	耶稣会	法国	宁波府
龚当信（Cyr Contancin）	耶稣会	法国	绍兴
郭纳弼	方济各会	西班牙	山东泰安州
卞苏吉	方济各会	西班牙	山东济宁府
景明亮	方济各会	西班牙	山东青州府
南怀德	方济各会	西班牙	山东济南府
巴廉仁	方济各会	西班牙	山东临朐县
方西满	耶稣会	法国	湖广武昌府
殷弘绪（François-Xavier d' Entrecolles）	耶稣会	法国	江西饶州府
马若瑟（Joseph Marie de Prémare）	耶稣会	法国	湖广汉阳府
庞克修（Jean Testard）	耶稣会	法国	江西建昌府
戈维礼（Pierre de Goville）	耶稣会	法国	江西抚州
聂若汉（François-Jean Noëlas）	耶稣会	法国	湖广黄州府
沙守信（Émeric de Chavagnac）	耶稣会	法国	江西抚州

续表

姓　　名	修会	国籍	居住地
赫仓弼（Julien-Placide Herieu）	耶稣会	法国	湖广黄州府
冯秉正（Joseph de Moyriac de Mailla）	耶稣会	法国	江西九江府
聂若望（Jean Guarte）	耶稣会	葡萄牙	湖南长沙府
林安年	耶稣会	葡萄牙	江南江宁府
孟佑义（Emmanuel Mendes）	耶稣会	葡萄牙	上海县
毕安	耶稣会	葡萄牙	上海县
利国安（Jean Laureati）	耶稣会	意大利	松江府
马安农（Dominique de Malgahæns）	耶稣会	葡萄牙	嘉定县
杨若望	耶稣会	葡萄牙	苏州府
龙升（Guillaume Melon）	耶稣会	法国	无锡县
顾多哲（Étienne-Joseph le Couteulx）	耶稣会	法国	贵阳府
彭觉施（Claude Jacquemin）	耶稣会	法国	崇明县
张安多（Antoine de Magaihæns）	耶稣会	葡萄牙	上海县
晋辰（Emmanuel Camaya）	耶稣会	葡萄牙	广东廉州府
德启善（Emmanuel Telles）	耶稣会	葡萄牙	广东雷州府
梅树生	方济各会	意大利	陕西西安府
雅宗贤	方济各会	意大利	陕西西安府
布嘉年（Ignace-Gabriel Baborier）	耶稣会	法国	陕西汉中府
孟正奇（Jean Domenge）	耶稣会	法国	陕西西安府
杨若汉	方济各会	意大利	江西吉安府
穆岱赉	耶稣会	葡萄牙	江西南昌府
富升哲（Jean-François Foucquet）	耶稣会	法国	江西临江府
毕登永（Antoine de Costa）	耶稣会	葡萄牙	
薄维汉	耶稣会	波兰	

续表

姓　　名	修会	国籍	居住地
德玛诺（Romin Hinderer）	耶稣会	法国	

注：此表内容整理自《总管内务府为核查发给西洋传教士印票事致兵部咨文》（载《明清时期澳门问题档案文献汇编》（第一册））及《总内务府为知照颁给印票与西洋人等名单事致礼部咨文·附：总管内务府开列领票与否西洋人名单》，参阅《康熙四十七年三月二十二日·总管内务府为部分在华传教士已领取信票事行文山东巡抚》（《清初西洋传教士满文档案译本》第313—316页）；表中传教士外文名整理自［法］费赖之、冯承钧译《在华耶稣会士列传及书目》，中华书局，1995年。其中部分华名有出入，笔者根据生卒年及传教地对应查出：高尚德（高嘉乐）、卢保罗（骆保禄）、方全济（记金）、艾斯汀（玎）、郭忠川（中传）、戈维礼（里）、赫仓弼（苍壁）、孟佑（由）义、马安农（能）、龙升（隆盛）、顾多哲（铎泽）、彭绝施（加德）、晋辰（金澄）、德启（其）善、孟正齐（气）、布嘉年（卜纳爵）、富升哲（傅圣泽）、毕登永（庸）。

白晋作为康熙的翻译也在京城参与了对一些传教士是否赞成利玛窦路线的询问。后在随康熙南巡时，也作为翻译参与了康熙南巡途中对传教士是否赞成利玛窦路线的询问，例如在山东临清对方济各会伊大任询问时，由白晋担任翻译。白晋自己于1707年5月28日领票。

铎罗被遣送澳门后由当地督抚严加看管，后因他在澳门不断发布教令引起葡萄牙方面不满，这样对其看管更加严厉。1710年6月8日，铎罗死于澳门。[①]

三

罗马教廷为挽回铎罗来华后的局面，1719年9月任命嘉乐（Carlo Mezzaborba）为特使，1720年3月25日嘉乐从里斯本出发，当年12月25日抵达北京。在嘉乐第四次觐见康熙帝时，白晋作为助译员参加了觐见。[②]

由于嘉乐使华并未改变罗马教廷在中国礼仪问题上的基本立场，仍是贯彻教宗禁止中国教徒行实中国礼仪。这样与康熙的分歧是明显的，谈判中的

① 萨安东（António Vasconcelos de Saldanha）教授整理、金国平教授汉译文件目录的《葡萄牙及耶稣会参与中国礼仪之争及康熙皇帝与教廷关系研究及文献集》，Instituto Português do Oriente，2002年。

② 《清中前期西洋天主教在华活动档案史料》（第一册）第34页。

冲突也是很激烈的。在批评嘉乐在《条约》中的观点时，康熙以白晋为例，说明传教士和中国教徒学习中国文化是应该的，嘉乐的条款是反对传教士和中国教徒学习中国文化的。康熙说：

> 在中国之众西洋人，并无一人通中国文理者。惟白晋一人稍知中国书义，亦尚未通。既是天主教不许流入异端，白晋读中国书即是异端，即为反教。尔系教王使臣，着尔来中国办事，尔即当着将白晋拿到天主堂聚齐。鄂罗斯国之人，并京中大小人等同看，着令尔偏信之德里格、马国贤动手，将白晋烧死，明正其反教之罪，将天主堂拆毁。①

从这里我们看到康熙是将白晋作为在华传教士的正面代表，作为执行利玛窦路线的代表，由此给予了他充分地肯定。白晋参与了铎罗、嘉乐两次罗马教廷特使来华的重大事件，并在这两次重大事件中表现较好，受到了康熙的肯定。

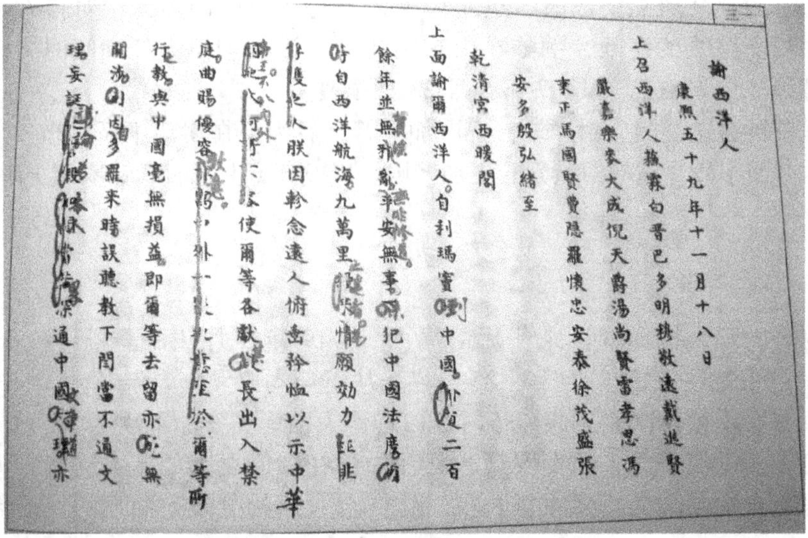

图 3　康熙帝关于礼仪之争的朱批

① 《康熙与罗马使节关系文书》。

康熙朱批删改嘉乐来朝日记（康熙五十九年十一月至十二月），西洋人中第一名是白晋。

礼仪之争并不能看成封建皇权和罗马宗教神权之间的斗争，似乎两者都是专制，没有正确的一方。[①] 显然，这样的看法是错误的。近代西方社会的发展趋势就是神权逐步退出对社会权利的管理和制约，“恺撒的归恺撒，上帝的归上帝”。宗教回归精神世界的指导，不再干涉世俗政权。一部欧洲近代史就是神权与世俗政权不断斗争的历史，是世俗政权逐步突破神权的控制并最终完全主导社会生活的历史。在这个意义上，无疑罗马教廷的关于中国礼仪的决议是对清廷世俗政权的挑战，康熙的回应是完全正确的。从文明之间的相处来看，罗马教廷的决议也反映出基督教至上的文化傲慢观。后来罗马教廷撤销关于中国礼仪之争的决议，也说明了这一点。而1962年罗马教廷的梵蒂冈第二次大公会议的决议则是对利玛窦路线的回归。正如德国神学家汉斯·昆所说：“在罗马教廷的无数个错误中再没有在中国礼仪之争中所犯的错误更大了，从此，罗马教廷失去了东方，失去了中国。”[②]

（张西平　北京语言大学特聘教授、北京外国语大学教授、
《国际汉学》主编）

① 德国的赫德说：“这里是专制与专制争斗，习俗与习俗抗争。在中国，罗马人自然敌不过那古老永恒的帝国传统，罗马教皇的权力敌不过中华帝国皇帝这位天子的威力。皇帝只需寥寥几笔诏书便了结了这场官司。”［德］夏瑞春编，陈爱政等译《德国思想家论中国》第98页，江苏人民出版社，1995年。

② 秦家懿、孔汉思著，吴华译《中国宗教与基督教》第32页，生活·读书·新知三联书店，1997年。

·汉籍合璧研究专栏·

主 持 语

王承略

“大英图书馆所藏中文古籍的整理与文献学研究”是教育部哲学社会科学研究重大委托项目，是国家重点文化工程“全球汉籍合璧工程”的重要组成部分，旨在对大英图书馆所藏中文古籍进行综合考察和整理研究，促进中英文献学研究与汉学研究之间的学术交流。

大英图书馆的前身是大英博物馆图书馆，1753 年建立，1973 年独立建馆。在长达两个半世纪的时间里，该馆通过各种途径和方式，收藏了大量的中文文献，尤其以敦煌文献著称。然而，长期不为人了解的是，该馆还收藏了大量的以清代写本、刻本为主的各类文献。据 19 世纪末 20 世纪初大英博物馆馆员道格拉斯（Douglas，R. K.，1838—1913）所编馆藏目录称，该馆藏书来源主要包括赫尔（Fowler Hull，1801—1825）、英国皇室的捐赠以及英国政府赠予的小马礼逊（Morrison the younger，1783—1834）藏书。但是，由于年代久远，入库登记档案资料缺乏，很难考证清楚每一部文献的流传细节。该馆汉籍文献经郭士立（Karl Friedrich August Gützlaff，1803—1851）、普罗维斯特、道格拉斯、翟林奈（Lionel Giles，1875—1958）等人编目，其中公开出版的有道格拉斯的《大英博物馆中文刻本、写本、绘本目录》《大英博物馆中文刻本、写本、绘本目录补编》。此后，刘半农、萧一山、向达、王庆成等前辈学人曾到馆访书，但主要关注的是近代史料的搜集，特别是有关太平天国的史料。

长期以来，大英图书馆馆藏珍贵文献并未有一份完整的中文目录，整体面貌一直不为学界所知。近年来，随着全球汉籍合璧工程的启动，山东大学国际汉学研究中心与大英图书馆密切合作，开展编目研究项目，先后派出郑杰文、刘心明、王珂、普武胜、毕研哲、张卓霖等人员前往大英图书馆。目前，已经完成了写本和大部分刻本的编目工作。编目的过程中，发现了较多国内缺藏文献，根据工作协议，对其中部分加以复制，并陆续开展学术研究。本期 8 篇文章，即是研究成果的部分呈现。

李兵《清代北京宁波府馆及其运作方式考略——以新见大英图书馆藏〈宁波会馆规条〉为中心》一文，基于英图馆藏《宁波会馆规条》，揭示了宁波会馆的运作和管理方式，对于推动北京宁波府馆、宁波会馆及相关问题的深入研究以及清代科举史、经济史、社会史等的考察皆有积极意义。刘博《由英图新见〈行军要语〉重省鸦片战争余步云案》一文，从余步云《行军要语》所表达的军事思想出发，对《清史稿》有关余步云在镇海之战临阵脱逃的记载加以辨正。杨胜男《从英藏〈参证银论〉看 1830 年前后外国银圆的流入》一文，立足文本，挖掘其背后的经济史价值，为了解当时的货币制度与经济史况提供了新的史料。林相《英藏孤本〈西士来意略论〉的传教策略及其影响、启示》一文，阐述了麦嘉缔“合儒”与“悖儒”的传教策略，此一传教方式推动了儒家文化在东亚文化圈的传播，对当下中国传统文化“走出去”具有借鉴意义。毕研哲《大英图书馆藏孙星衍手批明内府刻〈广韵〉五卷考实》一文，重点诠释了孙星衍批校《广韵》的音韵学价值。由墨林《大英图书馆藏陶定求〈悼亡草〉考述》一文，考察了陶定求《悼亡草》的版本及内容，剖析了作者超越时代的婚姻伦理观念，对研究清代悼亡诗具有重要参考价值。靳亚萍《大英图书馆藏〈四书典制辨正〉述略》一文，着力于《四书典制辨正》的文献价值和学术史意义探讨，认为该书或反映出毛奇龄《四书改错》文本的早期面貌。张卓霖《大英图书馆藏〈东隅录〉考论》一文，立足文献内容，考索了《东隅录》作为海防史、地方史及文学史等诸多层面的价值，对于我们认识鸦片战争失败的深层文化原因及古典文化的现代价值多有助益。

这些论文，或立足新资料，补充了国内文献的缺失；或挖掘文献内容，还原了部分历史事实；或提供新的研究视角，呈现了特定时期中外文化交流的景况，每一篇都有一定的学术价值。但所做研究尚属初探，难免有疏漏之处，请方家批评指正。

（王承略　山东大学国际汉学研究中心教授、博士生导师）

清代北京宁波府馆及其运作方式考略

——以新见大英图书馆藏《宁波会馆规条》为中心*

李　兵

摘　要：新见大英图书馆藏清乾隆六十年（1795）序刊本《宁波会馆规条》，是清乾隆末年在北京所建宁波府馆议定的规章条文，也是现存最早的宁波会馆规章条例，包括"居停""飨祀""捐助""禁罚""经理"五项基本内容，对于宁波府馆明确服务对象、建立集体象征和精神纽带、保障经费来源、维护日常秩序、促进高效有序运作等皆有积极意义。新史料的发现，不仅能推动北京宁波府馆、宁波会馆及相关问题研究的深入，还能为清代科举史、经济史、社会史等研究提供新的切入点。

关键词：宁波府馆　《宁波会馆规条》　宁波会馆　大英图书馆

会馆作为"流寓客地的同籍人以乡土为纽带而自发设置的一种社会组织"①，始见于明永乐年间②，在清代得以迅速发展壮大。会馆的出现和发展，为促进社会政治、经济、文化等领域的发展起到了重要作用。宁波作为明清以来经济、文化相对发达的地区之一，其旅外会馆建设有着年代早、范围广、数量多、类型全、影响大等特点。据统计，民国初年旅外的宁波会馆及公所

---

* 本文为2017年教育部哲学社会科学研究重大委托项目"大英图书馆所藏中文古籍的整理与文献学研究"的阶段性成果之一，批准号（17JZDW04）。

① 王日根《耕余遗穗　凤凰树下随笔集》第179页，厦门大学出版社，2014年。

② 目前所知最早的会馆，是明永乐年间安徽人俞谟在北京创建的芜湖会馆。民国《芜湖县志》载："京都芜湖会馆在前门外长巷上三条胡同，明永乐间邑人俞谟捐资购屋数椽并基地一块创建。"参见民国《芜湖县志》卷十三《建置志·会馆》，民国八年（1919）石印本。

至少还有18家[①]，涉及北京、上海、广州、成都、南京、汉口等地。

大英图书馆所藏清乾隆六十年（1795）序刊本《宁波会馆规条》（下简称《规条》），是清乾隆末年在北京所建宁波府馆[②]议定的规章条文，也是现存最早的宁波会馆规章条例。《规条》国内各类书目及数据库均未见著录，相关研究亦未见涉及，国内极有可能已无藏本，是研究清代北京宁波府馆及宁波会馆等相关问题的新史料。

一、明清时期北京宁波会馆概况

明清时期，北京建有多家宁波会馆，包括科举试馆、同乡会馆、商帮行业会馆等各类性质和功能的会馆。随着清代在京"宁波帮"的发展壮大，北京宁波会馆得以迅速发展。据统计，清光绪年间在京宁波会馆曾多达9家。[③] 建于明天启、崇祯年间的鄞县会馆，是宁波商帮在外地创建的第一家会馆。鄞县会馆由宁波在京从事药材业的商人集资建造，位于北京右安门内郭家井2号，于民国十三年（1924）改称"四明会馆"。据清道光十五年（1835）《鄞县会馆碑文》和民国十三年（1924）《四明会馆碑记》可知，鄞县会馆的主要功能是春秋祭祀和停柩，并建有义园。[④] 鄞县会馆的建立，也被认为是"宁波帮"初始形成的重要标志。[⑤] 清顺治年间，宁波慈溪成衣行手工业者在京创立了浙慈会馆，地点在今北京前门外晓市大街129号[⑥]，其主要功能是团结在京宁波成衣行从业者，为旅京宁波成衣行商人提供交流活动的场所。

明清时期，科举制度达到鼎盛，因此早期的会馆一般兼具科举试馆功能。宁波自古文风兴盛，读书人多，进京应试的举子也多，因而相继出现了一些

① 其中也包括宁波府馆。参见冯筱才《乡亲、利润与网络：宁波商人与其同乡组织，1911—1949》，载《中国经济史研究》2003年第2期。

② 《规条》所涉及的宁波会馆，特指陈之纲、杨纶、顾世豪等人于清乾隆六十年在北京崇文门外北五老胡同所创建的会馆，为与泛指意义上的宁波会馆相区分，本文改称"宁波府馆"。

③ 林浩、黄浙苏、林士民编著《宁波会馆研究》第122页，浙江大学出版社，2019年。

④ 《宁波会馆研究》第25页。

⑤ 《宁波会馆研究》第27页。

⑥ 《宁波会馆研究》第27页。

主要面向应试举子的试馆。乾隆六十年（1795）所建宁波府馆是宁波在京最早的科举试馆。每逢乡会试时，由于应试举子太多，宁波府馆的住房则远不够用。光绪《镇海县志》载：

> 各直省均设会馆于京师，以为应试之所，视其人多寡为率。吾郡旧设宁波会馆于崇文门外，鄞、慈二邑又各有专馆，镇海向未有馆。至是合前后科，公车不下四十人，府馆无下榻处。①

因此，宁波人又陆续在北京兴建了一些科举试馆，以供进京应试举子所用。同治六年（1867），镇海谢辅坫、盛植型、金鸿潮等人在北京东华门外甜水井创建了镇海试馆。② 同治七年（1868），慈溪杨泰亨、赵家薰、洪九章等人在东华门小甜水井胡同 9 号创建了慈溪试馆。③ 此外，据清李虹若所撰《朝市丛载》，光绪年间在京宁波会馆还有前门外薛家湾路北的鄞县会馆、前门外东小市路南的慈溪会馆、兵马司中街路北的慈溪会馆、盆儿胡同路西的鄞县西馆等。④

由此可知，北京宁波会馆始建于明末，自清代开始，各类性质、不同地域的会馆陆续出现，至光绪间达到鼎盛，使得各行各业的旅京宁波人能有所依靠。需要注意的是，这些会馆的性质和功能从来不是单一或非此即彼的，更多情况下，它们兼具多种功能，如最早建立的鄞县会馆"极有可能兼作科举试馆"⑤，而最早的试馆宁波府馆也可为同乡办理红白大事，只是侧重不同而已。

二、北京宁波府馆的创建及其功能

北京宁波府馆建成于清乾隆六十年（1795），位于崇文门外北五老胡同。光绪《慈溪县志》载："陈同文，字翰青，号诵帚……乾隆三十六年中乡试副

① 光绪《镇海县志》卷五《公所》第 21 页上，清光绪五年（1879）刻本。

② 光绪《镇海县志》卷五《公所》第 20 页下。

③ 《宁波会馆研究》第 10 页。

④ 李虹若撰《朝市丛载》卷三《会馆》第 22 页上—23 页下，清光绪十三年（1887）刻本。

⑤ 《宁波会馆研究》第 26 页。

榜。……五十七年北上，与助教陈之纲创建宁波会馆于海岱门外，六十年落成。”[①] 此处“海岱门”即“崇文门”。又《规条》序曰：“爰于崇文门外北五老胡同买屋一区，俾春秋两闱应试暨谒选者有所憩息焉。”可见宁波府馆的主要性质是试馆，同时也面向进京谒选的官员。

宁波府馆的筹建人员，据《规条》所载，其总首事有陈之纲、杨纶、顾世豪、陈同文、陈鸿渐、李承道、马道贯、陈庆槐8人。先来看他们的简介：陈之纲，字旭峰，鄞县人，乾隆五十五年（1790）进士，官国子监助教；[②] 顾世豪，慈溪人，监生，乾隆五十九年（1794）任永宁州训导；[③] 陈同文（？—1799），字翰青，号诵帚，慈溪人，乾隆三十六年（1771）副贡，官江西靖安知县；[④] 陈鸿渐，鄞县人，乾隆四十五年（1780）进士，由兵马司指挥迁福建汀州府同知；[⑤] 李承道（1749—1808），字薪传，号星船，鄞县人，乾隆四十五年（1780）举人，官陇州知州；[⑥] 陈庆槐，字应三，号荫山，定海人，乾隆五十五年（1790）进士，授中书舍人，迁典籍厅协办侍读，军机处行走，充文渊阁检阅、内廷方略馆分校，历任顺天乡试、礼部会试同考官。[⑦] 另杨纶、马道贯二人生平不详。从上述6位总首事的生平可以看出，宁波府馆的主要创建者均来自宁波府隶六县，又以鄞县、慈溪二县为多，且皆有在京求学或任职的经历。可见，宁波府馆是由宁波官绅士子在京创建的主要面向进京举子和谒选官员的会馆。此外，《规条》还列有宁波府馆各行柱首钱汝霞、朱孝思、冯大亨、冯礼义、钱允兴等41人，他们皆为宁波府馆筹建及后续运作的核心成员。

《规条》后列有《宁波会馆各房应住人数器皿什物总目》，详细载明了宁

---

① 光绪《慈溪县志》卷二十三《列传》九第12页下，清光绪二十五年（1899）刻本。

② （清）潘衍桐编纂，夏勇、熊湘整理《两浙輶轩续录》第939页，浙江古籍出版社、浙江出版联合集团，2014年。

③ 光绪《永宁州志》卷十五《职官》，清光绪七年（1881）刻本。

④ 洪可尧等编《四明书画家传》第179页，宁波出版社，2004年。

⑤ （清）陈仅著，郑继猛、李厚之、崔德全、李景林校注《继雅堂集校注》第882页，陕西人民教育出版社，2016年。

⑥ 《四明书画家传》第106页。

⑦ 方建新、徐永明、童正伦编《浙江文献要目》第293页，浙江古籍出版社，2016年。

波府馆各房间的可住人数、位置布局及设施、器具等。① 今据《总目》列表1：

表1　宁波府馆各房间的可住人数、位置布局及设施、器具一览表

房号	房间数	可住人数	房间位置	器皿什物
壹号	1	2	后堂屋左边	砖炕全、八仙桌1张、圈椅2把、板凳2条
贰号	1	2	后堂屋右边	砖炕全、八仙桌1张、圈椅2把、板凳2条
叁号	1	2	后左厢房	砖炕全、八仙桌1张、圈椅2把、板凳2条
肆号	1	2	后右厢房	砖炕全、八仙桌1张、圈椅2把、板凳2条
伍号	1	2	后堂屋左里院东	砖炕全、八仙桌1张、圈椅2把、板凳2条
陆号	1	2	后堂屋左里院西	砖炕全、八仙桌1张、圈椅2把、板凳2条
柒号	1	2	中左厢房	砖炕全、八仙桌1张、圈椅2把、板凳2条
捌号	1	2	中右厢房	砖炕全、八仙桌1张、圈椅2把、板凳2条
玖号	2	4	中厅屋左里院	里间大春凳2条（作炕用）、八仙桌1张、圈椅4把、板凳2条；外间八仙桌1张、单背椅4把
拾号	2		前倒厅	里间（到馆卸车暂住）板炕1座、八仙桌1张、圈椅2把、板凳2条；外间小香几1张、八仙桌1张、眉公椅4把

① 《规条》还列明了宁波府馆的屋价契券，包括屋价纹银一千八百两，牙用纹银五十两，税契银五十四两，杂项收帐、用帐另有坐簿，红契一纸，上手契共十一纸。以上均由值年首事保管、经营。

续表

房号	房间数	可住人数	房间位置	器皿什物
中厅	3	会客公用		大香几1张、八仙桌2张、大圈椅4把、眉公椅4把、大机子4张、三星画1轴
后堂	1	会客公用		小香几1张、八仙桌1张、眉公椅4把、神堂三事锡烛台香炉1副、竹廉1卦

注：以上各厅堂房屋门窗、壁落、顶槅件件俱全。

由表1可知，宁波府馆共有房16间，一次最多可住20人左右，中厅及后堂为会客公用，各个房间的器皿什物都非常齐备。同时，各房间均标明位置，可以据此了解当时宁波府馆的内部结构。

宁波府馆自乾隆末年成立以来，在民国时期北京宁波会馆减至4处的情况下①，它依然屹立不倒，可见其至少运作了百余年。宁波名儒陈星庚20世纪初还寓居过宁波府馆。《京津蒙难记》载陈星庚“（1901年，辛丑）九月上旬自上海入京，登泰顺轮官舱，十六日到塘沽，即过津进京，寓崇外北五老胡同宁波府馆”②。然而，包括宁波府馆在内的试馆作为明清科举制度影响下的社会的特定产物，随着科举制度的废除，其性质和功能也必将随之转变，但无论如何，其作为“聚乡人联情谊”的会馆基本特性则不会变。

三、《规条》对宁波府馆管理和运作的意义

会馆作为自我管理性的社会基层组织，其管理和运作一般依靠所议定的规章条文来实现。《规条》包括“居停”“飨祀”“捐助”“禁罚”“经理”五项内容，从中可见宁波府馆的管理和运作方式。

（一）明确会馆的服务对象

宁波府馆创建的目的，正如《规条》序中所言“俾春秋两闱应试暨谒

① 《宁波会馆研究》第26页。

② 北京市政协文史资料研究委员会、天津市政协文史资料研究委员会编《京津蒙难记——八国联军侵华纪实》第43页，中国文史出版社，1990年。

选者有所憩息焉”，“居停”首条亦称“会馆为乡会试寓所设立”，可见其主要面向进京应试或谒选人员。具体来说，可住馆人员主要有两类：一类是乡试或拔贡进京朝考人员；另一类是候补、候选及现任京外文武官员。管门人有责任对到馆人员的居住资格进行审核。作为试馆，进京参加乡会试人员享有优先居住权。如遇应试人员到馆，房间数量不够时，京外官员则需迁让。

虽然《规条》明确规定了住馆人员的资格，但对于特殊情况亦有相应规定。比如，原则上说，住馆人员不得携家室同住，然而确实已携带家眷进京者，可暂住馆中，但须十日之内迁出，再捐银一两；外官州县以上来京引见、陛见，如有幕友官亲，在有房屋空闲的情况下，可与各正房酌量居住；对于没有住馆资格的同乡，如果遇到红白大事，告知值年人后，亦可于馆中办理，事毕再捐京钱两千文、赏管门人京钱四百文。如此人性化的规定，尽显同乡情谊。

（二）建立会馆的集体象征和精神纽带

“祀神”是会馆的四大基本功能之一。[①] 不同性质的会馆，祭祀对象也不同。以宁波会馆为例，上海的四明公所主要供奉关公和土地神；宁波庆安会馆（甬东天后宫）和安澜会馆都供奉海洋保护神妈祖娘娘；宁波药业会馆（药皇殿）则供奉神农氏炎帝。宁波府馆后堂供奉的是文、武二帝，即文昌帝和关公，象征着寓居举子和官员“文以治国，武则安邦”的精神寄托。

该馆每年主要有三类祭祀活动：一是每月朔望日供奉香烛，由管门人请住馆者一同参拜；二是每年春秋二祭，由值年者主祭，住馆者“随同行礼、享馂”；三是每年正月十五日的团拜活动，由值年者组织各行柱首一同参加。团拜是该馆每年最隆重的祭祀活动，许多事宜亦须在团拜会上商定解决。通过定期举行祭祀活动，不仅可以表达人们心中的祈愿，还可以增强同乡之间的凝聚力。

（三）保障会馆的经费来源

会馆的运作离不开经费，而宁波府馆的经费主要来自官绅、举子的捐助。

---

① “祀神、合乐、义举、公约”是会馆的四大基本功能。参见上海博物馆图书资料室编《上海碑刻资料选辑》第 359 页，上海人民出版社，1980 年。

“捐助”规条详细列举了各类人员需捐银数额及交银时限，见表2：

表2　类人员需捐银数额及交银时限一览表

<table>
<tr><th colspan="3">人员类型</th><th>捐银数额（标准）</th><th>交银时限</th><th>备注</th></tr>
<tr><td colspan="3">乡试进京初次住馆者</td><td>2两</td><td>进馆之日</td><td></td></tr>
<tr><td colspan="3">南榜文武举人初次进京及北榜新中举人</td><td>各4两，其中解元、南元5两</td><td>南榜者到京10日内；北榜者揭晓10日内</td><td>无论住馆与否皆捐</td></tr>
<tr><td colspan="3">优拔贡初次进京朝考者</td><td>2两</td><td>到京10日内</td><td>无论住馆与否皆捐</td></tr>
<tr><td colspan="3">文武会试中试者</td><td>6两，其中会元8两</td><td>揭晓后10日内</td><td></td></tr>
<tr><td rowspan="8">文武新进士</td><td colspan="2">状元</td><td>加捐40两</td><td rowspan="8">引见后10日内</td><td rowspan="2">授翰林、侍卫免加捐</td></tr>
<tr><td colspan="2">榜眼、探花</td><td>加捐20两</td></tr>
<tr><td rowspan="6">不由鼎甲而点</td><td>翰林、侍卫</td><td>加捐3两</td><td rowspan="2">由外任推升者同</td></tr>
<tr><td>部曹</td><td>加捐4两</td></tr>
<tr><td>内阁中书</td><td>加捐3两</td><td>由召试或中正榜录用者同</td></tr>
<tr><td>国子监学正、学录</td><td>加捐2两</td><td>由考取者同</td></tr>
<tr><td>即用知县、即用守备</td><td>先加捐2两，得缺之日再照外官例加捐</td><td></td></tr>
<tr><td>分发各省以知县用</td><td>照外官分发例加捐</td><td></td></tr>
</table>

续表

人员类型		捐银数额（标准）	交银时限	备注
京职每升调一次		加捐2两	到新任十日内	不论官职大小
	出外任	照外官之例加捐，其中试差加捐8两、学差加捐24两	起程时	
文职在京谒选、引见得缺者	州县	20两	起身时	分发各员照实授官减半
	同知通判	8两		
	道府	24两		
	藩臬以上	另议		
武职引见得缺者	守备	3两		
	都司	4两		
	游击参将	6两		
	副将	8两		
	总兵以上	另议		
外官推升内任者		五品京堂以上另议，其余比照新进士用京职品级加捐	到任十日	
州同、州判及一切佐贰杂职在京候补、候选住馆者		3两	进馆之日	
武举人挑得兵部差官、运粮千总住馆者		3两	挑得后十日	
文进士、举人、贡生考取教习、誊录等住馆者		1两	考取后十日	

续表

人员类型		捐银数额（标准）	交银时限	备注
乡试诸公及佐贰杂职差官、运千总、教习、誊录等职	不住馆者	免捐		
	曾经住馆而迁至他寓者	照例捐出		

除此之外，对于应捐不捐者，还将登记在簿，“以志薄于桑梓之情”。当然，对于在上述定例之外加捐者，更表示欢迎。“捐助”规条内容细致、考虑全面、标准明确、便于执行，由此保障了会馆的经费来源。

（四）维护会馆的日常秩序

“禁罚”规条对于维护会馆的日常秩序必不可少。首先，有违法、违禁行为者，即令出馆，且不许再住。如在馆中赌钱，携带博塞、樗蒲、马吊等违禁物品及妓女、歌童等人员入馆，酗酒滋事、互相殴打等；又如出赁馆中房屋，在住房做饭，招异乡人同寓，将公置器物私借与人等。其次，有违规使用或损坏馆中设施、器物者，有擅自改变各房间功能者，议罚。如互换、互占各房器物，随意搬取空房内的器物，损坏、涂画包括门扇、床炕、砖墙板壁在内的房屋设施；又如仆从擅自入住绅士房间，随意更换厨房、马厩处所等。最后，管门人如未按时锁大门，即行驱逐。为防止馆内器物丢失，会馆大门每夜二鼓时关锁，过时不候。“禁罚”规条详细列举了在馆中可能发生的违法、违规行为，不仅关系到所有寓居者，还涉及管门人，对维护会馆日常秩序有积极作用。

（五）促进会馆高效有序运作

“经理”规条涉及会馆经费的管理，值年人的产生、职责及工作交接，管门人的职责、报酬，各房间入住顺序安排，《规条》的存放、分发等内容，促进了会馆的高效、有序运作。

首先，值年人负责管理会馆大小事宜。每年由京官 1 人、铺户 1 人作为会馆值年人。每年团拜时更换值年人，其中值年京官按年龄长幼轮流担任，值年铺户则由值年人共同从各行柱首中举荐。会馆经费交由值年铺户存贮，按月八厘起息，其契券交值年京官收执。会馆所收捐银，未满五十两，由值年京官存贮，不起息；已满五十两，即交值年铺户存贮，照例起息。除管理经费外，值年人的职责还有：负责登记检查房内设施、器物；负责修理房屋、添补器具；负责处理馆中公事；团拜时负责与下一值年人交接工作等。值年人办事不力时，还有相应的惩罚措施。如会馆所收捐银满五十两时，值年京官应交未交，则属于私挪公项，每两罚银二钱，并永远不许再理公事；如房屋应修不修，器具应补未补，则需修补完好后再行交接，还将受到处罚。

其次，管门人负责协助值年人处理会馆事务。管门人的职责有：每日按时锁门；每月朔望日供奉香烛，并请住馆人员参拜；遇有人住馆或出馆，遇有需修理的房屋或需添补的器具，馆中遇有公事，皆须禀告值年人。管门人每月工资为京钱三千文，另有每月朔望日供神香烛费京钱六十文，住馆者所给赏钱则另算。

此外，会馆各房间的入住顺序和《规条》存放、分发也有相应规定。会馆每间房都有编号，安排同乡住馆时，每人先各住一房，等到各房都住有1人时，后续到馆者再按房号依次入住。如有同时到馆且彼此情愿者，可先行同住一房。《规条》刊刻印刷后，每房存放一本，供住馆人员阅读知晓，另各行柱首人送一本。其印版收藏馆中，不得携往他处。如有续议规条，仍照此例存贮、分送。

结　语

大英图书馆所藏《规条》是北京宁波府馆研究的新史料，也是宁波会馆现存最早的规章条例，在整个宁波会馆研究中有着重要的地位。新史料的发现，不仅能推动北京宁波府馆、宁波会馆及相关问题研究的深入，还能为清代科举史、经济史、社会史等研究提供新的切入点。依据《规条》，我们不仅能够得知北京宁波府馆的创办时间、目的、主事人、馆址、结构布局、设施器具等基本信息，还能从《规条》具体内容中考见宁波府馆的组织、管理及运作方式。至于《规条》所产生的社会影响，尤其是对后世的借鉴意义，对中国会馆史研究的价值，还有待进一步挖掘。值得一提的是，林浩等人编著的《宁波会馆研究·附录》，详尽辑录了有关宁波会馆的文献资料及石刻碑记，但因《规条》远在英国，不易得见，难免漏收，今当补入。

（李兵　山东大学儒学高等研究院博士研究生）

由英图新见《行军要语》重省鸦片战争余步云案*

刘　博

摘　要：余步云退逃致镇海失守是鸦片战争中重要事件，其中存在不少疑点，当时就存有争议，但随着清廷下旨定罪，余步云罪名被最终坐实。近来，在大英图书馆发现了余步云著《行军要语》① 一书，该书虽然晚出，但在国内早已亡佚，为我们重新认识余步云案，客观评价余步云提供了新材料。结合书中的军事思想，可以发现镇海之战中余步云与裕谦不和的实质是军事战略的不同，究其根本是裕谦对英军认识不足。余步云并非贪生怕死之人，退逃应属权宜之计，当他作为政治牺牲品被斩后，各种非议接踵而来，他完全被塑造成了一个奸邪小人。

关键词：《行军要语》　余步云　裕谦

余步云②（1774—1843），号紫松，四川广安人。行伍出身，累功至福建提督、浙江提督，鸦片战争中，余步云在镇海之战中临阵脱逃，后依律处斩。由于余步云的逃将身份，目前除了官方文献外，几乎很难找到其他资料，《清史稿》对余步云的评价几乎成为定谳。但余步云案作为鸦片战争中的重要事

---

* 本文为2017年教育部哲学社会科学研究重大委托项目“大英图书馆所藏中文古籍的整理与文献学研究”的阶段性成果之一，批准号（17JZDW04）。

① 山东大学张卓霖同学在英图调查期间发现此书，并慷慨地将该书电子版惠赐笔者研究，在此谨致谢忱！

② 《清史稿》记载：余步云，嘉庆中，因平叛有功，擢为重庆总兵。道光七年（1827）从征回疆，因功授贵州提督。道光十二年（1832），在湖南、广东等地剿匪有功，加赠世袭一等轻车都尉。道光十八年（1838），加赠太子太保，调任福建提督。道光二十年（1840）任浙江提督，先后镇守定海、镇海。道光二十年（1840），英军舰队进犯，余步云临阵脱逃。道光二十二年（1842）被捕入狱。次年，依律处斩。

件，仍存在较多疑点，只因缺乏较为直接的文献，所以无法展开。近来，在域外汉籍的调查中发现了一部大英图书馆（以下简称“英图”）藏道光十四年（1834）余步云所著兵书《行军要语》，该书虽然晚出，然遍检晚清以来主要书目均未见著录，海内外公私藏书机构亦未见馆藏，确为新见稀有文献，尚未引起学界重视。周桂莲指出，清代“真正带兵打仗的将领很少著兵书，目前存世可见的只占清代兵书的不足十分之一”[①]，而英图藏《行军要语》正是余步云的军事著作，集中反映了他的军事思想，为我们重省余步云案提供了一手材料，从中我们可以对鸦片战争中的定海、镇海之战有一个全新认识。

一、《行军要语》版本述略

《行军要语》二卷，清余步云著，道光十四年刻本，索书号：15259. c. 3。半页8行，行18字，白口，单黑鱼尾，四周单边，版心镌“行军要语”，中镌卷次，下镌页数，封面题笺“战守要言上下卷”。前有“蒋庸作《行军要语序（一）》”；次“岳镇南作《行军要语序（二）》”；次“俞东枝作《行军要语序（三）》”。卷端首行题“行军要语，广安余步云紫松甫著”。每卷正文之前皆有一篇总论。该书卷一第二页纸背钤有两方印记，一方为朱文楷书圆印“浤泰字号”，一方为白文篆书方印“本厂扇料”。这两方印记是名为“浤泰”纸厂的商标印记。浤泰纸厂查无资料，所以无法确定当时在何处印刷[②]。除了这两方商标印记之外，全书再无其他汉文印记和题识，说明该书当时在国内流传较少，或为余步云自用，或是印成后便流入英国。

《行军要语》卷一首页、卷二首页及末页皆钤一方皇冠形英文印记，印文为“BRITISH MUSEUM”（大英博物馆，以下简称“英博”），可知该书原藏于英博。1877年，英国人道格拉斯（Douglas R. K.，1838—1913）编纂完成了《大英博物馆汉籍书目》（*Catalogue of Chinese Printed Books, Manuscripts and Drawings in the Library of the British Museum*），其中余步云条下有兵书两种：

---

① 周桂莲《〈清史稿·艺文志·兵家〉及补顺治至嘉庆间兵书考释》第64页，东北师范大学硕士论文，2008年。

② 1834年前后，余步云正在贵州提督任上，所以有可能是在当地刻板和印刷的。

余步云 Yu Poo-Yun. 训兵要言 *Heun ping yaou yen*. “Important Instructions for Soldiers” as to their General Conduct. [1800?]. 8. Another copy. —— 行军要语 *Hing keun yaou yu*. “Important Discourses on Military Tactics.” 2 keuen. 1834. 8.①

可知余步云另有《训兵要言》一书，经过调查亦为稀见本，可与《行军要语》互为发挥。但由于条件所限，目前尚未取得该书影，留待以后继续研究。根据道格拉斯的说法，当时英博的中国书籍有3个来源：

一是1825年赫尔（Fowler Hull，1801—1825）所赠；二是1843年，英国皇室将在鸦片战争中从中国所获中国图书赠予了图书馆；三是1847年，英国政府把小马礼逊（Morrison the younger，1783—1834）购买的中文图书赠予了图书馆。②

以上3种来源中，最晚的小马礼逊于1843年病逝于中国香港，所以据此断定，余步云的这两种著作1843年之前已被英人所得，至于何时入藏英博，则无法确定。

《行军要语》是1834年余步云在贵州提督任上刊刻的，校勘精审，刻印精良，与同类著作相比更为精善。蒋庸《序》中言：“今秋函示所著兵略二册……曰《行军要语》。”岳镇南《序》云：“公莅鼎州，孟冬阅兵抵省，以所著《行军要语》示余。”俞东枝《序》云：“余适主讲是郡，幸炙霁光，闻绪论，因得读公所著书。”可知该书刻成后，余步云分送了一些友人。可惜在不久后的鸦片战争中，余步云作为逃将被彻底地钉上了历史的耻辱柱。正因如此，他的书很可能在短时间内被人为销毁了，于是在中国亡佚。从晚清至今，几乎无人提及过该书，更没有任何相关研究。唯有这部《行军要语》还完好地保存在英图，使我们今天能够一睹其面。

① ［英］道格拉斯原编，域外汉籍珍本文库编纂出版委员会编《1877年版大英博物馆馆藏中文刻本、写本、绘本目录》第264页，西南师范大学出版社，人民出版社，2011年。

② 《1877年版大英博物馆馆藏中文刻本、写本、绘本目录·序》第5页。

二、《行军要语》内容与旨归

英图藏《行军要语》封面题“攻守要言”，为该书别名，是针对书的内容而言。全书分两卷，两卷间相互独立，卷一为“攻”，主要讲行军打仗；卷二为“守”，主要讲守城防御。两卷体例不同。

卷一共 41 条，分别是：1. 论将、2. 禁掠、3. 择将、4. 约束严明、5. 论敢战、6. 和睦、7. 信义、8. 练兵、9. 营址、10. 移营、11. 军行、12. 行遇敌至、13. 彼此相测、14. 用活、15. 用疑、16. 用误、17. 窃利、18. 野战、19. 虚声、20. 审时、21. 对击、22. 分兵法、23. 易战、24. 得机而速、25. 弃诱敌败、26. 镇静、27. 方便、28. 惜字、29. 务胜、30. 戒妄戮、31. 显隐、32. 天应、33. 秘谋戒露、34. 因材善用、35. 制法、36. 恤军、37. 锐破强敌、38. 筹粮、39. 趋缓趋急、40. 用妄、41. 文字。

此卷以将领的角度进行论述，为余步云作战的心得体悟，从实战中来，切于实用。第 1 条首先强调将领的重要性，提出了“（将者）必先以仁为主”的思想。第 2—7 条是对属下将士的训诫，语言通俗易懂。从第 2 条中的一句“如有立远听不到者，令队目听明，记回帐中，一一互相传讲，更立条律，俾众看之，倘罪犯应死，断难饶恕”，可以看出这部分内容应该是余步云当年对将士们训诫宣讲的实录。第 8 条以后主要是一些实用的战略战术。从基础的练兵、安营，再到战场上的尔虞我诈、斗智斗勇，提出了很多将领应当具备的基本素质。此卷涉及冷兵器战争的方方面面，且是余步云的心得之谈，某些观点甚有见地，能集中反映余步云的军事思想，是全书的重点。

卷二共 42 条，分别是：1. 镇定危疑、2. 逆折盛势、3. 邀截归路、4. 诱攻城、5. 诱入城、6. 诱战、7. 佚能劳之、8. 饱能饥之、9. 静以待哗、10. 示之闲暇、11. 以佚待劳、12. 治守齐备、13. 对敌严镇、14. 掎角、15. 结援、16. 解围、17. 认贼首、18. 取贼箭、19. 焚贼具、20. 戒妄动、21. 防穷民、22. 防内应、23. 防诈门、24. 防暴来、25. 防潜袭、26. 防离叛、27. 防风雨晦冥、28. 防佳时令节、29. 防敌去复来、30. 防敌声东击西、31. 防贼求和挟诈、32. 据险、33. 设险、34. 失险①、35. 水战、36. 舟战、37. 坚胜

① 编号 21—34 的十四条不在卷二的目录中。

脆、38. 顺风胜逆风、39. 顺流胜逆流、40. 防浅、41. 防炮、42. 防火。

此卷主要与守城防御相关，与卷一的书写方式不同，采取了史论结合的方式，联系战争实际，辑录整理史料，以战史、战例来论证军事理论。条目开头一般会有“引”，来提点全篇主旨。大多篇目中间或结尾会有“总说”“总评”，发表作者的观点。值得注意的是作者对于这些史料、掌故的运用并非生搬硬套，多采取化用、排比等方式，为论说服务。所以这些条目应当是作者在平时读书时，结合自己的实战经验归纳总结而来的守城要素，并非简单的抄撮史料。另外，此卷开头有一个详细目录，如“诱战：刘锜诱兀术，于谦诱也先”，在篇题之后会罗列本篇的掌故，何处有“引”“总评”也有详细的标注。但这个目录与正文却不完全匹配，例如，目录中作“41. 防火、42. 防风、43. 防凿”，而书中的实际条目却是“41. 防炮、42. 防火”，除了顺序不同，目录中还多出了“防风”“防凿”，可能是该书完成后做过一些删订，而目录未加修改。另外在此卷的第 62 页乱入一页目录，为“32. 据险、33. 设险、34. 失险”3 条，应为后补。从卷二整体来看，内容较为驳杂，虽然也有不少作者的观点，但与卷一相比学术价值较低。

全书两卷各有侧重，并存在一定内在关系。余步云在卷二的总论中写道：“将军之功在战，守令之功在守，战不利则覆军，守不固则失地，均不可不慎也。”此处“战”与“守”的关系正是两卷之间的内在关系。余步云将“战”与“守”放在同等重要的地位，但二者的战术、战略各成体系，要想取得战争的胜利，必须二者兼备。余步云常年征战在外，所以卷一多为他的亲身经历；“守”可能并非他的专长，所以卷二采取了史论结合的方式。

《行军要语》虽为兵书，但以“仁义”为旨归。余步云自作总论中也说：“仁义之师，勇锐百倍，战无不捷，攻无不剋矣。”余步云这一军事思想带有明显儒家倾向，在书中主要表现在三个方面：第一，该书的编排体例，将“恤人民、戒掳掠、择才能、尚忠义、训士卒、睦三军”放在首位，将战争相关的谋略和手段放在次要位置，以此来强调仁义对战争胜利的重要性。第二，在余步云对军兵的训诫中，一再强调仁义的重要性。并采取推己及人，将心比心的儒家说理方式，以启发将士们的爱民之心。第三，余步云以身作则，行军中体恤百姓。在书中他亲述一次剿匪途中，遇到灾民，询问他们受灾的缘由后，便留下一些钱财，并派心腹人留下帮助他们渡过难关。战乱之中，将帅能如此做，说明他“仁义之师”的主张并非虚言。

三、重省余步云案

余步云临阵脱逃是鸦片战争中的重要公案，“廷臣争劾其罪，亦有原之者，狱久延”①，当时此案就存在不少争议。但裕谦殉国，余步云退逃确为事实，舆论上余步云一直处于负面。在刑部尚书李振祜的坚持下最终定案。此次《行军要语》的发现为重省此案提供了新材料。

(一)《清史稿》对余步云的定论

官方文献对余步云定论，主要集中于《清史稿》中。一是《余步云传》载：

> 步云驻防镇海。裕谦来督师，疏言步云不可恃，未及易而英兵猝至，复陷定海，三镇战殁。步云屯招宝山，总兵谢朝恩分守金鸡岭。步云号宿将，实巧猾无战志，又嗛裕谦刚愎，将战，裕谦召与盟神誓师，托疾不赴，且献缓敌之策。敌攻其前，而以小舟载兵由石洞攀援登后山，步云遽弃炮台走，敌乃据招宝山俯击镇海城，金鸡岭及县城先后陷。步云退宁波，敌掩至，坠马伤足，仅免，府城遂陷。步云疏闻，委败于裕谦。裕谦既殁，其妻赴京讼之。二十二年，从奕经规复宁波，不克，褫步云职，逮京，命军机大臣会刑部讯鞫。②

二是《裕谦传》载：

> 及战，裕谦登城，手援枹鼓，步云诣请遣外委陈志刚赴敌舰，暂示羁縻，裕谦不许。有顷，敌登招宝山，步云不战而退。敌复分兵攻金鸡岭，谢朝恩中炮殒，两山同陷，镇海守兵望风而溃。③

三是1843年道光帝所下的余步云定罪诏书：

---

① 赵尔巽等撰《清史稿》第11545页，中华书局，1977年。

②《清史稿》第11544页。

③《清史稿》第11525页。

> 余步云膺海疆重寄，未阵获一贼，身受一伤，首先退缩，以致将士效尤，奔溃弃城，直同儿戏。倘不置之法，不惟无以肃军政而振人心，且何以慰死节诸臣于地下？①

综合3处可知，余步云的罪行主要有：誓师不赴、临阵脱逃、委败裕谦等，所以《清史稿》评价其为“庸懦巧猾，卒膺显戮。宣宗于偾事诸人，皆从宽典，伸军律者，仅步云一人耳”②。

（二）余、裕不和的背后

《清史稿》的记载带有明显的标签化思维，余步云是奸邪派主和，而裕谦则是忠正派主战。裕谦“疏言步云不可恃”，而余步云“嗛裕谦刚愎”，二人不和是因为忠奸两立，余步云逃跑是因为他“巧猾无战志”。但实际情况并非如此简单，余、裕不和的背后有更深层的原因。

《行军要语》“逆折盛势”条云：“夫攻之与守，彼上而我下，彼仰而我俯，彼劳而我逸，彼动而我静，彼客而我主，不待卜筮，而数者之胜，已操之自我矣。”余步云据守的招宝山，地势险要，居高临下，与谢朝恩驻守的金鸡岭互为掎角，正是他所说的不败之地。“水战”条云：

> 吴楚诸郡邑，强半在水之滨，则守江重于守城，水战又急于陆战。谓天堑不足恃欤？魏武困于居巢，曹丕困于濡须，拓拔困于瓜州，苻坚困于淝水矣。谓徒险遂足恃欤？杜预尝袭乐乡，胡奋尝入夏口，贺若弼尝涉广陵，曹彬尝渡采石矣。扼险者胜，恃险者亡，信哉！

余步云强调在水战中要以军事力量紧扼天险，不能仅凭借天险而无所作为。招宝山具有地利，但清军武器落后，难以扼守此要害。余步云到任浙江提督后，一直在一线作战，参加过收复定海的行动，他应当已经清楚敌我战力的巨大悬殊。所以战前余步云“盟神誓师，托疾不赴，且献缓敌之策”，战争打响后他仍建议“暂示羁縻”，说明他从始至终都不同意裕谦的作战方略。他想先采取缓兵之计，争取时间来摸清敌军底细，窥测敌军动机，以取得战

① 《清史稿》第11545页。

② 《清史稿》第11545页。

机。这正是他在“彼此相测”条中所说：“两锋初遇，必有所试；两下相持，必有所测。能测敌者，避其实而击虚，又测敌之测我者短以长。不善测者反为敌诡，必一测而两备之，全术也，胜道也。”

而裕谦战前对英军的认识仍停留在：“击刺步伐，皆非所娴。且其腰硬腿直，结束严密，一扑即不能起。”[①] 裕谦认为英军的火炮是“《火器图说》所载钻风神火流星炮，此外如神火飞鸦，及飞空震天雷火器，亦同此用。本中国火攻古法，并无神奇”[②]。这是当时清朝官员对英军的普遍认识，为裕谦协办军务的浙江巡抚刘韵珂在二次定海大战后才感叹，英军“陆路凶悍情形，与在洋面横行无异，向来所谓该逆登陆即无能为者，殊非笃论”[③]。在这样的状态下，裕谦主持“修建了工程浩大的土城防御体系，企图以土城为依托，与英海军进行炮战，并阻击英军的登陆。裕谦的战法，实质上是据守沿海坚强防御要点抗敌登陆的战法。此种战法之源，可以上溯到明代的海防”[④]。虽然耗费巨大，但裕谦明显低估了英军实力，战略思想较为陈旧。当时林则徐在浙江“屡言定海孤悬，先朝弃地，重兵良将，守此绝岛非策，请移三镇于内地，用固门户，裕谦不从”[⑤]。至二次定海之战，三总兵拼死抵抗，最终还是全军覆没，可见林则徐所言非虚，而裕谦确有刚愎之嫌。余步云屡献缓兵之计，也必有所依据。

余、裕不和的背后是军事战略的不同，余步云主张实行缓兵之计，并非简单的投降主和，而是从战略形势上有所考虑。裕谦对英军认识不足，战略思想陈旧，所设置的防御体系无法阻挡英军的炮火。余步云应当很清楚清军当时处境，所以他一直反对裕谦的防御战略，出于这样的看法，余步云自然认为战败的责任在于裕谦，那就不存在故意“委败裕谦”的问题了。

（三）再论余步云的退逃

《行军要语》有言：“误入于不胜之地而遇敌，惟有策励军心，置之死地而必得生，若挥之退，是助敌锐，而坑己军也。”由此可见，余步云很清楚面对强敌退缩的后果，那他为何退逃呢？

---

① 《筹办夷务始末》（道光朝·第一册）第440页，中华书局，1979年。

② 杨家骆主编《鸦片战争文献汇编》（第三册）第379页，台北：鼎文书局，1973年。

③ 《筹办夷务始末》（道光朝·第三册）第1250页。

④ 茅海建《定海之战考实》，载《历史研究》1990年第6期。

⑤ 史致驯修，陈重威、黄以周纂《定海直隶厅志》卷二十八，光绪二十八年（1902）刻本。

《行军要语》“镇静”条云：“夫将，志也，三军气也。持其志则气不溃，气之溃由于志之慑，则将之不可不镇静也。惊骇可定也，摇乱可安也，百万众可剪灭也。”余步云认为镇静自若是将帅的基本素质。“惜字”条记载了他的亲身经历：“适猓匪数千掩至，竟扑我营，弩箭如雨，众兵伏地不敢仰视，或立板遮身，惟予戴翎顶衣白衣，独据高地，以镇众心。”可见余步云并非贪生怕死之人，具有临危不惧的品质。但在战术上余步云并不死板，他在“结援”条中说：“有必救之军者，则有必守之城。无必救之军者，则无必守之城。势不能御，宜广结声援，坐困孤城，必不可也。”镇海之战中，清军在英军猛烈炮火进攻下迅速败退，裕谦事先也未求得援军，这正是余步云所谓“无必守之城”，应当是在这一思想的指导下，为了最大限度地保存有生力量，余步云采取了退逃政策，不然也不会轻弃要塞。

余步云退逃是事实，依照清律确实当斩，但在鸦片战争中，“孰不切齿琦善为罪魁，谁不疾首于奕山、奕经、牛鉴、文蔚，而以为投畀之不容缓?”①余步云的罪行与这些满族大员相比真是小巫见大巫，但实际“伸军律者，仅步云一人”，这必然有深刻的政治原因。余步云的罪证最早来自于裕谦家人余升的讼词：“当裕谦在镇海城上督战时，上城面见裕谦，欲暂示羁縻，并有该提督于是日嫁女，一家三十余口，实属可怜之语……迨英夷开炮轰击，余步云又先行退守宁波，以致裕谦殉难等。”② 但经过穆彰阿等人的审讯，余升讼词多为不实。首先，余步云当日并无嫁女之事，纯属谣传。其次，经证实余步云退守宁波与裕谦投池被救几乎同时。但战败之后，余升的这些不实之词都成了朝臣攻击余步云的罪证，最终将裕谦等人的殉难，甚至整个浙江战事的不利都归罪于余步云。

学者茅海建结合英方的资料，利用近代军事学知识客观分析后，指出“定海之战，是落后的腐朽的清军与近代化的英军之间的较量。战斗反映出来的问题，正是清军在战略战术、武器装备、筑城技术、训练水平乃至军队素质与近代化的差距。”③ 镇海之战亦由裕谦一手主持，作战方略如出一辙，所以镇海之败根本上是由清朝的腐朽落后造成的。浙江战事失利，使清政府面

① 《清史稿》第11592页。

② 《鸦片战争档案史料》（第六册）第716页，天津古籍出版社，1992年。

③ 《定海之战考实》，载《历史研究》。

临空前的舆论压力，天朝上国的尊严扫地，为了掩盖清政府的腐败无能，平息民愤，转移视线，需要有人来承担责任。道光帝一向“重满轻汉”，皇亲奕经等人几乎没有得到什么处罚，而作为汉臣的余步云却成为政治牺牲品，这样他的那些罪证也就不必考实了。所以在整个审讯过程中余步云几乎处于“失语”的状态，因为清政府不希望听到他的辩解。

余步云被斩后，在传统忠奸逻辑下，各种非议接踵而来，尤其是各种文艺作品脸谱化的描写，余步云被塑造成了一个彻头彻尾的奸佞小人，这恰是清政府默许和愿意看到的。而此次《行军要语》的发现改变了以往对余步云“一边倒”的批评，使我们能够客观看待余步云的功过问题。

结 语

《行军要语》揭示了古代战争的一般规律，是古代实用型兵书的殿军之作。从书中可知余步云战略思想灵活，善用奇兵，但这些战法都属于冷兵器时代，无法应对英军的坚船利炮。随着鸦片战争的一声炮响，这样的传统兵书失去了实用价值。在余步云被定性为逃将后，该书很快在中国消亡。英图藏本1843年之前已为英人所得，从书中的军事思想来看，余、裕不和的实质是军事战略的不同。余步云的退逃应当是为了保存实力，作为政治牺牲品被斩后，他的罪行在无形中被放大。该书对于重新认识余步云及鸦片战争，具有重要文献价值，但由于在国内十分稀见，尚未引起学界关注。关于该书的资料来源，军事思想渊源，以及现代价值等问题，仍需下一步深入研究。

（刘博　山东大学儒学高等研究院博士研究生）

从英藏《参证银论》看1830年前后外国银圆的流入*

杨胜男

摘　要：大英图书馆所藏《参证银论》刊行于清道光十年（1830），详细记录了当时外国银圆在中国流通的过程中造伪、仿铸的现象以及广东银商辨识、鉴别的过程，书中收录的十几幅外国银圆图像和有关文字信息为了解当时的货币制度与经济史况提供了参考资料。

关键词：《参证银论》　外国银圆　造伪　鉴别

大英图书馆藏《参证银论》一卷，与《捷法算书》同册，清道光十年（1830）由广州禅山福文堂刊梓，发行者南邑璜矶潘正业，八行十九字，小字双行，白口，单黑鱼尾，四周双边，版心上镌"参证银论"，下镌页数，前有潘氏序一篇，插图若干，识语一则。该书图文并茂，文字部分主旨是教人"观银"，即区分当时市场上所流通的外国银圆的花纹、成色、响音等特征，以鉴别银圆真伪，此外还涉及广州铸币等历史信息。插图部分可分为两类：一类是银圆作伪之法示意图，与文字所述作伪之事呼应；另一类描摹外国银圆的形貌，可据之考察当时流入清朝的外国银圆。《参证银论》较早地揭示了在鸦片战争的10年前广东外来银圆流通的一些经济史况，具有独特的文献价值，特此绍介一二。

一、《参政银论》所录外国银圆

流入中国的外国银圆，种类繁多，难以枚举，时人货币知识有限，记

* 本文为2017年教育部哲学社会科学研究重大委托项目"大英图书馆所藏中文古籍的整理与文献学研究"的阶段性成果之一，批准号（17JZDW04）。

录手段有限，对这些银圆的记述大都仅见诸文字，信息亦不集中。《参证银论》对当时流通的外国银圆中的多见者，述其名，摹其图，标注其成色，记录较为详尽。目录后“合益馆”识语部分列举了28种常见银圆的名称与成色：

> 更有异国之来，形容怪端，高低不一，难尽枚举，今只述其多到者，备其名而已，较其成于左，亦得目识耳闻也。马剑银约有八二乘；企鬼银约有九二乘；左向银约有九二乘；月影银约有八五乘；双鹰银约有八乘；睡鬼银约有八五乘；单鹰银约有八八乘；大洋船约有八五乘；新旧勾约有九一乘；日影银约有九二乘；鬼头银约有九五乘；花边银约有九一乘；绳串边约有九四乘；贡鹰银约有九五乘；宝鹅银约有九五乘；飞鸡银约有八二乘；宝鸭银约有八五乘；贡凤银约有九二乘；搅铜柱约有八二乘；飞鹰银约有八五乘；考贡银约有九乘；担帆银约有八五乘；十字银约有九乘；嚧吣银约有九九乘；担锡杖约有八二乘；坐车银约有八二乘；红毛光约有九八乘；万寿银约有十足成。①

以上并非当时流通的全部外国银圆，“今只述其多到者”，说明这28种是当时较为常见的。所列银圆之名皆作俗称，除“马剑”“鬼头”等称呼因见于《古泉汇考》等钱币专书以及一些清代奏折而为人知悉外，其他难以从名称中考察详情。幸而书中配有插图，银圆主图案、文字、花边等无不具备，虽有失真，偶见纰漏，但银圆的国别、铸造时地等情况大致可察，为了解当时的外国银圆在中国的流通情况提供了依据。对照《克劳斯世界硬币标准目录》②，《参证银论》记录的外国银圆有：

（一）荷兰银圆

1. 宝盖（其一）、马剑银

宝盖有三类，一类为荷兰银圆，主图案为皇冠、盾牌、双狮护卫，盾牌

---

① 潘正业《参证银论》，清道光十年（1830）年广州福文堂刊，大英图书馆藏本。以下所引《参证银论》内容不复标注。

② Chester L. Krause and Clifford Mishler, *Standard Catalog of World Coins 1701–1800*, *Standard Catalog of World Coins 1801–1900*.《参证银论》著录的部分文字信息不确，对《克劳斯世界硬币标准目录》已有的，参照修正，信息模糊不能参照者，遵照原书插图著录。

下镌年代，外围有字母“CRESCUNT · CONCORDIA RES PARVÆ”。此类银圆正面为马剑图案。

马剑银主图案由持剑骑马的骑士与盾牌构成，外围文字“FŒD：BELG：COM：ZEL N · NOV · ARG：PRO：CON”。

2. 企鬼银

主图案为人像执杖而立，倚靠圣经，外围文字“HANCTVEMVR HAC NITIMVR 1793”。背面应为皇冠与狮盾。

（二）西班牙银圆

1. 宝盖（其二）

除了荷兰银圆，另外两类宝盖系西班牙银圆。宝盖（其二）主图案为皇冠、盾徽、双柱，外围文字“CAROLUS · IIII · DEI · GRATIA · 1801”。正面应为君主卡洛斯四世侧身头像。

2. 宝盖（其三）、花边银

宝盖（其三）为海上皇冠、双球、双柱图案，外围文字为“VTRAQUE · VNUM · LM · 1746 · LM”，正面即花边银，主图案为皇冠、盾徽，外围文字“CAROLVS · Ⅲ · D · G · HISPAN · ETIND · REX”，为卡洛斯三世时于墨西哥所铸。

3. 左面银

主图案为西班牙君主侧身头像，面左，故称左面，与主要面右的鬼头银相区分。图示头像据外围文字“JOSEPH · NAP · DEI · GRATIA · 1809”应为波拿巴王朝约瑟夫一世。

4. 鬼头银

鬼头银图案为西班牙君主侧身头像，面右，以区分“左面银”，背面有勾银、宝盖（其二）等多种图案。图示鬼头银为卡洛斯四世，外围文字“CAROLUS · IIII DEI · GRATIA · 1807”。

5. 旧勾银、新勾银

勾银指西班牙皇冠、盾徽、双柱银圆，正面为君主侧身头像。图示旧勾银为卡洛斯四世时期所铸，外围有文字“HISPAN · ET · IND · REX · NG · 8R · M”，“NG”代表铸地危地马拉。新勾银为费迪南七世时所铸，外围文字为“HISPAN · ET · IND · REX · Z：8R · RG”，“Z”为铸造地墨西哥萨卡特卡斯。

6. 睡鬼银

主图案为正面人身全像，外围有文字“FERDIN · Ⅶ · DEI · GRATIA”及年份（不能识别），为西班牙君主费迪南七世时所铸。

7. 日影银

主图案系费迪南七世侧身头像，面左，人像外有一圈花边，花边外为文字“FERDIN · Ⅶ CDEI · GRATIA · 1815”。背面应为盾徽图案。

8. 大洋船

主图案系帆船，外围文字“CAROLUS · IIII GRATIA · 1801”，系卡洛斯四世时所铸。

9. 揽铜柱

主图案系公平与自由神分立于神柱两侧，外围文字“PORLA VIRTUD Y LA JUSTICIA”，背面应为棕榈树及被羊驼、鸟等簇拥的旗帜。此款银币为秘鲁 1822 年临时铸币，彼时尚未完全摆脱西班牙的殖民统治。

10. 花边边、万字边、银边珠、绳串边

以压制边纹为主，无主图案，有的有花押，多在西班牙赫罗纳、莱里达、马略卡、塔拉戈纳等地铸造。

（三）美国银圆

1. 单鹰银

主图案为展翅雄鹰，鹰首上方横置一根文字织带，外围文字“UNITED STATES OF AMERICA”。正面应为群星环绕的自由女神侧身头像。

2. 宝鸭银

主图案为展翅雄鹰，雄鹰外围有一圈花环，花环外环绕文字“UNITED STATES OF AMERICA”。正面应为自由女神侧身头像。

（四）奥地利银圆

1. 双鹰银

主图案为皇冠、盾牌、双头展翅雄鹰及双剑，外围文字“SPERAVI · 1750 · IN TE DOMINE”。正面应为奥地利君主弗朗茨一世侧身头像。

（五）墨西哥银圆

1. 宝鹅银

主图案为展翅的雄鹰立于仙人掌，鹰身侧向左，外围文字“MEX · I · IMPERATOR · CONSTITUT · 8 · R · I · M”。正面应为墨西哥奥古斯丁一世

（1822—1823年在位）头像，1822年铸。

2. 飞鸡银

与宝鹅银图案相似，鹰身侧向右，外围文字“MEX · I · IMPERATOR · I · CONSTITUT · 8 · R · I · M”。正面亦为奥古斯丁头像，1822—1823年均有铸造。

3. 贡鹰银

主图案为雄鹰侧身立于仙人掌，喙部和爪部攫有一螺旋状的蛇，外围下绕花环，上为文字“REPUBLICAMEXICANA”。背面应为光芒环射的自由帽，铸造于1823年共和国成立之后。

4. 贡凤银

与贡鹰银相似，区别是所攫蛇身更为驯服，呈波浪形，铸造于1823年共和国成立之后。

5. 飞鹰银

亦与贡鹰银相似，区别是雄鹰双翅大展，所攫蛇身较为舒展，亦铸造于1823年共和国成立之后。

（六）法国银圆

1. 考贡银

主图案为皇冠、盾徽，两侧为“5”“F”，标志5法郎，外围有一圈花环，下镌年份“1819”与铸地（不能识别）。正面应为法国君主路易十八侧身头像。

二、《参政银论》所见银圆作伪与鉴别之法

（一）银圆作伪之法

《参证银论》揭示了三十余种银圆作伪的方法，并配有十二幅插图，整块好银的作伪之法大致可分为夹版、挖心、镶嵌、锉边、仿铸、镀银、打印信等，烂板银和碎银亦有伪造，方法与整块好银相似。

1. 夹版

夹版即在真银中夹入铜芯或铅芯、锡芯等，又可分为原面和重造两种。

原面作伪不破坏银圆的基本图案，如“原面铜锣夹铜”法，用三枚原银，一枚左右锯开，各自车薄作为外皮，另外两枚各自挖薄一边，留下银底和原

边，合入铜芯称重后，盖上银皮，再整合焊回。“夹铅夹响锡银”法亦同，仅中间夹芯换为其他金属。

重造者亦用其他金属作夹芯，然后在外面包裹厚度不等的真银，放入天师[1]模型重新击打，修饰成型。如“夹厚皮铜银”“中皮夹铜银”“烧叶薄皮银”皆是铜芯，三者区别仅在于银皮的厚薄；“高夹低银”则为铜铅夹芯，外裹两片银皮成坯。旧烂银之“搓心铜银”，碎银之“高夹低碎”亦是重造的夹版伪银。

2. 挖心

挖心法是在原银上钻孔或者挖去不规则的小块，再以其他金属填入。“助铅银款”系在原银上开小口，挖去银糠，以铅补满，再用银皮焊好修整；“插铅银款”与之类似，区别在于填回时用热铅灌入；亦有不用铅而用铜者，“原银大钉铜”法即是；亦有在所嵌金属外再包一层银皮者，“原银钉银”法中间填入的即为包裹了银皮的铜粒或铅粒，更能乱真。

3. 镶嵌

镶嵌法直接从原银切去形状大小不等的银块，再用其他金属补足。如“原银方逼铜心”系挖去中间方形，补以铜银；“夹对边银”半边真银镶半边铜；“铜圆逼银心”留中间圆形银心；“镶三份一银”留下三分之一扇形真银。碎银伪造之“镶口大碎”法亦是此类。

4. 锉边

锉边即将原银圆的边纹锉去，盗走一部分银，然后另凿出新边。如“鬼击银”是将“鬼头银”边栏锉去，再用边凿打出边栏来混人耳目。

5. 仿铸

仿铸是指用各色金属材料在模型中击打或者重新浇注以制造银圆。因为工艺原因，彼时大部分用击打之法，即将钱坯打磨好后入天师模型，打出花草等各项图案，充乱正色，各种手段的差别主要在于钱坯的金属成分。如“土铸银”不掺入其他金属作假，但成色不一，“九二而至八五或八乘等”皆有；有在银中掺入水银者，如“蒸重又水钱”，其法“以水银煅死，和入足纹银，较合五六七乘为准，后用螺丝盖铁升密，大火煅至日许，取出，捣成银饼”；有掺铜者，如“入白银”系将“高铜用白铅吊清”，再充入足纹银，

① “天师”即用来仿铸银圆的模具。

“入红银”者和入红铜；又有掺入信石者，“泥信银”即在铜坯中“入信石少许，以坠其铜声”，“梅花信银”则选用红铜掺入信石作坯。此外还有碎银之“烧叶铜碎”法，用青铜做碎块，周身打上字印后，用朱墨炒制，充作好银。

采用浇注法的，仅有“泥信银”，先做出泥模，“将信料煮熔，灌入泥模内以成银，无用击花草”。

6. 镀银

镀银是在伪银圆外搽涂一层真银之法。“精光铜银”以黄白铜铸成钱坯，击打成型后“用纹银共水银制死，涂搽银面”。碎银之“精光碎”法同，“洗口碎”则用“乳银涂搽银口之弊”。

7. 打印信

由于手工作业且用料不一，作伪过程中难免出现形变、拼合、变色等痕迹，常用的掩盖手段是在上面打上银号的印信，此作伪手法往往与前六种共同使用。

8. 其他

除了盗银和仿造，为了防止作伪银圆被检验出来，还有一些专门针对查验的手段。“苦上加刑”，用黄白铜伪造的银圆故意钻眼挖心，“类似先行撞去铅粒一般，复将银水整造”，让人误以为是好银。又有“镶口铜银”“夹对边银”先行造出可以看到银色的鸦鹊口，假作是好银钣烂之状，来掩人耳目。

（二）银圆鉴别之法

以上每种作伪银圆，《参证银论》都指出了鉴别的要点，总之，经穿凿的银圆面上总有瑕疵；土铸法所用模具不如机器压制的规整，工艺粗糙，图案易形变；不同成分的金属色水、音色、重量不一；用以遮盖的印信与自然流通中的相比，无新旧之分；锉边改制者重量、花纹不一。每种作伪手段都有其弊端，可有针对性地查验，主要途径有目验、听音、称重和撞银等，这里略举一二说明。

1. 目验

目验是最重要的鉴伪途径，主要观察银圆文字图案、制作工艺、印信以及水色等。

如夹版法中原皮包裹铜铅芯的伪银，“面上浮光，色水哑白”，因需垫在木砧上击打，夹芯难以塑形，故印浅；厚皮铜芯银圆常常花草方扁，低陷不齐，银色“哑而光靓”，边栏“粗硬而浮光”，字印无新旧之分，中皮和薄皮的与之类似。

经挖心的银圆，因为挖通，往往带肿，“看印脚亦属糊涂”。

经镶嵌的银圆，往往有两种色水，又“夹边镶角，其花草边栏难得一线”。像银心外镶铜者“边栏粗而带靓，四围栏牙俱无现起，或成幅黑霞凹凸”。

锉边银圆，栏牙必窄，所凿新边不如机器压制得整齐，必有错乱，如用“鬼头银”改制的“花边银”中常无梅花瓣样。

镀银银圆，“精光铜银”观之“无皮壳，色水哑白而带黄”，“精光碎”则“有细尘沙粒痕”，色泽“一汪水过”。

除伪造情况外，亦列举了三种好银，不能简单以外观颜色判定，“酸白”者色靓，“原银舱底”呈现黑色；“焦水含炭银”其色焦枯，此三者都须依据银圆图形文字辨认。

2. 听音

因伪银中常含有不同量的其他金属，听之音色有别，可以据此区分。如夹铅芯的银圆“订声不甚响”，而用锡芯者“极响”。挖心灌铅者“哑而带死”，钉铜者“带哑而不响”。仿铸的“入白银”则如“生铁火镰之音”，“梅花信银”订声“无零之美”。

3. 称重

锉边银圆分量必轻，可以通过称重发觉。

4. 撞银

撞银之法，即钻开银圆查验成色，具体之法，“撞穿见脚，有似椰肉纹带软者为佳，或钻开向朝光处用口气一吹，若好银，其色立变青黄，如低铜伪者，则不变矣”，但若“镶口大碎”“洗口碎”之类，不可以锥撞钑口为准。此外，撞银还需注意行当规矩，“切不可向新鲜字印之处落手，恐防偶撞他店号字印”。

三、《参证银论》的文献学和经济史学价值

（一）提供了1830年前后外国银圆的流通信息

《参证银论》记录的银圆信息提供了清代白银货币流入的一些经济史料，尤其该书成书于鸦片战争之前，其后几十年中国才开始使用机器自主铸造银

圆，这就有利于打破以往经济史研究中论述外国银圆笼统不分期的情况，并据此修正一些信息。

其一，1830年前后，西班牙银圆在市场流通中占主要地位，其中最为通行的是“鬼头银”“花边银”“绳串边”3种，[①] 银圆上的君主人像，除了为人熟知的卡洛斯三世、四世和费迪南七世以外，尚有约瑟夫一世。西班牙银圆之外，奥地利、荷兰、美国、法国、墨西哥银圆在广东亦属常见，而后为世人熟知的英国“站人洋”、日本“龙洋”等尚未铸造流入。

其二，美国银圆此时已流入中国市场，主图案为鹰，从广东民间给予的“单鹰”“宝鸭”称呼看，与对墨西哥银圆的称呼如出一辙，光绪年间邹弢所著《三借庐笔谈》卷五“鹰洋”条亦言“今中国所用之洋，面上有鹰，遂误鹰洋为英洋”，[②] 窃疑泛称“鹰洋”的货币民间仅据银圆图案区分，实际上可能包含了美国银圆。

其三，墨西哥银圆亦已有之，并非在1854年前后才流入中国，[③] 铸造时间也并非都在墨西哥合众国成立之后，奥古斯丁一世帝国时期铸造的银圆已有流入，介于摆脱西班牙统治和共和国成立的过渡时期。还需注意，墨西哥银圆的成色并非一致，《参证银论》所标从八二乘到九五乘不等，存在较大差别。

其四，对外国银圆的称呼，《参证银论》记录20余种，从西班牙君主头像分左右，墨西哥银圆蛇形差别细微也能加以区别来看，广东银商界自有一套名称及识别系统，能够细致地区分各国多种银圆，较之清人奏折所称“大髻、小髻、蓬头、蝙蝠、双柱”等，[④] 更为系统全面。此外，书中对银圆含银量的鉴定亦较准确。

（二）补充了中国自行铸造银圆的史料

虽然外国银圆在明代就已流入中国，但中国官方铸造银圆之事较晚，乾隆时期曾允西藏铸“乾隆宝藏”银圆，“第行之回、藏，内地不用”[⑤]。道光

---

① 《参证银论》于西班牙“鬼头银”“花边银”名称下分别注“今之行用者”，“绳串边”下注“今之常用者”。

② 《笔记小说大观》（第二十六册）第349页，江苏广陵古籍刻印社，1983年。

③ 千家驹、郭彦岗《中国货币演变史》第184页，上海人民出版社，2014年。

④ 赵尔巽等撰《清史稿》第3645页，中华书局，1977年。

⑤ 《清史稿》第3645页。

十三年（1833）林则徐上《查议银昂钱贱除弊便民事宜折》，谋议自铸银圆以抵制洋银，然遭罢止。[①] 咸丰五年（1855）周腾虎上《铸银钱说》请铸银圆，未准。其后，有光绪九年（1883）吴大澂在吉林建造机器局，次年试铸成"厂平"银币，然并未大规模流通。直到光绪十四年（1888）张之洞用机器试铸银圆，李鸿章继任后续成之，中国机器自铸的银圆才开始通行。

在张、李官铸银圆流通之前，中国并非没有仿铸外国银圆之事，《参证银论》"择使勾钱"条载先时广州布政使允许仿造银圆，尚在林则徐上书谋议之前，补充了这方面的信息：

> 前时藩宪大人到我广东赴任，每月初二旂民关饷，俱用本藩库足纹银给赏，外国所来鬼头、花边倾净，方得九乘之高，岂不是低到要补水与纹银，为何当行使用？于夷人的饰，令本地伪匠设局捣铸，大人偶取怀鼓勾钱银样去做击银之模，名号曰天师，乃打出银之鬼头鬼字宝盖两脐两柱各项是也。铸起之银，仍系凸鼓之样，更高于洋员也。出示饰平民通用，以免外国所来。但考其时，渐渐通行。后因伪匠奸狡，由八五而至八乘，目下越铸越低，更做伪者充入，真假难分，是以又不能当行通用。今者亦有呼好勾践为土铸者，即此之故也。

由"前时"可知，道光十年（1830）之前曾有广东布政使命本地仿铸西班牙"勾钱"之事，西班牙"勾钱"大致铸造于1772至1822年间，据此广州仿铸的时间大抵在乾隆末至道光初年，初始目的是抵制外来银圆，因西班牙银圆成色低于库足纹银，通行交换造成了白银流失。这批银圆起初得以通行，含银量高于外来银圆，但后来因为匠人作伪，成色渐差，又有假冒者，故而废止。

与后来吴大澂、张之洞的机器铸币相比，广东的仿铸尚是纯手工作业，《参证银论》书末有对土铸银所用模具"天师"形制及其缺弊的介绍："所云天师者，即击银之模也，乃打出鬼头花边等花草两脐两柱宝盖各项。外国原用钢打成形如磨样，上下二个，将银纳于其中，合上用大铁锤一击，便成花

① 中山大学历史系中国近现代史教研组、研究室编《林则徐集·奏稿》（上）第133—137页，中华书局，1965年。

草。”由于是手工制造，工艺不及机器精准，常常需要补修完善，“故有打不起凹凸无齐出，此也即天师不能击其边，另用钢打成边印，内刻字凿之边栏，号曰边凿是也”。也正因为做工不及机铸，使得伪作造假有可乘之机，后来高纯度的土铸“勾钱”逐渐被排挤出了市场。

（三）揭示了广东地区银圆烂板普遍，造假不绝的乱象

外国银圆在中国流通，江浙地区偏好光面银圆，广东地区则多烂板。《参证银论》所录银圆造伪环节有各种钻挖镶嵌、打印信之事，辨伪环节更兼锥撞之法，具体展示了烂板银产生的缘由。

造伪辨伪之外，其实反映了广东银商界乃至整个中国对待银圆货币的态度。咸丰五年（1855）周腾虎上《铸银钱说》，论及烂板银圆：“闽广各省必椎烂用之，日见其绌，江浙商民乐其便易，市井贸易惟此信行，各钱店认定式样，少有更变，则群起而叱为伪铸，巧立各种名目，以抑勒民伍，至每圆洋银竟贵纹银一两之多。”① 可见烂板银的出现是由于中国没有统一的银圆货币制度，商民对银圆信赖不足，转以银商印信为准。这种模式带来的弊端，一是为银圆作伪提供了可乘之机，在印信的加持下，“洋银之伪有夹铜，有苏板，有钻铅，巧式新思，无奇不有”②；二是导致银圆贬值，林则徐道光十五年（1835）上奏折，言“江浙洋银价值向比闽粤等省为昂”③，除了中国币制的区域性差异外，与闽粤地区盛行烂板银亦有关系。要之，烂板银跟随外国银圆的流入而产生，在中国银圆制度未曾建立、统一的情况下，本质上是对外国银圆货币竞争的消极对待，1878年3月21日《北华捷报》所载外商针对中国货币问题的提议中，有禁用烂板银一条，足见这种风气影响之甚。

结　语

综上，大英图书馆所藏《参证银论》是较早记录外国银圆的一部货币专书，著书本意原是“考较银色，款款备细指陈，免俾商贾贸易中屡受其诡弊”，使得近二百年前手工铸造年代的商业作伪与辨伪行为得以展示。同时，

① 刘锦藻《清朝续文献通考》第7770页，浙江古籍出版社，1988年。

② 《清朝续文献通考》第7771页。

③ 《林则徐集·奏稿》第224页。

该书无形中保存了1830年前后外国银圆在中国流通的信息，具体的银圆款式和铸币年代信息使得以往货币史研究中的一些细节问题浮出水面，广东省早期自铸银圆的一些史料亦得到了揭示，不失为清代货币经济史研究的珍贵资料。

（杨胜男　山东大学儒学高等研究院博士研究生）

英藏孤本《西士来意略论》的传教策略及其影响、启示*

林　相

摘　要： 大英图书馆藏《西士来意略论》是18世纪美国长老会传教士麦嘉缔的代表作品。该书在国内未见著录、流传，或为存世孤本。是书通过与孔子（《论语》）思想的直接比较，呈现出“合儒”与“悖儒”的二重倾向，其将新教与“儒教”相提并论，为在华传教争取了更大的话语权利和生存空间。这种与儒学“若即若离”的传教策略一方面推动了儒家文化在东亚文化圈的传播，另一方面也在一定程度上抑制了儒学的接受与认可。《西士来意略论》展现了自利玛窦以来传教士群体的集体传播策略，由此可察见传教士对儒家文化的贯通利用，对当下中国传统文化“走出去”具有借鉴意义。

关键词：《西士来意略论》　传教策略　“合儒”与“悖儒”

大英图书馆存藏有诸多汉籍文献，而传教士文献则是其中重要的组成部分。这些传教士汉籍文献见证了中西文化交流史，为研究特殊时期“传教”情况提供了察考材料。麦嘉缔（Divie Bethune McCartee，1820—1900）作为

* 本文为2017年教育部哲学社会科学研究重大委托项目“大英图书馆所藏中文古籍的整理与文献学研究”的阶段性成果之一，批准号（17JZDW04）。

19 世纪来华的首批长老会[①]传教士，对其《西士来意略论》（*Western Scholar's Reasons for Coming to China*）的个案研究，或能管中窥豹，丰富我们对其时社会图景的认识。

一、麦嘉缔及其《西士来意略论》概述

麦嘉缔，字培端，1820 年 1 月 13 日出生于美国费城。其先后在纽约哥伦比亚学院和费城宾夕法尼亚大学学习，并在宾大获得文学硕士学位。1840 年获得医学博士学位。1841 年 1 月在当地公开宣誓入教。1843 年 8 月，成为长老会派往中国的医学传教士，并在其时的通商口岸宁波施医传教，创办崇信义塾等。1862 年 7 月，前往山东芝罘（今属山东烟台）开设新的传教站，最终于 1865 年 9 月返回宁波。[②] 麦嘉缔曾任美国驻宁波、上海领事、清廷出使日本钦使顾问等，是传教士从事外交活动的代表人物，对早期中美关系产生过重要的影响，扮演着中西文化交流使者的身份。麦嘉缔集传教士、外交官、文化交流使者诸多身份于一身，“他的传教活动是在华早期新教传教士传教活动的一个缩影，具有一定的典型意义”[③]。

麦嘉缔的著作主要包括《三字经新增注解》（*Commentary on the Trimetrical Classic*）、《悔改说略》（*Brief Discourse on Repentance and Faith*）、《平安通书》（*Peace Almanac*）、《西士来意略论》等，也出版了一些用于宣教的传单，如《敬上之道》（*Duty to Superiors*）、《孝敬父母》（*Obedience to Parents*）、《论说谎》（*On Lying*）、《安心解难良方》（*Efficacious Prescription for giving Peace of Mind*）。《西士来意略论》由麦嘉缔 1863 年于登州（今属山东烟台）刊行，

---

① 长老会（Presbyterian Church），即基督教新教长老宗教会，它在神学上坚持加尔文主义。其前身源自 1707 年《合一法案》颁布前的苏格兰教会，是苏格兰宗教改革运动的产物。根据加尔文宗原则建立教会，组织形式采用长老制，即由教徒推选长老，长老聘请牧师，共同治理教会。接受加尔文主义的五个观点：人的本性全部败坏；无条件选召和预定论；有限的救赎；恩典的无法抗拒；圣徒的坚忍。主要分布在英国、美国、加拿大等地。鸦片战争后传入中国。20 世纪，积极参加普世教会运动，加入世界基督教协进会和世界归正宗联盟，部分教会与公理宗、路德宗、圣公宗等教会合一。（参见丁光训、金鲁贤主编《基督教大辞典》第 811 页，上海辞书出版社，2010 年。）

② ［英］伟烈亚力著，倪文君译《1867 年以前来华基督教传教士列传及著作目录》第 140 页，广西师范大学出版社，2011 年。

③ 田力《长老会传教士麦嘉缔研究》第 107 页，浙江大学硕士学位论文，2009 年。

后又于1864、1865年两次再版，并收录于传教士富文1865年《唐番和合通书》一书中。① 现藏于大英图书馆的《西士来意略论》，共一卷，卷首题“耶稣降世一千八百六十三年　岁次癸亥如己堂培端氏著”，可知此本即刊行于登州的最早版本。在内容上，该书围绕孔子及《论语》进行阐发，以突出基督教教义为重点，通过对比以凸显“儒教所不具备”的新教学理要旨，并分段论述主题，要言不烦。从书籍样态上看，这是一本很薄的小册子，并采用一问一答的叙述形式，即每问均先提出一事，指出《论语》（孔子）未能回答，在对举中凸显耶稣基督的现实功用。此一论述方式生动形象，颇类语录体，或为模仿《论语》而作。是书虽篇幅短小，但却与其他诸多传教士文献一起远播海外，并对汉字文化和儒学的海外传播产生过重要影响，呈现了特殊历史时期的文化现象。《西士来意略论》作为麦嘉缔重要的传世孤本遗著，其相关研究对于发掘中西文化交流史、东亚文化圈学术史不无裨益。

二、“合儒”与“悖儒”的传教策略及其溯源

传教士将一种新的教派传入中国，首先面临的就是如何实现“本土化”的问题。19世纪来华的传教士处于“不想与儒家经典相处，却又不得不与之相处”② 的境地，正是这种两难处境，造成了传教士文献“合儒”与“悖儒”的双重面向。所谓“合儒”，就是将传教内容及活动与孔子及《论语》联系起来，从而攀附儒教以博得关注与信赖。从《西士来意略论》“小引”可窥见一斑：

> 我等西方之人，到中华传教送书，往往有人问云：我中华有孔圣之道，并非无教化之人。尔等西方之人，何故至此复传教耶？今将我讲书之人来中华之意，略略讲与诸君，使知我等到此，非欲与孔子角胜，乃奉耶稣之命，传神之旨，而所传者，则孔子当年所不语者也。③

① 《1867年以前来华基督教传教士列传及著作目录》第140—144页。

② A. P. Parker, “The Place of the Chinese Classics in Christian Schools and Colleges”, *Records of the General Conference of the Protestant Missionaries of China Held at Shanghai*, May 10-24, 1877 , Shanghai: American Presbyterian Mission Press, 1877, p. 491.

③ ［美］麦嘉缔《西士来意略论》第1页，1863年刻本。

此则“小引”采用设问体例，自问自答，表明其与儒学并不背离，“所传者，则孔子当年所不语者”进一步表明自己所论皆是孔子未涉及之处，蕴含“补充孔圣人言论”的深意。又谓：

> 孔子所言，乃孝弟忠信、治国齐家之理，皆属此生之事而已，并未言来生之事如何，亦未言赏善罚恶究竟如何。此等大有关系之事，人人所当知者，而孔子竟未语之，其故何也？盖孔子圣人也，所语人者，皆人生前显然之事也。若夫奥妙之旨，人所不能知者，孔子则亦不知，而不敢妄语焉。①

麦嘉缔积极承认孔子的“圣人”地位，继而将“人生”分成“此生”和“来世”两部分，孔子所论皆是关乎现世之事，而耶稣圣教更加倾向关注来世。再次证明两者是相互补充而非对立的。其实，此一论述目的非常明确——将自己抬高到与儒学同等的高度，形成与儒教互补的“合儒”之势：

> 今我等自西方传耶稣圣道而来，非以我等之学本胜于孔子，乃孔子有言，西方有圣人焉。况耶稣非惟圣，乃神也，非世间之凡人，乃从天下降，而能分明尽言真理，非欲引诱我等炫惑斯世，乃自卑捐命赎人之罪，致我等可得永远之益也。我等幸闻此道，而亦奉耶稣之命，所以不敢不传耳。不知诸君以我所言为何如？敢劝细察下文数条所云，是道则进，非道则退，听诸君自便可也。②

从中国古代典籍中寻求自我证明是传教士的惯用策略。麦嘉缔引用《列子·仲尼篇》“西方之人有圣者焉，不治而不乱，不言而自信，不化而自行，荡荡乎民无能名焉”相关记载，“西方有圣人”是孔子之言，必然不会有错，进而指出自己就是传送西方圣人——耶稣之圣道的人，使自己的传教身份获得合法性。

然而，当“西方圣人”与“东方圣人”相遇，必然激起深层文化的碰

① 《西士来意略论》第1页。

② 《西士来意略论》第2页。

撞，所以这些传教士必须力求避免抑或最大程度地降低来自异域民众“护儒排教”的可能性。麦嘉缔意识到潜在的“传教风险”，一方面归顺儒学，进行合儒阐释，另一方面为证明自己存在的必要性，又不得不对耶稣基督与圣人孔子之间进行切割，形成“悖儒”情形，即与儒学进行义理与现实层面的比较，不避讳谈论基督教神学，并尽可能凸显新教之优势：

一、孔子曰：未知生，焉知死？夫死乃人人所惧，若不讲明，人心如何能安？《圣经》云：一次死，死后必有审判。此乃神所命也。盖时将至，凡在墓中者，将闻耶稣之声而出。曾行善者，得永生之复苏；曾行恶者，得受罪之复苏。又云：恶者必往入永刑，惟义者入永生焉。大凡悔罪信服福音者，不沉沦，不入地狱，乃可得永生，赖耶稣赎罪之功也。又云：耶稣基督之血，洁我侪于诸罪矣。①

一、世人往往有受欺、失业、伤友，样样患难，甚至于为人无味，常觉忧闷。但孔子未曾言如何有安慰之法。惟耶稣言：凡尔劳苦任重者就我，则我赐尔安。《圣经》又明言：有一永福之地在彼人不老不死，无落泪，无相别，凶恶之人不能入，盗贼之辈不能至。又言：耶稣为我等之至友，能体恤我等之忧闷哀痛，使之安慰。又令大凡受欺之人，勿报己仇，因至末日，真神将替彼申冤也。②

一、孔子未曾言善恶之报在于何时。耶稣云：在世之末日，将遣天使敛凡陷人于罪者，及为恶之人，投之于地狱，在彼有哀哭切齿者。斯时也，义者将辉光如日，在天父之国焉。又言：人当儆醒祈祷，因彼时彼日无人知之，故宜预备儆醒常祈，致可避将来之祸灾。又云：彼日以前，民将攻民，国将攻国，饥疫地震，随在将有，而天国之福音，必传于普天下，为证于万民，然后末期至矣。圣经又言：往者冒昧之人，神惟听之，但今命随在之众人悔改，盖已定一日，以耶稣由义而审判世人焉。此数言者，今已明见效验。争斗之事，饥蝗厉疫之灾，人世苦难，日甚一日。可知圣经所言，毫发不爽，而赏善罚恶之日，已离我不远矣。

① 《西士来意略论》第5—6页。

② 《西士来意略论》第6页。

耶稣又命门徒往普天下传福音于万民，言信者得救，不信者定罪。①

麦嘉缔条分缕析，罗列了诸条孔子未及之事。细绎其内容，不难发现其“人生灾异与苦难”的论说主旨，这有其现实背景。1860 年英法联军由舟山北上，一路侵入北京，而此时太平天国运动也尚未结束，国内战争频仍，黎民处于水深火热之中，所以麦嘉缔关注焦点集中于战争灾异、失业患难和生死救赎几方面。通过比较，麦嘉缔发出最终忠告：

此我等来中华之意也，亦实奉真神之命也。祸福安危，听人自取。览此者，速宜儆醒信服耶稣，万不可玩忽视之。舍天国之永福，而受地狱之永罚，此则余之所切望也夫。②

在书籍末页，麦嘉缔还附上自己在山东的传教地址以便随时培养新教徒，其云：“如有欲详此道者，请至福山县烟台海口西通伸疃如己堂内面询可也”。③

麦嘉缔在将新教与儒教要义剥离开来的同时，自然而然转向儒学的对立面，虽然表明自己不与儒学争胜的立场，但实际上却在揭露儒教所不具备的社会现实与死生来世的关切功能。这是在“异域传教”背景之下，追求“本土适应性”不得不做出的决断。麦嘉缔以基督教教义作为基础审视儒学，特择取其中“言而未尽”之处，为传教行为及教义发挥谋求了更大的话语权利和生存空间。

早期的天主教传教士利玛窦（Matteo Ricci，1552—1610）在经历南京的生活之后逐渐认识到，被教会视为异端的佛教在华传播成功的原因，其实就是因为其能主动适应中国社会，与中国本土文化融合再生。所以利玛窦采取了“间接传教”方式，即以科学、技术、哲学、教育、出版等为中介，间接传播福音，解决了基督教在华的生存与立足问题。相较利玛窦而言，麦嘉缔虽然也利用教育、出版等方式进行间接传教，但更多的是在“同”（合儒）

① 《西士来意略论》第 7—8 页。

② 《西士来意略论》第 8 页。

③ 《西士来意略论》书末内封。

的基础上强调“异”（悖儒），传教行为和策略更加直接。《西士来意略论》紧扣“来意”主题，直抒“传教”宗旨，不回避基督教神学问题，强调来世永生，凸显其传教的必要性和传播内容的重要性，成为对利玛窦传教手段的一种借鉴与开拓。

麦嘉缔继承传统，而又开启了长老会传教士“以儒证耶”“以耶补儒”的传教范式，这对于美国长老会在宁波的后期传教产生了重大影响。姚达兑认为：

> 1869年12月4日至1870年1月8日，美国传教士林乐知（Young J. Allen，1836—1907）在《教会新报》上连载了《消变明教论》一文。正因此文，林乐知可谓是较为系统地从理论上鼓吹“孔子加耶”和“以耶补儒”的第一位新教传教士。此篇著名论文是在华新教本色化和世俗化策略的理论源头之一，有深远的影响。①

若说美国传教士林乐知是较为系统地从理论上鼓吹“孔子加耶”和“以耶补儒”的首位新教传教士，那么，作为美国长老会来华传教的先驱，麦嘉缔更称得上是此一传播思想的肇基者，其现实影响自不待言。

从利玛窦到麦嘉缔再到林乐知，以“合儒”而求“悖儒”，最终达到传教目的，呈现出具有普适性的传教惯例。

三、《西士来意略论》的角色定位及其文化传播影响与启示

从《西士来意略论》的篇题来看，麦嘉缔当是将其定位为一部异域传教

① 姚达兑《以儒证耶——哈佛燕京本林乐知译〈安仁车〉的研究》，载杨卫华主编《汉语文献与中国基督教研究（上）》第331页，上海大学出版社，2016年。姚达兑认为，林乐知鼓吹“孔子加耶”和“以耶补儒”的传教策略产生了重要影响，“一、它引发了随后《教会新报》上发表的以儒耶比较为主题的大量讨论文章。二、它是1874年《教会新报》易名为《万国公报》的一个契机。三、稍后的一些著名传教士如李提摩太（Timothy Richard，1845—1919）和丁韪良（William A. P. Martin，1827—1916）也沿着这一进路，一再地阐释儒耶互补和基督教世俗化的理论。四、林乐知因主编《万国公报》而誉满中国，直接影响到了康有为、梁启超等改良派文人，甚至光绪帝也读其著作。后来康、梁所办的同名杂志《万国公报》无论是内容还是形式，都是仿照林氏的《万国公报》”，这样看来，出版于1863年的《西士来意略伦》作为长老会“儒耶比较”之滥觞，可谓影响深远、意义重大。

的先导作品，主要是促进其时中国（山东）百姓对基督教教义的认可与接受，扮演着传播新教教义及文化介绍者的角色。但就其传播范围与影响来看，则不仅仅局限于中国本土。1903 年，《教务杂志》对麦嘉缔《西士来意略论》等著作评价道：

> 麦嘉缔撰写的一些宗教小册子得到了广泛传播，《西士来意略论》和《真理易知》是其中最著名的两本，前者后来被 Goodrich 博士翻译成英文，并被图书馆收藏作为适应中国人思想的样本小册子。①

《西士来意略论》在上海出版并多次翻印，随后流传至朝鲜半岛，成为耶稣会士传教的重要文献。② 据郭信焕《1902—1904 年汉城监狱图书馆的汉语基督教文献及其影响》一文，《西士来意略论》等一批书传播到朝鲜半岛后，成为当时汉城监狱“经常被阅读的汉译本”。③ 传教士编印的汉语传教文本，客观上也在传递着儒家思想，巩固着汉字文化圈。随着这些作品远播海外，不仅达到了宣传新教的效果，也影响了那些“儒教徒”对于儒学的重新审视：

> 余亦儒家者流，请自言其病，士之读书，仅借博功名，希荣禄之阶，而无致泽之术。所谓实学者，空谈性理，蹈往行之旧辙，昧经济之方，辄曰，儒道浩浩乎。不可尚已。噫，道之大原出于天，天道即儒道之本也。吾儒之阐明天道，不若西士之明确，儒教之崇尚虚文，不及西教之真实普愿。④

---

① 转引自田力《长老会传教士麦嘉缔研究》第 43 页，浙江大学硕士学位论文，2009 年。

② 郭信焕《1902—1904 年汉城监狱图书馆的汉语基督教文献及其影响》，载杨卫华主编《汉语文献与中国基督教研究（上）》第 230 页，上海大学出版社，2016 年。

③ 郭信焕在此文中提到当时的宣教师在朝鲜半岛的汉城监狱提供汉语书籍的原因主要包括：首先，罪囚们韩语书籍数量不足；其次，监狱中的知识分子罪犯虽然数量不多，但汉语书籍的借出量很多，影响很大，而对这些知识分子而言，汉语书籍容易理解而且受欢迎，汉语书籍必然是更加有效的宣教手段；其三，当时，在东亚学术圈，汉语仍是主流语言，并认为“能确定的是当时韩中日三国的宣教师有着密切的交流和合作”。［参见《1902—1904 年汉城监狱图书馆的汉语基督教文献及其影响》，载《汉语文献与中国基督教研究（上）》。］

④ 《1902—1904 年汉城监狱图书馆的汉语基督教文献及其影响》，载《汉语文献与中国基督教研究（上）》。

这是韩国李源兢用韩语写给圣公文书的信的部分内容。其传递的主要信息有两点：第一，李源兢本人是一个儒学士人，其后深受基督教影响，成为一名基督徒；第二，在儒学和“西教”相比较之下，他认为前者过于追求功利，空谈性理，在“天道”等概念的阐释上不及西士明确，儒教崇尚的虚文不如基督教的真实普愿，所以，“通过认真的研究和讨论，他们区分了基督教和儒家的差别并最终归附了基督教”。[①] 在基督徒“悖儒”策略的导向下，监狱中一些儒士出现“背儒入耶”现象，给儒学带来了现实冲击。当然，这里涉及一群特殊的对象——监狱中的囚犯，狱中生活必定艰难，需要心灵上的慰藉，所以这也成为新教在这里胜过儒学的重要原因。然而，传教士的传教行为对于儒学及其传播形成消解并非孤例。如长老会传教士来到宁波以后，在崇信义塾的教育中，“通过雇佣华人基督徒出任教师，和引入罗马字注音系统”，信义塾儒学教育的主导地位被基督教教育所取代而渐趋边缘化。[②]

由于现存资料的缺乏，我们难以窥见《西士来意略论》在山东出版时的具体情形及影响，但就有关文献述说及其在朝鲜半岛汉城监狱的流传情况来看，它一方面促进了汉语文化圈对耶稣基督的接受，同时又在一定程度上消解着儒家文化在汉字文化圈，特别是东亚非中国本土文化圈的影响。联想其时的中国，内有太平天国与清政府对峙，外有英法联军集体入侵，社会动乱，死生难料，正也需要这样的“彼生信仰”以缓和、消除对苦难及死亡的恐惧。《西士来意略论》的传播背景在国内与海外具有同质性，猜想其可能在当时的山东半岛乃至内陆形成过激烈的文化交流、博弈与选择。

总之，就基督教传教士所采取的文化传播手段及其效果而言，多有值得我们学习之处：在强调中华文化“走出去”的今天，如何抓住受众心理，如何借鉴其他文化汲长补短、推陈出新，如何激活文化活力、发挥自身优势，是中华优秀传统文化走出国门的关键所在。

（林相　山东大学儒学高等研究院博士研究生）

---

① 《1902—1904年汉城监狱图书馆的汉语基督教文献及其影响》，载《汉语文献与中国基督教研究（上）》。

② 赵力《美国长老会传教士对儒学教育的地方性适应——以宁波崇信义塾为例（1845—1867）》，载《近代史研究》2018年第3期。

大英图书馆藏孙星衍手批明内府刻《广韵》五卷考实*

毕研哲

摘　要：英国大英图书馆所藏《广韵》五卷为明内府刻本，有孙星衍大量印章及朱墨手批，已是存世孤本。该本伴随孙星衍治学游历一生，两度手批，全文校勘。后孙氏藏书散出，不少毁于战火，该书经史衡、华民带等人递相收藏，最后流入大英图书馆。孙星衍在此书中，以中古音《广韵》为基础，以字书、谐声、押韵、古注、训诂为手段，在顾炎武等前人的基础上对上古音、古韵及韵部进行了推拟和划分，指出《广韵》与徐铉所订《说文解字》古音多所契合，证明谐声声转现象，保留古字形体的变迁，是一部重要的韵书。

关键词：《广韵》　孙星衍　音韵学

孙星衍（1753—1818）是乾嘉著名经学家、目录学家、藏书家、书法家。张之洞《书目答问·国朝著述诸家姓名略》中，将他列为“汉学专门经学家”②。在孙星衍去世后，其子孙廷鑅年幼不能守业，孙氏祠堂三千余种珍贵藏书迅速散出，未散之书亦部分毁于战火。③ 据《孙氏祠堂书目》《孙氏祠堂书目外编》，孙星衍个人的许多著作也已然流失，而据“全国古籍普查登记数据库”、《中国古籍善本书目》可知，国内图书馆著录的孙星衍批校之书仅有

---

* 本文为2017年教育部哲学社会科学研究重大委托项目“大英图书馆所藏中文古籍的整理与文献学研究”的阶段性成果之一，批准号（17JZDW04）。

② （清）张之洞著，来新夏、韦力、李庆国汇补《书目答问汇补》第995页，中华书局，2011年。

③ 详见焦桂美《孙星衍藏书之散亡》，载焦桂美《孙星衍研究》第331—332页，上海古籍出版社，2017年。

3种。

孙星衍工于小学，音韵学隶属小学，在音韵学上，我们仅能凭《汉魏音序》一则序文考察建树，未免取样不足。① 而在此本中，孙星衍从乾隆四十一年（1776）至乾隆四十五年（1780）五年间，全文校勘，两度批注。其批注数量达200余条，包含拟音、合韵、转韵、转声等方面的考研，并以此明内府刻本与元刻本《广韵》相校勘。这对于窥探孙星衍音韵学的治学心得和考察乾嘉音韵学成绩具有重要意义。

一、孙星衍批注明内府刻本《广韵》五卷及其流传

（一）版本

大英图书馆东方手稿和图书部所藏《广韵》五卷，索书号15341. d. 8，本书5册，行款半页9行，行大字20字，小字双行，行小字约27或28字，小黑口，双黑鱼尾，版心题卷数和页数，四周双边，半页版框24. 2×18. 0厘米。

序首页左上钤蓝色阳文楷书“小学”及红色阳文篆书“清白传家”两枚印章，右下钤蓝色阴文篆书“五松书屋”，右下空白处朱笔手题“丙申九月二十四夕灯下读，薇隐”，“读”字被虫蛀去，仍可辨识。序末钤红色阴文篆书“家藏珍赏”。卷端题名下钤红色阴文篆书“史衡之印”“华氏民带”，墨色较新。

“五松书屋”是孙星衍迁居南京后的宅邸，“小学”表明此书在孙星衍独创的十二部图书分类法中隶属小学类，核《平津馆鉴藏书籍记》《孙氏祠堂藏书目》，此书赫然在列。②“薇隐”是孙星衍之字，其本字“微隐”，当乾隆丙申（1776）之时，夫人王采薇尚未辞世，故又题“薇隐”，且批注中多处

① 目前可见的孙星衍关于小学的遗著仅有散收于《孙星衍遗文再续补》中的《与江艮庭书》，以及《说文解字·孙氏重刊宋本说文序》《孙渊如外集·说文正字序》《问字堂集·与段太令书》《仓颉篇序》《魏三体石经遗字考叙》，丁福保《说文解字诂林·对孙氏问》这为数不多的几篇序文和书札。在音韵学方面，据《孙氏祠堂书目外编一卷》，其载孙星衍著《尔广雅诂训韵编五卷》，或已佚。《孙氏祠堂书目外编一卷》，载（清）孙星衍著，焦桂美整理《平津馆鉴藏记书籍廉石居藏书记孙氏祠堂书目》，《中国历代书目题跋丛书》（第三辑），上海古籍出版社，2009年。

② 《平津馆鉴藏记书籍廉石居藏书记孙氏祠堂书目》第54页。

“星衍案”“星衍”等字样。以此确定此书为孙星衍所藏批注本。

书前有《陈州司马孙愐唐韵序》，参考朴现圭、朴贞玉《广韵版本考》，我们确定该版本即“明司礼监（经厂）刊本”[①]，或称“明内府刻本”，在《广韵》的版本系统划分中隶属略本系统[②]。据清纪昀《书明人重刊广韵后》云“（王琴德）藏有元人所刊小字广韵，与此本正同，卷末称己未岁明德堂刊”[③]，朴先生以此认为明内府刻本的祖本为元明德堂刊本。

（二）流传

乾隆六十年（1795），孙星衍被外放为山东兖沂曹济兵备道，将其家部分藏书运至兖州，“余参藩东省，驻节安地，与江左一水相通，因择要用书籍，携载行笈……于家园藏书才十之四五”。嘉庆三年（1798），孙星衍罢官后又丁母忧，仓促之间载书及母柩归金陵，船行至滕州微山湖遇大风，两舟中有一舟倾覆，所载之书落入水中，损失惨重。此《广韵》纸张褶皱，有被水之痕迹。据此可知此本《广韵》在孙星衍随行携载的“要用书籍”之列。孙曾描述当时情形：

> 遭母忧南旋，仓皇捆载，卷帙狼藉。时河漫南阳湖，遇风沉舟，损失大半。归里后，负米吴越，贫不自存。犹时时购补码十种。嘉庆甲子岁，再官东省，始从运道载古书，校以宋元善本书，稍完具如初。[④]

孙星衍于60岁致仕，退居南京，著述讲学，将在常州、北京、山东所聚书归于孙氏祠堂“五松书屋”。此时间段编纂的《孙氏祠堂书目·小学第二·

---

① 朴现圭、朴贞玉《广韵版本考》第67页，台北：学海出版社，1986年。

② 清代前中期曾有关于《原本广韵》和《重修广韵》的争论，其起源于《永乐大典》《四库全书总目》。明代主要以略本系统流通，略本于书首只有《陈州司马孙愐唐韵序》，加之内容更加简略，故四库馆臣以为是《唐韵》之旧，故称之为《唐韵》或《原本广韵》，而《大宋重修广韵》或《钜宋重修广韵》则更加详细，被认为是后世增修，称之为《重修广韵》。该理论影响深远，得到顾炎武在内的大多数清代前中期学者的认同。本文《广韵》版本系统的划分根据周祖谟、朴现圭、余乃永等先生所代表的学界共识。

③（清）徐世昌等编，沈芝盈、梁运章点校《明儒学案·献县学案·纪先生昀·文集》第3096页，中华书局，2008年。

④（清）孙星衍《孙氏祠堂书目序》，载《平津馆鉴藏记书籍廉石居藏书记孙氏祠堂书目》。

右音学》显示："《广韵》五卷，前有孙愐《唐韵序》，明刊本。"①

嘉庆二十三年（1818），孙星衍殁，其子孙廷鏻年幼不能守业，又历经太平天国战乱，孙氏藏书三千余种迅速散出，未散出的虎邱一榭园、五松祠的书籍也遭到重大损毁。② 根据藏书印，该书被"史衡"和"华民带"更相收藏，两人事迹已不可考。

其每册末页下钤方形"OPBM 37 MAR 17"③，显示其进入大英图书馆的时间为1937年3月17日。大英图书馆除其封面、装订线，将之三边切齐，以现代精装书的形式重新装裱，导致天头地脚的少许批注被切去，但总体上依旧保存完好。

二、孙星衍批注的内容

此《广韵》有两次批注。首次批注为"丙申（1776）九月二十四夕灯下读，薇隐"，二次批注最后题注时间为"庚子（1780）五月廿日读又一过，星衍"。当丙申之时，孙星衍24岁，往来于常州、句容间，尚未远行西安毕沅幕府，因其尚无资费可购书，所以此本《广韵》当是父亲孙勋购置之物。④ 首阶段批注以朱笔为主，批注较少，其校勘记虽以红笔书写，但应非此时。二次批注时，孙星衍28岁，多以墨笔于天头、地脚、行间书写。批注的内容是对《广韵》的多为阐释文字之本音、转音、所归部类以及小韵的分部归部。

（一）探讨了古字本音

《广韵》分206小韵，每韵下含数目不等的字，对二者的讨论都是至关重要的。孙星衍对古音和古音所属小韵的讨论贯穿《广韵》全篇，构成了他对

① 《平津馆鉴藏记书籍廉石居藏书记孙氏祠堂书目》第286页。

② 顾广圻《欧阳行周集》、陈宗彝《平津馆鉴藏记书籍·跋》《廉石居藏书记·序》、徐康《前尘梦影録》、叶德辉《郋园读书志》等皆有少许记载。据《孙星衍研究》第332页。

③ "OPBM"，是"Oriental Printed Books and Manuscripts"的缩写，可翻译为"东方印本与写本图书部"，1892年成立于大英博物馆。至1973年大英图书馆脱离大英博物馆独立，该部改称"Department of Oriental Manuscripts and Printed Books"，或翻译为"东方手稿和图书部"。

④ 孙星衍在《孙氏祠堂书目·序》云："家大人少孤贫，好聚书，易衣物购之，积数柜。"载《平津馆鉴藏记书籍廉石居藏书记孙氏祠堂书目》第254页。

古音韵讨论的基础。

第一，探讨字本音，批注中的大部分内容都是在探讨某字的古音，这是孙星衍批注的基础内容和出发点。

> 卷一第十页下：媊，昨先切。凡从前得声之字，翦葥揃箭蕑，今皆读近前。然剪刀剂刀，古亦音义相应，则知前有齐音。晋，案又读如齐。《易》晋，孟喜本作齐。
>
> 卷一第九页下：单，转声读如低，又如多。凡从单得声之字，若鱓僤阐廛郸蝉貚墠掸惮燀箪驒嘽禪繟瘅丁榦丁贺二切皆读近单。磾鷤觯或从氏本入此①，鼍驒鼉则入歌韵。前汉乐浪郡沾蝉服虔曰蝉音提。

“媊”字本在《广韵》上平支部赀韵，注曰“又因前”。因“前”字在徐铉《说文解字》音“昨先切”，故“媊”同音也为“昨先切”。因以“前”字为声符的一系列字以“前”得声，故读音都接近“前”。在《广韵》，“媊”“鄑”属同一小韵，读音也相近。《尔雅·释言》云：“剂，剪，齐也。”郭璞注云：“南方人呼翦刀为剂刀。”郑注云：“齐，剪也。”段玉裁《说文解字注》：“歬，按，后人以齐断之前为歬后字，又以羽生之翦为前齐字。”② 郝懿行《尔雅义疏》云：“‘南方人呼翦刀为剂刀’。翦，剂转声也。……翦，俗作剪。”③ 所以，“前”与“齐”二者音通是可以确定的。“晋”读如“齐”则源自孟喜本《周易》，即《孟氏易》“晋”卦之“晋”作“齐”，陆德明云“齐子西反义同”，杨用脩云：“盖跻，亦进也。”④ 可见，孙星衍的论证是正确的。

第二，探讨具体某字的古本音的小韵归部，对古音的归部与探求古字本音是密不可分的，孙星衍往往将二者结合在一起讨论。批注中常见“本音宜

① 即入上平五“支”部。

② （汉）许慎撰，（清）段玉裁注，许惟贤整理《说文解字注》第119页，上海古籍出版社，2015年。

③ （清）郝懿行撰《尔雅义疏》，载吴庆峰、张金霞、丛培卿、王其和点校《郝懿行集》第2999—3000页，齐鲁书社，2010年。

④ （明）何楷撰《古周易订诂》卷四，载文渊阁《四库全书》本第30页，上海古籍出版社，2003年。

入此”“皆入此”。举例如下：

卷一第十页：斤，又读如旂。凡从斤得声之字，若斳忻圻垽虒犷芹菦䓯掀听赾，皆读近斤。断沂旂祈，皆入此。

卷一第十二页上：差，宜读如差池，又如磋。今入麻，非。支 䰈羡縒傞嵯瘥䰇之音，云读若池。歌 鬓鹺瑳艖嵯。麻，鹾槎䶪溠。

麻，案，宜读如縻，又如磨，今音非。支 靡读若《月令》靡艹之靡，靡醾縻蘼糜縻，歌 魔磨糠摩礳。

也，案，宜读如已，又读如驼，今音非。支 匜酏阤貤施驰弛，读与弛施池同。地，歌 地，《楚辞》协麻炧。

孙氏所列从“斤”得声之字，依据《说文》，譬如“听”字“从口斤声”。“欣”字从欠斤声，“掀”字从手欣声，故古音“掀”字也读近今。“欣”“掀”二字同属上平二十一欣（殷）韵，但它们“读近斤”，故应入到上平支韵。至于“差”“麻”“也”三字，而以“差”字为声符的字，即原读近“差”的字，现在是被归入“支”“歌”“麻”3 个小韵。“支”韵与“歌”韵的互相转化，也得到了段玉裁的认同，支佳音与歌近，歌麻二韵划分为同一部。

第三，探讨古韵分部，在对古字音的探索的基础上，孙星衍对分韵合韵的探讨。

卷一第八页：支微齐佳灰，古音及转声入真文元寒删先。
卷一第九页：真文元寒删先转声入此。①

这两句是对“支微齐佳灰”和“真文元寒删先”的互转关系进行的总结，指的是部分字的转声。真文元寒删先转声入支微齐佳灰，依据是他提供的以下证据。支是从真得声，上平六脂之“寅”与上平十七“真”，上平二

① 即转入“支微齐佳灰”部。

十五寒之“单”与上平五支、下平二仙韵之单，及上声二十八弥、去声三十三线之“善”的互转。下平二仙之“鲜”又被收入十二齐，所以“齐”部入支部，与上平五支韵之“霹”字又通入一韵。“兑”字属于去声十四泰，顾炎武云“古与寘之半及六至、七至、八未、十二霁、十三祭通为一韵”。“匕”属上声五旨韵，“牝”属上声十六轸，顾炎武也云“当削入旨韵”，而“旨”与“支”可看作同为一部。“卑”为上平八齐，“鞞”属上平五支韵，故两者互转。黄侃将“卑”划为“帮母齐部”，王力则划作“帮母支部”。“羣”属上平十七真、上平二十文、上声十六轸。“军”属上平二十文，文韵与真韵，顾炎武将文与真、谆、臻通为一韵。“斤”属上平二十一欣，顾炎武云欣与真、谆、臻、文通为一韵，唐作藩亦云欣与文合为一韵。“贲”字分属上平二十文、上平八微、上平二十三魂、去声五寘。去声八未之“尉”字又属上平八微，等等。

（二）对《广韵》的总体评价

在对古字、古音、古韵进行充分讨论后，孙星衍对《广韵》的重要性给予充分肯定。在第一卷的卷后，孙有一篇论文，惜只保留一半。在保留下来的内容中，孙认为，《广韵》的重要性体现在以下三点：

第一，《广韵》的古字定音与徐铉所定《说文》多所契合。

> 卷一第四十七页下：今人非检字不究小学，非赋诗不读韵书，宜乎古书之日亡也。《广韵》始于隋陆法言，唐郭知元时号《切韵》。天宝末，陈州司马复加刊正，因名《唐韵》。至大中祥符元年，始赐此名。古人之书多是随代增加，不可谓非《唐韵》之旧也。据徐铉《说文序》云，《说文》之时，未有反切，后人附益，互有异同。孙愐《唐韵》行之已久，今并以孙愐音切为定，依徐所音案之，《广韵》多所符合，不可以知此书之足重乎。

孙星衍对于《唐韵》《广韵》沿革进行梳理，对《广韵》与徐铉所定的《说文》音律契合的特点则基于他亲手比对。

第二，在《广韵》韵部归类中，同声旁的字古音相同，可以理解，但本音不当如此的字，发音也产生了变化，足以印证谐声、声转现象的广泛存在。他在此处列举了许多例子，如下：

> 卷一第四十七页下：且若五支之鰧，音同剂；𡜵，音同訾；媞，音同提。一东之鬃，音同蒙；汎，音同冯。十一虞之蕘，同儒。十五灰之麼，音同枚；棓，音同裴。二十五寒之濡，水名，出涿郡，乃官切。二十六恒之媔，音同恒；糯，音同端。四纸之烜，许委切；牝，扶履切。十五海之等，多改切。……皆徐注《说文》所未及举，而实足以证谐声声转之例，不借有此书乎？

这些形声声转的现象，在徐铉校定的《说文解字》中并未提及，如果没有《广韵》，则无法探寻古音转化的现象。

第三，孙星衍认为，《广韵》保留了从先秦到唐宋的古字形体的变迁的痕迹，这些文字的变迁与传世文献如《尔雅》《礼记》《周礼》等上古书籍可以互相印证。

> 卷一第四十七页下：若书中云，山左有岸㕒，可以证《尔雅》㕐之当为㕒。盼，大首儿，可以证《礼记》"盼即颁字之讹"。涂，水名，音同除，可以证滁之当为涂，盖始之字讹，形虽失而音义犹存，后乃失之愈远。若乃乌焉，未止三写，而亥豕尚可窮原，斯真浊水之珠，昆山之玉也。……执云，《周礼》音世。之属。犹可识字体正俗之变，归于一贯，善读者庶其究之至乎？

孙星衍认为古字形态的演变的原因，在于古代篆书转化为隶书，又隶定为隶书之时，产生了混乱："篆学久衰，隶古亦失，有文分繁简而音训便殊，名属虫鱼而偏旁加益，乃自《字林》、《玉篇》、《方言》、陆德明《释文》、张参《五经》（下缺）。"

三、探讨古音韵的方法

孙星衍探寻古音韵的方法基于顾炎武的《音学五书》，在古音探求上当属考古派。

（一）以谐声定古音

孙星衍拟定古音的基础仍是《说文解字》中提到的"从某某声""凡某

之属皆从某”的谐声定字音的律例。“谐声”即形声，形声字的声旁决定了该字的读音，故可以用此手段追溯古音。即如段玉裁所云：“许叔重作《说文解字》，时未有反语，但云‘某声’‘某声’，即以为韵书可也。”孙星衍运用的实际上就是段玉裁“同谐声者必同部”的谐声理论。[①] 如：

卷一第十页上：贲，卉声。凡从贲得声之字，若偾幩轒愤幩豮濆墳蕡奔贲省声蕢喷歕膹，今皆读近贲。案，《说文》萉，肥声，或从麻贲，则知贲本音读如肥。

卷一第十二页下：皮，案宜又读如婆，支 铍鞁彼髲旇陂披疲，歌 波破坡駊跛颇簸紴。案，紴，《说文》读若皮，或读若水波之波（《说文》云“读若被”）。

孙星衍依据《说文解字》等书对谐声字的声符规定，然后对由此声符演化出来的字的本音拟音，对转音如支部转为歌部的字进行讨论。

（二）依据古籍训诂定古音

如《十三经》《汉书》等古籍的注疏、徐铉所定《说文》之读音、《经典释文》《字林》《方言》《玉篇》等，譬如有读如、读若，某者、某也，反切等拟音，可以将之引证古音。

卷一第九页下：卑，猈《说文》读若罷、甈、蠯。《释文·周礼音义》薄佳反，徐又父幸反，鞞，《五经文字》卑婢反，又女鼎反。蠯，女标反。

卷一第十页下：耎，而声，而，案，读如如。凡从而得声之字，媆萸耎蝡碝懦《五经文字》緛又乃乱反。麌偄煗嬬腝或從难濡《礼记》戚音如究反。擩《周礼释文》而泉反。本音互读近而，若（濡，而，今皆读近耎）繻獳儒醹需臑襦，今皆读近而。

① （清）段玉裁撰《六书音均表》之《古十七部谐声表》，载（汉）许慎撰，（清）段玉裁注，许惟贤整理《说文解字注》第1387页，上海古籍出版社，2015年。

（三）依据古韵文定夺古音

古韵文押韵的押韵规律是常用的拟音手段。

卷一第二、三页：汉人十六蒸往往通入一东二冬，《两都赋》名亚春陵与雄中为韵，考休徵、瞰四裔而抗稜与雝躬为韵，爰考休徵与崇为韵，如此之类甚多，顾宁人独以风雄弓瞢四字改入蒸韵，恐未当。

卷三第八页上：《郄正传》云，亦进可而替否，与纪恃等韵同用，则否字在此韵中，亦可训作不也。

卷一第十四页上：沙，扬雄《甘泉赋》与旗施厓为韵。支莎，歌娑莎，麻鲨。案，《礼记注》挼莎，《释文》沈音息随反，知沙亦有息随反一音也。

小　结

孙星衍批注中体现出他推崇古音的思想，与《汉魏音序》中他提到韵书的三大弊病在于“不本六书之谐声，而取经籍志用语”“用反语已行之字，不用汉魏音读”“或专用字之转音而忘其本，或不知字之本音而用其转”的主张一致，伸张了他作为汉学家，以汉学为基点，尊崇许慎和郑玄的一贯主张。他在顾炎武的基础上进行了大量的考据，主要对古字古音进行了更加细致的考证，又对部分韵部进行了归类，取得了卓著的成绩。这显然没有突破考古派的窠臼，后来兴起的审音派则是将韵部划分越来越细。但在当时的历史条件下，江永、戴震、段玉裁等人也是使用的这种方法，取得了卓著的成绩。正如王力先生所讲“古音系统没有定论，古音拟测更没有定论”①，对中古音、上古音的拟定，仍需要后人孜孜不倦地探索。

（毕研哲　山东大学儒学高等研究院博士生）

① 郭锡良《汉字古音手册》（增订本）第 27 页，商务印书馆，2010 年。

大英图书馆藏陶定求《悼亡草》考述*

由墨林

摘　要：清代江宁诗人陶定求为悼念两任亡妻俞氏姐妹作《悼亡草》一书，收录诗歌数量巨大、内容丰富、感情真挚，堪称历代诗人悼亡诗之最。陶定求在悼亡诗创作上的成就，来源于他对婚姻的重视。陶定求以夫妇为五伦之首、推崇高尚的爱情、主张互敬互爱的婚姻关系，在男尊女卑的封建时代显得弥足珍贵。

关键词：大英图书馆　悼亡诗　域外汉籍　陶定求

中国古代诗歌悼亡题材，起于《诗经》，成于西晋潘岳《悼亡》，清代悼亡诗以庞大的作者群体、优秀的作品质量在中国古代悼亡诗中占有突出的地位。大英图书馆藏有清道光十五年（1835）江宁诗人陶定求所撰《悼亡草》一部，收录陶氏为两任亡妻俞氏姐妹所作悼亡诗190首，数量巨大且质量较高，对考察清代悼亡诗与清代士人婚恋观有较高价值。此书国内失传，向来无人论及，故笔者不揣谫陋，拟对陶定求及其《悼亡草》的内容、特点及其价值进行探究，以期有裨于学界。

一、陶定求生平及婚姻情况

陶定求（1788—1860），字珠泉，江苏江宁（今南京）人。初以捐官入仕，往来京浙间掌管漕运。道光十年（1830），补衢州府通判，道光十二年

* 本文为2017年教育部哲学社会科学研究重大委托项目“大英图书馆所藏中文古籍的整理与文献学研究”的阶段性成果之一，批准号（17JZDW04）。

(1832) 奉旨采铜滇南，道光十八年 (1838) 任宁波通判，道光二十七年 (1847) 补浙江衢州府同知。[①] 陶定求喜交文士，致仕后与诗人严廷珏、杨澹川、徐荣、刘仲瑀、梁恭辰等多有交游。[②] 陶氏虽官阶不高，但为人忠烈，咸丰十年 (1860) 太平军两陷杭州城，陶定求与亲友数人遇难殉国，[③] 其书稿也尽毁于兵燹，今唯《悼亡草》存世。同治四年 (1865) 清廷下令，对阵亡殉难的陶定求等人恩予旌恤，以彰忠节。[④]

陶定求的人生是不幸的，更为不幸的是其两次丧妻的婚姻状况，其《感亡草序》对前半生经历及婚姻状况记载甚详，别处不见，照录于下：

> 予少随侍先大夫官游京师，年十九，缔结婚姻。前宜人俞氏盖与予同庚，生性温恭，深娴礼则。结褵六载，伉俪至笃。辛未春，先大夫弃养，宜人旋亦遘疾；秋八月，奉讳南下，宜人力疾同归；冬十月，行次江苏，卒于舟次。其地也，则邳州之泇河也。悯其惨死之状，意忡忡无以酬之。
>
> 洎乙亥再入都门，纳赀为郎，假馆春湖外舅之宅。逾半载，有媒妁欲引欧阳公故事，议前宜人之妹为续姻。予时将入浙，需次中馈之事，心亦踌躇。或有从而劝之曰："人异情联，其理则一，莫良于此也。"于是聘今宜人为继室，明年冬，相讶来杭。萱闱已先期迎养在浙，宜人事姑，克尽孝敬；持家御下，宽严有体，人无间言。历十有八载，夫妇相敬如宾，未尝小有忤意。其和平敦厚，与乃姊诚相伯仲矣。予屡从王事，

① 参见《缙绅全书》第88a页，京都荣禄堂，清道光二十八年 (1848) 刻本；《缙绅全书》第88a，京都英秀堂，清道光十年 (1830) 刻本；中国第一历史档案馆编《嘉庆道光两朝上谕档 43》第296页，广西师范大学出版社，2000年。

② 据（清）严廷珏《戊戌首夏以铜运之役行抵衰浦，值陶珠泉别集定求督漕北上，五年阔别万里重逢，倚棹倾樽盘桓竟夕，珠泉赋诗见赠依韵奉答》，载《清代诗文集汇编》编纂委员会编《清代诗文集汇编 607》第594页，上海古籍出版社，2010年；（清）徐荣《（庚申正月）初二日杨澹川观察招集陶珠泉欣欣园会者八十六人，余以病先归，秉烛画梅花戏题纸尾》，载《怀古田舍诗钞》卷三十第7a页，清刻本；至微堂《宝石山天开图画石刻初考》，作者提供未刊稿，石刻文字见 http://blog.sina.com.cn/s/blog_4ffe310d0102vetm.html。

③ 见（清）莫祥芝、甘绍盘修，汪士铎等纂《（同治）上江两县志·卷十九之下》第11a页，清同治十三年 (1874) 刻本。

④ （清）丁申辑《庚辛泣杭录·卷三》第11a—11b页，华文书局，1969年。

赍粮运木，四次入都，宜人不惮辛勤，咸与同行。非昵私耽乐与外也，盖以有母在都，寡处无依，亟图省觐。故虽涉暑寒，不遑自恤，其用心亦良可哀矣。壬辰春，予奉檄采铜滇南，当游万里，宜人亦不惮辛劳，欣然偕往。是岁八月抵滇，寝食无恙。明年癸巳春有娠，宜人私心窃喜，冀得子以存予五弟之嗣。七月滇中地震，其灾异常，宜人恐惶惊胎，遂遘奇疾，至九月中旬，猝然奄逝。

夫人生寿夭，天道本不可知，但宜人岁方及壮，即偶感灾异，寝处弗安，何仓卒之变，一至于斯，岂释氏所谓前因耶？抑芝焚蕙叹，亦与乃姊为连理枝耶？真难乎其解矣。况宜人平日佐予，自家政之大以至米盐琐屑，无不赖其经画，井井有条。忽而内助失人，以致百事纷如茫无所措。自今以始，凡予之心劳力瘁，谁为分之？且疾革时情况之惨，真有令予不忍卒言者，尤可恸也。若夫关山万里，与榇未归，子女双雏，衣食奚赖？此又当徐图，以慰宜人于地下者。予生年四十有六，俛仰廿七载间，如安仁之悼亡，一而至于再，铁石有心，亦当为之酸鼻不置也。爰集今昔吟草，签名《感亡》，并缀数语以弁于首，用志悲痛云尔。时道光岁次乙未九月重阳前一日珠泉陶定求识。

上文可见陶定求的两次婚姻情况：嘉庆十一年（1806），陶定求娶大俞氏为妻；嘉庆十六年（1811）十月大俞氏病亡；嘉庆二十年（1815）陶氏再入京城，半年后娶继室小俞氏；道光十二年（1832）春，陶氏奉旨采铜滇南，小俞氏随行；道光十三年（1833）七月小俞氏受惊患病，九月病亡。陶定求与先后两任妻子俞氏姐妹感情真挚，对两次亡妻的经历极为悲痛。

二、英藏《悼亡草》版式及其内容

大英图书馆所藏陶定求《悼亡草》，为清道光十五年（1835）刊本，道格拉斯（Douglas P. K.，1838—1913）《1877年版大英博物馆馆藏中文刻本、写本、绘本目录》（后简称《目录》）著录。[①] 此书不分卷，半页八行，行21

① ［英］道格拉斯原编，域外汉籍珍本文库编纂出版委员会编《1877年版大英博物馆馆藏中文刻本、写本、绘本目录》第311页，西南师范大学出版社、人民出版社，2010年。

字，白口，单黑鱼尾，左右双边，版心鱼尾下镌页数。前有道光十四年（1834）桂林吕璜《感亡草跋》、道光十五年（1835）陶定求《感亡草序》。书前标有陶定求英译名“Taou Ting-kew”，书名“悼亡草”旁标注“Taou wang tsaou”，皆为道格拉斯编目时标记。据《目录》，此书极可能在1842年左右中英鸦片战中，由英军劫掠或由英国人小马礼逊［即马儒翰（John Robert Morrison，1814—1843）①］购买带到英国，后入藏大英图书馆。

胡旭《悼亡诗史》谈到，沈德潜、王彦泓分别以79篇、70篇列于清人悼亡诗创作数量前列。②《悼亡草》收录陶定求为亡妻俞琴心、俞琴素姐妹所作悼亡诗凡190首，较沈、王悼亡诗之总和还要多，为历代诗人悼亡诗数量之最，其对悼亡诗研究之价值不可忽视。

《悼亡草》收录诗歌以时间为序，跨度20多年。嘉庆十六年（1811），陶氏第一任妻子在邳州（今属江苏徐州）泇河去世，此后数十年间陶氏屡次经过邳州泇河，都会写诗悼念，如《次邳州书感》《再次邳州书感》《过泇河感赋》《再过泇河感赋》等。诗曰“几番春梦断泇河，一样征衫泪湿多”“几回断肠地，一夕客关心”等，陶定求对俞氏早亡非常痛苦。又有《客中除夕感亡（甲戌）》《除夕客鄂城感亡（甲申）》《哀词四首》《秋暮释吉旋里议厝琴心宜人之浙需次恻然有作四首》《将之武林扫墓书感》，悼念大俞氏所作凡15首。

大俞氏病亡后第四年，陶定求又聘俞琴素为继室。陶定求与小俞氏相处时间较久，感情尤深，因此有170多首悼亡诗，而且多写于小俞氏去世后两年之内。陶定求先后经历两次中年丧妻，受到严重打击，“一而至于再，铁石有心，亦当为之酸鼻不置也”。小俞氏病故后，陶氏“失宜人如枯其体之半”③，对妻子早逝极为悲痛，其苦忧至深、用情至切诚如其自谓“铁石有心，亦当为之酸鼻”。陶定求悼亡诗主要包含以下6个方面

---

① 马儒翰，传教士马礼逊（Robert Morrison，1782—1834）之子，精通中国语言文字，清道光十年（1830）在广州充任英商翻译，鸦片战争时曾担任侵华英军翻译，参与道光二十二年（1842）年《南京条约》的起草与谈判。据郑天挺、荣孟源主编《中国历史大辞典·清史卷下》第60页，上海辞书出版社，1992年。

② 见胡旭《悼亡诗史》，东方出版中心，2010年。

③ 书前吕璜《感亡草跋》：“江宁陶珠泉通守与余同官浙江时，交最莫逆。……盖宜人之贤，余知之；宜人之善理家政，余知之；而通守伉俪之笃，失宜人如枯其体之半，余尤知之。”

内容：

第一，抒悲痛之情。因思念亡人陷入无尽的痛苦，是悼亡诗常见的感情。唐元稹怀念妻子韦丛《遣悲怀》，史上有名。陶定求也作同题诗 20 首悼念亡妻，回忆了与之 18 年的相处时光，而今“情同孤雁，痛苦语之未伸；韵比寒蝉，冀哀思之借达”。《遣悲怀・其六》曰：“私心每愿先予逝，七录如何遽弃捐。戏语从来都是谶，春风一度散华筵。”诗人曾不忍抛下妻子独活于世，宁愿妻子先自已去世，而如今戏语成谶。又如“顿失一心人，肠中如转轴”（《书黄庭经》）等语，只剩下自己独活于世，其哀痛欲绝令人动容。两遭丧妻之痛，陶定求生出自伤之情，不仅有“自觉故衣肥”（《客愁》）、“发易吾颜色已斑”（《寄所思》）的形惨，更有“天涯俛仰一身孤”（《采铜役竣东归志感》）、“栖皇人似可怜虫”（《巴陵道中》）的神伤。

第二，咏亡妻遗物。陶定求创作《发》《枕》《镜》《香》《烛》《翠钗》《罗巾》《锦带》《弓鞋》等诗歌，题咏妻子遗物。其中《镜》诗曰：“轻尘抚净问容城，曾照蛾眉若个生。每念旧情窥故影，如何别后不分明。”妻子已逝，镜中容颜不再，空空如也。又如《弓鞋》一诗：“环佩声动下重台，曾记凌波待月来。猝赴嫦姮天上约，却遗莲瓣坠莓苔。”诗人想象妻子赴嫦娥之约，穿过的鞋子如莲瓣一样留在了人世。目睹亡妻遗物，陶氏倍生伤感，物是人非，诗中所现哀哀之情，寸寸肠断。

第三，写年幼子女。子女为联系妻子的纽带，往往最令人伤感。二人“子女双雏”，小俞氏生前放不下幼儿，“病中时切念儿饥，鞠育恩深累护持”（《遣悲怀・其十二》）。其《哀词・其五》云：“撒手遽抛娇小去，谁怜失屺独酸辛”。“失屺”出自《诗经・魏风》：“陟彼屺兮，瞻望母兮。”小俞氏去世时，其小女儿年仅三四岁，陶定求对她尤为怜爱，“弱女可人偏体瘦”（《旅店感事书壁》）、“悲哉肺腑不能语，茕茕娇小难为抚”（《悲哉行》）、“稚女呼娘啼不住”（《哀词・其九》）、“膝下独怜孤女弱”（《途中感怀》）等。又《示幼女》：“卌岁才生汝，聪明自异常，入滇犹襁褓，归日感沧桑。腹馁今呼父，衣单乍失娘。寸心独怜我，解说也凄凉。”又《古诗》：“回头顾少女，嬉戏逐风狂。少小不知母，旁观摧肝肠。”幼女尚且不懂得失去母亲的痛苦，作者看在眼里，痛在心中：“别后自今爷代母，此情传语莫辛酸。”（《题像》）

第四，表亡妻美德。陶氏姐妹贤惠体贴，《感亡草序》称大俞氏“生性温恭，深娴礼则"，小俞氏"和平敦厚，与乃姊诚相伯仲"，与大俞氏六年间"伉俪至笃"，与小俞氏十八载"相敬如宾"。陶氏多次写妻子美德，尤其小俞氏，侍奉婆婆"克尽孝敬"，持家"宽严有体，人无间言"，《哀词》写其在杭州侍奉婆婆"九年菽水劬劳至，三载麻衣礼数周"。《遣悲怀二十首》序中回忆往昔自己"一贫如洗，学宦未成，五斗难谋，心惭仰事"，虽然如此，但妻子对他毫无怨言，不离不弃，"日修中馈，甘旨娱亲，慰恤狂奴，典钗延客，经数年而不匮"，自己"志四方而无忧者，皆赖宜人内助也"。陶氏对这位陪伴了自己 18 年，不惮辛苦、万里同行的妻子既愧疚又感激。

第五，记自己梦境。想见到已经去世的妻子，唯有通过梦境才能实现。陶氏悼亡写"梦"的有 37 首，约占总数的 1/5。大俞氏卒于泇河，陶氏往来于此常梦到妻子，"几番春梦断泇河，一样征衫泪痕多"（《次邳州书感》）、"回忆往时肠断处，可堪今夕梦难眠"（《再次邳州书感》）等可见对妻子感情深切。及小俞氏去世，陶定求"梦醒泇河逾廿载，泪枯洱海又今朝"，两次经历丧妻之痛，其情可悲。陶氏又多以梦中欢乐衬托醒来凄凉："半生乐不抵愁多，梦觉南柯竟若何"（《遣悲怀二十首·其十》）、"昨日黑甜同梦后，觉来明月一身孤"（《枕》）、"须臾好梦更番觉，细数欢娱不抵悲"（《绝句》）。两度丧妻，让他产生了人生如梦的虚无感，其《书黄庭经》诗"秋风吹散场，大梦谁先觉"、《百二》诗"今生事已矣"、《予以感亡，百忧交集，比玉严司马远贻九日登高诗索和，次答元韵》诗"浮生原是梦"表达了失去挚爱后梦醒时分的心灰意冷。

第六，附往日家信。与故妻的家信所附诗歌是《悼亡草》中的重要部分，约有 20 首。陶定求半生屡从王事，中秋、除夕等万家团圆之日，多与妻子不得相聚。其写给妻子书信所附诗歌亦收录在《悼亡草》中，不仅有"屡恐书迟为再裁"（《寄所思》）、"别思难成语"（《中秋对月有感 丁丑》）表达思念之句，更有关怀健康如"莫教耽暮坐，寒意冷高楼"（《客中度春秋，书家信后 辛巳》）、"卫体宜勤药，加餐慎减腰"（《秋仲北游荆妇琴素抱养未瘳别后却寄》），体贴辛劳如"家计艰辛须俭约，春寒料峭慎衣裳"（《客中寄怀琴素阁史》）、"驿路艰辛输我惯，米盐琐屑累卿忙"（《除夕寄内 辛卯》），表达歉意如"自笑半生如驿使，闲居时少别时多"（《题家书后荆妇琴素·其二》）的诗句。

三、《悼亡草》诗歌特点

陶定求《悼亡草》为两任亡妻所作的190首悼亡诗，既有历代悼亡诗的总体特征，也有陶氏的独特之处，可总结为以下3点。

第一，数量庞大。20多年间，两位妻子先后离世，陶氏自谓“人生不幸至此”。自大俞氏卒于邳州泇河，数十年间作者每过泇河，都会写诗悼念，甚至续弦之后也没有忘记。道光四年（1824）除夕，陶定求客居鄂城，想起已经去世的大俞氏，不觉悲从中来，作《除夕客鄂城感亡 甲申》：“愁里光阴不易除，山痕孤瘦肖人癯。箧中偶自搜诗句，泉下犹然侍舅姑。病态几曾劳想象，画容欲写恨模糊。寒檠剔尽悲霜鬓，老大飘流愧丈夫。”陶定求所作100多首悼亡诗，大部分作于小俞氏去世后第一年，尤其是《遣悲怀二十首》，更是在小俞氏去世60天后短时间而成。虽“意多重复”，但历史上没有哪个诗人像陶氏一样在如此短时间，创作数量如此多的悼亡之作。其悼亡诗时间跨度长，短时间产出量多质高，陶氏用情至深矣。

第二，学习前人。陶定求创作悼亡诗，借鉴了前人著名思念妻子或者悼亡妻子的诗歌。陶氏学习最多的诗人非西晋潘岳莫属，相似的亡妻经历让陶氏感情引起共鸣。《感亡草序》即提出“如安仁之悼亡”，《哀词·其四》“岁寒谁与共残年，挂壁犹看旧翠钿”，正是借鉴了潘岳《悼亡诗》：“望庐思其人，入室想所历。帏屏无仿佛，翰墨有馀迹。流芳未及歇，遗挂犹在壁。”又《遣悲怀七截·其十七》“偶忆安仁鱼鸟句”，又“才惭潘岳亦为诗”。陶定求不仅深受潘岳影响，也受杜甫影响。杜甫与夫人感情深厚，被禁长安时望月思家曾作《月夜》诗，写离乱中两地相思，情真意切，深婉动人。陶定求亦曾作《月》怀念妻子：“关山清影照人寒，皎皎中天不忍看。曾过鄜州怀杜甫，一时游子怯团圞。”这是陶氏与杜甫跨越时空相通的情感。此外，陶定求还模仿元稹作《遣悲怀二十首》。

第三，以情动人。爱情与死亡是悼亡诗的主题，而夫妻之情是人类最永恒的感情之一。[①] 陶定求前半生为王事奔波，两度亡妻的不幸经历化作满纸诗篇，最能打动人的是其对妻子的真挚感情。在小俞氏去世后不久，陶定求为

① 《悼亡诗史》第5页。

其写就《遣悲怀二十首》，其悲切之情字字泣血。第十八首写自己下笔之时，涕泗横流："濡毫欲写经年事，湿透蛮笺字字愁。"悲痛之情写得隐忍、动人。悼亡诗能达到如此感动人心的效果，关键在于真诚。

四、《悼亡草》价值

陶定求对两任妻子的深厚感情，源于其对婚姻的深刻认识。《悼亡草》前有广西桐城派古文家之一的吕璜所作《感亡草跋》。吕璜写小俞氏病逝后陶定求"其容羸甚"，"问之，则朝暮一溢米，不肉不酒者数月矣"。写出了陶定求与小俞氏夫妻感情深厚。吕《跋》对"夫妻"之义认识深刻，摘录如下：

> 夫佳耦所合，昔人以为生民之始，万福之原。然而先王之制丧礼，凡容体、声音、饮食、言语、居处、衣服，莫不有其等差，即莫不有一定之节。不及者多矣，过之者乃千百而不得一焉。通守谓余曰："伦有五，夫妇居其先，于此而薄，则彼四者可知也。"韪哉，斯言足括昏义之精矣，岂世之昵于私者所得借口乎？虽然六气之太过，常令人病，七情亦然，过者利用损，非如不及者之可益也。通守之羸，非病乎？令医者处此，议益乎？抑议损乎？他日通守示余《感亡草》一帙，余讽味再四，喟然曰："此其羸之因也，可以愧天下之不羸者也！推之可以厚天下有亲之父子，有正之君臣也。"

上《跋》可见陶定求婚姻观："伦有五，夫妇居其先。"君臣、父子、兄弟、夫妇、朋友，5种人伦关系中，陶氏视夫妻关系甚为重要，"于此而薄，则彼四者可知也"。从陶定求在妻子去世后"不肉不酒"、病容满面并且创作大量悼亡诗来看，他重视婚姻、尊重妻子，在女性地位不高的当时，陶定求主张的这种婚姻关系是非常珍贵的。重视夫妻关系必是有情有义之人，吕璜称赞道："推之可以厚天下有亲之父子，有正之君臣也。"其以夫妇为五伦之首，与妻子互敬互爱，推崇高尚的爱情，在当时社会普遍男尊女卑的风气下显得弥足珍贵。

陶定求《悼亡草》既是中晚清悼亡诗的代表，也是汉籍流落海外的见证，虽然成书时间偏晚，但其体量巨大、内容丰富、特点鲜明，感情真挚，集文物价值与文献价值于一身，对考察陶定求本人生平、清代悼亡诗、清代士人夫妻关系都具有不可忽视的作用。陶定求以夫妇关系为五伦之首的婚姻观，促使其在悼亡诗创作上取得巨大成就，这种在当时超越时代的认识，对今天仍具启示意义。

（由墨林　山东大学儒学高等研究院博士研究生）

大英图书馆藏《四书典制辨正》述略*

靳亚萍

摘　要：大英图书馆藏有《四书典制辨正》一书，国内缺藏。该书虽署名毛西河先生著，但实属其同乡后学韩泰清，在《四书改错》的基础上，围绕典章制度等条目选编、删改而成。经考，此书中的文字与现存各本《四书改错》有较大出入，综合相关信息来看，一方面或许反映出《四书改错》早期的文本面貌，而另一方面则体现出编者对所据文本有意识地删改。因此，该书不仅具备较高的文献研究价值，还有着学术史研究的意义，是一部十分珍贵的稀见文献。

关键词：大英图书馆　《四书典制辨正》　《四书改错》

大英图书馆内藏有大量中国的珍贵文献和古籍，其中有《四书典制辨正》（以下简称《辨正》）一书。该书虽署毛西河（毛奇龄）先生著，但据各类书目及相关文献所载，毛氏并无此书。而从其卷首序言与内容来看，此书当为其同乡后学韩泰清在毛氏《四书改错》（以下简称《改错》）的基础上围绕典章制度等条目选编、删改而成。查国内各大高校及图书馆书目，以及历代公私书目，均未发现有著录此书，更无藏存，或许已是孤本。鉴于此书不仅对《改错》的校勘、标点有较大的文献研究价值，而且在《改错》的传播与接受等方面有着学术史研究的意义，故特撰此文对该书略加考述，以就教于方家。

* 本文为2017年教育部哲学社会科学研究重大委托项目“大英图书馆所藏中文古籍的整理与文献学研究”的阶段性成果之一，批准号（17JZDW04）。

一、编纂和刊行

大英图书馆所藏《辨正》一书，虽与毛奇龄的《改错》题名有异，但两者的内容高度重合。经笔者比对，《辨正》应该是在《改错》早期文本基础上的一个删节、重编本。下面先从其编纂情况和版本信息，来对该书进行介绍。

（一）编纂缘起与编者情况

《辨正》卷首有韩泰清的题识1篇，其称：

> ……余向有《说经》一卷，虽蒙先生许可，而自惭浅陋，于古人典制所垂，未能融彻。有所疑即质正先生，知无不答。是书之传，皆余读先生书而节录者，余不敢私镌梨以公诸世。吾愿世之学者，知孔孟授受之学，数千载所未解者，一旦划然以解，涣然以释，推是以读诸经，参阅融贯，庶朗然若揭，无忧经学之难明也。……同邑后学韩泰清识。

由此可见，《辨正》一书是由毛奇龄的同乡后学韩泰清在毛奇龄著作的基础上节录而来，编纂的目的是给学者读懂经书提供帮助。在这段题识中，“余不敢私镌梨以公诸世”一句颇值玩味，似乎旨在说明，韩泰清刻行该书之所以署“毛西河先生著”，并非在借重其名以畅此书销路，而是为了不掩先生之美。

韩泰清（青）①，字南有，别号渔津老人，承其父仲遹之学，笃志经术，著有《说经》二十余卷②，杭世骏对其经说评价甚高，称其有“公孙龙之奥

① 方志、史志目录中多将“韩泰清”写作“韩泰青”。又《履园丛话》中有“西河同乡有韩太青者，著有《说经》二十卷，为西河作解纷，皆平允之论”，其中“韩太青”也即“韩泰清”。详参（清）钱泳撰，孟裴校点《履园丛话》（上）卷三《考索·宋儒》第56页，上海古籍出版社，2012年。

② 关于韩泰清《说经》的卷数，史志书目有二十卷、十卷、三卷、二十六卷等几种不同的著录，现在浙江图书馆藏有乾隆三十五年（1770）《说经》二十卷本、乾隆四十四年（1779）《说经》二十六卷本两种。

衍”“庄周之汗漫”。[①]《中国版刻综录》记载，乾隆四十四年（1779），省能斋刊刻了韩泰清的《说经》26卷、《说庄》3卷、《说骚》1卷。[②] 现在该书藏于浙江图书馆，已被收录《浙江省珍贵古籍名录》中。

（二）版本信息与刊行时间

该书卷首钤有“树屏”“大西山房书坊图记”朱文印，镌“友竹堂藏板”，左右双边，单黑花鱼尾，半页9行，行18字，文字右侧镌有句读和鉴赏符号。卷首有韩泰清的题识一篇，书中避“玄”字讳，一律改作“元”。此外，书中还有后人朱笔、墨笔圈点，外加少量注语。

关于本书的刊刻时间，题识中并没有直接的记载，但从其称“余向有《说经》一卷”来看，韩泰清撰写题识时，其《说经》一书或许还未达到26卷的规模，那么《辨正》一书的刊行，最晚应不超过《说经》的刊刻时间，即乾隆四十四年（1779）。假使这一判断不成立，那么从毛奇龄的生卒年（1623—1716）来看，韩泰清能与其交往，说明他在世时间不会超出康熙四十五年（1706）至嘉庆十一年（1806）的范围，因此《辨正》一书应该早于现今可见的各《改错》本[③]。

二、主要内容

《辨正》一书分上、下两册，不同于《改错》以错误类型来编排条目的体例，该书是按《论语》《大学》《中庸》《孟子》的顺序，依相关条目在各书中的次序进行编排。从正文来看，卷一有“千乘”等20条，卷二有“三以天下让”等33条，卷三有“汤之盘”等45条，卷四有“一夫百亩”等21条，加上补遗6条，全书共四卷125条。而目录与正文并不完全对应，除了文字有减省外，还漏载了“卷四”，以及“余夫”等18条类目。而在编排方

① 《萧山县志稿》卷十八《列传五》第十一页，民国二十四年（1935）铅印本。

② 杨绳信编著《中国版刻综录》第314页，陕西人民出版社，1987年。

③ 据毛奇龄《改错》序中所言，此书当成书于康熙四十七年（1708），但现今可见最早的版本却已是嘉庆辛未（1811）刊印的金孝柏学圃重刊本（《续修四库全书》收录有该书影印本）了，此外光绪十六年（1890）上海珍艺书局排印《四书古注群义汇解》也有收录《四书改错》，而该丛书又有光绪十九年（1893）同文书局石印本等。详参（清）毛奇龄著，胡春丽点校《四书改错》第5—6页，华东师范大学出版社，2014年。

式、条目多寡的不同外，《辨正》和《改错》的差异还体现在：

（一）引注形式不同

《辨正》多未援引朱注原文，而《改错》每条皆引。在《辨正》少量征引朱注处，也和《改错》的处理不同。以“孔子谓季氏”条为例，《辨正》在引用朱熹注时，采用的是在正文中标识“注云”的形式，字体大小没有变化，而《改错》则是在条目旁另起一行小字引注。

（二）观点表述不同

《辨正》对《改错》中大量揶揄讥讽之词有所删改。如“孔子谓季氏”条，《辨正》不仅删去了《改错》中“宋人好责人，并不责己”[①] 等80余字，还将《改错》“与宋儒所说毫厘不合”的表述，改作“非后儒所可轻议”。这种情况几乎遍及《辨正》的每一条。

（三）文本样式不同

《辨正》中有句读和鉴赏符号，《改错》无。《辨正》有两重标点，一是刻本自身镌刻的句读和鉴赏符号；另一则是后人在阅读该书时，新添加的句读和鉴赏符号。如卷一“千乘”条，刻本自身不仅有单个的“、”“○”来标识语句的停顿，而且有连续的“、”“○”作为标识重要观点、结论的符号。

三、文献价值

通过对该书内容的介绍，尤其是将《辨正》和《改错》进行对比后，可见其价值主要体现在3个方面：

第一，鉴于《辨正》的刊刻时间，早于现存各《改错》本，因此该书应当反映出了较早《改错》本的文本面貌，有较大校勘价值。经笔者比对，《辨正》与今本《改错》间有较多异文，除了部分确属《辨正》自身的讹误外，还有不少《辨正》不误而《改错》有误之处，可为校正《改错》提供借鉴。如“三家者以雍彻”条中“周公者，周武王母弟”“而鲁所自出”两处，《改错》误作“固武王母弟”“西鲁”[②]，而《辨正》均不误。

① （清）毛奇龄《四书改错》卷八第七三—七四页，《续修四库全书》本，上海古籍出版社，1996年。

② 《四书改错》卷八第七二页。

第二，《辨正》中的句读，对于今天整理、标点《改错》有重要的参考价值。现今《改错》已有胡春丽的整理本，但经过比对可知，整理本中尚有若干标点不甚恰当之处。如“三家者以雍彻”条，整理本“因之宗庙别子当立一继所自出之王为百世不迁之庙”① 一句未加标点，而《辨正》则断作“因之宗庙别子，当立一继所自出之王，为百世不迁之庙”，比整理本的文意更明晰。此外，《辨正》中加注的“、”“○”等鉴赏符号，也对于我们把握书中重要的论点、精妙的论证等有指导意义。

第三，《辨正》对《改错》中讥讽言辞的删节和改写，有学术史研究的价值。由于《改错》一书致力于批驳朱熹的《四书章句集注》，所以该书在清代备受争议，而朝廷对程朱理学的褒许，更是直接导致《改错》被毛奇龄毁板②，那么《辨正》对《改错》中言辞的删改，或许正是在这一背景下所采取的行动。而《改错》虽有毁板之说，但从《清史稿·艺文志》《贩书偶记》等书的著录，加之嘉庆至光绪间《驳四书改错》《四书改错平》等书的创作来看，《改错》在当时应该影响较大、颇有市场，借助《辨正》或正可窥见《改错》在坊间流传的一隅。

结语

综上，这部由大英图书馆所藏的《辨正》，因其与《改错》紧密的文本联系，所以不仅能够为《改错》的整理、标点提供借鉴，还可以作为学术史研究的素材，呈现坊间对《改错》的改造和流传，是一部具有重要学术价值的稀见文献，值得学界重视。

（靳亚萍　山东大学儒学高等研究院博士研究生）

① 《四书改错》卷八第一六五页。

② 关于毛奇龄毁其书板的问题，目前尚有疑议，详参孙蕴《毛奇龄〈四书改错〉研究》第15—27页，鲁东大学硕士论文，2012年。

大英图书馆藏《东隅录》考论*

张卓霖

摘　要： 大英图书馆馆藏《东隅录》一书，国内或已不存，是书为道光年间定海总兵龚镇海解任时，舟山士民所作诗文集，内容多叙述他在任期间的事迹，具有较高的清史、浙江海防史、舟山地方史、舟山文学史、个人史价值。

关键词：《东隅录》　龚镇海　舟山　晚清

清代的舟山承担着江浙闽三省抵御外敌、缉拿海盗的重任，清政府一直高度重视，定海总兵除了巡防海洋安辑民众之外，还曾经担负起修筑防御工事、救助遭风难民、繁荣地方文教事业和普陀山佛教等使命，是舟山海洋文化的重要组成部分。

龚镇海即是其中的佼佼者。现存关于龚镇海的史料，仅《清实录》中的6条记录、《浙江定海镇总兵龚公墓志铭》及《定海厅志》中寥寥百余字简介。后二者均是他人追述的间接史料，相较而言，新发现的《东隅录》是第一手的直接史料。全书以诗文的形式，生动地还原了一段典型的中国文化理想中的为官经历，在对古代，尤其清代，进行抽象化、黑暗化叙述的今天，尤具有澄清史实、省思文化的意义。

一、版本与流传述略

《东隅录》一卷，清道光十年（1830）刻本，古翁带月山庄藏板，索书

* 本文为2017年教育部哲学社会科学研究重大委托项目"大英图书馆所藏中文古籍的整理与文献学研究"的阶段性成果之一，批准号（17JZDW04）。

号15323. b. 5，半页9行，行22字，白口，单黑鱼尾，四周单边，无格，手写楷书上板。末页钤黄色皇冠形入藏印章，印文为“BRITISH MUSEUM”（大英博物馆，以下简称“英博”），可知该书原藏于英博。据《图书馆中的图书馆：英国图书馆的出版收藏来源》（*Libraries within the Library*：*The Origin of the British Library's Printed Collection*）对入藏章形制的含义说明①，可知此册子来源为1830—1943年间捐赠。英国人道格拉斯（DouglasR. K.，1838—1913）说：

> 主要馆藏来自三部分：一是1825年赫尔（Fowler Hull）所赠；二是1843年，英国皇室在鸦片战争中从中国所获中国图书赠予了图书馆；三是1847年，英国政府把小马礼逊（Morrison the younger，1814—1843）购买的中文图书赠予了图书馆。②

《东隅录》镌刻于1830年，可知只可能来源于后两种捐赠途径，小马礼逊主要活动于广东，皇冠形入藏印章以及同见于英图的舟山诗集《借树山房诗草》稿本说明，《东隅录》及《借树山房诗草》极有可能是英军在鸦片战争中攻陷定海后劫掠所得，后由英国皇室“转赠”英博。

二、《东隅录》的主要内容

《东隅录》主要包含：秦耀曾序1篇、龚镇海诗5首、龚镇海手制义田记1篇、定海学考谕张麟徵诗小引1篇、舟山士民诗182首、词1首。诗文主要记录了龚镇海在任期间的德行事迹、舟山军民的生产生活状况及舟山士民对龚镇海的感激与纪念。从中可以总结出龚镇海的10类功绩，摘取典型诗文，列表1。

---

① Mandelbrote，Giles. Taylor，Barry，*Libraries within the Library*：*The Origin of the British Library's Printed Collection*，London：The British Library，2009，pp. 422-423.

② ［英］道格拉斯原编，域外汉籍珍本文库编纂出版委员会编《1877年版大英博物馆馆藏中文刻本、写本、绘本目录》第6页，西南师范大学出版社、人民出版社，2010年。

表1 《东隅录》所记录龚镇海的10类功绩及典型诗文

功 绩	典型诗文
廓清洋面	忆昔将军甫莅任，周围海上严貔貅。烽烟永息数千里，渔郎争唱太平秋。(韩廷来)
倡修黉宫	首修黉序焕然新，金碧楼台照四邻。(傅永夔)
改凿砚池	笔锋高处砚池存，浚出灵源喜有根。碧水涟漪山倒影，从今不许别流浑。(林华封)
置义田为士子省试费	更念子衿寒，省试窘行李。脱手散千金，当时尤敝屣。遂令赴举者，促装咸色喜。(胡其渊)
捐修书院	捐修讲院构书堂。(钱启顤)
捐建育婴堂	育婴堂开难又难，得公首座为旃檀。自是春台造化补，群儿嬉戏免饥寒。(杨德成)
置义冢	有时掩胔并埋骼，买得青山为窀穸。(陈观博) 泽及枯骨几万数。(施其夔)
浚城中河	状元桥下水成沟，剔去淤泥得驾舟。短□跃将蓉浦院，轻艭飞过葛翁洲。(杨绍祖)
制药施药	并念寒暑或不节，亦复疾疢与之亲。爰捐廉俸恢公勋，岁时施济疗吾群。虔制人马平安散，九成保和给芸芸。(杨德成)
施棺	舍棺设会曰长庚，枯骨施仁骏有声。(钱启顤)

另外，龚镇海亲作义田记1篇，对于理解全书的精神与意义有重要价值，转录如下：

大人手制义田记

定邑得山海硕大之气，故生其地者，每能任纲常、立名教，绰然为宇宙间伟人。自有明废县而为卫，斯人才凌夷衰微矣。至于我朝文教覃敷，士之应运而起者，莫不炳炳麟麟，足以为黼黻升平之用焉。余军事之暇，尝与多士相晋接，听其议论，挹其丰采，以为徐司农、袁兵部之风犹未艾也。抡元擢魁何难乎？第念此地离省垣五六百里，又隔重洋，士欲应举，非素封者，其资斧恒苦于不给。爰捐俸余，置皋泄庄田五十亩，零岁收租，谷存贮书院，每逢正科，给送诸生卷费钱一百千文，其贫乏者，另分给钱一百千文。(俱从谴才后，在省给发）恩科减半，如有盈余，登记确数，仍贮书院，听董事酌用。此非示惠于士林也，亦欲鼓舞人材，使登上第，以仰答圣天子寿考作人之至意云而。虽然，科目者，进身之阶也，学问者，立身之基也。将欲作兴士类，则必与之谈名教，论纲常，泽之以诗书，而成之以礼乐，使异日者身膺膴仕，实能经天纬地，绰然为宇宙间伟人。如昔王文正公登大魁日所云，曾志不在温饱也者，是尤余之厚望也夫。

三、《东隅录》的价值

(一）文献价值

《东隅录》成书后，最早见载于王赠芳《浙江定海镇龚公墓志铭》，“公以就养来东，授余《东隅录》一册”①。光绪八年（1882）《定海厅志》龚镇海传中说“解任日，士民送别诗百余首，名《东隅录》”②。民国十八年（1929）汤浚手辑《翁洲诗徵》6册，其自序中说：

> 厥后全谢山先生又有《续甬上耆旧诗》之辑……独吾定海僻居海外，竟付阙如，识者憾之……其已刻成书者，只有陈借树父子及厉白华、曹三瓮三家，此外实不多见。会同事孙厘卿孝廉出所藏《东隅录》一书，系前定海镇总兵龚公镇海留别唱和之作。其中乡先辈之遗著不少，因亟为录出，得七十余人。③

然是书在“文革”中被抄毁，汤浚女婿沈立恭在《〈翁洲诗徵〉复印本跋》中说：“按原稿共六本，以下三至六本早在‘文革’期间被抄毁灭……兹幸在废纸堆中捡得其第一、二两残本。”④ 前引序、跋收录于浙江海洋学院

① （清）缪荃孙《续碑传集》(卷四十九）第12页，台北：文海出版社，1983年。

② （清）史致驯、黄以周等编纂，柳和勇、詹亚园校点《定海厅志》第143页，上海古籍出版社，2011年。

③ 尤晨光整理《汤浚史集》第57页。

④ 尤晨光整理《汤浚史集》第58页。

副教授尤晨光整理的《汤浚史集》，未正式出版，仅于读秀网中存有数页书影。而《翁洲诗徵》残本复印本亦不见流通于世。由以上材料可知，舟山居于海外，古诗文献的汇编与流传相较于浙江其他地区尤为薄弱，偶有汇辑，又经遗毁，《东隅录》在舟山诗歌文献中占有重要地位，于今日重现，对于舟山诗歌文献的存续有珍贵价值。

（二）个人史价值

《东隅录》亦保存了丰富的关于龚镇海个人的历史信息，对于我们了解龚镇海具有珍贵价值。

在军务上，龚镇海恪尽职守身先士卒。他将陆兵训练为具有海上作战能力水陆两栖部队，水陆兼辖，成为清代海防体系的典型，如金士翰诗中说："公以陆师改水师，海澨山陬任所之。入穴能探虎子出，扬帆不怕风力欹。"他常常亲自帅兵巡航直至深夜，"山摇试炮轰雷响，夜静扬帆载月圆。巡遍海门严锁钥，犹开莲幕细筹边"（武五临）。在龚镇海的尽心治理下，舟山军队营务整肃、兵民两安，"无哗勇士笑衔枚"（孙继承）。"元戎好辑我，兵民不相扰。"（刘运堡）

尤为难得的是，在边务大治的同时，龚镇海还研习经典、雅崇文教。"招邀竟日谈韬略，渴见倾心数典坟。"（张麟）人文教化涵育了龚镇海典型的中国文化理想中武将的修养与气度。"忆公心地公且明，服公气量和而平。"（杨德成）"公本大儒为名将，翩翩羽扇帖群英。"（李显廷）"将军恬淡徵素守。"（沙鸣吉）这些内在的修养自然地外发为他积极推动舟山文教事业的行为，"谓练精兵安足佳。既修武备崇文事，惟兹学校予其怀"（杨德成）。"每从暇日培文教。"（王序东）

龚镇海对舟山真诚的付出也获得了当地军、士、民发自内心的感戴，"济猛在宽恩不靳，三军挟纩起讴歌"（金士翰）。一位隐士的诗颇有代表意义，"如公谢病去瀹洲，人复于公何所求？胡为江干送别者，欲别不别心悠悠。可知公道在人心，有德于民民自钦……我伏衡庐数十年，并未长揖将军前。今朝心为将军动，亦欲临别赠一言"（李武扬）。

龚镇海因其在舟山的治绩被道光帝第二次接见，这一段史实不见载于《清实录》，亦不见于其他清史类古籍，但在《东隅录》中有多处诗句提及，舟山民众甚至将其北行图绘入屏风，"肖像构丹青，重屏光雀翡。公时有北行图写照，邑人士多进屏障"（马琏）。具体时间是何时呢？"去岁盛夏交，京师高轩汇……入觐天宠承，复来众心慰。”（马琏）《东隅录》作于道光十年（1830），可知北上觐见发生在1829年夏日。

（三）地方史价值

《东隅录》还记录了其时舟山的政治经济情况。舟山偏处海外，又时有洋盗侵扰，虽不乏毓秀之士，一度不得显扬，我们可以从诗文中看出其中的艰辛与无奈。“昌国僻处浙之东，地介荒戎生计穷……蜑户舶棹无春冬，海滨广斥煎泻卤，稻粮是又劳三农……闾阎衣食日不给，焉知国士称无双？曩者洋匪猖獗时，编氓安堵尚难期。”（杨德成）但是，如果治理得宜，舟山则会展现出一幅与大陆迥然不同的安恬的渔耕风土画卷。“招募新氓遍插禾，绥予多士广搜罗。农桑劝俗家弦诵，渔户驯良棹绿波。于时岩岛养山花，近海人家煮海沙。庠序修明称济济，外洋寇匪无喧哗。”（杨德成）缉捕海盗、人文教化与生产生活形成良性循环，缉捕海盗使得经济有了保障，人文教化使得社会人心敦睦，这些又反过来大大降低了百姓落草为寇的可能。缪燧、龚镇海等官长探索出的这条治理路线，让舟山的历史有了熠熠生光的时刻，也成为我国海洋文化的重要组成部分。另外，书中详尽描述的黉宫、书院、砚池、育婴堂等今已不存，《定海厅志》的记录亦殊为简略，《东隅录》中保存的相关史料重现了当年的盛景，可谓珍贵。

（张卓霖　山东大学儒学高等研究院博士研究生）

·法国汉学研究·

汉 学*

［法］沙畹　著　房子乔　译

18 世纪以来，法国耶稣会士推动了汉学研究。早在 1728 年，传教士马若瑟（Prémare）就撰写了一本名为《汉语札记》（*Notitia Linguæ Sinicæ*）的语法书，向欧洲介绍了中文的写作和语言机制。尽管该书直到 1 个世纪后才发表，但其手抄本早已驰誉于世。1735 年，杜赫德神父（du Halde）出版的《中华帝国全志》（*Description géographique, historique, chronologique et politique de l' Empire du Milieu et de la Tartarie chinoise*）对当时的中国、中国人做了大量的介绍。与此同时，宋君荣（Antoine Gaubil）以其《成吉思汗及蒙古史》（*Histoire de Gentchiskan et de toute la dynastie des Mongous*，1739）、《中国纪年论》（*Traité de la chronologie chinoise*，1749）以及《大唐史纲》（*Abrégé de l' histoire chinoise de la grande dynastie Tang*，1753）成为中国历史研究的先驱。《中国杂纂》（*Mémoires concernant l' histoire, les sciences, les arts, les mœurs, les usages etc. des Chinois*）收录了 1776 至 1791 年间关于中国各个领域的研究和探索，其中最引人注目的便是神父钱德明（Joseph-Marie Amiot）的作品。1777 至 1783 年间，冯秉正（Joseph-Francois-Marie-Anne de Moyriac de Mailla，1669—1748）神父以《通鉴纲目》为主体翻译而成的《中国通史》（*Histoire générale de la Chine ou Annales de cet empire traduites du Tong-kien-kang-mou*）付梓。当我们翻开这些 18 世纪关于汉学研究的鸿篇巨著时，寥寥数位修道士构筑的思想大厦不禁让我们叹服。面对璀璨、多元而广博的古老文明，他们开

---

* 原文 *La Sinologie* 刊于《法国科学》（*La Science française*，巴黎，拉鲁斯出版社，1915 年），受钱林森教授委托翻译，并经钱教授审定，为其国家社科基金项目《19 世纪中法文学交流史研究》（项目批准号：19BZW104）阶段性文献。

先河，让后继者得以纵览诸胜，确定自己的研究方向。

汉学研究于19世纪初在法国本土展开。1815年，法兰西学院为雷慕沙（Abel Rémusat，1788—1832）设立了汉语及满语语言与文学教授席位。他在课上讲授的《汉文文法纲要》（*Éléments de la grammaire chinoise*，1822）构建了合理的汉语知识体系，《和阗史》（*Histoire de la ville de Khotan*，1820）一书为当前有关中亚古代文化中心的调查奠定了基础。雷慕沙去世后的1836年，其法显《佛国记》（*Fo kouo ki*）译著才得以出版，为佛教僧人西行求法的研究拉开了帷幕，游记中同时也包含了最早的地理和历史信息。此外，雷慕沙在他的《鞑靼语研究》（*Recherches sur les langues tartares*，1820）中向学界揭示了满语、蒙古语、东土耳其语和藏语的奥义。他是尝试研究所有中国边地民族的第一人。近年来的研究表明，这个问题比雷慕沙想象得要复杂得多，但无论如何，他在汉语以及与汉语息息相关的亚洲语族领域有着筚路蓝缕之功。

继雷慕沙之后，儒莲（Stanislas Julien，1797—1873）在法兰西学院任教长达40余年（1832—1873），成为当时最出色的汉学家。他翻译的《大慈恩寺三藏法师传》（*Vie de Hiouen-thsang*，1853）以及《大唐西域记》（*Mémoires sur les contrées occidentales*，1857—1858）记载了著名僧人唐玄奘在西行取经路上的所见所闻，让公元7世纪的中亚和印度昭然在目。时至今日，这两本包含众多地理和历史素材的译著一直是印度学家不可或缺的研究资料。儒莲在翻译时，常常被汉文抄录的梵语难住，不得不停下来仔细辨认；因此他尝试建立一套这些抄录本能够统一使用的规则。1861年，儒莲根据自己的体悟写成了《解读和转写中文书籍中梵文名词的方法》（*Méthode pour déchiffrer et transcrire les noms sanscrits*）一书。这本书专门论述了梵文音节所对应的汉字，其使用的语音规则甚至可以追溯到古代汉语字词的发音，并科学地阐释了第一批佛教典籍译者在这方面的相同之处。该书明确围绕标题所示的这一主题展开。有了这本书，即使不能明确找到梵文所对应的汉字标音，也至少能够限定假设的范围。在结束漫长的职业生涯之前，儒莲发表了《汉文指南》（*Syntaxe nouvelle de la langue chinoise，1868—1870*），有力证明了句中字词位置的重要性。

毕欧（Édouard Biot，1803—1850）是儒莲的得意门生，他较儒莲年轻几许，可惜天不假年。除了一些学术论文之外，毕欧还创作了《中国学校铨选史》（*Essai sur l'histoire de l'instruction publique en Chine，1845—1847*）。由于该论著艰涩无比，此后尚无人涉足这一主题。毕欧的博学主要体现在他翻译的《周礼》（*Tcheou li*，出版于毕欧去世后一年，即 1851 年），这本经典古籍译本向西方社会介绍了周朝（公元前数百年）的整个政府架构。

与儒莲和毕欧同时代的汉学家还有巴赞（Antoine Bazin，1799—1863）和波蒂埃（Guillaume Pauthier，1801—1870），巴氏在中国戏剧方面贡献了重要著作，而波氏则对历史有着更浓厚的兴趣。

儒莲去世后，法国汉学研究放缓了脚步，英国汉学家们开始崭露头角。在此值得我们关注的法国汉学大师有以下几位：首先是德理文侯爵（Le Marquis d'Hervey de Saint Denys，1822—1892），他翻译了《唐诗》（*Poésies de l'époque des T'ang*）以及中国宋末元初学者马端临《文献通考》（*Notices de l'encyclopédiste*）中有关东裔与南裔民族的部分；其次要说到德微理亚（Gabriel Devéria，1844—1899），他最突出的成就是关于中国和安南边境的一本著作，尝试厘清了中越边境部落纷繁复杂的人种志；此外还有于雅乐（Imbault-Huart，1857—1897），世人也许低估了其所著的《汉语会话读本》（*Cours de chinois*），但他关于台湾岛、廓尔喀之役以及现代诗人袁子才的研究如今仍有极高的指导意义。

当代法国汉学界又开始重现辉煌。耶稣会士重拾 18 世纪传教士的光荣传统，在河间府献县的直隶东南教区和上海徐家汇发表了若干成就斐然的论著。首先值得一提的是顾赛芬（Couvreur Seraphin，1835—1919）神父于 1890、1904 和 1911 年再版了 3 次的《汉法字典》（*Dictionnaire chinois-français*），其内容详尽准确，尤其令人瞩目的是该字典区分了同一个单词的不同含义，将引用的相关例证进行分门别类，同时注明出处。这本字典可谓盖世之作，为法国汉学的发展做出了巨大贡献。顾赛芬还以法文和拉丁文双语翻译了《四书》（*Quatre livres*，1895）、《诗经》（*Che king*，1896）、《书经》（*Chou king*，1897）、《礼记》（*Li ki*，1899）等许多经典古籍，拉丁文意在逐字逐句地直译汉语原文，法文则行文更自由流畅。顾赛芬在这些译本中并未添加自己的批判性见解，而是忠实地传达了典籍的传统释义。

与顾赛芬志趣相同的戴遂良（Léon Wieger，1856—1933）神父著作颇丰，他翻译或译述了大量汉文文献，无所不包又浅尝辄止。《历史文献集》（*Textes historiques*，1903—1904）总体介绍了中国史；《词源学》（*Leçons étymologiques*，1900）引用了中国第一步字典《说文解字》中的例证；《道藏目录》（*Catalogue du canon taoïste*，1911）是将道教相关文书进行归类的首个纲目。

徐家汇的耶稣会士同样硕果累累。《汉学丛书》（*Variétés sinologiques*）囊括了各类题材的学术论文，其中最引人注目的当数夏鸣雷（Henri Havret, 1848—1901）神父关于西安府景教碑的论著，书中包含了对南京市的介绍及其历史考述。在法国教士的协作下，《汉学丛书》作者群中的华人教士也颇有建树。首先便是黄伯禄神父关于婚姻和产权的专刊，其《中西历合璧》（*Concordance des chronologies néoméniques chinois et européenne*）可以将中国的农历迅速换算成西方日历。徐伯愚关于中国文科和武科考试的著作详细记载了中国截至20世纪初的官员录取标准。

巴黎汉学家考狄（Henri Cordier, 1849—1925）先后两次（1878—1885；1904—1908）出版的《中国学书目》（*Bibliotheca sinica*）是一本汉学研究论著总目。这本精心编纂的书目为汉学研究者提供了一个极为方便的论著检索向导。考狄涉猎甚广，他在1891年编订了《鄂多立克东游录》（*les voyages d'Odoric de Pordenone*）并添加了丰富的底注，足见其博闻多识。1860至1900年间，考狄倾力研究中欧关系，铸就了《中国与西方列强关系史》（*Histoire des relations de la Chine avec les puissances occidentales*）这一巨作。

东方语言学院的汉学教授维西埃（Arnold Vissière, 1858—1930）所编著的《初级汉语课本》（*Premières leçons de chinois*）为汉语实践教学奠定了坚实的基础。

1893年，沙畹继德理文之后接任法兰西学院汉语及满语语言和文学教席，随后翻译了5卷本的《司马迁史记》（*Mémoires historiques de Sseu-ma Ts'ien*, 1895—1905）。其所著《中国两汉时代的石刻》（*Sculpture sur pierre en Chine au temps des deux dynasties Han*, 1893）以及共含488帧影像的《北中国考古旅行记》（*Mission archéologique dans la Chine septentrionale*, 1909）为考古研究留下了珍贵的资料。1910年，沙畹发表的《泰山》（*T'ai chan*）一文探讨了古代中国在东方之颠的祭祀礼仪。此外，他还收集并翻译了《西突厥史料》[*Documents sur les Tou-kiue（Turcs）occidentaux*, 1903]，考释英国考古学家奥莱尔·斯坦因（Aurel Stein）在东突厥出土的汉文简牍，为中亚的考察发现做出了巨大贡献。

在致力于中亚发掘的探险家中，保罗·伯希和（Paul Pelliot）是最出色的一位。这位年轻学者早年就因中国目录版本和东亚古地理方面的论著名声大噪。1905至1908年，他与军医瓦杨（Louis Vaillant）一同探险，成果斐然，其中最轰动一时的莫过于他在敦煌莫高窟的巨大收获。继斯坦因之后，慕名而来的伯希和在莫高窟内翻阅了自公元 11 世纪珍藏于此的万余卷古代写本。随后，他将大部分写本带到了巴黎的法国国立图书馆。这批写本多为中文和藏文，还有一些则为梵文和维吾尔文，包含了中国古籍手稿，印度纪行，佛教、道教、摩尼教和景教文书，档案材料，久已失传的文字和语言样张，吸引了一代又一代学者探幽索胜。1911 年，法兰西学院特设中亚语言、历史和考古学，聘请伯希和主讲。

1900 年，古恒（Maurice Courant）担任里昂大学的汉学教授。在此之前的 1895 至 1897 年间，古恒编著了颇负盛名的《朝鲜书目》（*Bibliographie coréenne*），其中列举并分析了 1890 年前朝鲜出版的所有书籍。之后，古恒又撰写了《中国雅乐历史研究》（*Essai historique sur la musique des Chinois*，1912）和《汉语官话语法》（*La Langue chinoise parlée*：*Grammaire du Kwan-hwa septentrional*，1914）。

1898 年 12 月 15 日，法国远东学院的成立意在促进对远东国家的长期研究。学院位于中印文化交汇的中南半岛，因此很大一部分学术活动自然围绕中国展开，并吸引了很多出类拔萃的汉学家供职于此。前有从巴黎远赴远东的伯希和，难得一遇却英年早逝的语言天才休伯（Eduard Huber），后有马伯乐（Henri Maspero）和鄂卢梭（Léonard Aurousseau），鄂氏在《法国远东学院学报》（*Bulletin de l' École française d' Extrême-Orient*）发表的汉学论著具有极高的科研价值。

1901 年，《法国远东学院学报》创刊于越南河内。1904 年，考狄与沙畹共同主编的《通报》（*T' oung pao*）在荷兰莱顿出版。这是远东科研杂志中最重要的两份期刊。《亚洲学报》（*Journal Asiatique*）多刊发汉学论著，但实际范围广涉所有东方学。《东亚丛刊》（*Mémoires concernant l' Asie orientale*）第 1 卷在法兰西文学院的资助下于 1913 年出版，由戈路波（Victor Goloubew）主编的《亚洲艺术》（*Ars Asiatica*）1、2 两卷也于次年出版，其中刊载的几乎全部为汉学文章，大开本设计的杂志上附有精美的版画，图文并茂。

只言片语可一窥汉学全貌。汉学由法国传教士开拓而来，后经雷慕沙和儒莲确立学科发展，而今的法国汉学家们光前裕后，大有可为。

（作者 ［法］沙畹 法国汉学家；
译者：房子乔 南京大学在读博士，扬州大学讲师）

汉语、满语与中国文学课程规划

——关于中国文化在欧洲的起源、进展和用途的讨论

［法］雷慕沙　著　李婷　译

译者按：雷慕沙（Abel-Rémusat，1788—1832），因中医研究获巴黎学院医学博士学位，法国19世纪汉学家。他从未来过中国却因汉学研究享誉全欧，是法兰西学院第一位汉语教授。他通晓汉语、蒙古语和满语3种语言，对中国的古玉也有研究。他将《玉娇梨》《佛国记》《太上感应篇》《中庸》等中国文学经典译成法文，并撰写过多部汉学著作，如《中文的起源和构成》《亚洲论集》《新亚洲论集》《中医历史研究》等。

此篇*Programme du cours: De langue et de littératurechinoises et de Tartare-mandchou*发表于巴黎，1815年由Charles出版社出版单行本，正文共计32页，是雷慕沙在法兰西学院新开设的汉语课开始之前的发言。此文主要讨论了汉语的基本特点，汉语在欧洲的起源，以及汉语在19世纪的欧洲，尤其是在法国，发展的状况。文末是课程规划和对满语情况、特点的介绍。本篇演讲描述了汉语在欧洲的种种困境，也表达了演讲人对这一学科和语言获得真正发展的热切希望。

先生们：

如果我曾被邀请与你们共同参加这一系列盛事，且这些努力的成果严密精确、无愧于科学的荣耀，就像那些著名的教授习惯于在这一领域发声；如果我不得不去展现你们眼中希腊和罗马伟大作家们的美；如果我必须在波斯和阿拉伯文学这样已经很丰沃的土地做你们的领头羊，也许，我的工作将比当初委任给我的更为困难。但同样，在这一领域里前行，我也会有所长进。老师建立的课程和范例是我要继承的，我会尽心尽力地模仿他做出的典范。倘若我天分不足，导致我与他相距甚远。那么，主题的趣味性，以及这种耗

时甚久的作为我们共同目标的古文字，则决定我不必小心翼翼地迎合你们的想法。我只需直奔内容本身，保证能倾注足够的关注度就够了，我付出的努力就没有白费即可。

我所处的困境不止于此。这所尊贵而悠久的皇家学院，出乎意料，蒙君上恩典，获得了重建文学的资助。这是全法最显赫的学院，教授着最难的纯文学和最高雅的科学。我位列众多杰出人士的侧畔，内心深知自己渺小。另一个原因更加剧了我的困境：我们即将着手的领域少有人问津，几乎是不毛之地。对于这门要讲授的语言，欧洲人只听过名字。在世界的这一方，200 年以来，也只有四五个勤勉的学者全盘掌握了这一语言，且这也是它第一次成为学习他的人讨论的目标。在至今还在世的文人中间，至多有两三人在这方面取得了真正的进步，而这一差距使我们望尘莫及。我们没有任何范例可以模仿，也不能寄希望于任何建议。一句话，我们只能自行摸索，并在自己的资源里汲取一切。另外，迄今为止，东方文学的这一分支因多种偏见而受到阻碍，以至于从事它既需要坚定意志，又需要非凡勇气。我还要指出，一提起此国人民，我们总抱着荒谬的偏见。我们之所以觉得这种语言很难，是因为它很古怪。而谁能忍住不去指责学习它的人的冒失和鲁莽，因他并不能保证有所进展，甚至有一天发现他的努力都是徒劳？在真正踏上鲜有涉足的领域之前，迅速地了解不同观点是适宜的，目的是判断哪些是事实，哪些有失偏颇。这将是我们第一学期所要进行的检验工作。

汉语之所以能够激发欧洲人的兴趣，最主要和最强大的驱动力，首先来自于我们在这个国家传播基督教的渴望，以及深化宗教理念征服它的需要。对这一语言的认识首先也来自于传教士的独特分享。几位杰出的学者已经隐约看到欧洲从这一全新的外来文学中所获得的好处，但仅仅满足于通过颂歌夸大它的作用，或只是给传教士们提供的资料增添谬误。

但是，到 17 世纪中期，耶稣会士和多明我会士有关祭孔和祭祖礼仪的相关争议升级，由此诞生了众多针锋相对的作品。中国因此声名远播，从修士到学者都参与了这类问题的讨论。这个时代，在中国的传教过程中，涌现了一批科学能力与宗教虔敬同等出众的人才；我们应该在此指出，这些人才都是法国人。白晋（Bouvet）、张诚（Gerbillon）、李明（Lecomte）、柏应理（Couplet）、宋君荣（Gaubil）、刘应（Visdelou）、马若瑟（Premare）、巴多明（Parrenin）等各位神父，还有其他神父，为传教事业增添了不曾有过的科学光芒。他们的作品吸引了中国文人和公众的注意，为他们描述了众多的奇观。其中有些人虽对奇观表示怀疑，但奇观本身也激发了他们的热情：他们感到有必要去比较、讨论和深入探寻那些看似巧合的、矛盾的、不合理的联系。一句话，是因为我们国家的传教士，甚至是因为法国本身，中国的文学才能在欧洲取得第一步的成功，且没有耽搁它进一步的发展。

有一位君主，他的名字与伟大的法国文学紧密相连：路易十四——经验丰富的文学与艺术守护者，亦可以被认为是欧洲汉语文学真正的奠基者。他曾希望利用传教士之间论战的机会，请一位中国文人到巴黎撰写专门的初级作品出版，并在欧洲传播对中国的认识。他对中国的认识很理性：把它看作制止因误会引起的神学争论的有效方法，以及让传教产生更丰富多样的成果的良策。对这个君主来说，在广东进行贸易的法国商人必然从这一认识中获益颇多，而新的光辉可以辐射到东亚国家的历史、地理、风俗、哲学和宗教观，新兴的文学分支也可以在这一支持和鼓励下诞生。傅尔蒙（Fourmont，1683—1745）在路易十四的命令下做着晦涩难懂的前期准备工作，如果他能将这些工作完成，他的继任者们将免于遭受他所经历的大部分痛苦。

傅尔蒙若“有错”，就是他对自己的工作野心勃勃。他筹划出版的字典有对开本 18 卷之多，然而在这一宏伟作品问世之前，他却意外地去世了。但是他为两个继任的门生——德奥特雷（Deshauterhaies）与德桂尼（Deguignes）——留下了更珍贵的东西：他们是欧洲的非传教人士中，仅有的能理解汉语并进行阅读的人。在晚年，傅尔蒙曾向穆雷（Mullet）、伊德（Hyde）和巴耶尔（Bayer）坦承，这一类的代表作使他感到惭愧。

像路易十四一样，他的继任者们大方地出版了重要和优秀的作品，这是我们国家的荣耀，且使得其他国家无力竞争。这些作品包括汉语语法、汉民族和中国的历史、传教士的随笔、教益类文学作品，还有常被外国和我国作家参照的杜赫德（Du Halde，1674—1743）的编著。是路易十四把这一被开采的矿藏吸纳进我们的文学宝藏——这一矿藏因权利的神圣而属于我们，它因国人的努力而成为国家的成果。但倘若政府缺乏远见卓识，我们则会面临失去它并任由它流向邻国的危险，政府应该对我们的荣耀和幸福同样关注，因为这两者也是它的资产和成果。

傅尔蒙最后的门徒德桂尼，在 18 世纪末逝世且没有留下继承者。于是，英国和德国的杰出人才打算利用我们过去的成果，去耕种这块我们放弃的田地，并在他们的国家收获我们播下的种子。我们甚至看到，一位非常杰出的学者，事实上也是如此，虽非我们的国人，被请去完成傅尔蒙生前未竟的事业，负责完成学术界期待多年的中文字典。8 年了，跟一部完整的字典相比，他们更热衷于国家利益。由于我们在印刷术上能力出众，被委任印刷一个意大利修士的词汇大全。词汇大全虽不完美，但或许是有用的作品；除了书籍高质量的印刷，没什么是属于我们的成果，这对学界更无光彩可言，倒是给我们的印刷术带来了不少声誉。

曾经，法国人是所有欧洲人中最欢迎中国人的，我们认为中国人十分坦率并讲究礼仪。过去我们每年都与广东人谈判，如今已经中断了 25 年，或许这是我们巨大的损失。与此同时，我们的邻国趁虚而入，重拾起这一传统。1793 年的使团可能已经看到，他们所肩负的主要任务已不大可能完成；但可以肯定的是，这一出使引起了英国人对中国及其产品的兴趣，并使他们为之着迷。另外，通过天主教传教士在其中的斡旋，英国使团使中国人亲眼看到了自己缺失或薄弱的部分。由于印度的英国行省与中华帝国的边境地区形成的新关系，确有必要在新加坡和孟加拉建立中文学校。那里在培养商务翻译，而也许牧师们也会在我们的老基督教徒中选拔——如果还有这样的人在那里的话——将之吸纳为他们的成员。这样，文化、传教事业和商业利益形为的共同体使我们不得不付出努力；否则，我们将会失去从前的权利，在我们自己开拓的事业上被他者后来居上：我们将不再具有竞争力，无法成为唯一与合理的持有者。

现在我们来讨论，为什么中国文学虽有君主的大力支持，在法国的进展却如此缓慢，并且罕有该领域出类拔萃的学者；我们也将深入探讨，通常情况下，为什么东方研究曾经受阻并且将长期受阻，以及为什么欧洲对汉语以及中国人怀有如此根深蒂固的偏见。

首先，是图书的稀少，以及获得文本进行研究的难度。试想，如果拉丁文和希腊文的作者出版的不是原文，拉丁文和希腊文能被广泛地传播吗？如果这两种语言的名作都隐藏在图书馆，而且只有周围的人偶尔才能借阅到这些书籍，那它们是否能成为我们现代文学的奠基？那些握有手稿的人并不总是充分利用他们所掌握的资源。只有当一部作品被大量地印刷并处于大众的视野之下，它才能有真正的读者并被世人真正地理解。这部充满了摘录和注释的合集具有非凡的价值，这多亏了法兰西铭文与美文学院杰出和可敬的秘书处，通过它的努力，这一学术和成果的影响力才得以实现；该学院也是历史和词源学研究最悠久、最著名的机构。我们中间有其中的元老和管理者吗？谁能否认萨西（Sacy）先生所提炼、翻译、出版的资料让他的学生获益颇多？这位不知疲倦的学者培养的东方人才都以自己的老师为傲，而外国人则称之为“本世纪的东方王子”。然而，必须承认，出版业在西亚语系方面做得还不够；至于汉语方面，可以说根本没有。我准备的版本，其一是孔子的道德训诫，我们这个课堂所要使用的版本，也是欧洲出版的最早版本。我将尽最大努力搜罗其他几种版本，因为我总是关注优秀读物的出版，这是传播中国知识最有力的方法，而它所要求的用心也是对陛下委托给我的工作负责。

但那些曾强烈反对这一语言研究的主张或许具有最快最大的影响力，这些观点通常也影响了最近人们对中国人的不利看法。作家们指责传教士的记述颇为夸张，失之公允，走向了相反的极端。既有积极意义又真实可信的有关中国方面的资料不超过20卷：这些卷册几乎不为人所知；而那些满是浅薄和偏见的旅行游记倒是大受欢迎。这些游记没什么可值得学习的，但在一些人眼里却只有非传教士提供的一切才有价值。对中国的指责已经被那些有知识和地位的人成功地击退和驳斥了：我们从未读过任何驳论，却坚持着同样的驳斥。这里不是讨论驳论的地方，我们应停止聚焦于中国语言和文学的问题，而考量并开设一门关于汉语和中国文学的课程才是重点。

有人说汉语是所有语言中最难的，汉字多达十万左右；文人们穷其一生去学习汉语，当他们掌握了其中相当的一部分，汉语在语法形式上的欠缺还是会阻止他们走得更远。而有人激烈反对一些传教士的表达，目的是证明它们的夸张性或者完全错误的结论。我得用事实来回应这些论断。著名的利玛窦（Mathieu Ricci）神父，这一帝国传教的奠基者，抵达中国不久，在我们能够撰写哪怕是一本初级的作品之前，就已经把中文掌握得相当好了，并且他用中文撰写的专论因为表达地道和措辞优雅得到了该国文人的高度评价。这一类的例证并不罕见：传教士们在中国旅居多年，十分了解这一语言，他并不是从中国归来的唯一一个，宋君荣、南怀仁（Verbiest）、钱德明（Amiot）之类也在此列。但并非所有人都如此：如果其他人在广东居住多年并回到欧洲，仍无法理解最粗浅的作品，我就只能把它归因于他们个人的无能，或因他们曾经从事活动的性质，或因他们旅居城市的商业性，那里几乎完全没有文学，民族的习俗使他们几乎只能接触到那些完完全全的文盲。

汉字的数量多得数不清，但如果大部分是用不上的呢？如果认识两三千字就可以轻松阅读普通书籍呢？如果它们在一本好用而丰富的字典里有规可循呢？此外，想象一下，汉字之间没有相似性，认识其中的一些对认识其他的毫无助益呢？相反，如果我们不知道，这门智慧的语言，通过分析的方法可以将汉字的数量减少到只剩要点和词根的部分，且汉字的组成有固定的规则，这些规则也能够支配一切派生的形式，帮助人们更好地掌握这门语言呢？我们是否觉得，书写汉语很难是因为它是表意的而非表音的？但据我的观点，这样反而更容易让人记住。对于其他语言，当我们听到一个词的声音时，对它的含义不产生任何导引作用；而对于汉语，理解它的意思只有一个步骤要进行。在一般的语言中，懂得阅读并不意味着什么，但在汉语里它却是一切，更不用说比起奇怪而无意义的语音，它巧妙和生动的符号更有助于记忆，同样，画师在画作上留下的形象比通过话语或音乐艺术的不完美表达更能让人印象深刻。

至于抨击汉语语法形式欠缺的那些人，我倒希望他们乐于描述这一点。汉语以三大特点著称：最古老、最清晰和最优美。因为它没有多少矫揉藻饰，也没有多余规则，而这些是造成其他语言难学的部分原因。再者，有人认为，理解文章的过程中语法是不可或缺的，他们乐见句子中不是思想，而是由词与词之间用明确的符号表明关系，至于语序则由复杂的惯例所决定。与通常的见解不同，这类人将会乐于学习现代书籍的语言，尤其是这一现代语言具有丰富的语法规则，二十来个词组成一个复合句，其中有一半用于连接和修饰句子，或者为了表现行动的氛围。

中文书面语的特质，在于即时地通过约定俗成的象征符号表达概念，而不是通过声音来唤醒记忆。从埃及的象形文字无人使用起，它就显得极为特殊，这就是它能进一步刺激好奇心的原因之一。如果在一般的语言中，词源学和分析能带来某些有价值的结果，让词根和思想的进程变得显著，那么，这些古老的文字中则充满了无须验证的魅力：这个民族在世界诞生伊始就接触它，它包含了如此多的传统，自然而然地勾勒出历史中最古老的思想和人类智识中最隐秘的活动。在《易经》或《书经》里找到并分析一个汉字，对于形而上学家而言是多么快乐的事情：汉字作为单独的存在，而不是连接体，反而更加接近事物的本性。周公或孔子有理由通过直觉去实现和分辨人类理性最初的足迹，简而言之，它是布封或孔蒂亚克的心愿，甚至可以说这一步伐的跨度使人惊叹。

多少欧洲人仍相信中国人还处于这原始的第一步和跨度之中！我是否应该因花费数年时光致力于维护外邦文学而受到责难？我试着把问题引向一种更积极的说法。很少有欧洲人听说过中国人的几何、天文和自然史。但是，是否由于我们的此类学科在两百年内取得了长足的进步，就有资格免于向这些远方的人们学习知识，就可以不用心了解他们在这方面的现状，尤其是很久以前的状况，而这些学科领域却从未停止过教化这个民族并使之充满荣耀？早在公元前2220年，中国人就了解了直角三角形的特性。大禹为遏制两条大河的泛滥——它们与美洲的大河几乎同等长度——曾引导百川之水，使它们流入十万平方里的土地，仅这一功绩便足以证明一切。我要说的是，我不怕直接刺激那些已有的成见，我在一本中文的字典里，在发现由万有引力引起潮汐涨落之前的时代，找到这样的表达：月亮对地球的爱恋。如果说这个民族的天文学理论是有缺陷的，他们的日、月食和彗星记录却也有趣；如果说中国人在计算上会出错，那么至少，他们有与我们一样懂得观察的眼睛。另外，那里的畜牧业也相当发达，我们跟他们也学到很多实用的技能：这证明畜牧业也是他们的研究对象。在欧洲人还没能自由进出这一国度的时候，他们对自然事物的描述，就已经没什么可以补充的了，我们也没有任何理由去轻视可以做到这样精确和细致的民族。我希望通过他们的作家所撰写的植物学来证明：他们比拉丁和中世纪的自然学家更高超，虽然相比之下，林奈（Linné）、朱西厄（Jussieu）和德封丹（Desfontaines）更高一筹。

但如果我们从自然和精确的科学转向文学、哲学、历史，中国人则足以与我们媲美，甚至可作为我们的典范：巨大的文学宝库，40个世纪的努力和辛苦劳作的果实。一方面，雄辩和诗歌丰富了这门精致语言的美感，其中的想象力五彩缤纷。隐喻、讽喻、影射构成了最令人愉悦、有力和宏伟的图画；另一方面，他们拥有最丰富和可信的编年史，书籍中记载的几乎都是我们不知道的事情。这些史料不仅仅涉及中国人，还有日本人、韩国人、鞑靼人、西藏人和那些外岛的居民。它们亦向我们呈现了佛教的密宗、自称理学信徒的教派以及儒教的普世真理和政治哲学；不想踏出欧洲的研究者尽可以在这些中国书籍中漫游，凭借对远方的想象即可。国王图书馆斥巨资筹集了5000册书卷：只有傅尔蒙读过它们的书名，德桂尼和德奥特雷曾触及过某些历史著作，而其他部分仍等待读者和翻译家去发掘。

游历的人们可以从汉语的初级规则中尽可能地获得便利，它们是如此显而易见以至于我将不会停止对它们进行详细的介绍。传教士们刚到中国的时候不得不在工作期间挤时间学习，因为不懂语言，连最基本的交谈也困难重重。交流障碍锻炼了讲话者的语言运用，通过初步的学习，所有对传教士和商人造成的共同不便被大大减弱。提前熟悉书面语、谈话风格和了解著名作家，我认为是最有效的认识中国的方法。我们只有几周的学习时间来掌握正确的发音，而这一音乐般的语音只能自然而然地领会。

另外，不管法国能从中国文化的、宗教的、文学的、商业的甚至政治方面进展中有何获益，为了它们的价值能被合理地评估，我们还是应该支持这种少见的集会，甚至在这种老天不遂人愿的环境中协作。一位有深厚洞察力的君主，光辉普照，如同人们所说，是中国最伟大的皇帝之一。即使不是宇宙中最了不起的君王，也是那个帝国文人的首领，是他委托外交部门和艺术部门中有才能的人去促进文艺的繁荣。皇家恩典，他最知晓该如何分配；他是新的库尔贝，深知这些研究最需要鼓励和资助。他知道法国的优越不仅仅在于军事：在使大地也惊叹的荣耀身旁，是我们君王长期的照耀和抚慰。在路易十四 1715 年计划的百年之后，我们的国王允许中国文学公开传授，并以此为起点，惠及其他东方文学。他希望有一天在他的国家也能诞生像格里乌斯（Golius，荷兰东方学家——译者注）和萨西（Sacy，法国东方学家——译者注）这样的人物。作为他们的先驱，我幸运又自豪。如果我的热情和勤奋能够弥补天分的不足，我会努力使这一时刻提早到来。这样，我所有的愿望都能实现，并且将敢于自认，我并未完全辜负我所承担的荣耀。

课程规划

——关于中国文化在欧洲的起源、进展和用途的讨论汉语语言与文学

口语：中文词汇的数量。元音。辅音。四声。声调的变化。中国的注音方式。欧洲的注音方式。同音异义词：避免歧义的方法。音调分析。专有名词，外来音。外省发音，福建、广东方言，日语，安南语。

书面语：结绳古法。公元前 3000 年的伏羲卦。公元前 2628 年仓颉造字。金文。周宣王公元前 9 世纪创造的大篆。秦始皇公元前 3 世纪发明小篆。隶书：端方体。楷书：现代书籍的规则体。行书。汉章帝时期

发明的草书。《御制盛京赋》（乾隆书法作品——译者注）。奇字篆。多种缩写。

六书或六种造字方法：象形。指事。形声。会意。转注。假借。

隶书与楷书，从字典的角度解析：一共有 214 个偏旁部首。汉字书写的艺术。

遣词造句风格：国文或古文经书。文章或演说风格。官话。小说或俗语。

语法、词汇类：虚词。实词，分为动词（活词）、名词和形容词（死词）。

国文和官话中的虚词。

西安府建筑解释。赵氏孤儿。多种小说片段。《论语》第 2 章。《书经》部分章节。《诗经》节选。《通史》节选。马端林的外国人的历史。

满语：满语是现在满族的语言，对研究中国也大有裨益，并提供了一定的补充。由于皇家图书馆馆藏的这一语言的翻译作品数量众多，我皇下令，满语教学也应成为汉语语言文学课程的一部分。因此，我们也将介绍这门语言的规则。其字母系统和语法系统，相较于汉语书写模式和句法逻辑，与我们使用的语言之间差距甚小。接下来，我们将解释各种经书和其他翻译成满语的道德训诫书，并将这些版本和汉语原版之间进行比较。

其他汉语课程的必读书目有：傅尔蒙的中文语法书《中国文典》，以及他的拉丁文版汉语研究力作《汉学沉思集》，叶尊孝（又名叶宗贤，P. Basile de Glemona）的《汉拉字典》（又名《字汇腊丁略解》），此作品由小德桂尼社出版。我们同样还可以查阅两部韩国英（P. Cibot）的回忆录，收录在《法国传教士回忆录集》（*Mémoiresdes Missionnairesfrancais*）的第 8 册和第 9 册；以及冯秉正神父的一封书信，收录在宋君荣神父翻译的《书经》的最后；德奥特雷的一篇对汉语进行解说的论述收录在神父佩蒂（Petity）编著的《百科全书》中；还有《中国语言文学论》（*l'Essai sur la langue et la littérairechinoises*，雷慕沙著——译者注），其中包含译文和注释。①

关于满语，张诚的《满语入门》，收录在伊西雷穆利诺文集中，而这一作品的法文翻译，收录在钱德明的《北京传教士关于中国历史、科学、艺术、风俗、习惯的见闻录》（*Mémoiresconcernantes chinois*）的第 13 卷中；只有钱德明的这部作品以及《鞑靼满法字典》，还有朗格莱的《满文字母》的第 3 版是学生的必读书目。

（作者：［法］雷慕沙 法国汉学家；
译者：李婷 浙江师范大学外国语学院讲师）

① 这些不同著作的价值和功用，以及属于同一主题的其他数个作品，在我 1814 年出版的册子里有谈到，名为《汉语字典计划》（*Charles et Pillet*，巴黎，第 8 期）。

因为在出版时的某些时局情势，这本小册子并没有广为流传。其中包含有欧洲人的汉语著述的简要评论史，用于引导商家在初级书籍中做出选择，以帮助他们避免一些错误。当然，这些书也难以避免出错。这也是我认为那些评价缺乏应有的公正性的理由。需要补充的是，我预期中的一部新中文字典和一部关于引论和语法的作品一点也不是像某些人认为的是一个纯想象的计划，它反而是原则的呈现、展示；这一原则既是我后一部作品所遵循的，也是编撰第一部作品时我想要遵循的。希望能有勤勉学者愿意加入我，和我一起发扬汉语文学；这一新的伟业因其在法国的重要性和功用，以及法国君主的支持而充满荣耀。

《论语》在19世纪法国的传播与接受* (上)

成 蕾 钱林森

摘 要：19世纪《论语》在法国的译介成果丰厚，产生了两部经典译本和一些具有鲜明时代特征的研究著作。这一时期，法国的儒家思想研究在法国汉学史上起着承上启下的关键作用：与19世纪前相比，出现了逐渐去宗教化等转向，同时为20世纪以后儒家思想在法国传播的多样性、大众化开疆拓土。

关键词：《论语》 19世纪 法国 传播

法国汉学历史悠久，积淀丰厚，对儒家文化的关注更是其研究之起源。自1687年柏应理（Philippus Couplet，1623—1693）《中国哲学家孔子》（*Confucius Sinarum Philosophus*）一书在巴黎出版，儒家文化在法国的传播已历时300余年。国内学界对这段接受史的研究大多集中在18世纪法国启蒙时期的"中国热"阶段，再往后便将视野投向20世纪下半叶以后，而对19世纪的接受和传播状况研究不多。在笔者看来，法国19世纪的儒家思想研究对其汉学研究有着承上启下的关键作用，直接影响了20世纪以后儒家文化在法国的接受状况。17世纪以来，法国汉学研究集中体现为对"四书"为代表的儒家典籍的译介和对孔子的研究，而法国人对"四书"的关注又以《论语》为首。本文便以《论语》的译介为例，探讨19世纪儒家典籍在法国的接受状况。19世纪法国《论语》译介研究不但取得了不俗成绩，同时又有其开创未来的转向特征。

由于16世纪起欧洲传教士译介工作成果的积淀，加上18世纪儒家哲学

* 本文系国家社科基金项目"19世纪中法文学交流史研究"（项目批准号：19BZW104）和国家社科基金青年项目"法语世界的孔子形象研究"（项目编号：17CWW003）的阶段性成果。

因与法国启蒙思想契合所带来的发展，在这一时期，法国汉学领域成果的显著体现便是多个《论语》经典译本的产生，这时的《论语》译文还是置于《四书》中作为译文合集出版的。19 世纪中期和末期在法国巴黎出版了两个经典的儒家典籍法语译本：纪尧姆·波蒂耶（Guillaume Pauthier，1801—1873）翻译的《四书》于 1846 年出版；顾赛芬（Séraphin Couvreur，1835—1919）翻译的《四书》于 1895 年出版。这两个译本各有特点，风格突出，且均对后世儒家思想在法语世界的传播产生了深远的影响。特别是顾赛芬的译本，直至 21 世纪仍不断被重新出版、重新制作，在法国传播广，接受度颇高。

在 19 世纪法国问世的《论语》相关译介作品，除了经典译作外，还有丰富的研究成果。沿袭了之前的研究传统，这一时期对《论语》的研究成果依旧尚未自成一体，而是糅合于对孔子及其思想的研究著作中。

一、19 世纪上半叶法国经院汉学家波蒂耶对《论语》的译介与接受

（一）译本概况与价值

纪尧姆·波蒂耶是法国著名的东方学家和诗人，他著作颇丰，其中不少是关于中国和印度的。他翻译过马可·波罗的游记，是《道德经》第一个法语译本的译者，也是《四书》经典法语译本的译者。他还翻译过《尚书》，与其他几篇包括印度的《马努法典》《古兰经》译文一起，收录在名为《东方经典》的译著合集中，于 1840 年出版。① 波蒂耶的译著还包括大量中国的官方文献，这对研究中欧交流史有着卓越贡献，例如《中华帝国官方统计文献》②《中华帝国外国使节官方文献》③ 等。此外，他还编著、撰写过多部汉学及有关中欧交流论著，包括《东方诗歌（1）——中国诗歌》④《中国的历

① Pauthier (M. G.), *Les livres sacrés de l' Orient*. Paris, Firmin Didot, 1840.

② Pauthier (M. G.), *Documents statistiques officiels sur l' empire de Chine*. Paris : Firmin Didot, 1841.

③ Pauthier (M. G.), *Documents officiels chinois sur les ambassades étrangères envoyées près l' Empereur de la Chine*. Paris : Imprimerie de Rignoux, 1843.

④ Pauthier (M. G.), *De la poésie orientale, N° 1. Poésie chinoise* . Paris : Lachevardière, 1833.

史、地理、文学书写》[①]《中国与西方大国政治关系史》[②]《中欧书目：中华帝国出版之欧洲作品录》[③] 等。

波蒂耶的《论语》译文也是合于《四书》译本中出版的。长期以来，国内学界对波蒂耶的《四书》译本的研究不多，为数不多的探讨中也仅有简短、表层的介绍。与此相比，比波蒂耶译本晚半个世纪问世的顾赛芬译本似乎更受中法读者群体关注，这种状况颇让译本和译者受“委屈”，因为波蒂耶的《四书》法文合译本，是第一部直接由中文翻译为法文的译本，[④] 之前“四书”的法译本皆由拉丁文版本转译而来。这在儒家典籍译介史上有着里程碑式的意义：以中文原文为底本，意味着译文首先具备了从语言、意义、文化思想等方面都更加忠实原文的条件。因此其译文的重要价值可见一斑：第一，这部首次出版于1846年的译本代表了截至19世纪上半叶法国对中国儒家思想的认识；第二，与以往身份多为西方宗教传教士的译者相比，波蒂耶的世俗身份显然也能代表儒家典籍译介史上出现的一种不同声音。另外，波蒂耶译本的书名《中国道德政治哲学四书》（*Les Quatre Livres de philosophie morale et politique de la Chine*）是首次按照朱熹所定“四书”来命名的，这在儒家典籍法语翻译史上有着开创先河之意义。同时，由于波蒂耶的诗人身份，他的译本在语言上别具一格，颇具诗意，十分符合西方人的阅读品位，在西方社会的接受度很高。美国诗人、文学评论家庞德（Ezra Pound，1885—1972）第一次翻译《大学》时，就是将波蒂耶的《大学》法语译本翻译成英文。

波蒂耶无比推崇中华文明与儒家思想，在《四书》译本导论中他给予了儒家思想极高的评价，用诗人的笔调描述了他心目中的中国文化：

---

① Pauthier (M. G.), *Chine ou Description historique, géographique et littéraire de ce vaste empire, d'après des documents chinois. Première partie, comprenant un résumé de l'histoire et de la civilisation chinoises depuis les temps les plus anciens jusqu'à nos jours*. Paris : Firmin Didot frères, 1837.

② Pauthier (M. G.), *Histoire des relations politiques de la Chine avec les puissances occidentales*. Firmin Didot, 1859.

③ Pauthier (M. G.), *Bibliographie sinico-européenne. Catalogue d'ouvrages européens, pour la plupart rares et curieux, imprimés dans l'empire chinois*. Paris : au bureau de la "Revue orientale et américaine", 1878.

④ 波蒂耶在《引言》中自述：*C'est un de ces monuments providentiels dont on donne ici la première traduction française faite sur le texte chinois.* 原文见：Pauthier (M. G.), *Les Quatre Livres de philosphie morale et politique de la Chine*. Paris : Charpentier, 1858, Introduction p. 1.

（但是）有些拥有古老璀璨文明的民族，经历住了约4000年自然变化和人类变革的洗礼和考验。这些民族坚定不移地矗立着，任凭世事变迁，如同陡峭的岩石，存在之时起便屹立于波涛汹涌的海浪之中却丝毫不为所动。历史如大浪淘沙，冲褪并非永恒的作品，但从未能改变他们。……毫无疑问，中华文明是地球上最古老的文明。可以考证的历史表明，她可以追溯到公元前2600年。[①]

他认为，阅读儒家典籍给他带来的最大的震撼，是其中反映出来的高度理性和崇高的道德感。他真诚地赞美《四书》的作者们以及书中提到的智者们，他们在如此古老的时代就已经拥有即使在今天也难以超越的、高度的伦理道德文化。这种伦理道德不同于一切不纯粹，不同于所有信仰、命运暗示，对人类历史而言都是非常重要的一种存在。因为它是一种高度文明的产物，与一种十分正直、审慎的天性共生，总之，这种伦理道德比所有哲学家和历史学家的思想都更为尊贵。

可以看出，波蒂耶对《四书》思想精髓的总结在于“道德”和“政治”，这一点从译著书名中亦可看出。这也几乎是唯一一本将“道德政治”写入书名之中的译本。译者还在译本《引言》末尾写道：“今天，这个新译本的出现，并非出于虚荣之心，而是希望能和与我们一样从中读出了一种道德感的读者分享感受。”[②] 译者在序言中提出了这种“道德感”，并在《引言》接下来的段落中继续做了阐释。

这个产生于19世纪中叶的译本对道德和政治如此关注，究其原因主要如下：首先，这种接受视角很大程度上缘于之前几个世纪的接受影响。19世纪以前，将儒家典籍翻译介绍到欧洲的基本上是传教士，他们的切入点和关注角度在信仰和道德层面。同时，启蒙时代的18世纪法国社会对政治的探讨也决定了他们关注和接受儒家思想的角度。其次，译者对“道德”的关注，也基于他本身所处的环境，以及译者接受儒家文化时的期待视野。译者翻译工作的第一步是对原文的阅读，这一文本接受的过程具有“对话性”特点。阅

① 笔者自译，原文见：*Les Quatre Livres de philosphie morale et politique de la Chine*, pp. 2-3.

② 笔者自译，原文见：*Les Quatre Livres de philosophie morale et politique de la Chine*, Introduction p. 31.

读者在阅读作品的过程中，在经验审美的基础上进行选择、接纳或扬弃。19世纪上半叶的法国处于“后大革命时代”，社会政治秩序动荡，政体更迭频繁，经济混乱，人心更是无处安放。在这个产生了大文豪夏多布里昂和雨果的浪漫主义时期的社会，如何抚慰法国人的“世纪病”，是法国社会有志之士共同的思考。因此，译者这种意图从古老东方哲人的智慧中寻求理性思考的愿望，以及对“道德”这个人性中最底线问题的思考，就不难理解了。

（二）译本策略与特点

相对于《四书》中其他三部典籍，《论语》作为一部语录体作品，有着其自身的特点，其中一些特点也对翻译提出了挑战。因此，从翻译策略的选取上可以看出译者对原文理解的主体性。波蒂耶的《论语》译文在翻译特点上与整个译本一致，即以突出其中的政治道德哲学为首要原则。

1.《论语》书名翻译及各章标题的翻译

波蒂耶将“论语”译为 le LUN-YU ou les entretiens philosophiques。选用 entretiens（会谈、会面）一词，应该是同绝大多数欧洲语言译本一样，受到了柏应理《中国哲学家孔子》一书的影响。发表于1687年的柏应理的这部著作是早期传教士译介成果的集大成之作，对中国典籍在欧洲的传播影响深远。书中包括《大学》《中庸》《论语》三部儒家典籍的拉丁文译文和注释，其中，“论语”被译为 Sermonesratiocinantium，对应成法语即是 les Entretiens des rationalistes①。

波蒂耶翻译的书名中，在 *Entretiens* 之后加上了 *philosophiques*（哲学的）这一定语。译者在译本前言中也表示，他将《论语》看作一部伟大的道德哲学作品。显然，这个产生于19世纪中叶的译本看待《论语》的角度还是受前两百年以来传教士的影响，更注重其中政治道德哲学层面的道理。波蒂耶在译本中通篇对“孔子”一词的翻译皆为 le philosophe ，这种称呼方式在《论语》所有的法译本中当属唯一，足可见译者心中孔子的形象。

2. 儒家思想关键词的翻译

关于《论语》翻译问题的探讨话题最集中的当推对文中儒家思想关键词

---

① 参见原文：Depuis la première traduction occidentale du *Lunyu* par Philippe Couplet（1623-1693）et al.，publiée à Paris en 1687 sous le titre de *Confucius Sinarum Philosophus*，on a pris l’habitude de traduire *Lunyu* par《 Les Entretiens 》. 原文见：Charles le Blanc et Rémi Mathieu，*Philosophes confucianistes* . Paris ：Éditions Gallimard，2009，p. 12.

的翻译。《论语》中出现的文化关键词较多，作为一部以儒家教育为主题的典籍，“学”“礼”等词可被认为是最核心的思想关键词。波蒂耶对这些词语的翻译充分显示出他对儒家教育的理解。例如《学而篇第一》开篇首句：

子曰：“学而时习之，不亦乐乎？”

波蒂耶的译文为：

Le philosophe KHONG-TSEU a dit :《Celui qui se livre à l'étude du vrai et du bien, qui s'y applique avec persévérance et sans relâche, n'en éprouve-t-il pas une grande satisfaction ?》①

这段法文可回译为：

哲学家孔子说：“那些坚持不懈致力于研究真和善的人，难道感受不到极大的满足吗？”

其中，译者将儒家教育思想中最关键的词“学”翻译为“l'étude du vrai et du bien”，意思是“研究真和善”。可见，关于儒家教育中学习的内容，译者认为是“真理”与“善的美德”，这无疑与译本标题中的“道德”哲学吻合，“道德”就是波蒂耶对《四书》基本价值观的判断。在《论语》的开篇第一句中，波蒂耶便通过这一翻译阐释并定义了他对儒家教育中“学”的理解，于是后面的篇目中的多处“学”字，译者便都简译为“l'étude”，如：

子曰：“吾十有五而志于学，（……）”

其译文为：

Le Philosophe dit :《 À l'âge de quinze ans, mon esprit était continuellement occupé à l'étude ; (…) 》②

波蒂耶对“礼”字也有自己深层的理解。例如：

颜渊问仁。子曰：“克己复礼为仁。一日克己复礼，天下归仁焉。”

译文为：Yan-youan demanda ce que c'était que la vertu de l'humanité. Le philosophe dit : Avoir un empire absolu sur soi-même, retourner aux rites (ou aux lois primitives de la raison céleste manifestée dans les sages coutumes), c'est pratiquer la vertu de l'humanité. Qu'un seul jour un homme dompte ses penchants et ses désirs déréglés, et qu'il retourne à la pratique des lois primitives, tout l'

① *Les Quatre Livres de philosophie morale et politique de la Chine*, p. 105.

② *Les Quatre livres de philosophie morale et politique de la Chine*, p. 105.

*empire s'accordera à dire qu'il a la vertu de l'humanité.*①

在这段译文中，波蒂耶将“礼”译为“rites”，由于这个词既有“宗教仪式”的含义，也有“礼仪”的意思，所以译者在后面的括号内补充解释“礼”是“lois primitives de la raison céleste manifestée dans les sages coutumes”，意思是“上天理性体现在有序社会中的原始规则”。这个补充解释短语中的多个词都体现了波蒂耶对儒家教育中“礼”字的深刻理解。其一，他认为，“礼”是一种“原始的、最初的规则”（lois primitives），是人类社会最初就有的，这一选词也与原文中“复礼”的“复”字呼应，“复礼”，就是要回归到这种“最初的”状态。其二，这种原始规则是“上天理性”（raison céleste）的体现。不仅说明“礼”的出发点是西方自文艺复兴至启蒙运动都一直崇尚和追求的“理性”（raison），而且此种理性来自“上天”，因此这一翻译又结合了中国哲学传统中的重要概念“天”（céleste）。其三，“礼”在“有序社会”（les sages coutumes）中才得以体现。波蒂耶的这一理解也流露出他对儒家文化所倡导的社会秩序的向往，正如他在译本《引言》中对孔子哲学的高度一样。在《引言》中，他指出，孔子的道德政治观处理着个人与三个方面的关系：个人与不断完善的自我本质的关系、个人与家庭成员的关系、个人与社会的关系，这种道德政治观与现实社会的其他法则和规律都高度和谐。② 那么，如果人人都能在这种道德观指引下“克己复礼”，社会自然有序；反之亦然，在这种有序社会中，代表着上天理性的“礼”自然能得以体现。

以“君子”“仁”“道”等词为代表的字词不仅是《论语》思想关键词，也是《四书》思想关键词。例如：子曰：“不仁者①不可以久处约，不可以长处乐。仁者②安仁③，知者利仁④。这一章句中包含了多个“仁”字。

波蒂耶的译文为：

Le Philosophe dit :《 Ceux qui sont dépourvus d'humanité① ne peuvent se maintenir longtemps vertueux dans la pauvreté, ne peuvent se maintenir longtemps vertueux dans l'abondance et les plaisirs. Ceux qui sont pleins d'humanité ② aiment à trouver le repos dans les vertus de l'humanité③ ; et ceux qui possèdent la

① *Les Quatre livres de philosophie morale et politique de la Chine*, p. 164.

② 本段论述参考原文：*Les Quatre livres de philosophie morale et politique de la Chine*, pp. 11-12.

science trouvent leur profit dans l'humanité④.》[1]

波蒂耶将"仁"这个核心词译为"humanité","humanité"在辞典上的中文解释主要有：1. 人类；2. 人的本质，本性；3. 仁慈，人道，人道主义。从他的译文来看，应该是根据第3意项而选用的。

将"仁"译为"humanité"，与欧洲人的文化背景十分契合。在欧洲，文艺复兴运动在16世纪的法国达到顶峰。当时兴起的"人文主义思潮"，法文表述便是"humanisme"，与"humanité"具有相同的词根"humain"，即"人"，人文主义思潮的核心便在于看待"人"的态度。与长达千年的中世纪对"神"的无限崇拜和敬仰、对"人"的废黜和对人性的压抑相比，人文主义将"人"置于最重要最中心的位置，强调尊重"人"的天性，肯定"人"的价值。这一点与"仁"的含义有共同之处。

同时，欧洲人文主义思潮与孔子的思想还有一点共同之处，即寻求"复古"。文艺复兴运动的"复兴"一词的重要含义，便是指复兴"古代"（Antiquité）文化，具体指古希腊、古罗马时期的文化。因而，人文主义思想核心也包含崇尚古代经典这层诉求。而孔子"信而好古"，并感叹："大哉！尧之为君也。巍巍乎！唯天为大，唯尧则之。荡荡乎！民无能名焉。巍巍乎其有成功也，焕乎其有文章。"

深谙人文主义思想的译者们应该是在《论语》及其他儒家经典中找到了相通之处，才将"仁"的翻译做此处理。诚然，"humanité"一词能反映出《论语》中"仁"字某些方面的含义，但并不能完全对等。如"仁者先难而后获"，其中的"仁"就包含有"付出努力学习"的含义。再者，孔子对"仁"者是有"礼"的要求的，如"克己复礼为仁"。因此，将"仁"翻译为"humanité"，仅能体现"仁慈、人道"这一含义，对"仁"的含义展示是片面的。

再如一句集中包含了"君子""孝"等词的章句：

有子曰："其为人也孝弟①，而好犯上者，鲜矣；不好犯上，而好作乱者，未之有也。君子②务本③，本立而道④生。孝弟也者，其为仁⑤之本与！"

波蒂耶译文为：

Yeou-tseu (disciple de KHOUNG-TSEU) dit : Il est rare que celui qui pra-

① *Les Quatre livres de philosophie morale et politique de la Chine*, p. 120.

tique les devoirs de la piétéfiliale et de la déférence fraternelle①aime à se révolter contre ses supérieurs ; mais il n'arrive jamais que celui qui n'aime pas à se révolter contre ses supérieurs aime à susciter des troubles dans l'empire.

L'homme supérieur ou le sage② applique toutes les forces de son intellligence à l'étude des principes fondamentaux③ ; les principes fondamentaux étant bien établis, les règles de conduite, les devoirs moraux④ s'en déduisent naturellement. La piété filiale, la déférence fraternelle, dont nous avons parlé, ne sont-elles pas le principe fondamental de l'humanité ou de la bienveillance universelle⑤ pour les hommes ?[1]

波蒂耶将“孝弟”译为“les devoirs de la piété filiale et de la déférence fraternelle”，意思是“对父辈和对兄长的义务”。可见，他对这个词做了解释性的翻译，其中，“les devoirs”（义务）一词具有很强的道德层面的含义。这个词的选用与译者在其译本序言中对孔子哲学的定位十分吻合，他认为，儒家哲学最伟大之处就在于它在道德层面对人的约束。

波蒂耶将“君子”译为“L'homme supérieur ou le sage”，意思是“上层人士或者圣贤之人”，这个词中传达出了两个方面的含义：第一，居高位的人，这是“位”；第二，有智慧的贤明之人，这是“德”。对比中国学者所分析的“君子”一词包含的“位”与“德”两方面的含义，波蒂耶此句中“君子”的译文将这两个方面都有所顾及。

对于“本”字，波蒂耶将它理解为“les principes fondamentaux”，意思是“基本的准则”；他对“君子务本”一句的译文可回译为“上层人士或者说圣贤之人全心致力于对基本准则的研究学习”。与杨伯峻的今译译文相比较，波蒂耶认为“本”是指基本的“原则、法则”，而杨伯峻理解为基础的“工作”，两者有较大差别，但两种理解中都有“基础”之意，与中国古来之注本也相同。清刘宝楠注曰：“本，基也。”[2]

波蒂耶将此句中的“道”翻译为“les règles de conduite, les devoirs moraux”，意思是“行为标准、道德规范”。对比以上中国古代和当代对“道”一字的主要注释可见，中国学者未曾有将此处的“道”理解为“道德”

① *Les Quatre livres de philosophie morale et politique de la Chine*, pp. 105-106.

② （汉）郑玄注、（清）刘宝楠注《论语正义》第4页，上海书店出版社，1986年。

者。可见，波蒂耶对《论语》的理解和翻译原则是极尽所能地从道德层面去接受和阐释，因此，他的译文所呈现给法语读者的是一部完全意义上的中国儒家道德阐释，是典型的受早期传教士阐释视野的影响下、产生于“后传教士译介时代”的《论语》。

然而，与其他译本相比，波蒂耶《论语》翻译的关注点聚焦道德层面，对原文其他方面的呈现并未面面俱到。例如，《论语》各章标题的翻译是颇能体现译本特色的一个点，不同译本对此的翻译策略各异。而波蒂耶译本对各章标题做的是简单处理，仅保留了各篇序号，并未翻译文字。例如“学而篇第一”被译为 CHAPITRE PREMIER（第一章）、“为政篇第二”被译为 CHAPITRE II。

（成蕾　西南交通大学外国语学院教师；钱林森　南京大学文学院教授）

精神分析中的中国元素

——《向心理分析师推荐的五个概念》* 读后记

李　真

摘　要：《向心理分析师推荐的五个概念》是反映法国当代哲学家弗朗索瓦·朱利安在汉学与精神分析的跨学科领域最新研究成果的一部作品。本文以该著作为基础，探讨作者如何走出欧洲，借助中国思想，反思心理治疗的过程，以及作者如何分析弗洛伊德理论受欧洲哲学思维局限性的影响，而未深入阐释的实践层面。

关键词：弗朗索瓦·朱利安　精神分析　心理治疗

法国当代哲学家弗朗索瓦·朱利安（François Jullien，又译弗朗索瓦·于连）在20世纪70年代末来到中国，从此与汉学结下了不解之缘。在中与西、古与今的对话中，朱利安借助中国文化，反思西方哲学。汉学于他而言，是质疑欧洲理性范畴的工具。之所以选择中国文化作为“思想的异乡”，是因为它的“外部性”。中国与欧洲虽然往来已久，但是真正属于文化层面的交流却是姗姗来迟。中国文化在发展中几乎没有任何外来因素的渗入，是原创性与完整性的代表。朱利安在中国智慧的概念中，“找到返回未思（impensé）的机会与方式”①。他采取“外部解构”的策略，放弃语言和词源承载的西方思想和意识形态，转而从其他传统和语言孕育的概念出发。朱利安认为，借道中国，就是以一种迂回的战术，反观欧洲思想，阐明所有的盲点和死角。

---

* 法文为 *Cinq concepts proposés à la psychanalyse*（Paris : Grasset，2012）。这本书暂时还没有被翻译成中文，目前这个译名为赵鸣在《法国哲学家弗朗索瓦·朱利安思想在中国的研究现状》（载《国际汉学》2020年第2期）一文中所译。

① ［法］弗朗索瓦·朱利安著，张颖译《大象无形：或论绘画之非客体》第3页，河南大学出版社，2017年。

进入2000年以后，朱利安的作品逐渐从哲学、汉学延伸至比较美学、艺术等领域。继《默化》（*Les transformations silencieuses*，2009）和《美，这奇特的理念》（*Cette étrange idée du beau*，2010）之后，他在2012年出版了Chantiers系列的第三册《向心理分析师推荐的五个概念》，将“可思的边界”拓展到了心理分析领域。这里，我们就以该著作为例，看朱利安是如何从中国文化背景出发，远观欧洲的心理分析，重新审视弗洛伊德理论的局限性。

朱利安近些年曾受邀向精神病医生和心理分析师做讲座，这本著作中的概念最早也是在这些讲座中提出的。朱利安本人并不是分析过程的专家，他通过研读弗洛伊德的著作，向心理分析师们推荐五个来自遥远中国的概念。“我只是向心理分析师提出概念；如果他们感兴趣，可以随意取用。而我本人又是心理分析的外行，所以我的建议更加微不足道了。”①

朱利安认为，欧洲思想受语言与哲学传统的禁锢，这也导致弗洛伊德的理论构建无法超越心理治疗在实践中的发现。面对这样的理论缺陷，或者说理论相对实践的滞后，必须借助另一种语言，另一种同样悠久的传统跳脱自身的思维定式。“（心理分析）或许需要外部的支撑，以解开其理性的束缚，质疑这种经验主义。也就是说，首先要为思考而思考。”②

心理治疗的过程，乃至无意识的发现，对以理性和意识为基础的欧洲思想产生了极大的冲击。但是，朱利安在本书中指出，尽管弗洛伊德创造了不少革命性的概念，他依然被困在古典思想的范畴内。例如，弗洛伊德用“再现”（représentation）的概念连接冲动和意识，而这种“生理”向“心理”的接合恰恰是笛卡儿主义二元论的产物；他甚至提出无意识的“存在”问题，与古典哲学时期提出上帝的存在问题如出一辙。弗洛伊德的某些概念并没有得到深入的阐述，透过这些概念，朱利安看到心理分析的“未思”，而在心理治疗的实践中，“未思”的痕迹早已显露。

一、“虚待”——分析师的注意

“虚待”（disponibilité）③ 是朱利安推荐的第一个概念。他用这个概念来

---

① *Cinq concepts proposés à la psychanalyse*, p. 19.

② *Cinq concepts proposés à la psychanalyse*, p. 11.

③ 法文“disponibilité”表示“宽容自在、虚位以待”。

解释心理分析中的“悬浮注意（attention flottante）”。“注意”与“悬浮”这对词语似乎是相互矛盾的：精神转向、趋于某物，但又不知具体趋向何物。注意力既要集中，又要分散。弗洛伊德在1912年的《移情动力学》一文中提到，分析师需要具备“均匀悬浮的注意”，即尽可能地悬置于所有通常会吸引注意之物：个人偏好、成见、不论多有根据的理论假设。他建议分析师不把自己的注意力专门集中在任何事情上，而是平静、专注地倾听所有材料，“不对病人的话的重要性做预先判断”①。

精神分析师倾听病人时所抱持的主观态度，与中国“虚待”的理念不谋而合。庄子说：“虚室生白，吉祥止止。”（《庄子·人世间》）谢良佐曰：“圣人于行藏之间，无意无必。”（朱熹《论语集注》述而第七）西方以怀疑对抗偏见，而儒道两家的圣贤之道主张不止步于单一的观点，“通过抛弃而获得（prise par déprise）”②。虚待意味着一种完全的开放，平等地接待一切，以虚待迎向时机（moment），把握良机（opportunité）。

无论是精神分析的悬浮注意，还是古代圣贤的虚位以待，其核心在于只有做到无排除，才能不错过任何可能。

二、“隐喻”——分析者的话语

第二个概念“隐喻（allusivité）”是朱利安在《迂回与进入》（*Le détour et l'accès*，1995）一书中创造的词语。他再次引用这个概念，来阐释弗洛伊德精神分析的主要方法之一——自由联想法，即要求病人不受限制地讲出任何自发的想法或幻想。

诗贵含蓄，朱利安将中国诗意的“隐喻”凝聚为哲学概念，以此解读蕴藏在患者言谈中的隐形想法。而早在《迂回与进入》一书中，朱利安就曾从精神分析的观点看待中国典籍的“字里行间”之意。“同样，从精神分析的观点看，最微小的口误也被看作一种揭示，而编年史中最细微的细节被看作包

① ［英］安东尼·斯托尔著，尹莉译《弗洛伊德与精神分析》第271页，外语教学与研究出版社，2008年。

② *Cinq concepts proposés à la psychanalyse*, p. 26.

含有丰富的指示。”① 自由联想法的前提在于，病人的诉说没有直接的目的性，参照也不明确，以迂回的方式揭示对本能的压抑，但最重要的是，病人接受不知道自己在说什么，他任由自己讲述，且似乎并不清楚讲述的目的。隐喻与虚待都是一种“抛弃”（déprise），只是主体从万物皆可听的分析师转移到万物皆可言的分析者。

朱利安清楚地解释了这种话语观念是如何与西方文化构建的话语观念相对立的。他指出，古典哲学特别是亚里士多德哲学将欧洲理性建立在这样一个基础上：话语只在言而有物时，也就是有目的时，才有意义。

而这种话语的理性主义并不是中国思想的基础，特别是主张言语“逍遥”（au gré）的道家思想。老子说：“是以圣人处无为之事，行不言之教。”（《道德经·第二章》）说话不一定要带有目的。道家说话不言而道，有所指，而又不明指，话语的意义通过暗示来传达。说话时没有任何意图，只有不言明，才可意会无法言传之事。不言明，给言外之意留下了无限的空间。“说”限定了意义并使之变得贫乏，“不说”使言语保持向意义的开放状态并使之意味深长。

通过朱利安的阐释，我们感受到道家的言语观念与支撑西方文化的言语观念截然不同。由此可以看出，语言与思维之间存在密切的关系，一种文化对言语和话语的感知方式，在很大程度上，奠定了该文化背景下哲学和主体概念的基础，并指引其发展方向。

既然弗洛伊德创造的无意识理论已经颠覆了主体与言语和话语之间的经典关系，那么“隐喻”的概念和与之相关的中国思想又对无意识的提出有何补充？针对这一问题，朱利安在本书中并没有给出明确的解释。

同样，关于拉康，朱利安也在序言中表明了自己的原则立场：不将拉康的理论贡献纳入思考范围。法国精神分析学家拉康在1970年的第18个讨论班上，曾与孟子精神对话。② 他不仅懂中文，还认真研究过《孟子》《庄子》等经典著作，甚至说：“如果我没有学过中文，就不会成为拉康。”而朱利安站在汉学家的角度，感到与拉康对孟子的解读相距甚远，他“惧怕任何欧洲

---

① ［法］弗朗索瓦·朱利安著，杜小真译《迂回与进入》第101页，生活·读书·新知三联书店，1998年。

② 参见：Jacques Lacan，*D' un discours qui se serait pas du semblant*，Paris：Seuil，2006.

投射到中国的幻象”[1]，因此决定不做讨论，我们也遗憾地错过中国思想与精神分析在这一点上的对话。此外，除了隐喻，我们还会想到暗喻、借代等中国言语价值的宝藏，这三者的结合是否能碰撞出新的火花，或许能对结论中提到的意义无限转变的危险，提供有益思考。

三、“侧面”——分析方法

“侧面”（biais）、“倾斜”（oblique）、“感化”（influence）构成了朱利安建议的第三组概念。

朱利安在书中问道：我们应该怎样描述精神分析师的方法？精神分析作为一种贯通的方法干预治疗，但方法本身并不具备预测性或规定性。如何思考一种严谨但非系统的方法，“一种不基于先验的方法”[2]？事实上，几百年来，认识论对精神分析的阐述是无用的，因为西方思想始终致力于为行动和认识建立模型。

朱利安提出他称之为“侧面”“倾斜”的解决办法，也就是既非正面也非规定性的干预。这对概念能够解释分析师如何绕过分析者的抵抗，找到独特的进攻角度，以便对分析者实施改变。孙子将用兵作战中克敌制胜的根本原则归纳为“凡战者，以正合，以奇胜”（《孙子兵法·誓篇》）。“正”即以对方预期的方式正面进攻，并引起对抗；“奇”则以迂回的方式在攻击的时间和地点上出其不意，使对手逐渐不知所措。这种战略性的迂回反对正面干预或以说服为目的的解释，这正是弗洛伊德所摒弃的。

“侧面”的概念不仅在古代兵书中用于构建制胜的理论，也浸润着古代圣贤对话语的使用。孔子施教从来“不轻授”，他认为导师对弟子的感化大于言教。孔子说：“可与言，而不与之言，失人；不可与之言，而与之言，失言。”（《论语·卫灵公》）孔子与弟子们谈话，总是考虑对话者所处的位置，在适当的时刻进行干预，激起对方的悱愤，从而摆脱他陷入的困境。

因此，朱利安认为，“感化”不是一种暗示的过程。欧洲理性的做法是用自己的思想异化他人。而“感化”在中国思想里是所有现实、所谓“自然”

① *Cinq concepts proposés à la psychanalyse*, p. 20.

② *Cinq concepts proposés à la psychanalyse*, p. 79.

和道德的来临方式，因为中国传统不是从存在和同一的角度思考，而是从相互作用、生命能量的流动和“交通”的角度去思考。[①]

这种能量的运动与生俱来，一旦受阻，就会出现痛苦和疾病。朱利安认为，病人寻求分析的，正是他所经受的痛苦。而痛苦的本源在于对一件物体、一次创伤、一种冲动的固着。“病人之所以陷入疾病，是因为他一直固定胶着于经历的某个片段，并无法释然而出：他被困其中，不得解脱。”[②]

四、“去固着”——治疗的关键

所以，朱利安将心理治疗称为“去固着”（*dé-fixation*），也就是书中推荐的第四个概念。在生活的各个领域，都应该拆解那些束缚主体，阻碍其前进的“落后”（rester en arrière）。中国思想中“抛弃”（*déprise*）的理念又被挖掘出新的层面。

生命力的流动绝不应停滞不前。即使美德，也能构成一种“固着”，并限制虚待。对这种颠覆道德的观点，弗洛伊德必然不会反驳，他认为，某些“美德”就是源自婴儿期的“固着”。“停留在一种美德上，不仅将其他美德拒之门外，减少了自身的可用性，更重要的是固定了自己的行为，开始陷入重复性的常规。”[③] 何为圣人，孟子给出这样的定义：“充实而有光辉之谓大，大而化之之谓圣。”（《孟子·尽心下》）即使是圣人，也不会止步于“大”的境界，而是“大而化之”，保持永恒的运动，生命源泉的持续变化。同样，对于凡人，如果我们停止在一种美德，或者各自的“大”里面，“固着就已经开始阻碍我们继续向前，我们在前进的过程中将无法充分施展自己的资源”[④]。

我们对欲望、流动和运动是开放的。朱利安在这里又一次借道中国思想，从侧面阐明他认为弗洛伊德领域未得到充分阐释的观点。中国思想并没有在西方的行为结构中分割出“动作”（acte）的概念，而是从过程或进程的角度看待行为。行为之于中国，既不是动作也不是目的，而是相对于“天行”的“人行”，相对于“世道”的“人道”。

---

① *Cinq concepts proposés à la psychanalyse*, p. 95.

② *Cinq concepts proposés à la psychanalyse*, p. 108.

③ *Cinq concepts proposés à la psychanalyse*, p. 115.

④ *Cinq concepts proposés à la psychanalyse*, p. 116.

五、"默化"——治疗的结果

朱利安推荐的最后一个概念是"默化"（*la transformation silencieuse*）。早在2009年，他就曾以"默化"为题，出版了Chantiers系列的第二本著作。"默化"是一个缓慢、不可见的过程。"这种变化的无声性体现在两个方面：一是变化的产生突然，毫无征兆；二是人们从来不会想到谈论这种变化。"[①] 我们往往在事后才感知到这种"潜移默化"的变化效果，心理治疗的过程亦是如此。

过程的概念包含在"默化"的现象中，过程意味着展开，即一种时间因素。在这一点上也形成了中国文化和欧洲文化的对立。过程中有连续性，连续性与打破它的事件相对立。因此，中国思想是一种基于来临的思想，而非基于事件的思想。此外，尽管朱利安明确表示不引用拉康的学说，但他在书中自始至终将进入分析治疗的主体称为"分析者"（analysant）而非"被分析者"（analysé）[②]。这个术语的运用恰恰阐明了拉康对过程和既定目标，变化和最终状态之间的区别。

中国思想的"默化"已经被法国精神分析学家们所接受。著名的拉康学派分析家让·阿鲁什（Jean Allouch）在2010年题为"默化的仿射空间"（"Un espace affine aux transformations silencieuses"）的发言中，根据拉康对逻辑时间的阐述，对这一概念进行了思考。拉康的理论或许能帮助我们解读"转化"概念中对时间和空间因素的连接。同样，《蜂群》（*Essaim*）期刊主编埃里克·波尔热（Erik Porge）在他的著作《症状的文字》（*Lettres du symptôme*）中，也展开了这一概念，将"转化"视为所有认同的共同点。因为"认同"不是"固着"，"认同"是动态的，是变化。他也引用了朱利安的著作，但更强调"转化"的特点，即时间和空间的双重作用。法国的精神分

---

① *Cinq concepts proposés à la psychanalyse*, p. 131.

② 拉康在《1967年10月9日关于学派精神分析家的提议》中，将进入分析治疗的主体从"被分析者"（analysé，动词analyser的过去分词）正式更名为"分析者"（analysant，动词analyser的现在分词）。相较之下，前者在被动语态上意味着主体更多的是被动接受分析的过程，或者在过去时态上意味着分析的过程已经被完成，而后者则在主动语态上意味着主体更多的是主动参与分析的过程，正是分析者通过他的自由联想在做分析，而分析家的任务则是帮助分析者更好地进行他的分析。

析学家们已经开始将朱利安引入的概念用于实际的研究和工作。

小　结

在上述五个概念的基础上，我们或许可以加入第六个概念“抛弃”（déprise）。这个概念不仅贯穿本书，也体现在精神分析的方方面面：“虚待”是分析师的“无为而为”，即抛弃所有立场和预先的判断，以完全开放的态度倾听分析者的讲话，以免错过任何微小但重要的信息；“隐喻”是分析者的“不指而指”，即抛弃讲话的目的和意图，在自由联想中反射出被掩盖的症状起源；对于分析者不自知的抵抗，要抛弃正面进攻，采取“侧面”（“倾斜”）的方法，在不被察觉的“感化”下，发生行为的转变；通过“去固着”，抛弃依附在创伤点的一切阻碍前进的胶着，使生命重新流动，最终实现“默化”，也就是心理治疗的全部过程。整个过程一气呵成，润物无声，甚至在结果显现之前，我们都很难分辨其中的变化。

总体而言，朱利安在书中尽力向读者展示了中国思想与精神分析在某些概念上的契合。在作者之前的著作中，这些概念早已被运用于不同的领域。然而，心理治疗的过程错综复杂，即使绕道中国，也难以解释其中的不可言喻。中国智慧尽管博大精深，但与精神分析之间毕竟存在着间距，不可将二者混为一谈。朱利安也在文末重申“无论是作为分析师还是分析者，我都没有心理治疗的经验”①。但通过这种与他者的相遇，打开一个新的反思空间，使西方读者的固有思维自我怀疑、动摇，甚至开始转变，本书的启发性价值无可争辩。而中国的传统理念也在汉学家的发掘下，脱离古代道德与圣贤的背景，在精神分析等新的土壤中，焕发新的生命。

（李真　济南大学外国语学院教师）

① *Cinq concepts proposés à la psychanalyse*, p. 159.

·俄罗斯汉学研究·

俄罗斯西夏学研究史略

丁　梁

摘　要：西夏学是国际汉学的重要组成部分，兴起于20世纪初。俄罗斯的西夏学研究起步较早，走在世界各国前列。在百余年的发展历程中，俄罗斯西夏学研究薪火相传、硕果累累。本文采用文献研究法，以知名学者为中心，爬梳梳理了俄罗斯西夏学的百年发展史。本文指出，俄罗斯西夏学是国际西夏学的重要分支，经历了起步、发展和繁荣三个阶段，在各阶段研究水平均处于世界领先地位。新时期，中俄学者通力合作将为国际西夏学的发展做出更大贡献。

关键词：俄罗斯　西夏学　历史　人文交流

"西夏学（Tangutology）是一门研究西夏语言、文字、社会、历史、文学、宗教、法律、文物、文献等方面的综合性学科"①，是国际汉学的重要组成部分。现代学科意义上的西夏学兴起于20世纪初。彼时，西夏文物和文献陆续被发掘并流散海外。借助这些文献和文物，外国学者开展了以西夏文字和语言为中心的研究活动，西夏学由此发端。

俄罗斯的西夏学研究起步较早。1908—1909年，俄罗斯地理学家兼旅行家科兹洛夫（П. К. Козлов，1863—1935）率领探险队两次进入我国内蒙古额济纳旗的黑水城，发掘了大量西夏文献和文物。这些出土的宝贝随即被送往沙俄的首都圣彼得堡。据考证，"俄藏黑水城文献有西夏文、汉文、古藏

① 史金波《西夏学》，载程裕祯主编《中国学术通览》第370页，北京语言学院出版社，1994年。

文、蒙古文、回鹘文等多种民族文字类型，其中西夏文献数量最多，约占90%”[①]。一个多世纪以来，俄罗斯学者对这些文献和文物进行整理和研究，陆续发表出版了许多论文和著作，逐渐形成了具有国际影响的俄罗斯西夏学。

俄罗斯的西夏学研究长期处于国际领先地位，令人瞩目。中国学界十分关注俄罗斯学者的动态，适时将他们的一些重要成果引介到国内。与此同时，部分学者也尝试对俄罗斯西夏学的发展史进行梳理：黄振华大致梳理了1948—1978年间俄罗斯西夏学的发展状况，重点评析了克恰诺夫（Е. И. Кычанов，1932—2013）与索夫罗诺夫（М. В. Софронов，1929—）两位学者的成果，肯定了他们的成就，也指出了不足[②]；王天顺在其主编的《西夏学概论》中用专章论述西夏学的起源及其国际化历程，其中就包含了“西夏学在俄国”的相关内容[③]；李华瑞以克恰诺夫和捷连季耶夫-卡坦斯基（А. П. Терентьев-Катанский，1934—1998）的几部著作为切入点，评价了近30年来俄罗斯学者对西夏史的研究，批判了俄罗斯学者将西夏视作中亚国家的观点[④]；此外，景永时、李胜刚、刘建丽等学者的研究都曾涉及俄罗斯西夏学发展史，但大多只是蜻蜓点水，未做深入探究。[⑤] 由于语言障碍，以上学者研究俄罗斯西夏学发展史使用的材料多为中文译稿或其他二手材料，在转引过程中不可避免地在时间、人物、著作名称等方面出现了一些问题。由此观之，使用一手俄文材料系统论述俄罗斯西夏学发展史仍然具有重大的学术意义和实践价值。在这一方面，王颖走在了前列，她使用大量俄文材料概述了20世纪上半叶俄苏西夏学研究的发展状况。[⑥] 因为收集的资料相对齐全，所以她的研究较为细致、客观。但王颖的研究时间跨度较小，仅限于20世纪上半叶，

---

① 杜建录《西夏文献的发现与整理研究》，载《图书馆理论与实践》2009年第4期。

② 黄振华《评苏联近三十年的西夏学研究》，载《社会科学战线》1978年第2期。

③ 王天顺主编《西夏学概论》，甘肃文化出版社，1995年。

④ 李华瑞《西夏是一个中亚国家吗？——评俄国近三十年的西夏史研究》，载《西夏学》2020年第1期。

⑤ 景永时《俄国西夏学研究述评》，载《西北第二民族学院学报》（哲学社会科学版）2003年第4期；李胜刚《百年西夏学国内外著作概述》，载《宁夏大学学报》（人文社会科学版）2003年第1期；刘建丽《20世纪国内外西夏学研究综述》，载《甘肃社会科学》2005年第1期。

⑥ 王颖《20世纪上半叶俄苏西夏学研究概述》，载《西夏学》2017年第8期。

难以完整展现俄罗斯西夏学的发展历程。缘此，本文采用文献研究法，以知名学者为中心，系统梳理20世纪至今俄罗斯西夏学百余年的发展史。

俄罗斯的西夏学研究大致可分为三个阶段：起步阶段（1909—1920）、发展阶段（1921—1937）和繁荣阶段（1945年至今）。

一、俄罗斯西夏学的起步阶段（1909—1920）

1909—1920年是俄罗斯西夏学研究的起步阶段。这一时期，俄罗斯学者开始整理和破译黑水城出土的西夏文献。伊凤阁（А. И. Иванов，1878—1937）是这一时期的代表人物。

伊凤阁1901年毕业于圣彼得堡大学，1902年被派往中国留学。1904年他学成归国，在圣彼得堡大学教授汉语和满语。1909年，俄罗斯“探险者”发掘的西夏文物到达圣彼得堡后，存放在俄罗斯地理学会，伊凤阁和科特维奇（В. Л. Котвич，1872—1944）负责整理其中的文献。伊凤阁在这批文献中发现了一本夏汉双语字典《番汉合时掌中珠》。借助这本字典，他开始解读西夏文献。同年，他与藏学家奥登堡（С. Ф. Ольденбург，1863—1934）、蒙学家兼满学家科特维奇在《帝俄地理学会学报》上发表了《科兹洛夫在黑水城的考古发现》[①]一文。该论文由三部分组成，第一部分《黑水城西夏文写本》（《Тангутскія рукописи изъ Хара-хото》）由伊凤阁执笔，第二部分《黑水城遗址出土的佛像》（《Буддійскій образокъ，вывезенный изъ развалинъ Хара-хото》）由奥登堡执笔，第三部分《中国元朝的纸币样式》（《Образцы ассигнацій Юаньской династій въ Китаѣ》）由科特维奇执笔。1909年，伊凤阁还用德语发表了《认识西夏语》[②]一文，在这篇文章中他大致描述了黑水城出土的文物情况，指出了这批文物的重大意义：“我们的发现具有重大的科学意义，这些文物称得上是真正的瑰宝。探险队发现了数以千计的完整的书

① А. И. Ивановъ，С. Ѳ. Ольденбургъ，В. Л. Котвич，Изънаходокъ П. К. Козлова въ г. Хара-хото. Извѣстія Императорскаго Русскагогеографическаго общества，1909，том 45. стр. 463-477.

② A. Ivanov，Zur Kenntniss der Hsi-hsia-Sprache. Извѣстія Императорской Академіи Наукъ. VI серія，1909，том 3，выпуск 18. стр. 1221-1233.

籍和大量的卷轴、册子和完整的纸张，还有数以百计的佛像画作与雕塑。"[①] 根据出土的文献，他考证了西夏语的使用范围："它（指西夏语——笔者注）不仅用于外交往来之中，还用于史书编纂，甚至原创和翻译的宗教典籍也使用这种文字书写。"[②] 颇有意义的是，伊凤阁在此文末尾附上了一张西夏语生字表，部分生字用汉语和藏语对照表示。

1911 年，伊凤阁发表了《西夏历史中的一页》[③]，1913 年又发表了《黑水城文献——14 世纪的汉语私人信件》[④]。在整理文献时，"伊凤阁根据《番汉合时掌中珠》并吸收法国学者毛利瑟、德维利亚、布谢尔等人的研究成果，首次考订了许多西夏文佛教和世俗文献"[⑤]。1916 年，他刊发了西夏文《观弥勒菩萨上生兜率天经》的片段，并附上了汉语译文。1918 年，他又发表了《西夏文文献》[⑥] 一文，公布了部分他在黑水城文献中发现的书籍：按照声母（唇音、齿音、舌尖音、咝音）排列字的西夏语字典；模仿唐代汉文字典《广韵》[⑦] 编纂的西夏语字典《文海》；分类字典（无书名）。[⑧] 除了整理和考订文献，伊凤阁还收集了大量资料编纂西夏语字典。但由于当时俄罗斯国内爆发了战争，时局动荡，他编纂的字典没能面世。1935 年 2 月 9 日，伊凤阁给阿列克谢耶夫（В. М. Алексеев，1881—1951）的信中曾提到了这部字典："遗憾的是聂历山没有见过我的手稿（指《西夏语字典》手稿——笔者注），这些稿子在 1919—1922 年一直放在科学院里。后来我把这些稿子取回来了，然

---

① Zur Kenntniss der Hsi-hsia-Sprache. стр. 1221-1222.

② Zur Kenntniss der Hsi-hsia-Sprache. стр. 1222.

③ А. И. Ивановъ, Страница изъисторіи Си-ся. Извѣстія Императорской Академіи Наукъ. VI серія，1911，том 5，выпуск 11. стр. 831-836.

④ А. И. Ивановъ, Документы изъ города Хара-хото. I. Китайское частное письмо XIV вѣка. Извѣстія Императорской Академіи Наукъ. VI серія，1913，том 7，выпуск 14. стр. 811-816.

⑤ 《西夏学概论》第 98 页。

⑥ А. И. Ивановъ, Памятники тангутского языка. Извѣстія Россійской АкадеміиНаукъ. VI серія，1918，том 12，выпуск 8. стр. 799-800.

⑦ 《广韵》全称《大宋重修广韵》，是北宋真宗时期（1008）官修的一部韵书，伊凤阁在文章中将它说成唐代字典应是笔误。

⑧ Памятники тангутского языка. стр. 800.

后我就决定封笔了。这些稿子现在在我这里，上面还带有收稿和退稿的标记。”[①] 可惜的是，伊凤阁呕心沥血编纂的西夏语字典手稿后来丢失了，学界猜测应是1937年他被捕时被当局抄没。

1922年8月，伊凤阁以顾问身份随苏俄政府全权代表越飞（А. А. Иоффе，1883—1929）来到中国。1923年，伊凤阁开始在北京大学任教，与王国维、陈垣、钢和泰、陈寅恪、柯邵忞等一起受聘为北京大学研究所国学门导师，并开设“西夏国文化”研究班。[②] 1924年起，伊凤阁担任苏联首任驻华大使加拉罕（Л. М. Карахан，1889—1937）的汉文参赞，直至1927年归国。回到苏联后，伊凤阁先后工作于莫斯科东方学院、中山大学、国立物质文化历史科学院莫斯科分院、列宁图书馆、东方民族文化科学研究院、中央民族学博物馆。1937年8月26日，伊凤阁被捕，严刑之下被迫承认于1904年在北京期间被日本收买为特务，10月8日被处决。[③]

伊凤阁是俄罗斯第一代西夏研究专家，他不仅是俄罗斯西夏学的奠基人，还是中国西夏学的开拓者之一。他研究西夏并非闭门造车，而是广泛地与包括中国学者在内的国外学者进行交流，从而有利地推动了国际西夏学的发展。

二、俄罗斯西夏学的发展阶段（1921—1937）

1921—1937年是俄罗斯西夏学研究的发展阶段。这一时期，大批苏联学者开始接触西夏学，其中有代表性的人物当数阿列克谢耶夫（В. М. Алексеев，1881—1951）、弗鲁格（К. К. Флуг，1893—1942）、龙果夫（А. А. Драгунов，1900—1955）和聂历山（Н. А. Невский，1892—1937）。

---

① Е. И. Кычанов, Тангутский фонд Института восточных рукописей Российской Академии наук и его изучение // И. Ф. Попова, Российские экспедиции в Центральную Азию в конце XIX-начале XX века, Санкт-Петербург, Славия, 2008. стр. 135.

② 肖玉秋、阎国栋、陈金鹏《中俄文化交流史·清代民国卷》第457页，天津人民出版社，2016年。

③ 《中俄文化交流史·清代民国卷》第457—458页。

阿列克谢耶夫是"苏联新汉学的奠基人，为后代汉学家所景仰"[①]。他的研究范围很广，"在中国语文学、民族学、史学、诗学、民间文学及翻译理论与实践诸方面，都有值得重视的成就"[②]。在西夏学方面，他也有所涉猎。1920年，他在庆祝俄罗斯科学院亚洲博物馆成立100周年的文集《俄罗斯科学院亚洲博物馆1818—1918》上发表《馆藏中国和朝鲜文物》一文，再次强调了黑水城文献的价值："（亚洲博物馆收藏的——笔者注）中国称之为'西夏'（1032—1227）的王朝留存下来数百卷西夏文书籍尚未被完全破解，这批文献具有重大的世界意义。"[③] 此外，值得一提的是，阿列克谢耶夫为俄罗斯培养了大批杰出的汉学家，其中不乏弗鲁格、龙果夫、聂历山等在西夏学研究领域有所建树的专家。

弗鲁格于1925年进入亚洲博物馆工作，主要负责整理馆藏的中国写本和刊本文献，其中就包括黑水城出土的西夏文献。1932年，他发表了书评《西夏史的新成果》评论1924年戴锡章出版的《西夏纪》。在该文中他提到："《西夏纪》的作者耗费数载光阴，研究了浩如烟海的历史文献与诗歌作品，从零散的文本中提取出有关西夏人民生活与西夏历史的材料，并把这些材料按照年代重新整理，把中国对西夏的认识汇编成册。……随着《西夏纪》问世，再加上苏联科学院东方学研究所对西夏文写本和刊印本的破译，西夏民族、语言和文字的研究难度将会大大降低。"[④] 1933年他又发表了《西夏出版的汉语文稿》[⑤]。

龙果夫是著名的汉学家，主要研究藏学、汉语和东干语，也接触过西夏学。在西夏学研究方面，他的代表作品是1929年发表的论文《夏汉字典

① 李明滨《阿翰林的学术成就——纪念苏联汉学的奠基人阿列克谢耶夫院士诞辰110周年》，载《北京大学学报》（哲学社会科学版）1991年第6期。

② 《阿翰林的学术成就——纪念苏联汉学的奠基人阿列克谢耶夫院士诞辰110周年》。

③ В. М. Алекѣсев, Китайскій и Корейскій фонды // Азіатскій музей РоссійскойАкадеміинаукъ 1818-1918, Санкт-Петербург, Россійская Государственная Академическая Типографія, 1920. стр. 64.

④ К. К. Флуг, Новый труд по истории Западной Ся（Си Сяцзи）, Библиография Востока, Выпуск 1, Ленинград, Изд-тво Академии наук СССР, 1932. стр. 104–105.

⑤ К. К. Флуг, По поводу китайских текстов, изданных в Си Ся, Библиография Востока, Выпуск 2–4（1933）. Ленинград, Изд-во Академии наук СССР, 1934. стр. 158–163.

中“尼卒”型大二合字》[①]，主要探讨了西夏文中单字用两个汉字注音的问题。

在西夏学发展的第二阶段，成果最为卓著的学者是聂历山。他“做了大量工作，为世界西夏学的发展夯实了基础”[②]。聂历山1914年毕业于彼得堡大学东方语言系汉语与日语专业，1915年被派往日本留学。由于俄国国内战乱，学习期结束后他滞留在了日本。在这期间，他主要研究日语和日本的阿伊努族。1925年起，他开始从事西夏研究。在伊凤阁、奥登堡和阿列克谢耶夫等人的帮助下，聂历山收集到了许多西夏文材料。他对这些宝贵的材料进行了梳理和研究，出版了许多论著。[③] 20世纪20年代末，他听从苏联汉学家的建议，决定暂时抛下妻子和女儿，独自回国。1929年，他来到圣彼得堡，担任圣彼得堡国立大学和圣彼得堡哲学、语言学与历史学院副教授。1930年，受奥登堡邀请，他开始在苏联科学院东方文献研究所工作。任职期间，聂历山系统地整理了馆藏的西夏文写本和刊本，并将它们进行编目。此外，聂历山抄录了大量西夏文献，逐步进行释读。凭借扎实的外语基础和渊博的历史知识，他在西夏研究方面取得了丰硕的成果。1932年，《国立北平图书馆馆刊》（西夏文专号）上刊载了聂历山的四篇文章：《西夏文八千颂般若经合璧考释》《苏俄研究院亚洲博物馆西夏书籍目录》《亚细亚博物馆西夏书籍目录》《西夏语研究小史》[④]。1933年，聂历山阅读中国学者王静如撰写的《西夏国

① A. Dragunov, BinomsofType 尼卒 intheTangut-ChineseDictionary, Доклады Академии наук СССР, Серия B, 1929. стр. 145-148.

② И. Ф. Попова, Стало судьбой… // Тангуты в Центральной Азии: сборник статей в честь 80-летия профессора Е. И. Кычанова, Москва, Восточная литература, 2012. стр. 5.

③ 这些著作包括《介绍西夏语字典》（《西夏语文学1》，东方文献出版社，1960年，95—105页）、《西藏文字对照西夏文字抄览》（FAL《大阪东洋学会研究评论》4号，大阪，1926年）。另外，聂历山与日本学者合作，发表了《西夏文般若经片断》（《艺文》18卷5号，京都，1929年）、《于阗文智炬陀罗尼经片断》（《龙谷大学论丛》302号，京都，1932年）、《西夏语译大方广佛华严经入不可思议解说》（MAYURA，2号，1933年）。以上内容转引自《西夏学概论》第98—99页。

④ 这四篇文章中，只有《西夏文八千颂般若经合璧考释》一篇由聂历山与日本学者石滨纯太郎合著，其余均为聂历山独著。文章内容参见《国立北平图书馆馆刊》（西夏文专号）1932年第4卷第3号，第247—258页、第367—377页、第385—388页、第389—403页。

名考》后，撰写了同名论文[①]，从语言学角度反驳王静如的观点。

然而，这位俄罗斯汉学界翘楚的命运非常不幸。在肃反运动时期，聂历山被指控为日本特务。1937 年 10 月 3 日，他被人民内务委员部抓走，11 月 24 日被枪决。[②] 他撰写的多篇西夏学论文和字典直到 1960 年才被整理成两卷本《西夏语文学》[③] 出版。《西夏语文学》及其所附的西夏文字典是聂历山一生研究成果的结晶，堪称"苏联西夏学的扛鼎之作"[④]，被誉为 20 世纪最伟大的语言学著作之一，至今在国际学界仍具有重要的参考价值。

从肃反运动起到第二次世界大战结束，俄罗斯的西夏学研究基本处于停滞状态。

三、俄罗斯西夏学的繁荣阶段（1945 年至今）

第二次世界大战结束后，俄罗斯西夏学开始复苏，并逐渐走向繁荣。

1945 年，龙果夫重新对俄藏西夏文献进行了整理和编目。1955 年，龙果夫去世后，戈尔巴乔娃（З. И. Горбачева，1907—1979）接手这项工作。除了进行西夏文献的整理与编目外，戈尔巴乔娃也从事西夏学史研究，先后发表了《苏联科学院东方学研究所馆藏西夏文写本和刊本·引言》[⑤]《俄罗斯科

① Н. А. Невский, О наименовании Тангутского государства. Записки Института востоковедения Академии наук СССР, II, 3, Ленинград, Изд-во Академии наук СССР, 1933. стр. 129–150.

② 长期以来，聂历山死亡时间是一个谜。根据 1958 年 12 月 6 日披露的材料，聂历山于 1945 年 2 月 14 日因心肌炎发作逝世。因此，后世许多作品中都将 1945 年记为聂历山的殁年。直到 1991 年，聂历山的女儿叶莲娜·涅夫斯卡娅才看见记载父亲死亡信息的官方文件，从而确定聂历山于 1937 年 11 月 24 日被枪决。

③ Н. А. Невский, Тангутская филология: Исследования и словарь в двух книгах, Москва, Изд-во восточной литературы, 1960.

④ 杜建录主编《话说西夏》第 244 页，宁夏人民出版社，2016 年。

⑤ З. И. Горбачева, Тангутские рукописи и ксилографы Института востоковедения Академии Наук СССР, введение, Ученые записки Института востоковедения, том IX, Москва, Ленинград, Изд-во АН СССР, 1954. стр. 67–89.

学院东方学研究所圣彼得堡分所馆藏写本和刊本中的中国地理文章》① 等文章。值得一提的是，聂历山著作《西夏语文学》正是经戈尔巴乔娃之手整理出版。在这本书中，既刊载了整理修订后的聂历山文稿，还收录了戈尔巴乔娃撰写的《西夏学家聂历山》（《Н. А. Невский как тангутовед》）、《聂历山生平概述》（《Краткие биографические сведения》）、《聂历山发表著作目录》（《Список опубликованных работ Н. А. Невского》）等内容。②

20 世纪 50 年代末，苏联开始加强对我国北方民族历史、语言的研究，投入了较多的人力和物力。"苏联学者的文章不但在苏联本国发表，而且刊登于匈牙利、日本、丹麦等具有国际声誉的杂志，如《匈牙利东方学报》《哥本哈根东方学报》等。鉴于现存西夏文献绝大部分都在苏联，尚未公布于世，他们的研究文章自然引起国际重视。"③

这一时期，西夏学研究领域涌现了克恰诺夫（Е. И. Кычанов，1932—2013）、克平（К. Б. Кепинг，1937—2002）、索夫罗诺夫（М. В. Софронов，1929—）、孟列夫（Л. Н. Меньшиков，1926—2005）、捷连季耶夫-卡坦斯基（А. П. Терентьев-Катанский，1934—1998）、科洛科洛夫（В. С. Колоколов，1896—1979）、鲁勃-列斯尼琴科（Е. И. Лубо-Лесниченко，1929—2001）等知名学者。

克恰诺夫是国际西夏学界的知名人物，对西夏学的发展做出了突出贡献。1955 年他从圣彼得堡国立大学东方系中国历史专业毕业后，进入苏联科学院东方文献研究所圣彼得堡分所攻读副博士学位。在学术上，他不囿于俄罗斯学界单纯研究西夏语言文字的传统，将目光转向西夏民族的起源问题。1958 年，他出色地完成了副博士论文答辩，他的论文《西夏国（982—1227）》获得了评审专家的一致好评。获得副博士学位后，克恰诺夫成为东方文献研究所圣彼得堡分所的研究员。1959 年秋季起，他开始全身心投入西夏研究。

通过整理和研究文献，克恰诺夫取得了一系列成果。1959 年，发表了论

① З. И. Горбачева, Китайские географические сочинения из коллекции рукописей и ксилографов Ленинградского отделения Института востоковедения АН СССР, Страны, и народы Востока, выпуск I, Москва, Изд-во восточной литературы, 1959. стр. 286-294.

② 参见 Н. А. Невский, Тангутская филология: Исследования и словарь в двух книгах, том I, Москва, Изд-во восточной литературы, 1960. стр. 7-16.

③ 《评苏联近三十年的西夏学研究》。

文《藏于苏联国家图书馆的汉文西夏国地图册写本》[①]，1961年，发表了论文《苏联科学院亚洲民族研究所圣彼得堡分所馆藏西夏文写本中的新词典》[②]。1963年，他与戈尔巴乔娃合作出版了《西夏文写本和刊本目录》[③]。"此书系统全面地著录了俄藏黑水城出图西夏文文献目录，其中对世俗文献著录详备。第一次使世人了解到俄藏黑水城出土的珍贵文物有400余种。"[④] 这一著作不单是克恰诺夫和戈尔巴乔娃两人的成果，也包含着伊凤阁、龙果夫、聂历山等老一辈学者的心血。同年，他又与索夫罗诺夫合作出版《西夏语语音研究》[⑤]。1968年，他出版了自己的代表作之一——《西夏史纲》[⑥]。凭借这部作品，他在1970年顺利通过论文答辩，获得博士学位。1969年，克恰诺夫与克平、科洛科洛夫、捷连季耶夫-卡坦斯基翻译的俄文版《文海》（第一卷）[⑦] 出版，书中附有《文海》的西夏语原稿。"该书几乎囊括了所有西夏的文字。此书的刊布使得西夏文字的释读率大大提高成为可能"[⑧]，为国际西夏学研究提供了重要的参考资料。1971—2013年的40余年里，克恰诺夫笔耕不

① Е. И. Кычанов, Китайский рукописный атлас карт тангутского государства Си Ся, хранящийся в Государственной библиотеке СССР им. В. И. Ленина, Страны и народы Востока, выпуск I, Москва, изд-во восточной литературы, 1959. стр. 204–212.

② Е. И. Кычанов, Новые словари в тангутской коллекции рукописного собрания Ленинградского отделения Института народов Азии Академии наук СССР, Страны и народы Востока, выпуск II, Москва, Изд-во восточной литературы, 1961. стр. 231–242.

③ З. И. Горбачева, Е. И. Кычанов, Тангутские рукописи и ксилографы, Список отождествленных и определенных тангутских рукописей и ксилографов коллекции Института народов Азии АН СССР, Москва, Изд-во восточной литературы, 1963.

④ 史金波《西夏学的丰碑——克恰诺夫教授西夏研究的重要贡献和影响》，载《华西语文学刊》2012年第1期。

⑤ Е. И. Кычанов, М. В. Софронов, Исследования по фонетике тангутского языка: предварительные результаты, Москва, Изд-во восточной литературы, 1963.

⑥ 这部作品引用了许多罕见的文献，因而具有较高的学术价值，但其中也不乏错漏之处。相应内容参见《评苏联近三十年的西夏学研究》。

⑦ К. Б. Кепинг, В. С. Колоколов, Е. И. Кычанов, А. П. Терентьев-Катанский, Море письмен（часть 1），Москва, Наука, Главная редакция восточной литературы, 1969.

⑧《西夏学的丰碑——克恰诺夫教授西夏研究的重要贡献和影响》。

辍，发表了多篇重要的学术论文和多部专著。其中，《新集锦合辞》①（1974）、四卷本《天盛改旧新定律令》②（1987—1989）、《伟大夏国的皇帝》③（1991）、《西夏文佛教文献目录》④（1999）、《西夏国史》⑤（2008）等著作具有十分重大的学术价值。综而述之，克恰诺夫对西夏研究是多方面的，其学术成果多具有开创性，他对俄罗斯西夏学乃至国际西夏学的发展起到了重要的推动作用。

语文学一直是俄罗斯西夏学的重点研究方向。苏联时期，索夫罗诺夫是这一领域的代表性人物。他早年就读于圣彼得堡国立大学东方系，后又在俄罗斯科学院东方学研究所和汉学研究所深造。1963 年，他与克恰诺夫合著了《西夏语语音研究》，1968 年，他又出版了巨著——两卷本《西夏语语法》⑥。《西夏语语法》上卷包括文字、语音、词法、句法四章，分别从这个四个角度对西夏语展开研究，下卷包括西夏语在《文海》和《文海杂类》中的注音、西夏语的藏语注音、西夏字反切介绍、西夏语九大声类。应该说，索夫罗诺夫这部著作将俄罗斯的西夏语文学研究推向了高峰，标志着俄罗斯学界在西夏语文学领域的探索不再停留在字形和语音层面，而是拓展到了语言结构和语法范畴。

克平是苏联西夏学研究领域的又一位知名专家。1937 年，她出生于天津，父亲是俄国白军将领。在天津上完中学后，她随父母返回苏联，后来又到了中亚。1955 年，她转学进入圣彼得堡国立大学东方系学习。1959 年毕业后，克平一直工作于苏联科学院东方学研究所圣彼得堡分所。1965 年，她开始从

① Е. И. Кычанов，Вновь собранные драгоценные парные изречения：факсимиле ксилографа. Москва，Наука，Главная редакция восточной литературы，1974.

② Е. И. Кычанов，Измененный и заново утвержденный кодекс девиза царствования：Небесное процветание（1149–1169），Москва，Наука，Главная редакция восточной литературы，1987–1989.

③ Е. И. Кычанов，Император Великого Ся，Новосибирск，Наука，Главная редакция восточной литературы，1991.

④ Е. И. Кычанов，Каталог тангутских буддийских памятников Института востоковедения Российской Академии Наук，Киото，Университет Киото，1999.

⑤ Е. И. Кычанов，История тангутского государства，Санкт-Петербург，Факультет филологии и искусств СПбГУ，2008.

⑥ М. В. Софронов，Грамматика тангутского языка，в 2-х книгах，Москва，Наука，Главная редакция восточной литературы，1968.

事西夏研究，先后出版了《西夏文〈孙子〉》[①]《类林》[②]，并在随书刊印了西夏文原文。1985 年，她出版了专著《西夏语词法》[③]。在这部作品中，她定义了静词、述谓词、副词和语气词等四种西夏语中的重要词类，并将与词相关的辅助语素纳入研究范畴。她的这部著作是世界首部系统研究西夏语词法的专著。1989—1990 年，克平赴中央民族学院（今中央民族大学）进修，曾与史金波、白滨、李范文等众多中国西夏学家进行交流与合作。在学术上，克平有两项“第一”最为人所称道：“第一个指出了西夏语‘趋向范畴’的存在并对之进行了细致的分析，从而为西夏语属于羌语支而不属于藏、彝语支的假设提供了迄今最为强硬的证据；第一个发现了西夏亲属称谓中存在‘男称’和‘女称’的区别，并以此为切入点阐明了西夏人心目中的亲属关系体系，从而为研究党项家族制度及其源流解开了一个关键性的难题。”[④]

除了上述几位专家，孟列夫、捷连季耶夫-卡坦斯基、科洛科洛夫、鲁勃-列斯尼琴科等学者在西夏学研究方面也取得了一定的成就，他们的著作《黑水城出土的汉语文献叙录》[⑤]《西夏国的书籍业》[⑥]《西夏的物质文化》[⑦]《黑水故城》[⑧] 在学界都有一定影响。如今，俄罗斯学界仍有波波娃（И. Ф. Попова，1961—）、博格丹诺夫（К. М. Богданов，1965—）、索洛宁（К. Ю. Солонип，1969—）、科里亚基娜（Л. И. Крякина，1983—）、

① К. Б. Кепинг, Сунь Цзы в тангутском переводе, Москва, Наука, Главная редакция восточной литературы, 1979.

② К. Б. Кепинг, Лес категорий, Москва, Наука, Главная редакция восточной литературы, 1983.

③ К. Б. Кепинг, Тангутский язык, Москва, Наука, Главная редакция восточной литературы, 1985.

④ 聂鸿音《西夏学述论》第 151—152 页，甘肃文化出版社，2018 年。

⑤ Л. Н. Меньшиков, Описание китайской части коллекции из Хара-Хото, Москва, Наука, Главная редакция восточной литературы, 1984.

⑥ А. П. Терентьев-Катанский, Книжное дело в государстве тангутов（по материалам коллекции П. К. Козлова）, Москва, Наука, Главная редакция восточной литературы, 1981.

⑦ А. П. Терентьев-Катанский, Материальная культура Си-Ся, Москва, Восточная литература, 1993.

⑧ Е. И. Лубо-Лесниченко, Т. К. Шафрановская, Мертвый город Хара-Хото, Москва, Наука, 1968.

扎伊采夫（В. П. Зайцев，1976—）等众多学者从事西夏研究。

1945年至今是俄罗斯西夏学研究的繁荣时期。20世纪八九十年代，俄罗斯西夏学界对外交往明显增多，中俄两国学者的合作日益紧密。1987年，孟列夫和克平应邀来到中国访问，他们与中国的学者进行了广泛交流。“在1989年庆祝王静如教授从事学术活动60周年而编辑出版的论文集《中国民族史研究》（2）上，恰克诺夫、克平热情献稿，分别撰写西夏文文献和语言论文。”① 90年代后，俄罗斯与中国在西夏研究方面的合作进入了新阶段。中国社会科学院民族研究所、俄罗斯圣彼得堡东方学研究所、上海古籍出版社三方合作，影印出版俄藏黑水城文献。1990—2021年，《俄藏黑水城文献》共出版了30卷。“这批珍贵古籍的出版，为西夏学术研究提供大量崭新的、重要的资料，实现了几代人的梦想，为西夏研究开辟了广阔前景。”② 2009年，在两国领导人的亲切关怀下，中国教育部国际司指导成立中俄人文合作工作机制框架内的研究机构——中俄（俄中）西夏学联合研究所。中俄（俄中）西夏学联合研究所分别于2010年10月和2011年9月在宁夏大学和俄罗斯科学院东方文献研究所揭牌成立。近年来，中俄西夏学领域的交流与合作更加频繁：两国多次举办西夏学国际研讨会，许多中国学者远赴圣彼得堡探访黑水城出土的文献和文物，众多俄罗斯学者来到中国实地考察黑水城等西夏遗址。丰富多彩的学术交流活动将中俄两国的专家紧密联合在一起。两国学者通力合作共同推动国际西夏学的发展，促进西夏研究的繁荣。

结　语

通过梳理俄罗斯西夏学百余年的发展史，可以得出以下结论：第一，俄罗斯西夏学的发展经历了一个过程。从俄罗斯国内来看，西夏学经历了起步、发展和繁荣三个阶段。起步阶段，主要的工作是整理和破译黑水城文献。随着破译的材料越来越多，俄罗斯的学者逐渐聚焦于西夏语文学研究，取得了一系列成果。1945年后，俄罗斯西夏学发展进入了繁荣时期，学者们的研究范围从语文学逐渐拓展到历史文化、经济、军事等诸多方面。从国际来看，

① 史金波《西夏历史文化钩沉》第329页，甘肃文化出版社，2018年。

② 《西夏历史文化钩沉》第332页。

俄罗斯西夏学研究起步较早，成果丰硕，研究水平长期居于世界前列，所以俄罗斯西夏学是国际西夏学的重要分支。第二，圣彼得堡一直是西夏学研究的重镇，绝大多数俄罗斯西夏学家都曾在这里求学和工作。俄罗斯的西夏学研究一直围绕着圣彼得堡，围绕着科学院东方文献研究所展开。因此，俄罗斯的西夏学没有形成明显不同的学派。第三，交流与合作是国际西夏学发展的必由之路。自西夏学诞生之日起，各国学者便携手同行，相互借鉴，在交流与合作中不断拓宽视野、深化研究。就中国和俄罗斯而言，在西夏学发展的各个时期，两国学者都有或多或少、或浅或深的交流。特别是 20 世纪 90 年代以降，两国合作明显增多，业已取得丰硕的成果。相信在中俄政府的关心和指导下，两国学者通力合作，定会为未来国际西夏学的发展和繁荣做出更大贡献。

（丁梁　南京大学外国语学院俄语系博士生）

论鲁迅的情节散文*

艾德林 著　梁　喆 译　宋绍香 校

1918 年，鲁迅的短篇小说《狂人日记》问世了。那年作者 37 岁，已不年轻了。但在此之前，他只以学术和政论文章而闻名。

《狂人日记》令读者惊叹甚至激动不已，因为读者在这里看到了许多新的、不同寻常的东西。当然，从它们中还能令人想起：在世界文学中，也有许多同名小说，并且不是别人，正是鲁迅在论述俄国作家果戈理时指出的，果戈理也写过《狂人日记》。

鲁迅的《狂人日记》问世时，正值中国军阀混战，国内发生工人武装暴动之时。而俄国的民族解放革命使中国先进的知识分子看到了很大的希望。作家必须充分展示中国传统赋予书面语言的所有内涵，以便真正理解具有进步思想倾向的文学作品的分量和力度。

……“狂人”早已痊愈，甚至可以就职，肯定不会再说《狂人日记》中描写的那些疯狂话。他有一个可怕的发现：人吃人。他们到处都在吃人，而不只在那个叫作狼子村的村庄里。原来，古来时常吃人。他翻开历史一查，这历史没有年代，歪歪斜斜的每页上都写着“仁义道德”几个字。他仔细看了半夜，才从字缝里看出字来，满本都写着两个字是“吃人”。这种“吃人”的极有害的恶习，剥夺了人们彼此之间的相互信任，使他们永远怀疑那种与血有关的无耻的好奇心。犯人被处决后，接着某个肺痨病人便将馒头蘸上被处决犯人的血来舔。这是一个真实的荒诞离奇的生活细节，随后，我们在鲁迅的短篇小说《药》中还能看到它。

“狂人”知晓儿子孝敬父母的传说，并思考哥哥的话：为了救患病的父

---

* 译自：Л. Эйдлин. О сюжетной прозе Лу Синя. Лу Синь. Повести и рассказы. Москва: Издательство Художественная литература, 1971 г., стр. 5-30. 译文略有删节。

母，儿子应当毫不犹豫地在自己身上割下一片肉，喂他们吃。“狂人”还预先通知忠实的儿子们要妥协，用他的暂时性心理安慰自己：“一片吃得，整个的自然也吃得。”“狂人”就是这么想的。他警告那些吃人肉的人说：“你们可以改了，从真心改起！要晓得将来容不得吃人的人，活在世上。你们要不改，自己也会吃尽。即使生得多，也会给真的人除灭了，同猎人打完狼子一样！——同虫子一样。”

一想到自己就在吃人者中间，可能不知不觉也吃过人，恐惧就笼罩着他。可能，还有些孩子，没来得及成为吃人者，于是他喊道：“救救孩子！”

但是请留意，一位用心的文学内行读者会说，其他作品不是已经用类似的呼吁结尾了吗？是的，“救救我！救救！”——列·安德烈耶夫的短篇小说《谎言》的主人公喊道。值得思考的是，如此震惊于同代人的鲁迅，其创作标题则始于果戈理，结束于安德烈耶夫的呼吁。值得思考的还有，为什么鲁迅把拯救残缺社会的话语让一位狂人说出。我们在努力探讨这一课题。目前注意到：和鲁迅同代人比较起来，我们处于有利地位；当年他们并没想到今日被评论的艺术家的第一部短篇小说会取得如此重大成就，我们看到，伟大作家带着其《狂人日记》，早已进入了20世纪的世界文坛。

鲁迅真名周树人，笔名鲁迅，鲁是他母亲的姓。作家把自己与中国乡村的联系，归功于母亲的乡村出身。不然的话，来自城市官僚家庭的男孩可能只知道生于斯的偏僻的绍兴市。确实，从童年起城市就赋予他不少生活经验。家庭的不幸、父亲的疾病、严重的贫困，这一切都迫使他不得不经常出入于当铺和药店。于是，他一想到人民的凄惨生活，就想起过去帮助过他的人们，想起那些经常遭受失败的人。他从中国古籍中知道了些故事。在封建王朝末期长大的他对历史和诗歌很感兴趣。但是，为奋起反抗清王朝而建立的农民队伍太平军并没有创建最终的历史功勋。在鲁迅18岁那年，爆发了反帝的义和团运动，1900年遭到八国联军的残酷镇压。

郁闷的童年回忆，总是萦绕在鲁迅心头，当时家庭生活的全部积蓄都花费在父亲的绝症上。1902年，他赴日接受技术教育，在那里，为救治像他父亲那样“被耽误的病人”的疾苦，他进入了东京医专。父亲的悲剧和中国的悲剧对鲁迅来说混成了一体，他还觉得，找到了古今所有英雄都试图击败但却徒劳的那个敌手。但敌手溜掉了，因为未来的治疗者在痛心地思考：理想的人应该是什么样的，中国人民族性格的缺陷是什么，他醉心于哲学、文学、自然科学，越发远离了医学。他深知必须推翻清王朝，在这点上他与大多数在日本留学的中国大学生没有什么不同。似乎，在其熟知的中国历史上有那么多英勇的榜样，但按照他的日常习惯，在转向古代时，他还在逝去的祖先中寻找英雄之魂的先驱。鲁迅发表的第一篇文章《斯巴达之魂》便是论述温泉门的保卫者的。

19 年后，于 1922 年，鲁迅在其《呐喊》自序中阐述了对医学的失望：它治疗身体，但不治疗精神。人民的精神处于麻木状态。鲁迅认为，这样的人民没有能力起来反抗，他只能要么是客体，要么是冷漠、好奇的看客。鲁迅脱离了医学万能的状态后，最容易使他相信与己志向贴近的文学万能。他意识到了文学的伟大，并将完全为它服务。他还要懂得，在争取人民民主和社会解放斗争中，文学的任务是什么将是他思考的主要问题。

鲁迅的文章《摩罗诗力说》写于 1907 年。实质上，中国读者是从这里初次结识了拜伦、雪莱、普希金、莱蒙托夫、密茨凯维奇、裴多菲等这些“百折不挠”“不媚俗”的文学大师，引领新生的诗人前行。鲁迅这样理解他们，在他们身上发现了统治者的思想和诗歌的理想。在这些当代卓越的著述中，应当援引果戈理的谏言，他“以不可见之泪痕悲色，振其邦人”。对作家来说，是其顺便说出的。20 世纪初，是中国翻译俄国的普希金、莱蒙托夫、托尔斯泰、契诃夫文学的开端。1909 年，鲁迅从德语翻译了安德烈耶夫的短篇小说《谎言》《沉默》和迦尔洵的短篇小说《四天》。这些译作，对作家今后的创作而言，仅是些微不足道的作品，作家能停止不前吗？

1909 年，鲁迅从日本回国。使他高兴的是 1911 年君主专制被推翻了，但并没给人民带来轻松。鲁迅对革命的失望，很快使他垂头丧气。他的活跃性格未能同现实情况和谐：“这经验使我反省，看见自己了：就是我绝不是一个振臂一呼应者云集的英雄。”

1911—1917 年，鲁迅安静地沉湎于中国古典文学的研究中。的确，1913 年 4 月，鲁迅用周逴笔名发表了短篇小说《怀旧》。小说用文言文写成，作家的研究者们对此很感兴趣。鲁迅没有将其收入自己的任何文集中。

伟大的十月社会主义革命重新唤起了中国先进知识分子对国家解放的希望。对俄国文学的向往增强了，从前，他就凭其庇护被命运欺侮的人而吸引了读者。在俄国文学里，人们已经找到了回答俄国发生问题的答案，甚至也读出了怎么让自己的国家如此去做。1919 年临近，五四运动在酝酿。就在这运动的前夕，对运动具有强大推动力的短篇小说《狂人日记》，于1918年5月出版了。这就是鲁迅唤醒国民的时代。在《呐喊》自序中，作者希望能够唤醒一部分在密闭的铁屋子中昏睡的人。而这些人会带动其他人，一起摧毁这铁屋，走向自由。

鲁迅这位启蒙文章的作者，国内著名的教育家、翻译家和政论家，公开发表了自己的第一篇重要的艺术作品，其他作品也便随之而来。当然，我们知道，有些事件，由于种种现实生活的原因，政论文亦可变成杂文，政论家亦可变成艺术家。对此不必惊讶！重要的是，迟来者带来了思想和感情的成熟，丢掉了早期创作的缺失和不完善。

《狂人日记》在中国社会激起了强烈反响。但为什么是《狂人日记》？鲁迅也说题目是取自果戈理。为什么需要这种纯粹的“模仿”呢？当时也有人怀疑：哪有模仿者公开炫耀自己的模仿品？我们不会那么天真，我们也去看一看该作品的创作起源。《狂人日记》是虚构的，但就其实质而言，它符合中国现实社会的实际，是深刻的现实主义的作品。只有短篇小说主人公那种狂人，才会直接地毫不掩饰地起来反对千年的国家陋习。

我们可以想象，一个君主专制的国家，它依靠这些陋习消灭个性、从上到下深入全社会，制定许多扭曲民族个性的规定。在中国历史上，只有达官贵人才敢于对国家提出异议，且不必担心为此掉脑袋。中国最伟大的历史学家司马迁，生活于公元前2世纪—前1世纪，只因他敢于替遭到失败、被国家判罪的统帅说情，而被残酷地折磨成残废。

所有这些，鲁迅都很熟悉，他在这些传说和故事中长大，为自己的故事寻找主人公。中国故事的主人公是受果戈理启示的。狂人，只有狂人，没有自我保全的意识，能够成为当时的现实人物，中国读者没有把鲁迅的短篇小说理解为某种幻想，相信该人物的现实存在。“愿上帝不要让我发疯。”诗人这样写道，唯独害怕关押狂人的牢笼。如果没有被剥夺自由，那“我会感到浑身有力、任我纵横，就像那扫荡原野的摧枯拉朽的旋风”。用什么都遏制不住狂人的意志，总能使读者心情激动。《狂人日记》凭其可借用主人公对社会的评判而迷住了鲁迅。

果戈理凭其《外套》和《狂人日记》，揭开了“小人物”的传统世界。经过四分之三个世纪，发现原来被揭露的正是这个世界，与中国社会必然有相似之处。虽然没有将果戈理与鲁迅进行深入合理的对比，特别同鲁迅的第一部短篇小说对比，我们还是发现，中国作家与历史一起，往前跨越了一大步。他的“狂人”，根据时代要求，关心所有受委屈的人。呼吁“老大娘，救救你可怜的儿子”，呼吁人们“救救孩子!”

鲁迅是一位典型的民族作家，他接受的是中华民族传统，没有它，自然就像没有中国现实一样，是难以想象的。但是，就是这个中国现实，当西方以暴力入侵时，不学西方已经不行了。1932 年 12 月，鲁迅在《祝中俄文字之交》一文中谈到中国青年，他们“痛楚”和“挣扎”“看见了俄国文学”。接下来，进行了惊人叹息：“从那里面，看见了被压迫者的善良的灵魂，的酸辛，的挣扎……”原来如此。按照鲁迅的意见，最重要之处在于，从俄罗斯文学中明白了，“世界上有两种人：压迫者和被压迫者”，这“在当时却是一个大发现，正不亚于古人发现了火可以照暗夜，煮东西”。

这些话，值得我们深思。我们读着鲁迅就会明白，这里指的正是打开被压迫者的精神世界。这对梦想人民的精神解放、消灭万恶的少数特权者的先进中国知识分子来说，是多么必要和重要啊!

在争取被侮辱、被压迫者的个性解放的斗争中，首先必须说出每个人的独特价值。他本人应该明白，他生出来，不是为他人随意支配的，应有自己独立的个性。这一明显的真理需要证明。艺术家鲁迅也有权来证明：个性在中国是存在的，中国的生存和死亡是多样化的。以此论证了唤醒人民的希望。从这个角度来看，鲁迅对安德烈耶夫的转向是合乎规律的，这位俄国作家对心灵感受给予了密切的，有时甚至是过多的关注，他的关注表明了他裸露的心灵的敏感。这里强调的个性在中国生活和文学中极为缺乏。还在青年时代，鲁迅就对文学武器增强了信心，这是正确的。只是那时，他还无法想象文学的全部容量和功能，对其真正的理解，需建立在对社会的深刻研究基础上。他那时也不知道，自己的作品会占有什么样的地位。很遗憾，我们的读者不能充分欣赏鲁迅散文的沉重的雅致，他的译文非常朴实，而儒雅，其本身不失为鲁迅的真实风格。鲁迅把自己的艺术家天赋献给了人的教育、个性的培养。在鲁迅作品中，没有（也不可能有）平安的生活。在它们里面，甚至当主人公死在床上，也是横死：它们准备去过不幸的生活。对鲁迅来说，没有不易觉察的生命，不但如此，也没有不易觉察的死亡。他用自己的全部创作否认古人司马迁的观念，司马迁把死亡分为重大的和渺小的：“人固有一死，或重于泰山，或轻于鸿毛。”出自短篇小说《白光》的发疯老师陈士成的荒谬结尾，或者出自传说《铸剑》的复仇男孩的故意死亡——社会无秩序或专制独裁的牺牲者的任何死亡，对鲁迅来说，总是重于泰山的。短篇小说《祝福》的穷困的女主人公，在对死亡的反复思索中度日。人死后还有没有灵魂啊？世上有没有地狱啊？她在这人世间，社会强加于她的罪孽，没有得到社会的宽恕，希望那边施舍慈悲。但是，她的希望是摇摆不定的，在黑暗中胆小地、试探着去寻找。鲁迅描写的每种死亡，都是冷漠的、没有同情和道德的社会对其进行的谋杀。

道德是鲁迅作品的基础。这是非常自然的，没有道德就没有文学。因为它“本应如此”。我们同意这个意见。在这个世界上有“决定命运的关键时刻”，在这一时刻，作家的道德话语绝对必要，这些话本身应具有非凡的道德力量，使人充满自信。鲁迅就是这样的作家，他希望提升社会的道德水准。在短篇小说《一件小事》中，他几乎是教导式地直接表述了这种渴望。人力车夫高尚的日常行为，不由得使主人公为自己的铁石心肠感到惭愧。

中国社会的道德基础，许多世纪以来，早被世代压迫者给严重毁坏了。道德早已成为黄金古代不可企及的幻想，很可能成为一种伪善的客套。难道这还需要补充解释吗？但自古以来，道德就进入了中国文学传统，并且，这个传统的化身，譬如古代的《诗经》，早就引起了专制君主们的痛恨。鲁迅把文学看作改变风俗的手段，继承中国文学史的道德传统，谈何容易？但鲁迅作品在中国历史上首次对社会进行了深刻研究，并确凿证实了，在公正基础上对其进行革命改造，是创建高尚道德社会的唯一正确的道路。

鲁迅在每部作品后，都标有脱稿日期。研究者从国家和作家生活中的一个事件向另一个事件前进，将它们与创作的内容和性质加以对照。我国读者从俄国学者和翻译家阿列克谢耶夫、瓦西里耶夫、科洛科洛夫、彼得罗夫、波兹涅耶娃、罗果夫、谢曼诺夫、索罗金、费德林、施普林钦、什图金的著作中，能查到许多关于鲁迅的有趣报道和严肃观察。收录了1918—1922年鲁迅的第一部作品集《呐喊》（1923），接着是《彷徨》（1926）、《野草》（1927）和鲁迅生命的最后一年的《故事新编》（1936）。

《狂人日记》是鲁迅的第一部新文学作品，在自序中狂人的日记里，主人公总在谈论人吃人的社会。《呐喊》和《彷徨》的故事，好像都发生在鲁迅的故乡。如果对其大部分短篇小说进行评析，我们发现，鲁迅描写的故事，大抵都发生在鲁镇。鲁镇仿佛成了故乡的象征。这些故事虽然看不见，然而有时却在社会联系中提到他们:《风波》的主人公之一船夫七斤，1911 年在城里被强行剪了辫子，此事我们在中篇小说《阿 Q 正传》里也看到了。

《孔乙己》《药》《明天》是继《狂人日记》之后出版的悲剧性短篇小说。这已经不是关于吃人的宣言，而是对全中国吃饭问题的描写，里面描写的形象，不但有老年人孔乙己，还有青年人小栓和纺纱女工单寡妇的三岁孩子。旧中国的奇怪而典型的变态酒鬼，学识浅薄的孔乙己形象被塑造出来了，是在酒店客人嘲笑地观察他的人当中出现的。所有他们，无论穿长衫的那些人，还是穿短衫的那些穷人，都为自己在世上比孔乙己地位高而感到骄傲。骄傲代替了正常人的怜悯。他们对孔乙己的不幸没有同情，据传他被打折了腿，因为他“竟偷到丁举人家里去了”。他最后一次来酒店是用手爬着来的。他“在旁人的嘲笑声中”离开了酒店。

在短篇小说《药》中占首要地位的是治小栓的肺痨。最好的药是被处决犯人的人血馒头。茶馆的掌柜老栓，小栓的父亲，得到了它。他从离刑场不远的刽子手中拿到一个血淋淋的馒头，他的精神十分专注，“仿佛抱着一个十世单传的婴儿”。但这特效药没有治好小栓的病，他死了。在他死前，老栓的茶馆里出现了一场奇异的重要谈话。刽子手说犯人的血能救小栓。原来，造反者在造反时说，天下不属于坐在金銮殿宝座上的王朝统治者，而属于全体人民。这引起了茶馆客人们的愤怒，他们十分平静地忍受狱卒抢劫“犯人”，以及夏三爷为了领到赏钱而出卖自己侄子的消息。在这里，残忍和背叛都没有触动任何人。他们所有人，数世纪以来，都被教育要站在压迫者一边。吃人的人们吞噬生病的小栓和强壮的、敢于反对专制的夏瑜，他们感觉是自然的。小栓和夏瑜的坟并排着。夏瑜的坟上有人献上了一个鲜花组成的花环。鲁迅在《呐喊》自序中，称这个花环是对现实的改良。

在短篇小说《明天》中，在我们已经熟悉的鲁镇，寡妇单四嫂子的小男孩快死了。单四嫂子抱着孩子，从家里出去找医生，然后去药店买药，回家，这一路很艰难。人们好像在帮助她，但这种人在鲁镇的小空间里显得格外孤独。于是，我便联想起了 20 世纪初安德烈耶夫的短篇小说《巨人》，毫无疑问，就像鲁迅了解的安德烈耶夫当时的许多作品一样。里面笼罩着母亲无望的痛苦氛围——可怜的母亲在等待孩子死亡时，给他编造关于巨人的故事。鲁迅的《明天》比安德烈耶夫的作品更普及、更具体和更深刻，并且留给我们的，不仅是撕裂心肺的感觉，还有对作家勾画的明天的不满思想。明天是怎样的，夜为何如此奔波，想“变成明天”吗？

鲁迅在这些最初的短篇小说里，立场清晰可见，他虽然没有强调对他要拯救的那些人应该怀有同情和怜悯之心，但对他们的顺从和冷漠极为愤慨。作者使我们明白，冷漠是君主专制社会残酷统治的产物，它使人产生利己主义，使人对人对己轻蔑以及对周围事物漠不关心。在短篇小说《白光》中，捞上来一个浮尸。“或者说这就是陈士成。但邻居懒得去看，也无尸亲去认领。”对死者的简单确认平静得可怕。你说这是怎样的社会道德：没有对背叛者的谴责，没有对为民而死的人的同情，也没有对前者的卑鄙和后者的高尚的理解，对人的尊敬只剩下了儒家的虚伪和履行的“礼仪”。明天到底是什么？作家在自己的作品中暂时还没有回答。但他提出了这个问题。

短篇小说《故乡》的悲剧成分不明显。在作品中，讲述者鲁迅没有试图隐藏自己当年“迅哥儿”的身份。我们可以推断，他想以此强调他所描写的故乡，的确是“美丽的故乡”！这些话语没有讽刺，里面含有童年的回忆。当年与鲁迅一起玩耍的小朋友、农民的儿子闰土，是他童年时期“美丽的故乡”的化身。当时孩子们彼此平等，而成年后的闰土却叫作者为老爷，并显得十分胆怯，就像在凌驾于他之上的长官、士兵和强盗面前那样胆怯。

作者的侄儿宏儿和闰土的第五个孩子水生要好。但一切都在重演，宏儿将成为“老爷”，而被操劳和饥饿压迫的水生将对他恭敬并胆怯，假如一切都不改变。当鲁迅想稍微丢下这些沉重的思虑时，他几乎在《故乡》之后两年内，完成了美妙的、被阳光和月光交替照耀的短篇小说《社戏》。《社戏》是描写自己童年的“美丽的故乡”和关于小闰土和水生未来的故事，他们还没有思考成年后的生活灾难。但我们读者从鲁迅那里已经得知了一切，《社戏》的平静页面，使我们更加伤心难过。从《明天》到《故乡》的半年内，鲁迅那里发生了什么变化？一切是否还是那样，他疑惑地看着夜，夜奔波着，“想变成明天”。不，他已经说出希望。尽管他塑造的新形象的梦想与闰土的实际想法不同，在模糊的未来，他相信自己的希望会实现的。这正像路：“其实地上本没有路，走的人多了，也便成了路。”——这对1921年12月完成的《阿Q正传》来说非常重要。

鲁迅的心理小说，对中国文学来说，是一种新生事物，它惯于通过主人公的外表行为来展现人物性格。西欧的特别是俄国的传统，对中国艺术成就非常惊喜，轻松而自然地便进入了中国艺术散文，没有受到任何诋毁，也没有感到有任何异己之物。能产生如此效果，是因为心理描写，在这种情况下，首先是鲁迅的心理状态，如此牢固地与中国文学传统交织在一起，以至于已经无法使二者分开。心理描写不是西方文学的特权，只是在它的发展史上，心理描写的出现早于东方文学。当时鲁迅在《阿Q正传》俄文译本的序中说："要画出这样沉默的国民的魂灵来，在中国实在算一件难事……我虽然竭力想摸索人们的魂灵，但时时总自憾有些隔膜"，不能把他的谦逊当作一个可能原因。应当把《阿Q正传》这部暴露中国国民性的中篇小说列入20世纪世界文学的最高成就。鲁迅准备写这部中篇小说已很久，他"要给阿Q做正传，已经不止一两年了……"

阿Q生活在乡村。在那里他的地位最低，但他起的作用却非最低。我们熟悉旧中国的乡村及其运行机制——看起来简单清晰，鲁迅对其进行了首次揭露。在我们熟悉的学术论文作者中，能否找到像《阿Q正传》作者那样一位如此杰出和勇敢的中国社会研究者呢?

鲁迅为了描写阿Q故事，讽刺性地采用了中国历史上官方传记的传统写法。他慌忙地滞留在难以给自己的主人公做家谱上，这位主人公放肆无礼地认定，他和赵太爷是同姓，为此挨了赵太爷一记耳光。作者没有找到主人公的姓，他甚至不能查明，其名字是怎么写的。不过，阿Q可能与赵太爷有亲属关系，也不足为奇：在旧中国的乡村，压迫农民的特点就在于此，即地主没有被严密的阶层壁垒与农民分开，并且，地主压迫具有可怕和残忍的性质。

我们蔑视阿Q，但又需要阿Q，在阿Q渺小的背后，可以看到勤劳能干的人，没有他不行。作者像用崇高风格描写骑士功勋那样，描写主人公的厄运。原来，阿Q没有"厄运"，有的只是"胜利"。譬如，他挨打时，便安慰自己：反正这是儿子打老子，自己便成了父亲，这不是自己"胜利"了吗?阿Q觉得他是第一个，在内心深处承认，他是第一个能够自轻自贱的人。"第一"，多美啊！阿Q感到，又获得了胜利。在最后处决他时，由于他不认字，以画圆圈代替画押，他画的圆圈感觉不圆，阿Q便安慰自己："孙子才画得很圆的圆圈呢。"

《阿Q正传》有两个平面图。其中一个是中国乡村，另一个是鲁迅时代中国社会的缩影，里面笼罩着独断专行、轻视个性、凌辱人伦道德的精神。这个社会所特有的，是用"精神胜利法"来安慰自己，束缚住为争取解放而斗争的意志。数世纪以来，人们运用"精神胜利法"，来帮助忘掉或减轻欺侮的力度。鲁迅的中篇小说出版后，阿Q想出的“精神胜利法”开始叫作“阿Q精神”。阿Q精神被封为真诚的伪善：在“精神胜利法”中寻求安慰的同时，人们开始相信它的现实性，并且已经忘记，该法是由他们自己想出来的。实际上，阿Q精神就是一种“奴才精神”。人们感叹阿Q的命运，但没有联想到自己的命运，因为鲁迅笔下悲伤可笑的主人公，按照作者的意图，肩负着中国社会道德的全部负担。

《祝福》和《示众》属于《彷徨》集，描写的多半是“城市生活”，其中有不少描写知识分子生活的短篇小说。我们不愿相信，鲁迅没有想象到知识分子在中国革命运动中的作用及其独特意义：鲁迅作品描写了中国知识分子的精神潜力及其焦躁不安的情绪。但是，鲁迅开始描写知识分子生活要比描写农村生活晚些。

从《呐喊》集起，鲁迅就关注知识分子问题，即使是短暂的关注。在短篇小说《风波》中，知识分子也短暂地出现过，他诗意般地感叹：“无思无虑，这真是田家乐呵！”我们结识鲁迅的同代人，始于《在酒楼上》。该作品的主人公吕纬甫，曾经与作者一起争论过中国的未来，如今他对世上的一切都很冷淡。他现在当教员，教孩子们儒学，对生活已经没有任何期待，没有任何反抗地屈服了。在这里，他讲述了一位死于肺结核的姑娘，是自己未实现的爱情的悲伤暗示。在这个完全无望的悲伤背景下，不知为什么，在南方柔软的白雪中，有一簇鲜红的花儿正在开放，不止一次地吸引着两位交谈者。鲁迅以此来寄托自己的希望。

在这个凶恶的世界，希望实现自己理想的人是孤独的。所以，短篇小说取名《孤独者》。他的主人公不像所有人那样，他干预别人的事，人们不想忍受他，把他从中学里开除了。他所学的是动物学，却在那里教历史。他是个言论极端的人，当说起孩子们时，却变得很温柔。鲁迅认为，孩子们是中国未来的希望。所以，鲁迅作品中所描写的孩子，都会招人喜欢。

《伤逝》的女主人公，是残酷冷漠社会的又一个牺牲品，为此鲁迅非常悲伤。主人公他和她是走向独立自主道路的最年轻一代的代表。这部短篇小说是主人公的自白和忏悔。起初是崇高的梦想，谈妇女平等，谈易卜生，谈泰戈尔，谈雪莱，谈不顾亲人禁止的大无畏精神。不屈从爱情的永恒内容，但是，在新的条件下，已出现不可挽回的局面，因为在人们的谴责和对生计“川流不息”的关心压力下，感觉爱情太脆弱了。他告诉她，已经不再爱她，而他的爱曾是支撑她的唯一力量。他们的私奔决定，使他们注定要遭受社会的抛弃。他不适应漫长的使人极端疲劳的战役，错觉地认为自己似乎更强大。而她更加勇敢有主见，没有陷入家务杂事。“倘使只知道搥着一个人的衣角，那便是虽战士也难于战斗，只得一同灭亡。”

鲁迅描写的是自己的同代人。所以，他描绘的现实很悲伤：这些社会现实都活在他的记忆里，保存在他的心中。鲁迅创作的性质，无疑，要求直接阐明和揭露千百年来中国人民遭受压迫的社会弊病和时代特性。这是主要的，没有这些内容，时代的革新者就无从活动，鲁迅的艺术活动是革命的，艺术作品总是呼唤革命斗争。1926 年 4 月，鲁迅发表了一篇文章《纪念刘和珍君》。里面虽没有塑造艺术形象，但却歌颂了英雄主义精神。

《彷徨》出版后，接着出版了散文诗集《野草》，描写了鲁迅在 1924—1926 年的心情。《野草》是他的珍贵日记（“我爱我的野草，但我憎恶这以野草做装饰的地面”），在日记中，他记录了自己心灵的恐慌和痛苦，也表现出了强烈的愉悦，因为他是《野草》事件的目击者和参加者。鲁迅“以这一丛野草，在明与暗，生与死，过去与未来之际，献于友与仇，人与兽，爱者与不爱者之前作证”。

《野草》中有 24 首散文诗。从前，鲁迅中读过屠格涅夫的《散文诗》，并且受到很大影响。他有几首关于梦的诗，是像屠格涅夫那样构思的：《世界末日》（“我依稀觉得……”和“刚转过一口气，我醒了”）、《昆虫》（“我梦见……”）、《大自然》（“我梦见……”和“……我于是醒来了”）。我们将屠格涅夫的诗作《干粗活的和干细活的》与鲁迅的《聪明人和傻子和奴才》加以对比。干粗活的戴了六年镣铐，双手散发着铁的气味。干粗活的问：“这是为什么?”干细活的答：“因我关心你们的利益，想解放你们这些穷困潦倒的人，反对压迫你们的人，造他们的反……就这样我被关进了监狱。”两年后，干细活的因“还造反”而被处死。另一个干粗活的说：“对，有主意了。彼特拉老弟，咱们能不能把绞他的那根绳子搞到手？听说这会给家里带来好运呢!”这一切都很像《聪明人和傻子和奴才》和《药》的情节。

《野草》是真正的诗歌。在《秋夜》《雪》《好的故事》里，隐藏着中国经典散文诗歌的抒情和哲学传统，这其中充满了令我们激动不已的清新空气。欧洲读者在它们里面找不到任何感觉重要的、高尚的但异于他们民族的东西。这一切都很简单，也很亲近，就像中国古代是鲁迅现代诗歌的起源那样，简单而亲近。当我们阅读《腊叶》诗作“去年的深秋”时，领悟到作家对今年的惋惜（“……但可惜我今年竟没有赏玩秋树的余闲”），我们高兴地回忆起白居易的类似心情：“老去唯耽酒，春来不著家。去年来校晚，不见洛阳花。”不是秋天，而是春天，也不是今年，而是“去年”。仍然是某种偶合——白居易当时是怎样的心情。如果想理解中国文学，不要离开类似的偶合。

《故事新编》书名本身，需要读者熟悉一些中国老故事的背景知识。“新编”意味着作家对这些故事赋有新的观念，对其道德本质予以深度开掘。这些故事是30年来鲁迅断断续续编写的。如果我们仔细研读鲁迅的杂文及其注释，就会发现这些故事很受大众的青睐，鲁迅对其中提出异议者进行了艰苦的论战，使之成为一部有争议的作品。仔细分析作品，能进一步理解各种借古喻今语义的内涵。时间在流逝，对我们来说重要的是，艺术作品为谁服务，具有什么现实意义。原来，《故事新编》离20世纪初的中国并不遥远。鲁迅在序言中也希望，这些故事能保存其永恒的生命力。为此，鲁迅亲自选择了这些故事。正如普希金指出的那样，这些“故事并不真实，但其中含意深长！对年轻人是一种有益的教训”。鲁迅论述《故事新编》时，已进入晚年。他于1936年10月19日逝世。中国和世界文学失去了一位当代伟大的作家。

鲁迅文学在某种程度上成功地向我们展示了，对所有读者而言，既亲切又通俗：他继承了世界优秀文学传统，集民族的和西方的成就于一身，在思维力度和描写手法方面，登上了现实主义的高峰。

其前提，当然是作家的个性所致。鲁迅继承了中国艺术大师们的真诚和不妥协性，他们认为饥饿的真相比任何吃饱的谎言更好。基于这样的差别，在鲁迅时代获得真理比在遥远的古代艰难得多。鲁迅在继承并发展了这种优秀传统后，在世界文坛上拉近了与像他那样为真理而奋斗的文学战士的距离。

鲁迅是中国诗人-思想家传统队伍里的最后一人，他在生存的危机时代，为自己的国家和世界展现了中国社会的道德面貌，对全人类的革命运动具有极大的助益。鲁迅的伟大就在于此。

（作者：［俄］艾德林 俄国汉学家；
译者：梁喆　泰山学院外国语学院副教授，
宋绍香　泰山学院外国语学院教授）

2009—2019 年中国当代文学在俄罗斯的译介传播

——趋势、困境与出路*

王 晔

摘 要：在当今文化全球化的多元格局中，文学在塑造源语国国际形象方面具有其他文化形式无可替代的功能。中俄文字之交迄今已有300余年的历史，2009—2019年中国文学在俄罗斯的译介传播正悄然发生着变化，逐步由“古典”转向“当代”，但同时也面临着亟待解决的现实困境。本文综述了中国文学俄译的新趋势，探究了当代文学在俄传播不畅问题的根源，并根据现状提出了针对性指导意见，以期中国文学“走出去”能更好地走进俄罗斯。

关键词：中国当代文学俄译 趋势 困境 出路

一、发展趋势与原因分析

中国经济高速发展引起世界瞩目，这也是世界接受中国文化、文学的历史良机。中俄毗邻，交流频繁，两国关系演变对文学间的交流有着深远影响。然而与政治火热、经济升温形成鲜明对比的是文学上的冷清。俄国文学早就轰轰烈烈地走进中国，而中国走向俄罗斯的脚步一直很轻。郭沫若曾将中俄文学交流的这种不对等现象形象地比喻为“洪流与溪涧”，而在这股流向异国

* 本文为河北省社科基金一般项目“多维评价体系下的中国当代文学俄译批评研究”的成果，批准号（HB19WW008）。

的涓涓细流中，中国的古典文学又是绝对的“主流”，“贵远而贱近”“厚古而薄今”是俄罗斯译介中国文学的一大特点。缘于对知识艰深、智慧独特的中国传统文化的尊崇，俄罗斯汉学界一直延续着翻译和研究中国古典文学的传统，译介了绝大多数经典作品，并出版了一批在国际汉学界颇具影响力的研究专著。据华克生（Д. Н. Воскресенский，1926—2017）统计，早在20世纪50年代，中国的古典小说差不多全被译成俄文在苏联出版，这类古代中国小说（话本小说）目前已有的俄译本比其他欧洲文字译本都多。[①] 这一传统的形成大致有以下原因：

第一，俄罗斯对现代意义上的中国文学的翻译和研究始于汉学家阿理克（В. М. Алексеев，1881—1951），作为20世纪苏联新汉学的开拓者与奠基人，他的翻译思想和研究方法深刻影响了之后几代的汉学家。阿理克对汉语文言和中国古典文学情有独钟，认为古汉语精练含蓄、意象丰富，凝聚了中国传统文化的精髓。他穷毕生精力致力于中国古典文学和传统文化的翻译研究，其弟子及再传弟子如艾德林、孟列夫、李福清等作为苏联及当代俄罗斯汉学的领军人物继承和发扬了这一传统。

第二，俄罗斯人长期以来借助文字构建的中国形象，既有对古老的、神秘的东方国度的想象和向往，也有对近现代中国的固有偏见。尤其受“文革”影响，俄罗斯主流媒体和社会大众对当代中国文学的认识还停留在枯燥乏味、缺乏艺术价值、政治意识形态浓厚的无产阶级文化狂欢上。即使在中国经济飞速发展的今天，他们仍然坚持固有的审美经验，很少从世界文学发展结构性变化的角度重新认识中国文学、正视当代文学的巨变。由于对中国当代文学的轻视，导致俄语读者阅读经验的欠缺，这种负面的认知始终持续循环，俄罗斯社会集体认知中的理想中国只存在于古奥的文字和艰深的思想中。

第三，苏联解体后中俄政体上的分道扬镳和意识形态上的差异，导致一方面俄罗斯读者对社会主义题材的作品兴趣索然，学者为了避免政治上的敏感也选择更为“安全”的古代作品作为译研对象，出版商出于经济利益的考虑也更倾向于重译或再版有较高认可度的古典文学作品。另一方面，苏联解体使俄罗斯社会的主流意识形态轰然崩塌，俄罗斯人在出现信仰危机的情况

① ［俄］沃斯克列先斯基著，姜筱绿译《苏联翻译和研究中国概况》，载《国外社会科学》1982年第4期。

下，中国富有神秘东方色彩的志怪小说（如《聊斋志异》《搜神记》），超脱现实、崇尚无为而治的道家学说（如《周易》、风水术），描写隐居生活的田园诗，甚至情色文学（如《十二楼》《金瓶梅》），在某种程度上成了他们的精神寄托和心理慰藉，因此备受青睐。尤其在苏联解体后的最初几年，《金瓶梅》等小说的发行量动辄达到 5 万～10 万册。

鉴于此，林精华认为对俄罗斯人而言中国经典是“亲切的”，而中国当代文学是“陌生的”。[①] 华克生早在 20 世纪 80 年代就指出：“现在摆在中国学家们面前的一项任务，就是要把近年来中国的优秀文学作品以及用中文写作的作家（如香港、台湾）的作品翻译过来。”[②] 罗流沙（A. A. Родионов）也曾感叹道：“1992 年至 2008 年的 16 年间有些很重要的作家还没走进俄罗斯。比如说，毕飞宇、阎连科、格非的小说连一篇也还没来到俄国读者面前。”[③] 而事实上，2005 年之后此种情形已在悄然改观。在一系列内外因素的助推下俄罗斯人开始把目光转向正在日新月异变化中的中国，希望了解当下中国人的所思所想，中国当代文学成为他们了解当代中国的最好途径之一，当代文学的译介和传播开始呈现明显上升趋势。从曲线图（图 1）的对比中我们可以发现如下几点规律：

第一，苏联解体后的最初 15 年间，古典文学译本数量一直领先于当代文学，但也始终保持在低位走势，年出版数量最高未超过 8 部，且几乎均为苏联时期译本的再版。经过漫长时间的浸润接纳，中国古典文学已在俄罗斯形成了自己狭小但稳定的读者群，所以数量上难以有显著增长。

第二，2006 年当代小说译本数量首次超过古典小说，原因在于：首先 2005 年之后俄罗斯出版商有了独立翻译出版中国文学的能力；其次，2006 年开始中俄互办“国家年”等系列活动有力地推动了中国新时期作品的俄译。2008 年金融危机使中国文学的俄译再度陷入低迷，但 2012 年之后，随着莫言、曹文轩、刘慈欣等作家相继获得国际大奖，以及“中俄经典与现当代文学互译出版项目”的签署，中国当代文学俄译呈井喷式增长势头，遥遥领先

① 林精华《亲切的中国经典和陌生的中国当代文学：俄国汉学界的矛盾》，载《广东社会科学》2015 年第 5 期。

② 《苏联翻译和研究中国概况》。

③ ［俄］A. A. 罗季奥诺夫（中文名：罗流沙）《中国文学走出去的步伐——苏联解体后中国新时期小说散文在俄罗斯的传播状况》，载《小说评论》2009 年第 5 期。

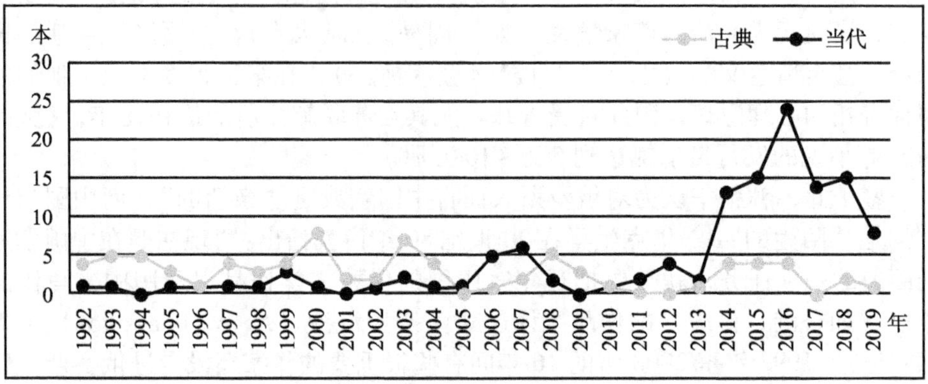

图 1　苏联解体后中国古典文学与当代文学在俄译介出版情况对比分析图

注：苏联解体后中国现代文学在俄罗斯的出版或再版工作几乎全部停止了，故曲线图只对比了近 30 年古典文学与当代文学在俄罗斯的译介出版情况。

于低开低走的古典文学译本的数量。

第三，中国文学俄译趋势见证中俄关系发展进程，是俄罗斯社会、经济发展的风向标。进入新千年后中俄关系越发紧密，两国间的文化交往也纳入国家战略层面，无论是古典文学还是当代文学的俄译事业都获得政府（主要是中国政府）的大力支持。2003 年，为庆祝圣彼得堡建城 300 周年，罗流沙等人编选了《上海人：当代上海作家选集》，2006 年中国作家协会启动“中国当代文学百部精品译介工程”，次年即编选并资助《雾月牛栏》等 3 部当代中短篇小说集在俄罗斯翻译出版，同年出版的还有北京人民文学出版社与莫斯科东方文学出版社共同发行的《中国变形：当代中国小说散文选》。2016 年出版的 3 部俄译经典《红楼梦》七卷本、《牡丹亭》两卷本及《西厢记》都隶属中国的“大中华文库”出版工程，由人民文学出版社等知名出版社出版发行。

二、存在的问题

中国文学的俄译逐渐由“古典”转向“当代”，这有利于俄国读者摆脱陈旧观念、透过文学这扇窗口更多地了解新时期中国文化的面貌，但其中存在的问题也不容忽视：

（一）政府资助，主动“送出”

近 10 年来中国文学俄译的最大特点是绝大部分译本都是中方资助的项目，据统计，“2009—2018 年间出版的 90 本书中，只有 13 本是在没有任何资助的情况下出版的”①。2019 年在北京国际图书博览会上展出的中国小说俄译本均来源于“中俄经典与现当代文学互译出版项目”。政府的介入虽能保证译本获得资金支持得以顺利出版，但这种主动“送出去”的弊端也显而易见。因作品的编选大都取决于中方，带着让中国文学“走出去”的迫切心情和让中国文学获得世界认可的焦虑，作品择取上偏重于弘扬主旋律和彰显中国文化的独特基因，但却很少考虑俄罗斯普通读者的审美习惯和阅读诉求。汉学家杜博妮（Bonnie S. McDougall）曾说：“中国政策制定者对外语知之甚少，对文学译本的实际读者缺乏重视，而只关注专业读者（如出版商、编辑、文学官员、审查员、批评家、学者）的可接受性。”② 这种命题式推销使得中国文学在俄罗斯图书市场缺乏竞争力，很多情况下只能以赠书的形式在特定读者群中小范围传播，社会影响极其有限，难以真正进入海外传播机制。

（二）译研结合转向只译不研

译研结合是俄国汉学的一贯传统，中国文学研究领域也不例外。不少中国知名作家都有自己“专属”的俄文译者，这些译者同时又是研究该作家及作品的专家，如王蒙的译者托洛普采夫（С. А. Торопцев），张贤亮的译者罗季奥诺娃（О. П. Родионова），余华的译者德列伊津斯（Ю. А. Дрейзис），冯骥才的译者李福清（Б. Л. Рифтин）、科罗博娃（А. Н. Коробова）等。但是，相较于古典文学乃至现代文学成体系的、细致深入的研究，中国当代文学在俄罗斯的研究还远远不够。据统计，“2002—2009 年，大约有 40 位专家参加中国文学的翻译工作。其中 37 位有学者身份。2010—2018 年，由 55 位翻译家完成了 95 位作家的 167 部作品。其中 29 位由社会各界人士组成”③。中国文学的翻译队伍在不断壮大，但非学者身份的翻译家明显增多，去学术

① А. А. Родионов, “О переводе и издании на русском языке новейшей китайской прозы в 2009-2018 гг”, *Вестник Санкт-Петербургского университета* , 2019 (4).

② B. McDougall, “Literary translation: The pleasure principle”，载《中国翻译》2007 年第 5 期。

③ 郑文丰《世界需要通过文学了解中国——四种主要语言区汉学家谈中国文学翻译现状》，载《贵阳日报》2018 年 8 月 17 日。

化和商业化倾向逐渐明显。

汉学家是中国文学外译的主力军，但近年来俄罗斯汉学家队伍青黄不接，汉学发展后劲明显不足。[①] 从前汉学家从事翻译工作是出于研究需要或个人兴趣，而现在中国文学俄译出现职业化倾向，非汉学家身份的译者在政府资助下完成国家订单，仅翻译不研究，俄罗斯汉学译研结合的良好传统难以为继。不仅如此，财力或能力的限制使得译者难以承担某一作家的代表性长篇作品的翻译，尤其是苏联解体后的前 20 年间，出版的中国小说几乎全部是合集形式，且所选作品也并非篇篇精品，有些重要作家的作品迟迟没有俄译本面世，这也从侧面反映出当下俄罗斯汉学对中国当代文学研究的式微、不成体系。不过，近 10 年来情况有明显改善，2009—2019 年出版的 98 本译著中有 78 本是以单行本形式发行的单个作家作品，占比近 80%，但相应的译本研究却仍有大量空白有待填补。

（三）翻译选材、推广策略上存在偏差

俄罗斯出版界在选择翻译、推介什么样的作品上缺乏独到的鉴赏能力和敏锐的市场嗅觉，表现得后知后觉、短视跟风，作家是否获奖是俄罗斯出版商决定是否出版其作品的重要因素。由于没有出版社愿意付梓出版，《酒国》俄译稿完成后束之高阁达四五年之久，直到 2012 年莫言获得诺贝尔奖才得以出版，并在当年即加印 3000 册。2013 年，《丰乳肥臀》俄译本的发行量更是达到史无前例的 1.2 万册（苏联解体后中国文学译本的印数通常只有 1000~3000 册）。刘慈欣 2015 年获雨果奖，俄罗斯 2017 年才开始陆续翻译出版其作品，而早在 2014 年刘慈欣就已经有 18 部/篇科幻作品被翻译成英文。

不仅如此，出版商对商业利益的考量往往高于对作品本身艺术价值的重视。一般而言，出版图书要 5000 册以上才能盈利，2005 年后，俄罗斯出版界开始独立翻译出版中国当代文学，因不了解中国文学，也不了解中国作家，为规避风险他们优先选择在西方市场已获得良好经济收益的畅销小说，而不甚考虑这些作品的思想内涵和价值取向。此外，由于直接从汉语翻译成本高，他们甚至建议译者从英文转译市场反应良好的中国作品。例如 2005 年出版的棉棉的《糖》就是从英文转译的，次年又从英文转译了卫慧的《上海宝贝》和《我的禅》。然而，像棉棉、卫慧之类的作品在国外受到欢迎并非一件值得

① 阎国栋《俄罗斯汉学的危机》，载《国外社会科学》2015 年第 6 期。

高兴的事。它一方面反映了俄罗斯出版界盲目跟风西方、缺乏放眼长远的勇气和魄力，另一方面也映射出俄语读者对中国文学普遍抱有的猎奇心理，“这些以‘另类’‘露骨’‘没有方向的反抗’等为标志的中国当代文学作品，尽管卖得好、卖得多，但是很难体现中国当代文学的主流审美风潮，也无法代表中国当代文学的真实成绩”①。

此外，中国文学的译介在翻译选材和翻译策略的制定上也常受意识形态的影响，“西方的出版社和某些译者有意识地去建构、树立符合西方意识形态及认知理解中的中国形象和中国文学形象”②。2012年，阿斯塔出版集团选择《十个词汇里的中国》作为余华的首部俄译作品在俄罗斯出版，就很难说没有这方面的考虑。正如出版余华另外几部作品的莫斯科文本出版社所宣称的：“我们钟爱成书于不同时期，却因不同原因未能呈现给读者的优质图书。”③ 2013年《丰乳肥臀》俄文版面市时，出版方刻意将封面设计得十分露骨，以感观刺激吸引阅读期待，“这种暗含媚俗倾向的装帧风格赚足了眼球，但却降低了严肃小说的审美品位和创作诉求，也背离了译者的初衷”④。甚者，出版方为了压缩篇幅、降低成本，无端删减译者叶果夫（И. А. Егоров）编写的大量译注。这种做法无视译注在文化沟通中的桥梁作用，易在读者与文本之间造成新的隔阂，影响读者对作品乃至中国文化做出正确评价。

杜博妮说：“无功利目的的读者通过阅读文学译著寻求的是认同、是理解，…… 他们喜欢陌生语言、陌生文化带来的挑战。同时他们也确信，世上所有的人和物，都是同中存异、而又异中求同的。”⑤ 这是世界文化多元化发展的必然形态，只有在全球化过程中保存和理解各种文化之间的差异，才能使世界变得更加丰富多彩，“只有当千姿百态的中国文学作品不再仅仅被当作了解中国的档案和满足‘猎奇’心理的资料，而是因为自身的价值被世界各

① 姚建彬《中国文学“走出去”》第176页，载张西平主编《中国文化“走出去”年度报告（2015卷）》，北京大学出版社，2016年。

② 姜智芹《中国当代文学海外传播研究的方法及存在的问题》，载《青海社会科学》2013年第3期。

③ 袁淼叙《余华在俄罗斯的译介与阐释》，载《小说评论》2017年第4期。

④ 陈效卫、林雪丹《中国文学在俄罗斯落地开花》，载《人民日报》2014年11月27日。

⑤ “Literary translation：The pleasure principle”.

国人民广泛阅读并喜爱时，才可以说中国文学真正走向了世界”①。

三、反思与建议

中国当代文学在俄罗斯的境遇似乎总是徘徊在取悦“他者”和彰显“自我”两个极端。苏联解体后的最初十几年，中国文学的翻译出版失去了国家支持，出版社自负盈亏，自然不愿意再出版没有什么市场竞争力的纯文学作品，因而在翻译选材、翻译策略和作品推广上出现“媚俗”“猎奇”倾向和“博眼球”的商业化运作。而之后官方的介入使得政府买单成为中国文学在俄译介推广的主要驱动力，中国文学的俄译成为夹杂着文化复兴情结和寻求文化认同感的命题式推销。无论哪种方式，中国文学都难以真正走进俄罗斯。

中国文学走出去已经日渐成为一种国家行为，中俄人文领域合作的不断深化拓宽是中国文学俄译事业发展的有力推手。中国政府在政策、资金上给予支持的同时，也应加强与俄方出版机构的沟通合作，了解当代俄罗斯读者，尤其是青年一代的所思所想，摒弃一厢情愿的硬性推销。中国文学走出去的心情是迫切的，但是走出去的脚步却不能因此乱了章法。主动送出去，而不考虑接受者和接受环境的差异，往往会剃头挑子一头热，一厢情愿未必能收到预想的效果。同时中方还要发挥好监督、指导职责，在保证中国文学的海外推广和传播机制有效运作的同时，加强阅读引导，引领俄语读者正确认识中国社会的主流价值观，尽量减少对中国意识形态的无端揣测。

择当译之本而译，这是中国文学走出去要解决的首要问题。最畅销的未必就是最好的，好的作品应传达共同的价值观念，书写普遍性的主题。中方在把好输出关的同时，俄方出版机构也要树立精品意识，逐步培养独到的鉴赏眼光，形成敏锐的市场嗅觉，发掘有潜力的作家和作品，近十余年来在一系列高规格的中俄人文交流合作的推动下，俄罗斯学界、出版界在致力于传播中国经典的同时，也在努力拓展译介版图，紧跟中国文学发展的步伐，他们希望呈现给读者的不仅仅是传统的、像文化遗产一样的东

① 曹丹红、许钧《关于中国文学对外译介的若干思考》，载《小说评论》2016 年第 1 期。

西。尤其是近两年来中国当代文学的译介和传播出现令人欣喜的向好势头，2019 年底圣彼得堡海伯龙出版社出版了鲁迅文学奖得主熊育群以全新视角描写战争的抗战题材小说《己卯年雨雪》，译者为圣彼得堡大学教授、汉学家弗拉索娃（Н. Н. Власова）。这部作品由花城出版社于 2016 年出版。出版后不仅在国内获得好评，在国际上也掀起了讨论热潮。花城出版社便依托这一背景策划了《己卯年雨雪》海外版汉学家翻译项目，首选俄文和德文版。到目前为止，《己卯年雨雪》的英语版、意大利语版、日语版也都已在国外签约出版。相比几年前俄译中国小说总是比西方"慢半拍"的现象①，这是可喜的进步。

两种文化从冲突碰撞到包容理解、互鉴互促需要漫长的过程，"走出去"不仅离不开官方的支持，更需要官方与民间的同推共助，"只有两国政府间带有政治性的合作互动，缺乏民间自发主动的文学沟通，政治上的狂欢难以转化为审美上的狂欢"②。从俄译中国文学的发展趋势来看，意识形态和艺术价值都不再是选译作品的首要因素，作家在国内外的受认可程度（侧重于各种文学奖项的获得）、作家和译者的活跃程度以及出版社和赞助人的立场要重要得多。余华、刘震云等作家在俄罗斯的推广经验值得借鉴。

第一，通过影视作品等雅俗共赏的大众传媒形式让读者熟悉作品，为阅读原作做好铺垫。早在 2007 年余华便借"俄罗斯中国年"的契机与俄罗斯读者进行了面对面的交流，但是"这场政治意义远大于文学意义的推介活动并未让俄罗斯读者记住余华，直到张艺谋的电影《活着》以非院线形式进入俄罗斯，余华才开始被俄罗斯观众和电影评论员认识"③。2017 年，刘震云文学影视作品节在圣彼得堡大学举行，这是俄罗斯首次单独为一位中国作家举办的大型文化活动，此前刘震云的作品——《手机》《我叫刘跃进》《我不是潘金莲》和《一句顶一万句》均已出版俄译本。随后刘震云又在莫斯科举办了读者见面会，根据作者同名小说改编的电影《一句顶一万句》《我不是潘金

① 例如，2014 年海外图书市场刮起了一股强劲的"麦旋风"，麦家的谍战小说《解密》在 35 个英语国家、24 个西班牙语国家同步上市，随后又签下了 14 个语种的版权，仅西语版的首版发行量就达到 3 万册，创造了中国当代文学在海外图书市场的奇迹。而当时的俄罗斯市场后知后觉，两年后才推出麦家另一部代表作《暗算》的俄译本，发行量也仅有 1500 册。

② ［俄］玛迪逊著，薛华、张玉珍译《中国文学在俄罗斯》，载《俄罗斯文艺》2007 年第 3 期。

③ 《余华在俄罗斯的译介与阐释》。

莲》和《手机》也在俄罗斯进行了连映。这一系列活动极大地提高了刘震云在俄罗斯的知名度，其作品在俄罗斯书店被“抢购一空”①。

第二，通过形式多样的新媒体平台宣传作家、作品，及时追踪报道中国当代文学的热点。专题网站、社交网络、论坛等新媒体平台信息发布及时、传播渠道灵活、用户参与度高，具有传统媒体无可比拟的优势，是宣传推广中国当代文学的有效手段。创办于2005年的“马网报”（https：//magazeta.com）是一份无官方背景的非盈利性网络期刊，近年还开通了同名微信公众号。该网站以介绍当代中国社会、经济和文化生活为主。所刊文章时常被俄罗斯主流媒体转载。每年年末“马网报”都会向俄罗斯读者推介当年最畅销的中国图书，网站作者参考中国“豆瓣网”依据不同指标发布的排行榜，从中选出10种同时占据几大排行榜前几位的图书，将作品内容、艺术特色、作家经历、创作年谱等介绍给读者。这些图书最及时地反映了当下中国文学的诗学特征、审美判断和价值变迁，为俄译选本提供了有价值的参考。俄罗斯另一著名的宣传中国文学的非官方网站是“东半球”论坛（Восточное Полушарие，https：//polusharie. com），其中“中国文学与艺术”版块的版主是莫言的译者叶果夫。该讨论版长期关注中国文学及其俄译本的出版动态，转载各类当代文学作品获奖信息和作家访谈，探讨中国文学的翻译问题，同时发布一些从英文和法文翻译过来的文章和材料。叶果夫说：“从2007年到2012年的5年时间里，论坛的访客数量增加了两倍多，这说明对中国文学感兴趣的人越来越多了。”②

第三，作品走出去，作家也要走出国门，宣传自己，参与到俄罗斯人的文化生活中，并与译者保持良好的沟通互动。刘震云在圣彼得堡的读者见面会上曾说，每一位中国作家都应重视与国外汉学家的联系，国外读者必须通过译者才能了解作品中的人、情节和主题思想。冯骥才和王蒙在俄罗斯很受欢迎，除了作品本身吸引人外，还因为这两位作家积极参与中俄文化交流活动，与俄罗斯汉学家交往密切，冯骥才2002年到俄罗斯访问时，在圣彼得堡大学东方系认识了汉学家司格林（Н. А. Спешнев，1931—2011）并赠送了《俗世奇人》

---

① Ольга Штраус，“Что из китайской литературы читают в современной России？”，*Российская газета*，2017-12-24.

② ［俄］阿尔乔姆·日丹诺夫《莫言获奖在俄掀起中国文学热》，载《第一财经日报》2012年10月29日。

的 2000 年插图版。这本书给司格林留下了深刻印象，他决定自己出资翻译一本和原作一样漂亮的《俗世奇人》，于是《俗世奇人》俄文版得以问世。托洛普采夫（Сергей Торопцев）被称为王蒙的俄罗斯文学知音，两人因翻译结缘，几十年来一直保持着深厚的友谊，托洛普采夫废寝忘食地翻译王蒙的作品，以致他的妻子抱怨说，托洛普采夫最爱的人并不是她。[①] 不仅如此，有了原作者的帮助释疑，译者少走许多弯路，翻译起来更加得心应手。

结 语

作为中国文化走出去战略的重要内容之一，中国当代文学的海外传播是让世界了解中国当代社会，把握中国文化和社会最前沿思潮，改变陈旧、僵化的中国形象的有效手段和重要场域。中国在世界范围内影响力的提升、俄罗斯对中国兴趣的日益增加、中国文化海外推广力度的加大以及中国文学本身质的飞跃——这些因素共同促成了中国当代文学俄译的向好局面。然而时至今日，中国文学在俄罗斯图书市场还远未跻身于最受欢迎的外国文学前十之列。中国的政府部门、学术组织和出版机构为中国文学的海外传播付出了巨大努力，但如何不停留在浅层次的“送出去”，如何让俄罗斯民众真正接受并喜欢上中国文学，这是值得深思的问题。对中国当代文学的俄译现状我们不能盲目乐观，对存在的问题要有清醒的认识。在翻译选材、翻译策略上保证译本质量的前提下，推广过程中针对目的语国接受环境的特点，采用灵活多样、贴近民众的宣传手段，官方民间同推共助，提高作品对俄罗斯土壤的适应性，培养俄罗斯读者阅读中国文学的兴趣，加深俄罗斯大众对当代中国文化的理解，实现从简单的“走出去”到实质性“走进去”的飞跃。

罗流沙说：“一个拥有千年文化底蕴的民族，一个向全世界展现了经济奇迹的国家，不可能不引起世界读者的关注。在当代中国文学中，有引人入胜的故事，有令人信服的人物，有奇妙的想象和优美的叙事语言。”[②] 中国文学要在异国土壤上生根发芽、开花结果，还需深耕细作，用心栽培，还需得到

① 资料来源于王蒙《苏联祭》第 140 页，作家出版社，2006 年。

② “Что из китайской литературы читают в современной России?”

更广大的普通读者的认可和喜爱。只有这样才能更好地向世界传递中华民族的价值观念，才能在价值共享中促进民心相通，才能实现中国文学从“走出去”到“走进去”的跨越。

（王晔　河北大学外国语学院、燕赵文化高等研究院副教授）

·美国汉学研究·

美国汉学界的北宋诗歌研究述评

万 燚

摘 要：美国汉学界的北宋诗歌研究有逾百年的历史，在不同历史阶段，其时代语境、研究视野、观照维度与方法路径均不尽相同。笔者将美国汉学界的北宋诗歌研究可大致为萌芽期、发展期、深化期三个时期，总结概括美国汉学界北宋诗歌研究成果及其意义。

关键词：美国汉学　北宋诗歌　历史分期

美国汉学界的北宋诗歌研究有逾百年的历史，且至今方兴未艾，在不同历史阶段，其历史语境、研究视野、观照维度与方法路径均不尽相同。笔者经过大量的数据统计与文献阅读，并参照学界较为认可的分期标准，拟将美国汉学界的北宋诗歌研究分为三个时期：萌芽期（20世纪30年代以前，主要是传教士汉学）、发展期（20世纪30年代至冷战结束，进入专业汉学阶段，但受国际政治影响较大）、深化期（冷战结束至今，讨论深入、方法多样）。

一、美国汉学界的北宋诗歌研究萌芽期

20世纪30年代以前，西方世界对中国的了解主要通过传教士介绍，译介中国文化典籍是重要方式，其中，也涉及中国诗歌（包括宋诗）的介绍，但总体来看，比较零散，也不够准确。比如，在美国传教士卫三畏（Samuel Wells Williams）的《中国总论》（*The Middle Kingdom*）一书里，作者简略提及宋诗：

唐代，即9—10世纪，是诗和文学的全盛时期，中国文明最辉煌之

日，却是欧洲文明最黑暗之时。任一欧洲语言都还没有翻译全唐诗，大约不会有完整的翻译。李太白的诗有30册，苏东坡的有115册。叙事诗所占的比例较抒情诗为小。[①]

《总目》的第四部分“集部”，意即杂集，提及的著作主要是诗集，占总数近三分之一。分为五类：楚辞、别集、总集、诗文评、词曲。最早的诗人是屈原，具有天赋的楚国大臣，生活年代早于孟子，他的作品《离骚》，意即“驱散忧愁”，已译成德文和法文。由于他的不幸，至今人们仍在五月初五的龙舟节加以纪念。中国更著名的诗人是唐代的李太白、杜甫和宋代的苏东坡，三人构成了诗人的基本特征，他们爱花，爱酒，爱歌唱，同时出色地为政府效劳。[②]

由此观之，卫三畏仅简略提及苏轼及其诗歌数量、基本特征，并未进行较为详细的介绍与分析。而卫三畏之后另一位美国长老会派至中国的传教士丁韪良（William Martin，1827—1916）则对北宋诗歌缺乏兴趣，这位“中国通”在其名著《汉学菁华：中国人的精神世界及其影响力》（1901）之“中国文学”部分没有论及北宋诗歌，在他所编《中国传说与抒情诗》（1912）中也未翻译北宋诗歌。

1917年，美国汉学家保罗·卡鲁斯（Paul Carus）发表《一位中国诗人的人生沉思》[③]，面对当时西方世界对中国文学的轻视，卡鲁斯为中国文学辩护，他对苏轼推崇备至，尤其赞同理雅各视苏轼为“无与伦比的大师”（unrivalled master）。当然，他对苏轼的赞誉在某种程度上有“误读”成分，即当时译者将《赤壁赋》以诗体英译，作者将《赤壁赋》视为一首诗歌，因此，以今日之学术眼光看，这虽然不能视为美国学界真正意义上对宋诗的接受，但或许可以视为欧美学界开始正视包括宋诗在内的中国文学的重要里程碑。

由此可见，萌芽期的美国汉学界的北宋诗歌研究较零星、散漫，尚处于起步阶段，甚至存在某种误读。

---

① ［美］卫三畏著，陈俱译，陈绛校《中国总论》第489页，上海古籍出版社，2005年。

② 《中国总论》第484页。

③ Paul Carus. “A Chinese Poet's Contemplation of Life”, *The Monist*, Vol. 27, No. 1 (1917), pp. 128-136.

二、美国汉学界的北宋诗歌研究发展期

20世纪30年代以后，西方汉学逐步进入“体制化阶段”，“以系统收集有关资料、建立学科体系、教授中国语言文化、出版研究成果、开展学术交流为基本特征”[①]。尤其是“二战”后，美国成为国际政治、军事、经济的超级强国，为了更全面了解中国，美国从1958年至1970年投入巨资研究中国，在研究机构的创建、人员的培养、著作的出版等方面都取得了跃进式发展。美国汉学界对北宋诗歌的考察也步入快车道，研究视角多样，论析细致深入，成果颇丰。当然，最为突出的特点是一些著名北宋诗人的诗作受到普遍关注，我们拟对此进行简略梳理。

1971年，齐皎瀚（Jonathan Chaves）完成博士学位论文《梅尧臣与早期宋诗的发展》（*Mei Yao Chen and the Development of Early Sung Poetry*），此后于1976年公开出版，齐皎瀚介绍了梅尧臣时代的宋代诗坛，挖掘了梅氏诗歌的诗法对象及其诗学理论，分类介绍了梅尧臣的诗歌。总之，该书是对“日渐升温的西方学界之中国诗歌研究的重要贡献”[②]，但其梅尧臣诗歌翻译则毁誉参半，如倪豪士（William H. Nienhauser）认为译者对梅尧臣诗歌的特质有较为准确把握，且可读性较强，但林理彰（Richard John Lynn）则认为散文化译法破坏了原诗的句法结构与思想深度。

1963年，著名宋史研究专家刘子健《欧阳修的治学与从政》一书论及欧阳修的诗歌成就，他注意到“至于古诗，欧阳修更确有承先启后之功”，并“将诗体从排偶雕琢中解放出来”[③]，换言之，在诗歌方面，欧阳修也堪称革新者。1984年，艾朗诺（Ronald C. Egan）出版《欧阳修的文学作品（1007—1072）》[④]，该书“向我们生动地展示了一个文学天才”或曰“一个大师级的文学巨匠”，在诗歌方面，艾朗诺认为“欧阳修是一个很重要的诗

① 王晓路《西方汉学界的中国文论研究》第140页，巴蜀书社，2003年。

② Robert E. Hegel. “Book Review of *Mei Yao Chen and the Development of Early Sung Poetry*”, *World Literature Today*, Vol. 51, No. 2 (1977), p. 331.

③ ［美］刘子健《欧阳修的治学与从政》第79页，台北：新文丰出版公司，1963年。

④ Ronald C. Egan. *The Literary Works of Ou-yang Hsiu (1007-1072)*, Cambridge University Press, 1984. Paperback edition, 2009.

人，无论从其诗歌数量还是其对宋代诗歌的影响均是如此”，孙康宜（Kang-i Sun Chang）、柏安妮（Anne M. Birrell）、萨进德（Stuart Sargent）等对该书的全面细致有较高评价，但也指出译文不够准确。

美国学者对苏轼诗歌进行了重点考察，有相当数量博士学位论文、学术专著与学术论文在这一时期面世。其中，博士论文达六部之多，分别是安德鲁·李·马奇（Andrew Lee March）的《山水与苏轼思想》（1964）、斯坦利·金斯伯格（Stanley Ginsberg）的《中国诗人之“疏离”与“和解”：苏轼的黄州贬放》（1974）、傅君劢（Michael Anthony Fuller）的《东坡诗》（1983）、管佩达（Beata Grant）的《佛道思想对苏轼诗的影响》（1987）、唐凯琳（Kathleen M. Tomlonovic）的《“贬”与“归”：苏轼贬谪诗研究》（1989）、郑文君（Alice Wen-Chuen Cheang）的《苏轼诗歌中的“道”与“自我”》（1991），这些博士论文关注点各异、考察范围亦不尽相同，涉及苏诗诗歌的诸多方面，苏诗与宗教、政治、哲学及人生遭际之关系均在考察范围内，可以说在相当程度上代表其时美国苏诗的研究水平，而诸如傅君劢、管佩达、唐凯琳等也成为美国宋代文学与文化研究名家。与此同时，学术专著也有如傅君劢的《通向东坡之路——苏轼诗歌中“诗人之声”的发展》（1990）与杨立宇（Vincent Yang）的《自然与自我：苏东坡与华兹华斯诗歌比较研究》。其中，《通向东坡之路——苏轼诗歌中“诗人之声”的发展》一书为学界推崇，如唐凯琳认为，它是“继中国、日本近十几年持续高度关注苏轼并出版高水平论著后，在英语世界诞生的第一部颇具学术研究性质的专著”①，但亦有论者对傅君劢所言“诗人之声”有疑问，如何瞻（James M. Hargett）指出，运用西方批评理论如“诗人之声”来分析中国古诗时应该更加慎重②。

此时研究王安石诗歌则有乔纳森·奥蒂斯·皮斯（Jonathan Otis Pease）的博士学位论文《从功成名就到一叶扁舟：王安石的人生与诗歌创作》（1986），作者着力分析了王安石退居金陵时期的诗歌创作，即1076年至1086年王安石的诗歌创作与其人生经历、思想动态等之关系，作者还认为王安石

① Kathleen M. Tomlonovic. “The Road to East Slope: The Development of Su Shi's Poetic Voice”, *Chinese Literature: Essays, Articles, Reviews*, Vol. 13 (Dec. 1991), p. 146.

② James M. Hargett. “The Road to East Slope: The Development of Su Shi's Poetic Voice”, *The Journal of Asian Studies*, Vol. 51, No. 2, May 1 (1991), pp. 380-381.

诗歌“包罗广泛，代表了北宋诗歌的最高水平及此时诗风特性的诗作”①。

在诗歌方面，黄庭坚与苏轼并称“苏黄”，也堪称有宋一代具有代表性的诗人，美国学人对其诗作也有较多关注，博士学位论文有：Seng-yong Tiang 的《黄庭坚及其对传统的运用》（1976）、迈克尔·爱德华兹·沃克曼（Michael Edwards Workman）的《黄庭坚的创作与其他宋代作品中关于黄氏家族与山谷家庭背景的记载》（1982）及刘大卫（David Jason Palumbo-Liu）的《签署羊皮书：黄庭坚（1045—1105）与“化用诗学”》。此外，艾朗诺《苏轼和黄庭坚的题画诗》（1983）一文试图比较苏轼与黄庭坚的题画诗。

三、美国汉学界的北宋诗歌研究深化期

冷战结束后，国际政治对美国汉学的影响有所减弱，但受欧美学术潮流（如新历史主义）的影响相当明显，其时，开展北宋诗歌研究的多为高校东亚系的研究人员，他们视角独特、方法新颖、探究深入，尤其是艾朗诺、傅君劢、萨进德等人为北宋诗歌在英语世界的传播居功至伟，且不少成果得到国内外学界相当程度的认可。与前一时期相较而言，其同则是依然侧重北宋诗歌名家研究，但更新颖、全面、精细。

王宇根《西昆体的实验：北宋早期新诗歌风格的模仿与制作》② 一文试图为西昆体辩护，作者认为，在西昆体诗人模仿李商隐的诗歌实践中，出现了向内转的诗歌世界和沉浸式的创作趋势，这“已见宋诗新风格的端倪”③，作者通过比较西昆体与李商隐诗歌的技巧、修辞，认为西昆体诗人的诗学选择是可以理解的，且实质上推进了宋代诗歌的发展。

苏轼诗歌依然是此时美国学者讨论的热点，且探索相当广泛、深入。学

① Jonathan Otis Pease. *From the Wellsweep to the Shallow Skiff*: *Life and Poetry of Wang Anshi* [1021-1086], diss., University of Washington, 1986. Abstract.

② Yugen Wang. “The Xikun Experiment: Imitation and the Making of the New Poetic Style in the Early Northern Song”. *Journal of Chinese Literature and Culture*, Vol. 5, No. 1 (2018), pp. 95-118.

③ “The Xikun Experiment: Imitation and the Making of the New Poetic Style in the Early Northern Song”.

术专著有艾朗诺《苏轼人生中的言、象、行》[①]（1994）与管佩达《重游庐山：苏轼人生与创作中的"佛教"》[②]（1995），二书都是西方汉学界的苏诗研究名著，尤其是前者的全面性与综合性备受好评，如管佩达称赞其是"继林语堂《乐观天才：苏轼的人生与时代》之后最全面且最具批评性的精湛、严谨的研究（masterful and meticulous study）"[③]。学术论文则有郑文君《诗歌、政治、哲学：作为东坡居士的苏轼》[④]（1993）与《诗与变：苏轼的〈登州海市〉》[⑤]、蔡涵墨《习而安之：苏轼的海南贬谪》[⑥]（1998）、萨进德（Stuart H. Sargent）《苏轼诗歌中的音乐：一种术语的视角》[⑦]（2002）、傅君劢《经验的美学价值与意义：关于朱熹对宋代诗评重置的理论考察》[⑧]（2005）、王宇根《诗歌作为社会批评方式的局限性：重审"乌台诗案"》[⑨]（2011）。学位论文则有何大江（He Dajiang）的博士学位论文《苏轼：多元价值观与"以文为诗"》[⑩]（1998）、白睿伟（Benjamin Barclay Ridg-

① Ronald C. Egan. *Word, Image, and Deed in the Life of Su Shi*, Cambridge, Mass.: Harvard University Press, 1994.

② Beata Grant. *Mount Lu Revisited: Buddhism in the Life and Writings of Su Shih* (1037-1107), Honolulu: University of Hawai'i Press, 1994.

③ Beata Grant. "Book Review of Word, Image, and Deed in the Life of Su Shi", *Chinese Literature: Essays, Articles, Reviews (CLEAR)*, Vol. 17 (1995), p. 147.

④ Alice W. Cheang. "Poetry, Politics, Philosophy: Su Shih as The Man of The Eastern Slope", *Harvard Journal of Asiatic Studies*, Vol. 53, No. 2 (1993), pp. 325-387.

⑤ Alice W. Cheang. "Poetry and Transformation: Su Shih's Mirage", *Harvard Journal of Asiatic Studies*, Vol. 58, No. 1 (1998), pp. 147-182.

⑥ Charles Hartman. "Clearing the Apertures and Getting in Tune: The Hainan Exile of Su Shi (1037-1101)", *Society for Song, Yuan, and Conquest Dynasty Studies*, No. 30 (2000), pp. 141-167.

⑦ Stuart H. Sargent, "Music in the World of Su Shi [1037-1101]", *Journal of Song-Yuan Studies*, No. 32 (2002), pp. 39-81.

⑧ Michael A. Fuller. "Aesthetics and Meaning in Experience: A Theoretical Perspective on Zhu Xi's Revision of Song Dynasty Views of Poetry", *Harvard Journal of Asiatic Studies*, Vol. 65, No. 2 (2005), pp. 311-355.

⑨ Yugen Wang. "The Limits of Poetry as Means of Social Criticism: The 1079 Literary Inquisition Against Su Shi Revisited", *Journal of Song-Yuan Studies*, No. 41 (2011), pp. 29-65.

⑩ He Dajiang, "Su Shi: Pluralistic View of Values and "Making Poetry out of Prose", Ph. D. diss., The Ohio State University, 1997.

way）的硕士学位论文《苏轼“和陶诗”研究》[①]（1999）。

杨晓山的《王安石的〈明妃曲〉与否定诗学》[②]（2007）一文试图对《明妃曲》进行重新审视，作者认为，王安石有意使用非常规修辞和以独特视野处理历史题材，反映了他对既有观念的背离，王安石通过轰动性的叙述与翻案手法来实现其“否定”目的。

山谷诗研究则有王宇根的博士学位论文《印刷时代的诗歌：文本、阅读策略与黄庭坚“写作诗学”》[③]（2005），后更名为《万卷：黄庭坚和北宋晚期诗学中的阅读与写作》[④]（2011）出版，该书作为欧美汉学界对宋诗进行跨学科考察的代表性著述，“凸显了黄庭坚诗学在中国文学史上的地位”[⑤]。学术论文有萨进德《黄庭坚的“香意识”：以唱和诗与禅理诗为主》[⑥]（2001）与《题跋的逆向运动：苏轼与黄庭坚的题画诗》[⑦]。

2007年，萨进德出版专著《贺铸诗歌：文类、语境与创造性》[⑧]，作者翻译了228首贺铸诗歌（包括古体诗、歌行体、五言律诗、近体诗、五言绝句、七言绝句），并对每首诗歌创作的背景（尤其是政治环境）及代表性研究成果进行了评价，傅君劢赞赏该书广博、翔实，并将其与南宋时期的诗话相较而

---

① Benjamin Barclay Ridgway, A Study of Su Shih's "He-T'ao-shih" 和陶诗 (Matching-T'ao-poems), Thesis., The University of Minnesota, 1999.

② Yang Xiaoshan. "Wang Anshi's 'Mingfei qu' and the Poetics of Disagreement". *Chinese Literature: Essays, Articles, Reviews (CLEAR)*, Vol. 29 (2007), pp. 55-84.

③ Yugen Wang, *Poetry in Print Culture: Texts, Reading Strategy, and Compositional Poetics in Huang Tingjian* [1045-1105] *and the Late Northern Song*, diss., Harvard University, 2005.

④ Yugen Wang. *Ten Thousand Scrolls: Reading and Writing in the Poetics of Huang Tingjian and the Late Northern Song*, Cambridge, MA: Harvard University Asia Center, 2011.

⑤ Jennifer W. Jay. "Book Review of Ten Thousand Scrolls: Reading and Writing in the Poetics of Huang Tingjian and the Late Northern Song", *China Review International*, Vol. 20, No. 3/4 (2013), p. 389.

⑥ Stuart H. Saugent, Huang T'ing-chien's "Incense of Awereness": Poems of Exchange, Poems of Enlightenment, *Journal of the American Oriental Society*, Vol. 121, No. 1 (Jan. -Mar., 2001), pp. 60-71.

⑦ Stuart H. Sargent, "Colophons in Countermotion: Poems by Su Shih and Huang T'ing-chien on Paintings", *Harvard Journal of Asiatic Studies*, Vol. 52, No. 1 (1992), pp. 263-302.

⑧ Stuart H. Saugent, *The Poetry of He Zhu* [1052-1125]: *Genres, Contexts, and Creativity*, Leiden & Boston: Brill Press, 2007.

论，称赞萨进德“提供了一种鲜明的赏析型模式”①。

结 语

综上所述，美国汉学界的北宋诗歌研究所取得的成果堪称丰硕，且对国内研究不乏借鉴价值。至少呈现以下鲜明特点：一是，研究人员与研究成果数量多，且分布在美国各大著名汉学研究学府或研究机构，还造就了一批著名汉学家，如艾朗诺、傅君劢、萨进德、何瞻、管佩达等；二是，成果质量较高，涌现出一大批在域外汉学界甚至国内学界有学术影响力的研究成果，它们在不同层面推进了宋诗研究；三是，研究视角各有特色，研究方法多样，文学、社会学、历史学、政治学、美学、哲学等视角均有涉及，中外文学研究方法皆有运用；四是，虽偶有文化误读或文学误释，但总体来说，它们为推动中外文学交流与中国文学对外传播做出了积极贡献。

（万燚　文学博士，四川轻化工大学教授）

① Michael A. Fuller. “Book Review of The Poetry of He Zhu［1052-1125］: Genres, Contexts, and Creativity”, *China Review International*, Vol. 18, No. 1 (2011), p. 5.

孟旦自传

——温泉以及刻骨铭心的良师益友*

［美］孟旦（Donald J. Munro）著　刘　燕　庞　琳译

译者按：本文系美国汉学家孟旦（Donald J. Munro，1931—　）写于2012年1月的一个学术自传。作者回忆了那些影响他走向汉学之路的重要人事，包括儿时的求学、家庭熏染、自然环境、个人学术兴趣、汉语启蒙、大学的专业探索、海军生涯、港台留学、密歇根大学的教学经历、汉学著述以及诸多让他受益匪浅、刻骨铭心的良师益友。综观孟旦的汉学之路，我们可以了解到一个年轻人如何对中国哲学，尤其是儒家人性论发生研究兴趣的过程，并以之为个案，了解20世纪50年代以来美国汉学界的时代语境与发展趋势，把握以孟旦为代表的美国新儒家学者有关中国哲学、中西人性比较研究的历史渊源与特色。

一

1930年中期，我和妹妹艾莉（Ellie）在位于伍德斯托克市（Woodstock）① 附近的卡兹奇山（Catskills），与爷爷奶奶一起度过了夏天，此时我们的父母正在欧洲访问。正是在这里，我第一次感到自己与一棵棵树木和温泉是如此亲近。这个位于户外的温泉沿着一条不长的石头小径，长流不歇，一部分水被管子导入到围起来的一座房子里，成为唯一的水源，里面有一个用来烧水的柴炉。在爷爷奶奶家里，我培养起了对树木和清泉的永恒之爱。接下来，我在俄亥俄州的克利夫兰高地（Cleveland Heights）度过了15年。总之，卡兹奇山的度

---

① 伍德斯托克市位于美国纽约州，是温莎县的县治所在，风景宜人，每年8月在此举办摇滚音乐节。（译者注，余同）

假为我提供了读书与城市活动之外的另一种选择。有些事会把两地的闲暇时间联系在一起。虽然我们也爱玩游戏，但往往会情不自禁地交谈起来。岁月流逝，我学会了爱三个妹妹，珍惜我与她们之间的闲谈，以及她们对我的爱。当然我有时也是一个挺招人烦的人，不能保证自己总是一个好哥哥的模样。

在克利夫兰市佐治亚风格的楼房中，在那间最忙碌的房间里，我们会突然把自己抛在那个软软的扶手椅或者沙发上，有时候听收音机或唱片。走进房间里，你会发现不少非洲雕像，一些南太平洋的盾牌，一幅所谓的明朝壁画（后来被发现是1920年的上海复制品），还有我父亲烟斗丝的香味。假若一个夏日的傍晚窗户敞开着，我们会坐在屋后露台，唱机里飘出的一定是来自非洲、中国或美国蓝脊山区（Blue Ridge Mountains）的民间音乐。当我们的邻居克耐戴尔先生（Mr. Kennerdell）结束他的鸡尾酒宴席，穿过我家后院的篱笆，抄近道回家，这时他遇到我们，听见这些音乐声，脸上露出一副困惑的表情。而我和我三个妹妹都知道这是什么，我们也知道房间里摆放的那些物品是什么。此外，除了讨论那些傻乎乎的事儿，进行各种争论外，在饭桌上我们还偶尔会探讨那些令人好奇的音乐之声以及各种艺术品。因此，在未来的岁月里，我们都感到幸运至极——为我们对“异国的”（foreign）事物秉承开放的态度，而我们的朋友和一些成年邻居却觉得这很怪异。简而言之，我们对世界各种文化是包容开放的，虽然那时我们对此知之甚少。

在这一点上，我尤其感激我的父亲，他是一位美学家。① 这影响到了我未来的多方面的兴趣发展，我先是喜欢上法语，后来又是中国文化，这对我来说似乎是轻而易举之事。从我母亲——一位钢琴家、家庭园艺师和家务总管——身上，我学到了细致入微地做好每一件事。如果我没把花园整得十全十美，她便会毫不犹疑地把在几个街区外玩耍的我喊回家，进行补救。这大概奠定了我夫人安（Ann）后来称之为精益求精的个性。海军服役的经历训练了我，在此我学到了很多，这些都有助于我后来的成功。不过从一开始，我的人生却是一个失败。

---

① 孟旦的父亲托马斯·门罗（Thomas Munro，1897—1974）是新自然主义美学、科学美学的代表学者，毕业于哥伦比亚大学哲学系，师从实用主义哲学家杜威，著有《东方美学》《走向科学的美学》等，《东方美学》是西方第一部比较系统论述东方美学之作；他长期在克利夫兰市的西储大学工作；1945年创立了美国美学学会，创办会刊《美学与艺术批评》，担任主编20年；也是克利夫兰艺术博物馆公共艺术教育主任和策展人。孟旦的母亲是一位音乐人、钢琴家、家庭园艺师。

二

我对异国文化也许略知一二，但初入大学时，我却漫无目的。我的大一是在阿默斯特学院（Amherst College）度过，这里的功课太容易了，我几乎无所事事。我很懒散，唯一需要努力用功的事就是做一名摔跤运动员，我的目标是要在重量级别里赢得“小三冠”（在与 Williams 和 Wesleyan 两校的比赛中）。但是我的物理课却挂科了。当来年夏季全家移居法国时，我只得独自留在克利夫兰高地重修物理。直到夏季快结束时我才与他们会合。

父亲是第一位获得“富布莱特交换项目”（Fulbright Exchange），到法国索邦大学任教的教授。1949 年秋季学期，他用法语教授美学课。我们全家住在奥赛酒店（Hotel Palais d' Orsay），这个酒店有半幢楼是火车站，如今它已成为一座规模宏伟的艺术博物馆。这是我一生中具有转折性的经历之一。我被世界百强的法国格勒诺布尔大学（University of Grenoble）录取，靠奖学金维持生活，孤独成为我的良师益友。我开始自由自在地阅读那些令我感到快乐而有趣的书，这对我来说是有生第一次。有些是法语版的哲学书。它们之所以吸引我，部分原因是书中的内容令我大开眼界，意味深长。对此，直到我在哥伦比亚大学（Columbia University）读研究生时，我才意识到，并确认上个世纪美国或英国学者写的哲学书中，5 本中的 4 本都是枯燥无味或无足轻重，唯一的 1 本往往具有深远的意义。自法国返回美国后，我进入密歇根大学（Michigan University）读了一年，修了好几门哲学课，就是在这里，我初次遇见了汉语——并陷入目眩神迷的境地。我的汉语老师是一位名为沈瑶（Yao Shen，音译）的女士，她运用了“二战”期间开发的一种教学法，从此她把我的一生都拴在汉语——这个活着的语言及其承载的文化上。

1951 年底，当我转学去哈佛大学（1951 年秋季）之时，我还没意识到大部分哲学内容无法让我着迷。虽然我的确欣赏推理的准确性并从中获益，但是那些深奥的语言以及不切实际的例证让我疏离了哲学领域。尽管如此，我最终还是选择哲学作为所学专业。① 其实确切地说，只是伦理学及其关于道德心理学的推论部分引发了我的浓厚兴趣。这听起来也许有点奇怪，在专业之外，的确有一门课程帮助并滋养了我终身的探索，那就是斯金纳（B. F. Skinner）有关心

① 1953 年，孟旦毕业于哈佛大学哲学系，获得学士学位。

理学的行为主义，这个学派自称是研究人类行为的唯一正确的科学方法，它以物理学作为模式，在研究人的行为时，只有那些被量化的因素才能囊括其中。这促使我提出了一个问题：人的心灵是如何活动的？事实上，我们甚至不被允许使用“心灵”这样的词，因为它既不具备客观性也不可测量。于是，我只好把问题改为：“人性的内容是什么？”但这门课并没有给我提供答案。

在斯金纳及其所代表的学派看来，在考察人性的构成因素时，必须剔除智慧、感情、目标或动机，因为“它们不可测量”。这无法对“心灵是什么”的问题提供答案。然而，与行为主义相反，约翰·洛克（John Locke）、大卫·休谟（David Hume）、威廉·詹姆斯（William James）和约翰·杜威（John Dewey）的确划分了主观活动的各种类型，我们可以用特定的语言来描述它们的意义及其可能性。毫无疑问，我喜欢其他课程中有关东亚的内容。我与室友及其他朋友在哈佛大学亚当斯餐厅就餐时，一起交谈，探讨各种议题。回首往事，我意识到在餐厅或宿舍的讨论，与在课堂上的学习一起，构成了我成长过程中的非常重要的养分，滋养了我对学习的热情。

三

我之前热爱海军，于是自哈佛大学一毕业后，我便在同年的秋季自愿入伍。[①] 海军提供的框架（structure）是我众多的“恩师”之一，对此我心存感激。在入伍前我就有提前计划的习惯，海军生活强化了这一点。在纽波特（Newport）的海军候补军官学校，我开始了训练有素的生活，如果有谁在周末或者休假结束返回基地时延误了，后果将不堪设想。在我被分到菲律宾基地之后，我一直保持了这个自律的习惯。一般来说，我们不可以把“没有事先准备好”作为任何借口而被接受。第二个相关的好习惯是守信，即自己说了或者答应了别人做什么（或者说让别人有某种期待）就一定要做到。这意味着要迅速地对承诺之事做出预估，按部就班地行动，并对随之而来的奖励或惩罚有所期待。出乎意料的是，我的几个好习惯在自己家里并未得到严格遵从，它们被标签为“有点烦人”。海军经历让我获得的第三个馈赠是高度注

① 1953—1957 年，孟旦在海军服役，官级为中尉，有一段时间驻扎美军菲律宾基地。他与安结婚后，安随军。

意细节，这一点是我以前达不到的。例如，我们学了天体导航，然而却是不使用电子器械进行的天体导航。在计算过程中哪怕有一点失误，都会导致军舰偏离位置，出现极其尴尬的现象。从军时，我的成绩还不错，获得了来自海军总司令的通令嘉奖。我很感激部队培养了我一而再再而三地检查的习惯，这一点在 1976 年我在密歇根大学北部建造小木屋的过程中得到了强化。这个小木屋面朝一个带温泉的池塘，它有助于我在日常繁杂的事务中清空头脑。

除了以上提及的各种收获，我还从海军经历中学到了其他方面，不过这让我在 20 世纪 60 年代末感到极度的懊悔。从对国家总统开始，到指挥系统的绝对信任，这一点在当时我不假思索便会接受。但直到越南战争爆发后好几年，我才从鹰派转变为战争的批评者。我最初相信林登·约翰逊（Lyndon Johnson）总统以及将军们所说的话，从未想到他们居然会撒谎。记者们的新闻报道，尤其是丹尼尔·艾尔斯伯格（Daniel Ellsberg）的揭秘，改变了我余生的政治立场。我开始明白，除了军事和政治权威以外，世界上还存在着别的权威。从此以后，我一直积极主动地了解美国的国内外重大政策的细节，成了一个知情的公民。

但这些都是在我离开海军后才发生的。我从海军退伍主要有两个原因。第一，我后来逐渐了解到并非根据任人唯才的政策安排军籍。阿纳波利斯的毕业生和飞行员在提升方面获得了特殊的待遇。第二，存在着性别差异的情况。军官的太太们往往被安置在一起度过闲暇时光。但我的妻子（安）聪慧过人，她对打牌、闲聊之类的事漠不关心，反而对政治时事颇有兴趣。因此在那样的军队环境下，她是不太会感到快乐的。

四

对我而言，哲学和心理学属于次类兴趣，因此，在就读哥伦比亚大学研究生一年后，我便从哲学系转到了东亚系（中国和日本研究）。[①] 在所有这些领域，我主要关心的问题一直是，我能从中学到什么有关人性的知识？这是我在过去几十年里一直从事的主要学术研究领域，甚至到我在香港中文大学开设讲座之际，一如既往。虽然研究生阶段是导师对学生产生影响的理所当然的场

① 1957—1964 年，孟旦在哥伦比亚大学东亚系攻读博士学位，师从汉学家狄百瑞（W. T. de Bary，1919—2017）。

所，但在课堂上，我却未遇心仪之人。直到我来到中国的台湾和香港做实地考察时，我才遇见几位恩师。第一位是满族爱新觉罗家族出身的一位王子，他是末代皇帝的堂弟，他教我研习早期中国儒家经典。① 另一位就是帮助参与筹建现今香港中文大学的一位儒者。② 从他们两位身上，我了解到早期儒家认为理智与情感通常是互相交织在一起的。儒家的教育目标之一是帮助学生们把认知技能与道德感情融为一体，因此，不论他们使用何种技术，都会清楚地意识到道德方面的警觉。年轻人被教授农耕知识或写作技能，并运用在他们的工作或家庭事务中。未来的官员学会了灌溉、洪水治理方面的技能，服务于所管辖地区的民众需求。在确定道德标准应该引导技能方面，儒家有了一个良好的起点。他们倡导道德源自家庭情感，并能向外延伸，获得滋养。把道德起源锚定于个人的出生（孩子与养育者之间的亲密关系），比之锚定于上帝的戒律，这是一个好的开端。但是，儒家在如何与超出家庭、种族或社区之外的人相处方面，并没有提出更好的主张。我意识到只要坚持或遵守既定的法律，而非强制性的行为，就可以达成这个目标的一部分。因此，我对法学保持着强烈的兴趣。

在密歇根大学工作的前 25 年里，我们的学术朋友也是我们的社交朋友。那时的“中国研究中心”（The Center of Chinese Studies）是一个不同学术领域的朋友常常互相切磋之地。③ 哲学系的一些同人非常关注美国的国内外的大

① 1959—1962 年，孟旦获得“福特基金会”域外研究学者资助，到台北求学，师从刘毓鋆（爱新觉罗·毓，1896—2011）、屈万里（1907—1979）、饶宗颐（1917—2018）等学者，进修中国古典文献学、甲骨文、金文等，完成博士课程的域外学习及调研。刘毓鋆系清朝贵胄，幼时在宫中受业于陈宝琛等名儒，师承罗振玉、康有为、王国维等。1947 年定居中国台湾，在台北开设私塾“奉元书院”，致力于儒学教育。孟旦的中文名由刘毓鋆取的，“孟”的发音与其英文姓“Munro”谐音，“旦”取自周公“旦”，与其英文名“Dan”谐音，有“开启、开拓、美好”之意。

② 1962 年 5—7 月，孟旦赴香港新亚学院学习，师从唐君毅（1909—1978）教授；1965—1966 年，孟旦获得社会科学研究部基金，再次到新亚学院，与唐君毅一起合作。

③ 1961 年，在福特基金会（Ford Foundation）的支持下，密歇根大学成立“中国研究中心”（The Chinese Studies Center），历史学家、汉学家费维恺（Albert Feuerwerker，1927—2013）担任了第一任主任（1961—1967）和再任主任（1972—1983）。自 2012 年开始，在企业家罗睿弛（Richard H. Rogel）的捐助下，“中国研究中心”改名为“李侃如—罗睿弛中国研究中心”（Kenneth G. Lieberthal And Richard H. Rogel Center for Chinese Studies，简称 LRCCS）。该中心专职成员不到 10 人，但凝聚力强，囊括了亚洲语言与文化系、哲学系、历史系、比较文学系、艺术学院等中国研究领域的专家学者、访问学者、博士后，等等。

事，而其他一些人却只是热衷于语言文字的逻辑结构及其所承载的内涵。当哲学系的一位好友（经过主任允许）自愿到南方一所黑人学校执教一学期时，系里出现了某些闲言碎语，说他不是在从事哲学研究，而是在浪费时间。但我从这位同人和另一位朋友身上，却学到了许多品质，如知行合一。虽然这两位朋友都英年早逝，但他们对我的影响一直持续至今。我的夫人安对政治和非洲的了解远甚于我，促使我坚守我认可的伦理规则，抵制各种各样的诱惑。她是我有关重大政治事件讨论的最佳对话者和导师。我们的另一位好友是凯西（Cathy B.），我与她一同跑步或骑自行车，长达 30 余年。

五

我对中国的兴趣与日俱增，后来甚至超过了我对哲学的专注。因为大多数的哲学讨论和文章让我感到枯燥乏味。从心理学和中国研究两个领域而非哲学本身，我似乎能学到更多的东西，这有助于我回答关于人性、生物学和文化上的问题。一直到 20 世纪 90 年代中期，我做了大量有关中国道德心理学的研究工作，著作范围涉及从先秦古典时期到公元前 2 世纪，12—15 世纪，以及清朝中期，还有一些延伸到了现当代。①

自从我教书以来，我的研究生是我持续快乐的源泉。② 与此同时，我也从他们身上学到许多关于中国和哲学的知识，尤其是从陈汉生（Chan Hanson）和鲍勃（Bob E.）两位那里。到 20 世纪 80 年代后期，我教的研究生数量稍多，他们的古代汉语能力都非常好。学生们开始希望开设一些课程，可以让他们通过阅读中文教材而获得学分。这在哲学系没法做到。这也让我进一步思考，中国对西方哲学的挑战究竟是什么。这时我在哲学系有点待腻了。而且，我在中国的几个同事获得了奖学金，继续着我当年作为留学生在中国台

① 这里指的是孟旦出版的“中国人性”研究三部曲：《早期中国“人”的观念》《当代中国“人”的概念》《人性的形象：一位宋人的肖像》。

② 孟旦被誉为“孔子一样的”教育家，培养了 14 名博士生：安靖如（Steven Angle），安延明（Yanming An），Alison Black，陈倩仪（Sin-yee Chan），伊若白（Robert Eno），陈汉生（Chan Hanson），Jerome Hill，Manyul Im，Y. K. Lo，David Moser，Lisa Rogers，Williams Savage，Lance Stell，任博克（Brook Ziporyn），如今他们中的大多数在美国的大学（如亚洲语言系或外国语言系）中教授中国文化、中国哲学、比较哲学等。

湾和香港的事业轨迹。最终，我从哲学领域转到了中国研究领域，成为中国哲学及中国学的教授，并担任了亚洲语言与文化系主任。①

最后一个我获得的当代认知科学的资源来自于密歇根大学的心理学家哈罗德·斯蒂文森（Harold Stevenson）。他是美国国家科学研究院（National Academy of Sciences China Committee）中国组的成员。1970 年末到 1980 年初，我帮助中国科学院的一位心理学家首次访问密歇根大学，斯蒂文森是他的接洽者。② 从这时起，我得以了解到理查德·尼斯比（Richard Nisbet）从事的文化与认知学成果，以及兰多夫·尼斯（Randolph Nesse）关于进化心理学及生物学的研究。在从密歇根大学退休后的 15 年中，我以讲座教授的身份建立了一个新的研究基地。③ 通过这个基地，我力图建构一个有关世俗道德的规范，它植根于我认识到的人性传统和儒家的部分传统。以此为核心，我能够运用从各个领域获得的材料阐明我们当下有关人性的形象，它包括：生物学及文化上的事实能帮助我们解释普遍人性的社会特征（孩子与养育者的亲情、避免自己和家人受到身体伤害、回馈/分享/合作、上下等级结构），以及道德价值观（身体健康及心理健康、爱、公正、尊重/避免羞耻、对后果的前见），等等。

从 2002 年开始，我以钱穆讲座、唐君毅讲座教授的身份，应邀在香港中文大学举办了一系列讲座，我把这些资料进行了整理，包括给研究生做的讲座内容。④ 在这两个演讲录以及后来的著作中，我凭借从人类社会特点之所学，提出了我关于人的社会特质的言之有理的构想。我使用这个方法分析了

---

① 自 1964 年起，孟旦到密歇根大学哲学系任教；1973 年升任正教授；1991 年担任密歇根大学哲学系、亚洲语言与文化系教授；1993—1995 年担任密歇根大学亚洲语言及文化系主任。

② 应密大心理学家哈罗德·斯蒂文森（Harold Stevenson）的邀请，中国科学院心理学研究所荆其诚（1926—2008）作为中美建交后第一位访美的中国心理学家，1979 年在美国密歇根大学讲学和工作一年。此后双方建立了中美两国心理学研究领域的“合作研究中心”。

③ 在孟旦等人的多方筹集及私人捐款下，密歇根大学在 2000 年设立了“唐君毅访问学者项目”（Tang Junyi Visiting Scholar Program at University of Michigan），2003 年拓展为“唐君毅访问学者基金”（Tang Junyi Visiting Scholar Fund）。这是美国高校第一个以中国哲学家命名的研究项目，每年邀请来自不同大学的中国研究学者到此做访学一年。

④ 孟旦在 2003 年担任了香港中文大学新亚学院“钱穆讲座”教授；2006 年担任了香港中文大学新亚学院“唐君毅讲座”教授。香港中文大学出版社出版了这两次讲座的讲稿：《应用伦理学：私人和公共选择中的实际指导原则》和《新世纪的中国伦理学》。

一些当前的社会和经济问题，并提出了相应的解决方案。这包括：（1）中国与美国在碳的获取与储存方面应进行合作，降低碳对空气的污染；（2）为中国最高法院提供建议，加强法律理论与实践的一致性；（3）如何促进经济与伦理的结合，尤其是在企业界。在对以上第三点的论述过程中，我从（哈佛）大学前室友、朋友鲍勃·蒙克斯（Bob Monks）的对话及其文章中获益甚多。我也尝试通过一些美国的政治行动团体，发出类似议题的声音。[①] 不过在此过程中，仅有寥寥数人参与了大量的工作，而大多数成员患上了眼呆综合征或无反应行为征。香港中文大学的老师们都非常出色，包括几个学生，但多数中国学生显得比较被动。

在20世纪50年代中期的那几年，安与我一同前往中国香港，我们对这个城市一见钟情，但不喜欢太多的混凝土建筑，而这却是控制中国香港的中国企业大亨们所热衷的东西。在往返于东亚50多年之后，我的长途旅程也快到终点。因此，我在2009年下定决心，除非好友辞世，我将不再因学术缘故飞往故地。[②]

（作者：［美］孟旦　美国汉学家译者：
刘燕　北京第二外国语学院文化与传播学院教授；
庞琳　广西百色右江民族医学院国际文化交流学院副教授）

① 在孟旦及好友的组织下，密歇根大学所在地安娜堡（Ann Arbor）在2007年成立“多元信仰同仁的政治活动团队”（The Interfaith Partnership for Political Action，简称IPPA），成员们积极参与社区的各种政治活动。

② 应中美发展关系全国委员会的邀请，孟旦作为美国教育家协会代表团的联席领队，于1973年率团第一次访问中国，为中美关系走向正常化做出了贡献。2016年，85岁高龄的孟旦与夫人一起赴中国广州，参加华南师范大学与美国克莱姆森大学合办的“中美人性学研究论坛”，这可能是他余生最后一次访问中国。

试论德国汉学家汉斯-格奥尔格·梅勒的《道德经》研究*

胡继成　徐志啸

摘　要：汉斯-格奥尔格·梅勒在《东西之道：〈道德经〉与西方哲学》一书中使用“以老解老”的研究方法，将《道德经》视为一个网络超文本，以“谷”“水”等意象来解读老子哲学，挖掘《道德经》内部的网络结构，颇具新意。梅勒从不同视角将《道德经》与西方哲学进行比较研究，包括欲望处理、战争哲学和死亡观等多个角度，在汇通中西哲学方面取得了很大成就。

关键词：《道德经》　老子　梅勒　互文比较

汉斯-格奥尔格·梅勒（Hans-Gerog Moeller）是德国著名的汉学家，在中国道家思想与中西比较哲学及社会政治理论方面建树颇多。他在中国哲学研究方面成果丰硕，出版有《马王堆汉墓帛书〈老子〉》《被解释的道家：从蝴蝶梦到渔网寓言》等一系列著作。其中，《东西之道：〈道德经〉与西方哲学》是梅勒在老子研究方面的代表作之一，用英文写成，在2006年由哥伦比亚大学出版社出版。2010年，该书被翻译成汉语以《〈道德经〉的哲学》为书名出版。2018年，该书以《东西之道：〈道德经〉与西方哲学》在北京联合出版公司再版，并增加了一些附录文章。该著作在解老方面新意颇多，2006年梅勒凭借此书获得“选择”（Choice）杰出学术奖。在该书出版以后，

* 本文为全球汉籍合璧工程“《庄子》在德语国家的翻译、传播与影响研究”的成果，批准号（HBY201903）；江苏省哲学社会科学重大项目“江苏文学在德语国家的翻译与研究”的成果，批准号（2019SJZDA100）。

梅勒在接受记者的采访时对于《道德经》的地位给了高度评价。在梅勒看来，《道德经》不同于《圣经》《古兰经》和柏拉图的著作，《道德经》的重要价值不仅在于历史，更在于指向当代。“《道德经》是高高在上的——它是‘古代智慧’的源泉，而且，它是理解中国现代文明与文化的一把钥匙。”① 在全球化的语境下，《道德经》早已超越它所在的时代与地域，“它所讨论的主题，是具有全球性的重要意义的”②。故而，《道德经》是一部“世界经典”。在此书中，梅勒由《道德经》文本出发，广征博引，在21世纪的文化语境下探讨《道德经》对于新时代新问题可能具有的价值与意义。本文立足于《东西之道：〈道德经〉与西方哲学》一书，探讨梅勒在解老方面的特点与思路。

一、秘响旁通的解老方式

《文心雕龙·隐秀》曰：“夫隐之为体，义主文外，秘响旁通，伏采潜发，譬爻象之变互体，川渎之韫珠玉也。”③ 所谓秘响，指的是文本内部的意蕴，秘而不宣；所谓旁通，指的是文本与其他文本互通互证。秘响旁通，意味着文本之间的互相指涉与对话。从层次上讲，又分文本内部的旁通和文本外部的旁通。叶维廉在《秘响旁通：文意的派生与交相引发》一文中对“秘响旁通”进行了分析，认为旁通的回响可分为内在的回响和外在的回响。外在的回响指的是“文句外其他的声音”，内在的回响指的是“作者本人创作活动里其他篇章的文句”。在叶维廉看来，当我们阅读一首诗时，“我们读的不是一首诗，而是许多诗或声音的合奏与交响”④。梅勒在《东西之道：〈道德经〉与西方哲学》这部著作里最大的亮点之一就是充分挖掘《道德经》内部的“回响”，以老解老，打开通往《道德经》的新思路。

“玄之又玄，众妙之门。”《道德经》之“玄”，既包括智慧的深奥，也包括语言的隐晦。对于部分西方读者来说，找不到进入老子思想的恰切途径，所以这是一个理解上的障碍。针对这一部分的读者，梅勒首先从《老子》文

① ［德］汉斯-格奥尔格·梅勒著，刘增光译《东西之道：〈道德经〉与西方哲学》第206页，北京联合出版公司，2018年。

② 《东西之道：〈道德经〉与西方哲学》第206页。

③ （南朝梁）刘勰著，范文澜注《文心雕龙注》第632页，人民文学出版社，1958年。

④ 叶维廉著《中国诗学》第67—68页，人民文学出版社，2015年。

本的形成过程入手，指出《老子》文本书写同今天的文本书写具有很大的不同。“《老子》文本的书写不是为了阅读，尤其不是给21世纪的人阅读的”①，这也是《老子》的阅读对于今人比较困难的地方。在《老子》成书的语境下，梅勒通过分析，认为《老子》的写作其目标读者乃是社会的文化精英阶层，即掌握社会财富与权力的少数特权阶层。在传播过程中，“它被人记诵，而不为人精读”②。因此。梅勒指出《老子》一书与今天的固定作者就某个论题所写作的哲学著作不同，《老子》的作者不好确定，“在这个文本中，不存在一个表达个人思想的作者”③。《老子》的阐述也不具有系统性，它以碎片化的形式表达它的哲学思想。“《老子》不是按照特定顺序写就的文本，它没有明确的开篇与结语，也不沿循某个特定的思路展开”④。这些诸多原因一起造成了《老子》一书的艰深。

据此，梅勒提出使用一种新的阅读方式，来打开进入《老子》的大门。传统文本以线性文本为主，而随着互联网的发明，网络超文本也日趋成为一种主流的文本形式。梅勒惊奇地发现，《老子》一书的文本特征与今天我们熟悉的网络超文本有很大的相似之处。分析《老子》一书的形成过程史，梅勒指出，在早期，“《老子》并不是一本书，它更像是一种固定的超文本，作为一个文本完形（gestalt），它在构建和解构、增长和还原的过程中不断变迁”⑤。直到某一个特定的时期，《老子》文本的“标准”形式才正式形成。老子哲学“玄之又玄”，既由于老子哲学之深刻，也由于《老子》一书文本的结构的复杂。所谓网络超文本，就是要打破通行本的《老子》规则，以新的阅读策略来审视《老子》。网络超文本无所谓起点，亦不存在终点，文本的任何一处站点皆是进入其思想的大门。对于没有文化背景的非预设读者来说，《老子》看起来是混乱的，难以走进其深邃的智慧世界。从网络超文本的视角来看，“沟通混乱、无序文本章节与段落的桥梁，整合文本和构成统一体的关键，是一系列重复出现的表述和用语、意象和象征，以及策略与箴言”⑥。这

① 《东西之道：〈道德经〉与西方哲学》第1页。
② 《东西之道：〈道德经〉与西方哲学》第2页。
③ 《东西之道：〈道德经〉与西方哲学》第3页。
④ 《东西之道：〈道德经〉与西方哲学》第4页
⑤ 《东西之道：〈道德经〉与西方哲学》第7页。
⑥ 《东西之道：〈道德经〉与西方哲学》第8页。

些用语、意象等恰似互联网超文本的那些超链接，每一个词汇表述、意象与象征都在指涉着其他章节，它们共同构成了一个网状文本。因此仔细阅读《老子》，发掘其中的“秘响旁通”，尤其是内在的秘响，将成为打开《老子》世界的一把钥匙。

梅勒在这里以《老子》第6章的“谷神不死，是谓玄牝，玄牝之门，是谓天地根。绵绵若存，用之不勤”为出发点，来分析《老子》文本的网络结构。梅勒发现这里的“谷神”意象，以“谷”来取象，指出谷神不死这4个字包含有《老子》一书的修辞学的3种基本要素：“与某种特质或功用相合的意象，意象本身的固有结构，以及意象和它的功用共同产生的策略。”① 顺此思路，梅勒链接到《老子》第15章“敦兮其若朴，旷兮其若谷，浑兮其若浊”，指出谷与朴、浊是平行并列结构，具有共同的特征——“它们都没有具体的实际的形态”，也因此推论出谷乃是“无”“虚无”和“无形”的意象。“为天下谷，常德乃足，复归于朴。”（《老子》第28章）、“上德若谷”（《老子》第41章）、“谷无以盈，将恐竭”（《老子》第39章），“谷之德便是它不息地创造生命的能力”②。这5章的“谷”相互共鸣，正所谓秘响旁通，“无论我们读任何一章，它们都是联系在一起的，是相互引发的，读者在某一章中会发现他在其他章中读到的东西。《老子》文本是通过这种方式建构的”③。在这5条明显的互文之外，谷的意象在更大范围内与“橐籥”（《老子》第5章）、“毂”（《老子》第11章）、“器”（《老子》第11章）等相互指涉，因其具有共同的功能。梅勒认为，这些意象均是“德”的意象的表现，也就是说从这些意象可以看出事物发挥功能的方式。除了这些相似的结构意象反复使用之外，更为深层的链接是这些意象背后的基本结构。“谷”“橐籥”等意象背后链接的基本结构是如何将空与盈、显与隐相结合，同样的结构可以在《老子》第40章里看到：“反者道之动，弱者道之用。天下万物生于有，有生于无。”从意象到意象背后的结构，再到意象与其德产生的策略，梅勒深入到《道德经》背后的形成模态。

而梅勒通过对“谷”的分析，引入一个论题群，“谷的意象只是在《老

① 《东西之道：〈道德经〉与西方哲学》第11页。

② 《东西之道：〈道德经〉与西方哲学》第17页。

③ 《东西之道：〈道德经〉与西方哲学》第17页。

子》书中作用非常重要的关于水的'意象家族'（image family）中的一部分"[①]。"为天下溪，常德不离.……为天下谷，常德乃足。"（《老子》第28章）"江海之所以能为百谷王者，以其善下，故能为百谷王。"（《老子》第66章）江海之水之所以盛大，在于它愿意居在低下的位置，所以称为百谷王。谷与水在这里是紧密相连的，由谷至水，梅勒认为这是打开《老子》一书的关键。"现在我们可以开始游历《老子》的旅程了，以谷为起点，横渡所有的江海，以及其他各种水体。我们会发现水的'善利万物'相毗邻的是各种有效作用（useful effects）。"[②] 从水到牝，其中共同的特征是生育特质。由牝到门，再到根，这些意象背后的结构都有一致性。"根和门，代表了生命的自然'开阖'，它们也与第5章中的'橐龠'相关。……根、门、橐龠都描述了自然或'宇宙'生育性的结构"[③]，这里又回到了之前提到的意象橐龠。这些意象构成了一个意象家族，其中最关键的是水。当梅勒使用意象家族这个词时，让人联想到德国哲学家维特根斯坦（Ludwig Josef Johann Wittgenstein，1889—1951）的"家族相似性"（Familienaehnlichkeiten）这个术语。在《哲学研究》一书中，维特根斯坦针对传统的语言本质主义问题提出了家族相似这个概念。"我想不出比'家族相似性'更好的表达式来刻画这种相似关系：因为一个家族的成员之间的各种各样的相似之处：体形、相貌、眼睛的颜色、步姿、性情，等等，也以同样方式互相重叠和交叉。"[④] 在传统的观点来看，一个范畴下的所有词汇都具有它所包括的属性。若引入家族相似的视角，一个范畴的成员不必要具有该范畴的所有属性，而是呈现类似AB、BC、CD、DE式的家族相似关系。我们无法探究梅勒对于水的意象家族的发现是否受到维特根斯坦的影响，但是借用家族相似的视角去看这个问题，"谷""橐龠""根""门"等在《道德经》里出现的意象均呈现家族相似的特点。这些意象的关联性使得以线性方式阅读其文本变得困难，"整个文本时没有特定顺序的，是一系列的意象集合，但几乎有文本间关联的无穷的可能性"[⑤]。同时这些意象并没有先后高低之分，"《老子》中的任何一种意象都不可能比其他的意象绝

① 《东西之道：〈道德经〉与西方哲学》第18页。

② 《东西之道：〈道德经〉与西方哲学》第19页。

③ 《东西之道：〈道德经〉与西方哲学》第25页。

④ ［德］维特根斯坦著，陈嘉映译《哲学研究》第8页，商务印书馆，2008年。

⑤ 《东西之道：〈道德经〉与西方哲学》第27页。

对优先，不存在一个在其他意象之前的意象”①。

《道德经》五千言，其中的意象是有限的。按照梅勒的思路，如果我们将它看作一个网络文本，从意象的角度入手，那么每一个意象都会唤起其他相关的意象，这种文本内的“秘响”比比皆是，它最终指向的是“道”。《周易·系辞传》里说：“书不尽言，言不尽意。然则圣人之意其不可见乎？子曰：‘圣人立象以尽意。’”② 老子作为一代圣人，其思想深邃难懂，梅勒领着读者从“意象”入手，最终能够引领读者在“道”的层面上豁然开朗。

二、互文比较的老子哲学研究

我们上文使用了“秘响旁通”一词来对《老子》文本的这种网络特征进行分析，注重分析文本内的秘响。但是对于非汉语语境成长的西方读者来说，阅读《老子》意味着以自身的理解视域去解读其中的文意，这种自觉的中西比较意识也渗透在本书的写作之中。

在该著作的第二章《性之道》中，梅勒从性的维度分析《老子》中的诸多意象，颇具新意。同时他又引入中西文化比较的角度，对《老子》的性之道进行阐明。西方文化有两大源头，分别是古希腊文化和希伯来-基督教文化。古希腊文化有一系列伟大的哲学家，希伯来-基督教文化以《圣经》为代表，梅勒在这里将西方文化传统里的性与《老子》之论性进行了比较研究。“道家式圣人的性禁欲，主要是性储备（latency）和性效能。……这种性禁欲并不违背性欲，而是对非性中的性的悖论性控制。”③梅勒认为，《老子》中所说的道家式圣人的性禁欲，与基督教的贞洁观具有本质的不同。从某个角度上看，它更贴近古希腊文化里前苏格拉底时代的哲学。柏拉图的《会饮篇》是专门讨论性爱的，梅勒将其中艾西马贺（Eryximachus）与苏格拉底在这方面的观点与老子哲学进行了比较研究。在《会饮篇》里，艾西马贺作为科学家，认为性爱是关系到宇宙秩序的普遍形式。合序则万物和谐，失序则会导致季节性的疾病。苏格拉底的性爱观则是相反的，在苏格拉底看来，人类的

① 《东西之道：〈道德经〉与西方哲学》第 27 页。

② 黄寿祺、张善文著《周易译注》第 526 页，上海古籍出版社，2006 年。

③ 《东西之道：〈道德经〉与西方哲学》第 35 页。

性爱最终是努力与善相结合，真正的哲学家是要超越肉体走向精神的不朽。在梅勒看来，道家哲学与前苏格拉底哲学有很多相似之处。苏格拉底所论述的“柏拉图式的性爱”观念是知识化的，是要导向超越肉体，目标是正义伦理的领域。“《老子》中的性不是超越的：它既不导向对身体的超越，也不导向对世俗的超越。由于苏格拉底与柏拉图，西方哲学确立了性和欲之间的区分。”① 在梅勒看来，这种区分在《老子》中不存在。“道家的圣人试图达到先于性的二分的具有最高性潜能的阶段。而在另一方面，苏格拉底-柏拉图式的哲学家则渴望超越性，跃进到一个‘精神性’和‘神圣’的欲望领域。”② 在这里，梅勒通过寥寥几页，以性为视角，指出《老子》之论性区别于苏格拉底、柏拉图，也区别于基督教哲学，与前苏格拉底时代的哲学有颇多相近之处。这也构成了一种东西方文明的比较与对话，在比较之中凸显出老子哲学的独特价值。

在第三章《阴阳、气与道德》里，梅勒借助了社会学家尼古拉斯·卢曼（Niklas Luhmann，1927—1998）的社会学术语“自创生”（autopoietic）这个概念描述老子的宇宙论。在古希腊语里，Auto 表示自己，poiesis 表示创生或产生，而 Autopoiesis 这个词最早是由智利生物学家马图拉纳和瓦瑞拉创造的。在西方文化传统里，尤其是犹太教-基督教传统里，是上帝出于自己的意志创造了这个世界，按照自己的形象创造了人类，上帝是创始者。在古希腊大哲学家亚里士多德那里，同样有一种自创生的生成论和宇宙论。“在此，宇宙和宇宙间的一切事物都可以追溯到一个不动的动者，一个运动和变化的源头。”但是老子哲学的自创生性完全不同，“与古希腊和犹太-基督教关于创造和因果律的模型相比较，道家的模型避免了一个原初的创造行为的观念，避免了先于它自身产生的实体的观念，也避免了外在能量之源的观念”③。正因为此，老子的哲学之“道”是内在于万事万物的，是自创生的。在这种中西宇宙论的比较之中，梅勒给读者，首先是西方的读者，展示了老子哲学之宇宙论的独特方面。

在第五章《论战争》里，梅勒同样在西方文化的视角下观照老子的战争

① 《东西之道：〈道德经〉与西方哲学》第 44 页。

② 《东西之道：〈道德经〉与西方哲学》第 44 页。

③ 《东西之道：〈道德经〉与西方哲学》第 74 页。

哲学。与西方基督教的反战主义思想不同，《老子》并不完全是反战主义文本，而是认为战争是人的欲望的最极端体现，欲望过度与社会失序是道家圣人所忧虑的。而自古希腊以降，“关于战争的西方表达就与英雄形象、英雄主义事迹紧紧地相联系——这一普遍趋势继续畅通无碍地变身为今天的好莱坞电影”①。但是老子的战争哲学里恰恰相反。尽管《老子》著作里对战争着墨甚多，但是在战争里的英雄形象，在《老子》那里是缺乏的。无论是西方文化里的热情的战士，还是“致命武器”式的独行侠士，都不在老子的视野之内。《老子》的战争思想里是反英雄的。对于老子而言，军事领袖是缺乏所谓的英雄主义气质的，这种缺乏反而才是成功的体现。而西方文化里的英雄从老子的视角去看，更像一个傻瓜，所以注定成为力量本身的牺牲品。与个人坚强品质在一起，西方文化里的对于战争英雄的描述同样也是一个道德典范。梅勒认为在战争的道德维度上，《老子》里同样缺乏这一点。《老子》里的战争中没有善与恶之分，西方语境下所谓的“惩罚性的战争”等概念在老子那里是不认同的。

在第八章《持久与永恒》里，梅勒专门探讨了老子的时间观。梅勒注意到老子的哲学体现出的恬淡虚无与其时间哲学的独特性有关。这种时间哲学强调“持久”（permanence），而非永恒。在这种论述过程中，梅勒同样引入了中西比较的视角。梅勒将奥古斯都的著作里体现的时间观与老子的持久观进行了比较。从表面看，奥古斯都在《忏悔录》里谈到的时间哲学与老子颇有相似，“如在有始无终与正在消失的短暂之间存在差别，同样也存在着一个试图复归于开端的企图”②。但是这种表面的相似在实质上是不同的，其根本的差别就在于持久与永恒之间的差别。老子哲学对持久的认知是内在于时间的，而奥古斯都对永恒的强调，是超越时间的。“《老子》中的持久与《忏悔录》中的永恒之间的区别，被转变为道家与基督教看待时间的态度。”③ 梅勒从时间观的角度探讨了老子与奥古斯都的区别，进而延伸到中国道家哲学与西方基督教文化的异同。

在最后一章《无情——对人道主义的道家式批评》里，梅勒在与儒家人

① 《东西之道：〈道德经〉与西方哲学》第113页。

② 《东西之道：〈道德经〉与西方哲学》第159页。

③ 《东西之道：〈道德经〉与西方哲学》第159页。

道主义思想及西方文化的人道主义的比较过程中，对于《老子》的非人道主义哲学及其文字表达形式给予了确认。而对于习惯于西方的人道主义思想的读者而言，《老子》的非人道主义哲学是颇具挑战性的。既然《老子》缺乏所谓“自由”“民主”“公正”等西方读者习焉不察的人文主义语汇，那么西方读者有可能会发问，这种非人道主义的哲学在今天是否还有其意义。自启蒙时代以来，人成为宇宙的中心，但是在后现代主义哲学思潮的语境下，人的中心地位也慢慢被质疑。所以梅勒发现，“虽然《老子》好像与现代西方人文主义严重冲突，但是有时也很接近后人文主义者（Post-humanist）的思想”①，因此，梅勒说：“我会宣称，道家思想和后现代哲学之间的一致性是前人文主义和后人文主义哲学之间的一致性。”② 对于研究者来说，如果对于前人文主义哲学文本进行新的研究——这种研究应该超越传统的文本学分析方法，而采用超文本形式进行研究，那么将会对所谓后人文主义的阐释学有所启发。

> 非人文主义的观点就像一个更加真诚的、谦逊的自我描述，这种描述不仅考虑到了人如何去做、应该如何去做，也考虑到人做不到，并因此可能就不打算去做的东西。而它至少，或者最终，可以把人类从许多危机当中解救出来。③

梅勒正是在这个角度上，高度肯定了《道德经》在后人文主义时代所具有的独特价值，即它对人类当前的某些危机的解决方式提供新的可能性与思路。

结　语

梅勒在该书的献词上说：“献给我的良师益友陶德文（Rolf Trauzettel, 1930—2019）。”陶德文教授从 1975 年到 1995 年荣休之前一直在波恩大学汉

① 《东西之道：〈道德经〉与西方哲学》第 191 页。

② 《东西之道：〈道德经〉与西方哲学》第 191 页。

③ 《东西之道：〈道德经〉与西方哲学》第 196 页。

学系工作，是德国汉学“波恩学派”的代表人物之一。李雪涛在陶德文教授去世之后写的回忆文章《生时事物看得破——回忆德国汉学家陶德文》里说：

按照陶德文和顾彬的想法，他们希望欧美的汉学研究者能从中国自身去了解中国，而不是按照西方的模式来理解中国的经典。……陶德文拥有丰富的古代汉语知识，并且恪守着老派的德国汉学研究脉络：遵循着文本分析、批判的传统，同时运用历史学和哲学的方法来进行中西比较研究。①

既注重历史传统与语文学的研究方法，又带有自觉的中西比较哲学的视野，梅勒受教于陶德文，这种自觉的学术传承体现在《东西之道：〈道德经〉与西方哲学》一书的写作之中。梅勒在中文译本序言里说：

我总是扪心自问，现在的中国读者，尤其是青年一代，是如何在这个‘极其’现代化、全球化的世界中生活的，他们是如何看待一位异国人士对他们的古代遗产带有异国风味的理解——他们是否会从中发现一些有用的东西。②

从两千多年老学史来看，梅勒选择以老解老的视角，从“谷”与“水”的意象出发，挖掘《道德经》内部的网络结构，并将中西哲学进行会通研究，具有较高的价值与启示意义。

（胡继成　东南大学海外教育学院讲师；
徐志啸　复旦大学中文系教授）

① 李雪涛《生时事物看得破——回忆德国汉学家陶德文》，载《读书》2020年第3期。

② 《东西之道：〈道德经〉与西方哲学·中文版序》第i页。

21世纪以来德语系三国学界中国文学研究的现状与趋势（上）

周　睿

摘　要：以德语系的德国、奥地利、瑞士3国为例，本文抽取30家学术机构、90余位研究学者为样本，专论德语系学界的中国文学研究详情，梳理和总结德语系汉学圈内古典传统与现代转向、研究为主与翻译为辅、规范有序与稳定多元等新时代特征。

关键词：德国汉学　奥地利汉学　瑞士汉学　中国文学研究

21世纪的海外汉学研究出现了诸多转向，而国内学界目前对欧洲汉学的留心与介绍，多停留在20世纪及之前的学术史清理阶段，而对当今活跃在海外中国文学研究与翻译领域的现阶段学者则欠缺系统梳理。本文以德语系的德国、奥地利、瑞士三国高等教育和学术机构中的中国文学研究学者为研究对象，梳理和总结德语系汉学在新时代的时代特征和发展趋向。

一、德国的中国文学研究现状（东部、西部地区）

德国汉学在西欧汉学界占据着举足轻重的地位，追本溯源至1909年汉堡殖民学院（Hamburgisches Kolonialinstitut）首任汉学教授席位的授予，但“二战”前后遭受重创陷入停滞，直到20世纪60年代，各教育研究机构才逐渐恢复或创建汉学/中国研究专业，并持续保持着活力，是欧洲传统汉学嫡传系的生力军。目前德国有二十余所高校建有汉学系，大多数都拥有从事中国文学研究的专门学者，他们在德国汉学学会（DVCS）、德中协会（DCG）、德国亚洲研究协会（DGA）、德语区汉语教学协会（FaCh）等学术平台组织下进行着积极有效的学术对话。

（一）东部地区

首都柏林的洪堡大学东亚研究系（EAS，Humboldt-Universität zu Berlin）设于亚非研究院（IAAW），偏于研究中国和日本的语言、文学、文化与社会方面，由于政治历史原因而保留着较为浓重的区域研究色彩，在德国汉学界并未拔尖。荣誉教授常志静（Florian C. Reiter）在慕尼黑、台北和维尔茨堡学习汉学，曾在维尔茨堡和海德堡大学任教，研究方向是中国宗教和道教文化史，出版了关于中国道教、道藏、风水等研究专著和论文，但未专攻中国文学，此外他还发表有关柏林汉学家研究的论文。现任学者以韩可龙（Henning Klöter）为代表，他先后在特里尔大学、首都师范大学、莱顿大学、台湾大学学习，在波鸿鲁尔大学、台湾师范大学、美因茨大学、哥廷根大学工作，经历丰富，关注华语区的多语现象、接触与联系研究，偶尔涉及华语系文学，出版《常来人之语》（*The Language of the Sangleys*：*A Chinese Vernacular in Missionary Sources of the Seventeenth Century*，Brill，2011）、《影像与想象中的台湾》（*Imaging and Imagining Taiwan*：*Identity Representation and Cultural Politics*，Harrassowitz，2012，张必瑜合著）等专书，长于语言学与政治学。柏林自由大学历史文化学院东亚研究所汉学系（Sinologie，Freie Universität Berlin）是德国规模较大的中国研究中心之一，侧重于现当代中国历史与文化、政治和社会、经济和法律等面向，主办有《柏林中国研究》（*Berliner China-Studien*）、《中国社会与历史》（*Berliner China-Hefte*）等学术刊物，文学研究方面，担任古代中国历史文化教授教席的麦立昂（Christian Meyer）先后在马尔堡大学、哥廷根大学、东海大学学习，在埃尔朗根-纽伦堡大学获得汉学博士学位，此后在莱比锡大学、埃尔朗根-纽伦堡大学、香港中文大学、香港汉语基督教文化研究所等机构任职或兼职，基于博士论文的专著《北宋宫廷的礼仪之争》（*Ritendiskussionen am Hof der nördlichen Song-Dynastie* 1034—1093：*Zwischen Ritengelehrsamkeit*，*Machtkampf und intellektuellen Bewegungen*，Steyler，2008）涉及北宋文学，但主要领域还是在宗教研究上。甄雅（Eugenia Werzner）毕业于马尔堡大学和莱比锡大学，以经学、中国古典文论与诗学、清代考据学等为研究兴趣，博士论文研究清代的《诗经》评注问题。达勒姆人文中心（DHC）的匈牙利籍学者李雅娟（Ágota Révész）就读于布达佩斯罗兰大学和匈牙利戏剧电影大学，曾任匈牙利驻华领事，研究涉及中西传统戏剧比较。柏林工业大学中国研究中心（CCST，Technische Universität

Berlin）全名中国科技文化研究中心，侧重于科学技术领域。毕业于萨格勒布大学和波鸿大学的塔尼娅（Tania Becker）研究跨领域涉及人工智能、社会救济、当代艺术史、道教等，出版有关中国经典的《〈庄子〉中的梦境与死亡》（*Der Traum vom Tod: Zu den Traum-und Todesvorstellungen im Buch Zhuangzi*, Grin, 2006）关涉中国古典文学文本。总体而言，柏林并非中国文学研究的中心，但柏林国立图书馆的中文典籍是全欧洲地区馆藏最为丰富的，是当之无愧的汉学文献中心。

柏林之外，萨克森州的莱比锡是东部德国的中国研究重镇。莱比锡大学东亚研究所汉学系（Sinologie, Ostasiatisches Institut, Universität Leipzig）是德国最古老的汉学研究基地之一，曾拥有贾柏莲（Georg von der Gabelentz, 1840—1893）、孔好古（August Conrady, 1864—1925）、海尼士（Erich Haenisch, 1880—1966）、莫里茨（Ralf Moritz）等学者，如今以传统与现代汉学为交互研究导向，覆盖历史、哲学、经济、宗教诸多学科，出版有《莱比锡东亚/汉学研究丛书》（Leipziger Ostasien/Sinologische Studien）系列，提供本硕博汉学学位。现任学者多有关涉中国文学研究。所长柯若樸（Philip Clart）毕业于波恩大学和不列颠哥伦比亚大学，既研究中国宗教历史学、民间信仰与人类学，也关注明清时代的俗文学和汉学史，出版有包括《道教神祇韩湘子的修仙之旅》（*Han Xiangzi: The Alchemical Adventures of a Daoist Immortal*, Washington UP, 2007）在内的诸多关于民间宗教的专著论文，与同事合编有《莱比锡大学东亚研究所百年史》（*100 Jahre Ostasiatisches Institut der Universität Leipzig, 1914—2014*, Leipziger UV, 2016），他还热心于网络数据库建设与更新，最引人注目的是"中国民间信仰西文研究书目"（Bibli_CPR）和"西方学者中译名录"（Chinese Names of Western Scholars: A Directory），是学界颇为倚重的学术辅助工具。白莎（Elisabeth Kaske）曾在柏林、北京、海德堡学习，在法兰克福、卡耐基梅隆工作，主要研究晚清近代中国的历史和社会，著有《近代中国教育中的语言政治》（*The Politics of Language in Chinese Education*, 1895—1919, Brill, 2008），但不以文学研究为长。徐约和（Jörg Henning Hüsemann）毕业于明斯特和汉堡大学，也在台湾大学、台湾师范大学学习，研究以北魏为中心的早期中古中国历史文学、中国农业和地理、清代科学与思想史，文学研究方面著有《呈古：〈水经注〉研究》（*Das Altertum vergegenwärtigen: Eine Studie zum Shuijing zhu des Li Daoyuan*,

Leipziger UV，2017），此书被列为新近推出的《莱比锡汉学研究丛书》的第一卷，此外他还有一些汉学史研究的论文。毕业于波恩大学、也在科隆大学任职的夏玫（Merle Schatz）研究以蒙古族为中心的中国少数民族、文化接触与翻译，旁涉一些民族文学研究（如《狼图腾》）。曾在同济大学和康斯坦茨大学学习工作的刘志敏（Zhimin Liu）研究方向是晚清民国的话语思想史和中国现当代文学。本校博士毕业的盛洋（Yang Sheng）的学位论文是研究晚清志怪文学，研究立足于中国古典文学。莱比锡汉学实力不容忽视。

（二）西部地区

西部德国的中国研究群贤毕集。汉堡大学是德国汉学的起源地，早在1909 年就设立了德国首个东亚语言历史的教授讲席，先后拥有福兰阁（Otto Franke，1863—1946）、佛尔克（Alfred Forke，1867—1944）、傅吾康（Wolfgang Franke，1912—2007）、刘茂才（Mau-Tsai Liu，1914—2007）、司徒汉（Hans Stumpfeldt，1941—2018）等知名汉学家，如今的中国语言文化系（SKC，Universität Hamburg）挂靠亚非学院，是德国资格最老、规模最大的汉学机构之一，坐拥丰富中文馆藏的图书馆，建有汉堡汉学协会（HSG），出版《远东》（*Oriens Extremus*）学术期刊以及《汉堡汉学丛书》（Hamburger Sinologische Schriften）。傅敏怡（Michael Friedrich）名气甚大，研究贯通史哲，在中国古文字文献、钞本文化、佛学与宋明理学、中国现代史等方面均有建树，编有《采石：物性变化的文化实践》（*Steine*：*Kulturelle Praktiken des Materialtransfers*，Gruyter，2017）等，译注张载《正蒙》（Meiner，1996）等，但研究少有涉及文学本身。冯凯（Kai Vogelsang）毕业于本校，曾在台北和东京学习工作，是概念史研究领域中的翘楚，并以此方法论主攻中国古代和近代思想史，著有多本中国史论，译注《商君书》（*Shangjun shu*：*Writings of the Prince of Shang*，Kröner，2017）等，他与同事费瑞实（Thomas Fröhlich）共同担任《远东》主编。荷兰学者田海（Barend J. ter Haar）也毕业于莱顿大学，任教过海德堡、牛津大学，曾在中、日留学，对儒家文化、中国宗教史、口头民间文学颇有研究，著有巫术、关羽、白莲教、天地会等主题的专著。在老一辈学者如研究《说苑》的司徒汉、翻译中国现代戏剧的艾伯斯坦（Bernd Eberstein）之后，汉堡大学在文学研究上后继乏人。汉堡还拥有德国全球与区域研究中心亚洲研究所（IAS，GIGA），以研究当代前沿问题为重。

下萨克森州的哥廷根大学东亚研究系（Sinologische，Georg-August-

Universität Göttingen）成立于 1925 年，季羡林曾于此求学，施寒微（Helwig Schmidt-Glintzer）曾在此执教，但在 2009 年联合现代东亚研究中心（CeMEAS）重组之后，研究全面转向于现当代中国，不再具有传统汉学特色。施耐德（Axel Schneider）就读于埃尔朗根-纽伦堡大学、波鸿鲁尔大学、哈佛大学、成都大学和北京大学，曾在海德堡大学和莱顿大学工作，主要研究领域为中国近代思想史和学术史，出版有《真理与历史：傅斯年、陈寅恪的史学思想与民族认同》（*Wahrheit und Geschichte*：*Zwei chinesische Historiker auf der Suche nach einer modernen Identität für China*，Harrassowitz，1997，中译本 2008）；苿丽娅（Julia C. Schneider）就读过海德堡大学、柏林洪堡大学、维也纳大学、根特大学、哥廷根大学及北京外国语大学，研究明清史学、概念史、民族志，专著有《国家与种族：有关中国历史、史纂和国族主义的话语》（*Nation and Ethnicity*：*Chinese Discourses on History*，*Historiography*，*and Nationalism*（1900*s*—1920*s*），Brill，2017），二位研究稍涉文学，整体文学研究无足可观。此外，北部石荷州的基尔大学中国研究中心（Chinazentrum，Christian-Albrechts-Universität zu Kiel）以史安梅（Angelika C. Messner）为主任的团队侧重于医学人类学研究，没有涉及中国文学的师资。

北莱茵-威斯特法伦州除了杜伊斯堡大学东亚研究院（In-East，Universität Duisburg-Essen）没有专门从事中国文学研究的学者之外，其他汉学系如波鸿鲁尔大学、波恩大学、科隆大学、明斯特大学等都实力强劲。曾拥有研究五代宋词的霍福民（Alfred Hoffmann，1911—1997）、李渔戏曲的马汉茂（Helmut Martin，1940—1999）、现代文学的冯铁（Raoul David Findeisen，1958—2017）等汉学大家的波鸿鲁尔大学中国语言文学系（SSLC，Ruhr-Universität Bochum）设于东亚研究院（出版有《波鸿东亚研究丛书》系列），与中国历史哲学、东亚政治、东亚宗教、日本语言文学等学系并置，研究专注中国语言、文学和文化，重点又在文学研究，另设有台湾文化与文学研究组和卫礼贤翻译中心，主任是史克礼（Christian Schwermann），他毕业于波恩大学和四川大学，既研究中国古代政治、经济、宗教史，也关注古代汉语的语法、修辞、语义学，在中国文学研究上也有卓绝贡献，独著有《概念史视野下中国古代文本中的“愚”》（*“Dummheit” in altchinesischen Texten*：*Eine Begriffsgeschichte* ，Harrassowitz，2011），合编有《十七世纪前东亚文学中的署名权》（*That Wonderful Composite Called Author*：*Authorship in East Asian Liter-*

atures from the Beginnings to the Seventeenth Century, Brill, 2014)、《中国文学与生活世界及其在东西方的接受研究》（*Zurück zur Freude: Studien zur chinesischen Literatur und Lebenswelt und ihrer Rezeption in Ost und West*, Routledge, 2007）等。柏睿晨（Rüdiger Breuer）在波鸿鲁尔大学、辅仁大学、密苏里大学学习并曾在美国任教，现为东亚研究院研究主任及《波鸿东亚研究年鉴》执行主编，主要研究兴趣在宋元明清的白话叙事文学与戏剧文学等，发表关于柳敬亭、《桃花扇》、宝卷、平话等主题的学术论文，还有《关于德国汉学的历史》一类的学术史文章。毕业于哥廷根大学和汉堡大学的大春（Alexander Saechtig）专注于中国现代文学研究与翻译，专著有《以写代疗：以日本私小说作者为式的郁达夫的自疗之举》（*Schreiben als Therapie: Die Selbstheilungsversuche des Yu Dafu nach dem Vorbild japanischer shishōsetsu-Autoren*, Harrassowitz, 2005），论文有以巴金为题的系列，译有德文版巴金小说《春天里的秋天》《第四病室》（外文，2005/2009）、《郁达夫文集》（外文，2014）以及《二十世纪中国小说佳作选》（*Meisterwerke chinesischer Erzählkunst des 20. Jahrhunderts*, Weimarer Schiller, 2009）；此外他也是大中华文库《史记选》（外文，2015）第三册的译者。波鸿鲁尔大学的中国文学研究承袭传统，兼顾古今，发展稳健。

自 1963 年建立汉学系（Sinologie, Rheinische Friedrich-Wilhelms-Universität Bonn）以来，波恩大学拥有过霍布理（Peter Olbricht, 1909—2001）、陶德文（Rolf Trauzettel, 1930—2019）等前辈汉学家，更出现荣休教授顾彬（Wolfgang Kubin）所引领的黄金时代。顾彬毕业于明斯特大学、维也纳大学、波鸿鲁尔大学和柏林自由大学，学贯古今，力兼研译，主编有 10 卷本德文版《中国文学史》（*Geschichte der chinesischen Literatur*, Saur, 2002—2012，中译本，2008—2014），著有《中国现代诗研究》（*Nachrichten von der Hauptstadt der Sonne: moderne chinesische Lyrik 1919—1984*, Suhrkamp, 1985）、《鲁迅研究》（*Aus dem Garten der Wildnis: Studien zu Lu Xun*, Bouvier, 1989）、《红楼梦研究》（*Hongloumeng: Studien zum Traum der Roten Kammer*, Peter Lang, 1999）、《中西思想研究》（*Der Abbruch des Turmbaus: Studien zum Geist in China und im Abendland*, Routledge, 2016）等，译有鲁迅、茅盾、巴金、丁玲、北岛、杨炼等诸多现代作家作品，被誉为欧洲汉学三大家之一。现今汉学系设于东方与亚洲研究院，研究焦点在当代中国的社会、经济、思

想和对外关系史，也关注中国现当代文学，定期举办波恩汉学研讨会（Bonner Sinologisches Kolloquium），出版学术期刊《袖珍汉学》（*Minima Sinica*）和《方向》（*ORIENTIERUNGEN*：*Zeitschrift zur Kultur Asiens*）。现任系主任是历史学教授、毕业于慕尼黑大学的廉亚明（Ralph Kauz），正是他，将波恩汉学从文学转向到历史学，研究明清史与伊斯兰史及二者之间的接触与互动，编著有《元明文献中的忽鲁谟斯》（宁夏人民出版社，2008）、《海上丝绸之路的方方面面》（*Aspects of the Maritime Silk Road*：*From the Persian Gulf to the East China Sea*，Harrassowitz，2010）等，也旁及诸如《三宝太监西洋记通俗演义》的文学文献研究。马海默（Marc Hermann）在基尔大学、复旦大学及波恩大学学习，兴趣在中国现当代文学上，著有《张爱玲笔下的意识形态与道德批判》［*Leib und*（*A-*）*Moral*：*Ideologie-und Moralkritik im Werk von Zhang Ailing*，Harrassowitz，2013］以及多篇现代文学论文与书评，他更活跃于翻译事业之上，德译有郁达夫《沉沦》、冰心《繁星》、张爱玲《红玫瑰与白玫瑰》、丁西林《一只马蜂》，阿来《遥远的温泉》、毕飞宇《青衣》《推拿》、郭敬明《小时代》、姜戎《狼图腾》、刘慈欣《镜子》、刘震云《我叫刘跃进》、苏童《碧奴》、阎连科《四书》、张翎《金山》等现当代小说、诗歌和戏剧。此外，该系还为毕业于本校、创办了《华裔选集》（*Collectanea Serica*）的马雷凯神父（Roman Malek，S. V. D）保留教职。波恩汉学的文学研究传统仍在延续。

科隆大学东亚研究所中国研究系（CS，OAS，Universität zu Köln）源自1960年建立的汉学系，司马涛（Thomas Zimmer）等学者曾在此工作，如今主要研究中国现代历史与政治、经济与社会、法律和文化几个领域，文学研究集中在文化研究组。系主任旷思凡（Stefan Kramer）毕业于波鸿鲁尔大学，曾在中国的电影厂和德国诸大学工作，研究中国的影视艺术，出版有《中国电影史》（*Geschichte des chinesischen Films*，Metzler，1997；韩译本，Yee San，2000）、《汉学与中国学导论》（*Sinologie und Chinastudien*：*Eine Einführung*，Narr，2013）等；与他研究兴趣相近的是毕业于法兰克福大学和柏林自由大学、主要研究中国武侠电影海索博（Clemens von Haselberg），二人合编有《中国社会兴盛史》（*Zeit*，*Raum und die Wirklichkeiten Chinas*，LIT，2017）。曾在卡塞尔和波恩大学攻读学位的黄伟平（Weiping Huang）研究张爱玲和《红楼梦》，即将出版《红楼梦诗文研究》（*Das Lyrische und das Prosaische im*

Roman Hongloumeng）。毕业于波恩大学，曾在杜塞尔多夫大学任职的刘梅（Mei Liu）以研究《小说月报》等四种晚清散文杂志进入中国文学研究领域，目前研究学衡派。科隆大学的文学研究偏于基于文本和视觉的面向。

明斯特大学汉学与东亚研究院（ISO，Westfälische Wilhelms-Universität Münster）是一所以着眼于早期至中古中国文学、哲学、历史、考古、文化为研究特色的机构，提供本硕博汉学学位。首席汉学教授、毕业于海德堡大学和汉堡大学的艾默力（Reinhard Emmerich）以研究李翱的文人生涯起家，聚焦先秦汉唐的文史哲问题，主编有德文版《中国文学史》（*Chinesische Literaturgeschichte*，Metzler，2004）、《中国简史》（*Kurzgefasste Geschichte Chinas bis zum Ende des Kaiserreiches*，Dt. Ges，1998）等。施可婷（Kerstin Storm）本校毕业，研究唐代判文、古代律法文学、短篇叙事文学，著有《白居易诗中的童年书写》[*Kindheit in der Dichtung des Bai Juyi*（772—846），Ostasien，2014]等，也在古代中西文献交流上用力甚勤。于宏（Hong Yu）毕业于北京大学和慕尼黑大学，其博士论文研究钱锺书《管锥编》。该校沿袭前辈本系汉学家如翁有理（Ulrich Unger，1930—2006）、司徒汉的治学传统，仍以传统的文本文献细读为研究法，保持古典汉学本色。

黑森州法兰克福大学语言文化学院汉学系（Sinologie，Goethe-Universität Frankfurt）自 1925 年卫礼贤（Richard Wilhelm，1873—1930）建立中国学社以来，创办《汉学》（*Sinica*）、《中德年鉴》（*Chinesisch-deutscher Almanach*），奠基了法兰克福的中国研究的基础；今天的汉学系古今兼修，与东亚研究中心（IZO）、中国研究所（CI）多有合作。现任系主任韦荷雅（Dorothea Wippermann）曾在特里尔大学学习工作，研究中国语言文学和跨文化交际，基于文学文本的语言研究是其特点，著有《20 世纪初中国文言小说中的直接引语嵌入语言方式研究》（*Die sprachlichen Mittel der Einbettung direkter Rede in der chinesischen wenyan-Erzählliteratur bis zum Beginn des 20. Jahrhunderts*，Harrassowitz，2001），梳理汉学史编有《卫礼贤研究》（IKO，2007），译有史铁生、冯骥才的部分小说。毕业于哥廷根大学、山东大学、波恩大学和柏林自由大学的阿梅龙（Iwo Amelung）治学范围在中国古代思想史和科技史，其合编《法兰克福学派在中国》（*Die Rezeption der Frankfurter Schule in China*，Campus，2009；中译本，2011）涉及汉学史。扛鼎文学研究的是杨治宜（Zhiyi Yang），毕业于北京大学和普林斯顿大学，著有《自然之辩：苏轼的有限与不朽》

(*Dialectics of Spontaneity*: *The Aesthetics and Ethics of Su Shi* (1037—1101) *in Poetry*, Brill, 2015；中译本，2018)，目前研究兴趣在中国现代抒情古典主义的审美与政治以及汪精卫诗学，翻译方面则是将柯马丁的两本早期中国文学研究专著译成中文版。同州的马尔堡大学东方学系（IO, Philipps-Universität Marburg）限于近东中东和阿拉伯伊斯兰研究，原有的汉学系调整至法兰克福大学。

莱茵兰-普法尔茨州的美因茨大学中文系（Chinesisch, Johannes Gutenberg Universität Mainz）是以中国文学翻译为主导向，招收翻译硕士，曾有顾安达（Andreas Guder）、高立希（Ulrich Kautz, 1939—2020）、柯彼德（Peter Kupfer）、韩可龙等学者在此任职。现任首席汉学教授是何致瀚（Hans Peter Hoffmann），毕业于图宾根大学的他曾在北京和台北工作，在现代文学的研究和翻译上成果甚夥，以研究闻一多和顾城见知于学界，近年来辑有《高行健与杨炼的中国文学对话录》(*Was hat uns das Exil gebracht?*: *Ein Gespräch zwischen Gao Xingjian und Yang Lian über chinesische Literatur*, DAAD, 2001)、《庄子细读》(*Die Welt als Wendung*: *Zu einer Literarischen Lektüre des Wahren Buches vom Südlichen Blütenland*, Harrassowitz, 2001）等，译有《琉璃厂：柏桦、张枣、欧阳江河诗选》(1993)、多多《路》、西川《鹰的话语》(2004)、商禽《梦或者黎明》(2006)、《彝歌：吉狄马加诗选》(2007)、章诒和《往事并不如烟》、慕容雪村的《成都，今夜请将我遗忘》（2008)，蓝波安、刘克襄、蔡素芬、鸿鸿、甘耀明台湾作家作品选（2010—2011）等，此外他就一些政治敏感题材作品包括流亡作家廖亦武的6部作品、刘晓波的最后陈述《我没有敌人》、周勍《民以何食为天》、杨继绳《墓碑》等译介到德语世界。就读过法兰克福大学、波鸿鲁尔大学、埃尔朗根大学的柯山（Thomas Kempa）研究台湾诗人李魁贤以及《孙子兵法》。

同州的特里尔大学语言学、文学与传媒学部汉学系（Sinologie, Universität Trier）于30年前由乔伟（Wei Chiao）创办，年轻而有活力，前系主任荣休教授卜松山（Karl-Heinz Pohl）毕业于汉堡大学、波恩大学和多伦多大学，研究中国文学的伦理与审美、中国思想史和跨文化交流，专注于陶渊明、清代书画与文学、当代中国诗等，著有《郑板桥》(*Cheng Pan-ch'iao*: *Poet*, *Painter and Calligrapher*, Routledge, 1990)、《中国的美学和文学理论》(*Ästhetik und Literaturtheorie in China*: *Von der Tradition bis zur Moderne*,

Saur，2006；中译本，2010，顾彬《中国文学史》系列）等。薪火相传，当今仍有学者继续中国文学研究：现任德国汉学学会主席苏费翔（Christian Soffel）毕业于慕尼黑大学，研究中国古代文学、古代文化史与思想史，重点关注儒学，博士论文研究王应麟《困学纪闻》，著有《文化权力与政治文化：宋金元时期的〈中庸〉与道统问题》（*Cultural Authority and Political Culture in China：Exploring Issues with the Zhongyong and the Daotong during the Song，Jin and Yuan Dynasties*，Franz Steiner，2012，中译本，2018）等。身为钱穆的再传弟子，他对钱穆研究也颇多建树。学习经历从复旦大学、北京大学再到图宾根大学的刘慧儒（Huiru Liu）研究奥地利诗人里尔克《布里克手记》（*Suche nach Zusammenhang：Rainer Maria Rilkes “Die Aufzeichnungen des Malte Laurids Brigge”*，Peter Lang，1994），也涉及中国文学与德国文学的比较，中译卜松山《与中国作跨文化对话》（中华书局，2000）等。

二、奥地利的中国文学研究现状

在德语系学术体系中光芒为德国所掩盖，奥地利汉学发展显得略为黯淡，但奥籍汉学家却不容忽视，诸如毕少夫（Friedrich Alexander Bischoff，1928—2009）、罗斯纳（Erhard Rosner）、皮尔兹（Erich Pilz）、罗致德（Otto Ladstätter）、傅熊（Bernhard Fuehrer）等。今天奥地利的中国学及中国文学研究除了维也纳大学之外，奥地利中国研究学会（Österreichische Gesellschaft für Chinaforschung）也出版学术刊物《中国报导》（*China-Report*），联合奥地利中国与东南亚研究中心（Österreichische Institut für China- und Südostasienforschung）出版研究丛书（Buchreihe der Ö. G. C. F），研究定位偏于文化艺术与社会政治方面。

维也纳大学汉学系（Sinologie，Universität Wien）成立于1973年，首任汉学教授是罗致德。21 世纪以来并入东亚研究院，研究转向为当代中国，出版学术期刊《维也纳东亚研究学刊》（*Vienna Journal of East Asian Studies*），但少有主攻中国文学研究的学者。该所最知名的汉学家当数魏格林（Susanne Weigelin-Schwiedrzil），她曾就读于波恩大学、北京语言大学、北京大学、波鸿鲁尔大学，主要研究中国现当代史，但也涉及一些“大跃进”和“文革”的文学文献和话语，翻译杨继绳《墓碑》、冯骥才《炮打双灯》等。李夏德

（Richard Trappl）是当今奥地利中国文学研究第一人，毕业于本校，一度担任东亚研究院副主任和维也纳孔子学院外方院长，研究兴趣点在六朝文论、《文心雕龙》以及古代小说，编选《中国集萃系列（民间故事、城市剪影、《朝花夕拾》等）》（*Das Bett der hundert Vögel*：*Sagen und Märchen/ Chinas Stadtportraits aus literarischer Feder/ Morgenblüten abends gepflückt*，Wieser，2009），合编《中国当代青年作品选》（*Pflaumen regenfeucht*：*Erzählungen über die Jugend Chinesische Gegenwartsliteratur*，Löcker，2014）、《中国当代微小说选》（*Ein gefallenes Blatt*：*und andere Miniatur-Erzählungen*，Löcker，2015）、《中国民族小说选》（*Die Hochzeit in Gummistiefel*：*Erzählungen kleinerer Volksgruppen in China*，Löcker，2015）等，推动了中国文学在奥地利的传播。费莱丽（Rossella Ferrari）先后就读于威尼斯大学和伦敦大学，先前在伦敦大学亚非学院工作，研究华语系表演文化与戏剧的当代互动以及东亚区的表演政治，著有《先锋在流行：当代中国的实验戏剧》（*Pop Goes The Avant-Garde*：*Experimental Theatre in Contemporary China*，Seagull，2012）、《跨国境的华语戏剧》（*Transnational Chinese Theatres*：*Intercultural Performance Networks in East Asia*，Palgrave Macmillan，2020）、《亚洲城市枢纽：透过香港、新加坡的表演途径》（*Asian City Crossings*：*Pathways of Performance through Hong Kong and Singapore*，Routledge，2021）等专著。雷克桥（Christian Leitner）德译了韩少功《文学之根》、徐友渔《直面历史》等当代作品。此外，该校的藏学佛学研究所（STB）和台湾研究中心（TSC）也关涉中国文学研究。

维也纳大学之外，还有一位就职于 IMC 应用科技大学（IMC Fachhochschule Krems）的学者高明（Gregor Kneussel），他本职研究现代汉语和中国史，编译有乔姆斯基、现代汉语语法、中国简史等著作，但更引人注目的身份是译者，译有外文出版社大中华文库《孙子兵法》（2009）和《史记选》（2015）前两册（第三册译者是波鸿大学的大春）以及儒家经典《大学》（2010）、民间传说《青蛙骑手》（2005）等作品。

奥地利的中国文学研究在德语系国家中相对寥落，对中国文学的翻译多于研究，这与奥地利区域汉学发展趋势较为一致。

（周睿　西南大学文学院副教授）

中国书法艺术在异文化中的镜像

——德国艺术史学家谢凯对唐玄宗书“孝”字的分析

张 杨

摘 要：德国艺术史学家谢凯在其专著《东亚艺术导览》中对34件来自中、日、韩的艺术作品进行了详尽分析和解读，其中就包括唐玄宗写于公元745年的“孝”字（书中所分析的第11号艺术作品）。本文以谢凯的专题性作品分析《“孝”字》一文为基础，评述其对中国书法艺术地位和功能的看法，以及对玄宗书“孝”字的分析，以管窥中国书法艺术在异文化中的镜像。

关键词：谢凯 德国 中国书法 唐玄宗

德国艺术史学家谢凯（Dietrich Seckel，1910—2007）生于柏林，于1936年在彼地获得德语语言文学博士之后作为德语外教前往日本广岛，在中学教授德语和德国文学，数年后又在东京帝国大学（今东京大学）谋得教职。1937—1947年旅日执教期间，他形成了自己对东亚艺术的独特见解。返德后在海德堡大学成为首位取得东亚艺术史专业任教资格的德国人，并牵头创立了海德堡大学东亚艺术史系，这标志着东亚艺术史在德国成了正式的大学学科。他本人担任系主任，并于1965年获得专为他设立的德国首个东亚艺术史学教授席位。① 正因如此，谢凯亦被视为德国东亚艺术史学的创始人。

谢凯在东亚艺术史领域研究的一大强项就是对构形进行分析式描述。这一研究方法的运用深受瑞士艺术史学家海因里希·沃尔夫林（Heinrich

① Lothar Ledderose,„ Dietrich Seckel zum Gedenken “, in: *Nachrichten der Gesellschaft für Natur- und Völkerkunde Ostasiens*, Heft 181 - 182. Hamburg: Gesellschaft für Natur-und Völkerkunde Ostasiens, 2007. s. 7.

Wölfflin，1864—1945）“形式分析”（Formanalyse）理论的影响。1930年，谢凯曾在柏林听过沃尔夫林的课。早在1937年出版的博士论文《荷尔德林的语言节奏：附关于节奏问题的导论以及节奏研究书目》（*Hölderlins Sprachrhythmus*：*Mit einer Einleitung über das Problem des Rhythmus und einer Bibliographie zur Rhythmusforschung*）中，他就对该理论进行过系统且细分入微的运用①，凭借其专著《东亚艺术导览》（*Einführung in die Kunst Ostasiens*，1960），更是将该方法发挥到了炉火纯青的地步。该书亦奠定了他在德国东亚艺术史研究领域的首创者地位。其时，深入的专题性作品分析在德国艺术史撰写领域尚属罕见，谢凯的某些分析甚至开辟了东亚艺术史研究的全新天地②，对唐玄宗书“孝”字的分析即其一例。在《“孝”字》一文中，谢凯从“他者”的视角阐释了这件具有代表性的东亚艺术作品，常常令人有耳目一新之感；行文中亦不乏东西对比之笔，为我们呈现了中国书法艺术在异文化中的镜像。

一、中国书法艺术的地位和功能

在《“孝”字》一文开篇，谢凯便交代了所分析书法作品的基本情况：“唐玄宗（明皇）（685—762，712—756在位）所书，原迹刻石拓片的影印复制品，字高13厘米，拓片整高约3米，书于公元745年。”③ 此外，该文的尾注2还注明了作品出处，即选自1930—1932年间出版于日本东京的《书道全集》（*Shodô Zenshû*，共27册）第9册插图。这一方面与引言中所提到的谢凯旅日长达11年之久的经历有关，日本出版物实则是他接触与了解中国书法的主要媒介，而另一方面也从侧面反映了中国书法艺术在以日本为代表的东亚汉文化圈的传播影响和维度。在展开对“孝”字的分析之前，谢凯还介绍了中国书法艺术的地位、功能、书体演变等。

在中国古代书论中，不乏将书法艺术与书家心性、修养、道德等联系起来的观点，如“笔性墨情，皆以其人之性情为本。”“书，如也。如其学，如

---

① „Dietrich Seckel zum Gedenken“.

② „Dietrich Seckel zum Gedenken“.

③ Dietrich Seckel, *Einführung in die Kunst Ostasiens*. München: R. Piper & Verlag, 1960. s. 138.

其才，如其志，总之曰如其人而已。”[①] 谢凯亦看到了汉字、书法与个人修养之间的关联。他指出，在中国，要具备真正的文化修养，就必须掌握汉字，因为中国类似希腊派地亚式教育[②]的所有高级教化行为都是基于汉字知识的，既包括对经典哲学、史学和诗歌的阅读，又包括个体的书写行为；但在中国，书写不仅仅是一种交流工具，也是最重要的艺术训练之一，甚至是最受推崇的一“艺”，与绘画、诗歌、音乐曾共同构成教育的根基。[③]

汉语里的“书法”一词在德语中译为“Kalligraphie/Kalligrafie”，该词源自希腊语“καλλιγραφία（kalligraphía）”，包含“kalós”（美的、好看的）和“gráphein”（书写）这两个词根，因而其释义为“工整美观书写的艺术”（Kunst des Schönschreibens）。[④] 但真正的“书法”，其基点是审美而非实用性，“它的表现形态是包含着情、意、境、趣等丰富内容的凝练抽象形式的确立，而不是整齐、均匀、划一等一般美的实用工具式的格局”[⑤]，由此可见，此“书法”非彼“书法”也。为向德语世界的读者澄清这一点，谢凯在文中专门强调了二者的区别。他指出，与欧洲人所谓的“书法”相比，中国书法是“受过艺术训练的书写”，并不受制于无个性的、具有装饰功能的规范形式（即美术字），它是书家个性完全而直观的表达，也有可能呈现出某种超越个性的东西；它不仅是个体主观性的一种无意识且难以抑制的流露，而且还蕴含着固有意义价值和表达价值以及超越个体的客观精神。[⑥]不难看出，在谢凯眼中，中国“书法”并非一种追求如何让人进行快速、整齐、美观书写的实用技法，而是书家抒情泄意、表达自我的媒介。“可达其情性，形其哀

① 刘熙载《艺概》，载华东师范大学古籍整理研究室选编校点《历代书法论文选》，上海书画出版社，2014年。

② “派地亚”源自古希腊语“παιδεία”，可译为“教化”，意为对灵魂的培育以及性格的塑造。参见高莘《从雅典到耶路撒冷——古希腊教化（paideia）的演变及早期基督宗教对其的传承》，载《宗教学研究》2012年第2期。

③ *Einführung in die Kunst Ostasiens*. s. 138.

④ Dudenredaktion（Hrsg.），*Duden -Deutsches Universalwörterbuch*. Berlin：Dudenverlag，2011. s. 956.

⑤ 陈振濂《书法美学》第8页，山东人民出版社，2006年。

⑥ *Einführung in die Kunst Ostasiens*. s. 139.

乐"[①]“书则一字可见其心"[②]，均包含此意。另者，谢凯还在中国书法作品中看到了“超越个体的客观精神”。中国书法所呈现的不仅仅是“墨象”和“心象"[③]，而且还有“道"[④]，集中体现了中国人的美学观和艺术观，亦映射出构成中国文化核心的儒、释、道思想，“平和中正”“物我两忘”“天人合一”“对立统一”，不一而足。

二、对书法作品“孝”字的分析

谢凯认为，要想根据书体、个人风格以及艺术等级对一幅东亚书法作品进行评价，就必须始终以标准而规矩整齐的楷书为出发点，就连书写这个“孝”字的唐明皇在孩童时期也要先学楷书。[⑤] 因而，他在分析玄宗书“孝”字之前，首先对作为孩童识字摹本的楷体“孝”字进行了介绍。他指出，要正确书写这个楷体“孝”字，笔画、笔顺、布局均很重要：

> 先写上面的横（1），然后写竖（2），之后是长横（3），再以一笔从右上至左下书写的、遒劲俊逸的长撇（4）完成该字的上半部分；下半部分的组成构件有一笔短促的、带有旋即向下弯转的渐细折画的平挑（5），从折画的尖端生出了弯曲度较大、下面带有一笔有力（钩）画的弯折（6），最后还有一笔贯穿这个弯折的稍短的横画（7）。[⑥]

借由这个具体的楷体“孝”字，谢凯从“形式分析”视角谈及自己对汉

① 孙过庭《书谱》，载《历代书法论文选》。

② 张怀瓘《文字论》，载《历代书法论文选》。

③ “墨象”指书法通过汉字传递出来的形态和形象，包括所有的书法作品、书迹、笔迹等；“心象”则意味着书家的主观审美诉求、审美体验和审美意象。参见洪厚甜《书法学习漫谈》，载《中国书法》2018年第7期。

④ “道”指的是蕴含在书法中的中国传统思想和文化；在非汉语文化圈国家传播书法时，应通过“象—技—道”这三个层面来逐步推进，以实现真正意义上的文化传播。参见周斌、颜以琳《书法的国际传播与实践体系》，载《中国书法》2018年第3期。

⑤ *Einführung in die Kunst Ostasiens*. s. 145.

⑥ *Einführung in die Kunst Ostasiens*. s. 145-146.

图 1　作为孩童识字摹本的楷体“孝”字
(*Einführung in die Kunst Ostasiens.* s. 146.)

字构形的理解，认为每一个汉字都是由数量有限的特定部件构成，这些部件须相互接合成一个有着固定内在关联的整体，以形成匀称的比例性、高度的稳定性、和谐的平衡性以及将所有部件连成整体的连贯的节奏性；就如同处在一个磁场之中，所有构件都十分紧密却又充满弹性地连接在一起，离心力和向心力须在外转和内旋中保持平衡；每一笔画本身都须是整体中造型和谐的部分，须自身具有生动的张力，并与其他所有笔画紧密关联，同样，单个汉字与行款、篇章的关系亦如此。① 在此，谢氏看到了中国书法中空间分割的魅力所在，既“静中见动”，又“从动归静”，既有静止之美的效果，又有动态生命的存在，“我们看到的不仅仅是一具完美的躯壳，我们从躯壳中看到了活的力、活的细胞的跃动、活的意识的转换与循环”②。除了动静间的相辅相成之外，他还注意到了书法作品中由墨线与纸张所造就的“留白”，认为留白自身也以生动的方式被激活，在通常由方形、矩形、椭圆所环绕的黑与白之间的虚构符号场域中发生着辩证式对话。③

上述分析之后，谢凯又明确指出，这里所展示的楷体“孝”字尽管能向

① *Einführung in die Kunst Ostasiens*. s. 146-147.

② 《书法美学》第 90 页。

③ *Einführung in die Kunst Ostasiens*. s. 147.

人示范如何正确书写，但却算不上是一件真正的书法作品，而仅仅只是学童习字所使用的摹本，只可算作一件书写作品而已。紧接着，他就将目光投向了自己要分析的玄宗书“孝”字：

> 他先写的是那笔短横，然后是压在上面的那一竖，之后自然就将那笔长横简化成一笔上扬的短提，以快速重获高度，给撇画一个变异明显的遒劲之形。最后，他从该字下半部分的三笔中构建出一道独特的弧线，弯曲生动有力，转向对比鲜明；从书写规则上讲，弧线收锋于一笔短横，这笔短横虽构形自由，但却书写得有力而果断，成为支撑浑重宽绰的上半部分的平衡体。由此可见，从根本上来讲，这个“孝”字以楷书字形为出发点，但却通过将某些点画相连并以柔婉而不间断的笔法进行圆转而使之简化；这又同时促使连贯性和完整性得到增强，（借用沃尔夫林的概念）这种连贯性和完整性从“多样的统一”（eine vielheitliche Einheit）中创造出了“同一的统一”（eine einheitliche Einheit）①。②

在此基础之上，谢凯洞烛幽微，还观察到书家通过各种技巧来对这个“孝”字进行丰富，例如，线条的粗细变化使之显得更加生气勃勃，线条方向的鲜明对比以及圆润、爽朗、浑厚与柔婉、锐利的笔势的对比使之更具张力；作为“图像”，这个字是静态的，具有结构对称的平衡性，但这个“形之舞”（Formentanz）却蕴含着强烈且张力十足的力量角力，这就又将一种不对称的动态平衡呈现于我们眼前③。为引导读者去更仔细地观察，进一步深入到“这

① “多样的统一”和“同一的统一”是瑞士艺术史学家沃尔夫林在其代表作《艺术史的基本概念：关于后期艺术风格发展的问题》（*Kunstgeschichtliche Grundbegriffe：Das Problem der Stilentwicklung in der Neueren Kunst*，1917）中用概念对举形式提出的“五对概念”之一。“多样的统一”主要体现在文艺复兴艺术中，指的是组成整体的各个部分相互独立却又相互呼应，仿佛每个部分都受整体的支配；“同一的统一”在巴洛克艺术中表现明显，弱化了各个独立部分相互依存的多样性，强调的是一种绝对的统一性，由此，艺术所表现的主导母题得到空前强化，各个部分则丧失了其独立的特权，形体与形体间的对比变得更加隐蔽，它们之间相互连通，其中的运动奔涌不止。参见 Heinrich Wölfflin，*Kunstgeschichtliche Grundbegriffe：Das Problem der Stilentwicklung in der Neueren Kunst*. München：Hugo Bruckmann Verlag，1917. s. 168-169，173.

② *Einführung in die Kunst Ostasiens*. s. 147-149.

③ *Einführung in die Kunst Ostasiens*. s. 149.

图2　唐玄宗书“孝”字

(*Einführung in die Kunst Ostasiens*, Kunstwerk 11. s. 144—145.)

个构形所创造的迷人而又永不枯竭的宝藏之中”，谢凯不吝笔墨，对“孝”字的那一笔长撇进行了抽丝剥茧般的分析：

> 具有决定性意义的是那一笔撇画，仿佛构成整个字的脊柱，在楷书中则构成上下两部分的界限，同时亦是二者的中介。而在这个“孝”字中，该笔画被向下斜拉，行笔时带着让人难以置信的笃定和力量，同时，其左侧充斥着转角和尖锐的形状，右下方占主导的是那些呈圆弧状的造型，这也就意味着，这笔长撇同样也是技巧的过渡，即从一定程度上法度严谨的技巧到更加放纵、圆转性更强的技巧。①

紧接着，谢凯将楷体“孝”字与玄宗书“孝”字进行对比，认为前者中三笔平行的横画在后者中演变成了三种完全不同类型的笔画，即结构范式被解构成了一个非范式化的、自由互动并且富于形态变化的布局，且这一布局仍具有一个中心点，它位于那笔长撇的中央，是构形整体的横纵轴交叉点，

① *Einführung in die Kunst Ostasiens*. s. 150.

将所有放纵恣意的造型都紧密地聚集在一起，为构形所具有的动势提供了一个无形却起着决定性作用的支撑，这样，就使得从各个方向贯穿这个“孝”字的连绵流注之势环绕于一个固定的、充满力量的中心核。①

在对“孝”字的这番体悟和描述之后，谢凯还提醒读者，于大多数欧洲人而言，书法作品中的汉字仅仅只是纯粹的形式构形，但在中国人眼中，它却还是向他们直观传递其涵义的表意符号，只有理解了其文本含义，甚至超越文本层面的文化含义，才能真正理解和解释它。以玄宗书“孝”字为例，这个汉字所体现的是中国人的基本美德“孝”，这一美德是所有人与人之间其他道德伦理关系的典范，人只有通过遵循孝道，才能真正成其为人，才能具有合乎礼俗的“仁”（Menschenfreundlichkeit），并由此自发产生出所有其他美德，无怪乎中国典籍《孝经》开篇就用这个声调铿锵有力的“孝”字引入了一句简短警言——“夫孝，德之本也，教之所由生也”；而且，这个饱含中国伦理内涵的汉字为帝王唐玄宗所书，这就更增添了这件作品的警示效力。②

结　语

德国艺术史学家谢凯对中国书法作品“孝”字的分析，亦可被视作异文化的“他者”对中国书法艺术的理解和阐释过程。根据以汉斯-格奥尔格·伽达默尔（Hans-Georg Gadamer，1900—2002）为代表的诠释学观点，对某一文本或艺术作品中真正意义的充分汲取，是永无止境的，它事实上是个无限的过程；一再会有新的理解源泉涌出，显露出意想不到的意义关联。③ 谢凯对标准楷书和玄宗书“孝”字均进行了细致入微的定量分析，这一视角在中国书法界是较为罕见的，因而称得上是对这件作品的一种新的解读。谈及文本理解过程，伽达默尔认为，其中起决定性作用的是阐释者自己的“视域”（Horizont），即在重新唤起文本意义的过程中，他自己的思想总已参与其中；但这种“视域”，并非他自己所坚持或贯彻的那种观点，更多的是类似于他让其发挥作用或进行冒险的某种意见或可能性，是他的“前见/前理解”

① *Einführung in die Kunst Ostasiens*. s. 150-151.

② *Einführung in die Kunst Ostasiens*. s. 151-152.

③ Hans-Georg Gadamer, *Wahrheit und Methode: Grundzüge einer philosophischen Hermeneutik*. Tübingen: J. C. B. Mohr (Paul Siebeck), 1972. s. 282.

(Vorverständnis)，它能帮助阐释者真正获得文本的意义，这就是“视域融合”(Horizontverschmelzung)。[①]对于艺术作品的理解亦如此。谢凯自身具有沃尔夫林“形式分析”理论的知识背景，这在他理解和阐释玄宗书“孝”字的过程中作为“前见/前理解”而客观存在并发挥作用，成为他“视域”的重要组成部分。当他看到这个“孝”字，感受到书家彼时创作作品时所投射出来的“视域”时，作为理解者和阐释者的他便主动让自己的视域与之相容相受，“听”到这幅作品在向他相倾相诉，从而完成当下的理解和阐释任务。

从更宏观的层面来看，谢凯对这件书法作品的理解和阐释过程，也是中国书法艺术从东到西、从培育和滋养自身的文化场域进入与之迥异的德国文化场域的传播。究其根本，这一历程就是一个跨文化的相互镜照与互动阐释过程。对其进行深入体察，有助于我们加深对海外汉学的认识，借鉴其理论视角，检视其阐释得失，并在此基础上审视异质文明间的对话、碰撞和融合。

（张杨　西南交通大学外国语学院副教授）

① *Wahrheit und Methode*：*Grundzüge einer philosophischen Hermeneutik*. s. 566.

·英国汉学研究·

查尔斯·博克塞与《天下月刊》

潘铮铮

摘　要:《天下月刊》是民国时期由中山文化教育馆资助创办的一份英文学术期刊，旨在向英语世界的读者诠释中国，促进现代中外文化交流。1938年至1940年，英国历史学家查尔斯·博克塞在《天下月刊》发表了8篇关于16至18世纪欧洲葡萄牙和荷兰与远东相关国家交流互动的文章，集中展现了他在这一时期的学术旨趣与研究成果。这一系列文章亦是研究《天下月刊》的办刊理念及博氏本人史学思想的重要资料。本文以此为例，探讨博克塞的治学和思想及其与《天下月刊》的情缘。

关键词: 查尔斯·博克塞　项美丽　《天下月刊》

英国历史学家查尔斯·博克塞（Charles Ralph Boxer, 1904—2000）出身于英国怀特岛的一个军人世家，早年先后入惠灵顿公学（Wellington College）和桑德赫斯特皇家军事学院（The Royal Military College Sandhurst）学习。完成教育后，博克塞加入英军林肯郡军团（Lincolnshire Regiment），不久后晋升为少尉。因精通多国语言，博克塞于1937—1941年间作为英国情报官被派到中国香港。在中国香港服役期间，他充分利用业余时间数次探访中国澳门以及战火频仍的中国内地，并研究远东历史。中国澳门与周边国家间关系，比如16至18世纪中国澳门与欧洲在远东的各殖民地、中国澳门与日本的关系等是这一时期博克塞关注的重点，他因此与文德泉（Monsignor Manuel Teixeira, 1912—2003）神父、潘日明（Rev. Benjamin Videira Pires, S. J., 1916—1999）神父并称为“澳门史学三大家”，亦被国际史学界公认为“以全球史观研究葡萄牙海洋帝国历史、荷兰东印度公司历史以及耶稣会在欧洲以外传教史的最为卓越的历史学家之一”①。也正是被派驻在中国香港的这段时日，博克塞结识了当时在中国香港的上海名流，随即成为上海英文刊物《天下月刊》（*T' ien Hsia Monthly*）的高产作者。

图1　博克塞上校（近1937年）

图片来源：Dauril Alden, *Charles R. Boxer, An Uncommon Life: Soldier, Historian, Teacher, Collector, Traveller*. Lisboa: Fundação Oriente, 2001.

《天下月刊》是1935—1941年间中国人在上海创办的一份颇具影响力的英文刊物。它诞生于20世纪30年代的上海。正如李欧梵笔下那个堪比巴黎、柏林、伦敦、布拉格和纽约的现代化都市，当时的上海备受世界瞩目。这座坐落于东方的“巴黎”因其独有的魅力，吸引着来自世界各地的探访者。但是，当时来华的外国人往往只能通过外文媒体了解中国。即便是那些在中国长居的外国人，也会因为文化或语言上的差异而与真正的中国相互隔离。与此同时，一些国人在留洋后也来到上海，他们热衷于文学艺术等领域的社会活动，能用英文流利地与外国人交流思想，并逐渐意识到向世界介绍和解释中国文化的重要性。这其中就包括“招摇的文学纨绔子”邵洵美②和他的朋友们。

在这群上海名流中，不得不提及一位美国作家——项美丽（原名Emily Hahn，昵称Mickey，又译为“密姬”，1905—1997）。她时任美

① 顾卫民《博克塞及其葡萄牙海洋帝国史研究》，载《全球史评论》2014年第七辑。

② 邵洵美（1906—1968），1923年初毕业于上海南洋路矿学校，同年东赴欧洲留学，入英国剑桥大学攻读英国文学，1927年回国。

国《纽约客》(*New Yorker*)杂志社通讯记者，是个喜欢冒险猎奇、阅历丰富的美国作家。1935年项美丽与姐姐海伦（Helen Hahn，1903—1990）从旧金山起航，赴远东旅游，最终途经东京来到上海。在上海，项美丽游刃于当地洋人圈，并邂逅了邵洵美，成为邵洵美的公开情人，与其双双出入于上海的各大社交圈。邵洵美还为之起了个中国名字：项美丽。通过邵洵美的介绍，项美丽认识了很多当时文学与艺术界的中国朋友。

> 在洵美的朋友里，有几位留过洋，精通英文的饱学之士，如温源宁、吴经熊（即吴德生）、全增嘏、叶秋原等人。他们与洵美有深交，与项美丽也就成了很熟的朋友，他们不时去宁波路江西路口上海银行大楼楼上她的寓所聊天。在聊天中他们酝酿创办一份英文的杂志。[①]

在项美丽的半自传小说《我与中国》[②]（*China to Me*）中，她详细描述了《天下月刊》的办刊情况：

> 这些朋友们聚在一起讨论一个振奋人心的新项目：出版一份英文杂志，旨在促进东西方文学之间的互相了解。有人提议该刊物应具有政治性，但被否决。这个提议获孙科支持，他是“中华民国”奠基者孙中山的儿子。现在重庆，而据我所知，他当时在欧洲。杂志被定为月刊，刊名叫《天下》，意思是包罗天下万象。当然，如同其他中国词汇一样，它是一个引语，亦包涵“世界”之意。[③]

吴经熊也曾在其自传性著作《超越东西方》中记述了《天下月刊》的创办过程。他当时担任孙中山文教进步研究所宣传部（Publicity Department of the Sun Yat-sen Institute for the Advancement of Culture an Education）部长，在《中国评论》的一次聚会上结识了北大西方语言文学系的教授温源宁，其后两人谈起创办一个向西方解释中国文化的英文期刊。这起初只是一个粗略的想

① 邵绡红《天生的诗人——我的爸爸邵洵美》第170页，上海书店出版社，2015年。

② 这本书由邵洵美的同窗好友顾苍生翻译，并在1945年出版了中译本。

③ Emily Hahn, *China to Me: a Partial Autobiography*, First e-reads publication, 1999, p. 17.

法，但是研究所的主席孙科得知后立即同意了这一想法并力促该刊的办成。吴经熊和温源宁邀请到林语堂和全增嘏做编辑，请徐铭做广告经理。而“天下”一名是因吴经熊看到孙科的横幅“天下为公”，想到“杂志也应谈论天下大事，要与别人分享”①，在编辑部第一次会议上，取“天下”为名的这个提议得到了采纳。

1935年8月，《天下月刊》在上海正式创刊。该刊最初由南京中山文化教育馆主办，上海别发洋行（NESSRS，KELLY & WALSH，Ltd.）出版发行，编辑部设在上海愚园路1283号，主要编辑有吴经熊、温源宁、林语堂、全增嘏、姚克等。其中吴经熊任经理兼执行编辑，温源宁是主编。

> 温源宁担任主编，他是个理想的人选。尽管他中文不流利——他是华侨，海外华人——他的理念却完全是东方的。他喜爱学习古典语言。这一爱好并不妨碍他对T. S. 爱略特（T. S. Eliot）的深爱。他也十分欣赏A. E. 霍斯曼（A. E. Housman）。还有吴约翰（吴经熊），他是个有趣的怪人，那时正在考虑加入罗马天主教。约翰曾在哈佛研究法律，是霍尔姆斯大法官（Justice Holmes）的学生，与霍尔姆斯一直有书信往来。现在他正尝试将他那西式的过去与中式的当下融为一体。跟洵美一样，他也非常的中国，甚至拒绝穿西装，而且他的宅子完全是传统中国风格。比洵美更极端，他的英文带有浓重的中国腔，而且洵美告诉我，那是宁波腔。②

作为学术性的文学杂志，《天下月刊》装帧简洁，封面最上方用英文写着“T' IEN HSIA MONTHLY”，正中间竖排写着“天下”两个汉字，下面用英文标明出版年月，最下面写着：“Published under the auspices of the Sun Yat-sen Institute for the Advancement of Culture and Education，Nanking”（南京中山文化教育馆赞助出版）③。《天下月刊》于每月15号出版，6月、7月休刊，一年共10期，从1935年8月到1940年5月共出版50期月刊，1940年8月改为双

① 吴经熊著，周伟驰译《超越东西方》第158页，社会科学文献出版社，2013年。

② *China to Me* , p. 17.

③ 国家图书馆出版社于2009年影印了《天下月刊》，共十一卷。

月刊出版后又发行了6期，至1941年9月停刊为止，合计出版了12卷56期。该刊分有评论、翻译、简史和书评4个栏目。值得注意的是，自1937年8月起，《天下月刊》每期的评论文章都增添两到三篇外国人撰写的文章，侧重向国人介绍外国人眼中的中国，内容涉及有关中国历史、文化、军事、外交等各领域的研究。

项美丽应邀在《天下月刊》上写过30多篇书评，其中不仅包含评述美国作家海明威（Ernest Miller Hemingway，1899—1961）、斯坦贝克（John Ernst Steinbeck, Jr.，1902—1968）及英国作家沃尔夫（Adeline Virginia Woolf，1882—1941）等人的小说，还有许多涉及中国的书评。正因如此，博克塞在读到项氏在《天下月刊》发表的专栏文字后，深受吸引，倾慕其才情，并决定到项美丽在上海的愚园路寓所拜访她。[①] 至今尚未明确究竟是谁具体安排了博克塞与项美丽的会面。博克塞的好友弗雷特·阿特丽（Freda Utley，1898—1978）在回忆录中记载了她在上海见到项美丽后，即刻写信给博克塞，建议博克塞在下次去上海时一定会想着见到这位项美丽女士。[②]

图2 《天下月刊》封面（1938年1月刊，2009年国家图书馆出版社影印）

图片来源：笔者摄于澳门大学图书馆。

《天下月刊》的主要编辑成员在1937年底上海沦陷后被迫迁居中国香港，结识博克塞。随着上海战事推进，

① 参见王璞《项美丽在上海》第138页，人民文学出版社，2005年。

② Freda Utley, *Odyssey of a Liberal: Memoirs*, Washington, D. C.: Washington National Press, 1970, p. 221.

博克塞被派往上海观察日军的行动，他随即带着全增嘏的介绍信，借此行拜访了项美丽。邵洵美的女儿邵绡红在《天生的诗人——我的爸爸邵洵美》中记载了博克塞与项美丽初见的场景：

> 上海时局紧张以后，《天下》编辑部的一班人马移居香港。全增嘏介绍一位英国朋友来上海拜访项美丽。他是个年轻的少校，是英国驻香港政府里负责远东事务的。他研究东亚历史，能讲一口日语，有一股书生气，名字叫查尔斯·鲍克瑟。他跟《天下》的人很熟，闲谈中听到这位美国女作家的传奇故事，他也曾读过一些她的作品，对她颇有好感，特地来上海见见她。那一天，他到蜜姬家作客，青连（项美丽的佣人）上楼通报，他在楼下那间书房兼客厅的房间里不安地等待女主人的倩影出现，顺便拿起茶几上的一本杂志翻阅。听到楼梯响，他马上从沙发里立起身来，走到楼梯脚下去迎主人，伸出右手准备和蜜姬握手，哪里知道下楼走到他面前的是“密尔斯先生”①，他握到一只毛茸茸的手，吓得差点喊出声来。蜜姬跟在小家伙后面下楼，看到客人那副惊魂未定地跟她握手的尴尬表情，她忍不住笑了。后来还几次提起与他第一次见面的戏剧性场面来打趣他。当时鲍克瑟对她有意，但她那时已心有所属，鲍克瑟只好失望回港，次年和别人结了婚。②

博克塞与项美丽只匆匆一见便回了中国香港，而此次会面究竟谈了什么，我们只能从项美丽的《我与中国》中略知一二。博氏对项美丽的书评深表赞美，同时告诉项美丽自己是个写历史书的作家。其实，当时的博克塞不仅是英国派驻中国香港的情报官，而且已在远东历史学界有一定的影响。因与《天下月刊》的编辑交好，又受到此次会面的鼓舞，博克塞凭借其敏锐的学术洞察力，亦成为《天下月刊》的热心作者，相继发表8篇作品，其中包括6篇论文和2篇书评：

① 密尔斯是项美丽在上海城隍庙买的长臂猿。

② 《天生的诗人——我的爸爸邵洵美》第201页。

表 1　博克塞在《天下月刊》发表的作品

文类	篇　名	《天下月刊》
文章	三百年前的澳门（MACAO，THREE HUNDRED YEARS AGO）	第 6 卷第 4 期（1938 年 4 月）
书评	《亚洲轴心：日本新外交史》（Harry Emerson Wildes 著）（ALIENS IN THE EAST：A NEW HISTORY OF JAPAN'S FOREIGN INTERCOURSE，By Harry Emerson Wildes）	第 6 卷第 5 期（1938 年 5 月）
文章	1621—1647 葡萄牙支援明朝抗清的军事行动（PORTUGUESE MILITARY EXPEDITIONS IN AID OF THE MINGS AGAINST THE MANCHUS，1621—1647）	第 7 卷第 1 期（1938 年 8 月）
文章	荷兰德胜使团（Isaac Titsingh）1794—1795 出使乾隆朝始末［ISSAC TITSINGH'S EMBASSY TO THE COURT OF CH'IEN LUNG（1794—1795）］	第 8 卷第 1 期（1939 年 1 月）
书评	《欧洲文化与日本文明的早期关系》（Henri Bernard 著）（LES PREMIERS RAPPORTS DE LA CULTURE EUROPÉENE AVEC LA CIVILISATION JAPONAISE，By Par le R. P. Henri Bernard，s. j.）	第 8 卷第 2 期（1939 年 2 月）
文章	明末清初海外中国人状况（1500—1750）［NOTES ON CHINESE ABROAD IN THE LATE MING AND EARLY MANCHU PERIODS COMPILED FROM CONTEMPORARY EUROPEAN SOURCES（1500—1750）］	第 9 卷第 5 期（1939 年 12 月）
文章	贾梅士去过澳门吗？（WAS CAMOENS EVER IN MACAU?）	第 10 卷第 4 期（1940 年 4 月）
文章	Nicholas Iquan（郑芝龙）兴衰记［THE RISE AND FALL OF NICHOLAS IQUAN（*Cheng Chi-lung* 鄭芝龍）］	第 11 卷第 5 期（1940 年 4—5 月）

从博克塞发表的文章来看，早期欧洲与远东的关系，尤其是葡萄牙、荷兰与中国、日本的互通是他研究的重点。

《三百年前的澳门》翻译了鲜为人知的葡萄牙编年史家兼地理学家安东尼奥·博卡罗（Antonio Bocarro，1594？—1642）写于 1635 年的著作。该书原为

300 多页的手稿，附有 48 张关于葡萄牙人在亚洲的堡垒及其定居点的地图。难能可贵的是，治学严谨的博克塞又在 1942 年将博卡罗的著作与同时代的意大利旅行家达瓦罗（Marco d' Avalo，生卒年不详）1638 年游历中国澳门时的见闻、英国旅行家皮特·芒迪（Peter Munday，1596—1667）1637 年随威德尔（Captain John Weddell，1583—1642）船队到中国澳门时的见闻及 14 篇涉及新国王即位仪式在中国澳门举行过程的文献共同编译成葡英双语版《葡萄牙复国时期的澳门》（*MACAU NA ÉPOCA DA RESTAURAÇÂO*），英文书名为《三百年前的澳门》（*Macao Three Hundred Years Ago*），1984 年英文版再版更名为《十七世纪的澳门》（*Seventeenth Century Macau*）。

《1621—1647 葡萄牙支援明朝抗清的军事行动》实际是对《三百年前的澳门》中涉及的中国澳门炮台的补充。此文结合了“包括首次发表的手稿、出版或未出版的《耶稣会年报》、澳门历史档案馆的《澳门档案》、曾德昭的《大中国志》以及译为葡文的中文文献”①，追溯了明朝天启、崇祯、永历年间，葡萄牙人用中国澳门葡人万奴·卜加劳②（Manoel Tavares Bocarro）掌管的卜加劳铸炮厂的火炮援明抗清的经过，并准确记载和分析了广东、北京及澳葡三方对此次援救行动的心态和行动。

《荷兰德胜使团（Isaac Titsingh）1794—1795 出使乾隆朝始末》一文则详细讲述了荷兰使臣德胜（Isaac Titsingh，1745—1812）、范罢览（Andre Everard van Braam Houckgeest，1739—1801）率使团进京为乾隆皇帝祝寿一事。值得注意的是，博克塞描述的字里行间无不包含着“了解之同情”。首先，博克塞认为英国使臣马戛尔尼（George Macartney，1st Earl Macartney，1737—1806）进京之前如果没做好行中国“三跪九叩”之礼的准备，还不如不去北京，而马戛尔尼访华失败一事又致使荷兰使团一行遭到清廷的怠慢。由此，我们可以看出，博克塞身为常年驻外官员，定是做好了万全的心理准备，以应对国与国之间在外事交涉层面的不时之需。其次，在提及策划并参与荷兰使团进京的关键人物范罢览其人之时，博克塞通篇褒奖了这位倾慕中国文化、热爱中国百姓的广州荷兰商馆大班。这或许与博克塞本人早年赴日

① 张廷茂、宾静《博克塞的澳门史研究》，载《中国史研究动态》2000 年第 4 期。

② 生卒年不详，葡萄牙铸炮家族第二代继承人佩德罗·卜加劳（Padro Dias Bocarro）之子。1557 年佩德罗在澳门建造铸炮厂，1625 年万奴掌管该厂。

担任语言官员的经历有关。那时正值英日同盟解除，英国国内的亲日派和反日派交锋不断。一方面，作为亲日派官员马尔康·肯尼迪（Malcolm Duncan Kennedy，1895—1984）、罗伊（F. S. G. Piggott，1883—1966）的朋友，精通日语、熟知日本文化而又充满着性格魅力的博克塞早已成为日本名流圈的常客。另一方面，1938 年 10 月下旬日军相继侵占广州、武汉，步步紧逼，英国首相张伯伦（Arthur Neville Chamberlain，1869—1940）虽然已于 1938 年 9 月同德国签署慕尼黑协定以出卖捷克斯洛伐克来寻求自保，但是作为训练有素的情报官，驻守在中国香港的博克塞已经敏锐地察觉到日军对英国及其远东殖民地的威胁，而在此时他又该有怎样打通重重关卡，获得重要的情报……凡此种种，博克塞难免会有关于自身身份认同以及对如何执行任务的思考。

“从细微处观察”是获取情报的关键，也正是凭借这样的技能，博克塞善于用独特的视角观察那些消失在公众视野中的历史。例如《明末清初海外中国人状况（1500—1750）》一文正记述了那些在早期中欧关系史中无名无姓抑或无人问津的海外中国人，他们大多出身世家却被贩卖为奴，或向欧洲翻译中国史书，或为欧洲的远东殖民地开疆拓土。同时，博克塞也毫不掩饰地记载了当时欧洲人对中国人的贩卖、欺骗与利用。而《贾梅士去过澳门吗?》一文，尽管博克塞试图用大量史料证明贾梅士（Luís Vaz de Camões，1524/1525—1580）没到过澳门，但是最终他发现贾梅士是否来过澳门其实是个谜。无论后世学者对这一论题有怎样的论证，从此文的开篇我们可知，该文是博氏对美国记者韦伯·波顿（Wilbur Burton，1901—1956）当年 1 月在《天下月刊》发表的《拉丁美洲的文化趋势》（“Cultural Trends in Latin America”）一文关于贾梅士来过澳门这一观点的质疑与回应，这也足以说明博克塞是《天下月刊》的忠实读者。《Nicholas Iquan（郑芝龙）兴衰记》结合中日葡三国史料探究了郑芝龙的身世，博克塞以为，无论郑芝龙的功过，至少在抵御外侵保卫明廷这件事上，郑芝龙的成就应受到更多的尊重。

我们亦可从博克塞的两篇书评了解他的一些史学观念和治学理念。例如，评论亨利·伯纳德（Henri Bernard，1900—1967）著《欧洲文化与日本文明的早期关系》一文，博克塞认为欧洲对日本文化的影响十分短暂，除了南蛮屏风留存外，其余的影响略见一斑。他还主张做历史研究应该结合多重史料，同时注重经济等社会因素对历史的影响。在评论美国社会学家哈利·怀尔兹

（Harry Emerson Wildes，1890—1982）所著《亚洲轴心：日本新外交史》时，博克塞痛批作者无视经济因素对历史发展的影响，忽略了包括日本学者竹越与三郎（Yosaburo Takekoshi，1865—1950）的《日本文明史的经济方面》（*The Economic Aspects of the History of the Civilization of Japan*）在内的一系列史料。

由于语言的优势，博克塞每写一篇文章都会对比同一主题的多国多语言史料。除上文提及的史料外，博克塞参考最多的材料还有荷兰汉学家戴闻达（Jan Julius Lodewijk Duyvendak，1889—1954）、法国汉学家伯希和（Paul Pelliot，1878—1945）发表于《通报》[①]（*T'oung Pao*）的文章，他先后在4篇文章中7次引用了《通报》。此外，博克塞还十分关注日本和葡萄牙的史料，其中包括他的日本好友岩生成一（Iwao Seiichi，1900—1988）发表在《东洋学报》（*The Toyo Gakuho*）的文章以及创刊于中国澳门的葡语学术周刊《大西洋国》[②]（*Ta Ssi Yang Kuo*），等等。

综上，这8篇文章正是博克塞结合其早年学术积累和自身经历，及其对在《天下月刊》所阅数刊的一种回应。自孩童时代起，因家藏图书馆的历史书及家中的日本艺术藏品，加之博克塞家族早年的远东航海传说，博克塞对早期欧洲与远东地区的关系产生了浓厚的兴趣，并立志研究葡萄牙帝国在远东的地位，尤其是葡萄牙在中日贸易关系中的角色及其发挥的作用。而要研究葡萄牙的远东活动，必然不能忽略对荷兰和日本的了解。从桑德赫斯特皇家军事学院完成学业后，博克塞参加了英日同盟时期的语言培训项目，并自学荷兰语和葡语，赴荷、葡等地查阅大量一手史料。在被派往日本担任语言官期间，博克塞更是积极了解日本文化，精进自己的历史研究。

有趣的是，每一篇文章的结语处，博克塞总要加上如此一些想法以表达他的写作目的：

> 一定还有更多的相关材料会引起那些研究早期欧洲与中国关系的学生们浓厚的兴趣，如果此文亦能让中国学者把这些知识介绍给西方学生，

---

① 这是西方最具权威的三大汉学学报之一，是自1890年起由荷兰、法国、汉学家合办的汉学期刊。

② 博克塞参考的是1899—1903年间出版于里斯本的《大西洋国》月刊，因该月刊是对此前1863年创办于中国澳门的《大西洋国》周刊的延续和补充，固笔者以出版于中国澳门的周刊为宗。

那是再好不过了。①

郑芝龙应该被更多人注意到，如果这篇文章能让更多的中国学者研究此人，我写此文就值了。②

作为研究葡萄牙、荷兰海外扩张史最权威而多产的历史学家，博克塞的著作至今仍被学界广泛提及并引用。然而，很少有人知道这背后蕴含的博氏本人的思想动向，而他为世人讲述早期中、葡、荷、日等国关系史实的目的更少为人知。如若结合《天下月刊》的创刊理念——为世界更好地了解中国，我们不难看出，博克塞穷尽史料、还原史实，实际是为了揭秘那个不为人知的远东，填补学术史的空白，鼓励更多的人，尤其是寄希望于中国的学者能更好地向世界介绍早期的欧中关系，介绍中国。

正是借助《天下月刊》这个平台，博克塞、项美丽等这样一批英语世界的作者向我们阐释了“他者”眼中的世界与中国。这是 20 世纪 30 年代中期中国人和英语世界的外国人共同在向世界解释和介绍中国各个方面的一种合作与实践，亦促进了中外文化的相互认知。而博克塞——这个关注远东“小人物”“小事件”的大学者，其独特的视角与纵览天下材料的治学方法，持之以恒地对同一主题多维度研究的严谨治学风格，对我们今日做历史文化的研究，以及如何向世界诠释中国都有很大的启发。

（潘铮铮　北京外国语大学博士后）

① Charles Boxer, “Portuguese Military expeditions in aid of the Ming’s against the Manchus, 1621-1647”, *T’ien Hsia Monthly*, No. 1 (1938), p. 36.

② Charles Boxer, “The Rise and Fall of Nicholas Iquan (Cheng Chi-lung 鄭芝龍)”, *T’ien Hsia Monthly*, No. 5 (1940), p. 439.

高本汉和汉语方言调查的字本位方法

——20世纪中西学术交融的一个典型案例

马德强

摘　要： 目前汉语方言调查通行的字本位方法是20世纪前半期中西学术交融的产物。瑞典学者高本汉当年较早地把西方语音学理论和汉语实际结合起来，根据预先选好的一批常用单字调查各地方言，并把《广韵》作为解释现代方言的出发点。赵元任等中国学者接受并进一步完善了高本汉的做法，使字本位方法成为方言调查的通行模式。文章勾勒高本汉建立字本位方法的大致过程，阐明他的做法对中国学者的影响，相关讨论可以澄清学术界对字本位方法来源的模糊认识。最后指出，汉语方言调查采用字本位的方法是十分稳妥而又富有成效的，不宜轻易否认。

关键词： 高本汉　汉语方言调查　字本位　《广韵》

目前的汉语方言调查普遍采用字本位方法，通常是使用《方言调查字表》记音。这份字表在《广韵》音系的框架内排列3000多个常用单字。以它为依据记录各地方言，可以快速掌握方言音系的基本面貌，也便于观察方言的古今演变规律。

学术界通常认为字本位的方言调查法是由赵元任等老一辈中国学者建立的。如果追本溯源，这种方法的使用实际上应当首推瑞典汉学家高本汉（Klas Bernhard Johannes Karlgren，1889—1978）。20世纪初高本汉来到中国，将西方语音学理论和汉语实际结合起来，根据预先选定的一批单字记录各地的方言。随后他又将《广韵》音系确立为解释现代方言的出发点。高本汉当年的研究取得很大成功，给中国学者提供了很好的示范。现在使用的《方言调查字表》其实是赵元任、丁声树、李荣等中国学者在高本汉的基础上不断完善的结果。

高本汉的方言成就主要见于《中国音韵学研究》（*Etuds Sur La Phonologie Chinoise*，1915—1926）一书。但是书中展示的只是最终成果，并没有交代当年调查的具体过程以及相关细节。学术界对高本汉的方言调查情况了解并不太多，对字本位方法来源的认识也比较模糊。例如，汪平认为使用字本位的方法调查方言始于20世纪20年代赵元任对吴语的调查。他指出：

> 看赵元任先生的求学历程，他在负笈西游前，虽已有很好的国学基础，但似未听说钻研过音韵学。令人吃惊的是，他在学习西方语言学理论和方法后回国进行汉语方言调查，竟没有照搬西方的调查方法，却用起了西方不存在的《广韵》这一工具！从而创造了一种中国和西方都从未有过的方言调查方法。这实在是一项伟大的创举！①

这句话后面还特意加个脚注："我们不能肯定，赵先生是否受到高本汉的启示。"汪先生不确定字本位方法是否与高本汉有关，更倾向于是赵元任自己探索出来的。又如，游汝杰总结高本汉对汉语方言学的贡献，具体包括6个方面②，但是并没有提及字本位的调查法，似乎没有注意到这种方法与高本汉之间的关联。两位学者在方言学界颇有影响，他们的认识具有一定的代表性。

本文拟结合相关资料勾勒高本汉当年的方言调查情况，阐明他的做法对中国学者的影响。相关讨论将有助于廓清学术界对字本位方法来源的模糊认识，也有助于更加全面了解高本汉对汉语方言学的贡献。另外，西方有学者对字本位调查法的效用提出疑问，涉及字本位方法的评价问题，本文也一并讨论。

一、高本汉建立字本位方法的两个阶段

方言调查的字本位方法可以分解为两个方面，一是预先选定一批常用单

① 汪平《汉语方言语音调查与字本位》，载《中国方言学报》2010年第2期。

② 游汝杰《高本汉对汉语方言学的贡献及相关问题探讨》，载《语言研究集刊》2017年第17辑。

字作为调查单位，一是把所选的单字放入《广韵》音系的框架内，赋予其摄、等、开合的特点。《中国音韵学研究》第三章是“古音字类表”，在《广韵》音系的框架内排列三千多个单字；第十八章是“方言字汇”，以韵摄为单位逐一列举各地方言读音。两部分遥相呼应，相互参照，很容易让人误以为高本汉当年是先根据《广韵》音系编制“古音字类表”，然后再依据这个字表记录各地语音。可是从相关资料看，实际情况正好相反。高本汉当年找到《广韵》并把它作为参照系，是在方言调查结束之后回到欧洲才发生的事。也就是说，高本汉选择常用单字和将它们放入《广韵》音系的框架不是同步完成的，一个发生在调查之前，一个在调查完成之后。

（一）根据预先选定的一批常用单字记录各地语音

高本汉来中国之前，已经学习了欧洲的语言学理论，有方言调查的实践经验，而且发表过相关成果。瑞典学者马悦然（Göran Malmqvist，1924—2019）提到①，高本汉对家乡方言比较感兴趣，早在 1904 年还在读高中时他就已经对家乡附近的方言做过调查。他发表的第一部具有科学价值的论著也与方言有关，即 1908 年在乌普萨拉大学读书时发表的《特维达和莫县的民间故事》。该成果用方言字母记录特维达县蒙萨普教区的 30 个故事和莫县安耶尔德海斯特拉斯教区的 15 个故事。1910 年 4 月底高本汉来到中国，一边努力学习汉语，一边着手开展方言调查。他没有把调查瑞典方言的模式直接套用到汉语上面，而是结合汉语实际调整了调查方法。马悦然谈到过相关情况：

> 部分建立在伦德尔的《瑞典民间各种方言调查中的典型词汇》基础上的高本汉斯莫兰方言调查工作，构成了调查中国方言的准备。只是记录斯莫兰乡村方言与记录华北平原的方言有巨大差别。考虑到高本汉拥有的有限时间和他想要调查的那么多方言，他无法遵从伦德尔在《典型词汇》第二页向他提出的忠告：“不要直接问词和形式（受访者不应该知道你要的是什么），而是负责把它们放到句子里。”
>
> 1910 年夏天高本汉努力学习北京方言，8 月份投身于太原方言的学习。借助受访者，他已经收集到甘肃、陕西以及晋南、晋北的方言资料。

① ［瑞典］马悦然著，李之义译《我的老师高本汉》第 45—46 页，吉林出版集团有限公司，2009 年。

1910 年 9 月 17 日他报告说，他有五位不同的受访者，与他们每人每天工作一小时。①

高本汉对瑞典方言的调查是以词为单位，但是这种方法对汉语来说未必合适。需要调查多少个汉语词才能记录一个完整的方言音系，提前无法预测。高本汉要在短期内收集大量方言资料，根据汉语的特点改用汉字作为调查单位是非常明智的。他预先选好一批常用单字，通过询问发音人来记录字音。《中国音韵学研究》中译本“译者提纲”提到高本汉的调查方式，是他本人在一次通信中说的：

据高氏说（通信中），字音的调查法不是叫人一个字一个字读，乃是问他什么叫什么。例如，“帆”字也许被问的人不认识它，也许把它读作别字，所以最好问他：借风力行船用布做的那个东西叫什么；如果他说是“船篷”，那么再问他还叫什么，直到问出可认为“帆”字读音为止。②

此时高本汉对《广韵》的情况尚不了解，用来调查的那批单字是依据什么选出来的，因为资料缺乏，目前难以说清楚。当时西方学者研究汉语有翻字典的习惯，高本汉后来对《广韵》反切的分析就是参考的《康熙字典》，方言调查用字当初很可能也是从这类字典中选出来的。在今天看来，高氏选字有很大的随机性。根据冯蒸等人的统计，高本汉所选的单字只涉及《广韵》里的 1995 个小韵，还有 1879 个小韵没有涉及，甚至有十几个韵类压根没列代表字③。如果当年他在调查之前就已经对《广韵》音系有了全面了解，单字的分布应当不会如此失衡。他调查的最终成果就是我们今天看到的《中国音韵学研究》第四卷的“方言字汇”，详细罗列 3100 多个单字在各地的具体读音，规模十分庞大。

---

① 《我的老师高本汉》第 74 页。

② ［瑞典］高本汉著，赵元任、罗常培、李方桂译《中国音韵学研究》第 18 页，商务印书馆，1994 年。

③ 冯蒸《高本汉〈中国音韵学研究·古音字类表〉音节表勘正》，载《语言研究集刊》2018 年第 21 辑。

高本汉于1911年11月取道西伯利亚返回欧洲，在中国前后只生活了一年半左右。在这期间，除了学习汉语、调查方言，他还做了不少其他事情。比如在太原大学堂承担每周22个小时的德语、法语、英语的授课任务，持续10个月。他还为《每日新闻》撰写大量报道，游历各地收集文物资料等。不难想见，他在中国的生活是十分紧张而又忙碌的。当时能在这么短的时间里收集如此众多的方言资料，效率是惊人的。应当承认，根据提前选好的单字作为调查依据是他能够取得成功的一大关键。

（二）把《广韵》音系确立为解释现代方言的起点

高本汉在《中国音韵学研究》中明确说汉语方言研究需要一个合适的起点，而《广韵》是最好的选择。下面的话是他本人说的：

> 关于现代汉语研究的大困难，就是缺乏一个历史的起点。①
>
> 其实，无论哪个现代方言都不能当作研究其他方言的起点。只有一个有效的起点就是古音。②
>
> 无论从哪一点看，以《广韵》的反切为根据是最可取的办法。反切包括的是语言的全部，一点没有缺憾，而且时代也早的多（纪元后500年—600年）。所以要为研究很多的现代方言找一个满意的根据，反切也应该比韵表好得多。③

从相关资料看，高本汉当年并不是一开始就意识到方言研究需要一个出发点，实际上有个逐步摸索的过程，而最终选择《广韵》也是受到其他学者的启发。高本汉在中国生活的一年多时间里，主要以山西太原为中心调查山西、陕西、河南一带的方言。马悦然说高本汉在中国待了差不多一年以后，仍然没有定下来论文的题材④，不清楚该如何处理收集的方言资料，并为此感到苦恼和厌倦。直到1913年4月他才明确提到“我想为我的调查材料找一个可靠的出发点”⑤。关于汉语研究的起点，此前已有其他学者做过尝试，例如

① 《中国音韵学研究》第6页。

② 《中国音韵学研究》第7页。

③ 《中国音韵学研究》第58页。

④ 《我的老师高本汉》第73页。

⑤ 《我的老师高本汉》第203页。

E. H. Parker 拿汉代的一首诗《悲愁歌》作为起点，A. Forke 选择北京话作起点。高本汉认为他们的做法不可行①。真正给高本汉的研究带来启发的是法国汉学家马伯乐（Maspero，1883—1945）。他当年参照《广韵》研究安南语音，取得了较好的成绩。高本汉认为马伯乐拿《广韵》作起点的做法是严谨的。高本汉对《切韵》《广韵》版本情况的介绍就是引用马伯乐的原话：

> 这些古字书里有一部《玉篇》，是 543 年作成的，不幸在 1031 年陈彭年的再版里经过很多的修改，几乎使我们不能再利用它了。……还有《切韵》现在也失却了它的本来面目。可是有一种带 676 年注解的本子还保存些残卷：一种残卷是 1908 年刊行的，里面有去声除去前几韵，跟入声的全部；另外还有一种没有刊行的残卷，就是 Pelliot 在敦煌所找到的。还有一种在 751 年经过孙愐增修的本子，叫作《唐韵》的，亦失掉了。但是 Pelliot 在敦煌也找到它的残卷。最后有一种在 1007 年重加增修现在还完全存在的本子就是《广韵》。《广韵》有两种版本：一种是略本，一种是详本。两种版本里的反切是相同的。关于略本，有《古逸丛书》第十三种覆刻元泰定本（1325）。关于详本，有两种覆刻北宋本：一种是张士俊泽存堂五种本，一种是《古逸丛书》第十二种本。拿《切韵》残卷跟《广韵》比较起来，他们的反切是一致的。②

马伯乐的这段论述实际上是参考法国另一位汉学家伯希和（Pelliot，1878—1945）的著作③。马悦然说："直到 1913 年 12 月，离答辩还有一年半时间，伯希和才证实对高本汉的构拟工作来说，《广韵》是最详尽的材料来源。"④ 说高本汉受伯希和的影响当然不能否认，但是马伯乐的影响其实更为直接。到了这个时候，高本汉才算真正找到了研究的起点。而此时他离开中国已有两年，方言调查早就结束了。

选定《广韵》之后，高本汉归纳出它的音类系统，仿照古代的韵图将

① 《中国音韵学研究》第 5—7 页。

② 《中国音韵学研究》第 18—19 页。马伯乐的原文参见 Henri Maspero，"Etudes sur la phonetious historique de la langue annamite，les initiales."，*BEFEO*，Vol. 12，No. 1（1912），p. 119.

③ Pelliot，"Notes bibliographie Chinoise"，*BEFEO*，Vol. 2，No. 4（1902），pp. 323-328.

④ 《我的老师高本汉》第 203 页。

《广韵》音系以图表的形式呈现出来，然后把之前调查所用的3000多个单字排列在相应的位置，使得每个字都有明确的音韵地位，具备了摄、等、开合的特点，便于称说和描述。此即《中国音韵学研究》第三章“古音字类表”所做的工作。高本汉说：“这个字表是为研究现代中国方言作基础的，但是照我看它的功用比这个还要多得多呐。它可以当作中古汉语的一种‘指掌图’（manuel），因为这个表里有3100多个语言中常用的字，在一个有组织的地位中放着。”① 前文提到，高本汉当初选择调查用字并没有参考《广韵》，有一定的随机性，未能完整反映出《广韵》音系的全部音节，还有1800多个小韵没有涉及。对此，李荣说：“拿三千多个常用字来调查方言的音系是够的，拿来研究反切却不免粗枝大叶。”②

高本汉制作的这个“古音字类表”对方言研究的重要意义在于，把调查用字和《广韵》音系结合到了一起，对汉语方言学产生了深远影响。后来中国学者设计的各种调查表格，基本都是在《广韵》音系的框架内排列方言单字的。

二、方言调查字本位传统的形成

《中国音韵学研究》当年刚一出版便引起了汉语学界的关注。原书是法文本，赵元任1921年看到此书后决定将其译成中文，而此时该书只出版了前三卷。1924年夏天，赵元任旅居德国期间曾经几次去瑞典哥德堡同高本汉见面，协商翻译的具体事宜③。中译本由赵元任、罗常培、李方桂3人通力合作完成，最终于1940年由商务印书馆出版。当时汉语方言学正处于草创阶段，此书的问世可谓恰逢其时，为中国学者提供了很好的示范。赵元任他们在翻译高氏论著的过程中，在研究方法上受其影响是很自然的事。

通常认为现代意义上的汉语方言学发端于20世纪20年代初。当时北京大学成立“歌谣研究会”，向全国征集民间歌谣。因为歌谣以地方话为载体，记录各地方言成为歌谣研究的基础工作。于是，汉语方言的调查与研究逐渐

① 《中国音韵学研究》第61页。

② 李荣《切韵音系》第109页，科学出版社，1956年。

③ 赵新娜、黄培云《赵元任年谱》第127页，商务印书馆，1998年。

引起学术界的关注。从1923年到1925年,《歌谣》周刊和增刊相继发表了一系列关于方言调查的文章。其中比较有代表性的是林语堂1923年在《歌谣》增刊上发表的《研究方言应有的几个方言学观察点》一文。林语堂1921年9月至1923年1月在德国莱比锡大学攻读语言学博士,熟悉欧洲的语言学理论。他以西方语言学的眼光,提出建立汉语方言学的十点建议。其中第二条明显体现出高本汉对他的影响:

> (二)应以《广韵》二百 六部为研究起发点——《广韵》《切韵》这些书是极精于辨音的书,然而所分二百 六部,今人许多解不清楚。我们既然要研究方音,自当有历史的系统,有历史的起发点。此起发点除去《广韵》二百 六部以外,别无他处可以寻求。……瑞典教授珂罗倔伦在他的《中国音韵学》(法文本)已搜集了不少方音材料,并且是按韵按等排列的,是很便利的参考书。只可惜他所用发音字母,平常读者怕不易懂。再以他在中国两年研究二三十个方音的材料,又于南方方音未深研究,不免觉得还有许多缺漏,土话土音恐怕非生长其处的人未能深窥其底蕴。同一字同一时同一城市而读音往往有不同或是互相出入的。这非本乡人总怕考察不到,或是考察的结果靠不住。①

林语堂研读过《中国音韵学研究》法文原本,翻译过高本汉的《答马斯贝啰(Maspero)论切韵之音》(1923),后来还撰写过《珂罗倔伦考订切韵韵母隋读表》(1933)。林语堂主张以《广韵》作为方言研究的出发点,无疑是接受高本汉的观点。

非独林语堂,赵元任、罗常培、丁声树、杨时逢等一批现代中国语言学者可以说均受到高氏的影响。当时汉语方言学尚处于起步阶段,一项重要任务是收集尽可能多的方言资料,以便快速掌握各地方言的大致情况。高本汉的成功实践无疑为中国学者提供了很好的借鉴。赵元任1927年秋调查江浙地区的吴语,设计了专门的表格,记录大约2100个单字,在很短的时间内便完成了33个点的调查工作。调查的最终成果即1928年出版的《现代吴语的研

① 林语堂《研究方言应有的几个方言学观察点》,载《语言学论丛》第242—243页,开明书店,1933年。

究》，被认为是中国第一部用现代语言学方法研究汉语方言的著作。赵元任在书前的“调查说明”中对他的调查和高本汉的异同作过对比，列举了10个方面。该书对吴语声韵调系统的分析以《广韵》音系为参照，制作的声母表、韵母表、声调表的表头都分别列有中古音系的相关名目。科学出版社在1956年重版此书，书后附有《现代吴语调查表格》和《吴音单字表》[①]。赵元任当时调查、记录、分析语音的规范成为后来方言工作者的楷模。紧接着，“中央”研究院历史语言研究所先后组织过多次颇具规模的方言调查，例如两广（1928—1929）、陕南（1933）、徽州（1934）、江西（1935）、湖南（1935）、湖北（1936）、云南（1940）、四川（1940）。参加者主要有赵元任、丁声树、杨时逢、吴宗济、董同龢等人。其中作为调查报告的样板而率先整理出版的《湖北方言调查报告》（1948），前面的“总说明”交代说：“调查现代方言所根据的音韵系统，最方便的是用《切韵》《广韵》《集韵》这一系韵书所代表的中古音系。”[②] 这份调查报告列出了当时调查所用的字表，按照《广韵》音系的框架排列，共有678个单字。[③] 此外，罗常培调查厦门和临川方言，出版的《厦门音系》（1930）和《临川音系》（1940）都与《广韵》音系做了比较，也都编制了“同音字汇”。很明显，当时中国学者的方言工作主要是沿着高本汉开辟的道路朝前走的。

目前通行的《方言调查字表》是李荣、丁声树在20世纪50年代根据赵元任的《方言调查表格》修订增补而成。而赵元任1930年设计的《方言调查表格》的原型即高本汉编制的“古音字类表”。赵元任主持翻译高本汉的著作，对这个“古音字类表”当然是熟悉的。高本汉当年模仿古代韵图在《广韵》音系内罗列3000多个常用单字，制成“古音字类表”。他的声母表和韵母表是分开排列的，而赵元任则将它们合并在一个表中，纵列声母，横列韵母和声调。从“古音字类表”到《方言调查表格》，再到《方言调查字表》，虽然具体排列形式有所调整，字数不断增加，但整体格局并没有多大变化，都是以《广韵》音系为依据，引入等韵的摄、等、开合诸要素排列单字。

---

① 科学出版社1956年出版的《现代吴语研究》，第137—158页是《现代吴语调查表格》，第159—206页是《吴音单字表》。

② 赵元任等《湖北方言调查报告》第7页，商务印书馆，1948年。

③ 这个调查字表是经过简化的。前3次调查使用的字表太长进展比较慢，为了加快进度，从第4次调查开始使用简化后的字表。详细情况见《湖北方言调查报告》前面的序言。

可以看出，现代汉语方言学从20世纪20年代建立那一天起就积极利用《广韵》这个参照系，使用字本位的调查法，延续至今已经形成传统。而高本汉则无疑起到导夫先路的作用。

作为汉语方言学建立和发展过程中起到关键作用的人物，赵元任1974年在美国加州伯克利接受采访，谈到二三十年代的方言调查，他曾明确表示自己是模仿高本汉的：

施奈德：你为什么得找到有文化的人？

赵元任：我想模仿高本汉所做的那类词汇调查。为了达到那个目的，我得使用一份统一的调查字表，这份字表可以代表所有可能有的声母、韵母和声调。有一份长长的字表要问，当然，在某些情况下，我得告诉他们“这个字在哪个哪个词里面”。

施奈德：所以能认字是你希望从他们那里得到发音的一个途径？

赵元任：是的。

列文森：我还想再追问几句。你所谓的有文化指的是他们的词汇量比农民大，还是只是能够读你给他看的字，这样你就能得到你想得到的纯正发音了？

赵元任：使用汉字只是要覆盖所有可能出现的声母和声调。如果我可以在一个地方停留的时间足够长的话，当然我能够大致学会那个方言，跟当地人说话，然后得到该方言音系的所有内容。当然，那样花的时间会长得多。①

上面的对话透露出几点信息：（1）赵元任采用字表调查方言是模仿高本汉的；（2）使用字表调查方言，所选的字要有足够的代表性；（3）使用专门的字表调查方言，需要发音合作人具有一定的文化水平，要能认识字表中的字；（4）字本位调查法节省时间，可以在短时间内快速掌握方言音系。

或许有人会说，即便没有高本汉，赵元任等中国学者也会采用字本位方法，因为汉语是音节型语言，拿汉字作为调查单位是很自然的事情。但历史事实无法否认，当年确实是高本汉率先使用了这种方法，然后赵元任等中国

① ［美］列文森著，焦立为译《赵元任传》第130页，商务印书馆，2010年。

学者又在高本汉的基础上予以进一步完善。准确地说，汉语方言调查的字本位方法是20世纪前半期中西学术交融的产物。

三、字本位方法的评价问题

西方有学者对高本汉建立的字本位方法持不同意见。早在20世纪40年代，比利时学者贺登崧（W. Grootaers，1911—1999）就表达过不满："刘复和赵元任两位所做的研究，和高本汉（1915）的早期研究有个共同点，即他们都只是局限于记录书面文字的方言音。""学者们还没有摆脱对书面语的极度崇拜。因而在做语言调查时，就是让被调查人读字表，这样，几乎就无法了解方言的现实情况。"① 美国学者罗杰瑞（Jerry Norman，1936—2012）前些年也批评过："在中国，长久以来，汉字是统一各地语言的主要因素，于是方言调查，一般要区分某字文读与白读，这样做的缺点，是把方言调查的焦点转移到汉字上：想知道汉字怎么念。那么，方言岂不成了一批批的汉字清单?""一百年前，各方言区的老百姓多半是文盲，他们说的话里肯定没有那么个'字表'。而研究方言，最让人感兴趣的是各个方言间的差异，如果我们过分注意字表上汉字的读音，那正是舍本逐末，把焦点放在各个方言间最近似处。"②他们认为汉语方言调查应当放弃字表，主张以方言中的口语词作为调查对象。

这些学者站在西方语言研究的立场上审视汉语方言研究，忽视了东西方语言类型的不同和研究传统的差异。西方语言的基本单位是"词"（word），一个概念就是一个词。他们的语言调查自然是以词为单位。按照这种方法，语音系统需要从大量的词语中分析出来，需要记录多少词才能归纳出一个完整的音系，提前无法预知。把这种调查方法用于汉语不是不可以，董同龢在1946年调查四川凉水井客家话就采用这种方式，通过对话、闲谈获取语料。但毫无疑问，这种方式会耗费大量时间和精力，而且对调查人员的专业素养也有很高的门槛。汉语口语中存在复杂的语流音变现象，诸如变声、变韵、

① ［比利时］贺登崧著，石汝杰、岩田礼译《汉语方言地理学》第3、6页，上海教育出版社，2003年。

② ［美］罗杰瑞《汉语方言田野调查与音韵学》，载《北京大学学报》2007年第2期。

变调、轻声等。在这种情况下如果以词为调查单位，先记录大量的词语然后再从中还原出完整的音位系统，难度可想而知。所以，以词为本位的调查法在汉语方言中很少使用。① 高本汉、赵元任他们当年没有照搬西方的模式，而是结合汉语的特点另辟蹊径是非常明智的。汉语是有着丰富文献记载的音节型语言，整体上看一个音节基本对应一个概念。建立“字音”的观念，使用字本位的调查法，是与汉语的这种特点相适应的。而且从以往的研究实践来看，如果不是基于“字音”观念，把音节中的声、韵、调分开观察，好多现难以难释清楚。

例如，根据文献记载可知中古汉语有一套浊辅音声母，即並［b］、定［d］、群［g］、从［dz］等。这套浊辅音在大多数方言中已经清化，与同部位、同方法的清音合并。可是对于塞音、塞擦音来说，有送气不送气的区别。中古浊塞音、塞擦音清化后读成送气的清音还是不送气的清音，在不同的方言中表现形式不一样。长沙话都读成不送气的，南昌话都读成送气的，而北京话则与声调的平仄有关：平声送气，仄声不送气。解释这种现象就必须以字音为基础，把声母的变化和声调的平仄结合起来才能讲明白。又如，文白异读是汉语方言中较为常见的一种现象。要想弄清楚文白异读之间的对立到底体现在何处，也需要把声、韵、调分开来观察。其实，文白异读的“异”不是词的差异，也不是音节的差异，而是音节内部声、韵、调某一要素的差别。陈忠敏列举过厦门话的例子。只有声母不同：富［hu^5/pu^5］；只有韵母不同：带［tai^5/tua^5］；声调相同而声母韵母不同：岁［sue^5/he^5］；声母相同而韵母声调不同：密［bit^8/ba^6］；只有声调不同：腐［hu^3/hu^6］；声韵调都不同：蚁［gi^3/hia^6］。②

近些年随着普通话的强势推广，各地的方言受到很大冲击，发展呈现一定程度的式微态势。好多年轻人平时习惯于说普通话，已经讲不出地道的家乡方言，理想的发音人越来越难找。在这种情况下，《方言调查字表》的适用性和效用有所下降。不过，出现这种现象并不是字本位调查法有什么不好，而是方言自身发展带来的问题。两个问题不属于同一层面。

① 董同龢当年调查华阳凉水井客家话选择从口语入手，与此地的特殊情况有关。华阳凉水井客家人说的客家话已经与文字脱离关系。没有人会用客家话读书，小学和私塾都以普通的四川话教读。

② 陈忠敏《重论文白异读与语音层次》，载《语言研究》2003 年第 3 期。

《广韵》的音类区分非常细密。《方言调查字表》根据《广韵》的声韵调系统排列3700多个单字，基本上照顾了方言中可能出现的各种音类，具有广泛的代表性和适用性。以往的实践证明，根据这个字表记录各地方言，是切实可行而且富有成效的，不宜轻易否认。王福堂说：

> 方言调查中用《字表》记音，主要是由汉语的特点决定的。当然，用字表记音还有别的好处：比如便于归纳方言的语音系统，记音的同时也和《切韵》音系进行了初步的历史比较，记音后所得同音字表还是音系的重要组成部分。因此，废止使用《字表》的说法，显然是不能考虑的。①

我们赞同王先生的意见。

（马德强　扬州大学文学院副教授）

① 王福堂《汉语方言调查和方言语音》，载《语言学论丛》2007年第36辑。

学者之外的高本汉*

［瑞典］马悦然 著　陈彦辉　刘茹楠　黄　芳 译

任何对自己语言的历史感兴趣的中国人对高本汉（Klas Bernhard Johannes Karlgren，1889—1978）这个名字一定不会陌生。我将在本文中详细介绍学者身份之外的高本汉。

第一次见到高本汉，是在 1946 年春天。那时，我在斯德哥尔摩以北 80 公里左右的乌普萨拉大学学习拉丁语和希腊语。当时，我正在努力准备拉丁文考试，偶然读到了著名学者林语堂的《生活的艺术》。在这部通俗易懂的作品中，作者谈论了一些中国最伟大的道家思想家，如庄子和《道德经》不知姓名的作者。我被《道德经》深深吸引住了，立即前往大学图书馆借了所有我读得懂的译本。很快我就发现，德、英、法译本有着天壤之别，真想不通译文竟然依据同一本书。我鼓起勇气，打电话给高本汉——时任斯德哥尔摩远东考古博物馆馆长，问我可否前去拜访，他邀请我在博物馆见面。几天后见到高本汉时，我问他《道德经》的这三个译本哪一个最可信，他说都很差劲。他告诉我，他的译本才是唯一可信的，但还未出版。他把手稿借给我，一周后我读完还给了他。第二次拜访高本汉时，他问我为何要学拉丁语和希腊语，何不改学汉语。后来，我告诉他我很乐意改学汉语，他说："很好！八月下旬再来，到时我来教你。再见！"

1946 年 8 月，我放弃了学习拉丁语和希腊语，搬到了斯德哥尔摩。当时根本不可能找到地方落脚，因此那几个星期，我不得不睡公园和广场的长椅上；如果天气太坏，无法睡在户外的话，我就睡在火车站。我并不介怀，非

* 本文原载于 *International Communication of Chinese Culture*，September 2016，Volume 3，Issue 3，pp. 513–521。

常高兴能拜高本汉为师。

奇怪的是，直到 1975 年，也就是高本汉去世的 3 年前，他才出版他的《道德经》译本。他告诉过我，他曾在巴黎师从沙畹（Emmanue Chavannes，1865—1918）学习中文（1912—1914），沙畹叫他不要碰《道德经》。“翻译《道德经》的时机还不成熟，”沙畹说，“需几代汉学家共同努力将先秦时期的所有主要作品都翻译准确后，当大家仍然把它看作名副其实的先秦作品时，才能开始翻译《道德经》。”马王堆出土了两份《道德经》手稿。这两份手稿出版两年后，高本汉的《道德经》译本面世。当时，高本汉几近全盲，而考古期刊上的手稿印刷得极差，所以他不可能读过其影印品。不过，即使高本汉没有查阅过马王堆出土的手稿，在阐释《道德经》方面，他的翻译水平仍然远远超过其他大多数译本。

让我们回顾一下高本汉的童年和青年时代。1889 年，高本汉出生在瑞典南部的一个小镇。父亲是一位高中教师，教授拉丁语、希腊语和瑞典语。家里有七个孩子，虽然家境贫寒，但都接受了高等教育。哥哥安东（Anton）为斯拉夫语教授，弟弟为法学教授，退休前任高等法院法官。

作为拉丁语和希腊语教师，高本汉的父亲非常严厉，他坚持认为他的儿子们应该学会说拉丁语。作为一名年纪轻轻的学生，高本汉翻译了拉丁语和希腊语诗歌，并始终坚持译诗与原诗在韵律结构上保持一致。将其译文与学问精深的拉丁语和希腊语学者的译文对比，我发现高本汉学生时代的译文，更胜一筹。而在其创作的诗歌中，年轻的高本汉运用了古典拉丁语和希腊语诗歌的韵律形式。

1905 年，高本汉的父亲，在退休前，因为工作过度操劳而去世。当时，高本汉还在念高中。高本汉的母亲带着七个孩子，仅有一笔微薄的遗孀抚恤金，不得不想办法维持生计。为此，她只得接收在校学生寄宿，偶尔也靠把短篇英法小说译为瑞典语赚点钱。她一定是个非常了不起的女人，聪明能干，又极风趣幽默。从她写给高本汉的信件中（目前保存在家族档案中），明显可以看出她精通瑞典语。高本汉的一个妹妹编了一本目录，记录了她母亲最喜欢的表达方式，有些言辞还非常夸张。操心一大家子的吃喝并不容易，高本汉的母亲曾抱怨说，“只有当庆祝永远不会到来的节日、猪该剪毛时”，她才能休息。她用夸张的言辞，批评孩子们懒散的作风，比如：“让懒惰的农夫离开温暖的床简直比登天还难!”

窘迫的生活使高本汉的母亲害怕她所说的“黑色贫困”，当时“拿到面包篮子里的面包，比登天还难”。她非常清楚，“贫穷是块硬骨头!”“源头无水，奈何取之!”“磨坊主熟睡时，水会一直白流!”“利用了多少时间，才切实拥有多少时间!”其中她有一句话耐人寻味：“为本可以做得更好的人感到羞愧!”人必须独立自主，相信自己的能力：“向一只手许愿，向另一只手吐口水，看哪只手给你的最多!”人应知足：“放在餐桌上的东西都很好吃!”“再饿也不能惦记别人碗里的东西。”“就算长得是木头腿，也得跳舞!”高本汉的母亲当然不乏自信：“我的最大缺点就是无论做什么我都做得非常好!”

高本汉对母亲非常依恋，一生对她爱护有加。我敢肯定，他那幽默诙谐和偶尔的毒舌是从他母亲那里继承下来的。

高本汉音感绝佳，实为难得。青少年时，他对语音学很感兴趣。14 岁时，他调查了家乡附近地区的几种方言，调查结果发表在一份享有盛誉的学术期刊上。高中毕业后，他在乌普萨拉大学学习了两年。1909 年，他获得了斯拉夫语、北欧语和希腊语的学士学位。他的斯拉夫语教授伦德尔（Johan August Lundell，1851—1940）也是瑞典方言研究的伟大先驱。他认识到高本汉有着独特的方言研究能力，建议高本汉到中国学习汉语方言。但高本汉在去中国之前，需要先学一些汉语。1909 年冬天，高本汉去了圣彼得堡，在那里学了两个月汉语。1910 年 2 月，他登上一艘瑞典货船，前往上海。在历时 9 周的航行中，他通过阅读狄考文（Calvin Wilson Mateer，1836—1908）的《官话类编》——一本优秀的教材，进一步自学了汉语。

离开瑞典前，高本汉已在山西大学堂谋得教职。山西大学堂背景颇为有趣，它的设立是一场灾难性政治运动的积极结果。19 世纪西方列强对中国的恶行，激起了中国人对外国人，特别是对传教士的强烈敌意。据估计，1889 年，即高本汉出生的那一年，大约有 4600 名传教士活跃于中国大地。1898 年，山东省遭遇特大洪灾，100 多万人无家可归。许多受害者很容易被说服，认为这些天灾是可恶的外国人造成的，他们的虚伪教义触犯了神灵，修建的铁路和电线杆扰乱了风水的保护力量。如此一来，在山东，将排外情绪诉诸暴力，绝非偶然。洪水和随之而来的饥荒令老百姓恐慌不已。在中国悠久的历史上，巫术信仰作为许多秘密组织的特征，自古以来就在山东蓬勃发展。山东许多秘密组织都属于“义和拳”，其成员在西方被称为“义和团”。义和团的活动在 1900 年达到高潮，当时他们进入北京，围攻外国公使馆。义和团被西方联军击败后，李鸿章受命与外国列强代表谈判，1901 年 9 月 7 日缔结和约，条款极其苛刻。中国被迫支付 4.5 亿两白银的战争赔款，当时相当于 6750 万英镑，和约也极其严重地侵犯了中国的主权。

由于义和团运动给山西教会造成了巨大的生命财产损失，教会有权要求赔偿。富有远见的英国威尔士传教士和活动家李提摩太（Timothy Richard，1845—1919）成功说服了山西传教士放弃赔偿权。随后，他向清廷和李鸿章建议，山西省政府拿出一笔与赔偿数额相当的款项，在太原市建立一所西式大学。山西省政府同意在 10 年内拨款 50 万两白银，并在此期间，由欧洲人管理山西大学堂。李提摩太希望清朝当局 10 年后能接管该校。山西大学堂建于 1902 年。1911 年，22 岁的高本汉在大学堂教授英语、德语和法语，每周教学 22 个小时，月薪 170 大洋，这在当时是一大笔钱。

1910—1911 年间，高本汉在太原的日子很忙。除了相当繁重的教学任务外，他还得提高汉语水平，并为论文收集方言材料。1911 年 2 月 9 日，他给女友——后来的妻子写了一封信，信中说道："我的工作才刚起步。即便了解现代口语，认得几千个汉字，也读不懂中国文学作品中的一行字。中国人自己也得把它作为一种单独的语言来学习，或者更确切地说是 6 到 7 种不同的语言，得花 10 至 15 年的时间来学习。即便通过不懈的努力，掌握了经典著作中的语言，仍然无法读懂同期的历史。掌握两种语言，也还是读不懂一行诗；掌握三种语言，也读不懂小说；掌握四种语言，也还是看不懂报纸；掌握五种语言，也读不懂清朝法令、贸易协定、护照，诸如此类。所以要知道，我还有很长的路要走。（更别提佛经了。）"

我和高本汉有着同样的经历。即使已经习得《孟子》的语言，也很难读懂《左传》；即使已经习得《左传》的语言，也仍然读不懂《书经》。

1910 年夏，高本汉努力学习北京话和太原方言。在被调查者的帮助下，他还收集了甘肃、陕西和山西方言的资料。1910 年的冬天，冒险去了几次西安和开封。在中国期间共收集了 22 种方言资料，主要集中在华北地区。借助这些资料和一些传统的音韵学著作，他重构了其所称的古代汉语（现称为中古汉语），这是隋末唐初（公元 600 年左右）受过教育之人所说的汉语。

由于辛亥革命的爆发，高本汉缩短了在中国停留的时间。1911 年 10 月 29 日，阎锡山率领革命军攻克太原。高本汉给其兄长——时任瑞典主要日报编辑发了一份电报，激动地描述了这场战斗。1911 年 11 月 22 日，高本汉沿西伯利亚大铁路返回瑞典。

1912 年初，在伦敦大学短暂停留之后，高本汉决定移居巴黎，在那里，他师从当时最伟大的两位西方汉学家、著名教授沙畹、伯希和（Paul Eugène Pelliot，1878—1945）。尽管巴黎在当时是汉学重镇，但研究条件实在有限。当时，没有像《汉语大词典》或日本学者诸桥辙次的巨著《大汉和辞典》这类的大型词典。没有文本索引，没有数据库，没有馆际目录，甚至没有文本复制（复印）设施。在从巴黎写给女友的一封信中，高本汉提到他在巴黎所有的图书馆里都找不到某本中文书。他写道，他可能要去荷兰莱顿或伦敦查找，如果找到了，他就必须手抄了！

在巴黎的两年里，高本汉完成了他的论文，出版于 1915 年，是 *Etudes Sur La Phonologie Chinoise* 的第一部分。这部著作由三位中国最伟大的语言学家赵元任、李方桂、罗常培合译，1940 年出版，书名为《中国音韵学研究》。

1915 年，高本汉在乌普萨拉大学获得中文博士学位，并留校教汉语。1918 年，获得特设教席，被聘为哥德堡大学东亚语言系教授。他很快就自学了日语，不到一年就开始讲授日语口语和日本文学。作为教授，他薪资微薄，因此不得不到瑞典西部巡回讲座以增加收入。1919 年 1 月到 1921 年 6 月间，他在哥德堡和瑞典西部开了 160 多场讲座，赚了 5678 瑞典克朗。离开乌普萨拉之前，高本汉曾试图通过通俗写作和翻译赚些钱。其中一部作品，翻译成英文后标题是《汉语文的声音与符号》（*Sound and Symbol in Chinese*，1918 年），他只得了 200 瑞典克朗。他翻译了赫伯特·乔治·威尔斯（H. G. Wells）于 1917 年出版的一部长篇小说，赚了 145 瑞典克朗，能够支付一个月的地方税，买牛奶，外加一盒头痛止痛药。高本汉的学术著作主要发表在《远东考古博物馆学报》（*Bulletin of the Museum of Far Eastern Antiquities*）上，但他从未获得过一分钱的收入。在其漫长的职业生涯中，担任过哥德堡大学校长、瑞典皇家人文、历史、文物学院院长，以及远东考古博物馆馆长，但他却终生一贫如洗，对中国读者来说，这似乎令人讶异。根据 1978 年 10 月 20 日他去世后的遗产清单，他的总资产只有 5301 瑞典克朗（相当于港币）！

鲜为人知的是，高本汉在 20 世纪 40 年代以克拉斯·古尔曼（Clas Gullman）的笔名出版了多部小说（主要原因是他需要钱来养活在乌普萨拉大学学医的儿子）。这些小说以学术为背景，深受大众喜爱。

我前面已经提到过，高本汉十几岁时便熟练地翻译了拉丁和希腊诗歌。很遗憾，他没有时间翻译更多的中国文学作品。事实上，他翻译了大量的先秦作品，如《诗经》和《书经》，但这些翻译有“信”有“达”，却无“雅”。除了出色地翻译春秋时期伟大哲学家和思想家著作中的节选外，他只翻译了陶渊明和欧阳修的几篇作品，以及《今古奇观》中的部分故事。倘若翻译唐宋大诗人的作品，凭借敏锐的听觉和对韵律的精妙感觉，他的译文无疑会脱颖而出。

对高本汉来说，现代中国始于东汉时期，他对汉代以后的作品不太感兴趣。对他而言，先秦时期的中国是一个文学宝库。他最喜爱的作品是《庄子》和《左传》。1946 年 8 月我第一次在高本汉课上听到的就是《左传》，他的学生第一个学期都忙着学习这部作品。我个人非常不喜欢教科书，对我来说，《左传》是我所期待的最好的汉语入门书。

高本汉从未抽出时间读过中国现代文学。瑞典探险家斯文·赫定（Sven Hedin，1865—1952）1913 年当选瑞典科学院院士，他非常渴望找出一位中国的诺贝尔文学奖候选人。1924 年 12 月，斯文·赫定写信给高本汉，征求他对合适的诺贝尔奖人选的意见。1924 年 12 月 20 日，高本汉回信，他提到了中国近年来经历的彻底的社会政治变革。他写道：“中国知识分子主要就热点问题展开辩论，但很少以纯文学的形式出现。依我所见，无论是散文还是诗歌领域，新中国还没有出现过大作家。因此，如果把梁启超、章太炎、胡适等最优秀的作品翻译成西方语言，无论它们对中国人有多重要，都是完全无法被西方人欣赏的。所以，我觉得目前很难选出一位诺贝尔文学奖的候选人。为了不草率地回绝这项重要的任务，我会与北京的一位年轻教授讨论此事，当然并不提及诺贝尔奖。他是语言改革运动的领导者之一，也是我的一位密友，目前在巴黎攻读语言学。如果他能根据中国最著名的评论家的说法，指出某人与西方著名作家的地位旗鼓相当，例如泰戈尔，我会立即认真阅读他的作品，然后告诉你我的看法。”高本汉在信中提到的年轻教授必定是刘复（刘半农），当时高本汉曾和他通信。

值得注意的是，这封信是在 1919 年五四运动爆发后几年写的。

高本汉在写给斯文·赫定的信中提到的梁启超、章太炎和胡适，他们都在中国向现代社会转型的过程中扮演着重要并且截然不同的角色。高本汉对斯文·赫定的答复表明，他没有机会关注五四运动后中国文学的发展，因此他没有读过鲁迅（1923 年出版《呐喊》）和闻一多（1923 年出版精美诗集《红烛》）等作家和诗人的作品。

高本汉给为数不多的学生教授古汉语篇章和汉语音韵史。他详细地向我们解释了他是如何重构公元7世纪的古代汉语和春秋早期的上古汉语。大家可能觉得很奇怪，但事实上，我1948年夏天来中国的时候，一句中文都不会说，但我能判断出我看到的大多数汉字的韵母的类别，以及其在《诗经》中用韵情况。在阐释一篇文章时，高本汉会用任何认为能最好地传达原文的含义和结构的语言，比如：他对《左传》一段话的释义可能包含他从法语、拉丁语、希腊语，有时是英语和德语中借用的词汇和结构。教学时，他从不满堂灌，也从不测试。他一直认为我们大部分时间只在学中文，而我们也确实如此。

1946年8月开始，全班只有6名学生。跟着高本汉学了一整年后，我们问他，能否给我们上一门中文文献阅读课。他勉强同意，编了一份汉学领域约三十位西方学者的名单，念给我们听："沙畹！他不错！读他的书！孔好古（August Conrady，1864—1925）！对，读他关于《天问》的书。""德效骞（Homer Hasenpflug Dubs，1892—1969）！很好！""戴闻达（J. J. L. Duyvendak，1889—1954）！非常棒！""莱辛（Ferdinand Lessing，1882—1961）！读一读他关于北京雍和宫的作品！""伯希和！他的脚注也别错过！""这些书在远东考古博物馆的图书馆都可以找到！"的确如此！

1946年至1948年跟着高本汉学习的学生中，有5名获得了洛克菲勒奖学金。按照规定，他们应该在中国待一年做田野调查，在加州大学伯克利分校待一年，跟着高本汉的朋友赵元任学习。高本汉没有将从洛克菲勒基金会获得的费用，用在自己身上，而是全部寄给了中国香港的一位书商，让他邮寄一套最好的中国现代文学作品到远东考古博物馆的图书馆。1950年我回瑞典后，他让我将这套书分类，我发现其中包含了从20世纪20年代到40年代初的所有主要散文和诗歌作品。

在中国的文化传统中，师生关系很特别。我坚信，高本汉和他学生之间的关系亦是如此。作为学生，我们虽然敬爱老师，但鲜少表达。高本汉希望我们将其视为一个愤世嫉俗的学者，丝毫不关注学生的个人生活和困难。他的任务是教我们中文，仅此而已。但每当他感觉到学生有困难时，总是低调地帮助别人。20世纪40年代末，我求学于高本汉时，他肯定察觉到了我囊中羞涩。于是他给了我一份在博物馆图书馆做助理的工作：每天两小时，每月200瑞典克朗，足够负担我的房租和一日三餐。

高本汉性格非常复杂。虽然他自己是一个左派激进分子和反君主主义者，但他把古斯塔夫六世·阿道夫国王（King Gustav VI Adolf，国王学识渊博，是中国古代文物，特别是瓷器和玉器方面的专家）当作好朋友。高本汉成长在一个宗教氛围浓厚的家庭，但他却强烈反对牧师、教会和传教士。他想表现得愤世嫉俗，却为同胞们的不幸流泪。虽然他是好几个院校和学术团体的成员，但他严厉谴责学术中的趋炎附势。我清楚地记得我曾在高本汉位于远东考古博物馆的书房里拜访过他。在他的书架上我找到了两本一样的中文文献，之前我找了很长时间都没找到。我问他能不能给我一本，他立刻递给我一本。这是作者专门送给他的，当我向他指出这一点时，他说："没关系！这是用铅笔写的，很容易擦掉！"高本汉没有知识分子的清高，也不将自己囿于象牙塔内。不了解他的人认为他离群索居，但其实是因为时间对他来说比对大多数人更宝贵。当他坐在博物馆的办公桌前时，他不允许自己被打扰，如果出于某种原因不得不中断研究，他可能会大发雷霆。

1977 年，英国知识巨匠李约瑟（Joseph Needham）到访瑞典，我陪他去斯德哥尔摩附近的一家医院探望高本汉。两位耄耋学者促膝详谈，高本汉说："我相信我掌握了中国汉代以前的文学。"这句话出自一位研究中国古代文学的学者之口，他花了 60 年的时间对中国古代文学进行系统研究，并且在解决许多相关的语文学问题上，做出了比其他人都高的贡献。这句话轻描淡写，似乎是有意为之，但我个人认为这是高本汉的肺腑之言。年轻时便令他如痴如醉的辩证法研究，成为他重建古汉语的工具，反过来又成为他重构上古汉语的起点。他对历史音韵学的研究，从目的转向手段——他对上古汉语的重构，使得他可以用前人从未用过的工具来研读文献并考据。

高本汉最后一篇学术论文《〈庄子〉某些篇章中的疑难词》发表于 1976 年，以"未完待续"结尾。他去世前几周，我去医院探望他时，在他床边的桌子上发现一个写满大字的笔记本。这位 89 岁的学者的手还能写，但昏花双眼已无法阅读。1978 年 10 月 20 日高本汉去世，葬礼于 11 月 6 日在离远东考古博物馆很近的船岛（Skeppsholmen）教堂举行，骨灰被安葬在这座有 1200 年历史的教堂公墓里，距海边只有几公里。高本汉曾经在这里度过许多夏天。

（作者：马悦然　瑞典著名汉学家；
译者：陈彦辉　广东外语外贸大学中国语言文化学院教授；
刘茹楠　广东外语外贸大学欧洲研究中心在读博士研究生；
黄芳　南方医科大学国际交流处职员）

· 西班牙汉学研究 ·

论西班牙早期汉学的多源共生性*

李兴华

摘　要： 西班牙汉学诞生于大航海时期，传教士们随着殖民者奔赴于各个大陆，在菲律宾、中国与墨西哥开始了汉学研究，具有极具特色的多源共生性。西班牙早期汉学研究成果斐然，具有代表性的有16世纪西方最具影响力的综合性汉学著作《中华大帝国史》、断代史《鞑靼征服中国史》、西文译著《明心宝鉴》与西方第一部正式刊行的汉语语法著述《华语官话语法》。

关键词： 西班牙　汉学　传教士

目前，国内的西班牙汉学史研究尚处于起步阶段，主要著作有张铠先生的《庞迪我与中国》① 与《西班牙的汉学研究》②。前者对西班牙早期汉学家庞迪我（Diego de Pantoja，1571—1618）对宗教以及中西文化交流所做出的贡献进行了总结，是西班牙汉学专题研究领域的一次重要突破。《西班牙的汉学研究》则对1552至2016年间诞生的汉学家及其著作进行了梳理，呈现了西班牙汉学的整体情况。西班牙不乏以欧阳安（Manuel Ollé）为代表的中国史研究专家，但学者们更关注中西关系史、传教史、殖民史，西班牙汉学史多作为相关内容而有所涉及，这导致专论西班牙汉学的著作较为罕见。至于相关学术论文，何塞·拉蒙·阿尔巴雷斯（José Ramón Álvarez）对16—21世

---

* 本文系天津市哲学社会科学规划项目“基于16—17世纪西班牙语原始文献的西班牙早期汉学史研究”（TJSLQN19—001）阶段性成果。

① 张铠《庞迪我与中国》，大象出版社，2009年。

② 张铠《西班牙的汉学研究》，中国社会科学出版社，2017年。

纪以来重要的汉学家与汉学著作进行了梳理，然而并没有对两者进行评鉴。[①]

整体而言，国内外学者更关注西方传教史与中西关系史，因此相关研究成果更为丰富，为西班牙汉学史研究构建了较为完整的历史背景，提供了大量的文献资料，进而奠定了其研究基础。另外，值得关注的是西班牙原始文献的电子化程度较高，存放于政府及高校各大电子图书馆。福尔奇（Dolors Folch）更是带领其研究团队建立了“中国在西班牙”（La China en España）电子资料库，收录了1555—1900年间与中国相关的西班牙人书信以及汉学著作。

大航海时期，传教士们随着殖民者奔赴于各个大陆，在菲律宾、中国与墨西哥开始了汉学研究，具有独特的多源共生性，无法用单一的时间轴进行总结。本文将基于前人研究成果与相关文献，对16—17世纪西班牙早期汉学进行研究，在梳理其发展脉络的同时揭示其发展特征。

一、菲律宾：西班牙汉学的诞生

方豪先生将高母羡（Juan Cobo，1546—1592）誉为西班牙第一位汉学家，[②] 然而随着文献的不断挖掘，发现这一论断并不确切。实际上，西班牙的汉学研究始于高母羡之前。耶稣会传教士沙勿略（Francisco Javier，1506—1552）早在1534年追随依纳爵·罗耀拉（Ignacio de Loyola，1491—1556）建立耶稣会后便前往东方传教，抵达日本后，通过日本人对中国进行了浅显的了解，并将相关消息传至西方。他主张被派往东方的传教士应具备一定的学识，需学习东方语言与文化，用当地语言传教。这增加了西方人，尤其是耶稣会士来华传教的愿望，为日后“适应政策”的推行产生了重要影响，同时，也为中华文化的研究埋下了种子。

1564年4月西班牙人来到菲律宾宿务岛，并在此建立了西班牙首个亚洲据点，后开辟了中国—菲律宾—墨西哥—西班牙多边贸易航线。西班牙汉学在这一历史背景下诞生于菲律宾。这一时期，西班牙人急于制定对华侵略政

① José Ramón Álvarez，“Esbozo de la sinología española”，*Encuentros es Catay*，21（2007），pp. 1-38.

② 方豪《中国天主教史人物传》第63页，宗教文化出版社，2011年。

策，扩大殖民版图，传教士则渴望入华传教。这使他们开始关注中国概况，汉学著作应运而生。起初，西班牙汉学的研究方法主要为依靠当地华人对中文文献进行翻译，整合其中可为之所用的信息，进而形成一部专论中国的综合性著作。

西班牙第一部汉学著述来自奥古斯丁会教士马丁·德·拉达（Martín de Rada，1533—1578）。就目前所掌握的文献来看，由他完成的《中文语法与词汇》（*Arte y Vocabulario de la Lengua China*）① 是西方首部有关中国语言文字的著述。1575 年 6 月 12 日拉达入华，他根据回程时带回的百余部中国典籍以及访华见闻，完成了《中国纪行》② 一书。该书是继 1569 年由葡萄牙多明我会修士加斯帕尔·达·克路士（Gaspar da Cruz，1520—1570）完成的《中国志》（*Tractado emque se cõtam muito pol estéco as cous da China*）之后，西方第二部专论中国的汉学著作。该书分为两部分，第一部分记录了拉达一行的入华始末，在福建地区的行程与见闻。第二部分则分 12 个章节对明王朝的疆域、行政区域与体制、兵力与武器、人口、税制、历史、服饰、饮食与宴会、建筑特征、农业、矿产、宗教等概况进行了介绍。相较于《中国志》，其主要价值与贡献在于，先于利玛窦阐明“契丹”与“中国”实为同一国家。同时，他不仅首次列出具体数字对中国疆域与人口进行介绍，对中国主要城市所对应的维度进行了说明，使西方人对中国的大小、人口、地理有了具体的概念，还对中国的历史进行了梳理。可贵的是，拉达在论述过程中，没有完全遵从中文典籍中的记载，他不仅重新计算了中国典籍中记载错误的中国疆域大小，还转换了度量。《中国纪行》作为西班牙第一部汉学著述，专业性较高，标志着西班牙汉学的开端。

---

① 目前，在欧洲发现多个同名作品，分别藏在法国国家图书馆、大英博物馆图书馆、巴塞罗那大学图书馆以及罗马传信部档案馆。它们均为 17 世纪的匿名书稿，其原作者是否确为拉达还未有人考证。

② 该书分为《有关神甫马丁·德·拉达与其同伴赫罗尼莫·马林以及西班牙陪同官兵从访华到回到马尼拉期间的事情》（*De los que les sucedió a los padres Martín de Rada y fray Gerónimo Marín en su embaxada de China hasta que bolvieron a Manila con los Capitanes españoles que los acompañaron*）与《有关大明，即中国以及尊敬的奥古斯丁会神甫马丁·德·拉达于 1575 年在福建观察与所体验到事物的实录》（*Relación verdadera del reyno de Taibin, por otro nombre China, y del viage que a él hizo el muy reverendo padre fray Martín de Rada, provincial que fue del orden de San Agustin, que lo vio y anduvo, en la provincia de Hocquien, año de 1575 hecha por el mismo 1577*）两部分，简称《中国纪行》。

除此之外，拉达所留文献资料与中国典籍更是成了日后胡安·冈萨雷斯·德·门多萨（Juan González de Mendoza，1545—1618）完成《中华大帝国史》的重要参考文献，在西班牙的汉学传承谱系中发挥了重要作用。鉴于拉达的学术贡献，张铠先生将之誉为西方第一位汉学家，[①] 而耶稣会士裴化行（Henri Bernard）则对他冠以“现代汉学之父”的称誉[②]。

这一时期，除《中国纪行》外，还诞生了另一部介绍中国概况的著述《实录》（*Verdadera relación*）[③]。该书由与拉达一同入华的官兵米格尔·德·洛阿尔卡（Miguel de Loarca）依据访华见闻、拉达参考过的中国典籍而完成。相较于《中国纪行》，该著述在结构、内容上并没有创新，加之在当时并未出版，常被人忽略，然而它的确是西班牙汉学史上第二部汉学著述。

《中国纪行》与《实录》的诞生既顺应了西班牙殖民者急于了解中国国情，制定对华战略的需求，也符合传教士根据中国概况制定传教策略，以实现扩大天主教势力范围的愿望。然而，这也使西班牙的汉学研究尚不能触及更深层次的问题，局限于表面知识。这一局面在16世纪末期，随着《明心宝鉴》译本的出版而有所改善。

多明我会教士高母羡于1588年来到菲律宾，后被派到华人区“涧内”传教，完成了《圣教实录》与《辩正教真传实录》两部中文布道之书。前者是继罗明坚写于1584年的《圣教实录》之后，西方人写就的第二部中文著述。这两部著作毫无疑问向东方传播了基督教文明，然而仅局限于菲律宾华人阶层，因此未能促成中西方文明真正意义上的交流。高母羡在西方汉学史上所做出的最大贡献莫过于1590年在华人的帮助下翻译的《明心宝鉴》[④]。与《中国纪行》《实录》及西方第一部汉学著述《中国志》不同，其主要价值在于，因《明心宝鉴》收录了中国古代先哲和历代名家以及民间流传的语录，

① 《西班牙的汉学研究》第79页。

② Henri Bernard, *Aux portes de la Chine. Les Missionnaires du Seizième Siècle 1514-1588*, Tientsin: Hautes Études, 1933, p. 105.

③ 全称为《奉菲律宾统治者、总督吉多·德·拉瓦扎里斯之命与首肯，于1575年从马尼拉去往中国之旅之实录》（*Relación del viaje que hezimos a la China desde la ciudad de Manila en las del poniente año de 1575 años, con mandado y acuerdo de Guido de Lavazaris governador i Capitan General que a la sazon era en las Islas Philipinas*），简称《实录》。

④ Juan Cobo, *Beng Sim Po Cam*, Lugar y fecha: Manila, 1592.

它的西传有助于向西方传播中国的哲学思想，尤其是儒家思想。因此，在一定程度上打破了西方对中国的了解仅局限于概况性知识的局面，从而过渡到对中国更深层次的了解。这是西班牙汉学诞生以来的第一次飞跃。

随着汉学研究的推进，西班牙更多的传教士开始关注中国，相关信息也被载入非汉学著作中。贝尔纳尔迪诺·德·埃斯卡兰特（Bernardino de Escalante，1537—1605）绘制了欧洲第一幅中国地图，附录于他在1577年出版的英文版著作《航海演说》（*The Navigation Speech*）中。[①] 从地图上可以看到行省的划分，是欧洲第一部印有汉字的著作。赫罗尼莫·罗曼（Jerónimo Román）将拉达一份中国行报告中的内容引入其1595年完成的著作《世界各国志》（*República del mundo*）。修士加斯帕·德·圣奥古斯丁（Gaspar de San Agustín）则将拉达简明记录福建之行的信件收录于《菲律宾群岛的征服》（*Conquistas de las Philipinas*）一书中。

尽管如此，16世纪后半期，西班牙的汉学研究主要依赖菲律宾传教士、当地华人以及流传至此的少数中国典籍，而这无法支撑西班牙汉学的持续发展。16世纪末期，耶稣会士入华，为西班牙汉学的进一步发展带来了契机，使西班牙的汉学重心从菲律宾转移至中国的同时，也使其研究内容得以拓宽。

二、中国：西班牙汉学的发展

庞迪我是首位进入中国传教的西班牙教士，入华后主要协助利玛窦（Matteo Ricci，1552—1610）传播福音。他于1602年用西班牙文给托莱多主教古斯曼（Luis de Guzmán，1546—1605）写过一封长信，该信于1605年在塞维利亚出版，题为《关于几位耶稣会神父进入中国后在该国的所闻纪要》（*Relacion de la entrada de algunos padres de la Compañía de Jesus en la China, y particulares sucessos q tuvierorn, y de cosas muy notables que vieron en el mismo Reyno*），是西班牙第一部写于中国的西文文献。因其文本形式为书信，常在汉学史研究中受到忽视。它的主要内容分为两部分，第一部分主要对庞迪我从广州到北京的行程、见闻进行了记述。第二部分则与《中国纪行》类似，对中国的传统、政治、经济等概况进行了介绍，然而并没有对章节进行划分，

① 黄仁伟、叶青《世界中国学理论前沿》第88页，上海社会科学院出版社，2016年。

文字风格也较为日常化。因庞迪我的见闻远比拉达丰富，对中国的认识也就更为深刻。其重要价值体现在对中国水运的大篇幅介绍，指出它不仅可以运输货物还可运输各地税务。他将中国经济的繁荣景象与便利的交通联系在一起。同时，该书还对中国丰富的物品种类、低廉的物价进行了论述，甚至将之与欧洲物价进行了对比。这些在《中国纪行》与《中国志》中均未提及，是试图揭示中国经济繁荣景象成因的重要尝试。

1610—1617年间，庞迪我还完成了多部中文著述，阐述"适应"策略的传教理念，主要有：《庞子遗诠》《七克》《天主实义续篇》《具揭》等，其中最具代表性的是《七克》。《七克》又名《七克大全》，是一部弘扬天主教宗旨的布道之书，通过对儒家学说的研究，试图寻找它与天主教文化的共同点，使中国人更易接受。可以说，庞迪我是西班牙研究中华文化的先行者，也是这一研究领域的开拓者。同时，该书还列举了伊索寓言和《圣经》中的故事以及欧洲古代贤哲的妙语警句。这是自西班牙传教士通过汉学著作，单方面向西班牙乃至整个西方传播中华文化以来，首次将西方文化传播至中国，打开中国与西班牙之间文化双向传播的局面，是西班牙汉学发展史上的又一次飞跃。

庞迪我为发展、深化西班牙汉学研究做出了杰出贡献，然而，这仅依靠他一人是不够的。1633年2月22日，乌尔班七世（Urban VII）允许各个教派传教士自行选择航线前往东方，葡萄牙的"保教权"被收回。这使西班牙传教士有机会借助菲岛的有利条件入华，为西班牙早期汉学注入了新鲜血液。随着"礼仪之争"的不断激化，自西班牙的汉学研究重心转移至中国后的很长一段时间，其研究对象主要集中于对中国文化的探讨与研究。

1633年多明我会黎玉范（Juan Bautista de Morales，1597—1664）和方济各会利安当（Antonio Caballero de Santa María，1602—1669）来到中国后，耶稣会内部的"礼仪之争"很快扩大到不同教派。黎玉范通过对中华文化的研究，用中文完成了《圣教孝亲解》，阐明天主教孝义与中国祭祖传统之间的区别。利安当则于1664结合天主教教义，对"四书"部分章节进行注释，完成

《天儒印》[①] 一书，对耶稣会的“适应政策”进行批判，捍卫自身的宗教利益。然而，说“礼仪之争”促进了西班牙汉学的发展，不如说传教士们对中国文化的了解、研究以及对其多方位的阐释造成了“礼仪之争”不断激化的局面，进而深化了对中华文化的研究。

黎玉范病故后，闵明我（Domingo Fernández Navarrete，1610—1689）接任多明我会中国传教团团长一职，并投身于“礼仪之争”。首先，他将利安当临死前交付于他的龙华民用拉丁文完成的《孔子及其教理》传之于后世。[②] 回到欧洲后，闵明我开始了《大中华传教团古代以及当代之争论》（*Controversias antiguas y modernas de la mission de la gran China*）一书的写作，后为向西方说明“礼仪之争”的实质，暂停了该著述的写作工作，转而撰写《中国的历史、政治、道德及宗教论集》[③]，于1676年出版，被翻译成英、法、德、意多种语言，该书由7部分组成，主要内容可分为两大类。首先，它对中国概况进行了介绍。相较于《中国纪行》与《中华大帝国史》，该书增加了对中国动植物、地形、农业、货币、各大城市之间的交通路线等方面论述。其次便是该书的重点内容，如题，对中国的历史、政治、哲学与宗教进行重点说明，以揭示“礼仪之争”的本质，进而抨击耶稣会“适应”派的立场。该书在所有西班牙早期汉学著作中所涉及的内容最为广泛，主要价值便是其内容的丰富性，然而这具有一定的两面性。因其所涉及的内容过于丰富，导致章节划分混乱，结构不合理，但同时又将“礼仪之争”推向高潮，激发了学者们对中华文化的研究热情，加深了西方汉学研究的深度，拓宽了西班牙乃至整个西方汉学研究内容的广度。

17世纪后，随着西班牙汉学研究的不断深入，相对受到忽视的中国语言文字研究也回到传教士的视野。多明我会士万济国（Francisco Varo，1627—1687）在中国传教期间完成了《华语官话语法》（*Arte de la lengua mandarina*）一书的手稿。1676年，方济各会士石铎琭（Pedro de la Piñuela，1650—1704）

---

① 除《天儒印》外，据美国学者孟德卫 *The Spirit and the Flesh in Shandong, 1650-1785.*（D. E. Mungello，Honolulu：The University Press of Hawaii'，2001，p. 31）所说，利安当曾于1653年写了3部中文著述，然而其名称不详。

② 《西班牙的汉学研究》第359页。

③ Domingo Fernández Navarrete, *Tratados historicos* , *politicos* , *ethicos y religiosos de la monarchia de China* , Lugar y fecha：Madrid，1676.

来华后跟万济国学习中文，对《华语官话语法》进行了修订，并于1703年万济国辞世后在广州杨仁里福音堂将其出版。该书是西方第一部正式刊行的汉语语法著述。其突出贡献在于绍了汉语的八大词类：名词、代词、动词、分词、介词、副词、感叹词、量词，对西方的中国语言文字研究具有重要的开拓作用。1999年，柯蔚南（W. South Coblin）和约瑟夫·列维（Joseph A. Levi）将其译成英文广泛流传。因该书对当代的海外汉语教学也具有一定的参考价值，2003年，又被姚小平和马又清从英文译成了中文，由外语教学出版社出版。①

石铎琭作为17世纪后半期杰出的汉学家，在华期间不仅修订了《华语官话语法》，撰写了多部有关天主教的中文著述《初会问答》《默想神功》《永暂定衡》，还完成了《本草补》一书。《本草补》由石铎琭口述，清朝南丰文人刘凝整理而成，介绍了13种草药的药用价值、产地以及功能等，被认为是最早传入中国的西方药学典籍。它不仅使中国医药研究者首次对西方草药进行了了解，更为中西医药界的交流与发做出了重要贡献。

西班牙的汉学研究在16世纪后半期到17世纪末所获得的斐然成绩，是西方早期汉学的开拓与奠基。

三、墨西哥：文献资料的汇集与传承

墨西哥是中国以外促进西班牙早期汉学发展的第二大阵地。实际上，西班牙人在墨西哥的汉学研究早于他们在中国的汉学研究，进入17世纪后则是并行的。

16世纪后半期，在菲律宾殖民事业与中西民间贸易的不断发展下，运往拉丁美洲的中国商品很快掀起了一股中国热。这引起了在秘鲁传教的西班牙教士何塞·德·阿科斯塔（José de Acosta，1540—1600）的关注。首先，阿科斯塔通过当地华人得知，同一个汉字可被不同方言解读，且意义相同。由此他得知尽管中国方言众多，但文字共通，因此中国文字具有凝聚力。其次，他了解到中国文字极其复杂，需付出大量的时间与财力方能习得，而这只有中国官员和统治者才能做到。有鉴于此，他将中国社会的等级划分归咎于中

① 《西班牙的汉学研究》第418页。

国文字。最后，他认为中国人过分专注于文字的学习，这导致中国人知识结构单一，整体科学发展水平滞后。这一看法与拉达以及之后的利玛窦、庞迪我等人的见解却趋于一致。虽然这显然是片面的，但可见这一认识在早期西方传教士中具一定的普遍性。

阿科斯塔将他对中国文字的认识写入了其名著《西印度自然与道德史》①。虽然拉达早在《中国纪行》中便对中国文字进行了论述，但远没有该书具体、深入。阿科斯塔并非汉学家，但其在中国文字上的研究在西方早期汉学史中应予以肯定。

在阿科斯塔之后，更多的中国消息、文献甚至是典籍通过太平洋航线流传至墨西哥，使之成了西班牙人的中国信息采集地。因此，西班牙人在墨西哥的汉学研究主要以汇编、整合文献与见闻为主，大量珍贵文献的信息被载入不同汉学著作。这使西班牙乃至整个西方早期汉学的珍贵文献得到传承与传播，保留至今。门多萨便是最具代表性的人物。

16 世纪末期，门多萨来到墨西哥后，收集了大量来自菲律宾的中国信息与文献，后对它们以及欧洲其他有关中国的文献进行了汇编，完成《中华大帝国史》② 一书。该书分为两部分，第一部分对中国概况进行了介绍，所涉及的内容与《中国纪行》类似，但因其所参考的文献更为广泛，信息量更大，章节分布也更为合理。第二部分则是根据各教派传教士的旅行报告而写成的中国行记，其中就包括拉达的福建行。由于门多萨曾参阅过拉达所留文献资料，并大量运用，因此在叙述风格上颇受其影响，对中国概况的论述较为具体、专业。如，与拉达相同，他列出了具体数字对中国疆域、纳税人数、官兵数量、城镇数量等进行了说明。该书于 1585 年在罗马首次出版，是西班牙第一部公开出版的汉学巨著③，先后译成拉丁文、意大利文、英文、法文、德文、葡萄牙文、荷兰文等多种语言，是利玛窦之前最具影响力的汉学著作，

① José de Ascota, *Historia natural y moral de las Indias*, Lugar y fecha: Sevilla, 1590. 5a ren.

② Juan Gonzúlez de Mendoza , *Historia de las cosas mas notables, ritos y costumbres del gran Reyno de Chinas, sabidas assi por los libros delos mesmos Chinas, como por relacion de Religiosos, y otras personas, que an estado en el dicho Reyno.* Lugar y fecha: Roma, 1585. 该书全称为《据中国典籍以及造访过中国的传教士和其他人士的记述而写成的关于中华大帝国最负盛名的事情、礼仪和习俗的历史》，其中文译著来自何高济译《中华大帝国史》，中华书局，2013 年。

③ 《中国纪行》和《实录》虽先于《中华大帝国史》完成，但在当时并没有出版。

奠定了西班牙在西方汉学史上的先驱地位。

太平洋航线的开辟不仅使墨西哥成为“信息采集地”，也使往返于东西方的人员愈加频繁，成为他们的中转站。黎玉范就曾在此逗留①，为多明我会士门多萨带来了有关“礼仪之争”的消息，使他开始对中华文化进行研究并加入这一场论战中。他根据黎玉范等亲历中国明末战乱的教士的书信与相关报道，完成了《鞑靼征服中国史》（*Historia de la conquista de China por el tartaro*）一书。对于它的价值，张铠先生认为，首先，西方传教士作为第三者，在观察和记述这段历史时提供了另一种历史视角。其次，该书中既有中国典籍中予以记载而被作者淡化了的内容，也有部分被中国典籍概略叙述，而被作者详加叙述的内容。② 可以说该书对明清史研究具有重要的补充意义及史料价值的同时，对于学界多视角研究这段历史也具有一定的启发性。

西班牙人在墨西哥的汉学研究依附于他们在菲律宾与中国的研究进程，所关注研究对象也取决于两地的汉学发展趋势，没有“自主权”，因此具有一定的滞后性。然而，因他们可以参考的研究成果更为广泛，反而使该地的汉学研究具有了一定的全面性。无论是《中华大帝国史》还是《鞑靼征服中国史》，均对菲律宾以及在华西班牙传教士的汉学研究做出了重要补充与完善，流传更为广泛。

结　语

16—17 世纪西班牙的汉学研究极具特色，在菲律宾、中国与墨西哥展开，多源共生的同时相互补充、完善，被称之为“黄金时期”，但这并非因为该时期汉学著作的多产。

首先，西班牙汉学自 18 世纪后便随着它海上霸权地位的逐步丧失与综合国力的衰落而没落，与其他欧洲汉学强国的差异日益加大，再未受到关注，直至 20 世纪才逐渐复苏。因此，这一时期的汉学著作不仅是该国的汉学基石，更是日后进一步发展的保障。其次，就整个西方汉学史而言，这一时期

① 黎玉范来到中国对“礼仪之争”的问题进行调查后，将材料整理成文件，于 1643 年抵达罗马，将它交给罗马教廷，以求裁决。1646 年，他带着新招募的多明我会士来到墨西哥，等待前往东方的船只。这期间黎玉范曾与普埃普拉（Puebla）主教门多萨多次会面。

② 《西班牙的汉学研究》第 391 页。

西方国家对中国的了解甚少，相关出版物也极为少见。而西班牙率先通过《中华大帝国史》将中国概况性知识传播至西方，再通过《明心宝鉴》译本进一步传播了中华文化，对西方早期汉学研究具有开拓作用。最后，《鞑靼征服中国史》作为历史纪实题材著作，不仅对国外学者极具参考价值，对国内明清史研究文献也具有重要的补充意义。这无疑是西班牙汉学所获得的巨大成就。

（李兴华　南开大学外国语学院讲师）

· 阿拉伯汉学研究 ·

汉学家阿里·本·加尼姆·哈吉里的郑和研究*

南北宝

摘　要：卡塔尔外交官汉学家阿里·本·加尼姆·哈吉里于2015—2021年担任卡塔尔驻广州总领事，并以郑和为题开展深入研究，现已出版多部著作、论文，参与多项郑和主题的社会活动，成为当代卡塔尔郑和研究的代表人物。本文将以哈吉里郑和研究代表作品及其组织或参与的重大活动为切入点，从历史、文学与社会三方面解读他的全球史观、文学表达和"文化郑和"转型探索，为阿拉伯世界深入开展郑和研究提供参考。

关键词：阿里·本·加尼姆·哈吉里　郑和　全球史观　跨文化

始于明永乐三年（1405），止于宣德八年（1433），明朝内臣郑和（1371—1433）率船队自明都城南京出发，在近30年的时间内七度远行，先后到达30余个国家和地区，创造了我国古代海上航行之最，也被视为世界航海史上的壮举，对中外关系产生了深远影响。从"郑和下西洋"衍生出的郑和研究成为后世史学研究重要话题。21世纪以来，特别是2013年"一带一路"倡议提出后，郑和研究这一专题性研究得到学界前所未有的关注，研究方法从"史料郑和"日趋转向"文化郑和"，研究领域也打破了史学研究一统天下的局面，文学、哲学、军事学、经济学、医学、艺术学等学科融入其中，使郑和研究更加多元化、全球化。

---

* 本文为国家社科基金重大项目"阿拉伯史学经典《历史大全》的汉译与研究"的前期成果，批准号19ZDA238。

阿拉伯国家地处西亚北非，是郑和下西洋途经的重要地区之一，当地的出土文物、历史遗迹、文献记载为郑和研究贡献了珍贵史料。近年，随着郑和研究日益深入，阿拉伯学者纷纷加入研究队伍，从阿拉伯视角出发探究郑和下西洋的历史意义与时代价值。

一、阿里·本·加尼姆·哈吉里与郑和研究的因缘

卡塔尔外交官、文学家、汉学家阿里·本·加尼姆·哈吉里（علي بن غانم الهاجري，1981—　）是当代阿拉伯国家从事郑和研究的重要人物之一，1981年4月生于卡塔尔，在本国完成高等教育后赴海外留学，于2006年获英国格拉斯哥卡利多尼安大学国际与欧洲贸易法硕士学位；2018年获马来西亚国际伊斯兰大学政治学博士学位。哈吉里自2006年7月起任职于卡塔尔外交部，先后在卡塔尔驻英国、西班牙等国使馆工作；2015—2021年，任卡塔尔驻广州总领事，由此开启其郑和研究之路。目前，他已完成近十部有关中国文化、郑和研究、中阿关系的著作及多篇学术研究论文。

哈吉里选取郑和作为研究对象的原因可归纳为以下三点。

第一，郑和下西洋是中阿历史的重要连接点。一方面，郑和下西洋极大地推动了中国与阿拉伯国家的商贸往来。郑和船队曾先后抵达祖法儿（今阿曼佐法尔）、麻实吉（今阿曼马斯喀特）、阿丹（今也门亚丁）、天方（今沙特麦加）、木骨都束（今索马里摩加迪沙）等地，将丝绸、瓷器、漆器、茶叶等中国商品带到阿拉伯地区，同时也将阿拉伯地区的珊瑚、猫眼石、珍珠、香料及珍禽异兽带回中国，正如郑和船队阿拉伯语翻译马欢在《瀛涯胜览》"祖法儿国"条中记载："中国宝舡到彼开读赏赐毕王差头目遍谕国人皆将乳香血结芦荟没叶安息香苏合油木鳖子之类来换纻丝磁器等物。"① 诸如此类的例子不胜其数。郑和船队的海上贸易不仅降低了陆运的风险与成本，更拓展了中国与沿途各国商贸往来新路线，将古代中国与阿拉伯地区经贸交流推向新高度。另一方面，郑和下西洋巩固了中国与阿拉伯地区的和平友好外交关系。郑和船队虽人员众多，实力庞大，但秉承"以礼待人，以和为贵"的和平主义思想，所至之处，宣介明朝政府"通好他国，怀柔远人"理念，赢得

① （明）马欢《瀛涯胜览》第33页，明纪录汇编本。

阿拉伯各国信任与理解，不少国家曾遣使臣访华，以表中阿友好之意。

第二，伊斯兰教对郑和个人精神世界的影响促使哈吉里探究郑和的宗教信仰。国内外学者关于郑和的宗教信仰众说纷纭，但不可否认的是伊斯兰教教义对郑和的信仰产生重要影响。郑和本姓马，出生于云南回族家庭，其祖父、父亲均曾前往麦加朝觐。郑和自幼受伊斯兰教氛围熏陶，学习《古兰经》等宗教典籍，热衷于听父亲讲述朝觐麦加的故事和伊斯兰教知识。郑和下西洋期间，努力完成宗教功修，按时前往清真寺做礼拜，在印度尼西亚的雅加达、井里汶、泗水等地修建清真寺，派随行人员去麦加朝觐。郑和对伊斯兰教信仰的虔诚与在东南亚地区传播伊斯兰教的善行促使哈吉里挖掘伊斯兰教对郑和宗教信仰的影响，激发了他向阿拉伯国家乃至伊斯兰世界介绍郑和文化的热情。

第三，肩负填补阿拉伯世界对郑和研究不足的重任。尽管有充足的史料表明郑和船队曾到访阿拉伯半岛，且在当地开展经济、文化、外交活动，但卷帙浩繁的阿拉伯古籍对郑和下西洋的相关记载却极为有限。“埃及史学家之王”麦格里齐（أحمد بن علي المقريزي，1364—1442）的《道程志》（السلوك لمعرفة دول الملوك）、伊本·泰格齐·拜尔迪（ابن تغري بردي，1410—1470）的《埃及和开罗国王中的耀眼星辰》（النجوم الزاهرة في ملوك مصر والقاهرة）对郑和第七次下西洋到达阿拉伯半岛有部分记载。近现代以来，特别是“一带一路”倡议提出后，阿拉伯国家的郑和研究取得一定发展，但仍处于萌芽阶段。阿联酋学者哈马德·穆罕默德·哈吉里斯（حمادة محمد هجرس）在《郑和前往阿拉伯半岛：丝绸之路上的奋斗故事》一文中简要介绍了郑和生平、郑和船队与阿拉伯地区商贸往来；埃及中国问题专家侯赛因·伊斯梅尔（حسين إسماعيل，1964—）在科威特《阿拉伯人》杂志主办的研讨会发言中回顾了中国航海历史、中阿交往史，分析郑和前往麦加朝觐的可能性与可行性等。但阿拉伯国家的郑和研究整体起步较晚，发展程度较低，成果不多。哈吉里曾表示他几乎每天都会阅读大量关于郑和的中文、英文、法文文献，但“遗憾的是，我没有找到一篇阿文材料，这更使我感受到自己肩上的责任。古老的阿拉伯文明作为丝绸之路的重要参与者，不应在郑和下西洋的论述中缺席，我要为这一伟大航行做点什么”①。

二、《郑和——中国航海第一人》：从全球史观出发重新思考郑和七下西洋

《郑和——中国航海第一人》（تشنغ خه: إمبراطور البحار الصيني: قراءة جديدة في تاريخ الكشوفات الجغرافية，以下简称《郑和》）是哈吉里郑和研究的代表作之一，全面系统地梳理了郑和七下西洋的经历，客观评述郑和下西洋的意义与影响。更为难得的是，该书凸显了他的全球史观。在哈吉里看来，郑和下西洋是世界历史的重要组成部分，任何单一的研究视角都无法充分展示这段历史的全貌，也无法深刻阐释其对人类发展的作用，从全球视野探讨郑和下西洋期间多元文明的互动与共生，才能立体、多维地描述这段对世界文明产生长远影响的历史。例如，哈吉里以多元并存、互融并进的理念探讨郑和对沿途地区的宗教态度，关注郑和下西洋时期沿途各国的宗教信仰情况与彼此间的联系、影响，在书中建构起具有整体性的研究框架。在研究方法上，哈吉里并未堆砌郑和为沿途地区宗教发展所做的努力，也未片面地肯定或否定某一宗教对他的绝对影响，而是置于社会发展的潮流中，以开放、发展的眼光予以阐释。哈吉里在书中列举了郑和顺应沿线各地宗教传播情况与本地民众意愿的事例，如推动伊斯兰教在马来西亚、印度尼西亚等东南亚地区传播与发展；在南亚锡兰（今斯里兰卡）的《布施锡兰山佛寺碑》上以中文、泰米尔文、波斯文记载向岛上佛教寺庙布施财物，表达对岛上盛行的三大宗教的同等尊重；为我国福建长乐重修的天妃行宫撰写《天妃灵应之记》，祈求天妃护佑郑和船队等史实，将郑和对各宗教的态度置于沿线地区和国家社会发展进程中，论证宗教在不同国家发展中扮演的角色，并最终得出郑和“接受、尊重不同宗教信仰的差异，实现不同宗教友好相处”② 的宗教观。

---

① 环球网《卡塔尔驻广总领事：中国历史文化令我着迷》，https：//oversea. huanqiu. com/article/9CaKrnKoJaa，检索时间：2021 年 1 月 12 日。

② علي بن غانم ا هاجري، تشنغ خه: إمبراطور ا بحار ا صيني: قراءة جديدة في تاريخ ا كشوفات ا جغرافية، ا دوحة: دار جامعة حمد بن خليفة لنشر، 2020، ص93. 。

在评价郑和的功绩时，哈吉里称之为“地理大发现的先驱”，认为“他彻底改变了15世纪初的世界航海地图，丰富了人类对海洋的认知，提高了航海家在人类活动中的价值与作用”①。哈吉里对英国学者加文·孟席斯（Gavin Menzies，1937—2020）在《1421年：中国发现世界》（*1421：The Year China Discovered the World*）中提出“郑和船队于1405—1433年间到达美洲，早于哥伦布发现美洲的时间”的论点进行梳理考订，引用中国律师刘钢获得“郑和版世界地图”的新闻报道，并对该地图信息可能存在的片面性直言不讳。基于上述材料，哈吉里对郑和船队的构造进行深入分析，他认为“郑和船队极为庞大，随行人员超过2.7万人，是15世纪最大、准备最充分的船队”②，并对比了郑和船队与哥伦布、达·伽马、麦哲伦船队的船只数量、航海人员、随行人员、最大船只长度、船只吃水深度等。综合各类史学观点与史料，哈吉里在肯定西方地理大发现为推动世界历史进入全球性阶段做出重大贡献的同时，认为郑和船队已具备远行至美洲的造船技术与航海能力，推断其发现美洲大陆的时间可能早于哥伦布等人。他的这一观点虽有待进一步论证，但他发出不同于西方“地理大发现”的声音实属不易，超越了固有的民族与国家界限，尽力克服传统阿拉伯学者对“地理大发现打破世界各地孤立状态”观点或过分崇拜或片面怀疑的话语体系，能秉持“站在月球上观察世界的立场”③，把郑和航海发现放在全球史的大背景下进行平等探讨，真实地呈现出郑和下西洋全貌，系统地评述了郑和对世界航海的贡献。

分析郑和七下西洋的影响时，哈吉里也未拘泥于传统时空。他认为虽然郑和船队实力强大，但并非武力扩张，而是通过友好和平的方式化解不同国家民众隔阂，平息争端，旨在加强睦邻友好，推动中国与亚洲、非洲、欧洲国家经济、文化交流。因此，哈吉里强调：“郑和下西洋的最大贡献在于推动不同文化、不同民族相互融合。”④ 他的这一观点与全球史观的“互动”核心理念高度契合，正所谓“从古至今，跨文化互动对所有卷入其中的人们在政

① تشنغ خه: إمبراطور البحار الصيني: قراءة جديدة في تاريخ الكشوفات الجغرافية، ص216.

② تشنغ خه: إمبراطور البحار الصيني: قراءة جديدة في تاريخ الكشوفات الجغرافية، ص156.

③ ［英］杰弗里·巴勒克拉夫著，杨豫译《当代史学主要趋势》第248页，上海译文出版社，1987年。

④ تشنغ خه: إمبراطور البحار الصيني: قراءة جديدة في تاريخ الكشوفات الجغرافية، ص101.

治、社会、经济和文化方面都产生了重大影响”①。随着郑和下西洋，中国文明得到更好的传播，互利共赢的朝贡贸易加深各国民众相互了解，明朝政府与沿途各国友好关系得到不断巩固，中国烧制青花瓷、宣德炉等精美的手工艺品畅销海外……文明互动交流实现不同民族、不同国家、不同信仰民众“你来我往”，推动多元文明相互吸收，相互融合，成为加速全球文明发展进程的典型范例。

三、《阳光之路》：文学虚实之间阐明郑和文化内核

哈吉里的郑和研究不局限于史学领域，还通过文学作品再现郑和下西洋史实。他的《阳光之路》是首部以郑和为主题的阿拉伯语小说，是阿拉伯世界了解郑和的重要途径。阿文版于2019年由卡塔尔卢赛尔出版社出版，中文版于同年由北京师范大学出版社出版。作为一部历史纪实小说，该作品既雕既琢，复归于朴，既保存了郑和下西洋的历史，也展现了文学作品的美感，文史交融，为阿拉伯读者全面展现了郑和文化与丝绸之路精神。

从历史角度看，《阳光之路》基于哈吉里对郑和下西洋史料的充分考证，高度还原了众多重大历史事件，是阿拉伯读者了解明朝历史的重要切入点，具有很高的史学价值。例如，《阳光之路》中提及：“当满剌加王国因利益、种族冲突和意识形态分歧遭遇动乱的时候，中国为满剌加素丹提供过支持”。② 该事件原型为1407年苏门答腊及满剌加国王遣人来华控诉暹罗暴行，夺朝廷印诰，引发国人惊恐，明成祖朱棣诏令暹罗归还印诰，命其安分守礼，睦邻保境；1409年派郑和出使满剌加，册封满剌加王，彻底平息暹罗侵扰。小说讲到郑和船队每到一处，都会向迎接他们的当地政要介绍此行目的是传播和平，广交朋友，而非侵略他国，并送以中国瓷器、丝绸等。这一礼节也与历史上郑和下西洋每至一地都宣读明成祖诏书、赠送礼品的仪式相吻合；小说中阿拉伯各部落首领携奇珍异宝同郑和前往紫禁城参加盛典正是明朝初年“万邦来仪”的真实写照。此外，《阳光之路》中“郑和剿灭海盗集团首

① Jerry H. Bentley, “Cross-Cultural Interaction and Periodization in World History”, *The American Historical Review*, No. 3 (1996), p. 750.

② ［卡］阿里·本·加尼姆·哈吉里著，叶良英、刘风华译《阳光之路》2019年，北京师范大学出版社，第65页。

领陈祖义”的故事与马欢《瀛涯胜览》中相关记载基本一致，“靖难之役”“建文帝出逃”等也都与我国史料记载基本保持一致。

从文学创作角度看，哈吉里在《阳光之路》中采用象征主义手法，用简洁明了的客观事物表达作者内心的主观感受，为阿拉伯读者留下丰富的想象空间。例如，该作品的题目为“阳光之路”，“阳光”和“路”均有深刻的象征意义。该书译者刘凤华副教授在译后记中总结了“阳光”的三重象征含义，分别为：“文化之光”，即中国文化与郑和下西洋沿线国家文化相交相融形成的丝路文化；“人性之光”，即郑和在处理各项事务中体现的深明大义与英雄气概；“智慧之光”，即书中人物对仁义、和平等美好事物的终极追求。[①]“路”在书中也多次出现，指代郑和在阿拉伯各部落中倡议建立打开东方市场，促进商业繁荣，传播和平、生机、福祉的“丝绸之路”，更象征着秉持共商、共建、共享的“一带一路”倡议。作者将该倡议生动、巧妙地融入小说中，贯穿整个故事发展，借此表达他对“一带一路”倡议的支持与美好愿景。同时，为增强该作品的文学特色，哈吉里还借鉴了《一千零一夜》的框架式故事结构、《十日谈》的谈话式语体以及《伊本·白图泰游记》的游记式背景[②]，以郑和船队下西洋活动为主线，通过郑和与哈拉维、达格米、阿米尔等书中人物对话的方式，将郑和生平、“丝绸之路”倡议、前往麦加朝觐、剿灭陈祖义海盗集团、参加靖难之役、调解不同部落矛盾以及埃塞俄比亚与阿拉伯人的象战等不同主题、不同时空的大小故事串联起来，戏剧冲突迭起，层层相套，实现内容与形式的高度统一，使整部小说更具包容性、延展性与哲理性。阿拉伯读者跟随哈吉里的笔触，在杂而不乱的庞大故事框架中，抽丝剥茧，领略郑和的个人魅力，认识到郑和下西洋的时代意义与阿拉伯国家参与共建“一带一路”的重要性。

作为一部针对阿拉伯普通民众的介绍性读物，哈吉里在创作过程中增加了许多阿拉伯文化元素，拉近远在中东的阿拉伯读者与郑和代表的中国文化之间的距离。一方面，小说引用《古兰经》章节十多次，如郑和与哈拉维探讨“阿拉伯”词义时，引用“以明白的阿拉伯语”[③]，表明“阿拉伯语”的崇

① 《阳光之路》第 194—195 页。

② 《阳光之路》第 193 页。

③ 《阳光之路》第 10 页。

高地位；郑和与达格米、阿米尔讨论福韦里特（今卡塔尔）热爱平和时，引用“如果他们倾向和平，你也应当倾向和平，应当信赖真主。他确是全聪的、确是全知的”①，表达福韦里特人对和平的向往，对伊斯兰教的忠诚。另一方面，小说融入阿拉伯传统文学形式——诗歌。阿拉伯诗歌是阿拉伯游牧文化的重要文学表达形式，记载着阿拉伯人的历史。拉维，即诗人，作为诗歌的创作者，在古代阿拉伯社会享有极高地位，是智慧与学识的象征。小说人物哈拉维吟诵的诗歌内涵丰富、情感充沛、思想深邃，每每唱起，都将故事情节推向高潮。例如，哈拉维与达格米、阿米尔、阿拉尔商议如何处理外族间谍时，他吟诵道：“对嫉妒的罪恶当忍耐，你的忍耐是嫉妒的杀手。火焰如果找不到可以吞噬的东西，它们就会互相吞噬。”② 以隐喻的方式表明间谍因嫉妒福韦里特的美丽而沦落为金钱的奴隶，嫉妒吞噬他的良知，从而提出不应对间谍忍耐，不应纵容其破坏福韦里特的正确解决方法。

四、郑和主题活动：“史料郑和”向“文化郑和”的转变

自1905年梁启超（1873—1929）在《新民丛报》刊登《祖国大航海家郑和传》，拉开了近代郑和研究序幕，到2005年举办纪念伟大航海家郑和下西洋600周年系列活动，其间涌现出大量研究成果，再到2013年“一带一路”倡议提出以来各界对郑和下西洋时代意义的多维思考、解读，国内的郑和研究突破了对郑和下西洋事件的理论考察，“郑和”开始作为一种“符号”或“象征”，引起更广泛的社会关注。多种形式的文化活动、文化产品的出现，让郑和从“历史的郑和”变成“文化的郑和”“世界的郑和”。③

哈吉里敏锐地察觉到国内郑和研究的转向，在既有的历史研究与文学研究基础上，以“郑和”为标志，在中国与阿拉伯国家两个舞台上充分发挥郑和在推动多元文化共生交流的象征意义，加强中国与阿拉伯国家“民心相通”。

哈吉里在整理国内郑和研究成果时注意到，大多数学者出自历史学、理

① 《阳光之路》第33页。

② 《阳光之路》第77页。

③ 毛睿《2006年以来郑和下西洋研究述评》，载《中国史研究动态》2020年第2期。

学、工学、军事学等学科，且多以中文、英文为研究使用语言，精通阿拉伯语者较少，青年学者则更少，致使郑和下西洋的史料整理与利用不够准确、充分。葛铁鹰教授在其博士论文《阿拉伯古籍中的“中国”研究——以史学著作为例》中指出阿拉伯人对中国船的称谓有“祖努克”“赞基耶尼”①，两词含义给不熟悉阿拉伯语的学者带来巨大考证难度。其实，这两词均指同一事物，前者为复数，后者为双数，其单数为“赞克”，其双数与复数是根据阿拉伯语语法规则变化生成。诸如此类的例子不在少数，既给郑和研究工作带来挑战，也容易造成误读、误解。

哈吉里为鼓励我国阿拉伯语专业学生参与郑和研究，培养精通阿拉伯语的郑和研究青年人才，于2018年10—12月同北京语言大学阿拉伯研究中心、中国文化译研网、上海外国语大学丝路战略研究所共同举办“郑和与丝路文化”全国高校阿拉伯语专业学生征文比赛。哈吉里通过联合我国开设阿拉伯语专业、从事中阿文化翻译和研究的高等院校，以赛促学、以赛促研，将郑和文化与青年学生学术科研兴趣相结合，鼓励更多高校阿拉伯语专业学生参与郑和研究，为这一内涵丰富的专题研究注入新生力量。哈吉里认为，丝绸之路是中国与阿拉伯国家互通有无的商贸要道，更是两个民族互学互鉴的文化长廊。古有郑和率领船队，一路向西，多次到达阿拉伯地区，见证中阿经贸、文化合作的发展。今有“一带一路”倡议，秉承共商、共享、共建，进一步深化中阿各领域合作，中阿人民世代友好。② 正如哈吉里举办此次比赛初衷所愿，在对参赛者调查中发现，多数选手都正在从事郑和研究或中阿关系等相关工作，成为推动中阿关系友好发展的建设者与见证者。

任卡塔尔驻穗总领事期间，哈吉里积极参与各种郑和主题活动，站在中卡乃至中阿文化交流使者的角度推动郑和研究转型发展，激发卡塔尔以及阿拉伯国家对郑和研究、共建“一带一路”的关注与参与。2019年8月，哈吉里出席第二十六届北京国际图书博览会及“中阿友好文库：《阳光之路》首发式暨东方文明的对话”系列活动，并以“海上丝绸之路与中阿文明交流互鉴”为题与中国文学家、中阿文化交流研究者等探讨丝路精神的历史意义与当代

---

① 参见葛铁鹰《阿拉伯古籍中的“中国”研究——以史学著作为例》（博士学位论文）2008年，上海外国语大学，第102页。

② 北京语言大学新闻网《“郑和与丝路文化”全国高校阿拉伯语征文比赛颁奖典礼在北语举行》，http：//news. blcu. edu. cn/info/1011/7865. htm，检索日期：2021年2月1日。

价值，文学互译中的语言与文化因素等。哈吉里表示，郑和是中国历史上一位伟大的人物，也是世界历史上的伟大人物。《阳光之下》旨在增强中阿文化交流，回击文明分裂、文明冲突浪潮，反对恐怖主义与极端主义以及企图将特定文化、宗教妖魔化的人，得到新华网、人民网、卡塔尔《祖国报》《旗帜报》等中、卡主流媒体积极采访与广泛报道。

结 语

哈吉里在担任卡塔尔驻广州总领事期间与郑和文化结下不解之缘。翻阅中国历史，郑和船队七下西洋，游历霍尔木兹海峡、阿拉伯半岛、非洲东海岸的精彩故事给他留下深刻印象，激发他深入研究的动力与热情。不同于普通的郑和研究者，哈吉里既是汉学家，更是外交官，他的郑和研究兼具学术性、文学性与社会性，承载了历史意义与时代意义。本文透过哈吉里的《郑和——中国航海第一人》《阳光之路》两部代表作品和其组织、参与的社会活动，剖析他的郑和研究史观、文学表达和社会功能，为更好地探究当代阿拉伯世界的郑和研究迈出初步尝试，希望借此尝试为更多阿拉伯学者开展多元多维的郑和研究提供有益借鉴。

（南北宝　北京语言大学国别和区域研究专业博士研究生，
中国外文局今日中国杂志社阿文版主编助理）

·日本汉学（中国学）研究·

王国维《壬癸集》日本刊行始末记

潘建国

摘　要：1911 年辛亥革命爆发后，王国维随罗振玉避居日本京都，因受家国世事变幻的刺激，他创作了一系列诗作，结集为《壬癸集》，交由京都圣华房于 1913 年以旧木活字印行。此初版本流传稀少，其日本出版者身份以及相关印行细节，亦少为人知。本文利用近年新出现的王国维信札，勾稽相关日本出版史料，详细考察了《壬癸集》的日本刊行始末：圣华房为明治昭和时期京都著名书坊，主人山田茂助与日本汉学家内藤湖南、狩野直喜等人关系密切；圣华房采用来自江户近江藩的旧木活字，排印了二百部《壬癸集》；其间，王国维曾与山田茂助书札往来，就版式、字体、用纸诸事进行商议。《壬癸集》刊行之后，基于文学艺术与时事流转的考量，王国维曾对诗作文字颇有删改，因此，日本初版本实质具有超越书籍史的更为丰富的学术价值。

关键词：王国维　《壬癸集》　京都圣华房　木活字本

1953 年 1 月 10 日，藏书家黄裳在上海交通路书摊，偶遇一册王国维诗集《壬癸集》，日本京都圣华房木活字本，钤有“蕙风簃”印，乃晚清词学名家况周颐（1859—1926）旧藏，“颇罕传而古意纷披，遂携之归”；1955 年 10 月 7 日，秋风大起，寒意满襟，他再次检阅此书，更觉“古雅可爱，不愧近时善本。藏王氏遗书者，殆皆未知有此也”①。作为一名经眼无数古籍善本的藏书家，黄裳居然两次题跋，自憙之情溢于言表，可知此本《壬癸集》的珍稀程度。事实上，《壬癸集》内容并不少见，它曾先后收入《国学丛刊》第

① 黄裳《来燕榭书跋》第 383 页，上海古籍出版社，1999 年。

一卷（1914）、《雪堂丛刻》（1915）、《观堂集林》（1923）、《海宁王忠悫公遗书》（1927）、《海宁王静安先生遗书》（1940）等，流传颇广；罕传者是《壬癸集》的这个初版本，它出版于日本京都，兼以旧木活字排印，印数有限，知者寥寥，故被擢升为新善本。古籍版本专家沈津《书城挹翠录》（1996）、《中国珍稀古籍善本书录》（2006）特设专篇介绍了上海图书馆、台北"中央"图书馆两家藏本。或因不易见到原书，有些研究王国维的著作在述及《壬癸集》时出现讹错，需予订正：譬如刘烜《王国维评传》（2015）云"现在比较容易见到的为日本京都圣华房聚珍本，在以前还有日本江州旧大木活字印本"①，将同一版本误拆为两个版本；薛宇飞编《王国维研究资料要目》（2011）云"《壬癸集》收1912年、1913年间所作古今体诗十题十二首，刊入《雪堂丛刻》第一卷，又有日本京都圣华房江州旧大木活字印本"②，则将初版本误作晚出本。至于《壬癸集》的编印缘起、日本刊行者、旧木活字排印细节诸问题，迄无专文考述，殊为憾事。

一、《壬癸集》创作及编集缘起

1911年11月，王国维携家眷跟随罗振玉应邀赴日本京都，一边读书研究，一边帮助整理罗氏大云书库藏书，期间与日本汉学家藤田丰八（1869—1929）、狩野直喜（1868—1947）、内藤湖南（1866—1934）、铃木虎雄（1878—1963）等交游颇密，书札往还，论学酬唱，不时还能从京都古书肆购获善本古籍碑拓，日子过得充实而又平静，但他内心对于清王朝覆灭的悲悯与感伤，纵然身在异国，仍挥之不去，在写给铃木虎雄的信中，王国维曾自称为"亡国之民"③，其志可知。情动于中而形于言，于是，他开启了生命中一段难得的诗歌创作高潮期。约1912年三四月间，王国维效仿清初吴伟业

① 刘烜《王国维评传》第135页，百花洲文艺出版社，2015年。

② 薛宇飞编《王国维研究资料要目》第195页，崇文书局，2011年。

③ 1912年10月7日王国维致铃木虎雄札："索送狩野教授诗稿，兹特呈上。惟诗中语意，于贵国社会政治前途颇有隐虑，与伦敦《泰晤士时报》意略相同。窃念君子居是邦，不非其大夫，况国维以亡国之民为此言乎？贵国人观之，或恐不喜，登录杂志与否，祈斟酌为幸。"房鑫亮编校《王国维书信日记》第56页，浙江教育出版社，2015年。

“梅村体”，创作了长篇歌行体《颐和园词》，“于觉罗氏一姓末路之事略具”[①]，颇有以诗存史之意，引发遗老遗少的无限共情。罗振玉读后激赏之，手写付石印，石印本卷首有牌记“辰在壬子二月比叡宾萌手录并篆首”[②]，1912年4月10日（阴历二月廿三日），王国维函告缪荃孙：“《颐和园词》数日内可印成，再行奉寄。”[③] 据此推测《颐和园词》正式印出大概在4月中旬，其创作时间可能在稍早的3月底或4月初。王国维曾将《颐和园词》寄赠铃木虎雄、缪荃孙、梁鼎芬（1859—1920）等友朋，[④] 甚获佳评，铃木虎雄盛赞该诗：“风骨俊赏，彩华绚烂”，“怀往感今，俯仰低回，凄婉之至，几乎驾娄江而上者，洵近今之所罕见也”。[⑤] 并提请将它转载日本报刊，王国维复函曰：“拙词尊意拟转载贵邦杂志，毫无不可。”[⑥] 后刊载于日本京都文学会主办《艺文》杂志。《颐和园词》的问世及其在友朋圈的反响，无疑为王国维诗歌创作提供了新刺激：

狩野直喜拟于1912年9月赴欧洲考察敦煌遗书[⑦]，王国维提前作诗相送，先作五排，得数韵后颇觉不工，改作七古《送狩野博士奉使欧洲》三十三韵，于8月16日脱稿，次日录呈铃木虎雄[⑧]；11月9日，王国维函告缪荃孙新作完成：“近日作《蜀道难》一首，咏匋斋制府事。此公境遇可怜，其死后之惨，亦作诗大好题目。”[⑨] 此“匋斋”即为晚清重臣端方，他与其弟端锦于

① 1912年5月9日王国维致铃木虎雄札，见《王国维书信日记》第54页。

② 本文所引为北京大学图书馆藏本。另邓云乡《罗振玉写印本〈颐和园词〉跋》谓：“‘比睿宾萌’用《吕氏春秋》‘比于宾萌，未敢求仕’语意，意思是‘客民’，不求官做。睿训深明、通二义。”收入其《水流云在丛稿》第259页，中华书局，2001年。邓氏关于“比睿”的解释有误，“比睿”牌记原文作“比叡”，即京都比叡山，罗振玉、王国维时居京都市外田中村流田町，距离比叡山不远。

③ 《王国维书信日记》第38页。

④ 1913年1月5日王国维致缪荃孙札：“《蜀道难》寄上一份，另《颐和园词》一册赠梁心老，请转送为感。”见《王国维书信日记》第45页。

⑤ 见马奔腾辑注《日本学者致王国维书信》，载《文学遗产》2007年第1期。

⑥ 《王国维书信日记》第54页。

⑦ ［日］江上波夫编，狩野直祯撰，童岭译《东洋学的系谱：狩野直喜篇》，载《古典文学知识》2013年第4期。

⑧ 1912年8月17日王国维致铃木虎雄札，见《王国维书信日记》第55页。

⑨ 《王国维书信日记》第44页。

1911年11月遭哗变军官杀害，首级在武昌被游街示众；1913年1月26日，王国维将《颐和园词》《送狩野博士奉使欧洲》及《蜀道难》，命名为“壬子三诗”，亲笔题写跋语，款署“岁除前十日国维识于鸭川东畔之寓居”；[①] 2月4日，“壬子除夕前一夜”，王国维在发给缪荃孙的新年贺信中，录附《壬子岁除即事》诗，款署“国维草稿”[②]；2月22日，清隆裕皇太后去世，王国维感慨系之，迅速创作了《隆裕太后挽歌辞五言排律九十韵》。关于这首长诗的创作时间，王国维信札所记略有出入，他在2月24日致缪荃孙札云：“维自阴历开岁后共作诗十余首，而此《隆裕太后挽歌辞五言排律九十韵》颇为满意，惜篇幅太长，不能写呈。”[③] 则24日似已完成；但是2月28日王国维函告铃木虎雄：“近三日间，作敝邦大行皇太后挽章五言排律九十韵。此体极不易工，故用力颇倍于他诗，俟写定后再行呈教。”[④] 又似尚未定稿，直到3月11日，他才致函铃木虎雄云“长律写成呈政”[⑤]。如何理解上述时间差？其实也并不费解，这首五言排律长达九十韵，如王国维所云“极不易工”，花费心力“倍于他诗”，可知必定经过较长时间的润改，若从2月23、24日获悉太后死讯动笔算起，至3月11日正式写定，前后用时近三周。此诗后来收入《壬癸集》时，改题《孝定景皇后挽歌辞九十韵》[⑥]，而即便在《壬癸集》印行之后，王国维对这首长律的字句仍有修订。

值得注意的是，1913年2月24日王国维写给缪荃孙的这通信札，还包含着两个极为重要的信息：

其一，王国维在信札中透露“维自阴历开岁后共作诗十余首”。壬子年除夕为1913年2月5日，癸丑年正月初一为2月6日，从2月6日开岁至2月24日，王国维作诗十余首，也称得上是一个创作的小高潮。虽然他没有列出诗作的具体篇名，但从《壬癸集》的作品排列来看，夹在《壬子岁除即事》

---

① 此稿本存藏在中国国家图书馆，参阅孙俊《国家图书馆藏王国维著作手稿目录》，载《文津学志》2017年总第10辑。

② 《王国维书信日记》第46页。

③ 《王国维书信日记》第46页。

④ 《王国维书信日记》第58页。

⑤ 《王国维书信日记》第59页。

⑥ “隆裕”为叶赫那拉·静芬册封为皇太后的徽号，其死后谥号为“孝定隆裕宽惠慎哲协天保圣景皇后”，简称“孝定景皇后”。

与《孝定景皇后挽歌辞九十韵》之间的，为《咏史》5首、《昔游》6首，前后四题相加共计13首，恰与王国维所说“作诗十余首”相符；此外，《咏史》5篇是对中国历史兴亡更替的感叹，《昔游》6首则是忆念江南京师等神州故土，此类题材恐怕也正是辞旧迎新之际漂泊异国之游士的所思所感。合此两端，不妨推测《咏史》《昔游》两题11首，创作于1913年2月6日至24日间。

其二，也是在这通信札中，王国维第一次对外公布了编集诗作的想法：“拟将至东以后诗编成一卷付之排印，再行奉呈教正。”[①] 因为“至东以后诗”创作于壬子（1912）、癸丑（1913）两年，故题名为《壬癸集》。根据目前所知资料，这一名称，最早出现于1913年5月13日王国维致缪荃孙书札：“至东以后，得古今体诗二十首，中以长篇为多，现在拟以日本旧大木活字排印成册，名曰《壬癸集》，成后当呈教。”[②] 今检阅《壬癸集》目录，凡十题二十首，依次为：《颐和园词》、《读史二绝句》、《送狩野博士奉使欧洲》、《蜀道难》、《观红叶一绝句》、《壬子岁除即事》、《咏史》5首、《昔游》6首、《孝定景皇后挽歌辞九十韵》、《癸丑三月三京都兰亭会诗》。核查上文对于诸诗创作时间的考索，可知《壬癸集》乃按照作品的创作时间编排。排列在最后的是《癸丑三月三京都兰亭会诗》，“癸丑三月三”为1913年4月9日，此诗当作于4月9日或稍后数日间。

至于王国维编印《壬癸集》的动因，可能主要有两个：一方面，结集付印便于分赠友朋。《壬癸集》收录的诗作多为鸿篇巨制，王国维在墨笔抄呈友朋时颇感不便，他多次声称“然字句太多，无法录呈也”“惜篇幅太长，不能写呈”[③]。他也曾采取过其他变通方式，譬如制作“誊写板”，这是当时日本流行的一种印刷技术，“比木版刻印简便得多”，“也比石印法简便且成本低廉”，后来传入中国，根据其工艺可分为“真笔版”“铁笔蜡纸油印”“打字蜡纸油印”3种，一般人比较熟悉的是“铁笔蜡纸油印”，即以铁笔在蜡纸上

① 《王国维书信日记》第46页。

② 《王国维书信日记》第48页。

③ 分别见于1912年11月9日、1913年2月24日王国维致缪荃孙札，见《王国维书信日记》第44、46页。

书写文字图表，刮去蜡层，形成微孔，进行油印，俗称刻蜡油印术。[①] 王国维曾刻印了《蜀道难》的誊写板，刷印后寄赠缪荃孙、铃木虎雄[②]、梁鼎芬等人，但是，油印本存在字迹模糊的缺点，他不无歉意地函告缪荃孙："谨以謄写板一份呈览，字画模糊，恐不宜老眼。"[③] 有时诗作在日本报刊发表，王国维也会将剪报随信寄赠，但剪报字迹太小，同样不适合长者阅读，1913 年 4 月 3 日王国维致缪荃孙札："前作《孝定景皇后挽歌辞九十韵》，东报借刊之，今剪出奉上，请政之。虽省钞胥之劳，惟字太小，恐不宜老眼也。"[④] 因此，将诗作编为《壬癸集》刊印，以便分赠友朋吟正，无疑是一件有必要的好事。

另一方面，结集也是为壬、癸年间寓居京都的生活和心境存留一份纪念。如前所述，王国维是在辛亥革命爆发、清王朝覆灭背景下赴日的，带有"亡国之民"避难异国的色彩，因此，中国传来的种种消息，诸如端方被害、隆裕皇太后驾崩，都会在王国维心中激荡起情感的涟漪，对于清王朝覆灭的省思，对于"觉罗氏一姓末路之事"的感伤，对于神州故土的忆念，甚至"漫山填谷"的京都红叶也只引发他"点缀残秋"的物哀，凡此都带给他不尽的诗兴与诗材。然而，随着时事的推移、寓居生活的适应，特别是与罗振玉、狩野直喜、内藤湖南、铃木虎雄诸师友学术切磋交流的深入，对于甲骨、金石、敦煌遗书、古籍善本等新材料、新学问的惊喜和热忱，逐渐占据了王国维的内心，诗歌创作的热情随之日趋冷淡消散。1913 年 6 月 27 日，王国维在信中告诉铃木虎雄："近四月来无一诗，俟有兴会时再行，此后或数年中无诗亦不可知。"[⑤] 这种"无诗"的感觉，颇具象征性，表明王国维正在经历着学术兴趣的迁移和转型，即从文学（诗学、词学、曲学）转向更为广阔厚重的史学（甲骨、金文、上古史、敦煌遗书、西北史地等）。因此，编印诗集《壬癸集》，既是对壬癸

① 参阅范慕韩主编《中国印刷近代史初编》第三章第三节之二"誊写版油印的传入和发展"第 178—184 页，印刷工业出版社，1995 年。

② 1912 年 11 月 11 日王国维致铃木虎雄札："近作《蜀道难》一首，乃为端午桥尚书方作，谨以誊写板本呈上，唯祈教之。"见《王国维书信日记》第 56 页。

③ 1912 年 11 月 9 日王国维致缪荃孙札，见《王国维书信日记》第 44 页。

④ 《王国维书信日记》第 47 页。

⑤ 《王国维书信日记》第 60 页。从 1913 年 6 月 27 日，上推四个月，为 2 月 27 日，正是《隆裕太后挽歌辞五言排律九十韵》创作润改之时，此后的四个月内，目前所知只有 4 月 9 日前后创作的一首《癸丑三月三京都兰亭会诗》，因此，王国维说自己"近四月来无一诗"，也大致不错。

这段岁月和心境的文学纪念，也未尝不是一种特殊形式的告别。

二、《壬癸集》刊行者：京都山田茂助圣华房

《壬癸集》卷末有牌记“大日本京都圣华房以江州旧木活字印行”（图1），可知其出版者为“京都圣华房”。但是，关于此家书坊及其主人的情况，中国读者知之极少，即便是日本读者亦多不甚了了。

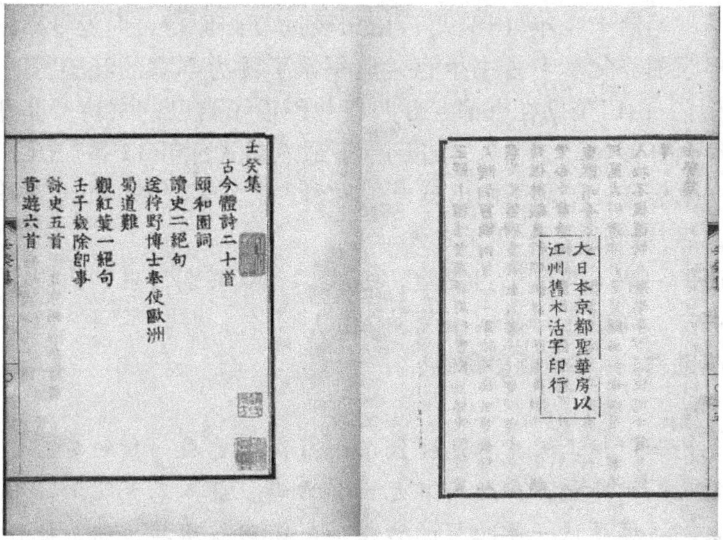

图 1 《壬癸集》圣华房木活字本（芷兰斋藏）牌记（右）及目录页（左）

注：本文撰写时正值新冠疫情，北京大学图书馆及国家图书馆古籍部皆闭馆，无法摄取藏本书影。本文所引《壬癸集》日本木活字本书影，均系藏书家韦力芷兰斋藏本，蒙韦先生慨允授权使用，谨致谢忱！

今查井上隆明《近世书林板元总览》（1998，改订增补本）收录“圣华房”，载明书坊主人为山田茂助；[①] 稻冈胜监修《出版文化人物事典》（2013）

---

① 井上隆明『近世書林板元総覧』（改訂増補）第 763 — 764 頁，武蔵村山：青裳堂書店，1998 年。

录有“山田茂助”简略生平;[①] 高梨光司《读书的兴味》内有《老书贾山田茂助翁》(1933)一篇，曾任圣华房店员的井上和雄撰有《圣华房主人及其周边》(1939)[②] 一文，皆于山田茂助生平事迹，颇多交代。兹综合以上资料，略加考述如下：

山田茂助，原名春寿，字延年，别号墨鱼斋，京都府人，出生于江户安政二年(1855)一月十九日，卒于昭和八年(1933)二月十二日，享年79岁。父亲是一名经营佛具的商人，山田茂助为其第三子。7岁时，他过继给母亲家乡著名古书肆“竹苞楼”四代目(第四代老板)佐佐木春明作养子，后因养父生子，明治十二年(1879)，山田茂助复归原籍，时已32岁。由于自幼在竹苞楼跟随养父学习古书生意，他积累了颇为丰富的经验，明治十四年(1881)九月，山田茂助在京都寺町四条北创设了自己的书坊“圣华房”，明治二十二年(1889)十二月，搬迁到寺町通六角式部町12番。山田茂助晚年时将圣华房书店转让给养子山田英吉，昭和二十九年(1954)，圣华房正式歇业关停，前后共计开设了67年之久。

山田茂助一辈子与古书打交道，练就了一双鉴别古书的火眼金睛，作为同时代的书友，高梨光司在山田茂助去世后不久，撰写了回忆悼念文章《老书贾山田茂助翁》，对他颇多称扬：

> 无论如何，山田翁都是现代东西书商中首屈一指的耆宿，且通晓和汉古籍，精于鉴识，就此而言无出其右者。自幕末至明治，书商中有松泽老泉、达摩屋伍一等难得的古籍通，山田翁承其余绪，他仙逝之后已成绝响。故此，山田翁没后，我辈志同道合者颇有寂寥之感。
>
> 山田翁发迹于京都古书肆佐佐木竹苞楼学徒，将近八十年的生涯沉浸在古书堆中，故而俗称书虫，一涉典籍，几乎无事不知。《读卖新闻》曾为东西古书肆排座次，山田翁位居西方魁首。东京的村口半次郎之类古书界元老，向来不把同业者放在眼里，却独对山田翁退避三舍，称自己在日本只惧山田老人一人。

---

① 稲岡勝監修『出版文化人物事典：江戸から近現代・出版人1600人』第416頁，東京：紀伊國屋書店，2013年。

② 收入井上和雄『書物三見』(增補)，東京：青裳堂書店，1978年。

> 山田翁并无惊世骇俗的学问，但自儿时便供职于书肆，终日摩挲典籍，自然练就了与书相关的知识与眼力，说起来不过是见多识广。万事仅凭直觉，不管宋元古版还是王朝古抄本，一眼就能分别真伪。[①]

圣华房经售的古书范围，包括唐本、法帖、日本古刊本、古写本、古写经、江户和刻本等类，编有《圣华房发卖书目》[②]，可惜此目如今已难觅见。京都大阪地区是日本的传统文化中心，书籍资源尤其丰富，日本古版本历史上负有盛名的“五山版”也集中在此。据说山田茂助与“五山”之一的京都嵯峨天龙寺名僧峨山和尚关系紧密，峨山和尚为筹资修寺，陆续变卖寺内所藏五山版古书，山田茂助以每部五元十元的廉价悉数购入。圣华房的优质古书货源，吸引了众多好书者及汉学者前来淘书，王国维友人内藤湖南也是书店的常客。[③]

圣华房不仅贩售古书，其书籍出版业务也颇具规模，有传统木刻雕版，也有新兴铅印版、珂罗版。值得一提的是，圣华房曾利用江户时代流传下来的旧板木，重印了数量可观的和汉书籍。日本的书籍雕版，一般选用质地较好的木材，故板木经历相当长时间之后，仍保存完好，可以重新刷印书籍。据笔者粗粗搜检，圣华房旧板重刷的书籍就有：享保九年（1724）刻本《大唐六典》三十卷、宝历五年（1755）刻本明徐渭《玄抄类摘》六卷、天明六年（1786）刻本《广金石韵府》二册、宽政十年（1798）刻本清林云铭《楚辞灯》四卷、文化十二年（1815）刻本清蒋士铨《忠雅堂诗钞》三卷、文政十年（1827）刻本赖春水《春水遗稿》八册、天保十一年（1840）刊本董其昌《画禅室随笔》四卷、嘉永二年（1849）刻本《浙西六家诗钞》六卷、安政三年（1856）刻本广濑旭庄《梅敦诗钞》四编、文久三年（1863）刻本梁川星岩《星岩先生遗稿》十五卷等，内容较为侧重中日两国的汉文诗集。山田茂助重刷之时，通常较好地保留旧版原貌，只在书末加印一页圣华房近期出版目录广告（图2），此页板木尺寸明显小于旧板木，以便区分。当然，有

---

① 收入高梨光司『読書の興味』第157—161頁、大坂：高梨光司限定私家版、1933年。此文承蒙北京外国语大学周健强博士译为中文，谨致感谢！

② 此据「痴婆子傳」、太田辰夫，飯田吉郎編『中国秘籍叢刊・研究篇』第51—54頁、東京：汲古書院、1987年。

③ 参阅「老書賈山田茂助翁」、『読書の興味』。

时山田茂助也会新刻带有“圣华房”名号的内封页，譬如用文久癸亥三年（1863）旧板重印的《星岩先生遗稿》，书首内封页刻有“文久癸亥梓”“星岩先生遗稿”“皇都圣华书房”（图3）；还有用明治三年（1870）旧板重印的《湖山楼诗钞》，书首内封页刻有“明治庚午新镌”“湖山楼诗钞”“诸家合评”“平安书肆圣华房”。如果仅看这样的内封页，很容易误以为两书均为圣华房“新镌”，但实际上它们都属于旧板重刷，因为山田茂助圣华房创建于明治十四年（1881），大大晚于上述两书的刊刻时间。而山田茂助如此暧昧处理，也多少有些掠人之美、忽悠读者的嫌疑。

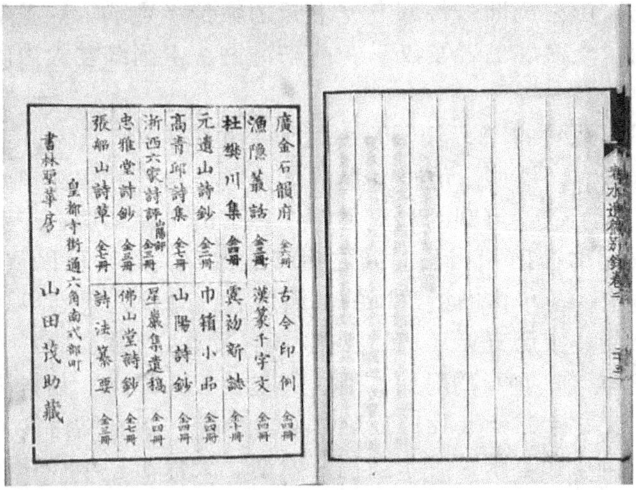

图2　文政十年（1827）旧板重印本《春水遗稿》书末圣华房广告页（日本早稻田大学图书馆藏）

圣华房最大的一宗旧板重刷书籍，乃以江户幕府官办学校“昌平黉”（昌平坂学问所）所刻汉籍板木，重印大部头《昌平丛书》。据研究，昌平黉自宽政十一年（1799）至庆应三年（1867）间，主持刊刻了经史子集各类汉籍共计197部，这些“官板”书籍，大多底本精善，刊印精良，对于中国典籍在日本的流播和接受，发挥了重要作用。昌平黉书板部分在后来的火灾中损毁，部分则流传下来。明治四十二年（1909），六然堂主人富田铁之助将其收藏的64部昌平黉官版汉籍旧板，合编为《昌平丛书》刷印出版，之后，又将全部板木寄

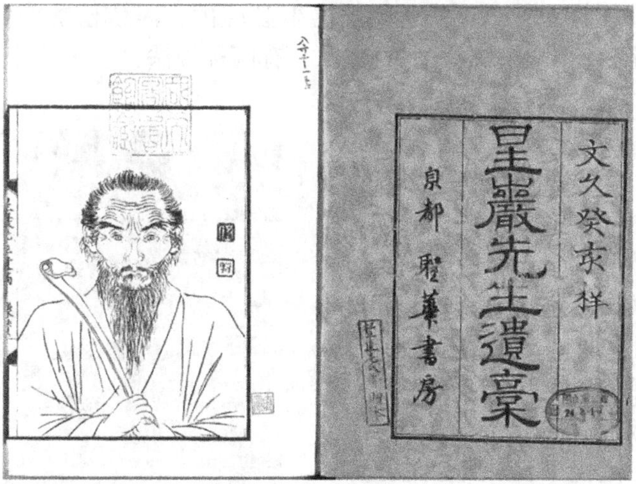

图 3　文久三年（1863）旧板重印本《星岩先生遗稿》书首内封页（日本国立国会图书馆藏）

赠京都大学。1917 年，京都大学委托圣华房以旧板重印《昌平丛书》，山田茂助趁便将自己所藏松泽老泉《汇刻书目外集》，也印入《昌平丛书》，书籍数量增至 65 种，分装 45 函 246 册，蔚为壮观。这套圣华房旧板重刷的《昌平丛书》，当时据说仅印刷了 30 套，如今早已成了难觅的珍本汉籍丛书。

除此之外，山田茂助还曾以所谓“江州旧木活字”排印过若干稀见书籍，其中包括王国维《壬癸集》。正因为其在古书售卖及汉籍出版方面取得的出色成绩，圣华房成为与竹苞楼、开益堂鼎足而三的京都书林名物①，而山田茂助也被《读卖新闻》评定为关西古书界的魁首。

三、江州旧木活字与《壬癸集》排印细节

如前所述，王国维《壬癸集》卷末牌记作“大日本京都圣华房以江州旧木活字印行”，那么，此“江州旧木活字”究竟为何物？江州，日本江户时代

① 『中国秘籍叢刊・研究篇』第 54 頁。

近江国的别称，大致位于现今京都的滋贺县境内，因依傍美丽的琵琶湖而得名。日本学者对于江州旧木活字的来源，有两种说法：

其一，太田辰夫（1916—1999）认为可能是庆长古木活字。[①] 江州地区是否曾经有过庆长古木活字？据研究，庆长十八年(1613)，伊势长明寺僧人宗存发愿翻雕《大藏经》，他在京都的北野经王堂着手此事业，制作了一套数量可观的木活字来摆印部分佛典，史称“宗存版木活字”[②]。这套木活字后来散出，流传于江州地区，至今仍有部分存藏于京都比叡山延历寺，2000年，叡山学院编印了《第八十五回大藏会展——延历寺藏宗存版木活字》。寒斋藏有元和六年(1620，明泰昌元年）宗存版木活字印本《佛说大荒神经》（图4）。

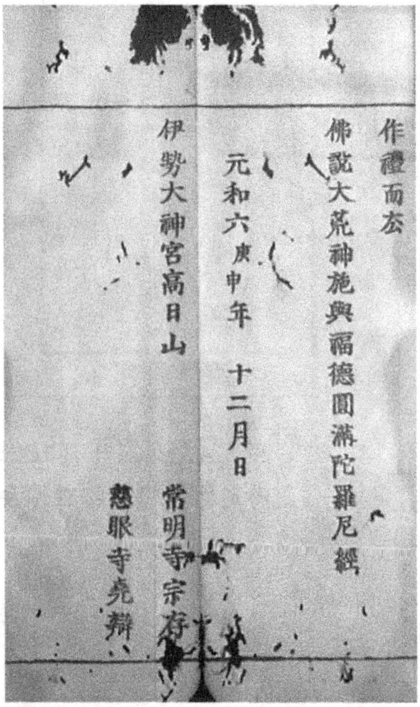

图4　宗存版木活字本《佛说大荒神经》（两靖室藏）

其二，高梨光司曾云：“山田翁店中持有古木活字，据说出自彦根藩，他时常受人所托，用此木活字拼版刷印。”[③] 此“彦根藩”即近江国彦根藩，藩主为井伊家，宽政十一年（1799）创设藩校“弘道馆”，天保年间（1830—1843）藩校制作了木活字印书，所印汉籍今知有唐许浑《丁卯诗集》四卷、宋欧阳修《诗本义》十五卷、《逸周书》十卷等。其中《逸周书》为天保二年（1831）木活字印本，书末有刊记“天保二辛卯年”

① 『中国秘籍叢刊·研究篇』第16、50頁。

② ［日］小川贯弌著，译丛编委会译《大藏经的成立与变迁》第十七章《江户时代开版的一切经》之“宗存之北野经王堂版”第111—113页，中国书店，2010年。

③ 「老書賈山田茂助翁」、『読書の興味』。

“彦根弘道馆活版”（图 5）。

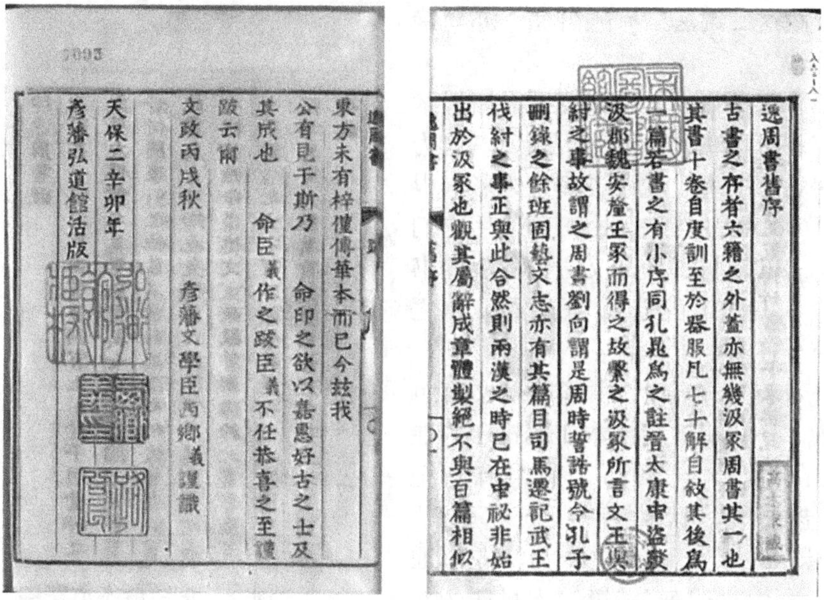
逸周書舊序
古書之存者六籍之外蓋亦無幾汲冢周書其一也
其書十卷自度訓至於器服凡七十解自敘其後為
一篇若書之有小序同孔鼂為之註晉太康中盜發
汲郡魏安釐王冢而得之故繫之汲冢所言文王與
紂之事故謂之周書劉向謂是周時誓誥號令孔子
刪錄之餘班固藝文志亦有其篇目司馬遷記武王
伐紂之事正與此合然則兩漢之時已在中祕非始
出於汲冢也觀其屬辭成章體製絕不與百篇相似

東方未有梓僅傳華本而已今茲我
公有見于斯乃　命印之欲以嘉惠好古之士及
其成也　命臣義作之跋臣義不任恭喜之至謹
跋云爾
文政丙戌秋　彥藩文學臣西鄉義謹識
天保二辛卯年
彥藩弘道館活版

图 5　天保二年（1831）彦根藩木活字本《逸周书》序文（右）、卷末刊记（左）（日本国立国会图书馆藏）

仔细比对《壬癸集》（图 6）与《佛说大荒神经》（图 4）、《逸周书》（图 5）三书的字体风格、字形构造、笔画特征，可确定《壬癸集》与《大荒神经》并非用同一套木活字刷印，换言之，太田辰夫“庆长古木活字”之说缺乏文献依据；而《壬癸集》与《逸周书》的木活字，总体相似度较高，圣华房“江州旧木活字”源自近江彦根藩的说法，存在一定合理性，另有一个材料可作旁证：1950 年 6 月 1 日，有位名叫塚沓舟的日本人在抄本《痴婆子传》书末跋语中声称：“此写本之底本为京都寺町六角之圣华房主人山田茂助氏（昭和八年卒），用其所藏彦根弘道馆之木活字于明治廿四年印刷行世者。”[①] 不过，由于木活字

① 《水明洞——抄本〈痴婆子传〉》，载李小龙《书舶录：日本访书诗纪》第 88 页，生活 · 读书 · 新知三联书店，2019 年。

系手工雕制，同一字的不同字模会存在差异，迄今尚未找到两书中完全相同的字模，故这一说法虽有迹可循，亦尚待最终确认。

不管来源如何，山田茂助毋庸置疑地持有一套珍贵的“旧木活字”，这为圣华房的印书事业增添了些许光彩。根据木活字印刷的特点，山田茂助用它们摆印了多部篇幅不大却又流传稀少的书籍，除了王国维的诗稿《壬癸集》之外，至少还有如下几种：

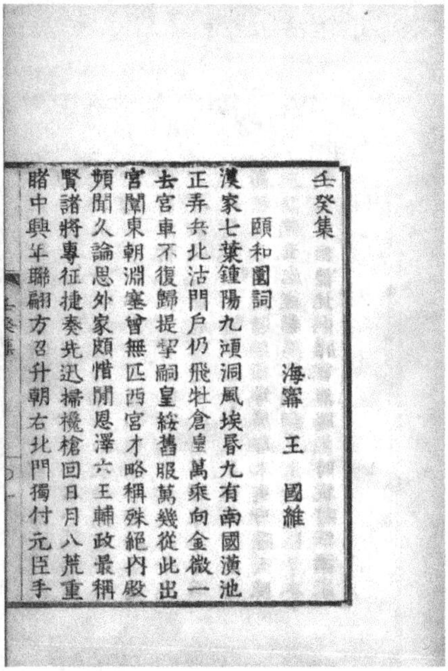
壬癸集
海寧　王國維
頤和園詞
漢家七葉鍾陽九澒洞風埃昏九有南國潢池
正弄兵北沽門戶仍飛牡倉皇萬乘向金微一
去宮車不復歸提挈嗣皇綏舊服萬幾從此出
宮闈東朝淵塞曾無匹西宮才略稱殊絕內殿
頻聞久論思外家頗惜閒恩澤六王輔政最稱
賢諸將專征捷奏先迅掃欃槍回日月八荒重
睹中興年聯翩方召升朝右北門獨付元臣手

图 6　圣华房木活字本《壬癸集》首页（芷兰斋藏）

1.《痴婆子传》，中国明代文言色情小说。圣华房木活字本初次排印约在明治二十四年（1891），书末有刊记“山脊老夫耳呈艸化植字”，此“耳呈”即“聖”的拆字，“艸化”为“花”通“華”，合为“聖華”；第二次排印约在明治四十年（1907）左右，书名改为《新刻痴婆子传》，书末有刊记“洛阳耳口王艸化户方寿延年植字”，此“洛阳”指代京都，“耳口王”为“聖”，“艸化”为“花”通“華”，“户方”为“房”，合为“京都聖華房”，“寿”“延年”为山田茂助的名（春寿）与字。圣华房两度排印《痴婆子传》，可知此书当时颇受追捧。

2.《如意君传》，中国明代文言色情小说。此本无刊记，所用活字字体与《痴婆子传》相同，故太田辰夫判断为圣华房木活字印，时间在明治二十四年前后，[1] 此说可信。

3.《文笔眼心抄》，著者题为“释空海”[2]，系据京都藏书家山田钝所藏古

① 『中国秘籍叢刊・研究篇』第 16 頁。

② 山田钝所藏古写本《文笔眼心抄》，乃得自古文书作伪家西村兼文，故有学者怀疑此书为西村伪造，参见陈翀《辨伪存真：〈文笔眼心抄〉古抄卷献疑》，载《域外汉籍研究集刊》2012 年总第 8 辑。

写本摆印，书末有七行牌记，刊行于明治四十一年（1908），限定印行百部。

4.《元杂剧二种》，即《汉宫秋》《窦娥冤》，据书末版权页，明治四十四年（1911）六月卅日印刷、七月五日发行，“抄录兼印刷发行者山田茂助”。辽宁省图书馆藏本为王国维旧藏，有识语两则，其一云“壬子春日狩野博士见赠。国维记”①；寒斋亦有藏本，为内藤湖南旧藏，钤“湖南秘笈”印。

5. 山鹿素行《圣教要录》，大正元年（1911）印。

6.《静坐集说》，附印于正德四年（1714）木刻旧板刷印《朱子静坐说》后，有刊记“大正乙卯季秋圣华房主人寿延年识”，即大正四年（1915）。

7. 德富苏峰《苏峰诗草》②，大正六年（1917）印。

回到正题，来看看这部木活字本《壬癸集》。王国维第一次提及“圣华房”，是在1913年6月27日致铃木虎雄札：“维昨今二年之诗，古今体共得二十首，已属山田圣华房以木活字排印，次月上旬可以装成，再行呈教。”③ 审其口气，此时《壬癸集》应正在排印中，约至1913年7月上旬正式印出。那么，王国维究竟通过何种途径与圣华房建立联系？木活字摆印细节如何？《壬癸集》初版印刷了多少部？凡此等情况，本不易为外人所知。令人庆幸的是，中国嘉德拍卖公司2019年6月3日春拍“笔墨文章——信札写本专场”，上拍了王国维致山田茂助信札三通（图7、8、9）及原封，2019年11月18

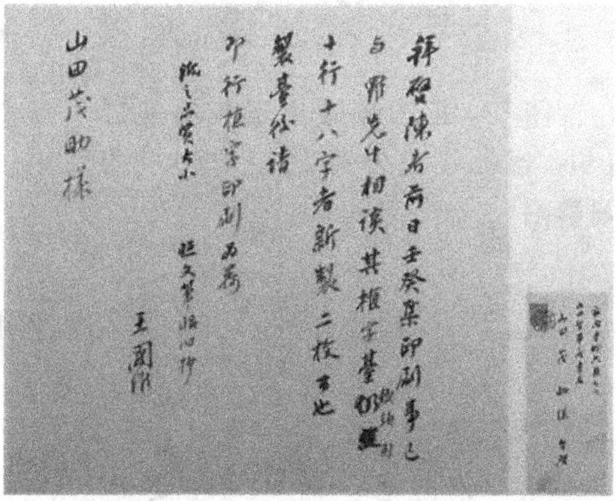

图7　王国维致山田茂助札一（中国嘉德拍卖公司2019年6月3日春拍）

① 参见王钢《〈关汉卿研究资料汇考〉补遗》，载张月中、卢彬主编《关汉卿研究新论》第14页，花山文艺出版社，1989年。

② 「老書賈山田茂助翁」、『読書の興味』。

③《王国维书信日记》第60页。

日秋拍“笔墨文章——信札写本专场”又上拍王国维致山田茂助信封两枚（图10）。书札内容恰好谈及《壬癸集》排印事，且三札均未收录于《王国维书信日记》，弥足珍贵。

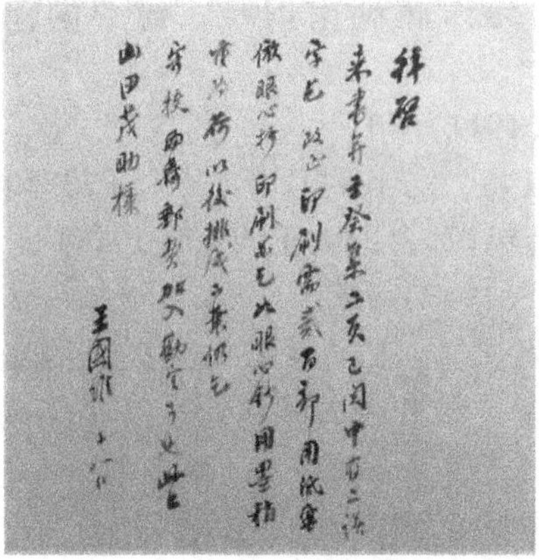

图8　王国维致山田茂助札二（中国嘉德拍卖公司2019年6月3日春拍）

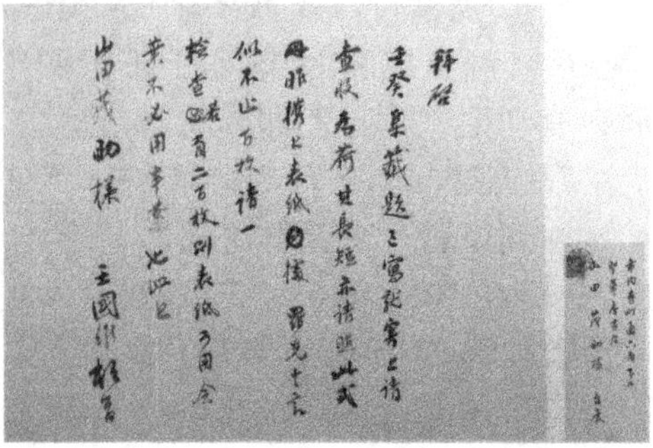

图9　王国维致山田茂助札三（中国嘉德拍卖公司2019年6月3日春拍）

三札撰写时间（据原封邮戳，投递和收件日期相同）及释文分别为：

1913年5月3日札一

拜启陈者：前日《壬癸集》刷印事，已与罗先生相谈，其植字台须用十行十八字者，新制二枚可也。制台后请即行植字印刷为荷。纸之品质大小，照《文笔眼心抄》。王国维。山田茂助様。

1913年5月18日札二

拜启：来书及《壬癸集》二页已阅，中有二误字，乞改正。印刷需贰百部，用纸仿《眼心抄》，印刷亦乞如《眼心钞》，用墨稍重为荷。以后排成二页，仍乞寄校，邮费加入勘定可也。此上 山田茂助様。王国维。十八日。

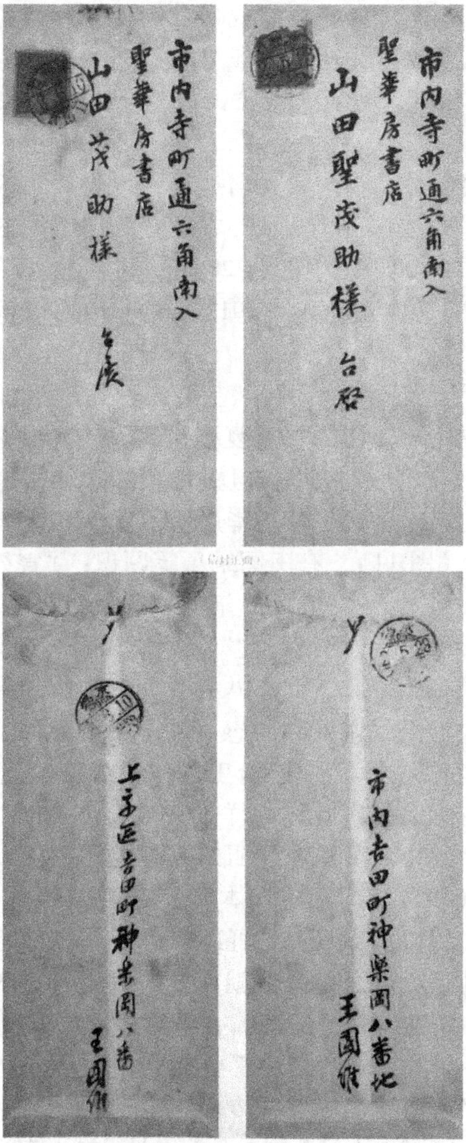

图 10 王国维致山田茂助信封（中国嘉德拍卖公司 2019 年 11 月 18 日秋拍）

1913年6月28日札三

拜启：《壬癸集》签题已写就寄上，请查收为荷。其长短亦请照此式。昨携上表纸，据罗先生言不止百枚，请一检查。若有二百枚，则表纸可用全叶，不必用半叶也。此上山田茂助様。王国维顿首。

另外两枚拍卖的信封，收信人姓名地址，均为“市内寺町通六角南入圣华房书店山田茂助”。寄信人姓名地址，一枚为“市内吉田町神乐冈八番地王国维”，时间为大正二年（1913）5月28日；另一枚为“上京区吉田町神乐冈八番王国维”，时间为大正二年（1913）6月10日。很遗憾，此两札原信纸已遗失。

上述三札提供了诸多圣华房印行《壬癸集》的重要细节：

第一，王国维在札一、札二中反复强调，《壬癸集》用纸“品质大小”及“印刷”均仿照《文笔眼心抄》，但墨色稍加重。值得注意的是，中国嘉德拍卖公司拍卖的札二，另附一叶圣华房明治四十一年（1908）木活字印本《文笔眼心抄》牌记（图11），有王国维墨笔题识：“宣统庚戌秋九月日本京都大学教授内藤博士见遗。”右侧用墨笔勾出版框，有王氏手书3条提示语：“此《文笔眼心钞》用纸”“用纸仿此”“版之高下仿此”。“宣统庚戌”为1910年，当日本明治四十三年，此年八九月间，内藤湖南曾赴北京调查敦煌遗书，与王国维多次见面，讨论共同感兴趣的中国戏曲。问题是，内藤湖南为何单送一叶《文笔眼心抄》牌记给王国维？或许，他赠送了《文笔眼心抄》全册，王国维特意取下末叶作为样张寄给山田茂助？事实上，内藤湖南是圣华房书店常客，另一名汉学家狩野直喜也与山田茂助颇有交往，据说圣华房明治四十四年（1911）木活字印本《元杂剧二种》，就是狩野直喜授意山田出版的。壬子（1912）春日，狩野还赠送了一部《元杂剧二种》给王国维。因此，不妨推测：正是经过内藤湖南或者狩野直喜的举荐，王国维才决定交由圣华房以木活字摆印自己的诗稿《壬癸集》。

第二，王国维经与罗振玉商定《壬癸集》采用“十行十八字”行款，这与圣华房之前木活字排印的《痴婆子传》、《如意君传》（十行二十字）、《文笔眼心抄》（八行二十字）、《元杂剧二种》（十行二十字）均不同，为此，圣华房需要制作新的“植字台”。此“植字台”为日文名词，类似于中文的活字“版盘”，即在活字印书之前，按照所印书籍的行格和版框尺寸，制作一个

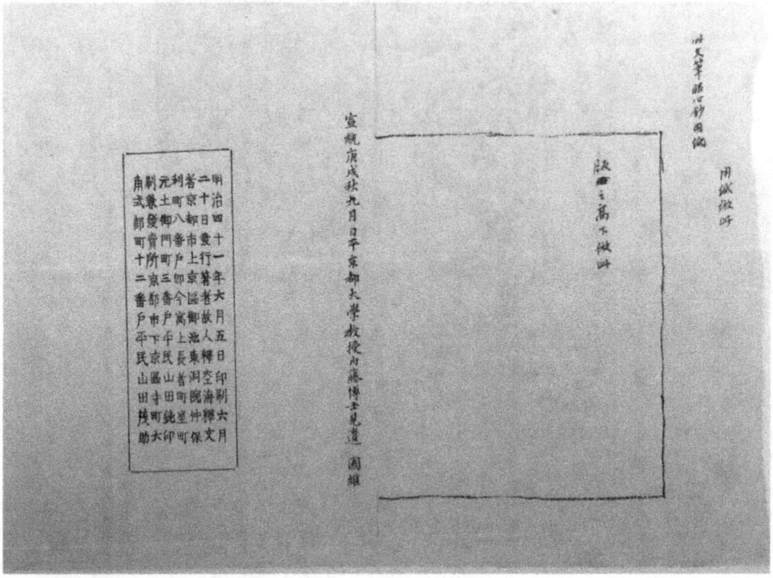

图 11　王国维用作《壬癸集》样张的《文笔眼心抄》牌记页
（中国嘉德拍卖公司 2019 年 6 月 3 日春拍）

带有四周边栏以及行间隔片的底版，用以摆放活字，经固定压平后再上墨印刷。

第三，《壬癸集》封面签条有“壬癸集”三字，风格古拙（图 12），未题签者署名，之前亦未明为何者所书。今据札三，知乃王国维自题。

第四，《壬癸集》“表纸”（书衣纸）由王国维自己提供，今见芷兰斋藏本封面为暗色磁青纸，或即原装封面纸。

第五，赵万里为《续修四库全书》所撰《壬癸集》提要曾云：“后全稿交京都圣华房以江州旧木活字摆印百部，不匝月，为友好散尽，其纸贵可知。”[①] 此“百部”之说，不确。据札二、札三，《壬癸集》实际印数为

① 傅佳《赵万里与〈续修四库全书总目提要〉述略》，载《2016 年中文古籍整理与版本目录学国际学术研讨会论文集》第 512 页，广西师范大学出版社，2018 年。

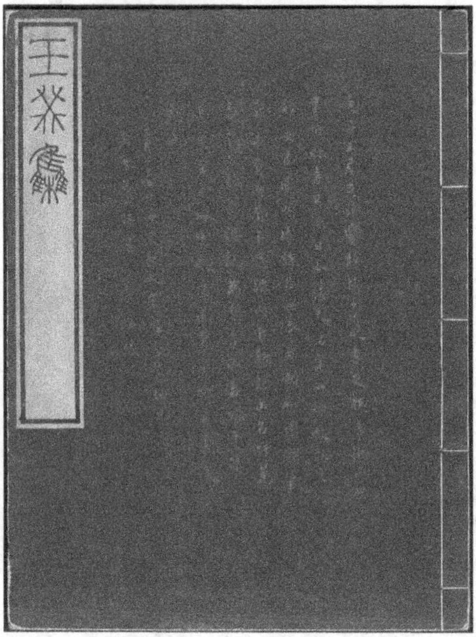

图 12 《壬癸集》圣华房木活字本王国维题签
（芷兰斋藏）

200 部。

鉴于王国维在当时中日学界的声名、诗作题材的敏感度以及“江州旧木活字”印本的珍稀性，《壬癸集》初版 200 部，甫经问世，便如赵万里所云“不匝月，为友好散尽，其纸贵可知”，虽有所夸饰，其大受追捧大概也是事实。王国维持之分赠藤田丰八、狩野直喜、内藤湖南等日本师友，也寄赠给国内缪荃孙、梁鼎芬、况周颐等友朋，或许也有少量留给圣华房书店发卖。可惜由于缺乏记载，这些书籍史的细况尚难完整复现。不过，透过历史烟云的隙缝，仍然可以找到木活字本《壬癸集》早期流传的雪泥鸿爪，而借助网络检索手段，乃获知此书现存公私藏本有 30 余部，约占当年印数 200 部的六分之一，这个存量比例远高于京都圣华房以木活字印刷的《文笔眼心抄》《元杂剧二种》等书籍。值得注意的是，《壬癸集》初版后，王国维曾对诗作文字颇有删润改订，其背后既有对文学艺术的推敲，也不无对时事流转的微妙考量，因此，这部江州旧木活字本实质具有超越书籍史的更为丰富的学术价值。

关于此，笔者拟另文探讨，兹不赘。

窃思刚刚过去的百年，整个世界尤其是东亚地区，经历了太多水火兵燹，图籍文献损毁严重，然而，幸蒙静安先生泉下英灵以及学术盛名的庇佑，数十部《壬癸集》初版本，居然能够飞越重重屏障而得以永传，这真是一件让人感到欣慰和感恩的事情。

（潘建国　北京大学中文系教授）

《七经孟子考文补遗·左传》的文献价值及学术意义*

毛振华

摘　要：山井鼎考文、物观补遗的《七经孟子考文补遗·左传》广罗善本，以明崇祯毛氏汲古阁本《十三经注疏》为底本，与足利学校所藏古写本、宋刻本进行对校，并参校嘉靖李元阳刻本、万历北监刻本、唐宋石经、陆德明《经典释文》等。山井鼎备列诸本异文，施以详尽对勘，保存了大量的经书异文资料，具有重要的古文献保存之功。作为日本江户时期古文辞学派承上启下的代表人物，其校勘方法开日本校勘学之先河。《七经孟子考文补遗·左传》在享保十七年（1732）传入中国，在乾隆年间被收入《四库全书》，被诸多乾嘉学者所推崇，在中日文化交流史上具有重要的学术地位与价值。

关键词：《七经孟子考文补遗》　《左传》　山井鼎　物观

《七经孟子考文补遗》是由日本江户时期山井鼎考文、物观补遗而成的校勘著作，共200卷。山井鼎，本姓大神氏，名鼎，字君彝，日本纪伊国（今和歌山县）人，生于元禄三年（1690），卒于享保十三年（1728）。山井鼎“信而好古”“夙有好古癖”①，曾问学于伊藤东涯之堀川塾，后师从大儒荻生徂徕十余年。享保三年（1718），被纪州藩西条侯聘为掌书记，埋首校理古籍3年之久，享保十一年（1726），校成《七经孟子考文》。享保十三年（1728），山井鼎卒，东都讲官物观为《七经孟子考文》作《补遗》，“掇拾于

* 浙江省社科规划之江青年学术研究与交流课题研究成果（21ZJQN08YB）。

① 物茂卿「七經孟子考文叙」、山井鼎考文、物觀補遺『七經孟子考文補遺』第1頁、東京：日本東都书林、享保十六年（1731）。

校雠之际，敢补前书之阙”[①]，享保十六年（1731），《七经孟子考文补遗》梓行。其校勘顺序为经、注、释文、疏，有考异、补阙、补脱、正误、谨按、存目等6种，在比勘诸本异同的基础上，保存了大量异文文献，在《左传》校勘及文献保存上都具有重要的学术价值与意义。

一、《七经孟子考文补遗·左传》的校释特点

按《七经孟子考文补遗·凡例》，“凡经、注以古本、足利活字本为主，同时参校宋版注疏本。凡疏文，则以宋版注疏为主，同时参校正德、嘉靖、万历各注疏本。凡‘释文’，用《经典释文》原书校。”[②] 山井鼎校勘记的方法有：一、考异，“字若句有所异，而莫能识其孰可者，两存，以广异闻也。但经文及注，以古本为主，疏以宋版为主，以其多异同出入者为主也，故初题古本或宋版以下统之，其余诸本各有异同者，具记以本名云”。二、补阙，“世流布本缺字若句者，今据所校以补之”。也即是杜泽逊先生所言“以古本补今本之阙佚”[③]。三、补脱，“《释文》所阙，乃据其原文补入之也”。四、正误，“字若句无所缺，而误写灼然者也”。五、谨按，“其似涉两可，而实窥其不然者，亦获诸校雠之际，然恐骤视者之或惑，故敢断以己意也”。六、存目，“篇题之文，卷数之分，后纂修十三经者，擅以己意更张改为，几失古观”[④]。

《七经孟子考文补遗·左传》重在逐一记录各类古写本、活字本、刻本与毛氏汲古阁本的不同之处，其校勘记主要是记录异文，对于判定是非与按语则是非常谨慎的。同时，他对异文并不是有见必出，而是有一定的选择，其中以“考异”为最多，其他5类如“正误”“补脱”“补阙”“谨按”等都是针对毛氏汲古阁本的脱误而言的。山井鼎以版本对校、客观出校为主，在治学中讲究实事求是、信而有证的态度，客观罗列资料，适时进行审慎的综合分析，从其校勘记录中可以窥探其校释特点及学术旨向。

---

① 『七經孟子考文補遺』第1頁。

② 『七經孟子考文補遺』第1頁。

③ 杜泽逊《影印七经孟子考文补遗·序》第3页，载［日］山井鼎撰，［日］物观补遗：《七经孟子考文补遗》，国家图书馆出版社，2016年。

④ 『七經孟子考文補遺·凡例』第1—2頁。

（一）以记录各本异同为主

《七经孟子考文补遗·左传》客观记录异文，“至于多存异文，则原书体例使然。作者之不轻言折中，正其多闻阙疑，有大过人者”①。如足利本《隐公九年经》：“‘九年，春，天子使南季来聘。’子作王，永怀堂同。”山井鼎罗列《公羊传》《穀梁传》相关记载，其经文均作“王”。案，《春秋左传正义·校勘记》：“石经、宋本、岳本、足利本‘子’作‘王’是也。”② 又如足利本《庄公十八年传》：“‘示不忘古。’‘古’作‘故’。”山井鼎罗列宋版、正嘉本，其注文均作‘故’。案，《春秋左传正义·校勘记》：“宋本、岳本、纂图本、监本、毛本作‘忘古’，是也。案，《正义》作‘古’。”③ 再如足利本：“《僖公二十五年传》‘晋于是始起南阳。’起作启，永怀堂、林直解同。”山井鼎认为：“注疏诸本皆误。”案，《春秋左传正义·校勘记》：“石经、宋本、淳熙本、岳本、足利本‘起’作‘启’，不误。”④ 又，《僖公十五年传》：“与之阳樊、温、原、欑茅之田。晋于是始起南阳。阳樊不服，围之。”《说文》：“启，开也。”此乃开疆辟土之意。以上诸例即是《七经孟子考文补遗·凡例》所谓“考异”：“字若句有所异，而莫能识其孰可者，两存，以广异闻也。”⑤ 阮元认为：“书中字句，尽依元板，有明知其伪者亦仍之，别为订伪数行于每卷之后，示不诬也。”⑥

（二）以与足利本同为重要参校依据

山井鼎校勘时推崇足利本，并以足利本作为重要的参校依据。如宋《隐公元年传》“卫人为之伐郑，请廪延”：“请作取，足利本同。”《注》“隐公继室之子当嗣是”：“是作世，足利本同。”“服事齐侯以奖王室”：“侯作桓，足立本。”“城颍郑也”：“也作地，足利本同。”⑦ 案，《春秋左传正义·校勘

① ［日］狩野直喜撰，梁容若译并补《山井鼎与〈七经孟子考文〉》，载梁容若《中日文化交流史论》第 293 页，商务印书馆，1985 年。

② 阮元校刻《十三经注疏》第 1738 页，上海古籍出版社，1997 年。

③ 《十三经注疏》第 1777 页。

④ 《十三经注疏》第 1828 页。

⑤ 『七經孟子考文補遺』第 1 頁。

⑥ 『七經孟子考文補遺』第 1 頁。

⑦ 『七經孟子考文補遺』第 519 頁。

记》："毛本'取'误'请'"[①] 又如宋版《僖公二十二年注》"有四宜敬"："四作国，足利本同。""杀刑戮"："杀作设，足利本同。"[②] 再如宋版《襄公三年注》"吾司马又掌诸侯之赋"："吾作晋，足利本同。""信涅计"："计作诈，足利本同。"[③]"足利本同"在《七经孟子考文补遗·左传》出现频率非常高，说明足利本是其重要的版本依据，这种对校方式具有较高的文献学价值。

（三）审慎的按语

山井鼎深知校勘材料的说服力不够充分，还需进行审慎的辨析探究，于是他注意汇集各方素材进行综合分析，使得材料和观点能有机结合在一起。卢文弨认为："余有志欲校经书之误，盖三十年于兹矣。乾隆己亥，友人示余日本国人山井鼎所为《七经孟子考文》一书。叹彼海外小邦，犹有能读书者，颇得吾中国旧本及宋代梓本，前明公私所梓复三四本，合以参校，其议论亦有可采。"[④] 他常常标示"谨按"以明辨，如毛氏汲古阁本《成公二年注》："无能为之役使。"山井鼎认为："'无能'作'不中'，宋永怀堂同。宋洪迈《俗考》：'俚谈以不可用为不中用，自晋时已有此语。'《成公二年传》：'克于先大夫，无能为役。'杜预注：'不中用为之役使。'今本又不见'不中用'字，却作无能，似后人改之。"案，《春秋左传正义·校勘记》："宋本、淳熙本、岳本、足利本同，'无能'作'不中'。"[⑤] 又如毛氏汲古阁本《成公二年疏》："及武王熊达，始居江汉之间。"山井鼎认为："万历作熊通，《史记》亦作熊通，但注疏诸本参差不一，万历似是。"案，《春秋左传正义·校勘记》：

> 宋本、毛本"违"作"达"，监本作"通"，依《史记·楚世家》改也。杜氏世祖谱、文十六年、宣十二年、昭二十二年、正义及释文引世家并作"熊达"，《汉地理志》《淮南子·主术训》注亦俱作"达"，《国

---

① 《十三经注疏》第 1721 页。

② 『七經孟子考文補遺』第 568 頁。

③ 『七經孟子考文補遺』第 626 頁。

④ 卢文弨《〈周易注疏辑正〉题辞》，载《抱经堂文集》（卷七）第 85 页，中华书局，1990 年。

⑤ 《十三经注疏》第 1898 页。

学纪闻》十一引史同宋本是也。[①]

又，《左传杜林合注》、马骕《左传事纬》等均作“熊通”。诸注疏本关于“熊达”“熊通”的解释参差不一，山井鼎所作案语是基于大量文献基础上做出的审慎结论。再如毛氏汲古阁本《隐公四年疏》：“阻恃诸国之兵以求胜。”山井鼎认为：“作阻，训恃也，恃兵以求胜。”案，《春秋左传正义·校勘记》：“宋本作‘阻’，训‘恃’也，恃兵以求胜，考文同。”[②] 又，《隐公四年传》：

> 故宋公、陈侯、蔡人、卫人伐郑，围其东门，五日而还。公问于众仲曰：“卫州吁其成乎？”对曰：“臣闻以德和民，不闻以乱。以乱，犹治丝而棼之也。夫州吁，阻兵而安忍。阻兵，无众；安忍，无亲。众叛、亲离，难以济矣。夫兵，犹火也；弗戢，将自焚也。夫州吁弑其君，而虐用其民，于是乎不务令德，而欲以乱成，必不免矣。”

杨伯峻先生认为：“阻，仗恃也。”[③] 州吁弑君篡位，骄横奢侈，常常依仗武力杀戮无辜，最终导致众叛亲离的悲惨下场，“恃兵以求胜”对州吁的胡作非为作出了比较确切的解释。

当然，《七经孟子考文补遗·左传》也有不足之处。一是死校，阮元曾指出：“山井鼎等惟能详纪同异，未敢决择是非，皆为才力所限。”[④] 卢文弨认为：“然特就本对校而已，其误处相同者，虽闲亦献疑，然而漏者正多矣；且今本亦有绝胜于旧者，不能辨也。”[⑤] 二是囿于所见材料，主要依据足利学校所藏，未能穷尽日本所藏各种珍本。此外，还有一些校勘的错误。如毛氏汲古阁本《僖公十五年疏》“明年，其死于高梁之虚”，《七经孟子考补遗》把此句列为传进行考异，是比较明显的错误。

---

① 《十三经注疏》第 1898 页。

② 《十三经注疏》第 1730 页。

③ 杨伯峻编著《春秋左传注》第 36 页，中华书局，1990 年。

④ 阮元《〈七经孟子考文并补遗〉序》，载［日］山井鼎考文，［日］物观补遗《七经孟子考文补遗》第 3 页，商务印书馆，1935 年。

⑤ 卢文弨著《十三经注疏正字跋》，载《抱经堂文集》（卷八）第 3 页，中华书局，1990 年。

二、《七经孟子考文补遗·左传》的文献价值

《七经孟子考文补遗·左传》为《左传》校勘提供了丰富多样的版本，在版本保存、文献传承等方面都具有非常高的文献学价值。

（一）为《左传》校勘提供了价值比较高的版本

《七经孟子考文补遗·左传》的文献价值首先体现它注重选择底本优良、具有极高文献校勘价值的文献的版本。物观认为："鼎言曰书写本，吾邦古博士家所藏，为唐以前物。活字板，本学印书写本，皆世之所无，盖谓本学所藏者几亡，则不可复得也。此鼎考文所由而兴焉。"① 周中孚认为：

> 其所称宋本，往往与汉、晋古籍及释文别本、相台岳氏诸本合。所称古本及足利本，以校诸本，竟为唐以前别行之本，故经文之存于今者，唐石经、陆氏释文、贾、孔正義为最古，此本经虽不全，实可备唐本之遗。②

周中孚先生所言"宋本""古本""足利本"等在保存《左传》文献方面具有重要的价值与意义，既为研究日本《左传》学提供了基础文献资料，又补充了中日文献、文化交流史等的相关研究资料。陈东辉先生认为："《考文》的最大价值在于保存了中国学者不易寓目的日藏珍稀写本和刻本，就校勘本身而言，总体水平一般，令人拍案叫绝之处不多。"③

山井鼎以毛氏汲古阁本《十三经注疏》为底本，以足利学校所藏古写本、足利学校活字印本、宋刻本为主校本，并参以元刊明修十行本、嘉靖李元阳刻本、万历北监刻本、唐宋石经、陆德明《经典释文》作为经注文字的校勘材料，自然是经过比较审慎的考察后做出的决定，他在汇聚比对诸多版本的基础上权衡优劣，力求用最能接近原版的本子作为底本，同时参校的诸多本子也是公认的善本和较为可靠的资料，特别是足利本是中国学者所未能见到

① 『七經孟子考文補遺』第 1 頁。

② 周中孚《郑堂读书记》第 26 页，上海书店出版社，2009 年。

③ 陈东辉著《〈十三经注疏校勘记〉与〈七经孟子考文补遗〉之关系》，载《东亚文献与语言交流丛考》第 54 页，浙江大学出版社，2017 年。

的珍稀资料，对于保存《左传》文献具有重要之功。王勇、日本学者大庭修主编的《中日文化交流史大系·典籍卷》认为："山井鼎编纂《七经孟子考文》时，年仅30余岁，自有学力不逮之处。但他博征广引日本所藏的古本佚籍，则又为中国学者限于古籍的佚亡而力所难及。此书在清代引起如此大的反响，主要原因就在于此。"①

（二）在相关字句的文献保存方面具有重要价值

山井鼎所运用的重要校勘方法是"对校法"，"即以同书之祖本与别本对读，遇不同之处，则注于其旁。刘向《别录》所谓'一人持本，一人读书，若怨家相对者'，即此法也"。"其主旨在校异同，不校是非""其长处则在不参己见，得此校本，可知祖本或别本之本来面目。"② 他在对校的基础上对各版本《左传》间的文句异同、是非等加以权衡辨识，这对于恢复《左传》版本原貌具有重要作用与意义，"则正以其不持择之故，乃得留其本真于后世也"③。从古至今，典籍在传抄、翻刻过程中，缺字、补字、异文、异体字、改字、疏漏等问题很多，要想深入了解古代典籍的原貌须从精细的校勘开始。吴寿旸录其父吴骞关于《考文补遗》之跋云：

> 予从鲍君借观，就其所考经、注而钞之，疏则未暇也。故命曰《七经孟子考文补遗录》。夫经籍去圣日远，阙文讹字，谬本实繁。赖古书流传海外，使学者犹得借以考证其谬误，而补订其阙失，岂不诚斯文一大幸哉！④

在缺字、补字方面，如足利本《定公十四年注》："脾梁间即牵。"宋版、永怀堂本梁上有"上"字。案，《春秋左传正义·校勘记》："闽本、监本、毛本脱'上'字。"⑤ 又，诸本传文均作"晋人围朝歌，公会齐侯、卫侯于脾、上梁之间"。又如毛氏汲古阁本《哀公元年传》："暴骨如莽。"山井鼎比

① 王勇、［日］大庭脩主编《中日文化交流史大系·典籍卷》第276页，浙江人民出版社，1996年。

② 陈垣《校勘学释例》第129页，中华书局，2004年。

③ 《〈周易注疏辑正〉题辞》，载《抱经堂文集》卷七。。

④ 吴寿旸《拜经楼藏书题跋记》第23—24页，上海古籍出版社，2007年。

⑤ 《十三经注疏》第2153页。

对足利本认为："足利本后人记云：'异本，莽上有草字。'"案，《春秋左传正义·校勘记》："足利本后人记云：'莽上有草字'。案注云'草之生于广野，莽莽然'。故曰：'草莽'此必因注文而误衍也。"[①] 又，注文曰："草之生于广野，莽莽然，故曰草莽。"再如《经典释文·僖公十六年》："与音预。敛，力验反。公与小敛，本亦作'公与敛'。"元文作："公与音预。敛，力验反。公与小敛，本亦作'公与敛小。'"山井鼎认为："今本见文妄改，元文又脱'作'字，于义不通。"案，《春秋左传正义·校勘记》："释文无'小'字，云本亦作'公与小敛'。"[②]

在异文、异体字方面，如毛氏汲古阁本《定公十四年疏》："虽皆已陈，犹以从未陈例者，举其权诈也。"山井鼎罗列宋版、正嘉、万历诸本以比对，宋版："虽皆已陈，犹以独克为文，举其权诈也。"正嘉二本"克为文举"已磨灭，"万历妄补，崇祯承之"。又如足利本《哀公元年传》："逢滑当公而进。"其中的"滑"作"猾"。案，《春秋左传正义·校勘记》："释文亦作'逢滑'，石经此处残缺，闽本'逄'误'逢'，足利本'滑'作'猾'。"[③] 再如足利本《僖公二十三年注》曰："犬戎狐姬之子，故曰姬出。"其中的"犬"作"大"。山井鼎认为："诸本作'犬'，惟足利本为然。"案，《春秋左传正义·校勘记》："宋本、淳熙本、岳本、足利本'犬'作'大'。"[④]

在文句的疏漏方面，如毛氏汲古阁本《襄公九年注》："史疑占《易》遇八者为不利。"山井鼎认为："占易，惟足利本作古易，为是。注疏本，注皆作占，疏作古，可谓疏漏矣。"[⑤] 又如足利本《襄公三年传》："弃武罗、伯困、熊髡、龙圉。"因作困，宋版、正嘉本同。山井鼎又引《汉书·人物表》"伯困"作"栢因"，《史记正义》"伯困"作"伯姻"以证"因"为是。[⑥] 再如毛氏汲古阁本《昭公二十九年注》："若能修德，可以免祸。"山井鼎认为：

---

① 《十三经注疏》第2159页。

② 《十三经注疏》第1812页。

③ 《十三经注疏》第2159页。

④ 《十三经注疏》第1819页。

⑤ 『七經孟子考文補遺』第631—632頁。

⑥ 『七經孟子考文補遺』第626頁。

"勉当作免。"① 案，传文均为："然不得已，若德，可以免。"②

在指正改字方面，如毛氏汲古阁本《成公十八年疏》："设令国有十乘，乘有一御。"山井鼎认为："宋版、后人改十乘作千乘，未知据何本也。"又如毛氏汲古阁本《隐公四年传》："夏公及宋人遇于清。"山井鼎："或曰'人当作公'，所未考也。今校经文作宋公，则有所据也。"案，《隐公四年经》："夏，公及宋公遇于清。"

此外，山井鼎在在衍字方面也有体现，如毛氏汲古阁本《僖公二十八年注》："故使叔鍼庄子为主。"元文无"叔"字，永怀堂同。山井鼎认为："叔，衍字，可删。"

（三）注重文献的可靠性

山井鼎在进行文句校订时特别强调文献的可靠性，不断强调有所据，力避"不知据何本也"③ 如毛氏汲古阁本《桓公三年传》："冬，齐仲年来聘，致夫人也。"山井鼎认为："足利本'仲年'上补入'夷'字，不知据何本也。"案，《春秋左传正义·校勘记》："足利本'仲年'上补'夷'字，非也。"④ 又如毛氏汲古阁本《庄公二十八年注》"鄙，边邑。"足利本"边"上后人补"在"字，山井鼎认为："不知据何本也。"案，《春秋左传正义·校勘记》："山井鼎云'足利本边上后人补在字'。"⑤ 又，金泽文库本也作"皆在鄙。"杨伯峻先生认为："'在'字盖浅人妄增。"⑥ 再如毛氏汲古阁本《僖公二十二年注》："须句别国而削弱不能自通。"山井鼎认为："别国，诸本皆然，唯宋版改作列国，不知据何本也。"⑦ 案，《春秋左传正义·校勘记》："山井鼎云'别国，诸本皆然，唯宋版改作列国，不知据何本也'。"⑧

从以上分析可以发现，山井鼎以明崇祯毛氏汲古阁本《十三经注疏》为底本与其他版本对校，不但校订出各本文句的异同，还校订文句的正确与否，

① 『七經孟子考文補遺』第709頁。

② 《春秋左传注》第1505页。

③ 『七經孟子考文補遺』第533頁。

④ 《十三经注疏》第1752页。

⑤ 《十三经注疏》第1784页。

⑥ 《春秋左传注》第240。

⑦ 『七經孟子考文補遺』第567頁。

⑧ 《十三经注疏》第1818页。

他将其校勘记附录在某句笺注之后，先罗列各本文字异同状况，再有选择性、针对性地附加案语进行判定，“欲使人有知今本之所失乎古者也”[①]。由此可见，山井鼎不仅具有保存古文献之功，还有实事求是的探究分析，体现出其谨严有度的校勘精神。

三、《七经孟子考文补遗·左传》的学术史意义

《七经孟子考文补遗·左传》深受荻生徂徕学术思想的影响，不仅在中日文化交流史上具有特殊价值，而且对中国校勘学亦有重要影响。

（一）在文化回流史上具有重要意义

《七经孟子考文补遗·左传》自享保十七年（1732）传入中国以来，之后又在宽政六年（1794）、文政八年（1825）传入中国[②]，成为历代学者研究《左传》的必备参考书，并在乾隆年间被收入《四库全书》，有了清代内府写本，成为《四库全书》收录的唯一日本《左传》著作，在中日文化交流史上具有重要意义与作用。中国文化在流向日本后，不断被日本学者所接受，在日本学者融会贯通基础上有所创新与发展，部分创新又引一时之先声，成为中国学者借鉴参考的重要材料，形成所谓的文化回流现象。内藤湖南认为：“所谓的日本文化，其是东亚文化、中国文化的延长，是同中国古代文化一派相承的”[③]，“（中国）文化最早在黄河沿岸一带萌芽，然后向西向南发展，再渐渐转向东北方面，最终到达日本”[④]，也即是说中国文化由中心逐渐向周边正向传播，周边文化接受中国文化后日渐形成自己的特色，又形成反向对中国文化产生影响的回流现象，由此形成正向、反向交织的文化传播“螺旋循环”模式[⑤]。

《四库全书》的收录是非常审慎的，《四库全书总目·凡例》认为：“前代藏书，率无简择。萧兰并撷，珉玉杂陈，殊未协别裁之义。今诏求古籍，

① 『七經孟子考文補遺叙』第 1 頁。

② ［日］大庭脩著，徐世虹译《江户时代日中秘话》第 113 页，中华书局，1997 年。

③ ［日］内藤湖南著，刘克申译《日本历史与中国文化》第 12 页，北京商务印书馆，2012 年。

④ 《日本历史与中国文化》第 11 页。

⑤ 连清吉《日本近代的文化史学家内藤湖南》第 249 页，台北：台湾学生书局，2004 年。

特创新规，一一辨厥妍媸，严为去取。"[①] "说经主于明义理，然不得其文字之训诂，则义理何自而推；论史主于示褒贬，然不得其事迹之本末，则褒贬何据而定。"[②] 由此可见，《四库全书》极力推崇汉学"长于考据"的治学风格，并认为："今所录者率以考证精核，论辨明确为主。庶几可谢彼虚谈，敦兹实学。"[③]《七经孟子考文补遗·左传》旁征博引日本所藏的古本佚文，几乎达到穷尽的地步，这些是中国学者囿于典籍的流失而无法企及的。对于如此审慎和闭关锁国的清朝来说，收录《七经孟子考文补遗》是需要非凡的勇气和胆识，唯一让其下定决心收录此书的缘由即是"今考此书与坊本亦无一同，是亦足释千古之疑也"[④]。《七经孟子考文补遗》的回流并被《四库全书》收录是中日文化交流史上具有重要意义的文化事件，同时具有"开日本校雠学之先河，启东西古籍沟通之机运"[⑤] 的重要地位。

（二）江户古文辞学派的继往开来者

山井鼎深受荻生徂徕思想的影响。享保初年（1716），山井鼎入荻生徂徕门下学习经学，享保三年（1718），被纪州支藩伊予西条藩主松平赖渡聘为儒臣，遂有机会在足利学校校勘诸多经籍。荻生徂徕曾高度评价其校书行为，"遂留三年，罄其所藏以归。因积勚得疾，西条侯闻而俾录上其所较。生疾更甚，黾勉从事，呻吟交发，不能辨其为何声，颠沛以之，期年而成，疾亦寻差"[⑥]。

山井鼎所生活的时代，以"穷理见性"为宗的朱子学派占据思想文化主导地位，其后的阳明学派亦"驰骛空理"，"从而产生了试图抛开后代的种种解释、直接从儒教古典出发的趋势，形成古学派"[⑦]。古学派的代表人物是伊藤仁斋、荻生徂徕，伊藤仁斋以《论语》《孟子》探求古义，"只当一一本之

① （清）永瑢《四库全书总目》第 42 页，中华书局，1965 年。

② 《四库全书总目》第 18 页。

③ 《四库全书总目》第 18 页。

④ 《四库全书总目》第 276 页。

⑤ 《山井鼎与〈七经孟子考文〉》，载《中日文化交流史论》。

⑥ 『七經孟子考文補遺』。

⑦ 顾永新《〈七经孟子考文补遗〉考述》，载《北京大学学报》（哲学社会科学版）2002 年第 1 期。

于语孟，能合其意思语脉，而后方可"①，其重在构建自己古义派的思想体系批判朱子学。荻生徂徕继承伊藤仁斋所倡古学，"从语言学出发的古文辞学继仁斋的古义学"②，极力批判朱子学空谈性理、横发议论，主张以古文辞学方法探求先王之道。荻生徂徕认为："读书之道，以识古文辞、识古言为先"③"古言明而后古义定，先王之道可得而言已。"④积极倡导应以《六经》时代的"古文辞"解释《六经》。他认为要阐释儒家经典，须先掌握古文辞，"物与名合，而后训诂始明，《六经》可得而言焉"⑤，主张以古文辞求古义，在于"尚辞也，主叙事，不喜议论，亦矫宋弊也"⑥。

显而易见，山井鼎深受荻生徂徕学术思想的影响，毕生"信而好古""夙有好古癖"⑦，孜孜于搜集钩沉《左传》古写本、足利学校活字印本、宋刻本，着力于辑佚众多亡佚的文献，并在校勘中讲究实证与材料的可信度。其后龟井南冥沿着伊藤仁斋、荻生徂徕、山井鼎的学术道路，主张批判宋明理学重义理轻考辨的倾向，其代表作《春秋左传考义》对《左传》的经文及传文中存疑的语句逐一精心注解，或指陈杜预注失考、失误，加以辨析；或多闻阙疑，并存以备案；或增补杜预注，详解其说，"是近古冠绝的儒学实证性研究"⑧，"有力地扭转了江户时期日本学者研治汉学局限于宋明理学的风尚"⑨。

（三）对中国校勘学具有重要影响

山井鼎的学术成就"与乾隆大儒，东西辉映"⑩，其《七经孟子考文补

① 伊藤仁斎「語孟字義」、『日本思想大系』（第33卷）第122頁、東京：岩波書店、1970年。

② 刘梅琴、王祥龄《荻生徂徕》第181页，东大图书公司，1999年。

③ 荻生徂徕『荻生徂徕全集』第456頁、東京：河出書房新社、1973年。

④ 『荻生徂徕全集』第411頁。

⑤ 丸山真男校注「荻生徂徕」、『日本思想大系』（第36卷）第200頁、東京：岩波書店、1970年。

⑥ 『日本思想大系』第36卷第200頁。

⑦ 『七經孟子考文補遺』。

⑧ ［日］冈村繁《日本汉文学论考·前言》，载王元化主编《冈村繁全集》（第七卷）第5页，上海古籍出版社，2009年。

⑨ 毛振华《龟井南冥〈春秋左传考义〉的注释方法及其学术史意义》，载《浙江大学学报》（人文社会科学版）2016年第6期。

⑩ 《中日文化交流史论》第292页。

遗·左传》传入中国以来，受到乾嘉学者卢文弨、王鸣盛、阮元等推崇。卢文弨曾说："近读《左氏传》，得嘉善浦氏镗之《正字》，日本国山井氏鼎之《考文》……，三家本皆有可观。今不劳而坐享其成，觉天之予我亦太优矣"①，"两取其长""善者兼取之"②。阮元《春秋左传注疏校勘记·引据各本目录》中明确说明古本、宋版见山井鼎的《七经孟子考文补遗》，并认为其"可备唐本之遗"，"校阅群经，颇多同异"，"精核可采者亦复不少"。③ 因此，严绍璗先生认为："（《七经孟子考文补遗》）在当时日本已经出现的一系列汉学著作中，是同时代中国学者最注重的一部著作"，"是日本汉学家第一次显示他们在中国文献的整理方面追赶清人考据学所达到的成就"，"代表了江户时代的汉学家队中国文献典籍的认识水平与整理水平趋向成熟"，"此书在学术上的意义，它在中国的作用似乎比在日本更大一些"。④

这部校勘学上的巨著，可谓是《十三经注疏》校勘史上的开山之作，于雍正年间传入我国，正值乾嘉考据学逐步兴起的时期，对乾嘉考据学风亦有重要的意义，也难怪吉川幸次郎曾评价说："山井对古书进行的校勘工作，是在中国还并不盛行的时候，在日本着先鞭，而后刺激了那里的学者，以后他那样的方法，首开端绪，乃成为清朝文献学的重要组成部分。"⑤ 评价虽有夸张成分，但可见日本学者对《七经孟子考文补遗》的推崇。

总之，《七经孟子考文补遗·左传》充分利用日藏古本、宋本进行校勘，在校雠学上具有重要的引领意义，对《左传》文献资料的保存具有重要的价值，并有力地推动了中日文化的交流与融合。

（毛振华　浙江外国语学院中文系教授，日本东京大学访问学者）

① 卢文弨《与梁曜北（玉绳）书》，载《抱经堂文集》（卷二十一）第 303 页，中华书局，1990 年。

② 《十三经注疏正字跋》，载《抱经堂文集》卷八。

③ 《〈七经孟子考文并补遗〉序》，载《七经孟子考文补遗》第 1 页。

④ 严绍璗《日本中国学史》第 61—66 页，江西人民出版社，1991 年。

⑤ 吉川幸次郎「日本人の知惠」、吉川幸次郎『吉川幸次郎全集』第 56 頁、東京：筑摩书房、1985 年。

平田笃胤的儒学批判

——以《西籍概论》为中心

付慧琴

摘　要：《西籍概论》是复古神道家平田笃胤继《呵妄书》之后，较为全面系统地批判儒学的著书。本文试图以该书为研究对象，从平田笃胤以日本的创世神话改造中国的三皇五帝、对“尧舜之治”和“先王之道”的批判、以孔子为方法，即化“汉意”为“和魂”批判日本儒学，这3个方面来分析平田笃胤批判儒学的具体内容，考察他旨在破除日本儒学家对“文化中国”崇拜的意图，突显以日本为世界中心，他国为周边的华夷思想，但由于中国传统思想的深厚影响，平田笃胤的儒学批判最终未能脱离儒学思想的藩篱。

关键词：神道家　平田笃胤　儒学　《西籍概论》

在江户中后期，随着经济的发展，作为意识形态领域的朱子学已无法适应社会发展的需要，从而在日本思想界出现了回归“三代圣人”以解构朱子学权威的古学运动。[①] 其中，作为古学派代表人物之一的太宰春台（1680—1747）于1735年在《辩道书》中尊崇“圣人之道”，认为日本无道，神道包含在圣人之道中，从而引发了国学家诸如贺茂真渊（1697—1769）、本居宣长（1730—1801）著书批判。作为后继国学家的平田笃胤（1776—1843）则创作了《呵妄书》（1803），对以太宰春台为代表的“腐儒”展开批判，以此为发端，平田笃胤走向了国学的道路。《呵妄书》主要围绕太宰春台《辩道书》中的30处引文，逐一批判了太宰春台的神道观、圣人之道、太宰春台的学

① 韩东育《从“脱儒”到“脱亚”——日本近世以来“去中心化”之思想过程》第115页，台北：台湾大学出版中心，2012年。

问，观点比较零散。继《呵妄书》之后，平田笃胤又对儒道进行了演说，其门人将之整理成《西籍慨论》(1811)，《西籍慨论》又名《汉学大意》，"大意"是一种文章体裁，全篇口语化，内容通俗易懂，是以一般民众为对象进行的演说。该著书分为上、中、下三卷，阐述了儒学传入日本的历程、中国从开天辟地至清朝期间历代的王朝更替等内容。

目前关于平田笃胤的儒学批判的研究，日本学者有三木正太郎①、中川和明②、若松信尔③等，中国学者有牛建科④、史少博⑤等，其中对《西籍慨论》的研究，在国内几乎完全被忽视，在日本方面虽有所涉及，但对该书的定位还不够明确，往往将该书置于《呵妄书》之下。当然，《呵妄书》是平田笃胤的处女作，平田笃胤通过批判《辩道书》，宣告了他的国学生涯的开始。但此阶段的儒学批判只停留在对《辩道书》内容的批判，观点多是对本居宣长的祖述。但《西籍慨论》批判的内容，较《呵妄书》更为系统全面，从空间、时间两个维度论述了以日本为世界中心，朝鲜半岛、中国等周边国家为夷狄的华夷思想，同时，通过对中国历史上"圣人之道"的诋毁污蔑，完全解构了儒学家及日本儒学家的精神根源。因此，通过对《西籍慨论》的考察，有利于把握平田笃胤在构筑国学思想之前的思想历程以及儒学思想在其国学思想体系中的作用与影响。本文以《西籍慨论》为研究对象，主要从平田笃胤对中国神话进行的改造、对"尧舜之治"和"先王之道"的批判，将孔子作为方法来批判儒学，这 3 个方面来分析平田笃胤进行儒学批判的目的所在及其儒学批判的不彻底性。

一、以日本的创世神话改造中国的三皇五帝

在论述平田笃胤以日本的创世神话改造中国的三皇五帝之前，有必要谈

① 三木正太郎『平田篤胤の研究』第 78 — 112 頁、京都：神道史学会、1969 年。

② 中川和明「平田篤胤の妖怪論と儒教批判」、『日本歴史』第 570 号、1995 年。

③ 若松信尔「平田篤胤の儒教批判と聖人論」、『九州女子大学紀要』(第 40 巻）第 3 号、2004 年。

④ 牛建科《试析日本国学家的中国观》，载《延边大学学报》(社会科学版）2007 年第 40 卷第 4 期。

⑤ 史少博《日本近代"国学四大人"研究旨趣之异同》，载《东方论坛》2016 年第 3 期。

及他对日本以外诸国的认识与态度。首先，他详述了日本及诸国的世界生成，从宇宙观的角度表明日本比诸外国尊贵的态度。他认为日本及诸国皆由高皇产灵神、神皇产灵神的御灵生成，但日本是由伊邪那岐和伊邪那美两位神灵生成的“御国”，而诸外国由淖沫泥土凝聚而成，由此可判别“御国与外国国情之尊卑美恶优劣”①。在《西籍慨论》中，平田笃胤对日本以外的诸国称作“から”“もろこし”，这种称呼本身显示出平田笃胤以日本为中心，以外国为周边的心态：

> 将位于西方之诸国称为“から”，源于最初渡来日本之国乃“大加罗”国，其后便将位于此方位的渡来之国习惯说成“加罗国”，古说如此解释，大概不错。井泽秀长《俗说辨》提到山崎垂加之说，称外国为“から”并非嘉称，乃褒日本为实，贬诸越（もろこし）为虚之故。《日本纪》中有“膂之空国”，空国乃空しい国，即与からくに相同，如壳蜕之类，中间无实。这些说法很有趣，似乎含有大倭心，到底如何呢？此外还有种种说法，但皆不宜。关于“もろこし”古人之说依据前往彼国，要越过野路、山路、海路诸道，而称作“诸越”，大概不错。不论怎么说，“から”“もろこし”皆指御国以外的西方诸国。是故“から”的借用字乃“戎”字。师父的《驭戎慨言》中将“戎”训读为“から”，指的是诸越。②

也即是说，“から”最初指的是渡来日本的“大加罗”国，后泛指位于日本以西之诸国。到了山崎暗斋的解释，“から”就具有了贬低之意，《日本书纪》也同样将其解释为内在无实的国家，但平田笃胤不以为然，引用师父本居宣长之说，用“戎”字表示“から”之意，日本以外之诸国都成了“戎”，这一“戎”字则解构了原本以中国为华夏、以周边为夷狄的传统华夷思想，日本取中国而代之的观念油然而生。

在平田笃胤看来，“から”国渡来日本是向日本朝贡的。这种朝贡说源于

① 平田篤胤「西籍概論」、『新修平田篤胤全集』（第十巻）第 32 頁、東京：名著出版、1977 年。

② 「西籍概論」第 21-22 頁。

平田笃胤创造的神话传说及世界生成。在他的神代叙事中，伊邪那岐的两只眼睛生出了天照大御神和速须佐之男命，天照大御神统治高天原，速须佐之男命统治“青海原淖之八百重”[①]，即统治全部国土，统治“大地球”。速须佐之男命因故去了其母伊邪那美所在的“根国”，由其后裔大国主神统治国土。皇御孙迩迩杵命从天上降临地上后，大国主神便将“御国”让与皇御孙，渡到外国，与少彦名神共同治理外国。平田笃胤在这种神话传说的基础上，认为外国向日本朝贡源于“大国主神使诸外国仕奉御国”[②] 之故。

为了论证这种神话传说的正确性，平田笃胤则创造了自古以来外国就开始向日本朝贡的历史。例如，神功皇后在神谕的指示下，顺利使新罗、百济、高丽“三韩之国”归服日本。平田笃胤对征伐之缘由，如此论道：“此大地乃伊邪那岐大神委任速须佐之男命进行治理之地，由皇美麻命（皇御孙）继承统治，实际上理应是我国天皇自己所有之物”。[③] 在平田笃胤看来，天下莫非日本天皇之土。朝鲜半岛上的三国归服日本后，年年向日本进贡，尤其是金银。

进而，平田笃胤将日本的神灵附会到中国的神话传说中，以日本的创世神话改造中国的三皇五帝。他依据“汉国古书所见之事，实为吾古传之讹，非彼国上古之事实，乃我御国之古传”[④]，认为“上皇大一”乃天之御中主神，盘古真王、太元圣母乃两位皇产灵大神，铸造天地，天皇氏、地皇氏、人皇氏称为三皇，分别对应伊邪那岐、伊邪那美及其御子须佐之男命，固定大地，生成国土。所谓的五帝，第一位太昊伏羲氏乃大国主神，其他四位乃大国主神之御子孙。[⑤] 平田笃胤如此诠释中国上古圣王，意图何在？高伟指出：“三皇五帝或为华夏族群技艺文明的创始神，或为道德治功上被后世敬仰的绝对存在，否定其原有的‘赤县’籍贯而使之归入‘倭籍’，则可以反转历来以‘中国为日本之师’的传统观念”，从而“使日本成为诞生技艺文明与道德教化的国度”。[⑥] 由此可以看出，平田笃胤将日本神话附会到中国神话

① 「西籍慨論」第 20 頁。

② 「西籍慨論」第 21 頁。

③ 「西籍慨論」第 26 頁。

④ 「西籍慨論」第 32 頁。

⑤ 「西籍慨論」第 33 頁。

⑥ 高伟《日本近世国学者的华夷论与自他认识》第 168—169 页，社会科学文献出版社，2018 年。

的叙事方法，也是欲使日本取代历史上文化道德发达的“中国”的表现之一。

另外，需要注意的是，这一节虽然是对平田笃胤神话传说的介绍，看起来似乎与儒学批判毫无关联，但实际上，这一部分既是平田笃胤批判儒学的理论前提，也是他批判儒学的落脚点。作为复古神道家的平田笃胤，采用文献学的研究方法，所以他在批判儒学尤其是“圣人之道”时，不仅停留在尧舜禹时代，还必须追根溯源到三王时代之前的中国开天辟地的神话中。由于神话传说的不确定性，他就可以在此基础上肆意发挥，将日本的优越性渲染到极致，如此在说明日本与中国、朝鲜等诸国的关系上，这种由他书写的神话都可以作为依据来证明。虽然这种观点学说在现代人看来，极具主观随意性，几乎没有研究的价值，但在平田笃胤当时的社会环境下，他的学说普及很广，不仅有不少弟子入其门下学习，他还向许多庶民百姓做了不少讲说，给社会带来的影响非同小可。

二、对“尧舜之治”和“先王之道”的批判

由于中国文化对日本影响之深，平田笃胤仅仅通过神话传说想要确立日本在世界上的中心地位，还是不够的，还需要继续深究中国的历史。于是，平田笃胤开始从文化根源上对中国的“尧舜之治”进行批判。在《西籍慨论》中，他完整叙述了自尧舜禹到元明清时代的王朝更替史，他的历史叙事方式采用中日对照的方法，在他的笔下，中国朝代更替完全是臣子效仿尧舜禹先王，或通过受禅，或通过放伐的方式，篡夺王位，统治持续不久，又同样以如此方式被灭亡。而对应时期的日本皆由天皇统治，天下大治。如此写法不着痕迹地赞美了日本万世一系的天皇统治，而显示出中国没有固定君主，社会混乱的境况。

在历史叙述中，平田笃胤着墨最多的是夏殷周三代，即对尧舜禹汤文武的论述较多。之所以如此，是因为平田笃胤批判太宰春台，而太宰春台在《辩道书》中极力宣扬“圣人之道”，而所谓的“圣人之道”实乃“尧舜二帝、夏殷周三王之道”[①]。太宰春台认为：

---

① 太宰春台「辯道書」、『大日本思想全集』（第七巻）第 183 頁、東京：秀英舍、1931 年。

日本今世，虽不及中华之古昔，但天下全以圣人之道而治。然天下之人悉依圣人之教，未沦为禽兽，王公居上保其富贵，士大夫居中安其禄位，庶民农工商贾居下乐其家业，奴婢臧获、鳏寡孤独之辈，不遭暴虐，天下平均，四海无事，全凭圣人所为。①

对此，平田笃胤则反驳道：

在彼国世世代代历史上，未见汉国如皇国今之御世般，和平稳定，太宰言皇国不及中华之古昔，指的是汉国哪个朝代，想来他在夸大尧舜禹汤武之世。然而过于牵强，这些朝代如何能与皇国今之御世相比？说起尧舜之世，君臣上下之别不正，父无慈爱，臣无节操，与当今皇国相比，完全是禽兽之状态。②

平田笃胤认为尧舜之世“上下之别不正”，是因为尧将两个女儿嫁于农夫舜，来试验舜之为人，认为尧乃“愚人”，若为圣人，见一面便知其为人；“父无慈爱”的理由是尧舜不传位于子，而禅让于他人，这并非儒学家常谈的重视天下的表现，而是对子无慈爱，又不重视数代流传的宗庙之祀，是对先祖的大不孝；“臣无节操”说的是舜并未接受尧禅让，尧死后让于其子丹朱，既然如此，舜理应尽力辅佐丹朱保国，却因人敬慕，自立成王，平田笃胤称之为“逆臣”。

他甚至认为“尧舜之民，就如此般恶劣，彼国世世之人情，可由此推知”，得出“汉国人心薄恶，平民百姓不思主恩”的结论。③ 同时，他认为尧舜受禅，“受禅听起来似乎为好事，实际上极其恶劣，首先，君臣父子之义理不立，后世效仿圣贤之人增多，非如我御国万世无穷之大道。以一代之功业为主，故不能长久”④。

同样，平田笃胤视汤武为“逆贼”，认为他们弑君夺国，破坏了大本君臣之道，为此借用“天命”，修饰君臣之道，并记入书籍，确立严格的制度。但

① 「西籍概論」第 64 頁。

② 「西籍概論」第 64 頁。

③ 「西籍概論」第 66 頁。

④ 「西籍概論」第 39 頁。

因此制度是他们最先破坏之物，其书虽流传于世，却毫无用处，无人遵守。他对先王之道如此评价：

> 虽言尧舜之道有功，但彼国世世代代用圣人之道而不治，混乱不堪，该涉古今，难以毫无忌惮言其为大中至正之道，确乎如此，虽未细考之，汉土世世代代，无有五十年安定，然汉土之古代亦不安定。更何况其后之事，如上所云，圣人之道即便用于任何国家，也没有益处吧。①

在平田笃胤看来，先王之道在中国毫无裨益，和平安定的时间不长，大都处于混乱不止的状态。所以，他认为蒙古、鞑靼少数民族入侵中原，也是先王之道造成的，他如是道：

> 彼国人常贬低蔑视为禽兽的蒙古、鞑靼等攻入夺取国家，由于没有威力抵抗，而低头尊为天子，改成其曾鄙视为禽兽的国俗，国中之人乃二帝三王二圣人的子孙，如今皆将周围头发剃光，只留下中间的，变成“金钱鼠尾”式的样态，不觉羞耻，非常滑稽可笑。仔细体味，此皆尧舜汤武制作之道的过失，还因为彼国人人情薄恶。②

不仅如此，他也认为中国的这种恶风习气甚至波及日本，给日本也带来了消极的影响。例如，“摄政基经公”（藤原基经）废除阳成天皇，乃效仿伊尹所为。③ 北条义时、北条泰时、足利高氏、三好义贤、明智光秀等人运用汤武之道，以致评价他们不是人。在北条、足利之时，相互侵犯、争夺，四海并不太平，完全是行汤武之道之故。同时，平田笃胤主张在君有恶行时，臣仍要敬畏服从，认为其“看似近于妇人之道，此乃君臣之义永久不败之正道，其益终广大”④。

由于平田笃胤对中国尧舜之道如此批判、诽谤，自然，恪守君臣之义的伯夷、叔齐、孔明则成为他欣赏赞美的对象。周武王灭了殷纣王后，自立为

---

① 「西籍慨論」第 132 頁。

② 「西籍慨論」第 70 — 71 頁。

③ 「西籍慨論」第 42 頁。

④ 「西籍慨論」第 43 頁。

王，诸侯归顺，唯独伯夷叔齐二人以之为耻，隐居首阳山，开始掘蕨而食，后来认为国中之物皆属周王，终绝食而死。平田笃胤评价道“虽为戎人，却令人钦佩”①，对于孔明，平田笃胤认为他“虽为汉人，却无如此之心（放废刘禅或弑杀后自立，尽情平定国家），故受到具有大倭心之人的称赞”②。

这里值得注意的是，平田笃胤对秦始皇的评价相当高，认为其功德超过“五帝三王”，其理由是：“秦始皇起于夷狄之国，就连五帝三王难于对付的东西南北之蛮夷国，秦始皇马蹄所至之处皆使其归服，故其臣称始皇之德，言胜于五帝，合乎情理。”③ 即是说，秦始皇虽为夷狄，却征服了“五帝三王”时未征服的“蛮夷国”，所以盛赞其德。平田笃胤还认为：

> 秦始皇之后的朝代，从汉至今之清，皆使用始皇始为之事，如废封建，设郡县，废井田，天子自称皇帝、朕之类，筑千里长城，极尽自己便利。而尧舜禹汤文武记载在遗训书中的貌似合乎道理之事，表面上被认真对待，实际上毫不采用，其中只采用的是，效仿尧舜受禅、伊尹废立、汤武放伐。④

相较于对尧舜禹先王时代的批判、贬损，平田笃胤对秦始皇之功德，评价甚高，这与曾为“夷狄”的秦国最终实现了大一统，打破了以前的华夷观念不无关系，也显露出平田笃胤试图使“夷狄”日本取代中国的政治野心。

综上所述，日本儒学家尊奉的“尧舜之治”乃中国儒学的理想社会，“先王之道”乃中国儒学的根本观念，而平田笃胤却认为“尧舜之治”背离了儒家道德伦理、“先王之道”乃乱国之源，如此便“从文化的根基上彻底地将中国妖魔化”⑤，从而在精神根源上彻底破除了日本儒学家对“文化中国”的尊崇。同时，结合《呵妄书》中出现的“其本乱而末不治”⑥，此时对先王之道

---

① 「西籍慨論」第 51 頁。

② 「西籍慨論」第 96 頁。

③ 「西籍慨論」第 87 頁。

④ 「西籍慨論」第 108 — 109 頁。

⑤ 刘岳兵《近代日本中国认识的原型及其变化机制》，载《历史研究》2010 年第 6 期。

⑥ 平田篤胤「呵妄書」、『新修平田篤胤全集』（第十巻）第 168 頁、東京：名著出版、1977 年。

的批判，既深化了这种观点，同时更加印证了自己观点的“正确性”，显而易见，最终也否定了“现实中国”。

三、“作为方法的孔子”：化“汉意”为“和魂”

平田笃胤将中国的圣人视为逆臣贼子，认为圣人之道是导致国家混乱之根源，却对孔子的态度与上述先王圣人截然不同，时常将孔子之言论或孔子之意作为依据来责难日本儒学家，同时，也为孔子的一些言行进行辩护。

首先，平田笃胤认为“仔细考察孔子之言行，其心及其行为与寻常人无异，只是一位正直的好人”[①]，高度赞赏孔子为人，其论述如下：

> 虽被世间怪癖之人憎恶诽谤、不被世人接受，却毫无炫耀于世、趋附于人的污秽之事。即便如此，若是君主、父母之事，则隐藏其恶，屈节也要言好话，此乃本志，实在无以言表，乃具有美德之善人。虽愤慨一生不为所用，有所抱怨，但不著书，唯纠正当世流传的《尚书》之序，削去《诗经》重复内容，形成三百篇。慨叹自身所生之诸越国（汉国）混乱，无固定君主，道之大本不立之事，有心确定如同御国般的道之本——君主统治，那时虽王道衰微，仍尊周之王统，尊内卑外，开口便教诲真正之道。[②]

关于孔子的品行为人，平田笃胤大致列举了三点：第一，孔子毫不炫耀、不趋炎附势；第二，不言君主、父母之恶；第三，孔子尊内卑外。其中，关于第二点，平田笃胤依据《礼记·表记》中的“下之事上也，虽有庇民之大德，不敢有君民之心，仁之厚也”，《论语·阳货》中的“恶居下流讪上者”，[③] 认为此乃孔子之所以为孔子之缘由，因此，孔子不言君主、父母之恶，自然也解决了他人对孔子称赞汤武之德的疑问，即平田笃胤如此论道“然孔子如此赞美西伯，亦有情由。其缘故是，孔子乃生于周朝之人，暂且顺应时

---

① 「西籍慨論」第 61 頁。

② 「西籍慨論」第 62 頁。

③ 「西籍慨論」第 70 頁。

世，如此论说，并非本意"[①]，"此乃孔子辨别时务，胜于他人之处"[②]，同时也主张应对孔子的言行进行取舍：

> 吾徒所学，以吾古之大道为本、为规矩，彼国之经书自不用说，即便是孔子之言行，也应进行取舍。更何况孔子掩盖汤武之恶，称其行为善，非其本心。孔子身为陪臣，武王乃自身君主之先祖，包括汤一并称赞，是由于言汤王弑虐，武王之罪也显明。[③]

平田笃胤认为孔子若说"汤王弑虐"，则周武王亦是如此，但武王乃自身君主之先祖，所以不得不为其掩盖恶行。关于第三点，孔子尊内卑外，之所以这样认为，乃源于平田笃胤对《春秋》的理解。首先，他认为"孔子撰定《春秋》，记录鲁国之事，在事实上表现劝善惩恶之笔意，此书起笔于东周平王四十九年，终于同敬王三十九年，乃二百四十余年之事，言少义深，写得很好"[④]。再次，他认为"孔子云'知我者，其惟《春秋》乎！罪我者，其惟《春秋》乎！'没有什么比《春秋》更能表现孔子之心，观察其一生真心，让人感动到落泪"[⑤]。在平田笃胤看来，"春秋之意"或"春秋之旨"乃"孔子尊我国（汉国）为中，卑他国为夷狄，敬我王公，不言其恶，只称其善，即便自己遭受罪过，也要隐藏我君之非"[⑥]。为此，他批判太宰春台及其他儒学家并未领悟"孔子之道"，批判他们"与春秋之意龃龉，不知内外之差别"，"毫无忠实于国之心"[⑦]，"将彼国称为'中华、中国、上国'，一味尊崇，却将御国说成东夷，以御国律令制思考之，此乃等同于叛逆之罪人"[⑧]。

需要注意的是，平田笃胤提到的以日本为内、他国为外的观点，其实山崎暗斋的弟子浅见䌹斋（1652—1711）已有所提及，浅见䌹斋认为"孔子思

① 「西籍慨論」第 48 — 49 頁。
② 「西籍慨論」第 70 頁。
③ 「西籍慨論」第 69 頁。
④ 「西籍慨論」第 62 頁。
⑤ 「西籍慨論」第 63 頁。
⑥ 「西籍慨論」第 76 頁。
⑦ 「西籍慨論」第 76 頁。
⑧ 「西籍慨論」第 117 頁。

想的实质”是“以本国为主体、站在本国的立场上思考华夷关系”①，平田笃胤应间接地受到了浅见䌹斋思想的影响②。并且，平田笃胤也认为中国根本不用孔子所作的春秋之旨，“最终周朝完全灭亡，祭祀亦中断，孔子一生的训诫、努力也都白费，其后更是如此。实际上孔子生于恶之国，白费力气”③。

有意思的是，平田笃胤从一开始就批判“儒书传入御国（日本）以来，已有千五百年，流传于世，深入人心，其与佛法同，混杂于万事，致使人心不纯、狡诈多端、为世间之害，虽非佛法，但危害极甚”④。结果，他自身在批判儒学家时，却是引经据典，当然也包括孔子的言论，例如：

> 孔子言“儒怀忠信以待举”，亦言“主忠信”，《礼记》中亦见“忠信礼之本也、无本不立”，《论语》中亦云“君子务本、本立而道生”，圣人之道也教导应专务本，但太宰纯之学，其大本不立，又不以知吾国之事为要，只执汉学之末，任意放狂言，损国体，甚背我国之制度，《左传》亦有“毁则为贼”，太宰纯乃为贼。再言之，《礼记》亦有“入竟而问禁、入国而问俗、入门而问讳”，如此教诲，《孝经》中亦见“不爱其亲而爱他人者谓之悖德、不敬其亲而敬他人者谓之悖礼”，太宰纯在《圣学问答》中亦云“悖德非仁也”，却疏我国，无故爱外国，岂非悖德悖礼乎？即便偶有恶事，亦务赞我古昔，忠诚于我国，此乃学者之本旨，亦合乎孔子之意，《左传》中亦有“讳国恶礼也”，杜预注“掩恶扬善义存君亲”。更何况太宰纯生在优于万国、尊贵之御国，居此国，食此国米，蒙恩却不知恩。还有“食其食者不毁其器、荫其树者不折其枝”，太宰纯等人这般不忠于国，恩将仇报，最为可恶，孔子不也说“以怨报德则刑戮之民也”吗？⑤

即平田笃胤在批判太宰春台时，援引了大量的儒家经典如《论语》《礼

① 《近代日本中国认识的原型及其变化机制》，载《历史研究》2010年第6期。

② 平田篤胤「三五本国考」、『新修平田篤胤全集』（第八卷）第704 — 705頁、東京：名著出版、1976年。平田笃胤师从中山青莪，而中山青莪是一位传承了浅见流派的的儒学家。

③ 「西籍慨論」第63頁。

④ 「西籍慨論」第17頁。

⑤ 「西籍慨論」第76 — 77頁。

记》《左传》《孝经》等，也以孔子之言作为依据，控诉太宰春台无忠信、悖德悖礼。还有，平田笃胤根据《中庸》中孔子所说的“吾学殷礼有宋存焉，吾学周礼今用之吾从周”，批判日本儒学家以异国制度为规章制度，是极为不符合道理的。[①] 这样的例子有很多，由此可以看出，平田笃胤的儒学素养很高，这与他幼年学习儒学的经历是分不开的。[②] 平田笃胤虽然继承本居宣长的学说，也主张“清除汉意”，但融入他骨子里的儒学要素是完全磨灭不了的，他不可能完全脱离儒学思想的影响。

如前所述，平田笃胤认为孔子与常人无异，但在孔子去世后，“孔子之庙出现奇异之事，围栏之中不生荆棘恶草、不住恶虫，鸟不作巢，如今来此大社参拜的人络绎不绝，屡次显现神灵。此人实乃神”[③]，将孔子奉为“神”一样的存在，认为“孔子之诚心符合天津神之御心”。从表面上来看，平田笃胤似乎非常尊崇孔子。但仔细想来，并非如此简单，如第二节所述，平田笃胤批判“尧舜之治”“先王之道”，而孔子主张的就是“先王之道”，平田笃胤为何不批判孔子，反而还为其不断辩护？平田笃胤此时乃以孔子为方法，将孔子作为批判儒学的方法视角。一方面，孔子被儒学家尊奉为“圣人”，而平田笃胤直接将孔子降格为“正直的好人”，与常人无异，从而使孔子的地位相对化，孔子的言行自然应该有所取舍。另一方面，既然以孔子为方法，那么，他便可以站在自己或本国的立场上，来重新阐释孔子本意，化孔子之“汉意”为“和魂”，从而使其成为批判日本儒学家的有力武器。

结　语

依据田原嗣郎的说法，从 1803 年到 1812 年为平田思想的初期阶段，[④] 因此《西籍概论》乃平田笃胤初期阶段的著书，自然，其中有些观点是对本居

① 「西籍慨論」第 125 頁。

② 平田篤胤「大壑君御一代略記」、『新修平田篤胤全集』第六卷第 595 頁、東京：名著出版、1977 年。“天明三年（1783），跟随儒家中山青莪先生开始学习汉学”。

③ 「西籍慨論」第 63 頁。

④ 田原嗣郎『平田篤胤』第 103 頁、東京：吉川弘文館、1963 年。“笃胤的思想明确具有‘平田学’色彩是在文化九年（1812）完成的《灵能真柱》以后”，故《灵能真柱》之前的著作属于平田笃胤思想的初期阶段。

宣长观点的转述。尽管如此，平田笃胤自身独特的思想观念也初露端倪。例如，平田笃胤以日本的创世神话改造中国的三皇五帝，这有点类似于中世时期佛教思想中的“本地垂迹”，只不过此时是以日本神为主，以他国神为从。其实，尽管平田笃胤想方设法论证日本的中心地位，日本优越于他国，这种意识本身就表明他仍在中国传统的华夷观念的影响下，依据他再造的神话传说试图构造一个新的世界秩序，论证世界诸国从属于日本，外国应向日本朝贡的意图。另外，平田笃胤在批判中国的“先王之道”时，仍然以儒学的道德标准作为依据，例如在批判尧舜的行为时，认为“上下之别不正，父无慈爱，臣无节操”；在批判太宰春台时，仍是“无忠信、悖德、悖礼”；在对孔子的态度上，更是如此，其实“孔子之道”即是先王之道，平田笃胤批判先王之道，却将孔子排除在外，一方面可以理解为平田笃胤将孔子视作批判儒学的方法视角，另一方面也反映出孔子的思想已经内化到了平田笃胤的生活学问中。而且，平田笃胤所认为的神道之本质也与儒家思想密不可分，“道之本体，唯君作为君惠下，臣身为臣尽忠于君，亲慈子，子孝亲，夫妇兄弟长幼朋友，各自行正确之事，乃谓道。此皆人人必为之事，依据皇产灵神之御灵，人出生以来皆可辨之事”①。平田笃胤还主张应先学习古道，了解自身之本，辨明古道之意，在坚固真心以后，也要学习“汉国”之事，使之用于古学。② 要而言之，平田笃胤想要确立日本在世界诸国的中心地位，必须要批判日本儒学家的中国崇拜观念，尽管平田笃胤试图破除“文化中国”的影响力，但由于他自身就是在这种儒家文化的熏陶教育中成长的，自然根本无法彻底脱离儒家思想的藩篱。

（付慧琴　南开大学日本研究院博士研究生）

① 「西籍慨論」第126頁。

② 「西籍慨論」第131頁。

中国文论之于日本影响力研究

——以《文心雕龙》为例*

冯斯我

摘　要：千百年来，以《文心雕龙》为代表的中国文论在日本具有强大的渗透力、吸引力和顽强的生命力。唐代《文心雕龙》已经传入日本，江户时代日本本土出现了它的两种刊本。20世纪以来，《文心雕龙》研究在日本兴起并快速发展，形成蔚为壮观的"《文心雕龙》学"。从话语表述方式、版本到内容、思想和观点方面，历史上各个时期，日本人不仅积极主动接受，而且将其作为创作指南，表现了对中国文论历史价值的高度认同。中国文论对日本本土文学性格的生成，尤其是以歌论和诗论为主的评论文学的形成起着潜移默化的重要作用。而当近代日本文学或文化遇到挑战或危机时，复古或回归中国文学或文化便成为日本人的必然选择。在重构日本近代以来的文学批评或文学理论话语体系过程中，以《文心雕龙》为核心的中国文论扮演着重要作用。

关键词：中国文论　《文心雕龙》　日本　影响力

一、汉土源远

包括中国文论在内的中华文化具有很强的渗透力。弥生文化时期汉字已传入日本。《古事记》和《日本书纪》中所载应神天皇时期"王仁贡书"一事为汉籍传入日本之滥觞。[①] 飞鸟时代，包括《五经》在内的大量汉籍涌入日本。圣德太子604年制定的十七条宪法的文章许多出自汉籍。这些汉籍包

* 本文系国家社科基金青年项目"日本《文心雕龙》校注研究"（21CWW003）阶段性成果。

① ［日］坂本太郎著，汪向荣等译《日本史》第46页，中国社会科学出版社，2008年。

括《诗经》《书经》《孝经》《论语》《左传》《礼记》《管子》《孟子》《墨子》《老子》《庄子》《韩非子》《史记》《汉书》《文选》等。中国古代文史哲不分家，早期的文学及文论都包括在各类典籍中。如《书经》里的“诗言志”、《春秋左氏传》里“立言”求不朽的思想，以及司马迁《史记》里的“发愤著书”说等。特别是《文选》的传入意义重大。因为其中包含9篇重要文论，即卜子夏《毛诗序》、孔安国《尚书序》、杜预《春秋左氏传序》、司马子长《报任少卿书》、曹子建《与杨德祖书》、魏文帝《与吴质书》《典论·论文》、陆机《文赋》和沈休文《宋书·谢灵运传论》。所以，以《论语》《文选》为代表的汉籍的传入和被接纳，其实就是中国早期文学及文论的传入和被接纳。

奈良至平安朝时期，与中国古代一样，以圣武天皇为代表的帝王们倡导汉文学，并身先士卒进行汉诗文创作、敕撰了大量汉文集。而平安朝初期空海《文镜秘府论》的出现，则充分证明以《文心雕龙》为代表的中华优秀传统文化已经成为日本文化的重要组成部分。《文镜秘府论》本质上是唐之前中国古代一些基本文论资料的汇编。其中，空海不仅间接引用《文心雕龙》，而且全文收录了陆机《文赋》，以及钟嵘《诗品》、皎然《诗式》、王昌龄《诗格》等诗论，对日本古代文论影响深远。平安朝初期另外两位享有盛誉的文坛巨星都良香和菅原道真也不同程度地引用《文心雕龙》。宇多天皇宽平年间，藤原佐世奉敕命辑录的《本朝见在书目录》，其中第三十“杂家类”与第四十“总集类”著录有“文心雕龙十卷刘勰撰”的条目。

镰仓至江户时代，《文心雕龙》在日本主要以引用和刻制刊本两种方式流传与被接受。以纪贯之《古今歌集序》、大江匡房《诗境记》和藤原惺窝的《文章达德纲领》等为代表的日本和歌理论、诗论和文论里都程度不同地以多种方式引用《文心雕龙》。江户时代日本本土出现的《文心雕龙》两种刊本，即《尚古堂木活字本》和《冈白驹校正句读本》①，更表明平安之后明治之前，《文心雕龙》并没有被埋没。

明治之大正时期，除掀起编写中国文学史、批评史的高潮外，日本也出现了一些专题性评论文章。如1903年6月，饭田御世吉郎在《龙南会》刊物

① 《尚本》为无刊记的木活字本，共二册，其版心刻有“尚古堂”三字，现藏九州大学，原本虫蛀蚀严重，中国国家图书馆藏有影印本。

上发表论文《作为文艺批评家的刘勰》。铃木虎雄1926年的《敦煌本文心雕龙校勘记》被中日学界广泛认为是20世纪以来，日本《文心雕龙》研究的奠基之作。他之后，日本《文心雕龙》研究薪火相传，延续至今，涌现出青木正儿、户田浩晓、斯波六郎、目加天诚、兴膳宏和冈村繁等一大批著名学者，各类学术研究论著多达200余种，形成了一门学林显学——“《文心雕龙》学”或“龙学”。日本著名“龙学”学者户田浩晓、兴膳宏、冈村繁、釜谷武志和海村惟一均对这一历程进行了专题性研究。20世纪以来的百年日本“龙学”，比较全方位地对《文心雕龙》为代表的中国古代文学理论、文学批评进行了深入研究。①

总之，《文心雕龙》为代表的中华优秀传统文论在日本源远流长，唐代《文心雕龙》已经以物质化文本形式存在于日本，江户时代日本本土出现了它的两种刊本。20世纪之后，《文心雕龙》在日本的传播方式发生了质的变化，即由之前的主要被引用使用，转变为西方学科意义上的研究。如果说日本古代以《文心雕龙》为代表的大量文学理论或批评论著的存在充分证明中国文论强大的渗透力和吸引力的话，那么，日本当代至今百余年《文心雕龙》研究的一脉相承则进一步彰显了中国文论顽强的生命力。

二、历史认同

千百年来，《文心雕龙》之所以能在日本本土发挥渗透性深入影响，并且延续至今的一个根本原因是日本人对以《文心雕龙》为代表的中国文论多方面的高度认同。

（一）话语方式与术语

六朝之前，除作品集前的序或论，以及建安时期应玚的《文质论》、两晋时期陆机的《文赋》、挚虞的《文章流别论》和李充的《翰林论》等外，《文心雕龙》之前，中国古代文论大都零碎地包含在一些典籍中，并且大多以“序”体样式出现，如卜子夏的《毛诗序》和孔安国《尚书序》等，前者被称为中国文学批评史上第一篇文论。对此，日本人亦步亦趋。《文镜秘府论》

① 对此，作者已有专论。详见拙作《日本〈文心雕龙〉研究的新趋势》，载《中国文论》2014年第3辑；《日本〈文心雕龙〉研究概述》，载《广东外语外贸大学学报》2016年第1期。

之前，我们所能见到的现存日本最早的有关文论方面的论述，都出现在一些大型文集的“序”里，如《古事记序》《怀风藻序》等。六朝之后，论、诗话等中华传统文论批评话语方式亦为日本人沿用。如空海的《文镜秘府论》、虎关师炼的《济北诗话》、菊池五山的《五山堂诗话》和西岛兰溪的《孜孜斋诗话》等。此外，日本人还模仿以《文心雕龙》为代表的中国古代文论论著，采用四六句式的骈文表达方式论文，如《古事记序》里的“道轶轩后，德跨周王，握乾符而摠六合，得天统而包八荒”[①]，以及《怀风藻序》里的“阅古人之遗迹，想风月之旧游”[②] 等。至于沿袭中国文论术语并以此论文的现象在日本文论里很普遍。如《古事记序》里的“文质”“言意”和“辞理”等，《经国集序》里对“骨”“神理”“风骨”“兴寄”“八体”“缘情”和“教化”等的使用，以及《文华秀丽集序》里的“气”“气骨”和“声律”等。

（二）思想观点

思想观点的接受充分体现了日本人对中国古代文论价值的高度认同。据日本学者中西进研究：虽《古事记序》中有儒家思想，但“序文的道德观应该考虑反映了道教思想”[③]。它明显受了中国《列子》及长孙无忌《进五经正义表》等文献影响。从序文的构思中又能见到《古事记》编撰者安万侣作为儒家学者官人写序的态度，是要树立不可动摇的以天皇为中心的思想。而在认同并接受中国古代思想文化的基础上，日本人也比较全面吸收了中国古代文论中那些带有浓厚儒家思想色彩的文论思想，如《诗经》里，孔子所说的“诗可以兴，可以观，可以群，可以怨”的思想观点，为日本古代许多文集的编撰者采纳。有些直接在文集前言部分声明，他们奉旨编撰书籍的一个重要目的是为了补察时政。如安万侣《古事记序》云：从古至今，人们所作文章“虽步骤各异，文质不同，莫不稽古以绳风于既颓，照今以补典教于欲绝”。滋野贞主《经国集序》直接引用《汉书·艺文志》里的“古有采诗之官，王者所以知得失”说明编撰目的。至于曹丕《典论·论文》里文章为“经国之大业，不朽之盛事”的思想观点，更为日本许多文集编撰者所奉行。如安万

① 幸田成友校《古事記》（岩波文库 13）第 4 页，岩波书店，1927 年。

② 小岛宪之校《懐風藻·文華秀麗集·本朝文粋》（日本古典文学大系 69）第 13 页，岩波书店，1980 年。以下所引两序，以及《凌云集序》等集序均出自书，兹不赘注。

③ ［日］坂本太郎著，汪向荣等译《日本史概说》第 362 页，商务印书馆，1992 年。

侣在《古事记序》里说：有感于许多流传下来的有关“帝纪及本辞”的记载，“既违正实，多加虚伪，当今之时，不改其失，未经几年，其旨欲灭”，他开始编辑，“斯乃邦家之经纬，王化之鸿基焉”。滋野贞主直接把自己编纂的文集叫《经国集》，认为：“魏文《典论》之智，经国而无穷，是知文之时义大矣哉。”小野岑守《凌云集序》开篇也直接引用曹丕原话说：“魏文帝有曰，文章者经国之大业，不朽之盛事，年寿有时而尽，荣乐止乎其身。信哉！”

平安朝及其之后，直接采用刘勰观点的居多。例如，都良香的“夫作文之类，迟速不同。构词之家，巧拙各异。相如则腐毫，乃美思之缓也；枚皋则应机，可观思之急也”[①]，与刘勰《文心雕龙·神思》关于文思迟速差异的思想观点完全一致。大江匡房《诗境记》里包含陆机、刘勰和钟嵘文论观点。[②] 藤原惺窝《文章达德纲领》里也是比较多地直接引用《文心雕龙》“指瑕”“定势”和“才略”篇里话论文。[③]

（三）功能

除模仿其形式和内容，沿袭其思想和观点外，日本人还把中国文论作为日本文学创作的指南，进而从功能上予以了充分肯定。这突出表现在空海本人对编撰《文镜秘府论》目的的说明以及《文镜秘府论》之于日本文学创作实际所发挥的作用上。作为日本遣唐使者，空海在入唐求法期间颇费心力地网罗六朝至唐代的诗文论书，随后“即阅诸家格式等，勘彼同异，卷轴虽多，要枢则少，名异义同，繁秽尤甚。余癖难疗，即事刀笔，削其重复，存其单号，总有一十五种类”（《天卷·序》）[④]。而他之所以编撰出版，是有感于日本人创作汉诗尚不能摸清门道。作为日本人写作的指南书。为查阅方便起见，空海后来又从本书择其精要，汇成《文笔眼心抄》一卷。由于绝大多数内容由中国文论构成，因此，《文镜秘府论》其实基本反映的都是中国古代文论的思想观点和理论。而这样一部中国文论精选，却被日本人奉为作文宝典、日

① 都良香著、大塚雅司釈「中村璋八」、都良香原著、中村璋八、大塚雅司著『都氏文集全釈』第205頁、東京：汲古書院、1988年。

② ［日］后藤昭雄著，高兵兵译《日本古代汉文学与中国文学》第167页，中华书局，2006年。

③ ［日］大田兵三郎、小系夏治郎编《藤原惺窝集》（下）第234页，思文阁出版社，1941年。

④ 祖風宣揚会『弘法大師全集』（卷一）第31頁、東京：吉川弘文館、1911年。

本“诗文话中之最早者”①。

而且，日本人对中国文论价值的认同，并非出于被迫而是心悦诚服地积极主动敬重学习、仿效的结果。仅奈良时代，日本国家一共派遣了6次遣唐使。日本人往往在继承中华优秀传统文论的基础上，结合本国实际情况，对此进行了程度不同的融会贯通。例如，日本人在接受过程中虽然基本袭用中国文论体裁，但依据历史国情有所改变。《古事记》和《日本书纪》的编撰者虽然完全采用汉文，模仿中国传统史书体例，采用编年史方式编写，但是，他们却舍弃了虚构的文学成分，只用帝纪和旧辞。而《古事记序》《怀风藻序》除叙所作之由外，作者还爬梳了早期日本文学发展史。甚至对中国古典文论里一些重要思想及其表述，日本人一般都是略有改变地接受或使用。例如：他们一方面接受了曹丕文章为“经国之大业，不朽之盛事”思想，另一方面对此有所发展，认为编撰文集的目的是为了回忆。如《怀风藻序》作者明确声明：“余撰此文意者，为将不忘先哲遗风，故以怀风名之云尔。”②

总之，从能指层面话语表述方式、版本到内容、思想和观点方面，历史上各个时期，日本人对以《文心雕龙》为代表的中国文论表现了全方位的认同与积极主动接受。如果说模仿其形式，采用其术语和思想观点的做法还停留在接受的层面的话，那么，以空海《文镜秘府论》为代表的，将中国文论直接作为日本人创作指南的行为，则充分表现了日本人对中国文论历史价值的高度认同。

三、建构歌论

毋庸置疑，古代日本文学是中国化文学。日本传统文化里少不了汉诗、汉文以及中国传统文论。当空海把中国文论作为日本人文学创作的指南的时候，他已经将其视作最高话语权力了。中国文论强大的影响力还表现在它常常参与日本本土文学、文学批评或文学理论话语体系的建构。下面，我们以和歌为例阐述之。

① 池田四郎『日本詩話叢書 第1—10巻』第89頁、東京：汲古書院、1978年。

② 小岛宪之校《懷風藻·文華秀麗集·本朝文粹》（日本古典文学大系69）第13页，东京：岩波书店，1980年。

最能体现一个民族文化、文学思想的是文字。日本人正是借助于汉字创造了日文。日本最古的和歌集《万叶集》，汇集从仁德天皇到天平宝宇三年为止的歌集，其所使用的文字是万叶假名，也就是用汉字的音训来表现日语的，它是产生后世日本文字——片假名和平假名的母体。而和歌是具有日本古代本土特色的文学样式，一直深受中国文化特别是汉诗影响。日本古代代表性的歌人山上忆良（660—733）深通儒佛之学。《贫穷问答歌》、大伴旅人和大伴家持受老庄思想影响。而直接采用中国文论里的术语或体裁评论和歌的现象更普遍。奈良时期，尽管出现采用唐代人们喜欢用的“式”论和歌，如专论和歌的《歌经标式》，但是，其中开篇作者也撰有叙述所作之由的“序”。知名歌人源顺、藤原公任汉学博学。藤原公任深谙古歌格律、辞法，据此奠定了评价和歌优劣的所谓“歌论”“歌学”的基础。他编纂的《和汉朗咏集》（1013）里收录适于吟唱的和歌以及中国及日本的汉诗804首，其中的汉诗以白居易《白氏文集》中的诗作居多。《毛诗序》里“故正得失，动天地，感鬼神，莫近于诗”的教化思想，以及六朝声律理论不仅直接影响日本本土文学和歌的创作，也成为日本人建构和歌理论的重要思想或内容。如《歌经标式》的编撰者藤原滨成在该篇开篇便说：“原夫歌者所以感鬼神之幽情，慰天人之恋心者也，所以异于风俗之言语，长于游乐之精神者也。”① 而在《歌经标式序》里，藤原滨成提出的音韵、声韵、和歌七病等，很多论述与沈约《宋书·谢灵运传论》和刘勰《文心雕龙·声律》里的相似，试将他所说的“近代歌人虽表歌句，未知音韵，令他悦泽，犹无知病”，与沈约的“自灵均以来，多历年代，虽文体稍精，而此秘未睹”比较。在使用中国文论建构日本本土和歌理论时，日本人很多时候根据本国实际情况，有选择地变通吸收。如藤原滨成在《歌经标式序》里把《毛诗序》里的“诗者，志之所之也，在心为志，发言为诗”，改变为“诗者，志之所之也，在心为志，发言为歌”；把其中的“故正得失，动天地，感鬼神，莫近于诗”，改变为“动天地，感鬼神，莫近于和歌”，等等。

事实上，许多时候，在建构和歌理论时，日本人对中国文论的吸收与运用完全无斧凿痕。例如，平安朝时期日本和歌兴盛，继《万叶集》以后，延

① ［日］藤原滨成《歌经标式序》，参见曹顺庆《东方文论选》第659页，四川人民出版社，1996年。（以下引此序出自此）

喜五年（906），日本出现了第一本敕和歌集——《古今集》，全称《古今和歌集》，该集收录了奈良至平安朝初期四百年间的和歌1100余首。此书前有纪贯之撰写的序，常被称之为《古今集序》。日本不少学者撰文论证了刘勰对纪贯之的影响。例如，土田杏村比较早论述了《古今集序》与《文心雕龙》之间的关系；太田青丘曾提供若干资料论证《古今集序》里，纪贯之有关和歌本质、起源和六义的思想明显受《文心雕龙》《原道》《明诗》《物色》《时序》和《比兴》篇的影响①；门胁广文1999年也发表了专论《〈文心雕龙〉对〈古今和歌集〉真名序的影响》②。其中，土田杏村认为纪贯之关于文学的基本思想来源于刘勰，他明确论证指出：

> 《古今集序》既采取了随情性所发而自然地加以表现者称为诗歌的纯艺术主义立场，又提出了让道德主义在个人德性与国家政治上发挥效用的主张，后一种观点大概来源于刘勰的《文心雕龙》，因为刘勰的思想就是这样一种道德主义。③

然而，从土田杏村、太田青丘到门胁广文，虽然日本不少学者认为《文心雕龙》对《古今集序》产生直接影响，但是，缺乏确凿的证据。因为刘勰《文心雕龙》是六朝及其之前中国古代文学批评集大成之作，其中的术语、概念、理论和思想等等，基本都在中国古代文学批评里具有普遍性。因此，除非作者明确点明，或其文中引用的话直接或间接出自刘勰《文心雕龙》，否则难以肯定哪些话或思想源自刘勰。试比较：

> ①诗者，志之所之也，在心为志，发言为诗，情动于中而形于言……情发于声，声成文谓之音……故正得失，动天地，感鬼神，莫近于诗。先王以是经夫妇，成孝敬，厚人伦，美教化，移风俗。故诗有六义

---

① 太田青丘《日本歌学と中国詩学》第101页，清水弘文堂书房，1968年。以下所引太田语出自此。

② 門脇廣文「『文心雕龍』の『古今和歌集』真名序への影響について」、『人文研究』第4号，1999年3月31日。

③ 土田杏村『土田杏村全集』第431頁、東京：第一書房、1935—1936年。（以下所引太田语出自此）。

焉：一曰风，二曰赋，三曰比，四曰兴，五曰雅，六曰颂。（《毛诗序》）

②夫和歌者，托其根于心地，发其花于词林者也。人之在世不能无为，思虑易迁，哀乐相变，感生于志，咏形于言。是以逸者其声乐，怨者其怆悲，可以述怀，可以发愤，动天地，感鬼神化人伦，和夫妇，莫宜于和歌。和歌有六义，一曰风，二曰赋，三曰比，四曰兴，五曰雅，六曰颂。（《古今集序》）

不论是所陈述的思想还是具体言语表述，此两例都十分相似。而例①出自《毛诗序》或《诗大序》。例②所引的正是《古今集序》里的。事实上，天人合一、应物思感、感物吟志、莫非自然的思想在中国古代文学创作和批评中源远流长，而儒家教化思想理论支撑的、出自《尚书》里的诗言志观念在中国也是根深蒂固。因此，土田杏村认为《古今集序》里类似思想观点直接来自《文心雕龙》，以及太田青丘认为《古今集序》和歌六义说受《文心雕龙·比兴》篇直接影响的说法都显得太武断。其实，太田青丘同时也指出了《古今集序》所受的中国传统文论甚至文化影响。如他说："贯之等既怀确立歌道与诗学对抗的抱负，则将优秀的六朝诗论与《诗大序》同作囊中之秘以为参考，自不足为怪。"而且，太田青丘认为由于自古以来与"汉土的渊源"，以纪贯之为代表的日本古代人已经把中国传统文论充分消化，熔铸成为自己文论了。他说："六朝诗论对《古今集序》的影响以《诗品》为中心，毋宁说是出人意外的。但是这种影响与汉土的渊源，虽经显昭、契冲等硕学亦未发现，必俟土田氏出而指明，由此可见，日本已经将其充分地消化吸收了。"[①] 这些说的"充分地消化吸收"指的是由于长期浸润熏陶，中华优秀文论之于日本人不再是异于自己文化的东西，他们已经将其彻底融会贯通，对日本本土文学性格的生成，尤其是以歌论和诗论为主的评论文学的形成起着潜移默化的重要作用。

① 太田青丘《日本歌学と中国詩学》第102页，清水弘文堂书房，1968年。

四、回归东洋

近代以来，《文心雕龙》在日本传播方式发生了质的变化。日本《文心雕龙》研究究竟何时开始？学术界众说纷纭，没有定论。户田浩晓认为："大正十五年（1926），铃木虎雄公开发表的《敦煌本文心雕龙校勘记》标志着日本近代最早的研究。"① 然而，当翻阅江户时代末期至明治大正时期相关文献典籍，我们不难发现相关研究已经存在。事实上，《文心雕龙》研究的发生与明治维新后日本近代化建设进程息息相关。

与传统上主要受汉学影响相反，江户时代末以后日本基本比较全面吸收了西方文化。这为日本塑造近代形象，为其进入近代国家行列创造了前提条件，但是同时也导致了其主体虚无。因此，为了重新塑造自我，近代之初日本知识人士就力倡回归"东洋"。20 世纪 30 年代末，日本政府先后提出的东亚协同体论和大东亚共荣圈构想也正是对近代日本抵抗西洋、回归东洋这一诉求的践行。所谓的回归"东洋"，其实就是重拾以中国为中心的汉字文化圈的传统文化。或许正是有了西学这面镜子，近代日本知识分子更加明确强调汉学是日本文化遗产的一个重要组成部分。虽然吸收西方学科意义上的分类思想，但是，除本国史和西洋史外，他们关于史学的三分类里包括专门研究中国文化的东洋史学。明治初年（1868）至昭和十年（1935）12 月以来发表在日本史学诸刊物上有关东洋史的论文就有 6693 篇，涉及政治、思想和文化众多领域，包括对《诗经》、《楚辞》、赋和诗等中国传统文学，以及民间文学的研究。②

大正至昭和年间，学科意义上的"文学"从笼统的"东洋史"学独立出来。据《京都大学文学部的百年》记载：中国语学中国文学专业是随着 1906 年文科大学的建立而设立的，共创建了哲学、史学和文学三学科。文学科的专业方向为"中国语学·中国文学"。最初狩野直喜教授一人主持"中国语学·中国文学"讲座，1908 年铃木虎雄任助教授后，也参与其中。③ 前者研

---

① 戸田浩暁『中国文学論考』（上）第 35 頁、東京：汲古書院、1987 年。

② 作者对此已有专论，参见拙作《日本东洋史学与中国新史学的建构》，载《广东外语外贸大学学报》2020 年第 5 期。

③ 編集委員会編『京都大学文学部の百年』第 126 頁、京都大学大学院文学研究科、2006 年。

究领域主要是中国小说和戏曲等俗文学；后者主要是诗歌、中国古代文论和诗论等。[①] 两人都深受清代以来中国传统考据方法影响。狩野直喜与王国维交往甚密，使用的是清儒的治学方法，铃木虎雄也是。著名的“京都学派”实事求是的学风正是他们奠定的。

而从明治至昭和初期日本比较集中出现的大量有关《文心雕龙》的研究成果来看，日本人高度重视中国传统文学。日本近代最初一批中国文学史研究者常以“批评文学”称呼以刘勰为代表的中国古代文学批评，如儿岛献吉郎认为“批评文学在梁代达到鼎盛。而刘勰《文心雕龙》与钟嵘《诗品》乃其中翘楚”，刘勰更“是一位修辞学者、批评文学家、绽放着异彩的革命家”[②]。久保得二述明确把刘勰《文心雕龙》与昭明《文选》进行比较评论，高度评价了刘勰及其《文心雕龙》在整个中日古代文学史上的地位。他说：“此书商搉古今，包罗群籍。论修辞、说文体，博攻旁稽，穷尽极致，实乃艺苑之至宝也。”[③] 小林甚之助在《中国文学史要》里认为：“魏晋南北朝时代有关文学的见解是比较进步的，而批评文学的振兴这一点，确实值得在中国文学史上特笔大书。”[④] 明治时期的汉文教育教科书中也有对《文心雕龙》的评述。如三币岭南在《国语汉文检定测验答案》里指出：刘勰“论文之书，未有比此书更古者，亦无比此书更为精密之作”[⑤]。

因此，西方学科意义上东洋史学、文学的自觉，实际上引发了中华优秀传统文化在日本的回归。当然，他们倡导“回归”的最终目的是建构自己的本土文论，而非单纯的学术研究。明治大正时期，伴随着西方文艺理论的传入，日本近代文艺批评热潮兴起，其话语体系里融合了西学和汉学。相比较而言，汉学成分更多一些。日本近代东洋史著名专家中山久四郎曾指出：“江

① 作者对此已有专论，参见拙作《铃木虎雄及其中国学研究》，载《嘉应学院学报》2019年第5期；《铃木虎雄与斯波六郎师承关系考论——以〈文心雕龙〉研究为例》，载《宁夏师范学院学报》2016年第2期。

② 児島献吉郎『“支那”大文学史 古代編』第1090頁、東京：富山房、1909年。

③ 久保得二述『“支那”文学史』第56頁、東京：早稲田大学出版部、1904年。

④ 小林甚之助『“支那”文学史要』第168—169頁、東京：大同館書店、1931年。

⑤ 三幣嶺南『国語漢文検定試験答案』第268頁、東京：大学館、1910年。

户幕府时代，近世中国之学风在吾国颇为盛传。”① 实际上，在西学冲击之下，为了重新构建自己本土文学话语体系，研究中国文学史成了一种必然的选择。对此，著名日本近代东洋史专家土田政次郎解释道：

> 如果不了解《毛诗大序》，就无法通透和歌理论；不明中国六朝华靡之风，就难以了解日本王朝文学侈彩之气；不读唐诗，就难以体会和歌之美；不通《史记》，就不知《源氏物语》之体裁所出；不知《水浒》，就不知《八犬传》本托自《水浒》，无以对日本文学辨章学术，考镜源流。在这种背景下，作为一个前人未曾涉足的领域，列叙中国文学上下三千年之事迹，萃精拔萃，以考核其所以推移消长之理，使后学者知道汉籍之梗概，学能得其要，便非常重要了。②

很明显，日本人对中华文化五千年历史的高度认同感反映了日本近代汉文化盛行的背后，人们探寻民族文化之源流的文化寻根目的。

更进一步，从建构者的身份考虑，以土田政次郎为代表的日本近代学者已明确认识到完成这种文化寻根使命的不能是日本旧的汉学家因为他们思想固囿于经学，也不能是中国的学者，因为他们才刚开眼，有心而无力；不能是西洋学者本身站在迥异于“东洋”汉字文化圈的对立面。所以，探寻日本民族文化的使命的便只能落在既受过西风熏陶，又经过汉学浸染的日本近代中国学学者的身上了。事实也证明：明治以后，日本人对中国文学的研究采用了与历来的汉学不同的形式，③ 日本中国学兴起。日本中国学者们通过他们的研究，在继承传统汉学的基础上，重新评估并肯定了它的历史地位，发掘了它之于日本近现代乃至当代文学理论或批评的意义。明治时期，日本中国学者不仅已经充分认识到《文心雕龙》乃后世文话之祖，④ 而且对此进行了比较深入的研究。如青木正儿明确论证了刘勰文学批评思想对当时日本近代

---

① 大塚史学会高師部会編『東洋史論文要目：邦文歴史学関係諸雑誌』第 1 頁、大塚史学会高師部会、1936 年。

② 土田政次郎为末松谦澄《“支那”古文学略史》所作的“跋”语（末松謙澄『“支那”古文学略史』第 33 頁、東京：日本文学社、1882 年）。下面所引土田语出自此。

③ 興膳宏『中国の文学理論』第 245 頁、東京：筑摩書房、1988 年。

④ 五十嵐勝三『最近十ケ年文検国語科問題解答』第 145 頁、広島：啓文社、1935 年。

文学理论和批评的指导意义。[①] 户田浩晓则把《文心雕龙》视作中日文学共同的经典，认为《文心雕龙》不仅在当时受重视，而且隋唐时代中日学者、诗人也非常重视，宋以来《文心雕龙》之于两国的影响更大，至近代成为专门学问。

而中日文学比较是众多日本《文心雕龙》研究者的视域，由此发掘它之于日本民族文化的当代价值是许多研究者的目的。如在解读《练字》篇时，通过中日古代和现当代语言文字的比较，户田浩晓探讨了刘勰倡导的字形美之于日本当代社会文字的现实意义。他指出：随着活字印刷术，尤其是现代印刷术的出现，字形在文学作品中所占修辞学上的意义大大减少了。在现当代日本文字里，汉字的音早已日本化了。字义直接套用汉字的本义也不行。中国有关文字的修辞学理论中，现在与日本文学关系最密切的是字形论。这对于同时使用汉字和假名的日本语文具有很大的价值。[②] 结合当时日本国情，户田浩晓进一步分析指出：日本文字正围绕日本政府文部省新常用汉字的制定而提出了新的问题。且不说新常用汉字能否实行，日本国字的问题，常常只提从字形、字音的难易方面加以论述，忽视字面美的特点。所用文字使独特的书法艺术发达的国家，在修辞论中竟然忘记了字形美的特点，从此意义上说，《文心雕龙·练字》篇至今还有新的生命力。

总之，江户时代后期至今，日本以《文心雕龙》为代表的有关中国文论专题性研究的发生，及其演变发展为一门相对独立的学林显学的事实，充分彰显了中华优秀传统文论历史基因的强大魅力。作为与西洋文艺理论相抗衡的东洋文艺理论，《文心雕龙》之于近代日本文艺理论和文学批评话语体系的构建影响深远。日本人将包括它在内的中华优秀传统文化视作自己珍贵的文化遗产一部分。当日本文学或文化遇到挑战或危机，复古或回归中华民族优秀传统文化便成为他们的必然选择。因此，《文心雕龙》千百年来以不同面目出现在日本历史上。它的存在对世界文学做出了贡献，提升了中华优秀传统文化的影响力。

---

① 青木正児『“支那”文学思想史』第 222 頁、東京：岩波書店、1943 年。

② 戸田浩曉『中国文学論考』（卷上）第 35 頁、東京：汲古書院、1987 年。（下面所引出自此）

结　语

日本古代以《文心雕龙》为代表的大量文学理论或批评论著的存在充分证明中国文论强大的渗透力和吸引力。而日本当代至今百余年“龙学”研究的一脉相承则进一步彰显了中国文论顽强的生命力。从能指层面话语表述方式、版本到内容、思想和观点方面，历史上各个时期，日本人不仅积极主动接受，而且将其作为创作指南，表现了对中国文论历史价值的高度认同。中国文论对日本本土文学性格的生成，尤其是以歌论和诗论为主的评论文学的形成起着潜移默化的重要作用。而当近代日本文学或文化遇到挑战或危机时，复古或回归中华民族优秀传统文化便成为日本人的必然选择。他们将以《文心雕龙》为核心的中国文论视作自己文化遗产的重要组成部分，重构了日本近代以来的文学批评或文学理论话语体系。千百年来，以《文心雕龙》为代表的中国文论在日本本土绵延不绝，奔腾不息，充分彰显了它所拥有的世界性的强大历史基因。

（冯斯我　广东外语外贸大学日语语言文化学院助理研究员；
文学博士、博士后）

伊藤清司《山海经》研究征引古代注释与阐释的深化*

梁 奇 陈钰琳

摘 要：伊藤清司研究《山海经》时多引用中国古代的相关注释，他对古注或依循，或驳正，并在此基础上深入、系统地探究书中神怪、名物与民俗的文化内涵，对《山海经》的阐释起到积极的推助作用。同时，伊藤先生征引古注时也存在不足与缺憾。我们应该客观审视，以便取长避短，助力于《山海经》的深入研究。

关键词：伊藤清司 《山海经》 古代注释 依循 驳正

《山海经》因所言怪物“闳诞迂夸”而“益复难读”，所以古代注疏成为后世研读该书时必不可少的参照。在古代的十余位注疏者中①，清代学者居多，因此清代被称为《山海经》注释研究的井喷期②。《山海经》古注是后世重注、阐释的重要依凭，尤其被国外学者奉为圭臬。日本学者伊藤清司（1924—2007）就是其中一例。伊藤清司的《山海经》研究主要体现在《中

* 本文系2015年度教育部人文社科规划项目《唐前社会嬗变与文献中神怪形象演化》（批号：15YJA751016）阶段性研究成果。

① 郭璞之前已有人注释《山海经》，如郭氏注：“《南山经》两引‘璨曰’，其注《南荒经》‘昆吾之师’又引《音义》云云，是必郭已前音训注解人。”参见（清）郝懿行撰，栾保群点校《山海经笺疏·山海经笺疏叙》第13页，中华书局，2019年。陈连山却认为“璨曰”等未必是专门作注者，从而判断它们非郭璞之前的注释。参见陈连山《〈山海经〉学术史考论》第80页，北京大学出版社，2012年。

② 张步天《〈山海经〉古籍版本考察——兼论〈山海经〉非全经注本》，载《福建师大福清分校学报》2013年第3期。

国的神兽与恶鬼：〈山海经〉的世界》[①]《中国古代文化与日本：伊藤清司学术论文自选集》[②] 两部论著中。总体而言，他在诠释书中的神怪类型、巫术信仰与民俗特质时多引用《山海经》和其他典籍的注释。拙文在系统梳理伊藤氏《山海经》研究所引古注的基础上，探究其征引方法与范式意义，审视其中的不足，以就教于方家。

一、博采诸家：伊藤清司依循中国古注

伊藤清司的《山海经》研究是在借鉴中国古注的基础上展开的。据笔者统计，上文所举伊藤先生的两部（章）论著共引《山海经》原文 161 条，伊藤氏在阐释这些经文时引用《山海经》古注 55 处（详见表 1），其他典籍的古代注释若干，可见他对古注的认可与重视。

（一）引用《山海经》古注

伊藤氏所引古注主要包括郭璞、郝懿行、汪绂、毕沅等人的注释，此将其细分为引用单个古注与多个古注两种情况：

首先，引用单个古注阐释神怪。郭璞《山海经注》在文字校勘与名物训诂方面功劳甚巨，对后世有重要的影响。伊藤氏引郭注 29 处，如他引用郭璞"即螣蛇，乘雾而飞者"[③] 的注解，论述《中次十二经》柴桑山白蛇、飞蛇的危险性，推测"飞蛇绝非普通的蛇类"[④]；依据郭注"今大月氏国有大羊，如驴而马尾"[⑤] 对《西次一经》羬羊的产地、类属进行分析。又如，郭璞称《中次七经》的䔄草为荒夫草，伊藤氏引此注印证该草"服之媚于人"之功效，认为"这一命名也是由于它具有增加媚色的咒力"[⑥]。郭注之外，伊藤氏

① 该著原名为『中国の神獣・悪鬼たち山海経の世界』，有两译本：［日］伊藤清司著，刘晔原译《〈山海经〉中的鬼神世界》，中国民间文艺出版社，1990 年；［日］伊藤清司著，史习隽译《中国的神兽与恶鬼：〈山海经〉的世界》（增补修订版），商务印书馆，2019 年。拙文参照史先生译本。

② ［日］伊藤清司著，张正军译《中国古代文化与日本：伊藤清司学术论文自选集》，云南大学出版社，1997 年。

③ （晋）郭璞注《宋本山海经》第 160 页，国家图书馆出版社，2017 年。

④ 《中国的神兽与恶鬼：〈山海经〉的世界》第 12 页。

⑤ 《宋本山海经》第 27 页。

⑥ 《中国古代文化与日本》第 448 页。

引用较多的就是郝懿行的《山海经笺疏》。郝氏注疏属后出转精，是“冠于诸家”的力作[①]，被伊藤氏引用17处。如郝懿行认为《东次四经》北号之山的无核枣即《尔雅》所载的无实枣“皙”，产于山东省北部的乐陵地区，伊藤先生在论述北号山之树时遵从之。《南次二经》尧光之山“其阳多玉，其阴多金”[②]，郝懿行称《太平御览》引此经作“克光之山，其阴多铁”[③]，伊藤氏据此推判“现行本的‘金’字可能是‘铁’之讹字”[④]。吴任臣、汪绂、毕沅等诸家注疏也被伊藤引用。如《西次一经》载旱鬼肥𧎚，吴任臣《山海经广注》引《成汤元祀》称“肥𧎚见于阳山，后有七年之旱”[⑤]，伊藤氏论述肥𧎚时亦引用之[⑥]；《南次二经》有水神长右，毕沅认为“长右”应是“长舌”之误[⑦]，被伊藤氏采纳；对于“怪力乱神”的阐释，伊藤氏主要依据朱熹“鬼神，造化之迹，虽非不正，然非穷理之至，有未易明者，故亦不轻以语人也”[⑧] 的注解；诠释《中次七经》的帝屋、《中次二经》的马腹、《西次三经》的毕方时分别依据汪绂、郦道元、高诱等人的注解。

其次，引用多个古注诠释一个（类）神怪。为了论证的需要，伊藤先生在论证一个（类）神怪时也会引用多种古注，从而使自己的诠释更有依据。如《北次一经》的耳鼠“以其尾飞”，伊藤氏引用郭璞注“或作‘髯飞’”，又引用吴任臣、郝懿行以耳鼠为鼯鼠（即飞鼠的一类）[⑨] 的说法论证耳鼠的物类归属；诠释耳鼠“食之不脎（睬）”的功效时，伊藤氏先引郭注“脎，大腹也”，再举郝懿行将“脎”与难产相关联的注解进一步论述；阐释《中次七经》的三足龟时，伊藤氏先引用《尔雅·释鱼》称三足鳖为“能”、三足龟为“贲”的解释，再引郭注“今吴兴阳羡县有君山，山上有池，水中有

① 袁珂《山海经校注》“序”第1页，上海古籍出版社，1980年。

② 《宋本山海经》第18页。拙文所引《山海经》原文俱见《宋本山海经》，不再逐一标注。

③ 《山海经笺疏》第11页。

④ 《中国古代文化与日本》第412页。

⑤ （清）吴任臣撰，栾保群点校《山海经广注》第42页，中华书局，2020年。

⑥ 伊藤氏所引文字有改动，将《成汤元祀》错引为《成汤元纪》。详见《中国的神兽与恶鬼：〈山海经〉的世界》第53页。

⑦ （清）毕沅《山海经新校正》第5页，中华书局，1985年。

⑧ （宋）朱熹《四书章句集注·论语集注》第98页，中华书局，1983年。

⑨ 吴任臣认为耳鼠“即鼯鼠，飞生鸟也”，参见《山海经广注》第134页。郝懿行认为“疑即《尔雅》‘鼯鼠，夷由’也。……其形肉翅连尾足”，参见《山海经笺疏》第90页。

三足六眼龟”具体诠释。又如《西次一经》的�渠可以治疗“𦡊”，郭璞释𦡊为“皮皱起也”，郝懿行说是“皴剥”之意[①]，毕沅则认为“依义当为皰”[②]。伊藤氏综合三家注释，将“𦡊”解释为皮肤病症状[③]。复如，上文所举《西次一经》的肥𧕢，汪绂、郝懿行从语音学视角进行注解，将“蚋”与“肥𧕢”的发音对比[④]。伊藤氏借用此说，认为“蚋”“肥𧕢”所指为同一对象[⑤]。再如，郭璞认为《西次四经》的鱣鱼“口在颔下，体有连甲也。或作‘鲇鲤’”，郝懿行认为郭注“鲇鲤”或作“鲇鱼”[⑥]。伊藤氏在郭、郝二说的基础上进行阐发，指出鲇鱼是日本的鲶鱼，进而联系日本流传的大鲶鱼动引发大地震的民间迷信思想进行论述[⑦]。

（二）引用他注辅证己说

为了更好地论证自己的观点，伊藤氏在引用《山海经》古注的同时，也旁征其他典籍的注释来辅证己说。例如，《中次二经》有食人之怪马腹：“有兽焉，其名曰马腹，其状如人面虎身，其音如婴儿，是食人。”马腹食人之性，郭璞未注，吴任臣引用陶弘景《刀剑录》所载汉章帝时期铸金剑降服的伊水人膝之怪，以及《水经·沔水注》的“水唐”、《襄沔记》的“水虎”、《荆州记》的“水卢”来类比《中次二经》的水怪“马腹”[⑧]，郝懿行承袭吴任臣；伊藤在吴、郝所引这些注释的基础上，从马与水之关系论证伊水之怪“马腹”得名的原因。又如，伊藤氏引用《左传·昭公十八年》杜预注“东北曰融风，融风，木也。木，火母，故曰火之始”[⑨]、《淮南子·氾论训》高

① 《山海经笺疏》第25页。

② 《山海经新校正》第9页。

③ 《中国古代文化与日本》第466页。

④ 汪绂认为“盖‘蚋’字即肥𧕢二字合音也。‘𧕢’字本音‘位’”，参见（清）汪绂《山海经存》（卷三）第5页，杭州古籍书店，1984年。郝懿行认为“《说文》‘蚋’即‘逶’字之或体，‘逶迤’即‘委蛇’也，与‘肥遗’声相近，岂即是与”，参见《山海经笺疏》第98页。

⑤ 《中国的神兽与恶鬼：〈山海经〉的世界》第52页。

⑥ 《山海经笺疏》第82页。

⑦ 《中国的神兽与恶鬼：〈山海经〉的世界》第72页。

⑧ 《山海经广注》第224—225页。

⑨ 伊藤清司引为“东北之风为木之精所起之风，火由木生，为火之母。故融风为火之始”，与杜注原文有出入。原文参见（晋）杜预注，（唐）孔颖达等正义《春秋左传正义》第4528页，《十三经注疏》本，中华书局，2009年。

诱注“（毕方）木之精也”[①]、《东京赋》薛综注“毕方，老父神，如鸟，两足一翼者，常衔火在人家作怪灾”[②] 等相关古注论证《西次三经》的妖火之神毕方；引用《南都赋》李善注“耕父者，旱魃也”[③] 等论证《中次十一经》耕父的神灵属性。复如，他引朱右曾《逸周书集训校释》对“奇干”为“奇馀”之讹的辨析论证《西次三经》的鵸鵌；引用《尔雅翼》对龙“九似”的解释论证四灵的合成兽形态。值得注意的是，伊藤先生引用这些古注并非直录，而是将其进行意义转述或阐释后引用。

总体而言，伊藤引用单个古注所阐释的神怪或名物一般较为简单，或者前人的注解已经十分清楚；而引用多个古注所诠释的神怪或名物则多较复杂，抑或古注所释尚不清楚。但均表明他对古注的依循与认可。

二、考辨众说：伊藤清司驳正中国古注

在依循古注的同时，伊藤氏也在其《山海经》研究论著中表达自己的观点，且敢于质疑与驳正古注中的“不妥者”。例如，《东次四经》的芑“可以服马”，郭璞将之释为“以汁涂之则马调良”，郝懿行认为这一做法可能是从仿照汗血宝马演变而来的土俗：“良马有汗血者，以芑汁涂马则调良，或取此义与？”[④] 而伊藤先生却对此进行质疑、纠正：

> 这种在马身上涂上红色，期待其能够强健飞驰的类比咒术是在汗血宝马传入中国之后，或者是在关于汗血宝马的传言流传开之后才开始出现的，这一点有必要存疑。……这种时间上的先后关系很可能正好恰恰相反，这应该是中国自古就有的一种民俗。[⑤]

同时，他结合“服”所具有的“佩戴”义项，判定服“更可能应该被理

---

① （汉）刘安著，（汉）高诱注《淮南子注》第231页，《诸子集成》本，上海书店，1986年。

② （梁）萧统编，（唐）李善等注《六臣注文选》第77页，中华书局，1987年。

③ 刘昭注《后汉书·礼仪志》引《东京赋》李善注称：“耕父、女魃皆旱鬼。”参见（宋）范晔撰，（唐）李贤等注《后汉书》第3128页，中华书局，2011年。但此说不见于今本《文选》。

④ 《山海经笺疏》第142页。

⑤ 《中国的神兽与恶鬼：〈山海经〉的世界》第182页。

解为将芑佩戴在马的身上”“而并不是涂抹的意思”[①]。又如，《南次一经》的鹿蜀“佩之宜子孙”，郭璞认为“佩之”是佩戴其皮毛之义[②]，古今注家如吴任臣、毕沅、郝懿行、袁珂等皆遵从之。伊藤亦认为时人不可能将体格硕大的鹿佩戴在身上，应取其一部分佩戴，但他推测这一部分很可能“不是鹿蜀的皮革，而是脱落的鹿蜀的角”[③]。至于其中缘由，则与鹿角具有强精不老、产后回春的功效以及古人将鹿角作为祈求子嗣或顺产的咒物相关。

我们可以发现，伊藤对古注的质疑或驳正是建立在细致研读与考量的基础之上的。当有据可循时，伊藤会在分析寻证后提出新的推判；在没有足够证据的情况下，他则将相关问题列举、抛出供学界讨论。例如，《西次一经》载黄雚草“白华而赤实，其状如赭”，郭璞认为“其状如赭”并不是指形状，而是颜色。但伊藤氏认为此注不够清楚、存在歧义，并从逻辑层面进行了细化：

> “赤实”二字已经指出了它的色彩，在此基础上反复描写颜色显得有些繁杂。如果这一句不是衍文，那么“赭”形容的应该是其果肉，即黄雚的果肉应该是像赭土一般的颜色。[④]

又如，伊藤认为上文所举《左传·昭公十八年》杜预对融风“火之始也”的注解是根据五行之说做出的解释，未能触及融风的本质内涵，而融风是火灾多发的春季所刮的狂风，它应来自于“相信怪神祝融会引发火灾的民间信仰才更为正确”[⑤]。伊藤先生从中国古代文化背景出发逆推古代注家的注疏依据，又另辟蹊径，从民俗信仰角度提出自己的见解，这既是对杜注的考量与修正，也是对经文诠释的深化与推进。再如，《西次一经》载鸲渠、郭璞注：“鸲，音‘彤弓’之‘彤’。”毕沅曰：“《尔雅》作鶅渠，《汉书》司马相如赋作‘庸渠’，《说文》作‘鶅渠’，皆即此鸟。‘鸲’非古字，当为‘鶅’

① 《中国的神兽与恶鬼：〈山海经〉的世界》第182—183页。

② 《山海经图赞》曰：“鹿蜀之兽，马质虎文。攘首吟鸣，矫足腾群。佩其皮毛，子孙如云。”参见（晋）郭璞《山海经图赞》第13页，中华书局，1991年。

③ 《中国的神兽与恶鬼：〈山海经〉的世界》第174页。

④ 《中国的神兽与恶鬼：〈山海经〉的世界》第144页。

⑤ 《中国的神兽与恶鬼：〈山海经〉的世界》第59页。

云。”① 毕氏认为“鸲”当为“鶅”，“鸲渠”即《尔雅》《说文解字》之“鶅渠”、《上林赋》之“庸渠”。郭注与毕注抵牾，郝懿行亦不赞同毕说，指出“鶅渠与鸲渠形状既异，名称又殊”②。古代注家各抒己见，多是从文字训诂出发的阐释，伊藤则在综合引用的基础上指出诸家注解的互异性，并从外形特征方面提出推判思路供学界进一步阐发，认为“根据似山鸡，羽毛黑色，脚红这些特征，可以推断出它属何种鸟类，只是目前尚不清楚”③。他如，《中次六经》的“鸰鹦”，吴任臣将其视为山鸡之属④，毕沅认为是脊令，即《诗经·小雅·常棣》郑笺所谓的水鸟⑤。至于是山鸡，还是水鸟，伊藤氏认为“已无从判明”⑥。这样，他在考辨古注的基础上，或为争议性问题提供思考方向，或将存疑之处抛诸学界。

在系统分析伊藤阐释《山海经》的基础上，我们可将其阐释特征归结为两方面：其一，征引与考辨并重，蕴含较高的学术价值。对中国古注的大量征引与考辨是伊藤清司《山海经》研究的重要特色，其征引以《山海经》古注为主，其他典籍注释为辅。笔者对伊藤先生两部研究著作中的《山海经》古注引用情况进行了统计，具体如下表1：

表1 伊藤清司引《山海经》古注统计表

注家	篇目																		
	南次一经	南次二经	西次一经	西次三经	西次四经	北次一经	北次三经	东次一经	东次二经	东次四经	中次二经	中次三经	中次七经	中次九经	中次十二经	海外南经	海内东经	大荒西经	合计
郭璞	2		8	2	2	3	1	1	1	1		1	2	1	1	1	1	1	29
吴任臣			1			1													2

① 《山海经新校正》第9页。
② 《山海经笺疏》第25页。
③ 《中国古代文化与日本》第466页。
④ 《山海经广注》第245页。
⑤ 《山海经新校正》第61页。
⑥ 《中国的神兽与恶鬼：〈山海经〉的世界》第134页。

续表

注家	篇目																		
	南次一经	南次二经	西次一经	西次三经	西次四经	北次一经	北次三经	东次一经	东次二经	东次四经	中次二经	中次三经	中次七经	中次九经	中次十二经	海外南经	海内东经	大荒西经	合计
汪绂						1							1						2
毕沅		1	4																5
郝懿行	1	1	4		1	4		1		2	1	1				1			17
合计	3	2	17	2	3	9	1	2	1	3	1	2	3	1	1	2	1	1	55

由表1可知，在其他典籍注疏不记入统计的情况下，伊藤先生征引郭璞、吴任臣、汪绂、毕沅、郝懿行诸家的注疏多达55条，其中引郭注最多，占引用总目52%。郭注为开启山林之作，且关注经文中的神怪等虚幻内容，被伊藤氏大量征引。郝疏依照经文注释，堪称《山海经》学术史上的力作，亦被伊藤大量征引。需要指出的是，郝懿行训释时参考了如吴任臣、毕沅等前代注家的大量成果，而伊藤的研究同样以前人成果为基石，在征引古代注疏时进行考辨，并为深入诠释经文奠基。这样的征引具有较高的学术价值。

其二，凸显民俗学视野。伊藤清司较早地关注中国文化，以研究中国神话著称，曾十多次来中国进行文化考察、讲学。① 他在阐释神怪时注重中国文化背景，尤其注重对相关民俗内涵的挖掘。从伊藤氏征引古注可以看出他阐释《山海经》时的民俗学视野，他征引古注时尽量选择具有民俗特质的材料，更注重从民俗文化角度进行再诠释。如前所述，他在依循郭注、郝疏的基础上，引入日本民间思想阐释《西次四经》的鳣鱼；以古人用鹿角祈求子嗣或顺产的民俗阐释《南次一经》的鹿蜀，驳正郭璞“佩其皮毛”的注解；以民间火灾信仰修正杜预对融风的注解，等等，皆为民俗视野之凸显。值得注意的是，有些民俗的介入未必适当，如阐释《西次四经》的鳣鱼所引入的日本民俗具有迷信的倾向，不能作为印证学术观点的材料。但总体而言，伊藤先

① 《中国古代文化与日本》“自序”第1页。

生对古注的征引启迪着我们思考《山海经》研究的方向。

三、深化阐释：伊藤征引古注阐释《山海经》的意义

前文对伊藤先生的古注征引方式与特点进行了梳理与总结，由此可知，正是这些已有的注解促成了其引用方式之多元化，使得其《山海经》阐释在观点的传承与碰撞中得以深入推进。伊藤先生对古注既有借鉴，又不乏创见，其中体现着他对中国文化的认识，推动着《山海经》阐释的进一步深化，也有值得我们反思的地方。

（一）伊藤借鉴并发展了《山海经》古注的阐释方法

首先，伊藤常引多条古注阐释《山海经》，将诸家注疏联系起来进行考辨与分析，又搜罗它注辅证，这与古注注重文献征引的阐释传统可谓异曲同工，但伊藤先生征引的文献更为丰富多元。除《山海经》古注外，伊藤先生还博引其他古代文献，这些文献或为《山海经》古注曾引的文献，或是与中国古代文化背景相关的资料。如他在论述"蝗灾之怪"犰狳时，先引《农书》《诗经》阐释古代蝗灾背景，又引《广韵》阐释犰狳的形象；在论述"疫病之神"时，引《左传》《论衡》《搜神记》《庄子》等多种文献分析中国古代的疾病观。其次，伊藤先生注重对《山海经》中特定文字、名物、地域的考辨，这与《山海经》古注重文字训诂与名物、地理考证的传统相似，而伊藤的考证更为翔实。如他在阐释《中次十一经》"见则其国为败"的耕父时，对"败"字的多重含义进行了分析，以判定耕父的本质；在阐释御凶之兽讙、孟槐、天狗时，对每一神兽的原型属类都进行了考辨；在阐释"洪水之神"长右时，通过地理位置的比对，推测长右或为巫支祁同类。再次，伊藤注重抽绎物类共同的功能特性，将《山海经》不同篇章的名物串联起来进行阐释，以此构设按功能分类的阐释架构。这也是对古注阐释方式的借鉴与发展。《山海经》古注在论及某物时常联系其他条目中出现的同类或相似事物。如《西次三经》的天狗"其状如狸而白首，其音如榴榴，可以御凶"，郝懿行将其与孟槐视为同类："《北山经》谯明山'孟槐'之兽音亦与此同。"[1] 伊藤氏据此将孟槐、天狗归为一类而详辨之，并进一步抽绎出二者共同的御凶功效，将

① 《山海经笺疏》第68页。

之归为善神中“能够防止凶灾的天狗”[①] 一类。可见，从博引典籍、训诂考证、以类相从的阐释方式而言，伊藤先生对古注既有借鉴也有发展。

（二）伊藤推动了《山海经》阐释的深化

不管是对古注的依循还是驳正，均能提供新的视角与思路，从而推动《山海经》阐释的深化，具体表现为两个方面：

首先，推进《山海经》逻辑层面的再诠释。如前所述，在阐释《东次四经》芑“可以服马”时，伊藤先生对郭、郝二注进行了考辨。他从逻辑层面厘清“汗血宝马传入中国”与“以芑木汁液涂抹马身”时间上的先后关系，驳正郝疏，形成了新的阐释。在阐释《西次一经》黄雚草“其状如樗”时，伊藤同样从前后经文的逻辑层面进行考证，提出了与郭注不同的阐释。

其次，推动《山海经》文化层面的深入阐释。古注注重对文字、名物之训诂考据，以表象阐释为主，而伊藤先生的论著中常以民俗文化印证、补充古注，促进触及文化内核的阐释。伊藤先生注重从文化心理与文化信仰层面解读《山海经》，是在古注阐释基础上的进一步深化。如在阐释《东次二经》的鵹鹕时，伊藤依郭注推判此鸟为“鹈鹕”，有“洿河”“淘河”之俗称；在此基础上进一步探寻其“见则其国多土功”背后的文化心理，认为其俗称具有暗示作用，或“让人联想到挖掘河川底部泥沙的修浚河道和筑堤工程”[②]。在论述《西次一经》杜衡“可以走马”时，伊藤依循郭璞“带之令人便马。或曰马得之而健走”[③] 的注解，但他认为郭璞对杜衡何以能御马未加说明，并尝试从文化信仰层面深入阐发，指出杜衡能够辟邪，“这个天帝山一带的传说或许讲述的是用杜衡来避邪，使马强壮、发挥出本领的习俗”[④]。在论述《西次一经》流赭“以涂牛马无病”时，伊藤引郭注“今人亦以朱涂牛角，云以辟恶”进行诠释，并对“红色信仰”的文化内涵详细分析，揭示出“红色平常被认为是神圣的颜色……红色是太阳的象征……对红色的信仰可能来自于血的神圣性”[⑤] 的文化意义。这是对古注阐释的深化，也给《山海经》阐释提供了文化角度的范式。除上述两大方面之外，伊藤先生的《山海经》研究还涉及医学、巫术等层面

① 《中国的神兽与恶鬼：〈山海经〉的世界》第 194 页。

② 《中国的神兽与恶鬼：〈山海经〉的世界》第 90 页。

③ 《宋本山海经》第 33 页。

④ 《中国古代文化与日本》第 432 页。

⑤ 《中国古代文化与日本》第 434 页

的诠释，为我们从民俗视角阐释《山海经》提供了可资借鉴的思路与方法。

（三）在认识伊藤先生《山海经》研究范式意义的同时，我们也要客观地审视其中的不足与缺憾

归纳而言，这主要表现为两方面：第一，对所引古代注释与典籍缺少深层次的论证。如前文所举马腹，吴任臣、郝懿行、袁珂等均以形状推断马腹与水虎等为同一兽类，伊藤承袭之而并未详辨。事实上，仅从形状判断马腹与水虎为同一水怪是不准确的，原因如下：首先，马腹“状如人面虎身”，《山海经》中人面虎身之状的神怪尚有《西次三经》的“陆吾”、《大荒东经》的“天吴”、《大荒西经》昆仑丘的“神人”。若仅以形状为判断标准，这些人面虎身的神怪亦当与马腹为同类！如果这样的话，则会出现风马牛不相及的情况。其次，古代注疏者所引材料的时代较晚，甚至有伪作，如《刀剑录》说汉章帝时期禳除伊水之怪。此书的真实性值得怀疑，《四库全书总目》认为它是后人的伪作①。若依此作为证据，其结论值得怀疑。再次，伊藤没有注意到吴任臣、袁珂将马腹与水虎等类比时，除了形状之外，还关注到了其他方面的相似性。吴任臣所引资料注意到地点与形状的吻合，袁珂先生注意到马腹与水虎的形、性均相近②。显然，此“性”当指食人的本性。而食人之性与形状则是吴任臣、郝懿行等学者将马腹与水虎比附的主要原因。诸如这般，伊藤氏在论著中均未辨析，仅从形状的相类而盲目承袭。第二，我们在研读伊藤的《山海经》研究著作时，发现他在征引古籍文献时有明显的错误，如诠释肥蟥时说“《山海经广注》中引用了《成汤元纪》”③，“《成汤元纪》”应为“《成汤元祀》”；论述鹔鷞时说“朱右曾所撰的《逸周书》中记载……”，并将朱先生的《逸周书集训校释》误写成“《逸周书集解校释》”④；阐释“不语怪力乱神”时所引为《论语集注》文，而非伊藤氏所谓的“《朱子集注》”⑤，等等，都是较为明显的错误。这就要求我们在研读伊藤清司的论著时需注意辨析。

（梁奇　上海大学文学院副教授；
陈钰琳　上海大学文学院硕士研究生）

① （清）永瑢等《四库全书总目》第982页，中华书局，1965年。

② 《山海经校注》第124页。

③ 《中国的神兽与恶鬼：〈山海经〉的世界》第53页。

④ 《中国的神兽与恶鬼：〈山海经〉的世界》第134页。

⑤ 《中国的神兽与恶鬼：〈山海经〉的世界》第231页。

东传日本的《笠翁十种曲》*

张西艳

摘　要：《笠翁十种曲》是我国明末清初著名戏曲家李渔的戏曲集，早在1700年就传入日本。日本江户时代有不少此书东传日本的记载。直到今天，日本的主要藏书机构仍有不少的藏本。《笠翁十种曲》在日本广泛译介和传播的同时，也对日本的文人、学者产生了不小的影响，成为江户文人竞相收藏、模仿和改编的对象。明治、大正时期的日本文人作品中亦有《笠翁十种曲》的影响痕迹。日本学界对《笠翁十种曲》的研究已有百余年的历史，这些研究充分肯定了李渔及其《笠翁十种曲》在日本的地位和影响力。

关键词：《笠翁十种曲》　《笠翁传奇十种》　李渔　日本

《笠翁十种曲》，又名《笠翁传奇十种》，是我国明末清初著名戏曲家李渔（1611—1680）于1651至1668年流寓杭州、南京等地创作的传奇戏曲集，包括《奈何天》《比目鱼》《蜃中楼》《怜香伴》《风筝误》《慎鸾交》《凰求凤》《巧团圆》《玉搔头》《意中缘》10部喜剧传奇。《笠翁十种曲》所收戏曲皆附有版画，情节曲折却通俗易懂，一经问世便被抢购一空，不仅遍行于清初坊间，还东传至日本和朝鲜，之后又陆续传至欧美。《笠翁十种曲》等李渔的作品在海外产生了不小的影响，其中在日本的影响最为广泛和深远。本文主要对《笠翁十种曲》在日本的传播、影响和研究进行探讨。

一、《笠翁十种曲》在日本的传播

江户时代（1603—1868）的日本，德川幕府虽然长期对外实行锁国政策，

* 本文为国家社科重大课题“中国文化域外传播百年史”子课题“中国文化在日本”的阶段性成果，批准号（17ZDA195）。

但因保留了长崎与中国、荷兰保持贸易往来，所以仍有大量中国书籍通过长崎传到日本，这些书籍被称为“唐船持渡书”。李渔的《笠翁十种曲》《闲情偶寄》等都在随船进入日本的书籍之列。大庭修（1927—2002）是日本研究“唐船持渡书”的权威学者，据其所著《江户时代唐船持渡书的研究》[①] 和《宫内庭书陵部藏舶载书目》[②] 可知，《商舶载来书目》《大意书》《落札帐》《舶载书目》等日本江户时代的“唐船持渡书”书目中都有《笠翁十种曲》传入日本的记载，具体如下：

自1700年至1860年，《笠翁传奇十种》传入日本的确切记载有4条，分别是元禄十三年（1700）、元禄十五年（1702）、享保十三年（1728）和宝历四年（1754）。《笠翁十种曲》传入日本的确切记载有2条，分别是天明二年（1782）和安政七年（1860）。除《笠翁传奇十种》和《笠翁十种曲》外，还有《风筝误》和《蜃中楼》于天明三年（1783）传入日本的记载。

这些确切的记载说明，《笠翁十种曲》是江户时代东传日本较多的一部中国戏曲书籍。关于江户时代东传日本的戏曲书籍，当代日本学者冈晴夫曾指出，在日本江户时代，中国的戏曲书流传到日本特别多的是《笠翁十种曲》。[③] 我国学者黄仕忠也曾指出，江户时代东渡的曲籍中，李渔的《笠翁十种曲》在六套以上。[④]

日本著名中国学家青木正儿（1887—1964）在《中国近世戏曲史》一书中提到李渔所作传奇十数种，最为著名的是《笠翁十种曲》。对于《笠翁十种曲》在日本江户时代的传播状况，青木正儿指出：“李渔之作，以平易易于入俗，故十种曲之书，编行坊间，即流入日本者亦多，德川时代之人，苟言及中国戏曲，无不立举湖上笠翁者。”[⑤] 的确，如青木正儿所言，《笠翁十种曲》一经传入日本便受到江户文人的喜爱，不仅很早就被译成日文，而且被手抄和翻刻，成为江户文人竞相收藏和模仿的对象。例如，1771年，大阪的八文舍自笑（1738—1815）为当时的歌舞伎演员编写教材《新刻役者纲目》时，不仅收入了《蜃中楼》的第五出《结蜃》和第六出《双订》，还对两出戏施

① 大庭脩『江戸時代における唐船持渡書の研究』、大阪：関西大学東西学術研究所、1967年。

② 冈晴夫《李渔的戏曲与歌舞伎》，载《文艺研究》1987年第4期。

③ 《李渔的戏曲与歌舞伎》。

④ 黄仕忠《江户时代东渡的中国戏曲文献考》，载《文化遗产》2009年第2期。

⑤ ［日］青木正儿著、王古鲁译《中国近世戏曲史》第245页，中华书局，2010年。

以训点和翻译，改编成歌舞伎使用的剧本，并附上插图。1790 年，狂歌诗人畠中铜脉（1752—1801）在著作《唐土奇谈》中甚至将其创作的《千里柳塘偃月刀》假托为李渔的传奇作品。

明治维新以后，各种版本的《笠翁十种曲》仍以不同的途径东传到日本，并被广泛译介。早在 1897 年，笹川临风（1870—1949）就在《中国小说戏曲小史》一书中介绍了李渔及其《笠翁十种曲》。1903 年，久保天随（1875—1934）也在《中国文学史》一书中对李渔及其《笠翁十种曲》有所介绍。1917 年，《笠翁十种曲》被收入由今关天彭（1882—1970）编著的《中国戏曲集》。1926 年，《风筝误》被宫原民平（1884—1944）译成日文后收录在《中国文学大观》第四卷，宫原民平在卷首有关《风筝误》的介绍中首先罗列了《笠翁十种曲》的十部戏曲名称。1930 年，青木正儿在《中国近世戏曲史》中不仅对《笠翁十种曲》有所介绍，还比较详细地列出了《风筝误》《奈何天》《蜃中楼》《巧团圆》的梗概。诸如此类，迄今日本出版的有关中国戏曲史的书籍中，李渔及其《笠翁十种曲》成为不可或缺的内容。

“日本所藏中文古籍数据库”是日本全国汉籍数据库协议会于 2001 年 3 月启动的数据库，截至 2018 年 4 月，日本已有 76 家藏书机构参与使用。通过该数据库，可以查询日本主要公共图书馆、大学图书馆所收藏的中文古籍书目和部分书影。根据该数据库的检索结果，现藏于日本主要公共图书馆、高校图书馆的《笠翁十种曲》各类版本有 19 部，其中至少有 9 部为清代刊本，分别藏于日本国立公文书馆、国立国会图书馆、东北大学附属图书馆等藏书机构。另外，以《笠翁十种曲》所收戏曲分别检索时，藏书量最多的《风筝误》有 31 册，《意中缘》有 25 册，《蜃中楼》有 24 册，最少的《慎鸾交》也有 17 册，其他皆在 20 册左右。除日本主要公共图书馆、高校图书馆外，尚未参与“日本所藏中文古籍数据库”的公共图书馆、高校图书馆和私人藏书中，还会有不少各种版本的《笠翁十种曲》及其所收传奇戏曲的藏本。这些藏本也在一定程度上推动了《笠翁十种曲》在日本的传播。

《笠翁十种曲》在日本广泛传播的同时，也对日本的文人产生一定的影响，并成为日本学者研究的对象。

二、《笠翁十种曲》在日本的影响

雅俗共赏的《笠翁十种曲》不仅受到日本文人的喜爱，而且对日本文人的创作产生了深远的影响。在李渔《笠翁十种曲》所收录的10部传奇喜剧中，大部分都被日本文人借鉴、模仿、改编和运用，对江户时代、明治时代和大正时期的诸多日本文人都产生了或多或少的影响，具体情况如下。

第一，是对曲亭马琴的影响。曲亭马琴（1767—1848）是日本江户后期著名的读本小说家。1804年，曲亭马琴以《笠翁十种曲》之《玉搔头》为底本创作了读本小说《曲亭传奇花钗儿》。《玉搔头》是创作于顺治十二年（1655）的一部传奇剧，共30出，讲述了明武宗私访民间邂逅民女刘倩倩并最终报得美人归的故事。曲亭马琴不仅模仿了《玉搔头》的戏曲形式，设置了生、旦、净、末、丑等戏曲人物角色，而且模仿了《玉搔头》的题目、故事情节、作品主题、人物关系和人物性格特征等，甚至直接引用了《玉搔头》中的部分语句。《曲亭传奇花钗儿》可以说是《玉搔头》的翻案之作。

第二，是对山东京传的影响。山东京传（1761—1816）是日本江户时代后期著名的通俗文学作家。1805年，山东京传刊行了一部五卷本的长篇传奇读本小说《樱姬全传曙草纸》，以主人公樱姬的命运和爱情故事为主线，讲述了错综复杂的复仇故事。山东京传的这部以劝善惩恶为主题的长篇读本小说虽在构思上更多地模仿了中国小说《金云翘传》，在具体情节上却有模仿《笠翁十种曲》之《风筝误》之处。《风筝误》是创作于顺治九年（1652）的戏曲，讲述了书生韩世勋和纨绔子弟戚施与詹家两位小姐因一只风筝引发的一系列阴差阳错、啼笑皆非的爱情喜剧。山东京传在《樱姬全传曙草纸》中不仅运用了《风筝误》中借风筝传递书信的创意，使樱姬与宗雄得以重逢，在男女主人公借风筝传情达意的具体细节上，也有模仿《风筝误》之处。

第三，是对石川雅望的影响。石川雅望（1754—1830）是日本江户时代中后期的狂歌诗人兼读本小说家。1808年，石川雅望创作了一部长篇传奇小说《近江县物语》，这篇小说可以说是以《笠翁十种曲》之《巧团圆》为典据的翻案之作。《巧团圆》是李渔于康熙七年（1668）根据其小说《生我楼》改编创作的戏曲，讲述了一个充满巧合和偶然最后大团圆的故事，主题是宣扬孝道和经商之道。《近江县物语》不论是故事发生的背景、故事情节、人物性格特征，还是作为男女主人公定情信物的道具，都与《巧团圆》有很多相似之处。1809年，石川雅望又创作了长篇传奇小说《飞驒匠物语》，讲述了竹芝山人与一宫的婚姻故事。在小说的整体构思上，石川雅望模仿了《笠翁十种曲》之一的《蜃中楼》；在局部构思上，石川雅望仍有模仿《巧团圆》之处。

《蜃中楼》是李渔于顺治十六年（1659）根据元杂剧《柳毅传书》和《张生煮海》等改编创作的戏曲，讲述了舜华和琼莲两位龙女的婚姻故事。石川雅望的《飞騨匠物语》同《蜃中楼》在整体构思上基本一致，讲述的都是有情人历经波折并在仙人的帮助下终成眷属的故事。另外，《飞騨匠物语》卷四中有一段关于主人公梦境的描述，关于他们梦中出现的旧物以及梦中人对他们婚姻的暗示，与《巧团圆》第二出“梦讯”中的描述基本一致。

第四，是对森槐南的影响。森槐南（1863—1911）是日本明治时期著名的汉学家，也是近代日本中国学的开拓者。1879年，年仅16岁的森槐南用汉文创作了《补春天传奇》，讲述了清代中后期的钱塘文人陈文述在梦中与晚明才女冯小青相遇并最终为冯小青等“西湖三女士”修墓并建兰因馆的故事。森槐南在《补春天传奇》中不仅对《桃花扇》《长生殿》《西厢记》等中国戏曲多有模仿，也运用了《笠翁十种曲》之一的《意中缘》的内容。

《意中缘》是李渔流寓杭州期间创作的戏曲，以成岫[①]为原型，讲述了贫民才女杨云友与董其昌、林天素和陈继儒的爱情传奇。在《补春天传奇》中，杨云友不仅是重要的出场人物，而且在其唱词中提到李渔的《意中缘》。例如，在《补春天传奇》第二出“梦哭”的唱词中，杨云友唱道：“我杨云友好苦也……只恨那个李笠翁，说什么佳人须嫁才子，强将奴家配合什么松江才子董其昌，把一部意中缘传奇敷演出来笑荒唐……。”[②] 在《补春天传奇》第三出“魂聚”的曲词和唱词中，也都提到了《意中缘》这部传奇戏曲。

第五，是对芥川龙之介的影响。芥川龙之介（1892—1927）是日本大正时期的著名作家。他的一生虽然短暂，却创作出140余篇作品，其中很多作品中都有与中国相关的题材和元素。1925年，改造社出版了芥川龙之介的《中国游记》一书，收录了“上海游记”“江南游记”“长江游记”等三个地区的游记。在“上海游记”这一部分，收入了一篇题为“南国的美人”的文章，其中有一段关于女人耳朵的描述。在这段描述之后，芥川龙之介不仅认为《西厢记》中的莺莺也一定长着那样的耳朵，而且提道：“笠翁曾详细历数过中国女子之美（见李渔《闲情偶寄》卷之三《声容部》），关于耳朵却只

① 杨云友（1567—1627），名成岫，又名慧林，号云道人，别号林下风。钱塘人，明末女画家、词人。

② 森槐南訳『補春天伝奇傍訳』第10—11頁、東京：森泰二郎、1880年。

字未提。在这一点上，伟大的《十种曲》的作者也应该将发现之功归于芥川龙之介。”[①] 由此可见其对李渔及其《笠翁十种曲》的熟悉和评价之高。

如上所述，《笠翁十种曲》对曲亭马琴、山东京传、石川雅望等江户时代的著名文人产生了不小的影响，成为他们改编和模仿的对象。除此以外，江户时代的通俗小说作家笠亭仙果（1804—1868）在其《清淡常磐色香》《菓子草纸》等小说中也引用了《笠翁十种曲》之一的《奈何天》的部分内容。明治时期的森槐南和大正时期的芥川龙之介等文人也深受到李渔及其《笠翁十种曲》的影响，他们的作品中明显有着《笠翁十种曲》的影响痕迹。

三、《笠翁十种曲》在日本的研究

明治维新以后，日本虽然处在全面学习西方的社会背景下，《笠翁十种曲》等中国戏曲仍是日本文人关注的对象。与此同时，日本学界也开启了李渔及其《笠翁十种曲》研究的篇章。野口宁斋（1867—1905）早在1893年就对《巧团圆》有所研究。笹川临风（1870—1949）、久保天随（1875—1934）、宫原民平（1884—1944）、青木正儿（1887—1964）等日本中国学家在译介《笠翁十种曲》的同时，也对《笠翁十种曲》有所研究。

“二战”以后，山口刚（1884—1932）、麻生矶次（1896—1979）、德田武、冈晴夫等日本学者都对《笠翁十种曲》深有研究。1955年，麻生矶次在《江户文学与中国文学》一书中指出石川雅望的《飞驒匠物语》和《蜃中楼》的三个共通之处：一是仙界之契在欲界得以实现；二是转世之后的男女地位环境相差悬殊；三是在老仙的帮助下，婚姻修成正果。[②] 因此，麻生矶次认为石川雅望的《飞驒匠物语》是“从《蜃中楼传奇》中得到创意”。[③] 之后，山口刚通过列举实例，不仅指出山东京传从中国小说《金翘传》（原著名为《金云翘传》）中得到《樱姬全传曙草纸》的创意，而且认为《樱姬全传曙草纸》“在樱姬和宗雄传递信件上使用风筝是受到李笠翁的戏曲《十种曲》之一的《风筝误传奇》的启发”[④]。1978年，德田武在《〈曲亭传奇花钗儿〉

① 芥川龍之介『支那遊記』第66—67頁、東京：改造社、1925年。

② 麻生磯次『江戸文学と中国文学』第120頁、東京：三省堂、1955年。

③ 『江戸文学と中国文学』第119—120頁。

④ 山口剛『山口剛著作集』（第二巻）第163頁、東京：中央公論社、1972年。

论——关于其与〈笠翁十种曲〉〈玉搔头〉的关系》一文中指出曲亭马琴以《玉搔头》为底本创作了《曲亭传奇花钗儿》，认为曲亭马琴在《曲亭传奇花钗儿》中对《玉搔头》的改写是“只对人物名字进行适当更改的沿袭”。[①]

冈晴夫在肯定前人的这些研究成果的同时，曾经提到李渔的《笠翁十种曲》是十分著名的作品[②]，指出《笠翁十种曲》是江户时代流传到日本特别多的中国戏曲书，认为《笠翁十种曲》等李渔的戏曲所特有的风格和特征与歌舞伎最相近[③]。之后，吉田惠理在《关于江户中期的李渔（李笠翁）形象的考察》一文中提到“《笠翁十种曲》被山东京传和京山的通俗小说、石川雅望的雅文小说所引用或翻案”[④]。

近十年来，除了日本学者冈崎由美对《蜃中楼》的日译本有所研究外，中国学者任清梅和萧涵珍在日本留学期间也在前述日本学者的研究基础上对《笠翁十种曲》与日本江户时代读本小说的关系进行了较为深入的研究。

自2011年至2015年，萧涵珍陆续在日本发表了《李渔的戏曲及其改编小说》[⑤]《笠亭仙果的〈七组入子枕〉中所见李渔的〈十二楼〉：以〈合影楼〉为中心》[⑥]《李渔的〈玉搔头传奇〉及其翻案作品：从曲亭马琴到广津柳浪》[⑦]《关于笠亭仙果〈七组入子枕〉——李渔作品之影响的一端》[⑧] 等论文。这些论文都或多或少论及《笠翁十种曲》等李渔的戏曲小说对日本江户文学

---

① 德田武「『曲亭伝奇花釵児』論——『笠翁十種曲』『玉搔頭』との関係において」、『明治大学教養論集』(118)、1978年。

② 冈晴夫撰、刘萍译《作为剧作家的李笠翁》，载《中国典籍与文化论丛》（第5辑）、2000年2月。

③ 《李渔的戏曲与歌舞伎》载《文艺研究》。

④ 吉田恵里「江戸中期の李漁（李笠翁）イメージに関する一考察」、『学習院大学人文科学論集』(8)、1999年9月。

⑤ 蕭涵珍「李漁の戯曲とその改編小説」、『東京大学中国語中国文学研究室紀要』(14)、2011年11月。

⑥ 蕭涵珍「笠亭仙果の『七組入子枕』にみる李漁の『十二楼』:「合影楼」を中心に」、『東方学』(123)、2012年1月。

⑦ 蕭涵珍「李漁の『玉搔頭伝奇』とその翻案作 : 曲亭馬琴から広津柳浪まで」、『東京大学中国語中国文学研究室紀要』(15)、2012年10月。

⑧ 蕭涵珍「笠亭仙果『七組入子枕』について——李漁作品の影響の一端」、『近世文藝』(101)、2015年1月。

的影响。任清梅在《读本〈近江县物语〉中〈巧团圆〉的利用法——以常人的人物形象和小道具“笏”为中心》等论文中对《巧团圆》对《近江县物语》的影响进行了比较详细的论述，指出《近江县物语》不单单是受到《巧团圆》的影响，而且是以《巧团圆》为典据并仿照其情节的翻案之作。①

除此以外，陈淑萍于2016年在台南的《云汉学刊》上发表了《李渔戏曲在日本德川时代的流传》一文，其中也有论及曲亭马琴和石川雅望对《笠翁十种曲》的翻案②。鉴于曲亭马琴的《曲亭一风京传张》（1801）和《蓑笠雨谈》（1804）中都有出现《玉搔头》序中的“事取凡近而义废劝惩”，李治在《李渔的劝善惩恶文学观在日本江户时代的接受——以〈曲亭传奇花钗儿〉对〈玉搔头〉的翻案为例》一文中不仅指出《玉搔头》是“十种曲”中唯一一部根据真实历史人物和历史事件改编的作品，而且认为曲亭马琴以《玉搔头》为“粉本”创作《花钗儿》，是“承其‘劝惩’基调，仿其路数。”③

综上所述，《笠翁十种曲》作为江户时代东传日本较多的一部中国戏曲书籍，一经传入日本便受到日本文人的喜爱，对日本的文人及其创作产生了广泛而深远的影响。对比其他东传日本的中国戏曲，《笠翁十种曲》的通俗易懂和作为传奇故事的丰富性和趣味性是其在日本被广泛传播和接受的主要原因。日本学界对《笠翁十种曲》的研究已有百余年的历史，这些研究亦充分肯定了李渔及其《笠翁十种曲》在日本的地位和影响力。

（张西艳　东华大学外语学院副教授）

① 任清梅「読本『近江県物語』における中国戯曲『笠翁伝奇十種』の利用法の一端——常人の人物像と小道具“笏”を中心に」、『早稲田大学大学院教育学研究科紀要』（別冊21号—1）、2013年9月。

② 陈淑萍《李渔戏曲在日本德川时代的流传》，载《云汉学刊》2016年第32期。

③ 李治《李渔的劝善惩恶文学观在日本江户时代的接受——以〈曲亭传奇花钗儿〉对〈玉搔头〉的翻案为例》，载《哈尔滨师范大学社会科学学报》2018年第6期。

《东文选》所收金富轼汉诗与中国文学的关联*

王 杨 尹允镇

摘 要：金富轼是高丽时期著名的历史学家和文学家，拥有丰厚的汉文知识，对中国文化理解深刻。金富轼一生发表了大量的汉诗，表达了自己对社会和人生的认识。他的诗歌所涉及的范围很广。但从现在收入在《东文选》里的诗歌看，他的诗歌主要可以分为应制奉和诗、劝讽规谏诗、闲游抒怀诗等3个部分，这些诗歌从各个方面都深受中国文学的影响，其中尤其是“中唐至宋”的文学对他的影响极大。

关键词：《东文选》 金富轼汉诗 中国文学 影响

金富轼（1075—1151）是朝鲜高丽时期著名的汉学家，他不仅著有《三国史记》，而且还写了很多诗歌。遗憾的是他的《文烈公集》已经遗失，我们不能了解他的诗歌全貌，幸运的是《东文选》① 《东文粹》《青丘风雅》《箕雅》等朝鲜古代文献收有他的部分诗歌，能够看出他诗歌创作的大体情况。其中《东文选》收录的最多，共34首。②从《东文选》的收录规模看，数量上这应该说是中上以上，在高丽诗人当中虽然不及李奎报、李仁老、李齐贤等人，但和其他诗人相比应该说是收录的比较多的一个。

---

* 本文为国家社科基金项目“《东文选》诗歌与中国文学的关联研究”的阶段性成果之一，批准号（14BWW017）。

① 在这里所说的《东文选》是指韩国民族文化促进会编，韩国民文库刊1989年10月再版的《东文选》，下同。

② 收录在《东文选》的金富轼的诗歌有五言古诗1首、五言律诗1首、七言律诗18首、七言排律1首、五言绝句2首、七言绝句11首，共34首。

收录在《东文选》里的金富轼的诗歌涉及的内容非常多，但总体上看，应该可以分为应制奉和诗、劝讽规谏诗、闲游抒怀诗这 3 种。下面我们把收录在《东文选》里的金富轼的诗歌分为这 3 个方面，探讨金富轼汉诗和中国文学，尤其是“中唐至宋”文学的关联，相信这对进一步研究金富轼汉诗和中国文学的关联，乃至整个高丽时期文学和中国文学的关联研究有很大的帮助。

一、应制奉和诗和中国文化的关联

所谓的应制奉和诗就是应令或者是应诏而作的诗，所以说它本质上是属于“颂”体范畴，大体上是对“有道明君”的讴歌和传诵为主。《诗经》中的《大雅》和《颂》也多把歌颂帝王、粉饰太平作为一个重要的内容，少数也陈述一些对皇帝的期望和其他一些内容。从应制诗所反映的内容来看，主要分为侍宴应制、游幸应制、节日应制、咏物应制、送别应制等几个方面，但不管是什么内容，均不免带有重形式轻内容的绮靡习气，有矫揉造作、阿谀奉承的成分。金富轼的应制奉和诗大体上也是这样，如《玄化寺和御制》：

襄城前马忽超然，行遇孤云一握天。
警跸声高盈远壑，羽林兵峭裂寒烟。
奇花堕艳翻经座，甘露浮香上寿诞。
酬奉文章争落笔，侍臣才气似唐贤。①

这是一首七言律诗，主要描述的是皇室贵族游宴的恢宏气势，确实有所有的应制奉和诗所具有的那种拿腔作势、阿谀奉承的成分。但我们再仔细分析这首诗歌就会发现金富轼还综合利用各种艺术表现手法，使诗歌呈现出和一般的应制奉和诗不同的一些特色。如诗歌在写作手法上注重描写视角的安排，首联和颔联写马忽超前而遇孤帆，警卫声响彻远壑，羽仗划破寒烟，气势恢宏；在写作视角上，由近及远，再由远及近，写作手法有声有色，描绘动静结合，使得诗歌自然真实，气势十足。另外，颈联中的“奇花”和“经

① ［朝鲜］徐居正著《东文选·卷十二》第 572 页，首尔：韩国民族文化促进会，1989 年。

座”等诗句是通过对佛教世界现场化的描写体现出佛家的味道，又通过“甘露浮香”等诗句，祈愿君主万寿无疆。在庄严的气氛下，尾联则显露出大智若愚的文人形象以及在这样的太平盛世王权辅弼之臣的自信心，表现出了王道政治下的国泰民安的政治理想。很显然，这和金富轼一生追求的儒家的王道政治有着密切的关系。

众所周知，金富轼是一个正统的儒学家。他一生忠实于修身、齐家、治国、平天下的儒家学说，为实现基于儒学的“仁政”和王道政治付出了重大的努力。他编撰《三国史记》仍然是为实现这种政治目的和实现他所追求的政治理想。在《三国史记》的进表中，他说编撰《三国史记》的目的为“以君后之善恶，臣下之忠邪，邦业之安危，人民之理乱”以及“以垂劝戒，宜得三长之才，克成一家之史，贻之万世，炳若日星”。[①]可见，金富轼追求的就是以儒家的“善恶”为基础的“君君臣臣，父父子子”这样秩序井然的社会制度。很显然，他的这种政治理想和他在应制奉和诗中表现出来的忠君思想如出一辙，毫无二致。

金富轼的这种思想在他的其他应制奉和诗中也有表现。如《东宫春帖子》虽然写的是“东宫”，但仍然表现出他对王道政治的忠诚。

曙色明楼角，春风着柳梢。鸡人初报晓，已向寝门朝。[②]

春帖子又称春帖、春端帖、春端帖子。这是为立春应景而制作的，贴在宫中门帐上的书有诗句的帖子。诗体多为绝句，文字工丽，内容大多是歌功颂德的。金富轼就以春天将至的东宫全景为背景，以柳梢、春风等意象描绘出一幅春意盎然、生气蓬勃的景象。在这种平和而充满希望的氛围下，诗人也按捺不住雀跃的诗心，通过运用典雅而平实的写作手法，赞美太平盛世，自然地表现出了自己的理想世界。同时含蓄地描写了“昏定晨省”的太子，赋予了其儒家思想和道德规范；借用唐代宫中的“鸡人”[③]，表现出了作者对中国文化的深刻理解。同时在表现时间、空间之时，作者也广泛地利用对立

① ［朝鲜］金富轼著，崔虎译解《三国史记》第12—13页，首尔：弘新文化社，1994年。

② 《东文选·卷十九》第664页。

③ “鸡人”：唐代在宫中，每到拂晓，喊天亮的头扎红色丝绸的人叫“鸡人”。

统一的法则，展现了各种时空的相对和交叉的一些联系，从而展现出多姿多彩的生活场景。可以说，诗的时空即是诗歌美学中的一个重要领域。透过时空巧妙的安排与运用，的确可以大大增强诗歌中的情景美感，造成多种多样的诗歌意境。

再看一首冬日应制诗《内殿春帖子》：

雪垠犹在三云陛，日脚初升五凤楼。宝历授时周太史，玉卮称寿汉诸侯。①

这首诗为七言绝句，也是冬日的应制诗，以雪的自然现象为背景，表达了诗人无限的深思。诗中没有直接出现雪的画面，也没有任何形象的描绘，只是运用了“用事”的写作手法，借用中国的地名、官制、故事表露出了金富轼的儒学思想及对现实的认识。

诗中出现的“三云”为汉代的宫殿，在甘泉宫中。“五凤楼”则来自中国一个古老而美丽的传说。传说讲：玉皇大帝有五个如花似玉的姑娘金凤、银凤、玉凤、彩凤、翠凤，有一天她们私自下凡，玉皇大帝得知后传令五姐妹立即回天宫。但是她们抗命不从，最后玉帝以天庭律条治罪派出雷神霹雷闪电将相抱成团的五姐妹击死于此，当即化作一架山脉故称凤凰山，后人为纪念五凤姐妹在此修建了五凤楼。在这里金富轼借用这个五凤楼，即其中隐含的美丽的故事来渲染这里的和平吉祥的气氛；再通过“雪垠”和“日脚”等现实世界的常用语入诗，用朴实无华的艺术手法给这个美丽的传说增添了不少粉饰现实意蕴和色彩。后两句中作者运用比喻手法将自己喻成汉诸侯，来祈愿帝王的万寿无疆。

很显然，作者灵活运用中国各种典故的同时大胆借用“中唐至宋”诗歌的各种表现手法，表现出所追求的理想世界，取得了感人的艺术效果。

总体上讲，在诗歌中金富轼善于利用中国的典故，形象地表现自己的观点。在某种意义上过多的用典、用事会影响金富轼的创作个性，但这也许就是金富轼的创作特点，利用中国的故事，含蓄地表达了类似的情感及意图。

信手用典的同时，借用各种意境坦率而真诚地直抒胸臆也是金富轼诗歌

① 《东文选·卷十九》第674页。

的一大特点。如《和罗倅李先生寄金郎中缘》：

今日朝廷寂异闻，李公声价独超伦。
倦游平昔谙时态，力学多年识道真。
皎皎胸襟蟠古剑，凌凌风节拔霜筠。
…………
宸心委任维无外，交石何人蹈后尘。①

这首诗有明显的“中唐至宋”的那种“以文为诗”的特点，这首诗的形式不是绝句也不是律诗，是七言排律，这种形式本身已经在某种程度上具有散文化的特征。但既然是以诗的形态出现，就应该具备诗所具有的高度的概括性和严密性。但金富轼在这里却几乎无视这一点，根据对象人物的生涯，赞扬每个时期的功绩，直接强调了忠诚、义气、气节、爱民等儒家思想品德。如果将汉诗本来所具备的定型性排除在外，记录体验事实的框架便得以保留下来，在某个层面上，让人感觉到的是用诗来抒写了必须用传记或行状来表达的内容。又如《和副使侍郎梅岑有感》：

中华地尽水茫茫，百尺张帆指故乡。
天阔波涛浮日月，雨余云雾衬峦冈。
黄昏沸沫惊心白，朱夏浓阴着面凉。
虽喜正庭行复命，犹思帝所乐洋洋。②

金富轼曾于1116年和1127年两次到中国访问。1116年那一次他跟随知奏事李资谅到中国宋朝谢赐“大晟乐”，这次他们受到了宋徽宗的热情招待，回国时他带走了司马光的《资治通鉴》。1127年那一次本是去祝贺宋高宗登基的，但是由于宋都被金朝占领南迁，中途回国。从金富轼的两次到中国的情况和这首诗歌内容看，这首诗是第一次访问中国时作的。诗歌完美地表现了一个儒学家和仕途人的那种得意扬扬的心态。诗歌的前六句都是单纯的描

① 《东文选·卷十八》第652页。
② 《东文选·卷十二》第572页。

写所见的自然景物，最后两句君主突然登场，也表达了诗人总会情不自禁地回归到儒家官人的角色，这也正是金富轼尊王意识的表现。此诗中的诗语"茫茫"与"洋洋"不仅描述了所见中国的国土之宽广、大海之辽阔，更真实地表露出即将向帝王复命的喜悦心情。金富轼的应制奉和诗不乏对理想化的君臣关系的表现，亦能表现出作为儒家官人的儒家的理想世界及作为儒学家的典型的君臣意识。毋庸置疑，这显然是中国文化的深刻影响使然的，金富轼的理想世界就是来自这种儒家王道政治统治下的国泰民安。

二、劝讽规谏诗中的中国文化要素

劝讽规谏诗是作者以积极的态度或者对重大的社会问题提出真知灼见，或者从正面对此进行评价，或者从侧面进行讽刺提出批评的诗篇。在中国古代诗歌百花园中，规谏讽喻诗以其鲜明的现实性和战斗性，历来深受正统儒学家的喜爱。从内容上看，规谏讽喻诗主要分为两大类，一类是揭露现实生活中的不合理现象，如金富轼的《题良梓驿》就是这样的一种诗篇。诗歌中作者运用形象生动的比喻和鲜明的对比，将贪吏比喻成蛇，通过对未归人的思念和深秋凄凉的景色，大胆地揭露和谴责当时宦官们的统治给人们带来的苦痛，使诗的思想内容具有批判和揭露现实丑恶的效果。另一类则是通过借用某种历史事件批判现实，达到借古讽今的目的。金富轼也写了不少类似的诗歌，其中最有名的一首便是《结绮宫》：

> 尧阶三尺卑，千载余其德。秦城万里长，二世失其国。
> 古今青史中，可以为观式。隋皇何不思，土木竭人力。[①]

这是一首五言古诗，也可称作咏史诗，是金富轼路过此地时有感而发写成的。题目中的"结绮宫"就是奢侈好色的陈后主的宠妃张贵妃用金玉装饰的那个豪华宫殿。这首诗通过对中国两位帝王，即勤俭朴素、奉行德政、心系百姓的尧和焚书坑儒、修筑长城、大兴土木而导致民怨沸腾的秦始皇的治国之道，及其所引起的后果，特别借用统治者大兴土木导致亡国的例子来说

① 《东文选·卷四》第589页。

明一个道理，表明自己反对高丽的西京迁都计划及兴建大华宫的立场，并担忧兴建宫殿会威胁国家的安危的忧国忧民的儒家仁政思想。全诗以直白简洁的诗句借咏史来警戒劝谏君主，完全没有浮靡的成分；在风格上与其散文的古朴性有某种神和之处。徐居正评论这首诗说："词意严正典实，真有德者之言也。"① 这里所说的"严正典实"，指的就是他没有华丽的辞藻，而富于深刻的说理的诗风。这种以规劝讽谏为主题，以平直语言形式，不重雕琢的风格，是金富轼诗歌的又一大特色。然而，由于整个时代风气的影响，他的这种风格并不是诗学的全部特色，在他的诗歌中仍然杂有相当多的词章气，即使在一些讽喻诗中，有时也流露出浓重的浮靡风气，如《灯夕》。但在这种诗歌中，金富轼巧妙地利用中国的史实规劝统治阶级，表现出了一个儒学家应有的风范。

城阙深严更漏长，灯山火树粲交光。
绮罗缥缈春风细，金碧鲜明晓月凉。
华盖正高天北极，玉炉相对殿中央。
君王恭默疏声色，弟子休夸百宝妆。②

《灯夕》是一首七言律诗亦可说是宫体诗，具有重视用典的特点，如在尾联中高丽帝王的道德品质与弃杨贵妃而逃亡的唐玄宗形成鲜明对比；诗中的梨园就指唐玄宗为教习宫中的音乐而设的一个专门的机构；梨园的弟子就指玄宗当年训练的乐工舞女。据传唐玄宗时曾选"坐部伎"三百人，整日教练歌舞，随时应诏表演，号称"皇帝梨园弟子"。在这里也是暗喻高丽宫廷的宫女们。诗的前半部分用"漏钟的声音""灯山""绮罗""金碧鲜明晓月"等绘声绘色地描述了一片祥和的燃灯会夜景的奢华，淋漓尽致地描绘出君臣行乐图，已具有了对皇室的奢华风气进行讽刺的意蕴。然而诗人的目光并不局限于此。在诗的后半部，作者把笔锋骤然一转，用"北极星"的位置象征君主的威严，将摆放中央的"玉炉"的位置用来象征臣子的地位。这首诗并没

① 徐居正《东人诗话》卷上，转引自刘强《高丽汉诗文学史论》第 79 页，厦门大学出版社，2008 年。

② 《东文选·卷十二》第 572 页。

有直接的人物描写，通过渲染气氛和场景的描写来彰显宫殿的庄严的皇家气氛。前面一直铺垫，只为在最后点出“疏声色”的主题。这种主题与形式的矛盾在这首诗歌表现得非常完美。亦可从儒学角度看出金富轼理想中的帝王形象以及对国泰民安的和平世界的追求和作为儒家官人的使命感。很明显，所有这些金富轼是利用唐玄宗的史实加以陈述的。

下面我们再看一首《宋明州湖心寺次毛守韵》：

> 江山重复望难穷，更构层楼在半空。
> 檐外苍苍河汉逼，阶前浩浩海潮通。
> 片帆孤鸟千家外，疏雨斜阳一气中。
> 想与众心同所乐，骚人谁讽大王风。①

这首诗歌也是运用间接抒情的方式借用中国典故及古人的诗文来达到讽喻效果的作品。题目中提到的湖心寺就是位于淮安城的佑济寺，原名水陆冥道院。当时湖心寺已成为城内文人墨客游玩、吟诗、讲学的场所。此诗正是金富轼出使宋朝时路过这一优美名胜即兴而作的诗，前半部分描写在江与山融合而成的风景中，浮现一座漂亮的楼阁，天空中银河流动，脚下海水汹涌。小船与孤鸟在屋檐前栖息，稀疏的雨中映着一抹阳光。这首诗歌乍一看，似乎是歌咏自然的诗，正是借助对眼前这一片祥和景物描写暗表对皇帝的讽谏之意，正所谓寓情于景，情景交融，一切景语皆情语。然而最后两句不再是单纯的景物的描写，而是借用典故，暗暗地规谏帝王。诗中“想与众心同所乐”就借用了《孟子·梁惠王下》中“与民同乐”②的典故，而“骚人谁讽大王风”中的“大王风”是直接引用了战国宋玉《风赋》中讽喻的话语，③为的就是劝勉帝王，表达其忠于王室的崇高品质。这种含蓄的语言风格，具有很

① 《东文选·卷十二》第572页。

② 《孟子·梁惠王下》曰：“独乐乐，与人乐乐，孰乐？曰：不若与人。曰：与少乐乐，与众乐乐，孰乐？古曰：不若与众”。见孟轲《孟子》第10页，辽宁教育出版社，1997年。

③ 宋玉《风赋》中“有风飒然而至，王乃披襟而當之曰：“快哉此风，寡人所與庶人共者邪！”宋玉对曰：“此独大王之风耳，庶人安得而共之？”见朱碧莲《宋玉辞赋译解·宋玉辞赋真伪辨》第66页，中国社会科学出版社，1987年。

强的感染力，也充分体现了受“兼济天下”① 为主导思想的金富轼的爱国精神及王道意识。像这种通过诗中隐含的寓意，促使皇帝醒悟的还有《闻教坊妓唱布谷歌有感》，诗文如下：

佳人犹唱旧歌词，布谷飞来枥树稀。
还似霓裳羽衣曲，开元遗老泪沾衣。②

这首诗是金富轼听教坊妓女们唱《布谷歌》后的感怀之作，感情深沉含蓄。与中国唐代诗人杜牧的《泊秦淮》有相似之处，都是在听歌女之歌后有感而发。杜牧夜泊秦淮在船上听见歌女唱《玉树后庭花》，后有所感慨。他的诗说：这些无知歌女连亡国恨都不懂，还唱什么这种亡国之音！其实这是借题发挥，他讥讽的实际是晚唐的腐败政治；金富轼也是借用，但与原来的创作意图大相径庭，借沦落成为妓女的人所唱的歌曲来提醒皇帝，此曲即将成为亡国之曲，表现了作者对国家命运的关怀和深切忧虑之情，从而体现出作者的尊王意识和对王道政治的忠诚。

可见金富轼的诗歌委婉含蓄，讽刺性强，语言质朴平易，雅俗共赏，形成独具一格的浅切诗风，具有较高的艺术价值。而且还有着很明显的“中唐到宋”的那种“以文为诗”的特点，诗中多用典故，使诗歌语言精练，又可增加内容的丰富性，增加表达的生动性和含蓄性。金富轼还能恰到好处运用古人诗文中的词句，并加以创新，使之在自己的诗中产生质的变化，可达到言简义丰、耐人寻味的艺术效果，由此增强作品的表现力和感染力。

三、闲游抒怀诗中的中国文学基因

如果说金富轼的应制奉和诗与劝讽规谏诗在创作中多用华丽的辞藻和铿锵的诗风，描写其皇家的富丽堂皇及庄严肃穆，那么，在闲游抒怀诗中他多用朴实的语言和笔法，勾勒出生动的山水田园生活景象，读之使人深感生活

① 《孟子·尽心上》儒家思想“穷则独善其身，达则兼善天下”。其“兼济”之志，以儒家仁政为主。见孟轲《孟子》第 84 页，辽宁教育出版社，1997 年。

② 《东文选·卷十九》第 674 页。

之趣。

“闲游抒怀”主要是由金富轼因一事一景而有感发的诗歌构成，由于“诗言志”，金富轼的作品中抒怀诗相对比较多，但从他的述怀诗中不难看出雕琢与平实的两种风格相交杂的特点。先看《甘露寺次惠远韵》：

> 俗客不到处，登临意思清。山形秋更好，江色夜犹明。
> 白鸟孤飞尽，孤帆独去轻。自惭蜗角上，半世觅功名。①

“半世觅功名”，此句从语言上来讲平实而清新，又不乏有中国诗歌色彩；第三句中“白鸟高飞尽，孤帆独去轻”之句，明显是借用李白诗句的。李白在《独坐敬亭山》中咏道：“众鸟高飞尽，孤云独去闲。”很显然金富轼的“白鸟高飞尽，孤帆独去轻”，是从李白的这一句演化而来。诗句描绘了没了踪迹的鸟儿们和孤舟荡在碧水中的情景，表现出了诗人的孤独寂寞之情。与李白的原文表现出来的闲静的情景相比，金富轼这里的“白鸟尽”和“孤帆轻”虽是来自李白，但它和后面的自惭觅功名的感慨相映衬，创造出了和李白的诗歌明显不同的新的意境。这就是金富轼的有些诗歌虽然借用中国的，但不照搬硬套，能够创出自己的情感世界的好例子。再看一首《对菊有感》：

> 季秋之月百草死，庭前甘菊凌霜开。
> 无奈风霜渐飘薄，多情蜂蝶犹徘徊。
> 杜牧登临翠微上，陶潜怅望白衣来。
> 我思古人空三叹，明月忽照黄金罍②。

在表现方式及用典手法上，金富轼的这首诗与杜牧的《九日齐山登高》有着异曲同工之妙。杜牧在诗中首联写景，颔联引古名士喻今，颈联和尾联抒情。而金富轼则在诗歌首联和颔联写景，以“百草死”“菊花开”“蜂蝶独徘徊”的景象，烘托出寂寥的气氛，颈联借用古人的意境，来掩盖和消释长期积在内心中的孤寂；尾联抒情，从而使读者触景生情，进入作者描绘的画

① 《东文选·卷九》第666页。

② 《东文选·卷十二》第573页。

卷中，从而身临其境地感受作者所抒发的情感。可以看出金富轼在诗歌中抒发的情感大多比较含蓄浓厚，气势磅礴，意境深远。这种“言可尽而味无穷”的艺术追求，在《西都九悌宫朝退休于永明寺》中也体现得淋漓尽致，这一经典表现手法——景中有情的艺术表现手法，金富轼总是运用自如，毫不逊色于当时的其他任何一个作家。

朝退离宫得胜游，无穷物象赴双眸。
云边列岫重重出，城下寒江漫漫流。
柳暗谁家沽酒店，月明何处钓鱼舟。
牧之曾愿为闲客，今我犹嫌不自由。

这是《西都九悌宫朝退休于永明寺》[①] 的全文。在颔联和颈联中，金富轼运用了具有层次感的绘图法，先由远及近，后又由近而远。叠词“重重”“慢慢”的运用使得全诗富有一种缓慢而又优雅的节奏，体现出了一个“静”字。然而在宁静之后诗人又披露了自己的心境，希望自己能够变成闲暇的游客，诗人感知到内心的孤寂与脱离世俗羁绊的愿望，这种孤寂与愿望又融入山水之中，使得物与“我”二者合一，带有无尽的禅思玄意，从而形成一种清新明丽的“情景交融”的审美意境。又如《东郊别业》：

水谷微黄风浩荡，园蔬腻碧雨淋浪。
有时闲步田边路，逢着渔樵笑语长。[②]

这首诗尽管写的是闲适的田园生活，但在用词上，“豪荡”“腻碧”“淋浪”等字眼，透露出一种雕琢的痕迹。诗人在前两句中描述了自然的田园菜肴，强调了农忙的喜悦，这一切都令金富轼深深沉醉赞美不已，使得那份悠然自得的心境得以安放。后两句描写了自己行走到田边，看到渔夫和樵夫忘我的聊天，赞美了劳动人民的那种淳朴敦厚的真挚情感。作者运用借景抒怀这一写作手法，形象地刻化出作为儒家官人的金富轼的闲游田园生活的优雅

① 《东文选·卷十二》第 572 页。
② 《东文选·卷十九》第 674 页。

的姿态。这种归自然的写照在《兜率院楼》中也有所体现。

末俗区区不自闲，仲宣楼上独开颜。
路随地势相高下，人向官桥自往还。
雨后春容妆树木，朝来爽气袭江山。
野田农叟不须避，我欲和光混世间①。

这首诗首联描绘了金富轼脱离寒酸的世俗世界，独自享受闲暇的样子；颔联表达了就像路随地势上下起伏一样，人们顺路而走、顺应自然的生活面貌；颈联则表达了像雨后反而更能迎来爽快的清晨一样，克服困难，迎接新世界的喜悦之感；尾联直抒胸臆，表达了作者要与农民一起融入世界、融入生活的想法。

从这些诗歌中可以看出金富轼眷恋田园生活，可以说是位安闲隐逸的田园诗人，但是他并不像陶渊明那样一味地闲游问道，拒绝和逃避现实，而是一直有着“济苍生安万世”“与民同乐”的儒家的积极入世的思想和参与社会现实的想法，一并带着的是用儒教文人的自觉性和使命感来关怀农民，关注民生，和农民同苦同乐的想法。他的这种写法基本具备了追求“真山水”的审美特征，所以他笔下的山水景物大都真实可信，江与山融合而成风景中的楼阁，汹涌的海水，朦胧的江色，淡雅的菊花香，可知他笔下的景物是无功利因素的自然之真景；他笔下的物也是自由自在的布谷与丹鸟；他笔下的人更是朴实的渔樵及典故中的古人。在金富轼的闲游抒情诗创作中到处可以发现他对王维“情景交融”的艺术境界的模仿与学习。

结 论

中国文学和金富轼诗歌的关系还表现在许多方面，比如金富轼的诗歌中经常出现引用李白、王维、杜牧等唐代诗人的诗句，这就是他的诗歌深受中国文化影响的具体证据。同时金富轼的诗歌还受到了苏轼为中心的宋文学的影响。这很可能和高丽中期崇文兴学的政策和高丽社会刮起的一股“慕苏”

① 《东文选·卷十二》第573页。

风有关，但更重要的还是金富轼个人对苏轼和宋文学、文化的极大关心。

众所周知，金富轼非常羡慕苏轼。他的名字“金富轼”就是从“苏轼”之名而来，[①]不难看出金富轼对苏轼是何等的崇拜。加上宋代诗歌审美“重立趣”“以意为主”，追求“情理交融”的艺术境界。这种审美特征在苏轼的诗歌中有明显表现。而身处高丽中期“学苏慕苏”时代的金富轼，在其创作题材与内容上也深受影响。其影响表现在以下两个方面：第一，苏轼关怀民生，有爱国激情，有不少诗歌都与政治行为以及建议有关；金富轼出身世家，入仕早，文职武职都曾担任。而且他政治见解独到，且有忧国忧民的情怀，也是一位出色的政治家，因此其诗政治元素可谓不可或缺。如《结绮宫》《题良梓驿》《军幕偶吟》等诗歌就是这种情怀下的产物。第二，苏轼在诗歌中经常记录山川景物、村野农家风光，表现他对生活的热爱。金富轼游历之诗也不少，如《西都九梯宫朝退休于永明寺》中的“重峦叠嶂”“江河水漫漫”“酒家与荫处”“明月钓鱼舟”等诗句，既简洁又形象，使人有身临其境的感觉。

金富轼的汉诗深受中国陶渊明、李白、王维、杜牧、苏轼等人的影响。加上金富轼矫健的天性和儒家文化的底蕴，“慕苏”的学术氛围等因素，金富轼的汉诗形成了朴实无华的闲游抒怀诗风，有声有色的山水诗风，豪迈的规谏劝讽的咏怀诗风。他在闲游抒怀诗创作中，主要以田园山水为写作背景，惯用以景抒情，富有层次感，画面生动逼真显示出和谐的韵律与虚静阔远的美。在诗歌创作过程中他还注意色彩、色调、光线与动静衬托的手法，使得诗歌明丽如画，清新自然。他的规谏劝讽诗中的宫体诗还受到李白的影响，诗歌铿锵有力，气势磅礴。同时他还有“慕苏”情怀，受苏轼“理趣为主”的影响，追求“寓情于景”的审美的意境。

（王杨　长春大学外国语学院讲师，硕士生导师；
尹允镇　山东大学东北亚学院韩语系教授，博士生导师）

① 据传金富轼有四个兄弟，他们的名字就是仿苏轼兄弟起的。金富轼是排行老三，借用苏轼，起名“富轼”，他的弟弟，仿苏辙，起名“金富辙”（后改为“富儀”），金富轼二哥的名则是“富佾”。

中国与韩国老舍研究比较论*

李　杨　顾津荣

摘　要：受战争局势和政治环境影响，中国与韩国的老舍研究虽起步不同，却都长期停留在初期阶段。伴随着中国开放政策的实施，中国与韩国老舍研究相继迎来辉煌，但由于历史语境及资料掌握的不同，两国在研究路径与学术方法的选择上表现出一定的差异。概而言之，中国偏向于宏观把握与纵向考察，韩国则倾向于微观分析与横向比较。为突破老舍研究的困境、推动老舍研究走向世界，加强中国与韩国的沟通与交流显得尤为必要。

关键词：中国　韩国　老舍研究

老舍研究之研究，与国外老舍研究之研究，当属老舍研究的题中应有之义。而将国内老舍研究与国外老舍研究对照来看，不仅有利于考察国内老舍研究之得失，更有助于推动老舍研究走向世界。就现有成果观之，中国与日本、苏联及美国的老舍研究之比较已为人关注①，而中国与韩国的老舍研究比较至今无人问津。事实上，中韩老舍研究虽起步不同，取得的成就也悬殊较大，但其中的相似与差异，确可为中国老舍研究的反思与借鉴提供参照。

---

* 本文为江苏省研究生科研与创新计划项目“老舍中短篇小说版本学研究”（项目编号：KYCX181134）的阶段性成果。

① 如：石兴泽《中国与日本、苏俄老舍研究比较论》，载《中国现代文学研究丛刊》2000 年第 6 期；石兴泽《中国与苏俄老舍研究比较》，载《贵州民族大学学报》2014 年第 6 期；石兴泽、石小寒《中国与苏联老舍批评研究的历史检讨》，载《民族文学研究》2015 年第 1 期；李越《老舍作品英译研究》，知识产权出版社，2013 年。

一、意识形态影响下的长期沉寂

1929年，朱自清以“知白”的笔名写下《〈老张的哲学〉与〈赵子曰〉》，拉开老舍研究的帷幕。站在新文学的立场上，朱自清指出老舍“文笔的严冷隐隐地蕴藏着哀矜的情调”，将其与谴责小说区别开。与此同时，朱自清针对小说“没有一贯的态度”提出批评，认为“发笑”与“悲愤”两种情调“不足以相成”①，显示出对老舍创作的希冀。沿着朱自清的脚步，学人们虽多印象评论与追踪点评，但讨论涉及老舍小说的语言艺术、幽默色彩、人物塑造、景色描写、讽刺技巧、地域特征等，为老舍研究的开展奠定基础。赵少侯称《离婚》“人物的性格，前后都是那么一致”②，叶圣陶赞颂《骆驼祥子》“真能把口头语言写得纯粹”③。当然，这其中亦不乏真诚的批评之声。李长之批评《猫城记》“不能算是‘好的文艺’，而只是‘一篇通俗日报的社论’”④。

抗战全面爆发后，老舍转向抗战文艺创作，投入到民族解放战争的洪流中。受时代氛围所影响，老舍研究也“由文本世界向人本世界位移，学术研究偏向社会功利”⑤。《骆驼祥子》与《四世同堂》的艺术价值未得到应有关注，是否有利于抗战成为剧作评析的标尺，老舍的爱国精神与战斗意志，而非作品的成就，成为左翼批评家注目的重心。茅盾盛赞老舍的“正义感和温暖的心，以及对祖国的挚爱和热望”⑥，胡风称颂老舍“为战争献身，向旧的传统分离的决心”⑦，阳翰笙希望老舍“在文协的旗帜（下）更进一步的团结着我们大家前进”⑧。

1949年后，老舍集中创作歌颂新社会的剧本，其中不乏赶政治任务的应

① 朱自清《〈老张的哲学〉与〈赵子曰〉》，载《大公报》1929年2月11日。
② 赵少侯《论老舍的幽默与写实艺术（评〈离婚〉）》，载《大公报》1935年9月30日。
③ 叶圣陶《老舍的〈北平的洋车夫〉》，载《新少年》1936年10月25日。
④ 李长之《离婚》，载《国闻周报》1934年1月1日。
⑤ 石兴泽《老舍研究的历史回顾与思考》，载《文学评论》2008年第1期。
⑥ 茅盾《光辉工作二十年的老舍先生》，载《新华日报》1944年4月17日。
⑦ 胡风《祝老舍先生创作二十年》，载《新华日报》1944年4月17日。
⑧ 阳翰笙《一封向老舍先生致贺的信》，载《新蜀报》1944年4月17日。

时之作。研究文章的数量虽增加一倍，但社会政治学大行其道，学术探讨陷入沉寂。周扬从《龙须沟》中看出“老舍先生是以高度的政治热情来拥护人民政府的”[①]，光未然从《春华秋实》中读出老舍“对当前的新旧斗争与社会改革运动的密切关注”[②]。与此同时，《茶馆》备受争议，老舍旧作如《骆驼祥子》《四世同堂》等也饱受质疑。张庚批评《茶馆》对“旧时代里的某些旧人却有过多的低回凭吊之情”，“越来越不足以反映时代的风貌”。[③] 丁易指斥老舍旧作“对革命没有深刻的认识”，不能给劳苦大众“指出出路”。[④] 随着“文革”的深入，对老舍的批判越发猛烈。1969 年，《北京日报》对老舍发动“声讨”，就“老舍及其作品进行了放肆的攻击、诬蔑”[⑤]，类似“翻开老舍几十年的历史，就是一部反共反人民的罪恶史”[⑥]的极端评价俯拾即是。直到 1978 年老舍平反，方才恢复学术研究的应有面貌。

与中国相似，韩国老舍研究也经历了漫长的沉寂期。事实上，韩国学界很早就关注到了老舍。据朴宰雨（Park Jae Woo，1954—）考证，首次将老舍介绍到韩国的是丁来东。1931 年 11 月 8 日至 12 月 1 日，丁来东在《朝鲜日报》上连载《活动中的中国文坛的最近相》时一笔带过地提及了老舍的创作。接下来的很长一段时间，“因为日帝支配下的种种限制以及韩国战争结束后的冷战的影响，在韩国几乎没有人积极对中国新文学的作家作品介绍或者研究，老舍也不属于例外”，直到老舍逝世的消息传来，“韩国的一些学者才对老舍在中国新文学史上的成就与地位有了初步了解”[⑦]。丁来东将老舍离世消息刊于《成大新闻》1966 年 12 月 7 日号，并写下韩国有关老舍研究的第一篇专论

---

① 周扬《从〈龙须沟〉学习什么?》，载《人民日报》1951 年 3 月 4 日。

② 光未然《评老舍作话剧〈春华秋实〉》，载《人民日报》1953 年 8 月 26 日。

③ 张庚《〈茶馆〉漫谈》，载《人民日报》1958 年 5 月 27 日。

④ 丁易《中国现代文学史略》第 271 页，作家出版社，1955 年。

⑤ 史承钧、宋永毅《老舍研究的历史回顾（1928—1976）》，载《中国现代文学研究丛刊》1988 年第 4 期。

⑥ 北京市文化系统革命大批判写作小组《反动作家老舍——复辟资本主义的吹鼓手》，载《北京日报》1969 年 12 月 12 日。

⑦［韩］朴宰雨《老舍研究与作品译介在韩国》，《中国研究》第 23 卷，首尔：韩国外国语大学中国研究所，1999 年。

——《相传自尽的老舍的作品》。[①]

伴随着1978年中国开放政策的实施，韩国对华政策逐渐放宽，此前几乎被禁止传播的中国新文学作家作品也慢慢被介绍进来。在此前提下，金河中于1981年6月出版的缩译本《骆驼祥子》，不仅开启了韩国老舍作品翻译的先河，同时标志着韩国老舍研究步入新的历史阶段。

中国与韩国的老舍研究虽起步不同，但由于战争局势与政治环境的影响而同样长期停留在初期阶段。进入新时期，中国政府的拨乱反正与大开门禁直接推动国内老舍研究步入正轨，同时也间接促成了韩国老舍研究的萌芽与发展。从这个层面来看，中韩老舍研究的发展历程体现出一定的相似性。然而，落实到具体的老舍研究中，由于历史语境及资源掌握的不同，中国与韩国的老舍研究在研究路径与学术方法上不免表现出一定的差异。

二、宏观把握与微观分析

相较单篇作品的微观分析而言，中国自新时期以来的老舍研究更注重综合研究与宏观把握。一方面，这是出于对老舍研究长期停留在作品评介层面而缺乏系统深入研究的反拨；另一方面，也与中国长期受苏联学术范式的影响有关。“20世纪中国学人在批判和否定中参照国外人文思潮和科学文化建构现代学术框架，苏俄社会思潮和学术范式是重要的借鉴资源。”[②]苏联学者所持的宏观视野和纵横气度，对中国学人的研究产生深远影响。在不同的历史阶段，国内老舍研究的切入视角不尽相同，但大体延续着综合把握的思维方式。

在老舍研究百废待兴的80年代，文本世界成为注目的重心，小说、戏剧等引发广泛关注，涌现出如《老舍小说研究》（佟家桓，宁夏人民出版社，1983年）、《老舍剧作研究》（冉忆桥、李振潼，华东师范大学出版社，1988年）等一批总结评述类的文章与著作。沿着朱自清、叶圣陶等老一辈学者的治学路径，有关创作个性、语言艺术、幽默色彩、美学思想、心理描写等层

---

① ［韩］朴宰雨《老舍研究与作品译介在韩国》第560页，载《老舍与二十世纪》，天津人民出版社，2000年。

② 《中国与苏俄老舍研究比较》。

面的研究似雨后春笋般浮出。郝长海将老舍的创作个性归结为“苦味、京味和趣味”[①]，章罗生认为老舍的语言风格表现出“大众化、民族化与抒情性和幽默感的统一”[②]，陶长坤将老舍的幽默艺术概括为“含泪的笑”“寓同情于幽默”“善用各种修辞手法”和“婉而多讽”。[③]伴随着研究工作的开展，批评者开始重新审视老舍的文学史地位，《中国现代文学三十年》（钱理群等，上海文艺出版社，1987年）对老舍列专章予以记述，孙玉石更是从“现代长篇小说的开拓者”“城市下层社会人民生活和灵魂的表现者”“现代文学新型民族形式的探索者”[④] 3个层面肯定了老舍对于现代文学史所做出的贡献。

经过诸多学者的开拓，有关老舍作品的文本研究取得了相当大的成绩，也陷入了难以突破的困境。80年代中后期兴起的“文化热”，为老舍研究注入了新的活力，推动90年代的老舍研究从“‘文本’转向‘人本’”[⑤]，在文学思想、文化心理、宗教思想等层面收获较多。曾广灿认为老舍的“创作实践和理论主张所表现出来的文艺思想的核心内容是现实主义的”[⑥]，吴小美与魏韶华从“作为主体的文化心理结构乃至性格结构”[⑦]审视老舍的文化观，张桂兴考察了老舍青少年时代与“伊斯兰教、佛教和基督教都保持着密切的联系”[⑧]，并就老舍最终选择基督教做出讨论。此前为人忽视的老舍的散文与旧体诗创作，也跃入批评者视野，张桂兴编注的《老舍旧体诗辑注》（中国矿业大学出版社，1994年）在这方面用力颇深。

在深化既有研究方式的同时，多样化的理论视角为21世纪以来老舍研究的学术生长提供了养料，叙事学、民族学、性别理论等方面的讨论大放异彩。李玲认为老舍的性别意识中呈现出“现代文化观念与传统文化观念相交织、男权立场与合理的男权立场相渗透的复杂局面”[⑨]，徐德明力图窥探“老舍对

---

① 郝长海《漫谈老舍的创作个性》，载《吉林大学社会科学学报》1987年第4期。

② 章罗生《论老舍语言的艺术特色》，载《湘潭大学学报》1989年第2期。

③ 陶长坤《试论老舍长篇小说的幽默特色》，载《辽宁大学学报》1982年第6期。

④ 孙玉石《老舍的艺术地位与现代文学史观念的更新》，载《民族文学研究》1986年第4期。

⑤ 许铭真《老舍研究的历史考察》，南京大学博士学位论文，2013年。

⑥ 曾光灿《现实主义：老舍文学思想的内核》，载《南开学报》1994年第5期。

⑦ 吴小美、魏韶华《老舍的小说世界与东西方文化》第2页，兰州大学出版社，1992年。

⑧ 张桂兴《老舍资料考释》第32页，中国国际广播出版社，1998年。

⑨ 李玲《老舍小说的性别意识》，载《南京大学学报》2005年第6期。

传统诗学文化的改造及在修辞层面对中西叙事诗学所做的整合”[1]。而在老舍与满族文化研究方面，关纪新贡献突出，其所撰《老舍评传》（重庆出版社，1998年）及《老舍与满族文化》（辽宁民族出版社，2008年）立论扎实，无怪乎有论者称“对老舍满民族气质的整体研究，至今还是他独驾的”[2]。

与中国老舍研究所不同，韩国虽在初期阶段就老舍生平及创作进行了整体介绍[3]，但各个时期的研究主潮却倾向于对单篇作品的细读与局部问题的讨论。此种情况的产生受多重因素影响，其中最为关键的是韩国老舍作品翻译文本的缺失与研究资料的匮乏[4]。不过，韩国学者利用有限的材料，为老舍研究的丰富与发展做出努力，取得了较为丰硕的成果。

在韩国老舍研究方兴未艾的80年代，批评者关注的重心集中于《骆驼祥子》《月牙儿》《离婚》等文本上。朴准锡在硕士论文《〈骆驼祥子〉所反映的悲剧性以及人道主义》（高丽大学，1986年）中，由“死亡”等悲剧元素切入，对老舍的人道主义关怀予以探寻。在对《月牙儿》的读解中，朴准锡指出《月牙儿》将悲剧色彩与幽默元素相结合，运用了中国传统的情景交融手法，在老舍作品谱系中具有转折性的意义。“这是表达对社会下层受难贫民的强烈的人道主义精神的开始，也是蕴含着抒情性的散文诗体小说的代表。”[5]姜炯臣将目光投向《离婚》，从作品对“幽默”元素的处理考察《离

---

① 徐德明《老舍小说融中西诗学的实践》，载《中国现代文学研究丛刊》2000年第1期。

② 吴小美、古世仓《拓展与沉寂：近十年的老舍研究述评》，载《中国现代文学研究丛刊》2003年第3期。

③ ［韩］陆完贞《老舍文学的再认识》，载《季刊中国》1981年第4号；［韩］任日镐《老舍研究（1）》，载《人文科学》1983年第13卷；［韩］朴云锡《老舍的生涯和他的长篇小说》，载《中国语文学》1983年第6辑；［韩］李炳汉《老舍的小说和剧本》，载《东亚文化》1984年第22辑，等等。

④ 翻译文本是异国作家研究开展的前提，但相较于日本、美国等国家，韩国的老舍作品翻译工作尚有较大提升空间。80年代，老舍韩文作品的译本仅有《骆驼祥子》（崔玲爱译，Tongnamu社，1986年）、《月牙儿其他》（许世旭等译，三省美术文化财团，1987年）和《茶馆》（吴秀卿译，中央日报社，1989年）等。90年代，增加了《黑白李》（宋荣培译，《外国文学》，1990年春季号）、《柳家大院》（郑美暎译，《中国现代文学学会资料与消息》，1995年第6号）和《老字号》（尹寿荣译，收入《中国现代文学散策》，新雅社，1998年）等。新世纪以来的最大收获，是《四世同堂》（金惠俊译，Pjbook，2016年）的出现。

⑤ ［韩］朴准锡《老舍〈月牙儿〉小考》，载《中国语文论丛》1989年第2辑。

婚》对于老舍写作走向成熟的重要意义，并在与鲁迅及张天翼的比较中明确老舍的独特性。在他看来，经历了《大明湖》《猫城记》的前阶段探索，老舍以“北京”为中心轴，找到了属于自己的“幽默”风格，这种风格与鲁迅及张天翼不尽相同。“鲁迅的幽默具有训示和政治目的，笔致凌厉且无情。张天翼表达的是一种怒笑，他采用尖锐讽刺的暴露文学写作方式。老舍没有鲁迅的敏锐，也没有张天翼的政治性。”①

有关《骆驼祥子》《离婚》等作品的研究在90年代得以深入，与此同时，《猫城记》《老张的哲学》《四世同堂》《茶馆》等作品也逐渐进入韩国研究者的视野。金宜镇认为老舍在“面对暗淡的中国社会”时“加深了对于现实的认识”，而带有强烈政治讽刺色彩的《猫城记》即是老舍“重新审视自己文学世界”②的尝试之一。针对批评者褒贬不一的态度，金宜镇对《四世同堂》的“民族意识”批判主题和人物关系进行了全新的考察，明确《四世同堂》对于中国新文学史的重要价值和意义。“《四世同堂》与老舍的其他小说不同，它深入探讨了国民性问题，这可以看作老舍创作中的独特成就。”③崔顺美基于《老张的哲学》对中国努力完成的现代化任务的探讨，认为这部作品“可以看作是老舍后期出版的作品的原料仓库”④，突出《老张的哲学》在老舍创作生涯中的重要性。

21世纪以来，《正红旗下》《无名高地有了名》《樱海集》《蛤藻集》等开始引起韩国研究者的注意。在金宜镇看来，“尽管《正红旗下》以西方帝国主义的侵略，义和团运动以及满族的没落为时代背景”，但老舍的目光始终聚集于“周边的‘小人物’的生活”⑤。对于《无名高地有了名》中流露出的“抗美援朝”的正当性，金宜镇表示认同，强调“抗美援朝实际上是中国和美国的战争，是一场中国帮助朝鲜的战争”⑥。崔盛逸认为老舍在《樱海集》中

① ［韩］姜炯臣《老舍研究：以〈离婚〉为中心》，淑明女子大学，1987年。

② ［韩］金宜镇《老舍〈猫城记〉研究》，载《中国文学》1994年第22辑。

③ ［韩］金宜镇《老舍〈四世同堂〉研究》，载《中国现代文学》1996年第10号。

④ ［韩］崔顺美《〈老张的哲学〉的小说世界》，载《中国现代文学》1997年第13号。

⑤ ［韩］金宜镇《老舍的〈正红旗下〉研究》，载《中语中文学》2001年第29辑。

⑥ ［韩］金宜镇《50年代老舍文学的转型——以〈无名高地有了名〉为中心》，载《中国语文学志》2011年第42辑。

“着眼于30年代中国都市人的生活，尝试着将写实主义与新浪漫主义相结合”①，不仅代表着创作观念的发展，同时也可视为老舍创作走向成熟的发端。

相较于综合研究而言，单篇作品评析切口相对较小，但韩国学者往往由点及面，将单部作品放置到老舍的整个创作之中，从而拓宽了研究的广度与深度。这对习惯于由面及点的综合考察与宏观分析的中国老舍研究不无启示。80年代的综合研究推动老舍研究走向成熟，其功甚大，但对细微之处的忽视使老舍作品内部的复杂性与丰富性未能得到充分认知。而90年代以来的文化研究与理论视角的引入，在给老舍研究带来繁荣景象的同时，其本身的过度泛滥也有远离“文本”“文学”与“审美”② 之嫌。这样的情况下，回归文本本身，从小的切口进入将问题做新做深做细，显得尤为必要。

三、纵向考察与横向比较

在中国与韩国过去几十年的老舍研究历程中，比较研究方法的运用打开了空间和视野，取得了一系列的成果。而在比较对象的选择和比较研究的思路上，中国与韩国的侧重有所区别，讨论也由此得以展开。

中国老舍研究界在进行比较研究时，大体遵循两条研究路径：一是，将老舍与新文学作家并置起来比较，考察老舍在新文学中的独特性成就与价值；二是，将老舍与外国作家放在一起讨论，注目于老舍所受外国文学影响及自身的创造性实践。在对老舍与不同时期新文学作家的内部比较，及老舍所受前时代外国作家的外部影响的审视中，纵向的时间感得以突出。

先来看前者。八九十年代，批评者的讨论多围绕老舍与鲁迅、茅盾、巴金、赵树理、曹禺、田汉等为文学史所“经典化”的作家开展。晏燕认为鲁迅与老舍在对“人与人之间关系的不同描写”上体现出“对中国历史、现实及中国国民性问题的不同认识”③，杨义认为茅盾、巴金与老舍“在文化类型

① ［韩］崔盛逸《老舍的〈樱海集〉研究——以作品分析和作家意识为中心》，载《汉文学论集》2012年第34辑。

② 朱立元《远离文学和文本：对当代西方文论困境的一点反思》，载《华夏文化论坛》2017年第1期。

③ 晏燕《对人与人之间关系的不同描写——鲁迅、老舍小说比较研究之一》，载《鲁迅研究月刊》1991年第12期。

和审美选择上又有明显差异"①，郑远汉认为老舍与赵树理的语言风格表现出"藻丽型"和"平实型"②的差异。进入新世纪，批评者一方面增加了老舍与在"重写文学史"浪潮中获得高度评价的作家（如沈从文、张爱玲、钱锺书等）的比较，另一方面开始将老舍与当代作家（如叶光岑、王朔、海子、池莉等）并置讨论，涌现出一批研究成果。③

再来看后者。长时间以来，较少有研究者论及外国文学对老舍创作的影响，率先打破这一局面的是郝长海。他在《老舍与外国文学》中触及了老舍所受外国文学影响，并强调这对老舍来说"只是流，而不是源"④，奠定了老舍与外国文学影响研究的基本框架。沿着郝长海的思路，研究者们探讨了老舍对于狄更斯、康拉德、但丁、卢梭、契诃夫以及西方现代派等的接受与改造。陶长坤突出狄更斯"寓庄于谐，含泪微笑"⑤对老舍的影响，同时强调老舍幽默风格的形成也与中国文学传统、自身所处时代、生活环境与经历及自身天赋有关；董炳月细致分析老舍三四十年代小说所受卢梭的儿童教育思想及"回到自然"观念的影响，明确老舍在接受过程中"保持了主动性，并且具有自觉的批判意识"⑥；葛涛认为《微神》固然体现了《新生》和《神曲·天堂篇》的明显影响，但老舍"在创作中对这一影响作了创造性的转化"⑦。

① 杨义《茅盾、巴金、老舍的文化类型比较》，载《文艺研究》1987年第4期。

② 郑远汉《老舍、赵树理言语风格比较》，载《当代修辞学》1988年第6期。

③ 如：姚玳玫《两座城市·两种文学想象——老舍、张爱玲小说比较论》，载《广东社会科学》2000年第4期；陈爱、陈坚《反讽之思与讽刺之力——张爱玲与老舍审美比较论》，载《浙江学刊》2003年第2期；李佳《鲁迅、老舍、钱锺书小说幽默讽刺艺术三环比较论》，辽宁师范大学，2006年；谭文鑫《沈从文与老舍民族意识之比较》，湖南师范大学硕士学位论文，2007年；田文兵《建构与颠覆：老舍与王朔创作中的"京味"比较》，载《兰州大学学报》2008年第2期；刘梦琴《地域文化视野下市民世界的展现——老舍、池莉市民世界之比较》，载《江汉论坛》2008年第3期；王子龙《性别与时代差异的影像——老舍、叶光岑对比》，东北师范大学硕士学位论文，2014年；朱秀英《老舍与钱锺书小说幽默讽刺艺术的比较研究》，载《山东社会科学》2015年第S2期；王俊虎、邱跃强《老舍与海子个性气质比较论》，载《北方论丛》2017年第2期等.

④ 郝长海《老舍与外国文学》，载《吉林大学社会科学学报》1982年第5期。

⑤ 陶长坤《老舍幽默探源》，载《社会科学辑刊》1985年第2期。

⑥ 董炳月《卢梭与老舍的小说创作》，载《中国现代文学研究丛刊》1996年第1期。

⑦ 葛涛《试析"微神"（Vision）的含义——老舍的〈微神〉与但丁的〈新生〉比较研究之一》，载《鲁迅研究月刊》2002年第11期。

受中国老舍研究影响，韩国学人也将老舍与新文学作家放在一起讨论，老舍与鲁迅、钱锺书、巴金等人的比较研究一度引起较多关注。① 除此之外，与中国批评者侧重于纵向的时间考察不同，韩国偏向于从横向的空间切入，将老舍与韩国同时期作家的创作并置讨论。其中最具代表性的，是老舍与蔡万植的比较研究。

刘丽雅在《蔡万植与老舍的叙述方式比较研究》中，从第一人称的叙述方式和富于作家意识的登场人物等方面，比较了蔡万植与老舍创作的异同，开启了跨文化语境下韩国老舍研究的新天地。② 在博士论文《蔡万植与老舍的比较研究》中，刘丽雅对先前研究做出进一步深化，从"文化活动与文学观""设定的共通主题与作品上的异同""叙述方式与传统继承"3个层面，对两位作家进行比较研究，特别指出"老舍与蔡万植的共通主题，就是城市下层民的苦难，资产阶级的浮沉，知识人的无气力和苦恼，女性悲剧性的生活等"③。姜鲸求以老舍《四世同堂》和蔡万植《太平天国》为中心，就人物形象和文学创作背景等层面分析两者的异同。在对尹职员（《太平天国》）"走遍全国吃补品"和祁老太爷"处在国家危机中也不管不顾"④的比较中，姜鲸求对四代同堂家族根基式人物身上体现的封建传统意识做出强烈批判。

单就老舍与不同时期新文学作家的内部比较来看，韩国的研究成果远不及中国。但韩国从自身资源出发，将老舍与本国同时期作家并置讨论的横向比较策略，却值得偏向于纵向考察的中国老舍研究者学习。将不同国家与民族的作家纳入考量的范围，而不止于新文学内部和老舍所受影响，或可为全球化语境下中国老舍研究再上一个台阶提供极大助力。

---

① ［韩］金泰万《20世纪前半期中国知识人与讽刺精神》，北京大学博士学位论文，1998年；［韩］姜鲸求《中国现代小说中的"恶人"形象研究——以老舍的〈四世同堂〉和巴金的〈家〉为中心》，载《中国现代文学》2000年第13号；［韩］姜鲸求《中国现代小说中的"离家"书写研究——以老舍的〈四世同堂〉和巴金的〈家〉为中心》，载《中国现代文学》2000年第19号等。

② 刘丽雅《蔡万植与老舍的叙述方式比较研究》，载《中语中文学》1990年第12辑。

③ 刘丽雅《蔡万植与老舍的比较研究》，韩国精神文化研究院博士学位论文，1992年。

④ ［韩］姜鲸求《韩中现代家族史小说的比较研究——以廉想涉和巴金，蔡万植和老舍的小说为中心》，载《中国现代文学》2001年第20号。

四、中韩老舍研究的沟通与交流

在对老舍这样的异国作家进行研究时，韩国不免参照中国的研究成果。不过，这样的沟通是单向度的，难以形成对话和交流。率先打破这一局面的，是台湾学人刘丽雅。

如前所述，留学韩国的刘丽雅于1990年发表的《蔡万植与老舍的叙述方式比较研究》打开了跨文化语境下韩国老舍研究的空间与视野，帮助韩国学人找到了依托自身资源进行横向比较的创新之路，推动着韩国的老舍研究进入深化阶段。值得一提的是，刘丽雅于1992年完成的《蔡万植与老舍的比较研究》实际上是第一篇中韩现代文学比较研究方向的博士论文，这在中韩老舍研究交流史上无疑有着重要的意义。

1998年，金泰万在北京大学完成了博士论文《20世纪前半期中国知识人小说与讽刺精神》。文章虽非专门研究老舍，却是韩国学者第一次在大陆留学环境中将老舍作为博士论文研究对象，标志着中韩老舍研究迈出交流的重要一步。论文选取鲁迅、老舍、钱锺书作为20世纪前半期中国讽刺文学的代表，借此考察“良知的知识分子作家为了实现中国的现代企划怎样进行文学创作”和“他们选择讽刺这一文学方法的原因以及讽刺的特征”。在金泰万看来，老舍于《猫城记》中“暗示了对克服民族屈辱感和现代国家建设的希望，同时讽刺了‘敷衍’‘自私’的中国知识分子和中国人的封建性”[①]。不难见出，金泰万将老舍与不同时期新文学作家并置讨论的研究方式，深受中国老舍研究的影响。而随着金泰万的研究成绩在韩国的传播，将老舍与新文学作家进行内部比较的研究方法也为韩国学界所接受，并取得诸多成就。

为了在老舍研究趋于成熟稳定的情况下取得突破性进展，韩国学者有意参照中国的最新研究成果，并做出自己的创造性理解。其中最具代表性的，当数金水珍。在《老舍与北京：被忘却的历史时空的复原》《老舍作品中满族旗人意识的构成形态》和《老舍〈正红旗下〉中的满族旗人意识研究》等多

① 《20世纪前半期中国知识分子小说与讽刺精神》。

篇文章[①]中，金水珍吸收关纪新的《老舍评传》《老舍与满族文化》等研究成果，表现出对“北京”和“满族文化”两个文化符码的迷恋。金水珍认为研究老舍小说中的“京味”时，“北京”这个空间和“满族旗人”的身份应是研究的着眼点。不过，在金水珍看来，现有研究多注目于“满汉融合”下的“京味”，缺少对“满汉融合”之前的“原形质”状态的研究，这就将复杂与丰富的“京味”简单化了。

在韩国密切关注中国老舍研究进展的同时，中国研究者也将韩国老舍研究的收获纳入考量范围，在这其中，采用横向比较的方式对老舍与韩国作家进行考察引起诸多研究者的兴趣，而老舍与蔡万植的比较无疑是他们关注的重心。[②]与此同时，老舍与李泰俊、玄镇健等的比较研究，也日渐为中国研究者所关注。金春蓝从多重文学思潮和个人经验的作用切入，考察李泰俊和老舍小说“平民化创作倾向的形成以及他们的怀旧情结”[③]产生的因由；何燕通过对玄镇健和老舍小说中女性人物塑造的比较，考察两位作家女性观的异同。[④]

相较于中国与日本、美国的沟通而言，中韩老舍研究的交流虽取得一定的进展，但仍有较大的发展空间。一方面，韩国老舍研究的成果积累与日本、美国等确实存在一定的差距，中国学界因而未过多关注韩国学术成就；另一方面，由于语言的限制和学科的划分，注目于韩国老舍研究的多是韩语系研究生，而从事新文学研究的中文系学人未能参与进来，直接影响了中国老舍研究成果的有效输出。毋庸置疑，韩国老舍研究的独特性价值无可替代，而

① ［韩］金水珍《老舍与北京：被忘却的历史时空的复原》，载《中国语文论丛》2006年第33辑；［韩］金水珍《老舍作品中满族旗人意识的构成形态》，载《中国语文论丛》2007年第34辑；［韩］金水珍《老舍〈正红旗下〉中的满族旗人意识研究》，载《中国语文论译丛刊》2006特辑。

② 孙晓丽《老舍〈骆驼祥子〉和蔡万植〈浊流〉小说中的女性形象比较研究》，中国海洋大学硕士学位论文，2010年；孟令芳《蔡万植与老舍讽刺小说的比较研究——以1920—30年代作品为中心》，中国海洋大学硕士学位论文，2012年；韩玉《老舍与蔡万植小说中女性形象的比较研究》，山东大学硕士学位论文，2012年；张睿《蔡万植和老舍小说的人物形象比较研究》，吉林大学硕士学位论文，2014年；柳慧娟《蔡万植和老舍的讽刺小说比较研究——以〈太平天国〉与〈猫城记〉为中心》，吉林大学硕士学位论文，2015年等。

③ 金春蓝《李泰俊与老舍小说比较研究》，中国民族大学硕士学位论文，2011年。

④ 何燕《1920—1930年代玄镇健和老舍小说中的女性形象比较研究》，中国海洋大学硕士学位论文，2014年。

与韩国学界的沟通交流也是推动老舍研究走向“世界”的重要一环。有鉴于此，打破学科的壁垒，促进中国老舍研究成果的有效传播，同时加强对于韩国学术成就的关注，可以说是势在必行。

结　语

尽管中国与韩国老舍研究取得的成就差距悬殊，但在几十载的积淀之下都不免面临着急需突破的困境。由于两国习惯于采用的研究路径与学术方法不尽相同，将彼此作为参照或可为进一步研究提供有效尝试。就中国而言，打破固有的宏观把握思维方式，回归文本，将问题做深做细做新，同时增加对于不同民族与国家的作家的横向比较，或不失为可行之路；就韩国来说，加大作品翻译和研究材料积累的力度，培养新一代本土老舍研究后继者，同时增强与中国老舍研究界的交流与沟通，或可帮助韩国老舍研究取得进一步的突破。

对于中韩学术文化的建设而言，老舍研究不过是其中细小的分支。但透过中韩老舍研究的发展历程，却可窥见百年中国新文学在中国与韩国的接受与扬弃。由沉寂走向繁荣，单一走向多元，既是中韩老舍研究的发展概貌，也符合中国新文学在中韩两国的接受情状。受历史语境与材料掌握的影响，中国研究者突出宏观把握与纵向考察，韩国研究者倾向于微观分析与横向比较，这不止于老舍研究，而是渗透在新文学研究的方方面面。从这些层面上看，中韩两国的沟通与交流，对于克服新文学研究中的言说的困难与难以突破的困境大有裨益。无可否认，所谓宏观把握与微观分析、纵向考察与横向比较，不过是针对中韩老舍研究所做出的概括性整合，它们或许有助于中韩老舍研究查漏补缺，却未能有效深入研究中韩几十载老舍研究中表现出的复杂性与丰富性，而这正需要中国与韩国学人的不断审视与共同努力。

（李杨　南京大学中国新文学研究中心博士生，
顾津荣　南京师范大学博士生）

韩国汉学家金容沃的《骆驼祥子》韩译本研究*

刘云海

摘　要：韩国汉学家金容沃所译《骆驼祥子》是中国现代文学韩译经典代表作，以“解说翔实”而著称，被公认为《骆驼祥子》最具特色、影响最大的韩语全译本。从译本视角考察汉学家译者社会性、学术性和语言性的层次化，有助于剖析汉学家接受中国思想文化的层级差异。宏观层面，金容沃心怀家国天下，看重文本社会价值；中观层面，金容沃坚持“评注先行”，借助副文本阐释中国文化；微观层面，金容沃重视对等文化效应的建立，遵循“务实为上”翻译原则。金容沃用现代韩文解读中华典籍，译研相长、著书立说，传承和发扬了朝鲜王朝北学派经世致用思想。

关键词：汉学家　《骆驼祥子》　韩国　金容沃

汉学家译者位于汉学与翻译学研究交叉界面，研究汉学家译者对译本价值的认识与思考可以开启两者互促并进之路。不同翻译风格既体现译者身份角色差异，也呈现不同的价值取向。一般认为，相对于侧重读者接受度的作家型译者，学者型译者更注重学术研究。① 然而，读者接受度和学术研究并不是矛盾对立的，而是辩证统一的关系。汉学家译者统摄汉学和翻译学，借力汉学研究阐释译本价值，目的正是服务翻译，只是侧重不同而已。作家型译

* 本文为北京语言大学博士科研启动基金项目（项目批准号：18YBB13）、北京语言大学重大基础研究专项“京味作家老舍作品及其多语译本资源库的构建与应用服务”（项目批准号：18ZDJ02）和中央高校基本科研业务费专项资金资助项目（项目批准号：18YJ020021）的阶段性成果。

① 卞建华《汉学与翻译学研究的互促与并进——美国汉学家艾朗诺访谈录》，载《国际汉学》2020 年第 3 期。

者更看重译本商业价值，优先务实于大众读者的接受度；汉学家译者更看重译本学术价值，热衷务实于专业读者的接受度。文章依托汉学研究的翻译学范式，从译本分析入手，通过考察汉学家译者社会性、学术性和语言性的层次化，窥探汉学家接受中国思想文化的层级差异。鉴于此，本文以《骆驼祥子》韩译本为研究对象，从翻译实践中考察韩国汉学家对中国现代思想的接受，管窥中国思想文化对韩国社会意识形态的现代性建构，以期铸牢中韩“东亚共同体”构想的文化之基。

一、家国情怀：汉学家金容沃与《骆驼祥子》韩译本诞生

受益于中韩两国悠久的文化交流史，韩国译介中国文学的主力译者多为中文科班出身的专业汉学家。仅从《骆驼祥子》韩语译介来看，韩国出版的五个译本中至少有四本属于汉学家翻译模式。就韩国汉学家来看，文化接触与交融成为区分早期汉学家和当代汉学家的重要标尺。中韩建交前，韩国早期汉学家主要赴中国台湾进修中文，如金容沃、崔玲爱和柳晟俊等都曾赴台湾大学等高校求学。韩国早期汉学家求学期间，无法接触滋养中国文学生发的广袤大陆，只得通过媒介间接了解，或是依靠“神游”式想象，平添无尽苦闷。

（一）汉学家金容沃其人

金容沃勤奋好学，博学多识。尤其对哲学颇有研究，本科毕业于韩国高丽大学哲学系，后来在台湾大学凭借“老子”研究获得硕士学位，1982 年又在美国哈佛大学以《周易》研究取得博士学位。早年留学中国台湾时，与妻子崔玲爱相识相爱。崔玲爱 1975 年在台湾大学获得中国语言学博士学位，是台湾大学第一位获得博士学位的韩国人。金容沃博士毕业后投身高等教育事业，曾任职高丽大学哲学系副教授。之后，又奔走于中央大学、顺天大学和世明大学等学府传道授业。

金容沃是韩国著名的哲学家、思想家，曾师从国学大师方东美与新儒家杜维明，在韩国被尊称为“国师”。不管是哲学家、思想家，还是汉学家，学者始终是金容沃多元身份的底色。他曾翻译注释《论语》《大学》《中庸》《道德经》等中华典籍，广泛吸收儒家和道家思想，尤其对“中庸”“气学说”等研究颇深。不仅在韩国著有《老子与二十一世纪》等多部畅销书，其

著作《中庸：人类最高的智慧》还由金泰成翻译成中文在中国出版。金容沃崇尚儒家学说等中华优秀思想文化，以现代韩文阐释中华典籍，向韩国民众传播中国哲学思想。他积极从事国民教育事业，是“知行合一”的践行者。金容沃曾长期在韩国主流电视台讲解《论语》《道德经》《金刚经》，所演讲的老庄思想“不仅吸引了众多学者对之进行研究，而且广泛地影响了韩国历史和文化”①，深受韩国国民的喜爱。

金容沃在东西方文明间纵横捭阖，以韩国人的“他者”视野展望未来。他认为“21 世纪人类的课题，可以归结为儒教和基督教两者的对决与融合”②，主张以儒教的人文传统为主轴吸收基督教。金容沃对以中国文化为代表的东方文明抱有坚定的文化自信，勇于承担维护东方文明的历史使命，其从中国传统思想论证东方文明优越性的思路更是值得称赞。

（二）《骆驼祥子》韩译本诞生

在金容沃之前，韩国仅有一个《骆驼祥子》韩译本。1981 年，金河中翻译了该书的第一个韩译本，为面向普通读者大众的口袋书性质，商业目的明显。金河中译本首译意义突出，但并非全译，学术影响力不够。金容沃和崔玲爱翻译的《骆驼祥子》译本③是韩国第一个全译本，因翻译独具特色、解说翔实而最具代表性。该译本从 1986 年至 2001 年出版印刷次数多达九次，远远超过其他译本，客观反映出其在韩国受欢迎程度之高。韩国学者朴宰雨在纪念老舍先生 100 周年诞辰学术会议上曾评价该译本：“崔玲爱、金容沃对《骆驼祥子》的全译和解说非常具有启发性，大大提高了韩国人对《骆驼祥子》的兴趣，为当时中韩两国尚未建交、相互了解甚少情况下的韩国人提供了一次了解中国的好机会。”④

《骆驼祥子》崔玲爱、金容沃译本为韩国的出版社发起、汉学家翻译的主动译入型模式，是文学翻译系列丛书中的一部，金容沃和崔玲爱的推荐促成了《骆驼祥子》第一个韩语全译本的面世，此译本的成书折射出当时韩国社

---

① ［韩］李原镐《席卷韩国的“老子-自然-环境-金容沃”之风》，载《当代韩国》2000 年第 1 期。

② 摘自［韩］金容沃著，朱立熙译《中华文明的三大纪元》，载《文化纵横》2011 年第 1 期。

③ 老舍著，［韩］崔玲爱、金容沃译《骆驼祥子》（上、下），首尔：原木出版社，1986 年。

④ ［韩］朴宰雨《老舍研究与译介在韩国》，载关纪新、范亦豪、曾广灿编《老舍与二十世纪：’99国际老舍学术研讨会论文选》，天津人民出版社，2000 年。

会加速转型带来的阵痛。1980 年 5 月爆发的“光州事件”是韩国民众反对全斗焕独裁政权的政治抗争运动，从此整个 80 年代韩国始终处于民主化运动高潮迭起的社会动荡中。由于当时“冷战”尚未结束，受意识形态的影响，韩国政府对来自中国的书籍一律采取严格的管制措施，以至于韩国国民难以接触到有关中国的介绍，对中国知之甚少。但也并非一无所知，“在 20 世纪 20 年代早期的一些中国文学研究者和翻译者的努力下，中国近现代文学开始作为‘外国文学’进入朝鲜半岛，中韩两国的近代文学也以此为契机发生了最初的碰撞”①。值得关注的是，韩国对老舍作品的译介在 80 年代才进入一个关心高潮期，朴宰雨分析认为这与当时的社会背景有着重要的联系，80 年代韩国批判社会的风气盛行，年轻学人对描写底层人民受压迫的文学作品表现出高度关注。②

此时，金容沃积极投身于韩国民主化运动中，公开发表反抗军事独裁宣言，甚至还辞去了大学教职。他对当时军事独裁政府深恶痛绝，为身处社会底层看不到光明的民众奋力疾呼，呼吁更多有识之士参与到运动中来，内心深处积攒了足够的原动力。巧合的是，当时韩国民音社编写的丛书准备收录一本中国小说，于是金容沃和崔玲爱推荐了老舍先生的《骆驼祥子》。究其原因，除了精通中国语言文化，对中国文化怀有认同感，内心还迫切希望冲破政府管控进一步了解中国。不仅如此，个人际遇方面，金容沃妻子崔玲爱在济南的生活经历让她感到自己幸运地与老舍先生产生了某种不可言喻的交集；文学方面，老舍先生的《骆驼祥子》与韩国作家玄镇健的《好运一日》都以城市下层市民洋车夫贫穷的生活、悲惨的命运以及批判社会的黑暗与丑恶为主题③，而这些与译者所处的当下时局极其相似，因此夫妇二人在《骆驼祥子》中与老舍先生产生了某种共鸣。

译本选题反映了译者对文本价值的判断与评价。不同于传教士等西方早期汉学家，韩国早期汉学家深谙中国语言文化之道，汉学功底深厚，对中国文学理解叹为观止。之所以选择翻译《骆驼祥子》，是因为汉学家金容沃更加看重文本的社会价值，重在传播批判社会的精神，流露出译者心怀天下的家

① 王艳丽《中国近现代小说在韩国的译介情况考察》，载《学术探索》2016 年第 2 期。

② 《老舍研究与译介在韩国》。

③ ［韩］宋贤浩、刘丽雅《〈好运一日〉与〈骆驼祥子〉的比较研究》，载《比较文学》2002 年第 28 辑。

国情怀。文本社会价值超越文学价值，与时代语境高度相关。从事翻译事业的译者往往会超越个人眼前利益，树立崇高目标，“总是把具体工作与一种更高尚的理想，跟国家、民族，甚至‘天下’的命运相联系，然后赋予自己一种强烈的使命感”①，这也是经世致用思想时代价值的集中体现。韩国20世纪80年代追求民主、反对独裁的意识形态，席卷韩国社会各个角落，深入国民内心深处。金容沃积极参与民主化运动，其翻译活动必定服务于国家民族大计。个人自觉与社会集体意识实现了互动式“共谋”，译者脱离个人趣味从更高层面和更广维度审视文本。译本选题确定不仅是译者从翻译目的对文本的筛选，还是译者对文本价值的层级评价，更是译者接受文本思想的外在表现。翻译目的影响了译者对文本价值的关注与塑造。金容沃翻译《骆驼祥子》带有鲜明的政治目的，体现了个人的家国情怀，文本社会性自然得到更多关注。

二、评注先行：《骆驼祥子》韩译本的译学特色

《骆驼祥子》翻译中，金容沃以长篇评论性解说开篇，全文辅以大量注释，译本整体呈现“评注先行”的翻译特点。一般来说，译注是翻译的重要组成部分，必不可少。然而，崔玲爱、金容沃译本给予解说如此长的篇幅和地位，另有深意。“评注先行”不只是篇章布局的形式之表，更隐含译学特色的内在之实。

（一）译本特色

崔玲爱、金容沃译本副文本丰富翔实，解说与注释互补。仅介绍中国历史文化的解说就长达242页，这在文学译本中是极为罕见的。译者不遗余力地运用脚注、尾注、夹注等多种形式注释，足见其深厚的中国文化功底。

副文本的解说与注释为译文读者提供了高质量的专业分析，保证了译本的说服力和接受度：

例如解说第1－2页曾写道：이 똥하이러우（東海樓）에 살고 있었던 중국인들，츠앙파오（長袍）위에 마꾸아（馬褂兒）를 걸치고 거드름을 피우던 그 남자들，그리고 예외없이 전족（缠足）을 하여아장걸음을 걷고치파오（旗袍）나따산（大衫兒）을 걸친 [3]그 여자들을 나는 “중국인” 으로 부른 기억이 없다.

① 潘文国《翻译研究的中国特色与中国特色的翻译研究》，载《国际汉学》2020年增刊。

（生活在东海楼的那些中国人，无论是长袍外面搭着马褂儿、摆着架子的男人们，还是无一例外都缠着足只能戳的戳的走、穿着旗袍和大衫儿的女人们，我不记得叫过他们“中国人”。）

当页脚注：치파오（旗袍）란 문자그대로 하면 치르언（旗人）의 옷이란 뜻인데, 이 때 旗人 이란 만주인（여진족）이며 바로 清朝를 세운 주인공들이다. 치파오란 요즈음 우리가 흔히 볼 수 있는 중국여자옷, 완피스에 옆으로 매듭단추가 나 있고 양 허벅지있는 곳이 섹씨하게 터져있는 날렵한 옷을 말하는데, 이 옷은 엄밀히 말하여 중국옷（漢服）이 아니고 만주인의 옷이며, 청조의 성립과 함께 강압적으로 보편화된 옷이다. [顾名思义，旗袍就是旗人穿的衣服。这里的旗人指的是满族（女真族），即建立清朝的主人公们。生活中经常见到中国女人们穿着旗袍，衣服上有斜着的盘扣，大腿处向两边开叉，性感干练。严格来说，旗袍并不是汉族的传统服装，而是满族的衣服，是在清朝后才逐渐普及的。]

金容沃在解说中多次提到老舍小说的魅力在于北京话的高超运用和小说中展现的北京特色民间艺术，“京味”也成为老舍作品在中国小说史上占据重要位置的关键因素。由于《骆驼祥子》涉及文化内容过多，翻译不能面面俱到，他最终悲观地认为韩国译文读者不能感受到小说的京腔京韵，因此试图通过注释来辅助理解。长篇解说主要介绍小说产生的社会背景，时间跨度从中国古代到近现代，着重强调中国近现代社会的革命精神，还将老舍的文学作品与鲁迅作品相提并论，进而说明老舍作品的批判性，这些都是为了反观映射当时韩国的社会现实。作为一名韩国人，金容沃不断反思自己应该如何作为，试图通过小说翻译和解说引起韩国民众共鸣，产生广泛深入的社会反响。译者社会活动家角色受意识形态操控，难以摆脱国家民族身份的藩篱。金容沃在解说中还扮演了“评论者”角色，从“他者”视角纵论中国历史和英雄人物。明朝灭亡后，朝鲜王朝一直固守崇祯年号，内部视清朝为蛮夷，不承认其正统性。对于清朝的认识，韩国学者喜欢从满洲旗人视角进行探讨，也是基于“华夷之辨”后以“小中华”自居的文化心态。长期以来，韩国人心中渐渐地形成了蔑视孔子和中国人的贬损性称呼。金容沃认为，这是因为韩国对中国一无所知，而无知易使人走向极端。于是，他相对客观地介绍了近代以来中国历史发展中的重要人物，如洪秀全、孙文、毛泽东等，评述其功德得失和历史传承。太平天国虽然失败了，但其革命精神为后世所继承，最终马列主义为中国带来了希望。五四运动以后，意识形态领域的彻底革命，一举改变了旧中国落后的面貌，才有了新中国各项事业的复兴。

（二）翻译理念

崔玲爱、金容沃译本参考了多个中文版本和日文译本。中文底本包括开明书局1951版、人民文学出版社1978版和1985版，翻译时主要参考了相对较晚的1985版。在与竹中伸译本比较后，《骆驼祥子》第23章重点借鉴了1980年12月由日本岩波文库出版的立间祥介译本。金容沃对底本的选择较为慎重，花费了很多功夫搜集整理，并进行了版本之间的比较筛选。译前准备工作扎实，翻译态度端正，对待翻译高度负责，为日后译本的经典化之路奠定了坚实的基础。

汉学家金容沃是《骆驼祥子》翻译的思想导师，合作翻译与深度翻译等理念对译本译学特色形成发挥了重要作用。《骆驼祥子》韩译本虽属两人合作翻译，却别具特色。解说与翻译分别由专人承担，各司其职。金容沃和崔玲爱夫妇精诚合作，金容沃为译本撰写解说部分，崔玲爱专攻小说内容的翻译。夫妇二人分工负责的合译模式，既有利于保证翻译速度和译本质量，还有利于发挥各自所长。《骆驼祥子》韩译本蕴含丰富的副文本元素，呈现出典型的“深度翻译”特征。深度翻译策略要求译者具备较高的学术素养，客观佐证了金容沃“汉学家”的素养与水平。他强调，翻译不仅仅是语言的转换，重要的是要形成对等文化效应。语言上无法实现的语义对等，便通过解说与注释进行补偿。此外，对于人名、地名等专有名词，译者坚持“名从主人”和“译音循本”原则，主张贴近现实语音，制定中文名词术语韩文拼写法，并严格按照规范一以贯之。此拼写法后来被其他译者接纳，引起严翼相等韩国学者的热烈讨论，对当代中文名词术语的韩语翻译影响较大。① 可见，金容沃翻译思想包容开放，吸取百家之长。他不仅继承了阐释学的学术传统，还接受了当时西方的翻译理念，翻译思想深受美国哲学教授阿皮亚（K. A. Appiah, 1954—）深度翻译理论和翻译家尤金·奈达（Eugene Nida, 1914—2011）功能对等理论影响。

崔玲爱、金容沃译本崇尚深度翻译理念，坚持“解说+翻译+注释”的译介形式，重视对文本背景的介绍和评论，最大特点为“评注先行”。译者忠实

① ［韩］严翼相《汉语韩文标记法的问题和改善方案》，载《中国语言研究》1996年第4卷。

于译文语境，旨在通过评注加深译文读者对中国和中国文化的了解。作为学者型译者，译本学术性特色鲜明，注重评注和翻译的结合，以评注引领翻译的展开。金容沃秉持辩证统一的华夷观，发挥汉学研究特长，深入评析中国历史人物。他不仅研究中国思想文化，还转化吸收，提出极具个性的哲学观，用于指导世界观和人生观。金容沃扎实的学术能力，在译本中得到了全面的体现，形成了独具一格的译学特色。

三、务实为上：京味文化翻译实践

文化专有项的翻译处理不是简单的语言转换，更涉及文化概念的翻译。文化专有项翻译的求真与务实，真实反映了译者的文化态度。按照艾克西拉（Javier Franco Aixela）给“文化专有项”的定义，本文统计了人民文学出版社 2019 年版《骆驼祥子》中的京味名词（包括人名称呼、地名和普通名词）、短语和俗语，共计检出 158 例（因地名数量较大，仅选取代表性地名）。然后，从崔玲爱、金容沃译本中检索其对应译项，建立小型中韩双语语料库。最后，依据艾克西拉对音译等 11 种译法的定义确定每例京味文化专有项的翻译策略，并统计分析各译法应用情况。分析显示，崔玲爱、金容沃译本京味人名称呼、地名和部分俗语的翻译遵循保留源语文化原则（41.8%），京味普通名词、短语和部分俗语更倾向替代源语文化原则（58.2%）。总体而言，崔玲爱、金容沃译本优先选用替代源语文化原则翻译京味文化专有项。具体来看，译者使用了多种策略的组合，辅助策略旨在帮助译文读者更好理解专有项的文化内涵，如“音译+语言翻译”“音译+文外注释”“语言翻译+文外注释”“绝对世界化+文外注释”等。下文将分别从定性和定量角度展开探讨。

（一）定性分析

首先，保留源语文化，补偿源语文化流失。艾克西拉文化专有项翻译的保留源语文化原则，指译者在翻译时倾向使用重复（照抄原文）、音译（转换拼写）、语言翻译、文外注释、文内注释、使用同义词等策略，试图将源语文化最大化植入译入语文化。其中音译、语言翻译为主要手段，文外注释和文内注释为辅助手段，注释法常常与音译和语言翻译搭配使用，通过解释说明补偿源语文化流失。音译是文化专有项翻译中最主要的保留源语文化策略，崔玲爱、金容沃译本中人名、地名还有少量普通名词的翻译均使用此策略。

为忠实于现代汉语发音，与国际通行翻译标准接轨，译者音译时摒弃了汉字词翻译方案，用韩文字母直接拼写中文拼音，比如："祥子"音译为"시앙쯔"。针对文化专有项的不同情况，译者采取"音译+"的多元组合翻译策略，具体有：

（1）京味名词第一次出现时标记有中文原文，再次出现时略去，例如：샹오마얼（小馬兒）、치엔먼（前門）、싼후앙빠오라（三黄寶臘），等等；

（2）不区分专名和通名，按照汉语拼音发音统一用韩语字母进行罗马化拼写，重要京味地名附有详细脚注，例如：뻬이핑（北平）、이허위앤（頤和園）、용허꽁（雍和宮），等等；

（3）部分人名称呼的"姓"音译，而称呼使用语言翻译策略，例如："曹太太"翻译为"차오부인"中的"太太"，"孙排长"翻译为"쑨(孫) 소대장"中的"排长"，等等；

（4）少数人名称呼采用顺应语境的同义词翻译策略，比如"老程"分别翻译为"츠엉（程）형"和"츠엉씨"；

（5）个别人名称呼采用合并翻译的策略，例如："虎妞"和"虎姑娘"统一翻译为"후니우"，"刘四爷"和"刘四"统一翻译为"리우쓰예"。

其次，替代源语文化，再现文化对等效应。所谓"替代源语文化"，指译者在翻译文化专有项时倾向使用译入语文化专有项或者非文化专有项替代源语文化专有项，整体上不利于源语文化传播，策略有使用同义词、有限世界化、绝对世界化、同化、删除和自创等。经统计，崔玲爱、金容沃译本在京味短语、京味俗语以及部分京味名词翻译中更加倾向于替代源语文化，尽力在译入语文化语境中催生近似于源语文化语境中的文化效应，主要策略为绝对世界化、同化和有限世界化。对于人名、地名以外的部分京味文化专有项，由于无法在译入语文化语境中找到对等文化专有项，译者采用消解式处理，用非文化专有项翻译京味文化专有项。试举一例，在京味文化中"宅门"已经超越了自身的指称意义（府邸大门），更是主人显赫社会地位的象征，译者将名词术语"宅门"翻译为方位短语"큰 저택 대문 앞"（大宅门前），文化内涵荡然无存。又如：

原文：祥子明知道上工辞工是常有的事，此处不留爷，自有留爷处。

译文：취직했다가 그 직장을 때려치우는 것은 항상 있는 일이다. 일자리가 어디 여기 한 곳밖에 업스랴. 다른 일자리를 찾을 수 있다는 것을 그도 잘 알고 있지만.

上例提及的“此处不留爷，自有留爷处”为北京话常用俗语。“爷”在北京地区使用范围较广，可用于亲属称谓、官称以及对尊贵者的称呼，对别人称“爷”表现了对该类人的揶揄情感及幽默诙谐的语言特点；也有自称“爷”的情形，如“此处不留爷，自有留爷处”，主要为文化教养不高的下层民众所使用，表现出一种盛气凌人、无所谓的架势。① 译者使用顺应前一句语境的“일자리”（工作）统领意译，有助于译文读者理解整句话的意思，但译文读者对京味文化中“爷”的意象和意味便无从知晓。

（二）定量分析

首先，在翻译京味名词的人名、地名和少量普通名词时，译者主要采用了“音译+”的翻译策略（24.7%），通过在译文后添加原文，试图再现京味文化意味。译者用韩文字母转写中文语音，导致韩国读者只闻其音不晓其意，更体会不到京味文化，实则为了照顾韩国读者不懂汉字的畏难情绪，吸引更多读者。满秀娥考察《骆驼祥子》在韩国的传播和接受时指出，《骆驼祥子》韩文译本中的文化流失严重，其中最突出的就是人名等的翻译，如从“刘四爷”的韩语音译来看，译者对其背后的文化信息和社会背景就缺少注释。②

其次，在京味普通名词和少量京味短语以及半数京味俗语翻译中，译者采取了“语言翻译”策略（17%），注重文字表面意思的翻译，文化含义解释不足，多为源语文化在译入语文化中“完全空缺”引起的无奈之举。译者更多采取了“绝对世界化（28.4%）>同化（20.2%）>有限世界化（8.2%）”的翻译策略（58.2%），尽量运用译文读者熟悉的文化专有项翻译，如无对应专有项则用非文化专有项翻译。即使采用有限世界化策略，译者也尽量选取译文读者熟悉的内容。

---

① 董树人《北京方言中的语素“爷”——从方言透视地球文化》，载《汉语学习》1994年第3期。

② 满秀娥《浅析〈骆驼祥子〉韩文译本中的文化流失》，载《韩国语教学与研究》2018年第3期。

最后，就译本京味文化传播效果来看，崔玲爱、金容沃译本虽然关注到了小说的京味特色，但京味文化传播流于形式，长篇解说的目的是让译文读者获取批判社会现实的精神动力，意图引导译文读者参与到民主化斗争中去。该译本仅仅渲染了一种京味文化氛围，没有将名词术语等京味概念移植进译入语，没有忠实于传播京味文化，违背了文化信息浓厚不宜浅化处理的原则①，对京味文化的翻译更倾向于替代源语文化策略。

总体来看，《骆驼祥子》的翻译贯彻了金容沃提出的为社会为国民翻译的思想，大体遵循“务实为上”的京味文化翻译原则，多采用替代源语文化策略，更加务实于译文读者的理解。正如金容沃在副文本中指出：“翻译不仅仅是文字的转换，更重要的是意义的再现与文化的传播；翻译应该是‘完整翻译’和‘永久性翻译’，还应该是‘灵活翻译’，强调原文和原文读者之间形成的反应体系要原原本本在译文和译文读者之间呈现出来。”②译者致力于再现对等文化效应，务实于译入语文化语境，有助于提高译本接受度。

结　语

以金容沃为代表的汉学家译者融汉学与翻译为一体，两者互为补充，相映成趣。汉学为翻译提供学术支持，弥补语言翻译之不足；译本经典化反过来又吸引更多读者关注翻译背后的历史故事，提升汉学之于翻译的价值。译本研究是汉学翻译学范式的重要路径，从译本视角考察汉学家在翻译实践中的行为表现，有助于理性认识汉学家眼中的文化价值观。

译本中译者对异域文化的接受存在差异性和层次性。根据对译本层次的划分，翻译选题为宏观层面，可考察译者身份的社会性。金容沃翻译《骆驼祥子》不以商业利益为目的，主要服务于政治需要，诠释了个人的家国情怀。翻译特色位于中观层面，反映了译本的区别性特征，有助于考察译者类型的差异。金容沃坚持“评注先行”，通过丰富的副文本阐释译者对中国文化的理解。作为汉学家译者模式的产物，《骆驼祥子》韩译本学术性特色鲜明。翻译

① 周领顺《翻译与文化信息的传递》，载《扬州大学学报（人文社会科学版）》2002 年第 1 期。

② 《骆驼祥子》（上）扉页。

实践为微观层面，从语言性层面考察译者对文化词汇的处理。金容沃重视对等文化效应的建立，坚持“务实为上”翻译原则，倾向于替代源语文化策略。译者在译本不同层次的选择反映了价值观的差异。文化让位于语言，学术为翻译服务，翻译又服务于政治。超越文学价值，汉学家金容沃更看重《骆驼祥子》传达的思想价值和社会价值。

金容沃翻译《骆驼祥子》的初心，说明了朝鲜王朝实学思想在韩国的继承与发展，客观上促进了东亚共同体的建构。18世纪后半叶，朝鲜北学派先驱洪大容等提出的“北学中国”倡议①，在20世纪80年代的韩国再次焕发青春，为当代韩国接受中国现代思想做出了历史贡献。金容沃等韩国学者对北学派经世致用思想的传承和发扬，不仅促进了汉学向中国学的发展，更为韩国现代性建构发挥了重要作用。

（刘云海　北京语言大学东方语言文化学院讲师，文学博士）

① 受意识形态等影响，韩国一度断绝与中国来往。20世纪80年代，韩国社会各个层面出现缓和与中国关系的呼声，为中韩文化交流互鉴创造了条件，从而“北学中国”再次成为可能。其思想源头，参见李英顺《朝鲜北学派实学思想与诸实学流派的关系》，载《东疆学刊》2009年第2期。

·蒙古汉学研究·

中国文化的传播者

——记蒙古国两位汉学家

包呼格吉勒图

摘　要：本文就活跃于译介中国文学领域的蒙古国汉学家其米德策耶、德·宝鲁德巴特尔二人的汉学业绩做了简短介绍，以便学人对蒙古国的汉学进一步加深印象。

关键词：蒙古国　汉学家　中国文学

蒙古国和中国是山水相连的友好邻邦，中蒙建交以来，两国不断加深经济贸易、人文交流，而翻译人才的培养壮大则是促进两国关系良性互动、推动中国与蒙古国人民对彼此文化的了解、认同的重中之重，其中，蒙古国的汉学家团队更是为两国沟通搭建起了人文交流重要桥梁，并为日益升温的文化交流与合作做出了巨大且积极的贡献。纵观当今蒙古国汉学界取得的业绩，成绩最为突出的非其米德策耶（M. Chimedtseye）、德·宝鲁德巴特尔二位莫属。本文将着重介绍这两位汉学家所取得的汉学成果。

一、汉学家其米德策耶

蒙古国汉学家其米德策耶，1956年出生于蒙古国巴音乌拉盖盟（省），1974—1979年就读于蒙古国立大学汉语专业学习，1979—1991年为蒙古国蒙通社翻译员、编辑，期间在北京语言大学进修。1991—2001年任蒙中友好协会秘书长，2001—2006年任《蒙古消息报》主编，2006年完成了题为《中国经典文学的蒙古文译本研究》的博士论文，被授予语言学博士学位，同年晋升为蒙古国立大学副教授，自2007年起任蒙古国立大学孔子学院蒙方院长，兼任《蒙古国汉学》《翻译学》等期刊的主编。先后荣获蒙古国“金羽毛文学翻译奖”（2006 年、2015 年）、“2011 年度全球孔子学院先进个人荣誉称号”、第九届“中华图书特殊贡献奖”（2015）、蒙古国“文化功勋金质奖章”（2016）等奖项和荣誉。

21 世纪以来，随着蒙古国孔子学院的建立和汉语热不断升温，蒙古国人对中国传统文化越来越感兴趣，孔子学说在蒙古国得以广泛传播。这与蒙古国立大学孔子学院蒙方院长、著名汉学家其米德策耶先生为代表的蒙古国汉学家们的努力推广是分不开的。其米德策耶先生与中国的缘分始于孔子学说。1987 年，其米德策耶从北京语言大学进修结业后，他发现孔子学说对世界的影响越来越大，而在当时的蒙古国却几乎没有人研究。其米德策耶认为“要想深入了解中国文化，就必须了解孔子。孔子是中国传统文化最重要的代表人物，是伟大的哲学家、教育家。他善于学习，热爱学习，强调要活到老学到老，并在教书育人的同时不断提高和完善自我。孔子思想是世界哲学思想的瑰宝，蒙古国人不仅应该了解孔子思想，而且应该把孔子思想中仁、爱等哲学理念运用到自己的日常生活中”。从此时其米德策耶下定决心着手研究孔子的思想，翻译孔子的典籍。经过多年耕耘，其米德策耶深入研究中国文化，笔耕不辍，积极翻译和推介中国优秀作品，以自己深厚的文化底蕴、广泛的社会影响力，为推动蒙古国教育、文化和社会各项事业发展发挥了重要作用，同时在研究孔子学说方面取得了丰硕成果。他从 2004 年伊始推出《中文典籍译丛》，陆续翻译出版了《论语》（2004）、《孙子兵法》（2005）、《大学》（2008）、《中庸》（2013）、《孟子》（2019）等典籍。这些典籍一经出版便成了畅销书，再版多次，其中《论语》更是已在蒙古国境内再版五次之多。2018 年青岛出版社将此译文纳入中国大型传统文化典籍海外推广项目“一带一路《论语》译介工程”的子课题，以蒙汉对照本形式出版。其米德策耶在翻译中文典籍过程中潜心研究中国哲人思想和中国文化，陆续出版了《思想家孔子与孔子学说》（2011）、《思想家老子与老子学说》（2011）、《我们知道和不知道的中国》（2012）等研究著作。《我们知道和不知道的中国》一书中详细介绍了中国人的荣辱观、饮食习俗、文化思维等方方面面，在蒙古国读者中起到了重要的科普作用。

其米德策耶先生在研究中国典籍之余还翻译出版了不少中国现当代文学作品，例如：2011 年出版了《中国儿童文学丛书》中的《最后落下的一片叶子》（与策·巴扎尔日格查合译）、《遥远的白塔》（与策·巴扎尔日格查合译）等两部文集；2014 年翻译出版了《中国现当代女作家短篇小说精选》，书中收录了冰心的《远来的和尚》、张洁的《最后高度》、铁凝的《永远有多远》《哦，香雪》《火锅子》等小说。

2019 年恰逢中蒙建交 70 周年，其米德策耶先生组织蒙方翻译家团队翻译出版了《习近平谈治国理政》（第一卷）和《中国—新长征》画册，以此来纪念两国人民友好交往的历程。他还或主编或审校出版了《商业规划与孙子》（2006）、《邓小平文集》（2010）等图书。这些书的出版有利于帮助蒙古国读者更好地了解习近平新时代中国特色社会主义思想的丰富内涵，客观认识和理解中国特色社会主义道路、理论、制度、文化，促进中蒙文化交流和治国理政经验的交流。

二、汉学家德·宝鲁德巴特尔

德·宝鲁德巴特尔 1963 年出生于蒙古国首都乌兰巴托市，1982—1986 年就读于蒙古国立大学汉语班，1987—1993 年供职于蒙通社汉编部，期间在山东师范大学进修一年。随后几年先后在东北亚研究中心、策划研究院等单位从事研究工作。1997 年下海经商，1998 年创办光明学院并从教兼任顾问至今。2005 年完成题为“中国影视剧的审美功能”的博士论文，被授予语言学博士学位。

德·宝鲁德巴特尔在汉学领域所取得的成就主要体现在编写相关词典教科书、译介中国文学作品、译制中国影视剧等三个方面。

（一）编写相关词典教科书方面的成就

德·宝鲁德巴特尔从 2003 年伊始陆续出版了《汉蒙词典》（2003 年初版，2010 年、2011 年再版）、《蒙汉词典》（2003 年初版，2005 年再版），蒙译《新华字典》（2012 年）、《蒙汉—汉蒙词典》（2011 年初版、2018 年再版）、《初级汉语教科书》（2015 年）、《汉语简易教程》（2015 年）等辞书和教科书。除此之外还出版过《蒙和辞典》（2010 年）、《和蒙辞典》（2012 年）《英蒙词典》、（2010 年）《日本语教科书》（2009 年）等词典和教学用书。

（二）译介中国文学作品方面的成就

德·宝鲁德巴特尔先生在译介中国文学领域做出的贡献尤为突出，他是目前为止译介中国文学数量最多的翻译家。他从 1988 年开始尝试翻译了少量的唐宋诗歌，散见于当时的《文艺报》，也翻译过极少量的中国现当代诗歌，例如：1988 年翻译刊登了臧克家的《有的人》（《星火》杂志第 5 期）。这是他翻译中国文学作品的最初实践。随后他将主攻方向调整到翻译介绍中国长篇小说上，1989 年、1990 年分别翻译出版了德文、金星的《女侠斗色魔》和金庸的《魔女江湖》两部武侠小说。众所周知，《隋唐演义》《三国演义》《封神演义》等古代演义小说很早就在广袤的蒙古地区以译文和说书等形式传播开来，深得蒙古读者和听众的喜爱。2008 年、2010 年这两部武侠小说又得以重印足够证明中国武侠小说已在蒙古国拥有了一定规模的读者。

1991—2009 年，德·宝鲁德巴特尔把主要精力转投到了译制中国影视剧等其他诸多工作，因此长达近 20 年期间里未能出版中国文学方面的新译著。2010 年，他终于高调回归到自己熟悉的领域，受世界银行一家环保机关的委托，德·宝鲁德巴特尔翻译出版了中国当红长篇小说《狼图腾》。新蒙古文版的《狼图腾》在蒙古国一经问世便立即引起了轰动，深受广大读者好评，连续多年蝉联蒙古国图书畅销榜的首位，成为蒙古国近年来一部超级畅销书。在总人口约 320 万的蒙古国，普通图书销量超过 1000 册就很成功了，而《狼图腾》的销量至今已经突破了 10 万册。这意味着，在蒙古国平均每 30 人就拥有一本《狼图腾》，可谓“史无前例”。2015 年 7 月，民族出版社将新蒙古文（亦称西里尔蒙古文）版《狼图腾》转写（文字转换）成传统蒙古文版的《狼图腾》引入中国出版。同年蒙古国哈萨克族翻译家西奈将德·宝鲁德巴特尔先生的新蒙古文版《狼图腾》翻译成哈萨克文出版。2012 年，德·宝鲁德巴特尔还将《狼图腾》新蒙古文译本改编成儿童版《小狼》出版。《狼图腾》译本的成功经验极大地激发了德·宝鲁德巴特尔译介中国文学的潜能。之后他陆续翻译并出版了朱耀庭的《成吉思汗》（2010），琼瑶的《雪珂》（2011），杨志军的《藏獒》（2013），罗贯中的《三国演义》（2013），琼瑶的《碧云天》（2015），施耐庵的《水浒传》（2016），中国台湾诗人愚溪的《湛叶日记》（2017）、《猎人师》（2017），刘慈欣的《三体》（2019）等中国文学作品。

除此之外，他还从中文翻译了《密勒日巴大师传》、《禅》（2012）等作品。此外，他在翻译美国文学方面也有所涉猎，例如：他翻译出版的阿富汗裔美籍作家卡勒德·胡赛尼文学作品《追风筝的人》（2013）、《灿烂千阳》（2013）、《群山回唱》（2014）也赢得了读者的好评。

（三）译制中国影视剧方面的成就

德·宝鲁德巴特尔为中蒙文化交流所做出的贡献里，译制中国影视剧占一席之位。他从20世纪90年代开始陆续译制了《雪珂》《雪山飞狐》《还珠格格》《鹿鼎记》《成吉思汗》《精武门》《天龙八部》《忽必烈》《嘎达梅林》等大量中国影视剧，累计译制影视剧多达1500余集。从中我们足以窥见其付出的辛劳。

小　结

蒙古国是“一带一路”沿线国家之一。蒙古国是与中国接壤国家中陆地边界线最长的邻国，两国于1949年10月16日建立外交关系。中蒙建交以来，两国关系虽经历过一些曲折，但睦邻友好始终是主流。2015年7月9日，中国国家主席习近平同俄罗斯总统普京、蒙古国总统额勒贝格道尔吉举行中俄蒙元首第二次会晤，就将中方丝绸之路经济带倡议、俄方跨欧亚运输大通道倡议、蒙方“草原之路”倡议进行对接达成重要共识，批准了《中华人民共和国、俄罗斯联邦、蒙古国发展三方合作中期路线图》。目前，中蒙关系已提升至“全面战略伙伴关系”，为中蒙两国全面合作打下了政治互信基础和制度建设基础。

对中蒙两国人文交流而言，文学互译占据着重要地位。而在这一领域以其米德策耶、德·宝鲁德巴特尔为代表的蒙古国汉学家群体所做出的贡献日趋显著。2018年，为促进中蒙两国的文化交流，加强中蒙文化互译领域合作的深度，中国文化译研网联合蒙古NEPKO出版社等蒙古出版机构共同发起设立“CCTSS中蒙国际出版交流平台”和“中蒙文化互译工作坊”，聘请德·宝鲁德巴特尔等汉学家为“中蒙文化互译工作坊”首席翻译家。如此，中蒙文学交流定会越发充满活力，而两国优秀的文学作品有效传播，也会进一步增进两国的文化相通、民心相通。

（包呼格吉勒图　内蒙古社会科学院副研究员）

越南喃字的中国文化渊源与互动*

王继超

摘　要：越南喃字是东亚汉字文化圈的汉字孳乳字之一。过去的研究重点分析了喃字的造字之法，对喃字的造字之源认识不够充分。从技术的层面讲，喃字的创制模仿了古壮字的造字之法，但孳乳中又有反哺；从需求的层面讲，喃字的创制是越南社会文化的产物，与中国传入的符箓咒语派道教等经咒注音用字关系密切；从注音的层面讲，喃字的创制是为了提示区域内部方言之间的语音差异，确保经咒注音的精准度。

关键词：喃字　中国文化　古壮字　经咒注音　互动

一、正　名

“喃字”，越南语的国语字写作 Chữ Nôm，“喃字”写作“𡨸喃”“𡦂喃”或者“𡨸喃”等。也有学者译为“字喃”，李乐毅认为，这一译名没有顾到汉语的构词法，而是按照越南语硬译过来的，应改正为“喃字”。[①] 阮廷贤认同这一观点，并进一步指出，译为“喃字”才符合汉语词汇的发展规律，“当汉语吸收一个外来词时，开始阶段可能用音译词但后来被汉化，用意译词”[②]。

---

* 本文系国家社会科学基金重点项目“东亚《韵镜》学史文献发掘及研究”（20AYY017）的阶段性研究成果。

① 李乐毅《喃字还是字喃?》，载《辞书研究》1986 年第 6 期。

② ［越］阮廷贤《喃字及其相关问题》，载《广西民族师范学院学报》2012 年第 29 卷第 6 期。

争论最多的是“喃字”的概念。王力先生利用古汉越音考证覃韵古读的时候，以“喃”字为例作为覃韵古读为om的证据，他说：

> Nom[1]，越字从口，南声，意义是“俗的”或“民众”的。Chy[4] Nom[1]就是越南的文字。依A. Chéon（按：法国越南语学者Nicolas-Arthur Chéon）说，“喃”就是“南”；“字喃”就是“越南字”。如果这话是不错的，则“南”在古汉越语里是nom[1]，到了汉越语才变为nam[1]。①

王力认为，如果“喃”就是“南”，那么“南”肯定也读nom[1]，现在之所以读nam[1]，是因为发生了历史音变。问题在于，他的假设并不是结论的充分必要条件，“南”字的古汉越音确实读nôm［nom[2]］，只是声调和nôm［nom[1]］不同，但“喃”字只是借音，并没有借义。

阮廷贤指出，如果“喃”就是“南”，译为“安南的，南国的”，那么除了古汉越音声调并不对应以外，还存在一个问题：

> 越南人具有很强的民族意识，古籍中经常看到“南国、南帝、南郊、南邦、南天”等说法……若喃字是“南国的文字”为何不直接叫作“南字”而叫“喃字”呢？②

而且，我们查阅《喃字大字典》（Đại Tự Điển Chữ Nôm）和《越汉梵喃读助》（Giúp Đọc Nôm Và Hán Việt）后发现，“喃”字并没有异体字。

李乐毅指出，“就笔者所能看到的越南出版的多种词典的释文来看，也找不到‘南国的文字’或类似说法的解释”，所以他认为把“喃”解释为“南国的”“根据不足”。③之后，他再次提到，“nôm的原义是‘土音’或‘土著音’”④，但并没有进一步论证。

1988年，越南学者陈春玉兰发表《关于“喃”词的词源之一个假说》⑤，

---

① 王力《汉越语研究》，载《岭南学报》1948年第9卷第1期。

② 《喃字及其相关问题》。

③ 《喃字还是字喃?》。

④ 李乐毅《方块壮字与喃字的比较研究》，载《民族语文》1987年第4期。

⑤ ［越南］陈春玉《关于“喃”词的词源之一个假说》载《汉南杂志》1988年第1期。

利用历史比较语言学的方法，从词源的角度考证了“喃”字的本义。她认为，“喃”音根源于“đôm/dom”音，是一个几乎用来特指大部分孟—高棉语系和波利尼西亚语系共同使用的词语。例如格贺族（Tiếng Ko'ho）、朱鲁族（Tiếng）、巴拿族（Tiếng Pana）、占族（Tiếng Chăm）、埃地族（Tiếng Êđê）、嘉莱族（Tiếng Gia-rai）等族语的 đôm/dom 以及拉格莱族（Tiếng Ra-glai）的族语 đôp/dop 都对应越南语的 nói（说，土语），因此，她推测越族语（京族）17 世纪的读音 nôm/nom 和其他族的 đôm/dom 或者 đôp/dop 具有历史语音对应关系，而且 nôm/nom 在越南语里面有两层含义：“1. 在内部与大众中的方言通用；2. 用来写这种通用方言的文字。”① 也即，喃字的使用范围有两层界定：一个是内部通用，另一个是大众方言通用。陈春玉兰的考证得到越南语言学界的认可。我们认为，内部通用是谈喃字的缘起，而大众方言通用是谈喃字的发展。

二、缘　起

关于喃字的创制缘起，目前学界主要持两种观点：一是，越南民族意识的觉醒；二是，汉字不足以准确标注越南本族语。

（一）越南民族意识的觉醒

祁广谋指出，喃字“是中越文化交流的结果，是越南民族意识增强与民族文化发展的体现”②。张潇潇持类似的观点，“喃字在越南也被称为‘国音字’，是越南民族思想文化逐渐成熟和越南民族意识觉醒的表现”③。

越南也有学者持类似的观点。陈春清心指出：

> 公元后 10 世纪在越南获得独立的同时，语言文字方面也需要独立自主，于是，越南人就力图借助汉字的笔画、部首、字形来创造本国的文字，这样一来字喃就诞生了。④

---

① ［越］武文银、蒋冀骋《关于㝹喃的一些问题》，载《学行堂语言文字论丛》2014 年第 00 期。

② 祁广谋《越南喃字的发展演变及其文化阐释》，载《解放军外国语学院学报》2003 年第 26 卷第 1 期。

③ 张潇潇《汉字在越南的传播与嬗变》，载《史学月刊》2018 年第 7 期。

④ ［越］陈春清心《汉字与字喃造字法之比较》第 6 页，广西师范大学硕士学位论文，2008 年。

苏彩琼指出：

> 随着安南封建社会经济文化等方面的全面发展，安南人的民族意识不断增强……在公元十一世纪李朝年间，越南历史上唯一的本土创制的民间文字——喃字出现了。①

苏彩琼的观点与史实相悖。到目前为止，国内外的研究界，如阮光红、陈仲洋、黄氏午等学者都统一认为《佛说大报父母恩重经》解音版是越南喃字开端的作品。② 它标志着喃字作为一套完整的文字系统在李朝初期已经成熟了，它记载着10世纪至12世纪间的前古越语。③

有学者认为喃字的创制发生在越南脱离北属以后，也即10世纪末越南吴朝（939—980）建立以后，这一看法也是错的。黎文贯在《喃字出现时期初探》中根据汉越音的声、韵、调和汉语历史语音的对应关系得出结论："喃字只能是在汉越音在越南形成以后才出现的，当时的背景是国家正走向独立自主的道路，也就是大约在八九世纪时期。"④ 傅成劼指出："越南和其他国家的学者经过考证研究后认为，喃字出现的时期大约在8至9世纪之间。因为喃字主要是按照汉越音来读的，而汉越音系的形成约在七八世纪。"⑤ 阮廷贤也从汉语语音史的角度考察了喃字古汉越音的语音特征，他的结论是"喃字的形声字中有轻、重唇不分的语音模型"，因此"从音韵学的角度认为喃字最晚8世纪末、9世纪初已成为一个完整的文字系统"。⑥ 可见，喃字的创制实际上要早于越南独立王朝（10世纪）的建立。准确地说，越南成为独立国家

① ［越］苏彩琼《越南文字的变迁与民族意识的发展——越南国语字的推广历史探究》第4页，暨南大学硕士学位论文，2010年。

② ［越］武文银《㝵喃与汉字造字法比较研究》第37页，湖南师范大学博士学位论文，2015年。

③ ［越］陈仲洋《喃字研究——喃字的来源、历史发展和结构》，载《广西民族师范学院学报》2012年第29卷第4期。

④ ［越］黎文贯著，王金地译《喃字出现时期初探》，载《印支研究》1982年第4期。

⑤ 傅成劼《越南的"喃字"》，载《语文建设》1993年第6期。

⑥ 《喃字及其相关问题》。

之后，越南民族意识的觉醒助推了喃字结构的慢慢完整、成熟，① 但它并不是喃字创制的缘起。

（二）汉字不足以准确标注越南本族语

李乐毅指出，汉语和越南语“在语音、词汇和语法上有不少的差异，用汉字来记录本国（按：越南）的语言，必然格格不入。为了能够使文字反映本民族的语言实际”，喃字“就应‘需’而生了”②。林明华也认为：

> 当时越南社会的发展以及越语本身的不断发展又都迫切需要一种能直接记录越语“国音”的书写符号，以承担起更全面、更直接地反映当地人民的思想感情，使之不致“灭遗”而能“著之文字”的任务。③

越南也有学者持类似的观点。陈春清心认为：“汉字毕竟是外来文字，它与越南语口语脱节，越南人用它来表情达意颇不方便。”④ 苏彩琼认为：“汉字难以完全负担起记录和书写当地语言的重任。”⑤ 段美秀认为，“汉字毕竟是外来文字”，“与越南口语相脱节”，自创的喃字能够更准确地记载越南语口语的语音。⑥ 武文银也指出：“越南成为独立国家之后，到某个阶段使用文字的需求增加，而汉字却不能够表达越语的全部词汇。”⑦ 以上种种论述可以用傅成劼的观点作为总结：口语与书面语、本族语与外来语两种矛盾的存在与激化，就必然会促使越南创制本民族文字。同时，傅先生指出喃字创制的目的是：记载作为日常交际工具的口语和创作民族文学。⑧

然而，喃字创制的初期并不是为了记录日常口语和创作民族文学。陈仲洋根据古喃字文献的特征把喃字的发展历史分成 5 个阶段：前古喃字时期

① 《㝵喃与汉字造字法比较研究》第 9 页。

② 《方块壮字与喃字的比较研究》。

③ 林明华《喃字界说》，载《现代外语》第 1989 年第 2 期。

④ 《汉字与字喃造字法之比较》第 6 页。

⑤ 《越南文字的变迁与民族意识的发展——越南国语字的推广历史探究》第 4 页。

⑥ ［越］段美秀《越南喃字造字方式研究——以〈翘传〉中的喃字为例》第 1 页，浙江大学硕士学位论文，2012 年。

⑦ 《㝵喃与汉字造字法比较研究》第 9 页。

⑧ 《越南的“喃字”》。

（10世纪到12世纪）、古喃字时期（13世纪到15世纪）、古中代喃字时期（16世纪到17世纪）、中代喃字时期（18世纪到19世纪）、近代喃字时期（1900—1945年）。前古喃字时期的喃字文献只有一部《佛说》和“李朝碑铭上的一些零星的前古喃字”①。武文银也指出，“最早出现喃字的材料是铸于1076年的云板寺涂山塔的铜钟”，“第二个文本是刻于1173年名叫《奉圣夫人黎氏墓志》的石碑”，第三件是“刻于1210年12月（即李高宗皇帝期间）的永福省安浪县塔庙寺的石碑”，碑额为《报恩禅寺碑记》。② 可见，喃字在创制初期，使用范围非常局限。陈仲洋推测说：“在第一阶段里，喃字和佛经翻译工作紧密联系在一起。这点提醒了人们，喃字的产生可能因为汉语翻译成越南语的需求，也有可能该文字是由僧人所创造出来的。”③ 从这一点来看，喃字创制早期很可能只是用于宗教经文翻译。

总之，使用喃字标注大众方言口语或者创作民间文学并不是喃字创制的缘起，而是喃字的社会功用不断扩大，向其他领域不断渗透之后的结果。从时间上来看，大众文学、宗教译本、神谱文本以及乡约等字喃文献主要在中代喃字时期（18世纪到19世纪）才出现。④ 宗教用字是喃字创制的第一需要。这再次印证了陈春玉兰从词源角度对喃字本义的考证：内部通用。即喃字在创制初期是宗教内部用字；而大众方言通用是喃字的发展，喃字的社会功用和使用范围不断扩大之后成为大众用字，二者存在时间上的先后。那么，为什么宗教内部用字需要创制喃字呢？

三、孳　乳

黎文贯在《喃字出现时期初探》一文中引文提到，汉喃词典《大南国语·序言》（阮文珊，1880年）和《玉音解义指南》（成书于15世纪）都认为，“士王（按：士燮）至我国为刺史，开始用中国诗书教授国民，这才设想出仿照广西俗字创造出我们喃字”⑤。《玉音解义指南》很可能最早提出喃字

① 《喃字研究——喃字的来源、历史发展和结构》。

② 《㝉喃与汉字造字法比较研究》第34—35页。

③ 《喃字研究——喃字的来源、历史发展和结构》。

④ 《喃字研究——喃字的来源、历史发展和结构》。

⑤ 《喃字出现时期初探》。

仿照古壮字而作。问题是，187 年，士燮被任命为交趾太守，① 但喃字在唐代以后 8—9 世纪之间才出现，显然时间上说不通。

李方桂在《武鸣僮语》② 中依据“僮语写字绝不一致，一个僮语时常有许多种写法”，推测说“僮语造的字也许有受安南字喃的影响的地方”。③ 这是中国学者首次从古壮字和喃字的造字法比较上谈二者的关系。李方桂的假设被李乐毅否定，后者“分析了所能见到的方块壮字和喃字，没找到能够证明这种假说的有力证据”，仅仅通过某些字的字形比较，很难说是哪一方模仿或袭用了另一方，而且字形本身存在偶合性。假如这种模仿确实存在，那么“从这两种文字（方块壮字和喃字）产生的年代先后而言，却更有可能是喃字受到了方块壮字的影响或启发，而不是相反”④。如果仅仅谈文字创制初期的模仿，也即单向模仿，那么李乐毅的观点是正确的。但是，如果从文字发展的整个过程谈模仿，那么，李方桂的观点也是正确的。正如罗长山所指出的：

> 认为字喃不存在仿效古壮字的看法显然是不能成立的。但是，这仅仅是问题的一个重要方面，即这两种古文字的发展关系史中的一个重要方面，而另一个重要方面，则是这种影响又并非是绝对的，而是相对的，即并非是单向的，而是双向的。⑤

罗长山其实提到了两个问题：一个是孳乳，一个是反哺。

我们首先谈孳乳的问题。上面已经论证，喃字创制的缘起是作为宗教内部用字，那么，宗教文化的交流传播很可能是古壮字对喃字创制产生影响的中介。下面我们从古壮字的创制时间和创制缘起，以及古壮字与宗教的关系，谈古壮字对喃字的孳乳问题。

（一）古壮字的创制时间

古壮字也叫方块壮字，或称土俗字，壮语称为 Sawndip ［$\theta a\mathrm{ɯ}^{24}dip^{55}$］。李

① 《㝉喃与汉字造字法比较研究》第 31—32 页。

② 后改为《武鸣土语》，2005 年由清华大学出版社出版。

③ 李方桂《武鸣僮语》第 33 页，中国科学院，1953 年。

④ 《方块壮字与喃字的比较研究》。

⑤ 罗长山《古壮字与字喃的比较研究》，载《东南亚纵横》1992 年第 3 期。

乐毅指出，从方块壮字所借的汉字音读多为隋唐读音看来，它很可能产生于唐代。[①] 李明在韦庆稳、李乐毅、陆发圆、李富强等学者的观点的基础上，进一步论证了古壮字的“隋唐说”，并罗列了4个证据：

1. 唐永淳元年（682）澄州刺史韦敬办撰写的《澄州无虞县六合坚固大宅颂》碑文中有古壮字。

2. 唐代俗体字流行，唐时中原的经济文化大规模向南方发展。

3. 古壮字的读音多为隋唐读音，而不是后代南方官话的读音。

4. 宋代民间相当流行，范成大、周去非等人的著作中都有壮字的记载。[②]

越南也有学者持类似的看法。陶维英指出：

> 到唐代，在唐朝的统治之下，壮人的子孙在自己民族的文化圈中生活，并且他们还保留着自己民族的特殊文化。根据他们曾经学过唐代壮语音化的汉字来创造出他们现有石碑上的古壮字。[③]

覃晓航在《方块壮字研究》中提出：“长期以来人们一直认为方块壮字起源于唐代，但据我们的研究，早在秦汉年间就已经出现方块壮字。”他依据的是《尔雅》“释畜第十九”中的“犤”“犣”“犯”，“释鸟第十七”中的“鸨”“鴿”“鶾”“鵵”这7个字。他认为：“这些字的结构特点和造字方法与壮语方块壮字非常一致，它们所标记的读音和意义也和相应的壮语词吻合，所以它们明显属于方块壮字。”他还指出：“《尔雅》一书应是秦汉之间的产物，这已为多数学者所公认。既然如此，方块壮字也应该起源于秦汉之

① 《方块壮字与喃字的比较研究》。

② 李明《〈古壮字字典〉方块古壮字研究》第48—49页，华东师范大学博士学位论文，2008年。

③ ［越］陶维英《字喃——起源、构造、演变》第44页，河内：社会科学出版社，1975年。转引自《字喃与汉字造字法比较研究》第10页。

间。”① 这一观点同样见于韦景云、覃晓航合著的《壮语通论》②。李明批评说，这种论证并不可靠，原因有2个：

> 1.《尔雅》中的字，不一定为“古壮字”，也可能其本身是汉字或是汉字的变体、异体、俗体字。这些字后来被壮族借用……
>
> 2.《尔雅》的成书年代还有待于进一步考订，因为《尔雅》成书于众手，其中的一些字有可能是后代人逐步补充进去的。③

尽管李明的观点存在一定的合理性，但也只是一种可能性假设，并不能从根本上否定覃晓航的结论。

我们在分析了《尔雅》中的这7个字的读音和意义之后，发现它们和相应的壮语词并不吻合，见表1：

表1 《尔雅》字例与古壮字音义对照表

例字	壮语音义	《尔雅》原文及释义	音义比较说明
犩	［va：i^2］水牛	犩牛。【郭注】即犪牛也。如牛而大，肉数千斤。出蜀中。	犩，从牛魏声，疑母微韵，字音不合
鯠	［ra：i^2］乌鱼	鯬鯠。《埤苍》鯬鯠，魾也。	魾的皮肤棕栗色。字义不合
蚆	［pa^1］鱼	蚆博而頯。【郭注】頯者，中央广，两头锐。	蚆是一种中间鼓两头尖的贝壳
鴓	［pat^7］鸭	隹其鳺鴓。【郭注】今鵓鳩也。按鵓鳩今俗呼勃姑，鵓、勃，语之转。	勃鸪是一种鸟，根据其叫声来命名，实际为斑鸠
鵅	［ka^1］乌鸦	鵅，鵋鶀。【郭注】今江东呼鵂鶹为鵋鶀。亦谓之鸲鵅。	鵋鶀俗称猫头鹰

① 覃晓航《方块壮字研究》第33—35页，民族出版社，2010年。

② 韦景云、覃晓航《壮语通论》第105—106页，中央民族大学出版社，2006年。

③ 《〈古壮字字典〉方块古壮字研究》第47—48页。

续表

例字	壮语音义	《尔雅》原文及释义	音义比较说明
鶾	[ha：n^5] 鹅	鶾，天鸡。【郭注】鶾鸡赤羽。	字义不合
鵣	[lai^3] 雀鹰	鹰，鵣鸠。【郭注】鵣，当为鷞字之讹。《左传》作鷞鸠。《尔雅》即误作鵣，诸韵书遂改音来，尤非。	音义皆不合

这意味着，"它们所标记的读音和意义也和相应的壮语词吻合，所以它们明显属于方块壮字"这一结论并不成立。如果按照"隋唐说"，则古壮字产生于公元7—9世纪之间，而喃字出现的时期大约在8—9世纪之间，相对来说，古壮字的出现时间要早于喃字。罗长山根据同一历史时期古壮字和喃字的发展状况论证了古壮字的创制要早于喃字，他指出："古壮字不仅出现的年代要比字喃早，而且在字喃还处于未形成系统的文字前期，古壮字早已趋于成熟，普遍流行于社会。"① 从文字创制的时间和文字发展的水平两个角度来看，在创制初期，只可能喃字仿照古壮字造字，而不是相反。

（二）古壮字的创制缘起

结合喃字的内涵及其创制初期的使用范围，我们认定喃字是宗教内部用字，宗教文化的交流传播是古壮字对喃字创制产生影响的中介。那么，就有必要首先考证清楚古壮字和宗教之间的关系。

覃晓航指出："方块壮字是随壮族巫术的出现而产生的……为了便于记忆（壮语经诗）以及传经于徒，师公们（包括师公请来记录经诗的汉文识字者）便创造了适合于标记壮语经诗读音的方块壮字。"② 从宗教用字的角度看，创制古壮字是为了标记壮语经诗的读音是可信的。但认为方块壮字是随壮族巫术的出现而产生的是不可信的，因为壮族巫术在上古时期已经存在，李干芬指出："壮族的巫术活动固然是依存于本民族原始时期的观念，但在其发展中也深受了汉族傩仪的影响。"③ 那么，这里就有两个问题需要回答：

1. 古壮族人最初使用汉字记录壮语，之前他们是没有文字的，那么原本

① 《古壮字与字喃的比较研究》。

② 《方块壮字研究》第42页。

③ 李干芬《如何看待壮族巫术文化》，载《广西民族研究》1989年第4期。

没有文字标记经诗的壮族巫术为什么开始需要用文字标记经诗了？

2. 在古壮字创制之前，壮族巫师已经学会使用汉字，那么原本使用汉字也能够记录经诗的壮族巫师为什么还需要创制古壮字？

关于第一个问题，卢越胜从民族历史社会文化的视角做了阐释。他指出：

> 因为奴隶制度的崩溃……赖以为精神支柱的人神合一、政教合一的政体瓦解了。然而人民群众中的巫文化并没有消失。因此，作为从人神分离中出现的巫师，就作为一种宗教职业者出现。专职的神职巫师为了巩固巫文化在群众心理中的地位，便要有巫经做精神支柱。于是，壮族古文字就由精通汉文的巫师在整理民间传统文化基础上创造出自己的文字来记录口头喃唱的巫经。[①]

卢越胜认为创制古壮字是为了记录口头喃唱的巫经是可信的，但他所说的奴隶制度崩溃造成专职巫师的出现并以巫经作为精神支柱是不可信的，因为早在公元前 214 年，秦始皇就统一了岭南地区，并设立桂林、南海、象郡三郡，而古壮字则在唐代才开始出现，时间上衔接不上。另外，他的观点仍然没有回答第二个问题，也就是精通汉文的巫师为什么不直接使用汉字标记巫经。

张元生认为，“壮族人民最初可能是借用汉字来记录壮语，后来觉得汉字很难反映壮语的实际读音，所以才仿照汉字创造方块壮字”[②]。这一观点值得商榷。覃晓航认为，古壮字的创制初期是独体字阶段（汉借字阶段），后来古壮语才进入合体字阶段（自造字阶段）[③]。但是，在古壮字发展成熟以后，汉借字仍然占绝大多数，李乐毅通过抽样统计发现，古壮字中汉借字占 71.8%，自造字仅占 28.2%。[④] 那么，为什么古壮字只有一小部分汉借字改为自造字呢？

---

① 卢越胜《中越边境地区岱、壮、侬族历史社会文化比较研究》第 146 页，华东师范大学博士学位论文，2014 年。

② 张元生《壮族人民的文化遗产——方块壮字》，载《中国民族古文字研究》，中国社会科学出版社，1984 年。转引自《方块壮字研究》第 80 页。

③ 《方块壮字研究》第 81 页。

④ 《方块壮字与喃字的比较研究》。

我们认为，自造字并非为了解决汉语和壮语之间语音差异的矛盾，而是为了解决壮语各方言之间语音差异的矛盾，而这与经咒语音标注紧密相关。另外，借音并不意味着汉语的发音必须和壮语完全相同，音同或音近都可以，毕竟二者的音系和声调都存在差异，汉字在很大程度上只是作为壮语语音的标注符号。单就符号而论，音同或音近的字更容易记住而已。就符号语音本身而言，改变声符或者增加符号并不能改变音系的差异，只是通过改变汉字的局部字形，区别壮语的不同方言用字而已。那么，经咒语音标注和方言语音之间又有什么关系呢？

（三）经咒注音的方音差异标注

韦熙强、覃彩銮认为："壮族的宗教信仰是从原始宗教发展而来，而后又吸收了从中原传入的道教和佛教的因素，形成了以师公为核心的巫、道、佛三教合一，信仰多神的格局。"[①] 卢越胜指出，广西壮族人和越南岱、侬族人信奉"三教"，"三教中最突出的是道教"。道教进入越南的形式，除了宗教信仰以外，另一表现是承担祭祀工作，京族人称之为巫师，"这些巫师会用符咒、咒语来作法、解除邪魔"。卢越胜还提到，越南北方山区的岱、侬族受广西壮族民间道教的影响，他们称之为公道与公师，这是一个受符箓天派影响，关于符咒治病解邪的民间道教，而那些专门做祭祀工作的人被称为"天"（Then）和"普"（Puṭ），他们来自京族巫师或壮族巫师，和京族巫师有诸多相同之处[②]。也就是说，壮族民间宗教中，道教的影响最大，而壮族民间道教又以符箓咒语派为主流。符箓咒语派道教对咒语的语音要求相当严格，追求语音的精确度和通神性。以岱族巫师"天"师的作法语音为例，本来操喃岱语言的"天"师在入身祭祀时需要说京族语言，他们解释说："依据传说'天'的来源是京族人，起初常说汉越语言，后来改说喃岱语言，因此各位业将入身时要讲京族语言！"[③] 那么，反映在经咒的语音标注上，就有必要对不同族语的语音进行标注。而一律使用汉字来标注很难解决不同族语之间语音差异的矛盾，那么，在汉字的基础上增加区别性符号特征显然是解决这一矛盾的最简便的办法，自然也是京族和岱、侬族民族借源性自造文字创制的缘

① 韦熙强、覃彩銮《壮族民居文化中的宗教信仰》，载《广西民族研究》2001 年第 2 期。

② 《中越边境地区岱、壮、侬族历史社会文化比较研究》第 173—176 页。

③ 《中越边境地区岱、壮、侬族历史社会文化比较研究》第 178 页。

起。以喃字的创制为例，王小盾指出：

> 除越南族（京族）以外，另有五个民族按自己的方式改造汉字而创造了特殊的喃字。这些文字，按其所属民族的名称可以分别称作“侬喃”“土喃”“山喃”“芒喃”“岱依喃”……都是按会意、形声、假借等法造成的能够拼读越南语词的文字；其区别则在所拼读的是不同民族的口语。例如：“天”这个字，京族写为“𡗶”（trei），侬族写为“[illegible]”（bæn），土族写为“[illegible]”（va），芒族写为“[illegible]”（blei）。①

同样，古壮字的创制也是如此。在壮语内部也会根据地域不同而出现语音差异。覃晓航指出：

> 壮语分为南北两大方言区，两个方言最显著的区别之一是：南部方言有送气音声母词，北部方言则没有。这样，在标记南北方言的同一语义的词的时候，方块壮字就依据南北方言这一语音上的差别而分别选用有送气的汉字和无送气音的汉字来表示。②

韦树关举例说，[illegible]（［$phin^2$］“是”）、[illegible]（［kha：i^2］“鞋”）都是送气音声母，而“读送气音声母的字都是壮语南部方言用字”，另外，从用词上来说，表示“集市”的词，壮语南部方言发音为[illegible]［ha：ŋ］，比如龙州、靖西［ha：$ŋ^5$］、德保［ha：$ŋ^6$］，而壮语北部方言发音为［$haɯ^1$］。③ 因此，古壮字的创制是为了解决壮语内部各方言之间语音差异的矛盾，这是宗教经咒语音标注精准度的内在要求。无论是创制缘起还是造字方法，喃字的创制显然是是受古壮字创制的影响。从创制缘起来讲，在创制初期，古壮字和喃字都是作为宗教经咒注音用字而出现的。那么，为了经咒注音的精准性，从字形上区分经咒注音的方音差异成为这些民族借源性自造字创制的最初目的。

---

① 王小盾《越南访书札记》，载《新国学》2001 年第 3 卷。

② 《方块壮字研究》第 72 页。

③ 韦树关《喃字对古壮字的影响》，载《民族语文》2011 年第 1 期。

四、反哺

韦树关在《喃字对古壮字的影响》一文中，通过考证部分古壮字的字音或字义，发现它们借自喃字。我们认为他所列举的例子中有两种情况比较有说服力：

1. 字音按汉字或汉字偏旁的汉越音来读。例如：

字例	古壮字字音	古壮字字义	喃字汉越音	壮语汉字音
失	[$thit^1$]	淋	[$th\gamma t^7$]	[θat^7]
闟	[tu^1]	门	（须）[tu^1]	[$\theta a\text{ɯ}^1$]

2. 借形借音不借义，例如：

字例	古壮字字音	古壮字字义	喃字字音	喃字字义
𡥵	[ko：n^5]	先；前	[$k\text{ɔ}n^1$]	孩子
𩯀	[to：k^7]	敲击	[$t\text{ɔ}k^7$]	头发

然而，如果单纯认为古壮字里面的“失”和“闟”借自喃字，那么，在借音的原则上很难解释：即使汉字借音，其基本原则也是借用音同或者音近的汉字标注壮语读音，而不是完全照搬汉字的发音。而且，为了进一步准确标注字音，壮族人用添加区别性符号的方法创制了很多自造字，从而解决壮语内部方言之间语音差异的矛盾。因此，如果古壮字的字音和喃字汉越音一致，反而和壮语汉字音不一致，这在借音的原则上说不通，本质上这已经不是假借了，而是“移植”。那么为什么会出现这一现象？

我们认为，很可能是使用这些字的民族本来生活在越南，后来移民到广西，因此，那些字的汉越音仍然保留下来。韦树关指出：

> 古壮字中与喃字有关的字，绝大多数是南部方言用字。在广西，壮语南部方言左江、德靖、邕南3个土语的分布区域都与越南相连。根据广西与越南边境地区的民族分布情况，我们认为，喃字对古壮字的影响

是通过古岱侬字这个中介实现的。①

如果按照这一观点，直接认为这些古壮字借自越南古岱、侬字岂不更加准确，毕竟喃字要先进入古岱、侬字，然后才能进入古壮字。正如上文所论，即使借自古岱、侬字，保留汉越音从借音原则上也是说不通的。岱族巫师平时讲喃岱语言，做法事的时候会讲京族语言，其中很多是汉越音，从宗教用语的通神性上来看，岱族巫师之所以讲京族语言是因为“天”的来源是京族人。然而，壮族人不可能信仰京族的神，不可能使用汉越音请神，至少壮语北部方言区没有出现这一现象。那么，最大的可能就是本来生活在越南的某个民族的人移民到了壮语南部方言区，那些字的汉越音才会保留下来，一方面是因为那些字基本上是常用字，另一方面是因为经咒语音的精确度和通神性要求。

韦树关所提到的壮语南部方言区包括龙州、靖西、德保。何明智、黄柳菱指出：“南壮古壮字以崇左市为重点，以龙州县为中心，主要流传于龙州县金龙镇的壮族布傣族群。”② 何明智考证说：

> 据民间文献资料和口碑资料记载，布傣先民迁入中国的时间大致在明末清初之际，至今已有近20代约400多年的历史。金龙一带的布傣是一支跨境族群，至今仍与越南北部的岱侬族往来密切，双方“有田一起耕，人死一起抬”，村与村之间最近的距离仅1.5千米。从双方民间宗教人士所使用的经书上看，喃字的写法和读法完全一致。以此可以推定，金龙壮族布傣支系民间古籍中所使用的文字可以认定为“岱侬喃字”，即傣喃字。③

这说明，韦树关所提到的“壮语南部方言所使用的古壮字”其实是“岱侬喃字”，而“岱侬喃字”因宗教用字的原因借入很多京族喃字，这就是为什么壮语南部方言中的古壮字保留越南语汉越音的根本原因。从这一点上来讲，

---

① 《喃字对古壮字的影响》。

② 何明智、黄柳菱《古壮字字书述略》，载《广西民族师范学院学报》2012年第29卷第6期。

③ 何明智《壮族布傣与京族喃字歌谣比较研究》，载《广西民族研究》2009年第3期。

它并不是“喃字对古壮字的影响”，而是“京族喃字对岱依族喃字的影响”。

罗长山指出，认为古壮字和喃字之间影响“并非是绝对的，而是相对的，即并非是单向的，而是双向的”①。那么，喃字究竟有没有反过来对古壮字的创制产生影响？也即我们所说的反哺。尽管系统性论证喃字和古壮字的反哺关系很难，但是仍然存在蛛丝马迹。我们从造字符号“〻”上来论证这一问题。

韦树关发现喃字中有3个常见的造字符号之“〻”在古壮字中也能见到，于是得出结论：“受喃字的影响，部分古壮字也用造字符号‘〻’。”② 但，〻在古壮字和喃字中都存在的原因可以有多个，比如各自独创，也或者喃字仿照的古壮字，不一定就是古壮字受喃字的影响。

搞清〻的本源，我们就会发现，古壮字的〻确实来自喃字的造字法。李乐毅在《方块壮字与喃字的比较研究》一文中提到，喃字“在汉字上添加某种符号成字”，并举例“尼〻”（này，这个）和“耒〻”（rồi，完了），我们查阅武文敬编撰的《喃字大字典》（Đại Từ Điển Chữ Nôm，河内国学研究中心出版，2004年）发现，“尼〻”其实是“尼厶”（第867页），“耒〻”其实是“耒彡”（第736页）。而“耒彡”的其中一个异体字耒亇引起了我们的注意。

《喃字大字典》对这两个字的声符和义符进行了说明：

耒亇=Lỗi耒+Cá亇

耒〻= Lỗi耒+Nháy cá〻

可见，〻是亇的进一步简化，越南语称之为 Nháy cá（讹个）。

再以“Lọt 律”的异体字为例，“律”的异体字里面，同时有“律亇”和“律〻”。《喃字大字典》（第742页）说明如下：

律亇=Luật律+ Cá亇

律〻= Luật律+ Nháy〻

从“律”到“律亇”或者“律〻”反映了喃字的创制由“独体字阶段（汉借字阶段）”发展到“合体字阶段（形声字阶段）”。

韦树关认为，喃字增加符号〻有3个作用：（1）提示字音；（2）提示字

① 《古壮字与字喃的比较研究》。

② 《喃字对古壮字的影响》。

义；（3）既提示字音也提示字义。我们前面谈了自造字的创制缘起是为了更准确地标注语音，解决方言之间语音差异的矛盾，所以喃字增加符号和提示字义并没有关系。假如有关，那么给定一个陌生的喃字，我们又该如何判定它的符号ゝ究竟是提示字音还是提示字义呢？反而会因为容易混淆它的提示功能而增加记忆负担。陈仲洋也谈到这一问题，他认为在喃字的字形上加一个标记（包括口字旁、个、两点）的目的是提示发音。分为3种情况：（1）读汉源音（古汉越音）；（2）读原有喃字读音相近的音；（3）要读与汉越音相近的音。[①] 尽管我们同样认为一个符号有3种语音提示在实际应用的时候也会面临究竟是哪一种的困扰，但是，可以肯定的是，增加符号的目的是更准确地标音而不是提示字义。

从《喃字大字典》的异体字来看，在喃字的创制早期使用的符号是“个”，随着使用次数的频繁，“个”又进一步讹变，简化为“ゝ”，它们就成为同一个字的异体字结构。然而，古壮字的ゝ则并没有显示出它是由“个”发展演变而来的，也不存在类似的异体字，以“⿰行ゝ”（hangh“集市”）为例，它的异体字包括：行、⿰土巷、埻、⿴行亨、⿰巾行，没有“⿰行个”。穷尽式地查找《古壮字字典》（广西民族出版社，1989年）所收字也没有发现异体字中同时以“ゝ”和“个”作为构字结构的情况，这说明古壮字中的ゝ从喃字借入的时候，“个”已经基本上简化为ゝ。

当然，除了符号ゝ以外，古壮字在其他方面也会有借自喃字造字法的情况。限于篇幅，更多例证不再赘述。

（王继超 厦门大学人文学院博士研究生）

① 《喃字研究——喃字的来源、历史发展和结构》。

·中国新文学作品外译研究·

余华《第七天》在英语世界的传播与接受*

汪宝荣　李伟荣

摘　要：长篇小说《第七天》英文版于2015年出版，进一步扩大了余华的国际声誉。本文基于布迪厄提出的作家作品被认可过程模式，从图书再版重印与全球馆藏量、学术与社会认可、英文书评三方面，考察梳理这部作品在英语世界的传播与接受。

关键词：余华　《第七天》　传播与接受　英语世界

余华是国际声誉最高的中国当代作家之一。1994年，法国阿歇特出版社（Hachette Livre）出版了《活着》法文版，标志着西方译介余华作品的开端。截至2010年，法国、意大利、德国等国的读者“对余华作品报以热情”，但它们在英美的接受“总体上较为沉寂”①。目前，英语世界翻译出版了9部余华作品（单行本），其中最受好评也最有影响的有《活着》《许三观卖血记》《兄弟》《十个词汇里的中国》《第七天》等。《第七天》中文版出版于2013年，英文版由英籍汉学家白亚仁（Allan H. Barr）翻译，2015年由万神殿图书公司出版②。该小说用荒诞的笔触和“鬼魂叙事”，叙述了一个普通人在死后七天的离奇遭遇，讲述了一个既温情又残酷的故事，旨在揭露和批判当下

---

* 本论文受杭州师范大学文艺批评研究院、杭州市社科重点基地“杭州文化国际传播与话语策略研究中心”资助。

① Allan H. Barr, “Yu Hua's Fiction Heads West … Or Does It?”, Liu Tao Tao, Laurence K. P. Wong & Chan Sin-wai (eds.), *Style, Wit and Word-Play: Essays in Translation Studies in Memory of David Hawkes*, Newcastle upon Tyne: Cambridge Scholars Publishing, 2012, p. 285.

② Yu Hua, trans. Allan H. Barr, *The Seventh Day: A Novel*, New York: Pantheon Books, 2015.

中国存在的腐化堕落、贫富不均、暴力拆迁、执法不公等社会问题。与《兄弟》相似，国内评论界和读者对《第七天》也是毁誉参半。那么，它在英语世界的接受情况如何？因《第七天》英译出版时间不长，目前尚缺乏对该问题的专门论述。本文从图书再版重印与全球馆藏量、学术与社会认可、英文书评三方面，尝试考察该作品在英语世界的传播与接受。

在确定上述衡量指标时，笔者参考了法国社会学家布迪厄（Pierre Bourdieu）提出的作家作品被认可（consecration）过程模式。布迪厄指出，作家作品被认可的形式及表征包括：其作品进入图书排行榜，获文学奖项，被编入教科书或文集，被纳入大学课程，作家本人以各种形式被纪念。用于衡量作家作品被认可的具体指标包括：图书销量、书评、研究文章等，拥有认可权力的机构及行动者包括教育系统、文化机构、评奖委员会、知名学者和评论家等。布迪厄认为，通过分析作家作品“为文学殿堂拥抱的不同形式”，可以确立其经典化过程[①]。显然，作家作品被认可既借助于传播与接受，也包含传播与接受，而“被认可”是实现“经典化”的必由之路。据此，我们可基于西方主流媒体和学术刊物刊发的书评（被视为西方精英读者对作家作品的评价）、研究文献参引、选集收录、图书重印再版、全球馆藏量、进入图书排行榜、被提名获奖等指标，定性或定量考察中国作家作品在英语世界的传播和接受。[②]

一、再版重印与全球馆藏量

目前《第七天》有 3 个英文版本，同时还有电子书在售。2015 年 1 月，该书由美国万神殿图书公司出版，为精装本（后简称万神殿版）；同年 4 月，澳大利亚文本出版公司推出了再版本[③]，为平装本（后简称澳大利亚版）；2016 年 1 月，美国铁锚图书公司重印了这本书，为平装本[④]（后简称铁锚

① Pierre Bourdieu, trans. S. Emanuel, *The Rules of Art: Genesis and Structure of the Literary Field*, Cambridge: Polity Press, 1996, p. 225.

② 汪宝荣、李伟荣《同一译介传播模式下的译作传播影响力差异社会学分析——以〈红高粱家族〉〈酒国〉为例》，载《外国语文》2019 年第 5 期。

③ Yu Hua, trans. Allan H. Barr, *The Seventh Day: A Novel*, Melbourne: Text Publishing, 2015.

④ Yu Hua, trans. Allan H. Barr, *The Seventh Day: A Novel*, New York: Anchor Books, 2016.

版）。据了解，英国迄今没有发行该书。

万神殿和铁锚是美国兰登书屋旗下克诺夫出版集团的两个著名图书品牌[①]。据白亚仁介绍，万神殿主营精装本发行业务，声望可能高于铁锚，但铁锚出版过不少一流作家的作品，也是一个优秀的出版品牌。万神殿的精装本会引起评论家更多的注意，因为这些书是首次出版，且因其装帧精美、经久耐用，对图书馆和买书送人的人们更有吸引力。但一般情况下，定价较低的平装本的销量大于精装本。[②]

文本出版公司成立于1994年，总部设在墨尔本，为主营小说类和非虚构类图书的独立出版社，2012、2013、2014年连续3年被评为澳大利亚“年度最佳小型出版社”[③]，被誉为澳大利亚成功小型出版社的代表。[④]

笔者问及英语读者对《第七天》的接受情况，白亚仁回复如下：

> 从亚马逊网站上读者给《第七天》的评分来看（当然这是衡量一本书受欢迎程度的一个不科学的指标，但作为一种粗略的依据或许还是有用的），这部小说很大程度上在美国引起了积极反响。在目前看到的45人次的评分中，49%的读者给它评了五星，27%的读者评了四星。我们可以将其与《许三观卖血记》做比较——后者在亚马逊网站上有29人次的评分，其中51%的读者评了五星，22%的读者评了四星——这说明看起来这两部小说的认可度大体相当。到目前为止，《第七天》英文版不是一本畅销书，但对一部中国当代小说来说它的销量是不错的，而且还会继续被人们阅读。[⑤]

---

① 1927年成立的兰登书屋总部设在纽约，曾是全球最大的英语商业国际性出版社。旗下有9大出版品牌，其中克诺夫出版集团（Knopf Doubleday）主要出版高端文学作品（含翻译小说），包括万神殿（Pantheon Books）、维塔奇（Vintage Books）、铁锚（Anchor Books）等著名品牌。2013年与英国企鹅出版集团合并组建成企鹅兰登书屋（Penguin Random House）。

② 汪宝荣、［英］白亚仁《余华作品在美国的译介与传播——白亚仁教授访谈录》，载《东方翻译》2021年第1期。

③ 参见该社官网：https：//www. textpublishing. com. au/about.

④ Andrea Hanke著，木尧译《年度国际出版趋势报告（澳大利亚分报告）》，载《中国出版传媒商报》，2015-08-25（15版）。

⑤《余华作品在美国的译介与传播——白亚仁教授访谈录》。

或许因为手头没有准确数据，白亚仁没说《第七天》英文版的销量。不过，余华说《许三观卖血记》英文版当年销售了1．3万册，白亚仁说《第七天》的销量还不错，同时亚马逊网站上读者对这两本小说的评分大体相当，由此可以推算，《第七天》英文版总销量（包括电子书）应该超过了1万册。

最后来看《第七天》英文版的全球馆藏量。经检索WorldCat（联机联合目录数据库），笔者获得了以下数据（截至2020年8月）：全球收藏万神殿版精装本的图书馆有542家，藏有铁锚版平装本和澳大利亚版平装本的图书馆分别为25家和56家。以上数据表明，万神殿版在全球图书馆的流通范围远大于另两个平装版，从而证实了白亚仁的说法——精装本对图书馆更有吸引力，也更适合收藏。截至2020年8月，全球有750家图书馆藏有维京企鹅图书公司出版的莫言《蛙》英文版精装本①，收藏《十个词汇里的中国》万神殿精装本②的有925家图书馆。以上数据对比结果表明了两点：（1）《第七天》的全球馆藏量略小于《蛙》。鉴于维京企鹅版《蛙》与万神殿版《第七天》均于2015年1月推出，这种比较准确反映了这两本小说在全球图书馆流通上的差距，但鉴于《蛙》在莫言获诺贝尔文学奖后出版，有助于拉动图书销售与传播，可见《第七天》的表现也相当不错；（2）《十个词汇里的中国》的全球馆藏量大于《第七天》，说明前者的传播与流通比后者更成功。

综上，《第七天》有3个英文版本，万神殿版和铁锚版主要在美国、加拿大发行，澳大利亚版主要面向澳大利亚和新西兰。由于该书迄今没有在英国发行，一定程度上限制了它在英语世界的传播。迄今为止，《第七天》不是一本畅销书，也不太可能成为畅销书，但对这部中国当代严肃小说来说，它的销量、全球馆藏量以及普通读者的反馈和接受均属相当不错，可说是取得了不小的商业成功。

二、学术及社会认可

王德威在《第七天》中文版出版后即评论指出：“平心而论，《第七天》写得不过不失。”余华写了一个“后死亡”的故事，其叙事是一个标准的

---

① Mo Yan，trans. Howard Goldblatt，*Frog：A Novel*，New York：Viking Penguin，2015.

② Yu Hua，Howard Goldblatt，*China in Ten Words*，New York：Pantheon Books，2011.

“陌生化”过程，“他借死人的眼光回望活人的世界，发现生命的不可承受之轻”；这部新作见证了余华与自己以往的写作风格“对话的努力”，“代表了余华对当代现实的逼视”[①]；《第七天》弥漫着一种虚无气息，“相对于小说标题的宗教命题，《第七天》逆向思考，原应该可以发挥它的虚无观，……但我们所见的，仅止于理所当然的社会批判，催泪煽情的人间故事”[②]。王德威被誉为美国的中国现代文学研究第三代领军人物，[③] 在当今国际汉学界举足轻重。该文发表在国内杂志上，但也可视为英美学术界对《第七天》的评论与认可。

美国《今日中国文学》杂志也评论了《第七天》中文版。作者指出：这部小说不是美国纪录片《一千种死法》的中文版，余华笔下人物各种奇怪的死法“隐射了当代中国社会的残酷和荒谬”；故事从一个死者的角度讲述，这种叙事是“荒谬、怪异、叛逆的”，“余华有意挑战关于死者世界和生者世界的传统观念：鬼魂世界的苦难被移到了生者的世界，而生者世界的美好、和谐和平等属于不得安生的鬼魂世界”。[④]

华裔学者黄忆菊（音译）在国际名刊《世界文学与比较文学评论》上指出：《第七天》的鬼魂叙事让我们想起中国古代志怪小说中那些熟悉的元素，余华把它们重新加工，以回应新的历史语境，应对新的社会问题。这部小说中的鬼魂既不顺应历史发展的时间之轴，也不进入生命轮回的周期，他们的安息地（“死无葬身之地”）表现了一种“乌托邦式的冲动”，必须联系作者对世俗世界的反乌托邦式的观念才能理解这种冲动。“余华小说有时读起来极具政治讽刺意味，其叙事与晚清谴责小说颇为相似。”此外，黄忆菊的文章通篇引用了白亚仁的译文，可视为其对白亚仁译文的认可。[⑤]

社会认可主要体现为作家作品进入排行榜、被提名获奖及大众读者好评

---

① 余华自称：“《第七天》是我距离现实最近的一次写作。”详见余华《我们生活在巨大的差距里》第214页，北京十月文艺出版社，2015年。

② 王德威《从十八岁到第七天》，载《读书》2013年第10期。

③ 吕周聚《美国现代中国文学研究的现状与展望——王德威教授访谈》，载《海南师范大学学报》（社会科学版）2009年第2期。

④ Lu Bolin, “Review of *The Seventh Day*”, *Chinese Literature Today*, No. 1 (2014), pp. 146-147.

⑤ Huang Yiju, “Ghosts and their contemporary return: The case of Yu Hua’s *The Seventh Day*”, *Neohelicon*, No. 1 (2016), pp. 59-71.

等。在由英国《金融时报》与美国奥本海默公司赞助的2016年度“文学新声奖”（FT/Oppenheimer Emerging Voices Award）评选中，《第七天》成功入围了短名单（同时入围的还有阎连科小说《四书》）。评委会主席斯卡宾克指出：“他们都是杰作，故强烈推荐给想要了解当代中国及其现代史的读者。”[①]白亚仁指出：“美国普通读者常常用‘别具一格’‘与众不同’等字眼描述《第七天》。他们发现这部小说的语言很抒情，有一种温情之美，同时喜欢它的幽默基调和现实主义与超现实主义的交融。”[②]

三、英文书评

《第七天》在国内甫一出版即引发了很大的争议，批评的焦点集中在余华对新闻素材的运用（被诟病为“新闻串烧”[③]）和小说语言（被指责为“苍白、枯燥无味、白开水一样”[④]）上。有论者指出：

> 从1993年《活着》出版开始，余华就开始引起文坛一些争议。如果说《兄弟》出版时的争议还存在“惊呼上当”的可能，《第七天》又出现类似情景，表明了余华在当代文坛上尽管极具争议却是具有巨大影响力的存在。[⑤]

我们试图探究的问题是：英语世界对《第七天》如何评论？是否也引起了争议？以下基于英文书评，重点考察英语世界精英读者对它的评价与接受（包括译文点评）。笔者找到英文版出版前后美、加、澳、新、中国香港等刊

---

① M. Skapinker, “Emerging voices awards become better established”, *Financial Times*, 2016-09-27.

② 《余华作品在美国的译介与传播——白亚仁教授访谈录》。

③ 详见吴树桥《文学与当下中国的现实景观——评余华新作〈第七天〉》，载《小说评论》2013年第5期。

④ 《我们生活在巨大的差距里》第219页。

⑤ 《文学与当下中国的现实景观——评余华新作〈第七天〉》。

发的书评30多篇（其中较重要的18篇见“表1”）。[①] 根据其面向的受众，可把书评刊发载体分为学术性、普及性、图书行业三类，[②] 其中影响力较高的普及性主流媒体有《纽约时报》、《华尔街日报》、《纽约客》、《国际纽约时报》及美国全国公共广播电台，重要学术性刊物有《塞万尼评论》《科克斯评论》《纽约书评》等，图书行业杂志有《出版人周刊》《图书馆杂志》《书单》等（以上均属于美国）。此外，加拿大、澳大利亚、新西兰的全国性大报也登载了书评。

（一）普及性主流媒体

卡尔富斯在《纽约时报书评》以及《国际纽约时报》上评论指出：余华因《活着》《兄弟》《十个词汇里的中国》享誉国际，“在这部超现实、尖刻、风趣的新作中，……他更猛烈地批判了当代中国社会，尤其政府腐败和轻率的消费主义”；“有些故事读起来像是取材于耸人听闻的媒体报道，作者利用它们来讽刺社会现实”，“《第七天》或许代表了余华对当前中国现实最有力的批判”。[③]

怀特在《华尔街日报》上评论道：余华因其描写现代中国的史诗般小说《活着》《许三观卖血记》《兄弟》得名，而《第七天》在形式上有所突破，故事发生在7天之内，叙述了死者的世界，这是一片“自我反思的沃土”，小说人物说话的语气弥漫着对当代中国的忧虑［如一个死者说：“（如今）死也死不起啊!”］；作者写李月珍与27个死婴在树林里唱歌一幕，“有着挽歌般的忧伤和美丽”，其结果是一部“无声地批判当代中国的小说”。不过，《第七天》在叙事结构上有一个瑕疵：在小说结尾处，次要人物的叙述越来越长，导致杨飞的声音退居后台。怀特最后指出：当前中国的新闻审查越来越严，写小说成了讲述现实的另一条路径，因此《第七天》的出版适逢其时，“余华

① 包括专业网站上发布的书评。笔者未见英国有书评发表，推测与该书没有在英国发行有关。美、加两国的书评评论的是万神殿图书公司和铁锚图书公司的版本，澳、新两国的书评评论的是澳大利亚文本出版公司的版本。

② 汪宝荣《阎连科小说〈受活〉在英语世界的评价与接受——基于英文书评的考察》，载《南方文坛》2016年第5期。

③ Ken Kalfus, “Broke souls”, *New York Times Book Review*, 2015-03-22 (22).

缩小了自己的叙事视角，其作品却带来一种新的紧迫感”[①]。美籍华裔记者樊嘉扬在《纽约客》杂志上发表短评指出：《第七天》是一部“荒诞”小说，余华从一个死者的视角，讲述了“来自中国社会的边缘”，“被困于生与死之间”的普通人的故事；小说中一个死者说：“（如今）死也死不起啊！”“由此余华似乎想告诉读者，普通中国人的命廉价得惊人”[②]。

达希亚在美国全国公共广播电台评论道：余华把《第七天》写成了寓言故事，这部作品“总体上文字优美，文笔犀利”，“时而创意迭出，时而令人捧腹，时而阴暗森然，时而令人不安”；“里面的幽默大多粗俗，但对这部令人不安的作品来说是适当的”；“余华没有回避当代中国的严酷现实，但也凸显了普通人的善良、每天为生活而挣扎和对政府指令的抗争”。[③]

莱昂斯在全美发行量位列第20位的《明星论坛报》上评论道：《第七天》是“一部政治寓言”，描写了普通人“在剧变的现代中国的一片混乱中经历生与死”，“揭示了现代中国的阴暗面”。[④] 古德在加拿大《多伦多星报》上评论指出：余华的作品都“试图把握、解释、探讨当代中国人的生活”，因此他在西方很有名；余华小说大多用传统叙事方式写主人公的生平故事，但他真正关注的是整个民族的生活[⑤]；《第七天》试图告诉读者：“当代中国不适合弱者生存，经济奇迹的列车不会因为任何人而停下来”，在贫富差距进一步扩大的今天，“死后平等”的愿景足以抚慰人心。[⑥]

伍德海德在《堪培拉时报》《悉尼先驱晨报》等4家澳洲报纸上同时评论道：“主人公杨飞生活中的重要事件与当代中国社会的弊病交织在一起”，“小说写到了被谋杀的婴儿和流产的胎儿堵塞的河流、被过劳和过度开发带来的危害毁灭的生命、伪造死亡记录的贪官等，但也描写了普通人的善良、勇气

---

① Cameron White, “Death with Chinese characteristics: Review of *The Seventh Day*”, *Wall Street Journal*, 2015-03-26 (2).

② Fan Jiayang, “Review of *The Seventh Day*”, *The New Yorker*, 2015-01-19, p. 75.

③ Nishant Dahiya, “Dark, disturbing and playful, ‘Seventh Day’ takes on modern China”, *National Public Radio*, 2015-01-19.

④ Stephen J. Lyons, “Adventures in purgatory: Review of *The Seventh Day*”, *Star Tribune*, 2015-01-18 (10E).

⑤ 余华曾说他“想写出一个国家的疼痛”。详见王侃、余华《我想写出一个国家的疼痛》，载《东吴学术》2010年创刊号。

⑥ Alex Good, “A ghostly walk through an economic miracle”, *The Toronto Star*, 2015-01-11 (IN6).

和温情，从而为作品增添了若干亮色”。[①]

约翰逊在《新西兰先驱报》上评论指出“从死人的视角来写一部小说是冒险的”，余华却成功了；《第七天》是一则关于现代中国的“颠覆性的哥特式寓言”，主人公杨飞在死后7天里遇到的鬼魂都是疯狂开发、官僚主义、腐败、环境破坏的牺牲品；死无葬身之地的鬼魂讲述了各自的故事，它们大多是悲剧，尽管其中不乏反抗和讽刺的幽默；正如童话故事里所常见的，这部小说有一些重复描写和短语（如死婴们在树林里“像夜莺般唱歌”），也有“意蕴深刻的隐喻和令人震惊的意象”；总括而言，“《第七天》令人难忘，富有独创，是一部为成人而写的《格林童话》”[②]。

（二）学术性期刊

约翰逊在《纽约书评》杂志上评论道：“《第七天》像一则寓言，讲述了主人公的死亡和死后对其飘荡人生的追索”；“这些故事读起来像中国的互联网上时常出现的丑闻”，“通过复述这些花边新闻式的故事，余华旨在揭露当代中国社会道德沦丧的痼疾”；“父子情深的故事很好，很打动人，但部分内容让人感觉文字赘余、行文草率”；“《第七天》的最大亮点是它写到了越来越多的中国人开始了解自己的历史，一段事实与虚构难分彼此的历史”。[③]

斯通在《塞万尼评论》上评论指出：“与莫言几乎纯中国式的粗俗幽默和乡土现实主义不同，余华的《第七天》能获得更普遍的欣赏”；“这部温情与社会批判交融的小说让人想起英国小说家狄更斯，事实上，它开篇描写的雾就很像狄更斯的写法”；“余华曾说自己受到茨威格（Stefan Zweig）[④] 的影响，而《第七天》温情的感伤和讽刺的幽默确有茨威格的遗风”。[⑤]

匿名书评人在《柯克斯评论》上评论指出：与余华史诗般的《兄弟》一样，《第七天》的主人公杨飞的人生故事也始于厕所——中国火车上的蹲坑；

---

① Cameron Woodhead，“In short fiction：Review of *The Seventh Day*”，*Canberra Times*，2015-02-07（F024）.

② Stephanie Johnson，“Life after death：Review of *The Seventh Day*”，*New Zealand Herald*，2015-02-21.

③ Ian Johnson，“Novels from China's moral abyss”，*New York Review of Books*，2017-06-22.

④ 斯蒂芬·茨威格（1881—1942），奥地利作家，结交罗曼·罗兰和弗洛伊德等人并深受影响，以传记和小说的成就最为著称。

⑤ Donald Stone，“The new China”，*Sewanee Review*，No. 4（2016），pp. 672-673.

余华或许想表达人虽死爱却永恒的意思，但他无疑在对当代中国如何看待生与死进行尖刻的评论：“《第七天》读来既悲伤又恐惧，但引人入胜的温情时刻和黑色幽默冲淡了这种感觉。它结构松散，改编后或许适合约翰·雷吉扎莫（John Leguizamo）[①] 表演个人秀，但还算不上是一部完美的小说。”[②]

（三）图书行业杂志

《出版人周刊》评论道：《第七天》讲述了杨飞在死者世界游荡7天的经历，以此说明疏离感延伸到了死者的世界；“这部作品有一种悦耳和挽歌般的质感，读来既抚慰人心，又有一种缥缈感，但余华塑造的人物形象和鬼魂一样都是不丰满的”[③]。

《图书馆杂志》评论指出：余华的这部新作比《活着》《兄弟》温情得多了；余华一向认为当代中国是荒诞冷漠的，《第七天》保留了他的这种看法，但它更像是“一则描写家庭亲情的令人伤感的寓言。这种亲情并非源于血缘关系，而是建基于坚不可摧的情感”[④]。

《书单》杂志评论道：“《第七天》描绘了一幅令人着迷的来世图景，余华通过一个令人神往的寓言故事，揭示了比死更糟糕的普通人的命运，从而敏锐地批判了当代中国文化。”[⑤]

（四）英译点评

英美书评人往往忽视自己在评论一部翻译小说，同时很多书评人不懂中文，无法进行文本对读，因而较少评论译文本身，即便有评论，也多为蜻蜓点水式的短评。以下是笔者见到的对白亚仁译文的点评。

卡尔富斯：“《第七天》有不少恐怖喜剧的场景，可惜的是，虽然白亚仁的翻译中规中矩（workmanlike），但有些冗赘，未能把最好的笑点用英文传达出来。”[⑥]

怀特：“余华描写了濒临精神破产的当代中国社会和一个腐败泛滥的国

---

① 美国演员、配音演员、制片人兼编剧，因电影《现代罗密欧与朱丽叶》（1996）而出名。

② Anon, “Review of *The Seventh Day*”, *Kirkus Reviews*, 2014-11-01.

③ Anon, “Review of *The Seventh Day*”, *Publishers Weekly*, No. 42 (2014), p. 28.

④ Terry Hong, “Review of *The Seventh Day*”, *Library Journal*, No. 17 (2014), p. 86.

⑤ Carol Haggas, “Review of *The Seventh Day*”, *Booklist*, No. 6 (2014), p. 24.

⑥ “Broke souls”.

家，由于白亚仁精彩的翻译，这种感受清晰地再现在英译本中。”①

罗杰斯在《新西兰邮报》上评论道：“余华擅长运用新鲜有效的隐喻，它们在白亚仁一流的译文中得以保留。”②

英格兰在澳大利亚《广告人报》上指出：“余华善用巧妙的寓言和惹人喜爱的幽默，在白亚仁的翻译中，这种语言形式有效衬托出这部温情与讽刺交融的小说。”③

华裔学者齐林涛在《澳大利亚文学翻译协会会刊》上评论指出：白亚仁为想要了解当代中国普通人生活的西方读者提供了一本好读物。“他的翻译不仅可读易懂，而且有望改进原作粗糙、沉闷的语言。而被斥为‘新闻串烧’的那些社会事件，在西方读者看来可能是超现实的。”④

米德尔赫斯特在英文杂志*Time Out Shanghai*上评论道：“白亚仁的翻译抓住了原作中强度与美感的平衡，严肃社会问题与逃避主义意象的平衡，使该书既扣人心弦，有时又叫人忍俊不禁。”⑤ 美国“图书浏览网”上有读者评论道：“这部引人深思的小说由白亚仁完美地译成了英文，余华迷们对它不会失望。”⑥

综上所述，英语世界尤其美国的一些重要媒体和学术性刊物发表了《第七天》书评，且在书评数量和媒体、期刊的影响力方面并不逊色于曾轰动一时的余华小说《兄弟》⑦。书评人普遍承认余华是西方最知名的中国当代作家之一，赞赏他对当代中国社会的讽刺性批判，指出《第七天》的主题和题材能引起西方读者的兴趣，而余华对新闻素材的小说化处理并未引起争议，而是被视为批判社会现实的有效工具。不少书评人肯定了余华的鬼魂叙事手法

① “Death with Chinese characteristics”.

② Anna Rogers, “Deathly chill: Review of *The Seventh Day*”, *The Dominion Post*, 2015-02-21 (28).

③ Katharine England, “Well read: Review of *The Seventh Day*”, *The Advertiser*, 2015-02-07 (27).

④ Qi Lintao, “Review of Yu Hua's *The Seventh Day*”, *The AALITRA Review: A Journal of Literary Translation*, No. 10 (2015), p. 27.

⑤ Charlotte Middlehurst, “Review of *The Seventh Day*”, *TimeOut Shanghai*, 2015-02-10.

⑥ Cloggie Downunder, https://www.bookbrowse.com/bb_briefs/detail/index.cfm/ezine_pReview_number/10150/the-seventh-day.

⑦ 汪宝荣、全瑜彬《〈兄弟〉英译本在英语世界的评价与接受——基于全套英文书评的考察》，载《外国语文》2015年第4期。

和温情与批判交融的写作立场，一些评论者则指出，小说叙事结构松散、有瑕疵，人物形象不够丰满，语言显得粗俗、沉闷等，但总体而言好评远远多于差评。最后，有关书评人普遍高度评价了白亚仁的译文，尽管除了齐林涛都未能明确指出其质量或特色。

表 1　《第七天》重要英文书评一览表

序号	书评人	发表刊物及时间	刊物所在地	备注
1	Ken Kalfus	*New York Times Book Review*, 2015-03-22	纽约	《纽约时报书评》
2	Ken Kalfus	*International New York Times*, 2015-03-22	巴黎	《国际纽约时报》
3	Joumana Khatib	*New York Times*, 2016-01-31	纽约	《纽约时报》
4	Cameron White	*Wall Street Journal*, 2015-03-26	纽约	《华尔街日报》
5	Fan Jiayang	*New Yorker*, 2015-01-19	纽约	《纽约客》杂志
6	Nishant Dahiya	National Public Radio, 2015-01-19	美国	美国国家公共电台
7	Stephen J. Lyons	*Star Tribune*, 2015-01-18	美国	《明星论坛报》
8	Alex Good	*The Toronto Star*, 2015-01-11	多伦多	《多伦多星报》，加拿大大报
9	Cameron Woodhead	*Canberra Times*, 2015-02-07	澳大利亚	《堪培拉时报》，澳大利亚大报
10	Cameron Woodhead	*Sydney Morning Herald*, 2015-02-07	澳大利亚	《悉尼先驱晨报》，澳大利亚大报
11	Stephanie Johnson	*New Zealand Herald*, 2015-02-21	新西兰	《新西兰先驱报》，新西兰大报
12	Ian Johnson	*New York Review of Books*, 2017-06-22	纽约	《纽约书评》杂志，著名书评半月刊

续表

序号	书评人	发表刊物及时间	刊物所在地	备注
13	Anon.	*Kirkus Reviews*，2014-11-01	纽约	《柯克斯评论》，著名书评杂志
14	Donald Stone	*Sewanee Review*，Fall 2016	纽约	《塞万尼评论》，美国办刊历史最长的文学季刊
15	Anon.	*Publishers Weekly*，2014-10-20	纽约	《出版人周刊》，权威图书行业期刊
16	Terry Hong	*Library Journal*，2014-10-15	纽约	《图书馆杂志》，老牌图书行业期刊（1876年创刊）
17	Carol Haggas	*The Booklist*，2014-11-15	芝加哥	《书单》杂志，美国图书馆协会会刊
18	Cameron White	*Wall Street Journal Asia*，2015-03-26	中国香港	《华尔街日报》亚洲版

结　语

2019年11月6日，白亚仁在浙江大学做题为“余华作品在美国的翻译与传播”的讲座时指出，《兄弟》英文版出版后在英美评论如潮，轰动一时，但它不是畅销书。作为《兄弟》之后问世的又一部余华的重要小说，《第七天》英文版的销量和全球馆藏量均相当不错，可说是取得了不小的商业成功，也获得了一定的学术及社会认可，同时英语世界精英读者对它的热评也不逊色于《兄弟》。即便如此，《第七天》同样不是一本畅销书，也不太可能成为畅销书。白亚仁还指出：目前在西方最受关注和欢迎的当代作家有莫言、余华、苏童、阎连科等，“但他们的作品到现在为止都没有成为畅销书。据说唯一畅销的是（刘慈欣的）科幻小说《三体》，比较严肃、传统的（中国当代）文学作品可能都还没有取得突破"[①]。由此看来，中国当代严肃小说很难在英美成为真正的畅销书。当然，成为畅销书不等于就实现了“经典化”。“走出去”的中国文学真正追求的是被世界文学殿堂拥抱，即完成经典化之旅。

基于莫言、余华、苏童、阎连科等作家作品在国外传播和接受的成败得失，笔者认为，以下因素影响着中国文学在西方的传播影响力和被认可度：一是“外力因素”，包括中国的综合实力及国际地位，中国与西方国家的关系，汉语及中国文学的语言文学资本及在全球翻译图书系统中的地位，译介与传播模式[②]，出版社的资本、声誉和市场号召力，由原作改编的影视作品，中国作家作品获得的国际奖项，参与评论、推介、认可的机构和个人的权威性和影响力，等等；二是“内力因素”，主要包括原作蕴含的语言文学资本及其在西方图书市场的适销性，译作质量、特色及其适销性。在西方适销的中国文学作品，不仅要有较高的文学品质和价值，包括能与当代西方一流作家比肩的技巧、手法，更要有异于凡品、打动人心的题材和主题，包括对中国社会现实的深刻反思、本土经验中的普世主题、批判与反思的中国形象等。在西方适销的中国文学译作，既要通顺流畅、优美生动、可读易懂，也要兼顾学术性与商业性，协调处理充分性与可接受性、忠实与创造性之间的冲突。葛浩文（Howard Goldblatt）在 20 世纪 90 年代后采取的追求“可读、易懂、有销路”的翻译路径颇值得参照。

就目前而言，以上两方面因素（尤其外力因素）尚未俱备，但具备的条件越多，就越有助于提升中国文学的传播影响力和被认可度。反之，如果某些因素或条件缺失或不尽如人意，都会制约中国文学在西方的传播与接受。

（汪宝荣　杭州师范大学外国语学院特聘教授；
李伟荣　湖南大学外国语学院教授）

---

① ［英］白亚仁、杨平《美国汉学家白亚仁谈中国小说在英美的翻译与传播》，载《国际汉学》2019 年第 4 期。

② 一般情况下，汉学家发起并翻译、西方商业出版社出版和西方商业出版社发起并招募汉学家翻译这两种模式最有效。前者如葛浩文翻译莫言的《红高粱家族》，后者如英国企鹅出版集团指定葛浩文翻译姜戎的《狼图腾》。《兄弟》《十个词汇里的中国》《第七天》均采取了中国作家发起、西方商业出版社出版模式。

《荀子·性恶篇》中“恶”的去宗教化英译之路*

张秋娟

摘　要：在《荀子》英译活动进行的一个世纪中，《性恶篇》中“恶”的英译经历了从 evil 到 bad 的去宗教化演进；且其内涵的“质”与研究的“量”都在发生变化。“恶”的英译在译者文化身份、宗教意识、资助人等因素影响下，发生了有意识的“被偏离”，且常常译文偏离的发生与思想研究不能共时，展现出超前或滞后的特点。这些因素使“恶”的英译呈现出一种复杂的样态。因此从学术史的角度探究各个译本形成的历史脉络，分析翻译活动与思想研究之间互相参照、彼此牵连的微妙关系，具有一定的学术意义。

关键词：《荀子》　文化负载词　恶　去宗教化

《荀子》作为儒家的核心经典之一，在儒家思想历史发展进程中具有承上启下的重要意义。然而，《荀子》的英译本数量与其他儒家典籍相比较少，20 世纪以来在西方汉学界被广泛征引的译本只有德效骞（Homer H. Dubs，1892—1969）的《荀子的著作》（*The Works of Hsüntze*，1928）①、华兹生（Burton Watson）的《荀子读本》（*Hsün tze*：*Basic Writing*，1963）②、诺布洛克（John Knoblock）的《〈荀子〉全译与研究》（*Xunzi*：*A Translation and*

---

* 本项目受北京语言大学校级科研项目（中央高校基本科研业务专项资金）资助，项目批准号为（19YBB32）。

① Homer H. Dub，trans.，*The Works of Hsüntze*，London：Arthur Probsthain，1928.

② Burton Watson，trans.，*Hsün tze*：*Basic Writing*，New York：Columbia University Press，1963.

Study of the Complete Works, 1988-1994)[①] 和何艾克（Eric Hutton）的《〈荀子〉全译本》（*Xunzi*: *The Complete Text*, 2014）[②]。虽然数量不多，但这4个译本却分别代表了传教士汉学时代之后西方汉学发展的几个关键时期，4位译者的文化身份在历史视域下颇具代表性：传教士汉学家德效骞，有汉学背景的职业翻译家华兹生，现代汉学家诺布洛克和全球范围内中华文化复兴之下的汉学家何艾克，4位译者的文化身份、所处历史背景之差异最终折射在译文的各个方面，其中，文化负载词作为翻译与思想研究联结沟通的桥梁，其演变更具研究意义。文化负载词在译者自身文化身份、宗教意识、资助人等因素影响下，发生了有意识的"被偏离"，且有时译文偏离的发生与思想研究不能同步，展现出超前或滞后的特点。这些因素使负载词的英译呈现出一种复杂的样态，对其成因的探究具有一定的学术价值。

荀子的性恶说是其思想体系中最具争议，并引发激烈批评的部分，《性恶篇》中对"恶"的论证构成了荀子礼学思想的原动力，成就了"性恶说"在《荀子》一书中的重要地位。"性恶"是篇名，"恶"贯穿该篇始终，"性本恶"是荀子礼学的内部驱动，是荀子思想体系的基础，因此，对"恶"的英译及阐释必将影响荀子思想在海外的解读与接受。而值得探讨的是，影响并非作为恒量存在，随着"恶"字在近百年英译中的演变，其含义的"质"与研究的"量"都在发生变化：在特定历史环境下产出的译文，与在该译文基础上进行的思想研究相互观照、相互牵连；同时随着历史推进、汉学发展，不同时期的译本之间也体现出特殊的演变关系。下文将详细举例分析"恶"英译的被宗教化、去宗教化的演变路径，及在译本基础上进行的思想研究中出现的超前性与滞后性偏离，并借此投射出20世纪以来，典籍翻译和相关思想研究之间的互动关系。

一、《荀子》中"恶"英译之百年演变

（一）译者对"恶"的接受与英译

---

① John Knoblcok, *Xunzi*: *A Translation and Study of the Complete Works. Vol I II III*, Stanford: Stanford University Press, 1988—1994.

② Eric L. Hutton, trans., *Xunzi*: *The Complete Text*, Princeton: Princeton Univeristy Press, 2014.

国内外学界长期以来都以德效骞的《荀子：古代儒家之塑造者》（*Hsüntze*，*The Moulder of Ancient Confucianism*）的出版为英语学界荀子研究的开始，以德氏《荀子的著作》为荀子作品在西方英译的开端。第二次世界大战期间，欧美学界在荀子研究领域鲜有作品出现，直到1963年，华兹生的选译本才面世。1988年，诺布洛克的《〈荀子〉全译与研究》第一卷出版，标志着英语世界首个《荀子》全译本的出现，随后荀子思想研究进入第一个小高潮期；2014年，何艾克的《〈荀子〉全译本》出版。

4位译者都对《性恶篇》进行了全篇翻译，除了该篇在全书的重要地位，这种重视还源于早期汉学家皆因孟子的性善说而对荀子的人性观产生了兴趣，因此孟荀不同的人性观一直是国内外学界关注的热点。“人之性恶，其善伪也”作为开篇首语，其译文对西方学者甚至普通读者在接受荀子思想方面给予了方向性指引。德效骞、华兹生、诺布洛克3位译者将其中的“恶”译为“evil”，何艾克译本使用了“bad”。4个译本诞生的历史背景及4位译者的文化身份在很大程度上影响了译文的生成。

德效骞作为西方翻译荀子作品和从事荀子思想研究的先行者，其专著和译本在海外荀学领域具有重要影响。20世纪专业汉学作为一个学科在欧洲已基本确立，专业汉学的最初形态——传统汉学——进入空前繁荣期，大批先秦经典的译著和研究专著出版。同时期的美国汉学刚刚起步，其研究的主要范式与欧洲基本一致，是以中国典籍思想为主的传统汉学研究，因此早期美国汉学家多参考欧洲学者的译文，德氏的汉学研究进路就反映了这一特征。他把“恶”英译为evil在早期英国汉学译著中是有迹可循的，如在翟理斯（Herbert A. Giles，1845—1935）的《古文珍选》（*Gems of Chinese Literature*，1884）① 和理雅各（James Legge，1815-897）的《中国经典》（*Chinese Classics*，1895）② 中，“恶”都被英译为“evil”。此外，德氏的传教士家庭背景和他早期传教士的文化身份也为此埋下伏笔。德氏对汉学研究的兴趣源于在中国传教的父母，1918年他拿到纽约联合神学院神学学士学位后，以传教士的身份再次回到中国。从19世纪中期到20世纪初，在巨大经济利益的驱

① Herbert A. Giles, *Gems of Chinese Literature*, London: Bernard Quaritch, 15, Piccadilly, Shanghai: Kelly & Walsh, 1884.

② James Legge, *Chinese Classics II*, *The Works of Mencius*, Oxford: Clarendon Press, 1895.

动之下大批美国传教士来到中国，传播教义，进而推进中美贸易，赚取高额利润。虽然德氏对中国文化的兴趣与热爱是他来华工作的主因，但外部环境仍会对作品构成影响；把“恶”译为“evil”，借此探寻荀子思想中的西方宗教元素，这种翻译尝试与他早期传教士身份不无关联。

第二位译者华兹生是美国著名汉学家、翻译家。他早期的研究与中国历史和哲学思想相关，第二次世界大战后，美国加强了对中国的区域研究，政府从经济上对基金会、学术团体、大学的汉学译介及研究给予慷慨资助，因此华氏的汉学事业发生了转向，工作重心放在了中国典籍、诗歌的翻译上。华氏一生翻译了近千首古诗，《史记》《左传》两部历史典籍和包括《荀子》选译本在内的五部前秦思想典籍。华氏认为荀子的哲学体系构建于“人性本恶”这个论题上，因此各个章节都与“化性起伪”，即学习和德行的培养相关联，由此可见他对《性恶篇》的重视。[1] 同时华氏的翻译家的文化身份让他对原文本的语言和修辞风格尤为关注，对译文的考量也以文字的晓畅、易读为先，因此他的译本呈现出了思想典籍类译著少有的文学特质。用“evil”来描述人性，较之“bad”而言，显然更符合西方读者的语言习惯和宗教思维，加之他对该篇的重视，沿用前人译法对华氏而言是最优策略。

第三位译者诺布洛克耗时7年完成鸿篇巨制《〈荀子〉全译与研究》三卷本，在海内外汉学界引起不小轰动。这是国内外首个《荀子》全译本，但它并不是单纯的文本译介，它更像是一本集《荀子》研究、荀子思想乃至先秦儒家思想研究的学术专著。该书首卷出版于1988年，此时虽然中国学研究在美国已兴起，并普及到东西海岸的各个研究机构和高校，但传统汉学并未黯然失色，它和现代汉学并存，且相互促进。诺氏从事的荀子思想研究大体属于传统研究范畴，但他采用的历史学、比较哲学等研究理论都具有现代汉学特征，例如他对“恶”进行阐释时采用了社会学的研究方法，这些方法的使用保证了他对“恶”的理解及阐释的准确性和全面性。诺氏明确提出，“荀子用‘恶’来形容人性，如把‘恶’译为‘evil’则过分夸大了其本意，因为‘恶’的中文原意并无英译词‘evil’中蕴含的阴险（sinister）、邪恶

① *Xunzi*: *Basic Writing*, introduction, p. 5.

(baleful) 的意思”[①]，但奇怪的是他只是在译文的副文本中提出意见，并未在正文本中做出更改，仍沿用了 evil 一词。此外，诺氏的教育背景与前两位译者不同，他本科、硕士、博士阶段的学习都以哲学为主，毕业后到迈阿密大学哲学系任教，直到 1999 年去世。他的教育经历及学术背景培养了他严谨的治学态度、科学的研究方法，也促成了这部汉学经典的诞生。

第四位译者何艾克，出生于 1972 年，是杰出的青年汉学家。[②] 他师从艾文贺（P. J. Ivanhoe），2001 年以《〈荀子〉中的德与礼》(*Virtue and Reason in Xunzi*) 为题目完成论文获得博士学位。何氏翻译《荀子》源于教学工作的需要。进入 21 世纪以来，美国越来越多的高校开设了东亚系、中文系或中文课程，加之很多交叉学科也涉及东亚研究或中国方向研究，因此高校对各学科、各层次中文教材的需求较之于前 10 年有了大幅增长。博士毕业后，何氏在犹他大学从事本科生教学工作，与学生的近距离接触让他更了解学生需要什么样的教材和参考书，这让他萌生出重新翻译《荀子》的想法。诺布洛克的全译本，篇幅大，售价高，加之译本学术性浓厚，对那些处于汉语入门阶段的学生来说犹如天书；且已停印，一书难求。因此，何氏希望自己的全译本既可以弥补德效骞和华兹生选译本的篇章缺失，又篇幅适中、语言浅显易懂，适合给本科生做教材。此外，何氏首次在译本中对“恶”的英译有所突破，把“恶”译为“bad”。从本科学习到博士后研究的近二十年里何氏一直专攻荀子思想，在此领域积淀颇深，且在诺布洛克提出“evil”与“恶”不对应之后的几年里，其他学者陆续也对此译提出异议，认为“bad”更贴合原文意旨，这也在一定程度上促成何氏之后在全译本中采用“bad”进行重译。

（二）译者之外的声音

除了译者，从事荀子思想研究的学者也对把“恶”译为“evil”提出疑问，认为此译容易与西方传统宗教思想中的原罪观发生混淆从而产生误读。

---

① John Knoblcok, *Xunzi*: *A Translation and Study of the Complete Works*. *Vol. I*, Stanford: Stanford University Press, 1988, p. 99. Knoblcok, John, *Xunzi*: *A Translation and Study of the Complete Works*. *Vol. III*, Stanford: Stanford University Press, 1994, p. 139.

② 何艾克的《荀子》全译本于 2014 年出版，他本人属于青年学者，处于事业上升期，从网上能搜索到的关于他的个人信息非常有限。2018 年，作者在美国访学时期曾以邮件方式多次联系访问过何艾克教授，对他的翻译初衷、研究动向进行询问。因此本部分的个人教育背景、文化身份论述的部分内容来自何艾克教授的邮件回复。

美国汉学家 William Boltz 曾在文章中对诺氏译本中“恶”与“evil”的对应关系提出异议，他认为“荀子文本中的‘恶’与基督教文化语境中的“evil”没有任何关联”①。荀子生活的时代，犹太—基督教（Judeo-Christian）教义尚未成形，从《荀子》中“饥而欲食，寒而欲暖，劳而欲息，好利而恶害是人之所生而有也，是无待而然者也，是禹、桀之所同也”②的论述便可见荀子探讨的人性是人的自然属性，与具有社会属性的宗教并无联系。

继 Boltz 之后，艾文贺（Philip J. Ivanhoe）在其专著《儒家道德的自我修养》（*Confucian Moral Self Cultivation*）中对“恶”的译法也提出疑问，他认为德孝骞提出的“荀子在儒家思想中的地位和作用与奥古斯丁在基督教中的相似”③ 这一论断有误。艾文贺指出荀子所描述的“人性恶”与奥古斯丁提出的故意违背上帝旨意的“恶”（sin）毫无相似之处，“荀子并未提到过错或罪恶能使人欢乐④”。⑤所以在艾文贺所有的论著和译作中，荀子《性恶篇》中的“恶”都被译为“bad”，这也为其弟子何艾克之后英译《荀子》全本提供了启发和指引。

同样，汉学家 Edward Slingerland 在他的专著中讨论荀子人性观时，专门在脚注里讨论了“恶”的译法，并用“Human Nature is Bad”为书中一章命名。他总结到，诺布洛克、华兹生等几位译者和汉学家都把“恶”英译或解释为“evil”，但正如艾文贺所言，“evil”一词暗指与善对立的一面，而在中国早期文献中，“恶”均指缺乏善的特质，并未衍生出一个独立、有内涵的“恶”的概念，因此“bad”比“evil”一译更接近原文。⑥

同样，中国早期的哲学家（比如儒家学派）对人的提高自我修养的

① William Boltz, “ Xunzi-A Translation and Study of the Complete Works, vol1, books-1-6-Knoblock”, *University of London*: *Bulletin of the School of Oriental and African Studies*, 1991, pp. 414-418.

② 王先谦，沈啸寰、王星贤整理，《荀子集解》，北京：中华书局，2012 年，第 63 页。

③ Homer H. Dubs, “Mencius and Sün-dz on Human Nature”, *Philosophy East and West*, vol. 6, no. 3 (1956), pp. 212-222.

④ 此处的快乐引自奥古斯丁描述自己儿时偷梨的故事。

⑤ Philip J. Ivanhoe, *Confucian Moral Self Cultivation*, New York: Peter Lang Publishing, INC, 1993, pp. 39-40.

⑥ Edward Slingerland, *Effortless Action*: *Wu-wei as Conceptual Metaphor and Spiritual Ideal in Early China*, New York: Oxford University, 2003, pp. 221, 325.

能力持乐观态度，他们认为这一过程并不需要通过其他超验手段来实现；如在荀子的思想体系中，人可以通过后天的努力来改变"恶"的本性——奥古斯丁对此则一直持否定态度。因此德孝骞的"荀子人性观与奥古斯丁原罪理论都是为了让人们把修善的重点从个人资源转移到传统资源中去"的论断显然是错误的。①

二、"恶"的内涵探究

（一）"恶"的宗教内涵之缘起

19 世纪，荀子其人才第一次出现在英语世界。英国传教士伟烈亚力（Alexander Wylie，1815—1887）在《中国典籍文献提要》（*Notes on Chinese Literature*，1867）②中，首次尝试对荀子在儒家的地位做简单介绍，不过并未译介《荀子》中任何篇章。1884 年英国汉学家翟理斯的《古文选珍》出版，在书中翟理斯对《荀子·性恶》进行了节译和介绍，然而用墨不多，旨在与《孟子》中的人性观做比对。翟理斯以"Born in Sin"为该段标题，当然，严格意义上讲，这不是篇名的直译，但却有极强的西方基督教代入感；文中的"人之性恶，其善伪也"被译为"By nature，man is evil. If man is good，that is an artificial result"③，显然"sin"和"evil"的使用与他的牧师家庭环境及宗教素养紧密相关。与伟烈亚力同时期的英国传教士理雅各在《中国经典》卷二中也曾谈及荀子的《性恶篇》，但只出现于附录，目的是使读者能够对比了解孟子的人性说。理雅各将"人之性恶，其善伪也"翻译为"The nature of man is evil，the good which it shows is factitious"④。

纵观西方汉学发展，17—18 世纪属于传教士汉学时期，译者在翻译中国典籍时，会受其自身文化背景、宗教背景和传教士身份等因素影响，使译文带有西方宗教意味。有学者提出这是传教士在用自己的特殊身份进行中国文

---

① *Effortless Action：Wu-wei as Conceptual Metaphor and Spiritual Ideal in Early China*，pp. 221，325.

② A. Wylie，*Notes on Chinese Literature：with Introduction Remarks on the Progressive Advancement of the Art；and a List of Translations from the Chinese into Various European Languages*，New York：Paragon Reprint Corp.，1964（2nd ed.）.

③ *Gems of Chinese Literature*，p. 52.

④ *Chinese Classics. II*，p. 79.

化和精神的再殖民化，但客观上讲，虽然传教士的动机渲染了很强的宗教色彩，其研究对中西文化的交流仍发挥了积极作用。这种积极作用最直接的体现就是开启了对中华典籍的大量译介，哪怕这种译介存在个人或者宗教的误读。况且，从阐释学的角度上看，这种翻译中的“误读”是难以避免的，任何译者对原文的解读都具有历史性。在这一视野下，《荀子》的每一个译本也都有其独特的历史性，这些历史性特征会反映在后来学者的思想研究成果中。“恶”的翻译便是很好的例子，4 位译者对“恶”的处理折射出各个阶段产出的译本和思想研究成果的独特历史性。

《荀子·性恶》中“恶”在甫一进入英语世界时是以“evil”的形式出现的，承载了“evil”的内涵和外延，这一宗教面纱使得后来汉学家们在译文基础上所做的对荀子思想的解读和研究出现了偏差。同时，随着 20 世纪初比较文学、比较哲学、比较宗教学等交叉学科的兴起，译文在更多领域产生了影响。要想还原荀子人性观的本来面目，首先就要对恶的英译进行辨伪。

（二）“恶”是“evil”还是“bad”？

“恶”是《性恶篇》的关键词。在该篇的开篇部分，“恶”的内涵就得以明确：人性之恶是一种贪图私利之心，好忌善妒之念，更是一种喜好声色的人之本能。可见，荀子对人性的定义与归纳完全构建于人的自然属性之上，接着他把仁、义、礼、智、信归结为“伪”，是人的社会属性。从自然属性层面分析人性的本来状态，才可使人看到通过具有社会属性的后天学习及自我修养提高人性转恶为善的可能，进而社会秩序得以维持平稳；如此一来，儒家学说可为在社会范围内的教化提供思想指引，为之后的“罢黜百家，独尊儒术”奠定了基础。

除了何氏译本，在其他 3 个译本中，“恶”都被翻译为“evil”。“evil”意指人性中道德败坏的阴暗面，与中文中的“邪恶”对应；然而由于道德准则不同，并非所有的错误行为都可用邪恶（evil）来描述。Roy W. Perrett 在论述“evil”（恶）与“nature”（本性）的修饰限定关系时归纳出 evil 的 4 个特点：1. 邪恶行为发生的原因必须为某种特定的性格；2. 邪恶的行为必须具有某种特定的动机，即蓄意地知错犯错；3. 在实施错误行为时感觉到快乐；4. 对自己的过错不能表现出合情合理的态度（愧疚、羞耻和后悔等），即当人性具备如上4个特征时，才可称之为邪恶（evil）。[①] 之后他借用奥古斯丁在《忏悔录》中回忆儿时偷梨的故事来举例论证：

> 我内心充满邪恶。我偷盗的东西，是我已经拥有并且比之更好的东西。我的欲望是让自己享受偷盗时的兴奋、做坏事的快乐而非所盗得的东西本身……即使吃梨的时候我们感觉到快乐，但远远不及我们违背道德做坏事的快感。我的恶除了恶本身，没有其他动机。偷盗是污秽的，但我却喜欢。[②]

奥古斯丁描述的“邪恶”具备Perrett给出的4个要素，尤其强调了被邪恶所裹挟时做坏事的快感。奥古斯丁对“evil”的描述契合了他的原罪（sin）理论，“sin”在犹太—基督教教义中，是指“违背上帝的旨意、违背宗教原则的行为”[③]，也有学者直接把“sin”解读为“original sin”，是亚当夏娃违背上帝旨意偷吃智慧之树的果实而犯的“原罪”，是伴随他们的后代（人类）一生的恶，这是每个人在有生之年无论如何努力都无法改变的。综上所述，“evil”和“sin”一起构成了西方宗教观中的罪恶，而荀子理论体系中的“恶”与有宗教内涵的“evil”一词在文化语境和语义上有明显不同：荀子思想理论中的“人性恶”是可以“待师法然后正，得礼义然后治”的；而奥古斯丁的“evil”是无法通过后天的学习和修行得到改善的。所以，“evil”和荀子人性论中的“恶”并不对应，用“evil”翻译“恶”会在一定程度上引发西方读者对荀子人性观的宗教性探讨。

在中国的古代文本中，恶与善相对，“恶”指缺乏善的特质，而其本身并无实际内容或标准，因此，艾文贺提出的用“bad”翻译“恶”不仅在语义上更接近底本，同时也避免了西方读者的误读。

---

① Roy W. Perrett, “Evil and Human Nature”, *The Monist*. 2002, Vol. 85, No. 4 (2002), p. 305.

② Saint Augustine, trans. by Henry Chadwick, *Confessions*, Oxford: Oxford University Press, 1997, p. 29.

③ “Evil and Human Nature”, p. 305.

三、英译“evil”视角下荀子人性观的变形

在何艾克全译本出现之前的近100年中，学者们进行荀学研究的3部参考译本均把“恶”译为“evil”，由于对译本的笃信和依赖，这一操作使得西方自20世纪初而始的荀子思想研究视角偏向了宗教立场。

开这一先河的是德孝骞，他曾以“恶”的宗教性为切入点将荀子人性的恶与约翰·加尔文[①]所提出的堕落腐化、万劫不复地邪恶进行比较，[②]并在论文《孟子与荀子的人性观》（*Mencius and Sün-dz on Human Nature*）中借用奥古斯丁的宗教改革事件来比拟荀子在中国儒家思想发展中的独特作用。[③]德氏的研究视角具有风向标的作用，使得后来学者在荀子人性观宗教化研究的道路上越走越远。

将荀子的人性论与奥古斯丁的人性论进行对比的另一位荀子思想的研究者是Aaron Stalnaker，这个研究进路和德氏、诺氏两位译者的影响不无相关的。前者首次将荀子与西方宗教人物进行对比，被Stalnaker引为重要的参考文献，启发了他的致思方向；而诺氏的译本则是Stalnaker所依赖的研究底本，当然，如前文所述，在这个“二手文献”中，“恶”是被译为evil的。于是，Stalnaker进一步放大了荀子人性观中的宗教性，他在论文《自我蜕变：奥古斯丁和荀子思想中的忏悔与修行》（*Transforming the Self*：*Confession and Performance in the Thought of Augustine and Xunzi*）中以“inside-out”（由内而外）和“outside-in”（由外而内）来分别概括奥古斯丁和荀子塑造伦理德性的方法，即使二者有差异，也都被视为宗教式的修行和自我救赎。[④]Stalnaker的专

① 约翰·加尔文（Jean Calvin），是法国宗教改革家、神学家，认为人类由于亚当的堕落而无法以自己的能力作任何灵性上的善事，全人类都不能靠自己，而需要发出得救的信心来相信福音，得到救赎。

② Homer H. Dubs, *Hsuntze: the Moulder of Ancient Confucianism*, London: Arthur Probsthain, 1927, p. 77.

③ Homer H. Dubs, Mencius and Sün-dz on Human Nature, *Philosophy East and West*, Vol. 6, No. 3, 1956, pp. 212-222.

④ Aaron Stalnaker, “Transforming the Self: Confession and Performance in the Thought of Augustine and Xunzi”, edited by Brian Brown, John Doody and Kim Paffenroth, *Augustine and World Religions*, Lexingtong Books, printed in the U. S., 2008, p. 227.

著《克服人性的邪恶：荀子和奥古斯丁思想中的人性与精神修养》（*Overcoming Our Evil*：*Human Nature and Spiritual Exercise in Xunzi and Augustine*），是James F. Keen编辑的伦理神学系列作品之一，在书中Stalnaker同样也是将荀子和奥古斯丁置于宗教视域下进行对比和评述。例如，Stalnaker借用了宗教哲学家Pierre Hadot的“spiritual exercise”（精神实践）对比分析荀子和奥古斯丁思想中提升人格修养和培养伦理德性的过程。[①] Stalnaker认为“精神实践”不仅能够让人了解美德的内容，更是给人提供了获得美德的方法，同时宗教伦理让信徒在各自的传统背景下吸收同化那些对自我修养有重要意义的宗教故事、符号。“对于精神实践，奥古斯丁和荀子都给出过复杂且深刻的理论指导，并把这种道德修养作为他们宗教思想和实践的中心。”[②] 综上所述，Stalnaker分析对比二者的前提是他们共同的宗教属性。

美国学者克莱恩（T. C. Kline）与Justin Tiwald合作编辑出版的论文集《〈荀子〉中的礼仪与宗教》（*Ritual and Religion in the Xunzi*）收录了7篇探讨荀子、荀子思想与宗教的关系的文章，借以支持和发展Edward Machle之“荀子是一位宗教哲学家”的观点。[③]编者克莱恩赞同Machle的观点，认为荀子是中国古代具有代表性的宗教哲学家，他的哲学思想是以成熟的宗教视野为前提的。克莱恩借阴子方事亲至孝、积善有德的故事来巧妙论述荀子思想的宗教性[④]，提出此类古代祭祀活动算得上中国早期成熟的宗教仪式，虽然荀子对类似的宗教仪式一直予以批判，但他并未否定此类祭祀活动中承载的儒家伦理观，且肯定了这些宗教和祭祀形式对人们提升自我、塑造德性的辅助作用。既然宗教仪式的存在具有合理性，就不能否认荀子思想中的宗教元素。[⑤]

荀子思想是否具有宗教性这一主题在国内学界也有讨论，但相关研究成

---

① Aaron Stalnaker, *Overcoming Our Evil*: *Human Nature and Spiritual Exercise in Xunzi and Augustine*, Washingtong, D. C.: Georgetown University Press, 2007, introduction.

② *Overcoming Our Evil*: *Human Nature and Spiritual Exercise in Xunzi and Augustine*, introduction.

③ Edited by T. C. Kline and Justin Tiward, *Ritual and Religion in the Xunzi*, Albany: State University of New York Press, 2014.

④ 故事中提到：某年腊月灶成，阴子方正在灶台旁生火举炊，灶神现身，忙下跪感恩，并将一只家养的黄羊宰杀供奉。这以后，阴子方接连发财，成了远近闻名的富户，受到这个“黄羊祭灶”传闻的启发，很多人亦都在腊日宰牲祭灶。

⑤ *Ritual and Religion in the Xunzi*, p. 2.

果数量不多，与西方不同的社会文化背景，加之对宗教概念的不同阐释，国内鲜少有学者探讨这一话题；而在英语世界的荀学研究领域，译文的导向作用，加之已完善的宗教学体系和人们普遍的宗教体验，探讨荀子思想的宗教属性的文章和专著已有相当数量。

四、“恶”英译与研究现状——去宗教化

何艾克的《荀子》英译本出版后，一部分学者受到启发，意见有所转变，趋同于他将“恶”译为“bad”的做法。他们摆脱了宗教立场，把荀子人性观放在先秦的语境中来进行分析。笔者整理了从何氏全译本出版至今在美发表或出版的文章和专著，凡有论及《性恶篇》之处，大部分都借鉴了何氏的意见。2016 年，Suifu Tang 发表了专著《以儒学实现自我：荀子道德观的当代重构》（*Self-Realization through Confucian Learning: A Contemporary Reconstruction of Xunzi's Ethics*），书中作者以现代人的自我实现过程解析并重构了荀子的道德伦理思想。Tang 把《性恶篇》题翻译为“People's *xing* is bad”，并以性的自然属性为切入点，深入分析了荀子人性观中提出的人性发展的两个阶段：第一阶段与自然赋予人们的能力相关，第二阶段则关联着人的情感与欲望。① Tang 对荀子人性观的剖析均以其自然属性为出发点，其中对礼、心的论述也已全然摆脱了宗教立场。2017 年，Curie Virág 在新作《早期中国哲学中的“情”》（*The Emotion in Early Chinese Philosophy*）中对“情”的探讨也涉及了荀子思想中的人性观，其章节标题“human nature is bad”与何艾克是合拍共鸣的。Virág 认为与孟子不同，荀子人性恶的提出是以外界因素为基础的：人性的恶源于贪欲，而贪欲的产生与外部物质条件相关；化性起伪的实现也是依赖于外部的教化手段。② Virág 对人性与情的论述涵盖了道德伦理、善施教化等多维方面，但均与宗教无关。同年，Michael R. Slater 发表文章探讨了学界对荀子道德观基础的解读：第一种诠释以人为中心，认为儒家的“道”和仪式传统构建了荀子的道德观；第二种诠释以天为中心，认为荀子只是在

① Suifu Tang, *Self-Realization through Confucian Learning: A Contemporary Reconstruction of Xunzi's Ethics*, Albany: State University of New York Press, 2014, introduction.

② Curie Virág, *The Emotion in Early Chinese Philosophy*, Published to Oxford Scholarship Online: March 2017, p. 163.

儒家思想和仪式传统的基础上发现了已经存在的宇宙道德秩序。最终通过论证，Slater认为第一种阐释更为合理。① 这篇文章在西方的荀子研究领域具有极高代表性，它表明海外学者对荀子道德观的研究发生了人本主义转向，摆脱了宗教思维的长期桎梏。此外，文章中《荀子》引文均来自何氏译本，《性恶篇》篇名采纳了“Human Nature is Bad”的译法。由此可见，何氏译本的出版，对之后英语世界的荀学研究产生了极大影响，2016年之后相关的文章和专著，均用“bad”代替了“evil”作为“恶”的英译。

以上作者均将对荀子的人性恶的讨论客观地置于先秦语境之中，联系儒家思想的发展脉络进行分析。在他们看来，荀子的恶是人的自然属性，荀子把仁、义、礼、智、信归结为“伪”，也是以人性的自然属性为基础，进而提出人通过后天学习及提高自我修养方能化性起伪、转恶为善。这些文章的作者对荀子人性观的论述已不再涉及原罪观，摆脱了先前的宗教立场。

结　语

西方汉学的发源是和传教士的活动密不可分的，因此西方汉学家对中国典籍的研究从一开始就带有宗教色彩。由于传教士的使命所在，所以他们会刻意在儒耶之间寻求一种共性以保证中西对话得以开展，宗教传播能够进行，这表现在翻译上就是用西方概念来置换中国概念，改写中国文本。汉学家对荀子人性观中“恶”的英译，是和理雅各在《中国经典》中将“帝”译为“God”、将“天”译为“Heaven”的动机和策略是一致的，即汉学家费乐仁（Lauren Pfister）所提出的“汉学特色的东方主义”（Sinological Orientalism）②。“汉学特色的东方主义”不是霸道地以仲裁者的身份随意建构、臆想、涂改东方文化，而是在尊重东方文化的基础上，通过翻译，以比附的手法进行儒家文化和基督教伦理的比较研究。③客观上，这种策略促进了

① Michael R. Slater, “Two Rival Interpretations of Xunzi's Views on the Basis of Morality”, *Journal of Religious Ethics.*, Jun. 2017, vol. 45 issue2, p. 370.

② Lauren F. Pfister, *Striving for “The Whole Duty of Man”: James Legge and the Scottish Protestant Encounter with China*, Peter Lang GmbH, 2004, p. 9.

③ *Striving for “The Whole Duty of Man”: James Legge and the Scottish Protestant Encounter with China*, pp. 69-76.

中国典籍在西方的接受，但这种脱离实际语义的译文却导致了后世对中国典籍思想研究发生了偏差，产生了误读。当然，从学术史的角度来看，译文对思想研究的作用并不总是单向的。随着思想研究的深入，错误的理解得以纠偏，对那些重要的文化负载词的正确阐释会反作用于翻译，促进新的译文的产生，这也就是当下学者所做对荀子人性观英译去宗教化的工作。

（张秋娟　北京语言大学应用外语学院讲师）

禅宗视域下宣化本《金刚经》的在美接受*

张开媛

摘　要：宣化上人，也作宣化，中国禅宗沩仰宗第九代祖师。于20世纪中后叶赴美传播禅法，推动了中国禅的在美传播。宣化讲禅语言平实，注重禅与《金刚经》的互摄。他对《金刚经》的解义继承了中国禅宗心性观念，对《金刚经》的中道修习方法加以调和，创造性地加入了平等观念，以适应美国受众的接受。

关键词：中国禅宗　宣化　《金刚经》　美国

作为般若类佛典的代表之作，小部头的《金刚经》文艰义深，流传广泛。其汉文本自梵文本翻译而来，首部汉文译本于5世纪初被后秦鸠摩罗什译出，之后又出五译，最末汉译为唐代义净本。历史上，《金刚经》影响深远，被译为多种文字，包括回鹘文、蒙古文、藏文、西夏文等少数民族文字。唐代禅宗五祖弘忍时，《金刚经》成为禅宗的立宗经典，二者完成互摄，由唐宋来华学僧传至海外，译出日文、朝鲜文和越南文版本，逐渐与当地文化结合，实现本土化。

19世纪，日本国内资本主义萌芽，受西方工业化技术的冲击，幕府统治落幕。随后，日本建立新式政府，实行明治维新。明治政府重视神道教、轻

* 本文为2019年度河北省社会科学发展研究课题“翻译视角下《金刚经》宣化本和Edward Conze本在美接受对比研究”的成果，批准号（2019040502004）；为2020年度河北省高等学校人文社会科学重点研究项目“中学西渐背景下《金刚经》英译版本的文学书写与在美流播”的成果，批准号（SD201084）；为2017年河北师范大学博士基金“接受视角下《金刚经》罗什本与玄奘本在唐代的对比研究”的阶段成果，批准号（S2017B20）。

视佛教，僧人被迫还俗或依神道教。受此影响，日禅僧传法视线逐渐转向海外，于19世纪末将禅佛教带入美国。

1865年，Samuel Beal最早将《金刚经》译为英文。1893年，芝加哥召开世界宗教大会，学界将其认定为禅宗正式传美的时间。会后，《金刚经》的英译本被陆续译出。至今，刊载于英文载体的《金刚经》共计63版。19世纪，《金刚经》英译版本共2部，为Samuel Beal版和Max Muller版。20世纪的英译版本居多，有44部。分别为E. H. Parker版；Dwight Goddard版；铃木大拙版；Bhikshu Wai-tao版；Shao-ch'ang Li版；A. F. Price版；Edward Conze卷头插画版1部、注解版4部、译版2部、编辑译版1部，以及与《心经》合版译版1部；P. L. Vaidya版；Wei-nung Kiang版；Nicholas Poppe版；C. R. Bawden版；Raghu Vira版；宣化版；Gary Steven版；G. Kara版；Osho版；Bhagwan Shree Rajneesh版；William Brown版；Bstan-'dzin-rgya-mtshob版；陆宽昱版；Gregory Schopen版；释一行版；黄腾逸译版1部、合刊版1部；Carl Johan Elverskog版；Chien Shih版；Colin Hester版；Peter D. Bishop版；Thomas Cleary版；Aleksei G. Sazykin版；以及6部佚名译者的翻译版本。21世纪以来，《金刚经》的英译版本又出17部，为Shu-ling Chern版；Mu Soeng版；Michael Roach版；星云版；Edward Conze编译版；陈天聪版；Seamus Phan版；William Gemmell版；Red Pine版；William Gemmell版；南怀瑾版；A. F. Price与黄茂林合译版；T. H. Barret版；Paul Harrison版；Charles Patton版；Alex Johnson版；佚名译者英译版1部。

上述《金刚经》版本可分为英译本、英译及注释本和英译阐释本，其底本来源语种分属梵文、汉文、藏文、蒙古文、日文和越南文。如藏译英版Michael Roach本；汉译英版宣化本、南怀瑾本、Charles Patton本；日译英铃木大拙版；梵译英版Max Muller本、Vaidya P. L. 本、Raghu Vira本、Gregory Schopen本、Edward Conze本、Red Pine本和Paul Harrison本等。其中，译自汉文《金刚经》的来源版本为罗什本、玄奘本、慧能《金刚经》注解本（经文部分）和敦煌本。

《金刚经》各英译本是带有译者主体导向的佛学表达。如铃木大拙的《金刚经》英译本承载了日本禅宗理念；释一行的《金刚经》译注本依据越南禅理论；宣化和南怀瑾的《金刚经》译注本由中国禅而发。

这些英文译注本中，宣化本和南怀瑾本承载了中国禅的思想。它们的结构均由“英译佛经+注解”组成。相较南怀瑾版，宣化版可作为宣讲中国禅的代表，极具中国禅的特色。①

一、宣化本《金刚经》的直译策略与中国禅义理的对美输出

宣化上人，中国禅宗沩仰宗九祖。沩仰宗讲究以“真见”作为禅学观点，于其上架构悟境与功行以成就自身，继承了南宗禅的顿悟说，在思想上注重圆融，在修习方法上提倡中道，实现了“空”“有”结合。

《金刚经》宣化本的禅学观点和思辨理路均来自中国禅，底本是三十二分罗什本《金刚经》，英译本按此制式，每分均有标题。从翻译策略来看，宣化本是基于异化翻译原则的直译文本，将具有中国禅意义的概念以直译形式表述，向信仰耶稣环境的美国输出，对其加以阐释。

（一）直译原则和基本佛学概念的引介

宣化本的选词基于直译，保留了中国禅的概念。选词是宣化本进行概念推介，进而建构中国禅义理框架的基础。第一分，佛（Buddha）、世尊（the World Honored One）、比丘（bhikùus）② 这类基本概念基于直译和梵文音译而来，以此作为分散的理论点，逐步搭建宣讲中国禅的理论线。第二分，引入了长老须菩提（the Elder Subhuti）、希有（how rare）、善哉（good indeed）。③ 在引介概念的基础上，加入了中国禅佛理内容。如把“云何应住”④ 译为“how should he dwell”，“降伏其心”⑤ 译为“subdue his heart”，

---

① 宣化上人的《金刚经》英译本为宣化的美国弟子译出，他们的佛学学养承自宣化，属于中国禅学思想范畴，故将其称为宣化本。这符合中国古代佛经译本的命名规则。据《鸠摩罗什传》，罗什初译经时，汉语尚不流利，其弟子为译经主力。因罗什弟子的佛学学养承自罗什，故所译佛经冠以罗什之名。故汉地译经，主持译场之僧是佛经译者，主导佛经承载的义理。此传统在宣化译场得到继承。南怀瑾的《金刚经》英文注译本虽基于禅宗理念，但南本的解经宗风偏向居士佛学观念。从法脉延承看，宣化属禅宗支系正脉，故宣化本传禅较南本更能凸显中国禅观念。

② Hsuan Hua, *A General Explanation*: *The Vajra Prajna Paramita Sutra*, San Francisco: Buddhist Text Translation Society, 2002, p. 46.

③ *A General Explanation*: *The Vajra Prajna Paramita Sutra*, p. 66.

④ （后秦）鸠摩罗什《金刚般若波罗蜜经》，载《大正藏》（卷八）第748页，台北：新文丰出版公司，1975年。

⑤ 《金刚般若波罗蜜经》，载《大正藏》。

"愿乐欲闻"[①] 译为"delighted to listen"。"住"和"降伏"均属佛教修习的基本概念，即破除执念。故第二分起，逐渐代入中国禅的基础内容，并与先前的概念串联。第三分，得灭度[②]（take across to extinction）、菩萨（Bodhisattva），辅助了前二分的译文，铺展了中国禅的概念。此分中，"菩萨"是中国佛教对信众的称呼，在此不特指成果得道的佛教偶像。宣化本采用梵文音译，使受众读者加深对"菩萨"的理解，传达了中国禅的理念。前三分，宣化本引介了较为简单的佛教概念，服务于后文更深奥的概念引入和禅观讲授。

（二）直译的深入——佛学表义的深化

第四分，宣化将梵文音译的"佛法"（dharma）概念代入译文，以区别于其他宗教之"法"。第五分，"身相"（physical marks），此有形的化身形象用于度脱信众，传达了佛教的理念。"凡所有相，皆是虚妄"[③] 译为"all with marks is empty and false"[④]。"相"即"marks"，"虚妄"是指佛法本不可得、亦不可执，是"空"法，也是假象，精准传达了中国禅的内涵。第六分，"取非法相"译为"grasp at no dharmas"[⑤]。"非法"以"no dharmas"表述，以明确"佛法以外"之义。"取"以 grasp 翻译，明确了禅宗之"顿"的概念输入，为开"悟"铺垫。第七分，"一切贤圣，皆以无为法，而有差别"[⑥] 为"Unconditioned dharmas distinguish worthy sages"[⑦]。"贤圣"直译为"worthy sages"，以明确学《金刚经》之佛法，可以使人成"贤"，即有价值的人，故用"worthy"。而"圣"即"圣人"，在此代入了中国传统文化中"圣人"的概念，译为"sages"。由此，宣化本采用由易入难的翻译策略，逐步加深对中国禅的代入。

（三）因果观和福德观的译介

第八分，"三千大千世界"直译为"three thousand great thousand world systems"，"福德"译为"blessings and virtue"，"福性"译为"the nature

① 《金刚般若波罗蜜经》，载《大正藏》。

② 《金刚般若波罗蜜经》，载《大正藏》。

③ 《金刚般若波罗蜜经》，载《大正藏》。

④ *A General Explanation*: *The Vajra Prajna Paramita Sutra*, p. 91.

⑤ *A General Explanation*: *The Vajra Prajna Paramita Sutra*, p. 97.

⑥ 《金刚般若波罗蜜经》，载《大正藏》。

⑦ *A General Explanation*: *The Vajra Prajna Paramita Sutra*, p. 102.

of blessings and virtue"，"四句偈"译为"*four lines of verse*"。[①] 四句偈、福德、福性表达了持经功德。第九分是对"得果"的译介。"须陀洹果"(fruit of Srotaàpanna)、"斯陀含果"(the fruit of Sakçdàgàmin)、"阿那含果"(the fruit of Anàgàmin)、"阿罗汉道"(Arhatship)、"阿兰那行"(Arana)。[②] 对上述佛"果"的直译，可以直观建构起修习佛法对应的佛果，结合第八分的福德，加深英语读者对中国禅的理解。第十分，"然灯佛"译为"Burning Lamp Buddha"，在引入新概念的同时，对应了第五分所述之"佛"的化身，明确说明佛以化身度脱信众，而佛法实为"空"，帮助读者进一步加深对中国禅的印象。突出了福德和因果，是理解经义、树立中国禅观的关键。

（四）翻译与文化补足——中国禅佛学架构

第十一分，标题"无为福胜分"译为"The Supremacy of Unconditioned Blessings"[③]。"blessing"本身具耶稣信仰的意味，含有"上帝的恩宠"之义。此处对"blessings"的翻译，宣化本借用宗教词汇的共通性，选取读者熟悉的词语，使文化意象移植和重构。第十二分，"第一希有之法"[④] 被译为"the foremost and most rare of dharmas"[⑤]。这里，宣化本引入新概念，以构架佛法的高下体系，由低到高、由浅入深，以表达中国禅的内核。第十三分，《金刚经》的经名采用了梵文音译"Vajra Prajnà Pàramità"[⑥]，服务于中国禅概念的深化，突出文化意蕴。第十四分，"实相"译为"real mark"，与前文之"空"(empty and fraud) 相对，突出佛法本质是"空"，不可求、不可执。此分的"我于往昔节节支解时，若有我相、人相、众生相、寿者相，应生嗔恨"[⑦] 译为"When I was cut limb from limb, if I had had a mark of self, a mark of others, a mark of living beings, or a mark of a life, I would have been outraged"。[⑧] 语言

① *A General Explanation*: *The Vajra Prajna Paramita Sutra*, p. 106.

② *A General Explanation*: *The Vajra Prajna Paramita Sutra*, pp. 112-117.

③ *A General Explanation*: *The Vajra Prajna Paramita Sutra*, p. 128.

④ 《金刚般若波罗蜜经》，载《大正藏》。

⑤ *A General Explanation*: *The Vajra Prajna Paramita Sutra*, p. 135.

⑥ *A General Explanation*: *The Vajra Prajna Paramita Sutra*, p. 144.

⑦ 《金刚般若波罗蜜经》，载《大正藏》。

⑧ *A General Explanation*: *The Vajra Prajna Paramita Sutra*, p. 170.

平实，以讲故事的口吻，突出佛的慈悲。第十五分，直译法继续采用，如善男子（good man）、善女人（good woman）。[①] “发大乘者”译为“those who have set out on the Great Vehicle”[②]，“最上乘”为“Supreme Vehicle”，“乘”译为“Vehicle”，与前文之“筏”对应，表达佛以化身来此岸接引信众、以筏度脱信众，加深读者对中国禅的理解。“小法”译为“lesser dharmas”，对应了前文“法”的翻译，确立了“法”的定位是大乘佛法。此六分的翻译，以直译为主，含有一定的意译和音译，体现出中国禅对《金刚经》的诠释体系。

（五）因果关系和中道观念——佛学框架的思想填充

第十六分的“先世罪业”译为“previous karmic offenses”，“果报”译为“resulting retribution”，“不可思议”译为“inconceivable”。[③] 这些词汇的翻译，使中国禅的表义更加透彻。佛教讲究因果，故禅宗认为造业在先，得苦果在后。“业”即不合“法”的行为，“offense”准确传递了此内涵。“不可思议”的佛法，指佛法本“空”，实质是“不执不著”的中道思想，故“inconceivable”体现了中国禅的内核。第十七分，“汝于来世，当得作佛”[④] 译为“You will in the future attain Buddhahood”[⑤]。经文与前文之“法”对应，认为修习佛法即得佛果。故“Buddhahood”是“果”，也是假名，不应执着于其。第十八分进一步强调了“不执不著”，故“慧眼”“法眼”“佛眼”“恒河沙”“佛世界”的直译，旨在指向“空”的本质。第十九分，经文回到得福德与布施的关系。将“布施”意译为“If someone filled the three thousand great thousand worlds with the seven precious gems and gave them as a gift”[⑥]，语言的处理较为生活化，更易拉近和读者的距离。

第二十分的“具足色身”译为“the perfection of his physical form”[⑦]，第

① *A General Explanation*：*The Vajra Prajna Paramita Sutra*，p. 179.

② *A General Explanation*：*The Vajra Prajna Paramita Sutra*，p. 179.

③ *A General Explanation*：*The Vajra Prajna Paramita Sutra*，p. 187.

④ 《金刚般若波罗蜜经》，载《大正藏》。

⑤ *A General Explanation*：*The Vajra Prajna Paramita Sutra*，p. 194.

⑥ *A General Explanation*：*The Vajra Prajna Paramita Sutra*，p. 211.

⑦ *A General Explanation*：*The Vajra Prajna Paramita Sutra*，p. 212.

二十一分的"闻说是法，生信心不"[①] 译为"will there be living beings in the future who will believe this Sutra when they hear it spoken"[②] 第二十二分的"无有少法可得"译为"there is not even the slightest dharma which I could attain"[③]，第二十三分的"善法"译为"good dharmas"[④]，第二十四分的"四句偈"译为"four lines of verse"[⑤]，第二十五分的"实无有众生如来度者"[⑥] 译为"There actually are no living beings taken across by the Tathàgata"[⑦]。这些词汇和词汇背后的义理表述，保留了中国禅解《金刚经》的核心之中道方法，也向英语读者传达了中国禅对因果关系的看重。

第二十六分的四句偈为"If one sees me in forms，If one seeks me in sounds，He practices a deviant way，And cannot see the Tathàgata"[⑧]。第二十七分的"断灭相"译为"annihilation of marks"[⑨]，第二十八分的"不应贪著"译为"cannot be greedily attached to the blessings and virtue"[⑩]，第二十九分再次回归中道真谛"如来者，无所从来，亦无所去，故名如来"[⑪] 译为"The Tathàgata does not come from anywhere，nor does he go anywhere. Therefore he is called the Tathàgata"[⑫]。第三十分强调凡夫修法不应贪著，以"the totality of marks cannot be spoken of，but people of the common sort greedily attach to such things"[⑬] 明确了修习的方法。第三十一分回归到"法相"，即"marks of dharmas"，意指佛法的真谛即法相，只有中道之否定思辨，才可到达彼岸。第三十二分是经文的结尾，最终回归了不执不著、破而不立的中道思辨主题，多

---

① 《金刚般若波罗蜜经》，载《大正藏》。

② *A General Explanation*：*The Vajra Prajna Paramita Sutra*，p. 214.

③ *A General Explanation*：*The Vajra Prajna Paramita Sutra*，p. 219.

④ *A General Explanation*：*The Vajra Prajna Paramita Sutra*，p. 221.

⑤ *A General Explanation*：*The Vajra Prajna Paramita Sutra*，p. 223.

⑥ 《金刚般若波罗蜜经》，载《大正藏》。

⑦ *A General Explanation*：*The Vajra Prajna Paramita Sutra*，p. 225.

⑧ *A General Explanation*：*The Vajra Prajna Paramita Sutra*，p. 228.

⑨ *A General Explanation*：*The Vajra Prajna Paramita Sutra*，p. 231.

⑩ *A General Explanation*：*The Vajra Prajna Paramita Sutra*，p. 233.

⑪ 《金刚般若波罗蜜经》，载《大正藏》。

⑫ *A General Explanation*：*The Vajra Prajna Paramita Sutra*，p. 235.

⑬ *A General Explanation*：*The Vajra Prajna Paramita Sutra*，p. 239.

以直译方式处理。

（六）直译主导的译介对佛学框架的促进

通过对《金刚经》宣化本的文本细读，可知宣化本《金刚经》重在传输概念，后由点成线，根据理论线的走向，逐步树立起中国禅的框架。其中，福德观的填充、中道观念的输入和因果关系的讲说，使框架变得丰满，体现出中国禅的佛学思想。此外，宣化本《金刚经》传达的中道思辨观念和福德观念，作为异质文化进入英语读者的视野，通过框架表达中国禅的中道核心，辅以福德、布施的修习观，填充中国禅的血肉，架构成完整的中国禅解《金刚经》的体系。

宣化本《金刚经》的译介忠于汉文原文，直译为主、意译和音译为辅，译文带有中国禅特点，使宣化本《金刚经》的"空"观独具风格。保留了底本中"布施"和"福德"的佛学原义，以明确二者在中国禅中的重要性，助力了中国禅的在美传播。

二、《金刚经》宣化本的禅学思想

宣化本《金刚经》的底本是三十二分罗什本，通过译者主体的把控，忠实地延续了罗什本的中道思辨——三段式"A 者，非 A，是名为 A"，以传递禅之中道思想。

A 在经文的指代，依次为身相、须陀洹、斯陀含、阿那含、阿罗汉、庄严、大身、般若波罗蜜、微尘、世界、三十二相、实相、第一波罗蜜、忍辱波罗蜜、诸相具足、众生、阿耨多罗三藐三菩提、善法、凡夫、微尘众、一合相、我见、人见、众生见、寿者见、法相。其内容和排列顺序体现出由浅入深的佛学表义特点。这些概念构成理解经文义理的点，起于诸如身相、微尘、世界、善法、凡夫等较易于理解的佛学词汇，它们和来自梵文音译的佛学词汇须陀洹、斯陀含、阿那含、阿罗汉、庄严、大身、般若波罗蜜、三十二相、第一波罗蜜、忍辱波罗蜜共同构成基础概念，而后串联成线，构建成《金刚经》讲"空"的基础。通过由浅到深的义理推进，承载了较深层次佛学表义的词汇，如诸相具足、众生、阿耨多罗三藐三菩提、微尘众、一合相、我见、人见、众生见、寿者见、法相，填充、完善了整个讲"空"体系。其中，福德观的增补，丰富了经本的义理，成为促进经本传播的推动剂。

因此，三段式的结构及其内不断注入的佛学概念，构成对佛法“空”的表义。需要注意的是，唐初自禅宗五祖改立《金刚经》为立宗经典后，《金刚经》即与禅互摄，对“空”的表义趋向“法有我空”“返观本心”。此有宗化趋势，延续至今。

20世纪中后叶，宣化在美国开讲《金刚经》。他的讲解平实易懂，穿插了若干小故事。他于《开经偈》言：“无上甚深微妙法，百千万劫难遭遇，我今见闻得受持，愿解如来真实义。”① 奠定了释经基调，即闻经而知真实义，以解如来所说法，确立了讲《金刚经》的“法有”论调。

宣化注重对因果关系的讲解，如“卵因想生。胎因情有”②，再如“有业就受果报了。这哪一种类就受哪一种类的果报”③。这是因为，因果关系既是佛教的重要理论，也是讲说《金刚经》“法有”的基础。故对因果的讲述，可为讲“见性”做铺垫。

方法论上，宣化强调了中道思辨方法，以突出“不执”“不着”的行为规范，将其与布施和福德连贯起来，为“返观本心”架构基础。

> 有所执着，这不观空，这就叫没能无所住。那么要无所住呢，就是三轮体空：我布施而无布施之相，虽然作布施，离开布施相，这才是，真正布施。……虽然你做功德，也不要有一种执着相。你有所执着就是没有功德；你要无所执着，你的功德是尽虚空遍法界的。④

对于“返观本心”“明心见性”，宣化在阐释《金刚经》第九分时，做了充分阐释。他将“离欲”和“无诤”与“心性”联通，阐释了悟法的妙义。

> “无诤三昧”就是没有胜负心了，没有斗争心了；没有斗争心，入到这种的定，这叫无诤三昧。世尊常常说，须菩提得到这个无诤三昧，“人中最为第一”，在这个一般人里边，他算是最为第一了，是第一。“是第一离欲阿罗汉”，是第一离欲阿罗汉。“离欲”，就是离开一切的这种贪

---

① 宣化上人《金刚般若波罗密经浅释》第1页，宗教文化出版社，2008年。

② 《金刚般若波罗密经浅释》第76页。

③ 《金刚般若波罗密经浅释》第76页。

④ 《金刚般若波罗密经浅释》第80、124页。

欲。贪欲，很多很多的，这个贪欲。贪财也是个贪欲；贪色也是个贪欲；贪名也是个贪欲，贪一切所好的，这就叫贪欲。那么证得这无诤三昧了，就没有一切的贪欲；也不贪食，也不贪穿，也不贪住好的地方，一切的欲望都断绝了，这是第一离欲。离开欲就得到这无诤三昧，就得到这个清净了；没离开欲就得不到这无诤三昧，得不到清静的这种快乐。①

宣化认为，佛教在 20 世纪中后叶的美国刚刚开始。他劝人向善，认为“学佛法是要向上升，往好的方面去做”②。对于修习方法，宣化秉持中国禅之中道的修习法，但在讲说中道时，他做了适当调和，不再刻意强调否定之否定，认为宣讲中道不能过犹不及。

参禅要不偏不倚，不要太过，也不要不及，太过或不及，那不是中道。不落空有二边，才是中道。所谓“中道”就是非空非有，也就是真空妙有。无着于真空，无碍于妙有，真空妙有不可取，也不可舍，取也不得，舍也不可，这是真空妙有的境界。③

由此，知宣化在美讲授《金刚经》、传播禅法，延续了中国禅宗的宗风，保留了罗什本的中观方法论，以平实之言，把中国禅之心性佛学带入具有耶稣信仰的美国，使中国禅在美生根发芽，带动了《金刚经》在美国的传播。

三、美国时代背景与宣化本《金刚经》的在美接受

宣化赴美传禅之时，美国正值垮掉派盛行。他们对来自中国的宗教文化，特别是对寒山和他的禅诗情有独钟。垮掉派对寒山的兴趣早于宣化赴美传禅，为宣化传禅做了文化接受的预热。

寒山诗通俗易懂，表现出归隐山林的逸趣与禅佛教的真谛，以禅立意，亦受“空”观影响。唐初“空”观来自空宗理念，空宗又多承袭《金刚经》

① 《金刚般若波罗密经浅释》第 133 页。

② 佛经翻译委员会译《宣化上人开示录（二）》第 18 页，加利弗尼亚：法界佛教总会助印，1994 年。

③ 《宣化上人开示录（三）》第 26 页。

之“空”观，故寒山诗作之“空”与《金刚经》存在关联。

1958年，垮掉派代表人物斯奈德（Gary Snyder，1930—）翻译了24首寒山诗，发表于垮掉派作家的宣传阵营《常春藤评论》（*Evergreen Review*）。斯奈德生活在耶稣信仰的环境下，但他对禅“空”观的接受，为自己开辟了新思路。他认为，禅帮助人们修身并反思不当行为，这是尊重自身、尊重生命、尊重他人的无为观念。因此打破了人的优越感，对处于“上帝耶稣”宗教观念下的美式思维注入一股清流，推动了基督禅的发展。斯奈德理解的“无为”不再具有消极的成分，而是万物平等、热爱生命的整体生态思想。他认同禅佛之“万物皆有灵性”的理念，这不同于“上帝”的人本主义思维方式，为中美文化交流提供了接口。斯奈德通过习禅，认为万物平等，人与其他生物相互影响。这促发了他对和谐的认同和思考，使他开始正视人类的欲望对自身和生态圈中其他链条带来的负面影响。

斯奈德把自己修习的禅观思想归为中国禅。禅空思想使他注重回归本心，关注自然生态。由于禅空观离不开《金刚经》，故斯奈德的禅空观，既接受了来自《金刚经》的“空”，又接受了来自中国禅的“心”。斯奈德因对寒山禅诗的感悟，进而提出了生态理论，重新考量世间万物的关系，剥离人类中心主义，在当时的美国思想界影响深远。正是禅观思维和万物平等的理念，使斯奈德和他阐释的中国禅“空”观在美国思想界占据了思想高地，为随后宣化赴美传禅奠定了思想基础。

垮掉派对寒山禅诗推崇的时段，与宣化赴美传禅的时段前后衔接。宣化赴美传禅，是中国禅宗正脉在美宣禅的重要事件。宣化本《金刚经》从中国禅角度，讲说禅法之“空”，使之区别于在美流布的其他《金刚经》英译本的传禅倾向，为在美传播的驳杂禅观厘清了溯源关系。①

宣化在美讲《金刚经》，除了中道思辨和心性本源思想以外，还为经本义理增添了适应美国思想环境性的“平等”观念，如生佛平等、空有平等、诸

① 其他《金刚经》英译本作者的佛学学统多来自日本禅和越南禅，部分译者学习过印度佛教，还有一些译者的学统源自美国本土的基督禅。从学统溯源看，这些英译本的禅学学统虽均可追溯至中国禅，但因其在流播中转地与当地文化曾产生融合，故义理上并未保持中国禅的原汁原味。因此，这类从中国出发、经由中转地的禅观思想，经辗转流入美国后，其在美传播之禅观与中国禅存在义学差异。

法平等、一多平等和诸见平等。[①] 这些创新观念的带入，体现出中国禅和《金刚经》在美传播的适应性，为二者的流布提供了顺畅的接受条件，加速了它们在美的本土化。

结 语

作为中国佛教的代表，中国禅负载着来自中国的佛教文化。宣化赴美传禅之举，为中国禅和《金刚经》的海外传播开拓了新疆域。宣化禅师厘清了在美传播的禅宗溯源，确立的中国禅的本源地位，使美国信众明晰了中国禅和《金刚经》的互摄关系，使他们从在美传播的驳杂禅观中，厘清了各国禅宗的渊源。

宣化阐释中国禅、讲解《金刚经》，语言平实生动，意思简洁明快，故事性强，在义学表述上保留了《金刚经》的中道论和中国禅的归心观，创造性地提出平等观念，符合美国社会当时的思想动态，推动了美国当代生态思潮的发展，促进了基督教和禅宗的融合，加速了禅宗在美国的本土化和《金刚经》的在美接受。

（张开媛　河北师范大学外国语学院讲师）

① 《金刚般若波罗密经浅释》第 230—231 页。

西人所编汉籍书目中的《金瓶梅》探析*

赵东旭

摘　要： 西方汉学家从18世纪初就已开始编纂汉籍目录，很多汉籍书目都著录小说《金瓶梅》，并对其进行相关介绍。这也给我们带来重要的启示意义。西方汉学家在汉籍书目中对《金瓶梅》的文学和艺术价值予以高度评价，认为它是一部现实主义杰作。这些汉籍书目对《金瓶梅》在西方世界的翻译、传播和接受也都产生积极影响。同时，西方汉学家希望能将《金瓶梅》纳入世界文学的范围之中去考察，是“西学东渐”和“东学西传”的双重作用结果，本质上也是中西文学交流的必然趋势。

关键词： 西方汉学家　汉籍书目　《金瓶梅》

西人很早就开始编纂汉籍书目，目前已知世界上最早的汉籍书目是法国汉学家傅尔蒙（Étienne Fourmont，1683—1745）于1719年用拉丁文编纂的法国皇家图书馆馆藏书目，其中汉籍目录见于第一卷“东方手稿部”，出版于1739年。① 此后，西方汉籍书目如雨后春笋般地涌现出来，蔚为大观，成为中西文学交流史上的重要现象。这些汉籍书目既包括西方汉学家为各个汉学机构和大学图书馆编纂的藏书书目，也包括汉学家自身的著述书目。透过西方汉学家所编汉籍书目，人们能够了解到西人对中国古典小说的认识及其小说观念。本文拟以19世纪英、法两国的汉学家所编汉籍书目中的通俗小说《金瓶梅》为主要研究对象，考察和探究西方早期汉学家在汉籍书目中对它的不同论述，揭示其背后深刻的启示意义。

---

* 本文为2021年浙江外国语学院青年基金重点项目“近代中国文学史著中的古典小说研究”的成果，批准号（2021QNZD1）。

① 宋莉华《西方早期汉籍目录的中国文学分类考察》，载《中国社会科学》2018年第10期。

一、西人汉籍藏书书目对《金瓶梅》的分类

晚明以降，中西文学交流日趋频繁，大量中文典籍通过西方来华传教士等人，或者其他多种途径，源源不断地传入西方，被西方各大汉学机构和图书馆珍藏。一些汉学家很早就开始着手为藏书机构编纂汉籍书目，这一潮流在19世纪随着中西文学交流的逐渐深入尤为显著，出现众多汉籍藏书书目。其中中国古典小说在西方收藏的中文典籍中占据重要地位，由此可以看出西人对中国文学的高度关注，是“中学西传”过程中不可或缺的组成部分。

《金瓶梅》最早出现在英国第一位新教来华传教士罗伯特·马礼逊（Robert Morrison，1782—1834）1824年，编纂的《马礼逊手稿书目》（*Morrison's Manuscript Catalogue*）之中。马礼逊1807年来华，1823年短暂回国述职，在华16年的他已收藏近万册中文书籍，涉及文学、历史和宗教等多个领域，现藏于伦敦大学亚非学院（School of Oriental and African Studies, University of London）。[①] 1824年，马礼逊乘坐轮船“滑铁卢”（Waterloo）号返回英国途中，对自己的藏书进行简易编目，留下手稿目录。该书目400页，以书名首个汉字的偏旁为序，手稿中共有396个偏旁部首，按照马礼逊《华英字典》（*A Dictionary of the Chinese Language*，1815—1822）中的语音系统为序编排。[②]

《马礼逊手稿目录》中收录多部中国古典小说，其中既包括白话小说，也含有文言小说。马礼逊在手稿中将《金瓶梅》置于“Kin 斤”字偏旁部首下面，同样归入该偏旁中的小说还包括《金石姻缘》《金云翘》《锦香亭》《今古奇观》《锦上花》，其中《金瓶梅》位列首部。其编号为314，版本详细信息如下：

> 《皋鹤堂批评第一奇书金瓶梅》一百回。〔（明）笑笑生撰，（清）张竹坡评〕。

---

① Eilza Morrison, *Memoirs of the Life and Labors of Robert Morrison*, London: Longman, 1839, p. 224.

② 查玮、吕凌峰《伦敦大学亚非学院马礼逊中文古籍藏书及其价值——兼评魏安〈马礼逊藏书书目〉》，载《国际汉学》2016年第1期。

清崇经堂刻本。

版式：版框 12.2 厘米×9.7 厘米；四周单边；11 行 25 字；版心题《第一奇书》；下口多镌“崇经堂”。

图像：像讚二十幅。

内容：首附《趣谈》《寓意说》《非淫书论》《杂录小引》《竹坡闲话》《家众杂录》《读法》。

序跋：康熙乙亥（34 年）谢颐序。①

据马礼逊标记，这部小说共 20 册（volume），他对《金瓶梅》的批注（comments）是“一个淫荡的故事，极其淫秽，口语，印刷精良，由《三国志》的作者撰写”（A licentious tale, grossly obscene, colloquial, good print, by the author of *San Kwŏ Che*）。可见，马礼逊和当时很多中国人一样，对小说评价不高，认为它是一部“淫书”，这或许是受到基督教思想和观念影响的原因。他将《金瓶梅》归入“tale”，没有用“novel”称谓。② 不过，马礼逊显然没有弄清楚《金瓶梅》的作者到底是谁，误认为这部小说和《三国志》的作者相同。这一点他和当时的来华西人相同，很容易混淆古典小说的作者，尤其对“才子书”及其作者更是难以分辨清楚。

西方汉学家在其所编汉籍书目中对《金瓶梅》的分类编排，主要表现出 2 种类型：第一是按照文学体裁分类，将《金瓶梅》归入小说之中。例如，英国新教传教士和汉学家塞缪尔·基德（又称“修德”，Samuel Kidd，1799—1843）1838 年，在其所编《皇家亚洲文会中文图书馆目录》（*Catalogue of the Chinese Library of the Royal Asiatic Society*）中，把《金瓶梅》归入小说（works of fiction）之中。基德是马礼逊的学生，1824 年赴马六甲传教，历任英华书院中文教师、院长等职。1837 年，他被任命为伦敦大学大学院首任中国语言和文学专业教授，任期 5 年。③ 1838 年，他应邀为当时的英国皇家亚洲文会中文图书馆（the Chinese Library of the Royal Asiatic Society）编纂书目。

① Andrew Christopher West, *Catalogue of the Morrison Collection of Chinese Books*, London: School of Oriental and African Studies, 1998, p. 278.

② 《西方早期汉籍目录的中国文学分类考察》。

③ ［新加坡］关诗佩《英国伦敦国王学院首任汉学教授费伦——兼论斯当东赞助人的角色》，载《国际汉学》2013 年第 1 辑。

基德在书目中将皇家亚洲文会中文图书馆的藏书分为语言（language）、历史（history）、统计和地形学（statistics and topography）、传记（biography）和诗歌（poetry）等21类，其中小说（works of fiction）排在第18类。

基德在《皇家亚洲文会中文图书馆目录》中收录2部《金瓶梅》，分别位于小说类别中的第4部和第6部，其中共计收录小说和戏剧23部，其他还包括诸如《红楼梦》《粉妆楼》《蜃楼志》《今古奇观》《好逑传》等作品。基德对每部《金瓶梅》都写有简略的解题：

> 第4部：　　　第一奇书（*Te yih k'e shoo*）
>
> "最精彩的书。"小说，20册。由方周的学生创作，刊刻于康熙年间。（"The Most Wonderful Book." A novel, in twenty vols. Composed by a disciple of *Fang-chow's*, and published in the reign of *Kang-he*.）①
>
> 第6部：　　　金瓶梅传（*Kin hing mei chuen*）
>
> "金色的盆栽梅花叙事"——另外一个版本名字叫"最精彩的书，"不同的标题；两部作品都是描写中国人的生活方式和习俗，尤其描绘了有关求爱和婚姻的内容。根据序言所写，这部小说的创作目的在于提升世人的美德，阻止人们的堕落。（"The Golden-potted Plums Narrated," —another copy of "The Most Wonderful Book," with a different title; both works containing a description of Chinese manners and customs, especially with reference to courtships and marriage, the design of which, according to the preface, is to promote virtue, and discourage vice.）②

可以看到，基德更注重《金瓶梅》中描写的中国人的生活方式和习俗，尤其是关于爱情和婚姻的内容，他希望透过小说能够了解中国人的家庭和婚姻生活。

同样，法国汉学家朗德雷斯（Ernest Clerc de Landresse，1800—1862）1839年，在其所编《克拉普罗特藏书书目》（*Catalogue des Livres imprimés:*

---

① Samuel Kidd, *Catalogue of the Chinese Library of the Royal Asiatic Society*, London: printed by John W. Parker, ST. Martin's Lane, 1838, p. 51.

② *Catalogue of the Chinese Library of the Royal Asiatic Society*, p. 52.

des manuscrits, et des ouvrages Chinois, Tartars, Japonais, etc., composant la Bibliothèque de feu M. Klaproth Par C. Landresse）中，把《金瓶梅》归入小说与戏剧（Romans et pieces de theater）。朗德雷斯是法国著名汉学家雷慕莎（Jean Pierre Abel Rémusat，1788—1832）的学生，克拉普罗特（又称柯恒儒，Heinrich Julius Klaproth，1783—1835）则是旅居巴黎的德国汉学家，曾与雷慕沙有深入的学术切磋。朗德雷斯在《克拉普罗特藏书书目》中著录2部《金瓶梅》，均位于文学类别（Littérature）里面的子目"小说与戏剧"，编号分别为243与244。[①] 第一部是绣像本《金瓶梅》，共100回，每回2幅插图；第二部是满文译本《金瓶梅》，刊刻于1708年。

1840年出版的《国家科学院亚洲博物馆馆藏汉文、满文、其他多种语言及日文、韩文书籍和手稿目录》（*Catalogue des Livres et Manuscrits Chinois, Mandchous, Polyglottes, Japonnais et Coreens de la Bibliothèque de Musee Asiatique de l'Academie Impriale des Sciences Par M. Brosset*），以及1856年发行的《拜勒所藏法、德、意大利、希腊、英、拉丁语及中文书籍与稿本与中国印度的绘画与绘图目录》（*Catalogue des livres français, allemands, anglais, italiens, grecs, latins et orientaux imprimés et manuscrits de la collection de livres chinois et des peintures et dessins faits en Chine et dans l' Inde composant la bibliothèque de feu M. Charles Henry Bailleul Par Bailleul, Charles Henry*），《金瓶梅》同样位于书目的小说类别。前者把馆中藏书主要分为字典、宗教、历史、文学、医学等18类，其中《金瓶梅》见于文学（Littérature）类的"小说"（Romans fiction）子目。这本藏书共收录2部《金瓶梅》，分别是满文译本和"第一奇书"本。[②] 后者主要分为经典、宗教、文学、历史地理、百科全书等7类，其中《金瓶梅》著录于文学（Littérature）类别中的"诗歌小说"（Poésies, romans, ect.）。[③]

英国著名汉学家翟理斯（Herbert Allen Giles，1845—1935）1898年，在

---

① C. Landresse, *Catalogue des Livres imprimés: des manuscirts, et des ouvrages chinois, tartars, japonais, etc., composant la Bibliothèque de feu M. Klaproth*, Paris: R. Merlin, libraire, 1839, p. 398.

② 宋丽娟《〈金瓶梅〉在十九世纪欧洲的著录与流传》，载《中国文学研究》2019年第2期。

③ Bailleul, *Charles Henry*, *Catalogue des livres français, allemands, anglais, italiens, grecs, latins et orientaux imprimés etmanuscrits de la collection de livres chinois et des peintures et dessins faits en Chine et dans l' Inde composant labibliothèque de feu M. Charles Henry Bailleul*, Paris: H. Labitte, 1856, p. 230.

其所编《剑桥大学威妥玛藏书书目》（*A Catalogue of the Wade Collection of Chinese and Manchu Books*）中，也把《金瓶梅》归入小说类别。他在书目中将剑桥大学的中文藏书主要分为：（A）儒、释、道经典；（B）历史、传记、法规；（C）地理；（D）小说、戏剧、散文和优秀选集；（E）字典和参考书；（F、X、Y）杂集（类书等）；（Z）汉译宗教和科学作品；（G）满族和蒙古语、汉语初级手册译文。该书目共计收录中文书籍883部，合计4304册。翟理斯收录2部《金瓶梅》，并将其置于D类的小说（novels）里面，具体内容信息如下：

D 53—55.　　《金瓶梅》(Chin p'ing mei)

一部讲述12世纪早期社会生活的小说。作者被认为是王世贞，死于1593年，文中附有插图，张竹坡评点。1695年。22.5厘米。A novel of social life dealing with the early years of the 12th cent. A. D., attributed to 王世贞 Wang Shih-chêng who died in 1593, with illustrations, and critical commentary by 张竹坡 Chang Chu-P'O. 1695. 22.5 cm.)

D 56—59.

另外一个版本，无插图。1695年。24厘米。(Another edition, without illustrations. 1695. 24 cm.)①

从翟理斯对剑桥大学所藏两部小说《金瓶梅》的介绍来看，均为张竹坡评点本，这与皇家亚洲文会和英国博物院所藏《金瓶梅》版本相同，可见该刻本在西方世界较为流行。他认为小说反映了中国早期的社会生活。

值得注意的是，翟理斯在书目中还记载《金瓶梅》的一部早期满语译本，将其置于G类满语作品之中：

G 185—190 .

《金瓶梅》的译文，参考D 53—55，译文行间附有汉语文本。1708年。25厘米。(Translation of the 金瓶梅 *Chin p' ing mei* , see D 53—55,

① Herbert Allen Giles, *Catalogue of the Wade Collection of Chinese and Manchu Books*, Cambridge: The University press, 1898, p. 91.

with Chinese interlinear text. 1708. 25 cm.)①

他将《金瓶梅》的满语译本也收录其所编中文书目，在同时期西人所编汉籍书目里面颇具创新意识，视野开阔。

当代英国语言学家、汉学家魏安（Andrew Christopher West）在 1998 年其所编《马礼逊藏书书目》（*Catalogue of the Morrison Collection of Chinese Books*）中，同样把《金瓶梅》归入小说（novel）类别。魏安对马礼逊藏书的整理最为完备和彻底，他用中国传统的四部分类法，按照经、史、子、集对马礼逊藏书重新编排。他将《金瓶梅》放在集部小说类（vernacular fiction）的长篇小说中，归入世情小说（novels of manners）。魏安对《金瓶梅》的解释如下：

> 金色的荷花，100 回的小说。作者被认为是“笑笑生”。张竹坡（1670—1698）评点，刊刻于 1695 年。[The Golden Lotus, a novel in one hundred chapters. Attributed to “Xiaoxiaosheng”. This edition with commentary written by Zhang Zhupo（1670—1698）in 1695.]②

他的介绍显然与早期西人不同，将“金瓶梅”直译为“The Golden Lotus”，而没有像基德那样把书名译为“The Golden-potted Plums Narrated”。魏安还提到小说的作者是“笑笑生”，不同于之前很多汉学家简单地将作者归为王世贞，这显然是一个巨大进步，变得更加客观。魏安所编《马礼逊藏书书目》所载《金瓶梅》版本信息与上文中的《马礼逊手稿书目》相同。可见，汉学家普遍把《金瓶梅》归入小说（novel），希望透过作品来了解中国人的社会生活和情感习俗，促进了它在西方世界的传播和接受，这在一定程度上也提高了它的文学史地位。

第二是按照所藏汉籍书目的作者首字母或捐赠人为序进行编排。例如，英国汉学家罗伯特·科罗维·道格拉斯爵士（Sir Robert Kennaway Douglas, 1838—1913）1877 年，在其所编《大英博物馆馆藏中文刻本、写本、绘本目

---

① *Catalogue of the Wade Collection of Chinese and Manchu Books*, p. 142.

② *Catalogue of the Morrison Collection of Chinese Books*, p. 278.

录》(*Catalogue of Chinese Printed Books, Manuscripts and Drawings in the Library of the British Museum*)之中，把《金瓶梅》归入“CHA”(张)这一条目之下。

道格拉斯1858年来华，1865年被任命为英国博物院中国语言材料第一部门助理(the First Class for the Chinese language material in the British Museum)，便开始整理英国博物院的中文书目，1877年出版《大英博物馆馆藏中文刻本、写本、绘本目录》，历时12年之久。道格拉斯编纂该书目时，参考英国图书馆学家、第六任(1856—1866)英国博物院图书馆馆长安东尼奥·帕尼兹(Antonio Genesio Maria Panizzi, 1797—1879)① 提出的“图书编目91条规则”②。他主要按照中文书目的作者首字母为序进行编排，③ 以方便读者查阅。道格拉斯将《金瓶梅》(*Kin Ping Mei*)置于评点者张竹坡(CHANG CHŬH-PO)名下，对应的编排字母为“CHA”，正文内容具体如下：

CHA

张竹坡。《金瓶梅》。“金，瓶和梅的故事。”一部归属于王世贞的小说。张竹坡评点。100回。1695年。8开。(张竹坡 CHANG CHŬH-PO. 金瓶梅 *Kin Ping Mei.* “The Story of Kin, Ping, and Mei.” A Novel attributed to Wang She-ching. Edited by Chang Chŭh-po. 100Chapters. 1695. 8°.)④

可见，道格拉斯对《金瓶梅》的书名进行了直译，并认为作者是王世贞。英国博物院所藏《金瓶梅》的版本为8开的张竹坡评点本，时间是1695年。

同为英国汉学家的亨利·霍尔特(Henry F. Holt)1879年至1881年编纂，翟理斯校对的《皇家亚洲文会图书馆中文手稿目录》(*A Catalogue of the*

① 庞媛媛《从传统到现代——帕尼兹对不列颠图书馆知识传播的贡献研究》，载《黑龙江史志》2014年第19期。

② Antonio Genesio Maria Panizzi, “Rules for the Compilation of the Catalogue”, *Catalogue of Printed Books in the British Museum*, London: Order of the Trustees, 1841, pp. v-ix.

③ 《西方早期汉籍目录的中国文学分类考察》。

④ Robert Kennaway Douglas, *Catalogue of Chinese Printed Books, Manuscripts and Drawings in the Library of the British Museum*, London: Longmans & Co., 1877, p. 11.

Chinese Manuscripts in the Library of the Royal Asiatic Society），是以捐赠人或与藏书相关的人名编排的。时任英国皇家亚洲文会联席秘书（Joint-Secretary of the Royal Asiatic Society）的霍尔特，以“中国”本身（China itself）和与中国相关的杰出人物（eminent persons）为基本类别编纂该书目，对皇家亚洲学会所藏汉籍目录进行了增补和修订，同时按照数字顺序依次排列。本书目的一大亮点在于，作者指出同一部书在英国博物馆、印度事务处（India Office Catalogue）和伦敦大学的馆藏情况，可以和皇家亚洲文会所藏版本互为参考，便于阅读和比对。① 该书目由翟理斯校对，发表于1890年1月的《英国皇家亚洲文会会刊》（*the Journal of the Royal Asiatic Society of Great Britain and Ireland*），后由英国剑桥大学出版社出版，书中包含许多中国古典小说的珍贵版本。②

《皇家亚洲文会图书馆中文手稿目录》共收录562部中文典籍，其中古典小说120部。《金瓶梅》共计3部，具体内容信息如下：

1. 金瓶梅

Chin, P'ing, Mei.

“金，瓶和梅的故事。”一部小说。作品描写的是中国人的生活方式和习俗，尤其描绘了有关求爱和婚姻的内容。根据序言所写，该小说的创作目的在于提升世人的美德，阻止人们的堕落。2函，20册。可参考英国博物院馆藏中文书目第11页。（“The Story of Chin, P'ing, and Mei.” A Novel. A Description of Chinese manners and customs, especially with reference to Courtship and Marriage, the design of which, according to the Preface, is to promote Virtue and to Discourage Vice. 2 cases, 20 vols. *Ref*. B. M. P. 11.）③

［阿默斯特（*Amherst*）I, A 1—2。］

① Henry F. Holt, *A Catalogue of the Chinese Manuscripts in the Library of the Royal Asiatic Society*, London: Cambridge University Press, 1890, p. iv.

② 宋莉华、谈剑明《皇家亚洲学会所藏中国古典小说及其书目研究》，载《南开学报》2019年第1期。

③ *A Catalogue of the Chinese Manuscripts in the Library of the Royal Asiatic Society*, p. 1.

霍尔特在书目中对《金瓶梅》的描述，显然借鉴了基德在《皇家亚洲文会中文图书馆目录》中对这部小说的相关介绍，认为小说主要描写的是中国人的婚姻和家庭生活，作者的创作目的在于劝诫世人。

2. 金瓶梅

Chin，P'ing，Mei.

"金，瓶和梅的故事。"一部归属于王世贞的小说。可参考英国博物院馆藏中文书目第11页。（"The Story of Chin，P'ing，and Mei." A Novel Attributed to Wang Shih-ching. *Ref*. B. M. P. 11.）①

［阿默斯特（*Amherst*）I，A 3—4。］

霍尔特在这里又借鉴了道格拉斯在《大英博物馆馆藏中文刻本、写本、绘本目录》中，对《金瓶梅》的介绍，认为小说的作者是王世贞。

56. 金瓶梅

Chin，P'ing，Mei.

"金，瓶和梅的故事。"一部归属于王世贞的小说。张竹坡评点。3函20册。1695年。可参考英国博物院馆藏中文书目第11页；伦敦大学馆藏中文书目。（"The Story of Chin，P'ing，and Mei." A Novel Attributed to Wang Shih-ching. Edited by 张竹坡 Chang Chu-pŏ. 3 cases，20 vols. 1695. *Ref*. B. M. P. 11；L. U. 38，2.）②

［阿默斯特（*Amherst*）Ⅱ，B 14—15。］

霍尔特同样参考道格拉斯对《金瓶梅》的描述。从他的介绍中可以发现，皇家亚洲文会所藏刻本与英国博物院相同。霍尔特并不像基德和道格拉斯那样是专业的汉学家，他在《皇家亚洲文会图书馆中文手稿目录》中对《金瓶梅》进行介绍时，充分借鉴基德和道格拉斯对这部小说的描写。这说明西人所编汉籍书目之间相互参考，关系非常密切。

---

① *A Catalogue of the Chinese Manuscripts in the Library of the Royal Asiatic Society*，p. 1.

② *A Catalogue of the Chinese Manuscripts in the Library of the Royal Asiatic Society*，p. 10.

综上所述，从马礼逊、基德、朗德雷斯、道格拉斯到霍尔特、翟理斯、魏安，他们编纂的汉籍藏书书目中都收录有中国古典小说《金瓶梅》，或按照文学体裁编排归入小说类别之中，或按照小说作者的首字母、相关捐赠人为序进行编排，并从不同角度对小说进行介绍，可见西方汉学家对它的重视，以及这部小说在西方世界流传之广泛。这些汉学家对《金瓶梅》的论述也越来越客观、准确和深入。

二、西人汉籍著述书目对《金瓶梅》的考察

西方汉学家不仅对汉学机构和图书馆中的中文书籍进行编目，还凭借自己丰富的汉学知识著书立说，独立撰写汉籍著述书目，对中文典籍进行详细介绍，表达他们对汉籍作品的见解，中国古典小说同样成为其重点关注对象。不同于国内常常把《金瓶梅》视为“淫书”，西方汉学家在其论著中对它予以较高的评价，尤其对小说的艺术形式表示赞美，将其视为现代言情小说。

第一，英国汉学家、伦敦会传教士伟烈亚力（Alexander Wylie，1815—1887）在其1867年编纂的《汉籍解题》（*Notes on Chinese Literature*）中，就提到《金瓶梅》等多部中国古典小说，并对它的艺术形式予以高度肯定。伟烈亚力1846年来华，他改变以往汉学家们多以学科分类为主编纂汉籍书目的方法，开创性地按照中国传统的四部分类法对中文典籍进行编目，分为经（Classics）、史（History）、子（Philosophers）、集（Belles-letters）4大类别，并对每本中文书籍的主要内容都进行简要介绍。[①] 全书分为序言、目录、导论、正文、附录和索引6个部分，[②] 体例详尽。伟烈亚力收录的中国古典小说主要分为3个部分：第一是导论（Introduction）中的137部“禁毁小说”（The kind of works prohibited）；第二是导论最后附录22部（第85至第106条）被翻译成欧洲语言的通俗小说，也可以称为“欧译小说”（Translations of Chinese works into European languages）；[③] 第三是在正文子部的第12类“小说家”（Essayists）中，伟烈亚力介绍了119部中国古典小说，其中文言笔记小

① 宋丽娟《西人所编中国古典小说书目及其学术史意义》，载《文学遗产》2013年第2期。

② 王燕《〈汉籍解题〉的小说目录学价值》，载《文学遗产》2012年第1期。

③ 《〈汉籍解题〉的小说目录学价值》。

说104部，白话通俗小说15部。

伟烈亚力将《金瓶梅》和《三国志演义》《西游记》《水浒传》《红楼梦》一起，放在通俗小说（Works of fiction）中。其具体内容介绍如下：

> 一部发生在宋朝胆怯的徽宗时期的故事作品，《金瓶梅》，100回，作者被认为是明代的王世贞。作品给出了相关年代的一些放荡的图片，因而受到质疑。作为一种艺术表现形式，它是同类作品中最高的艺术形式之一。不过，整部作品存在双重含义，它附加有许多术语，如语音学方面的，但它们没有出现在文字的字面意义上。这导致作品被当今王朝的第二个皇帝禁止，被认为是不道德的。但尽管有这种公开谴责，当今君主的兄弟，将这部作品以一种优雅的翻译形式，将其译成满语，并于1708年出版。作为一种音节语言，作品是特别适合保留双关语的。①

伟烈亚力同样认为《金瓶梅》的作者是王世贞，并对其艺术表现形式积极赞赏。他还注意到作品的双重含义，尤其是在语音学方面，同时也提到小说所描写的内容被认为是不道德的一面，并被皇帝禁止流传。和翟理斯一样，伟烈亚力也提到1708年的《金瓶梅》满语译本，还提到是由皇帝的弟弟所译，译文语言优美，较翟氏更为详细。

第二，英国汉学家梅辉立（William Frederick Mayers，1831—1878）在其1867年编纂的《中国经典书目提要》（*Bibliographical Notes on Chinese Books*）中，把《金瓶梅》与西方经典小说进行比较，同样肯定它的文学价值。

梅辉立所编《中国经典书目提要》最早刊于1867年的《中日释疑报》（*Notes and Quires On China and Japan*），后又刊于1872年的《凤凰杂志》（*The Phoenix*）。此书目将中文典籍分为志传演义（Paraphrases of history）、志怪（the Record of Marvels）、游记（Works of Travel）、谱录（Chinese Biographical Dictionaries）和小说（Chinese Works of Fiction）5类。② 他又将小说分为历史传奇（Historical Romances）和言情小说（Romantic Novels），《金瓶

① Alexander Wylie, *Notes on Chinese Literature*, Shanghai: the American Presbyterian Mission Press, 1867, p. 162.

② 《西人所编中国古典小说书目及其学术史意义》。

梅》则被列入言情小说之中。梅辉立和伟烈亚力一样，对小说予以高度评价。他认为《金瓶梅》最符合欧洲现代言情小说标准，是一部杰作，可与文艺复兴时期意大利著名小说家薄伽丘的作品（Boccaccio's Tales）相媲美。在他看来，《金瓶梅》深刻而含蓄地讽刺了当时社会的婚姻风俗，小说描写了很多淫荡的内容，文中还蕴含着作者的政治仇恨（political animosity）。虽然小说描写的是当下流行的内容，但梅辉立对小说描写的内容真实性表示强烈怀疑。① 作者还提到，小说最早开始以手抄本形式在社会上广泛流传，后来又出现刻本，20册，12开，序言写于1695年。小说题目则由书中3位女性主人公的名字组成。②

第三，法国著名汉学家亨利·考狄（Henri Cordier，1849—1925）在其1878至1885年编著的《西人论中国书目》（*Bibliotheca Sinica: Dictionnaire Bibliograhpique des Ouvrages Relatifs à l'Empire Chinois*）中，提到《金瓶梅》在西方世界的传播非常广泛。

考狄又名高第，1869年来华，曾担任英国皇家亚洲文会北中国支会图书馆（North China Branch of Royal Asiatic Society）馆长一职，并获汉学领域最高奖项“儒莲奖”（Prix Stanislas Julien）。他编纂的5卷本《西人论中国书目》1878至1885年依次由巴黎书商埃内斯特·勒鲁（Emest Leroux）出版，1893至1895年第一次增补，1904至1908年再版，1922至1924年又出版了《西人论中国书目》补编，并为该书目（正编及补编）编制了著者索引，弥补了正编由于没有著者索引而导致读者使用不便的缺憾。③ 该书目共分为综合、地理、历史、宗教、科学艺术和语言文学等类别，是西方汉学史上第一部相对完整的汉学书目，迄今为止仍然是汉学领域极其权威的目录学著作。考狄在书中特别提到小说《金瓶梅》已经被译成西文，并在西方世界广泛传播。④

可见，伟烈亚力的《汉籍解题》，梅辉立的《经典书目提要》和考狄的《西人论中国书目》都分别从不同视角介绍《金瓶梅》。伟烈亚力注意到小说

---

① William Frederick Mayers, *Bibliographical Notes on Chinese Books*, *Notes and Quires On China and-Japan*, Hong Kong: Charles A. Saint, Vol. I, No. III, 1867, pp. 165-166.

② 《西人所编中国古典小说书目及其学术史意义》。

③ 李真《16—19世纪西方汉语研究文献书目初探——以考狄〈西人论华书目〉为中心》，载《或问》2013年第24期。

④ 《西人所编中国古典小说书目及其学术史意义》。

高超的艺术表现形式和作品的双重含义，梅辉立则将《金瓶梅》与薄伽丘的小说创作进行中西对比，而且提及作品含蓄地讽刺当时社会的婚姻风俗，并包含政治仇恨，考狄则注意到小说在西方世界的翻译和传播情况。这些都说明《金瓶梅》在西方世界的影响力在不断增强。

三、西人所编汉籍书目中《金梅瓶》的启示意义

《金瓶梅》在中国古典小说中占有重要地位，它是我国第一部由文人独立创作的长篇小说，被誉为明代“四大奇书”之一，真实地反映了当时的社会生活。西人对这部现实主义杰作更是青睐有加，不仅各个研究机构和图书馆纷纷收录此书，汉学家们在撰写有关中国文献书目的专著时，也分别从不同视角介绍此书。西人在早期汉籍书目中收录并介绍《金瓶梅》，也带来许多启示意义，主要体现在以下几个方面：

第一，西人在其所编汉籍书目中介绍《金瓶梅》等通俗小说，表现出对它们的重视，也对中国古典小说有了全新的认识。古典小说在中国文学传统中的地位历来都很低，被视为“街谈巷语，道听途说”。[①] 清代纪昀（1724—1805）主持编纂的《四库全书总目提要》中虽然收录少量笔记小说，但对通俗小说则一概不录，认为它们是“惟猥鄙荒诞，徒乱耳目者”。[②] 西人很早就注意到中国人对古典小说一直非常轻视的传统偏见。马礼逊 1822 年在其编纂的《华英字典》（*Dictionary of the Chinese Language*）第 2 卷中，对小说有如下解释：

> “小说”，这是中国人对历史小说的普遍称谓，也是汉语中对小说特点的概括；一般地说，即带有轻蔑意味。（“small talk”; this is the general appellation of historical novels, works of fiction of every character in the Chinese language; generally spoken of with contempt.）[③]

① （东汉）班固《汉书》第 531 页，上海古籍出版社，1991 年。

② （清）永瑢、纪昀《四库全书总目提要》第 1182 页，中华书局，1965 年。

③ Robert Morrison, *Dictionary of the Chinese Language*, Macao China: the Honorable East India Company's Press, 1822, Vol. II, p. 7.

他直接用“small talk”概括中国小说的特征，并认为“小说”一词本身便暗含轻蔑意味。他对小说之所以会有这样的解释，显然受到中国传统小说观念的影响。

伟烈亚力同样注意到中国人对古典小说的轻视，他在《汉籍解题》中介绍通俗小说时说：

> 中国人并不认为优秀的通俗小说作品，是自己民族文学的一部分。但是，在吸收欧洲小说观念的人看来，小说和传奇在文学中非常重要，不能忽略。它们对各个时代的民族风俗和习俗有深刻的洞察力，它们用不断变化的语言提供历史标本。事实上，这是大部分人获得历史知识的唯一渠道。因此，中国人在形成的一些性格特征方面，一定会受到相应影响。这些原因过于重要，必须要予以考虑，尽管一些学者在这个问题上存在偏见。①

伟烈亚力指出中国人并不重视通俗小说，对其存在很深的偏见，这与欧洲的小说观念有相当大的差别，小说和传奇则在欧洲文学中占据非常重要的地位。他认为小说对各个时代的民族风俗和习俗有着深刻的洞察力，是大部分人获得历史知识的唯一渠道，并对中国人性格的形成也有一定影响。因此，中国人应该充分认识到古典小说的重要价值所在。

与对通俗小说评价较低的中国学者不一样，马礼逊、基德、朗德雷斯、道格拉斯、霍尔特和翟理斯等汉学家都将《金瓶梅》等小说著录于汉籍书目之中，并且较为详细地介绍了小说的版本和作者等信息。西方汉学家不受中国传统小说观念的束缚，从欧洲小说观念出发来审视《金瓶梅》，赋予小说新的内涵。

第二，不同于中国人视《金瓶梅》为“淫书”之说，西人在早期汉籍书目中对其评价大多为积极肯定，充分认识到它的文学和艺术价值。基德认为小说反映了中国人的生活方式和日常习俗，尤其描写了中国人的婚姻和家庭生活，而且意识到小说的创作目的在于提升世人美德，阻止人们走向堕落。霍尔特同样持此观点。伟烈亚力则积极肯定了小说的艺术价值，认为《金瓶

① *Notes on Chinese Literature*, p. 161.

梅》是同类作品中艺术形式最高的古典小说之一。梅辉立更是明确指出《金瓶梅》最符合欧洲现代言情小说的标准，是一部杰作，甚至可与意大利小说家薄伽丘的作品相媲美，对其予以高度肯定。

西方汉学家在汉籍书目中对《金瓶梅》的认识和评价也在不断深化，这对它在西方世界的接受起到积极的促进作用。俄国著名汉学家瓦西里·巴甫洛维奇·瓦西里耶夫（又译王西里，Василий Павлович Васильев，1818—1900）院士，[①] 1880年在其所著俄语世界第一部中国文学史通史《中国文学史纲要》（*ОЧЕРК ИСТОРИИ КИТАЙСКОЙ ЛИТЕРАТУРЫ*）中，对《金瓶梅》予以积极肯定。他在第十四章“俗文学、戏剧及中长篇小说”里面用大量篇幅介绍它的故事情节，其详细程度甚至超过对《红楼梦》的介绍，是他在这部中国文学史中介绍的最详细的一部通俗小说。在瓦西里耶夫眼中，《金瓶梅》是一部出色的现实主义杰作。[②] 他认为小说“揭示了中国人的内心生活，暴露了肉欲横流和下流龌龊的一面”[③]。1901年，翟理斯在其所著英语世界第一部中国文学史通史《中国文学史》（*A History of Chinese Literature*）的明代文学部分，也认为《金瓶梅》是一部极好的作品（marvellous work），小说中的很多语句都包括两层内涵，具有令人惊奇的特征（extraordinary characteristic），而且书写风格简洁明快。[④] 与当时很多汉学家一样，翟理斯也提到《金瓶梅》的作者往往被认为是王世贞，但他觉得这更多的只能说是一种猜测，并无实据。魏安则不再提及小说作者为王世贞一说，直接标注为“笑笑生”。透过早期汉学家对《金瓶梅》作者的认识，我们可以发现西人对中国通俗小说的认识在逐步走向深入，越来越客观、准确。

第三，西方汉学家在汉籍书目中著录《金瓶梅》，也是希望将其纳入世界文学的发展范围中去考察。西人编纂汉籍书目的过程，与中国古典小说在海外的传播等中西文学交流活动是同步的，可谓互为补充，相互促进。无论是像基德、朗德雷斯、翟理斯、梅辉立和考狄那样通过学科分类法编纂汉籍书目，还是如

① 李明滨《世界第一部中国文学史的发现》，载《北京大学学报》2002年第1期。

② 阎国栋《俄国汉学家王西里的中国文学观——对世界首部中国文学史专论的思考》，载《文学遗产》2014年第6期。

③ ［俄］王西里著，阎国栋译《中国文学史纲要》第323页，中央编译出版社，2016年。

④ Herbert Allen Giles, *A History of Chinese Literature*, London: William Heinemann & Co. 1901, p. 309.

伟烈亚力、魏安采用中国传统的四部分类法，抑或如道格拉斯、霍尔特采用其他的分类法，他们对处于国内较低的文学史地位的《金瓶梅》等通俗小说进行编目，本质上都是希望能够将中国文学作为世界文学的有机组成部分，纳入世界知识谱系。① 这是“西学东渐”和“东学西传”双重背景下交织和汇流的结果，意味着中西文学交流在逐步增深，正如近代学者王国维所说：

> 世界学问，不出科学、史学、文学。故中国之学，西国类皆有之；西国之学，我国亦类皆有之。所异者，广狭疏密耳。即从俗说而姑存中学、西学之名，则夫虑西学之盛之妨中学，与虑中学之盛之妨西学者，均不根之说也。……故一学既兴，他学自从之，此由学问之事，本无中、西。②

西人编纂的汉籍书目是中西文学交流的必然产物，促使西方世界更加深入地了解到《金瓶梅》等中国通俗小说，进而借助小说也了解到中国的社会生活和文化风俗。

结 语

《金瓶梅》不仅频繁地出现在西方汉学家为各大汉学机构和大学图书馆编纂的藏书书目中，而且出现在他们自己的汉籍著述书目中，由此可见西人对这部古典小说的重视。马礼逊、基德、朗德雷斯、道格拉斯、霍尔特、翟理斯、考狄、伟烈亚力和梅辉立等人编纂的这些汉籍书目，促进了《金瓶梅》等通俗小说在西方世界的传播，提高了它们的影响力。不同于国内传统上视《金瓶梅》为“淫书”的世俗偏见，西方汉学家从欧洲小说观念出发，充分挖掘它独特的文学和艺术价值，认为这部小说充分反映了中国人的家庭和婚姻生活，是一部现实主义杰作，对其予以高度评价。西人所编汉籍书目对《金瓶梅》在西方世界的传播、翻译和接受等，都产生积极影响。

（赵东旭　浙江外国语学院中文学院讲师）

① 《西方早期汉籍目录的中国文学分类考察》。

② 王国维《〈国学丛刊〉序》，载《国学丛刊》1911 年第 1 期。

·春秋论坛·

贞观十二年诏书的英译问题*

顾 钧

摘 要：自19世纪以来，《大秦景教流行中国碑》碑文被多次翻译成英文，本文围绕碑文中贞观十二年（638）唐太宗诏书的理解与翻译问题，讨论了1845年裨治文译本、1854年伟烈亚力译本、1916年佐伯好郎译本、1928年英千里译本和1935年穆尔译本的得失。英千里1928年译本发表于《辅仁英文学志》，不仅中文理解深入，英文表达也很地道，但自出版以来一直不为学界所知，本文特别予以关注，并期望引起汉学界和景教研究界的重视。

关键词：《大秦景教流行中国碑》 景教 英千里 《辅仁英文学志》

《唐会要》卷五七“大秦寺”条有这样的记录：

贞观十有二年秋七月，诏曰：道无常名，圣无常体，随方设教，密济群生。波斯僧阿罗本，远将经教，来献上京，详其教旨，元妙无为，生成立要，济物利人，宜行天下。所司即于义宁坊建寺一所，度僧廿一人。②

这里“波斯僧阿罗本”所带来的“经教”乃是罗马天主教。

根据历史记载，罗马天主教聂斯托利派于唐贞观九年（635）传入中国，

* 本文为北京市社科基金项目“近代北京英文学术刊物研究”（编号：15JDLSB005）阶段性成果。

② （宋）王溥《唐会要》第864页，中华书局，1955年。

在明天启五年（1625）《大秦景教流行中国碑》（唐建中二年，即781年立）出土以后，这一宗教即被称为景教。景教自唐初传入中国，到会昌五年（845）禁断，在唐代流传达210年，但是后世典籍中一直只有零星的资料，直到景教碑的发现才改变了这一情况。景教碑（现存西安碑林）正文汉文34行，1780字，为叙述此教流行过程的唯一文献。关于其内容，著名中外关系史学者张星烺认为："此碑全文，可分四段，第一段叙述基督教大义，第二段叙述自唐太宗时入中国后之蒙优待，第三段颂词，第四段诸僧署名，汉名及叙利亚名并列。"① 应该说这一划分是非常合理的，其中第二段包含了唐太宗的诏书，只是文字与《唐会要·大秦寺》稍有出入，上下文是这样的：

> 贞观十有二年秋七月，诏曰：道无常名，圣无常体，随方设教，密济群生。大秦国大德阿罗本，远将经像，来献上京，详其教旨，玄妙无为，观其元宗，生成立要。词无繁说，理有忘筌，济物利人，宜行天下。所司即于京义宁坊造大秦寺一所，度僧廿一人。宗周德丧，青驾西昇。巨唐道光，景风东扇。②

景教碑出土后立刻受到了中外人士的关注，来华耶稣会士罗雅各（一说为金尼阁）率先于1625年将碑文译成拉丁文，此后各种译本不断出现，就较晚面世的英译本而言，为学界所关注的有1845年裨治文（E. C. Bridgman，1801—1861）译本、1854年伟烈亚力（Alexander Wylie，1815—1887）译本、1916年佐伯好郎译本、1935年穆尔（A. C. Moule）译本，等等。

最近笔者查阅相关资料，发现了一份完全不为人所知的文献——英千里（1900—1969）1928年的景教碑译文，不仅中文理解深入，英文表达也很地道。我们就以唐太宗诏书的翻译为例予以说明。英千里的译文是这样的：

> In the autumn in the seventh month of the twelfth year of the Cheng Kuan period (A. D. 638) an imperial edict was promulgated to the following effect: "The Doctrine (Tao) bears no fixed name and the Sage resides in no definite

① 张星烺编著，朱杰勤校订《中西交通史料汇编》第310页，中华书局，2003年。

② 翁绍军校勘注释《汉语景教文典诠释》第54—55页，生活·读书·新知三联书店，1996年。

person. Religions are founded to suit the various regions of the earth, so that salvation may be within the reach of all living beings. Bishop O-lo-pen of the land of Ta Ts'in came from afar bearing with him Scriptures and Images to present them at the Exalted Capital. A careful examination of the tenets of his religion shows it to be metaphysical, profound, and conducive to perfection; an investigation of its principles proves them to be indispensable for life and progress. Its language is free from perplexing expressions and its reasoning distinguishes clearly between the essential and the accidental. As this religion is helpful to all creatures and beneficial to men, it is meet that it be propagated throughout the realm." The authorities, accordingly, built a Ta-Ts'in temple with accommodation for twenty-one monks in the Yi Ning ward of the Capital. Hence just as at the time when the Chow dynasty (B. C. 1122—255) fell into decadence, Lao-tze mounted on a black ox departed out of China to the West; so at the time when the virtue of the glorious T'ang dynasty shone forth, the Luminous wind (spirit) blew towards the East.①

可见，英千里将贞观十二年（638）诏书的内容断句至“宜行天下”，这和其他英译者的理解大不相同。裨治文断句到“度僧廿一人”；伟烈亚力和穆尔都断句至“景风东扇”。法国著名汉学家伯希和（Paul Pelliot，1878—1945）也曾翻译景教碑文（L'inscription nestorienne de Si-ngan-fou），他断句至“度僧廿一人”②。他和裨治文的依据显然是《唐会要·大秦寺》以“度僧廿一人”结束。但问题在于，这一条目是诏书的全部内容吗？

古文原本没有标点，诏书内容和一般记叙内容无法通过标点符号表示出来。因此要解决断句问题，必须依靠对《唐会要》中各种诏书体例的研究，

① Ignatius Ying, "A new English translation of the Nestorian Tablet", *Bulletin of the Catholic University of Peking*, No. 5 (1928), p. 93.

② E. C. Bridgman, "The Syrian Monument", *The Chinese Repository*, vol. 14, no. 5 (1845), p. 210; Alexander Wylie, "Nestorian tablet in Si-ngan Fu", *Chinese Researches*, Shanghai: American Presbyterian Mission Press, 1897, Part II, p. 28; A. C. Moule, *The Christian Monument at Si An Fu*, Shanghai: North-China Branch of the Royal Asiatic Society, 1935, p. 28; Paul Pelliot, *L'inscription nestorienne de Si-ngan-fou*. Paris: Collège de France Institut des Hautes Etudes Chinoises, 1996, p. 102.

当代学者的结论是："'大秦寺'条目下的诏书内容应该结束于'宜行天下'，因为没有出现'令'，'所司即于义宁坊建寺一所，度僧廿一人'属于'所司'的主动行为，不是被动行为，因此不属于诏书内容。"① 同理，景教碑文中诏书也应该断句至"宜行天下"。英千里的处理是完全正确的。

景教碑文本身不到两千字，可是断句和理解并不容易。裨治文曾经感叹道："即使请一百个中国学人来阐释景教碑文的意义，他们对于其中某些部分也会做出不同的理解。"② 这绝非夸张，碑文富含教义，文字简约且骈散交错，对于外国人来说，就更容易陷入"语言的牢笼"。

上引碑文最后一句，"巨唐道光，景风东扇"是说在唐朝的优惠政策和有利形势下，景教传播迅猛，还是比较好理解的，但和这句对仗的"宗周德丧，青驾西昇"就不那么简单了，其中埋伏了一个老子出关的典故。裨治文的翻译是："The power of the illustrious Chau dynasty having fallen, the green car having ascended westward"；伟烈亚力的翻译是："When the virtue of the Chow dynasty declined, the rider on the azure ox ascended to the west"；佐伯好郎的译文是："The virtue of the honored house of Chou had died away; the (rider on) black chariot had ascended to the west"；穆尔的译文是："When the virtue of the ancestral house of Chou failed, the dark chariot went up toward the west"。③ 除了伟烈亚力，其他3人都把"驾"翻译成了车子（car, chariot）；伟烈亚力虽然知道骑的是牛，但谁骑在上面似乎不甚了了，只用了一个"rider"，而且用"azure"来形容牛也很少见，"azure"一般都是指蔚蓝色的天空。相比之下，还是英千里的译文最到位："Lao-tze mounted on a black ox departed out of China to the West"。

景教虽然很早传入中国，但因为中途断绝，加上文献稀少，对于它的性质一直存在认识的误区，在中国历史上，有人将景教与袄教、摩尼教混为一谈，也有人将其与回教混同。直到20世纪，国人对于景教才有了比较明确的认识：

---

① 聂志军《唐代景教文献研究》第63页，中国社会科学出版社，2016年。

② S. W. Williams, *The Middle Kingdom*, New York: Wiley & Putnam, 1848, Vol. 2, p. 291.

③ "The Syrian Monument", ; "Nestorian tablet in Si-ngan Fu"; Yoshiro Saeki (佐伯好郎), *The Nestorian Monument in China*, London: Society for Promoting Christian Knowledge, 1916, p. 173; *The Christian Monument at Si An Fu*, p. 28.

> 聂斯托利派乃第五世纪之一异端，创于聂斯托利，聂斯托利生于西利亚（Syria），为安底奥血（即吾国古书之安都城 Antioche）隐修院院长，律己严，善辞令，四百卅八年升为君士坦丁堡大宗主教（Patriarcha de Constantinophe），其所讲之异端道理，是反对圣母称为天主之母。①

中国景教属于基督教异端聂斯托利派，今天早已成为不移之定论。除了反对圣母崇拜，根据当代学者的研究，景教还反对圣像崇拜。根据这样的认识，我们再来看上引碑文中的一句话："大秦国大德阿罗本，远将经像，来献上京。"英千里将"经像"翻译成"Scriptures and Images"，他之前和之后的裨治文和穆尔也是如此翻译，伟烈亚力译为"Sacred books and images"，② 意思也是一样。从字面上看，4 个人的翻译都不错，但从景教的性质来看，"经像"只应翻译"经"（scriptures，sacred books），而必须舍弃"像"（images）。值得注意的是，这句话在《唐会要》中的版本是："波斯僧阿罗本，远将经教，来献上京。"这里"经教"显然比"经像"更少迷惑性。

作为一个优秀的翻译家，不仅要有过硬的语言功夫，更需要深入把握翻译对象的精神实质。我国最早的景教研究专著《景教碑考》（冯承钧著）出版于 1931 年，而英千里的翻译完成于 1928 年，因此对于个别的错讹我们也不应该过于苛求。

英千里是近代著名出版家、教育家英敛之之子，13 岁即赴欧洲留学，1924 年自英国伦敦大学毕业后回国，协助父亲筹办辅仁大学。从此他投身教育和学术事业，取得了卓越的成就。他精通英、法、西班牙、拉丁 4 种文字，尤其是英语，被公认为 20 世纪英语最好的中国人之一。他的景教碑译文（A new English translation of the Nestorian Tablet）发表于《辅仁英文学志》（*Bulletin of the Catholic University of Peking*）1928 年第 5 期。《辅仁英文学志》创刊于 1926 年 9 月，终刊于 1934 年 11 月，共出版 9 期，其中论文（译文）以中西文化交流为主，具有很高的学术性，但目前国内外学界对它们的关注很少。因为此前已有多份景教碑译文，所以英千里把自己的工作称为"新"

---

① 徐宗泽《中国天主教传教史概论》第 85 页，上海土山湾印书馆，1938 年。

② "The Syrian Monument"；"Nestorian tablet in Si-ngan Fu"；*The Christian Monument at Si An Fu*，p. 28.

(new) 译。遗憾的是，这份高质量的作品一直不为学界所知，朱谦之在权威的《中国景教》(初稿完成于1968年) 一书中详细罗列了各个时期的译本，却偏偏没有英千里：

> 景教碑自公元1625年罗雅各 (佐伯好郎认为是金尼阁) 发表拉丁文译本以后，至1939年福斯德 (John Foster) 教授之出版英译本，过去300余年间，在欧美各国作为著书发行之景教碑文研究，约有80余种。……至19世纪时，又有许多重译，英文中有1845年 (清道光二十五年) 白里枢曼 (Bridgman) 译本，有1854年 (咸丰四年) 卫礼 (Alexander Wylie) 译本，见《中国研究》(*Chinese Researches*, pp. 25—34) 及何尔漠 (Fritz V. Holm)《景教碑》(*The Nestorian Monument*, pp. 11—20) 书中。……日本则有明治四十四年佐伯好郎 (P. Y. Saeki) 之《景教碑之研究》与1916年 (民国五年) 之英译本，见 "The Nestorian Monument in China" (pp. 162—181)，尤为研究者所广泛使用 (例如 C. E. Couling, *The Luminous Religion*, pp. 49—63 附录佐伯译文，又 Holm, "My Nestorian Adventure in China", pp. 159—183 亦全录佐伯译文与 Wylie 译文对比)。……截至近日，尚有如毛尔只英译两种，一见 "Christians in China, before the Year 1550" (pp. 45—52)，一见 "The Christian Monument at Sian Fu" (1935)，又福斯德 (John Foster) 之英文新译本见 "The Church of the Tang Dynasty" 附录一 pp. 134—151 (1939)，真可算是洋洋大观了。[①]

英千里已经去世半个世纪，他的译文也已经出版将近一个世纪，"新" 译早已成为旧作，他的贡献应该尽快得到学界，特别是汉学界和景教研究界的重视。

(顾钧　北京外国语大学国际中国文化研究院教授、博士生导师)

① 朱谦之《中国景教》第85—88页，商务印书馆，2014年。

论许理和《佛教征服中国》的书写特色及其学术效应*

胡　炜

摘　要：荷兰著名汉学家许理和所著《佛教征服中国》一书，在内容的书写上，主要关注士大夫佛教、关注社会因素和僧团的发展；在形式上具有重视汉学、附录翔实和注释丰富的特色；至于展现的学术效应，具体表现为系统性的材料使用、利用传统文献学方法解决中古早期佛教传播的相关问题和立足于中国佛教所处的文化场所，总体上对于中国佛教史研究尤其是中国中古早期佛教史的研究具有较大的参考价值。

关键词：《佛教征服中国》　许理和　书写特色　学术效应

佛教起源于古印度，传入中国有千年之久，早期佛教进入中国时展现出的独立发展的顽强生命力，十分值得关注。而中古时期正是佛教与中国社会相适应、相融合的重要时期，更是中国佛教发展史上不容忽视的时期。作为外来宗教，在早期的传播中，佛教是否为适应中国的文化与思想而做出过改变？又是如何一步步变为“中国佛教”的呢？荷兰著名汉学家许理和（Erik Zürcher，1928—2008）在《佛教征服中国——佛教在中国中古早期的传播与适应》（*The Buddhist Conquest of China：the Spread and Adaptation of Buddhism in Early Medieval* China，以下简称《佛教征服中国》）② 一书中对此做出较为详细的解释。该著于1959年问世后久享盛誉，不仅是作者的代表作之一，还是荷兰乃至世界汉学的重要著作。虽然该著早在1998年就由李四龙、裴勇等

* 本文为国家社科基金重大项目“中国汉传佛教文学思想史”的成果，批准号（18ZDA239）；国家社科基金项目“隋唐经录所见佛教传记文献整理与研究”的成果，批准号（18BZW046）。

② ［荷］许理和著，李四龙、裴勇等译《佛教征服中国——佛教在中国中古早期的传播与适应》，江苏人民出版社，2017年。

翻译进入中国，但是并未引起国内学界较多关注。相关研究多为简单的介绍或述评，仅有杨慧林《“融散”与“福传”之辨——许理和〈佛教征服中国〉引出的问题》[①] 一文，由“融散”与“福传”的区别入手，指出“中国佛教”产生的根本原因是佛教在中国的“嫁接”及“义理的裨助”。整体而言，国内学界关于这部著作的学术特色及价值的关注依然有提升的空间。因此，本文以李四龙裴勇等译本为研究对象，主要从内容特征、形式特征和学术价值三方面展开，综合呈现该书的学术特色与价值。

一

就荷兰汉学史而言，许理和无疑占据着重要分量，他对荷兰汉学甚至世界汉学最重要的贡献在于对中古佛教发展史，尤其是魏晋南北朝时期佛教发展史的描绘，这些描绘集中于《佛教征服中国》一书。该著之所以能享誉世界，亦有赖于其鲜明的内容特色。

第一，关注士大夫佛教。在中国传统封建社会中，“士”为四民之首，他们不仅是国家政治的参与者，还是中国传统文化的创作者与传承者。许理和在《佛教征服中国》中就将“士大夫”（gentry）和“知识分子”（intelligentsia）作为同义术语使用，[②] 并且指出：“他们能够通过结合佛教教义与中国传统学术，成功地发展出特定形态的佛教，并在上层阶级中传播，从而被我们称为‘士大夫佛教’。”[③] 许理和认为：“佛法渗入最上层士大夫中，实际上决定了中国佛教此后几十年的发展进程：它为佛教征服中国铺平了胜利之路。”[④] 事实如此，士大夫为佛教在中国中古早期的传播与适应铺平了胜利之路，主要表现为以下三点：第一，士大夫推动了玄学观念与大乘佛教观念的融合。众所周知，玄学占据西晋思想领域的统治地位，士大夫对玄学问题有着浓厚的兴趣。与此同时，一些文人发现大乘佛教所处理的某些问题与玄学问题具有一致性，而大乘佛教往往能从一个全新的角度出发，赋予这些相似

① 杨慧林《“融散”与“福传”之辨——许理和教授〈佛教征服中国〉引出的问题》，载《宗教与哲学》2019 年第 1 期。

② 《佛教征服中国——佛教在中国中古早期的传播与适应》第 7 页。

③ 《佛教征服中国》第 7 页。

④ 《佛教征服中国》第 86 页。

问题新的含义。基于玄学与佛学的共性，佛学吸引了士大夫的注意，士大夫推动了玄学观念与大乘佛教观念的融合。第二，士大夫清谈推动了佛教传播。魏晋名士崇尚“清谈”，清谈承袭东汉清议风气，至魏晋，已逐渐成为士大夫一族独特而精致的消遣方式，士大夫清谈的出现亦推动了佛教传播。东晋以降，受清谈之风影响，佛教传教文章多采用主宾对话形式，双方交替阐释观点，最终以其中一方认输表示信服；佛教思想和理论渐渐成为士大夫清谈的流行话题，而僧人也逐渐在清谈中扮演着重要角色。以上种种，皆表明：士大夫清谈是促使佛教传播的因素之一。第三，士大夫僧人借助统治集团的力量传播佛教。以东晋著名僧人竺道潜（286—374）为例，他是琅琊王导的堂弟，时常提及自己与统治集团的关系：“黄吻少年，勿为评论术士。昔尝与元明二帝、王庾二公周旋。”[①] 正因如此，他受到晋元帝和晋明帝的极高礼遇，并且能够在皇宫及建康城内传播佛法。如许理和所言，竺道潜所处的时期，正是“士大夫佛教的初创阶段，其间佛教开始渗入并植根于社会的最高层”[②]，而竺道潜正是士大夫僧人借助统治集团力量传播佛教的典型。

第二，关注社会因素，尤其是政治因素对佛教发展的影响。许理和在该著的《绪论》中就明确指出：

> 早期中国佛教是一个自生系统（sui-generis），是一种独立发展的结果；并且，仅仅与这种发展所赖以产生的文化环境相联系，以及盛行于这一时期的中国世界观的背景下，它才能够被研究和理解。……我们不得不对在中古中国社会初期对佛教的形成起一定作用并促成起传播的各种文化和社会因素给以应有的关注。[③]

在所有的社会因素中，许理和尤其重视政治因素对佛教传播与发展的影响，从具体内容而言，大体可划分为政治因素对佛教发展的积极影响和政治因素对佛教发展的排斥两个方面。第一，政治因素对佛教发展的积极影响。“王与马，共天下”[④]，此言清晰表明东晋之时琅琊王氏与皇室平分天下，道

① （南朝）刘义庆撰《世说新语》第188页，上海古籍出版社，1982年。

② 《佛教征服中国》第138页。

③ 《佛教征服中国》第1页。

④ （唐）房玄龄等编《晋书》（第8册）第2554页，中华书局，1974年。

尽了王氏家族至高无上的统治地位，而王氏家族对佛教的支持，是佛教得以在建康及其他东南地区成功传播的出发点和关键。此后，王氏家族旧党何充掌权期间，曾在都城多方刺激佛教发展，他“性好释典，崇修佛寺，供给沙门以百数，糜费巨亿而不吝也”①，还曾为比丘尼明感修建建福寺。何充同党褚裒的女儿褚皇后亦是热忱的佛教徒，她曾召见僧人于法开为皇帝治病，还曾修建延兴寺、青园寺等寺庙。显而易见，政府首脑对于佛教发展的大力支持，促进了佛教在中国中古早期的传播。第二，政治因素对佛教发展的排斥。政治因素对佛教的排斥主要表现在有关僧权是否应该服从于政权的辩争上。从统治者的角度来看，早在东晋咸康六年（340），实际上的统治者庾冰就明确指出：“王教不得不一，二而乱之”②，僧人“皆晋民也”③，即言僧人亦是国民，僧权必须服从于政权，没有任何权力可以凌驾于统治者之上。并且认为修习佛教仅可在私下进行，“论治则当重国典”④，“修之国及朝则不可”⑤。62年后的东晋元兴元年（402），僧权与政权的冲突到达了顶峰。统治者桓玄再一次明确反佛政策：要求僧人登记入册，企图让名僧还俗等。显而易见，制定这些政策的根本目的，就是为了让僧人服从世俗权威。就史实而言，这两次辩争的结果都是以政权妥协，僧人改革并取得胜利而告终。当然，这并不意味着僧权高于政权，而是表明了佛教在中国中古早期传播中的强大生命力。政治因素对于佛教发展的制约，反而促进了佛教与中国中古社会的适应，使其更茁壮地成长起来。

第三，关注僧团的发展。僧团意指僧人组成的团体。许理和曾高度评价中国的僧团制度：“佛教不是并且也从未自称为一种‘理论’，一种对世界的阐释；它是一种救世之道，一朵生命之花。它传入中国不仅意味着某种宗教观念的传播，而且是一种新的社会组织形式——修行团即僧伽（Sangha）的传入。”⑥ 同时，在对佛教在中国中古早期的传播与适应进行研究时，我们需

---

① （唐）房玄龄等编《晋书》（第7册）第2030页，中华书局，1974年。

② （唐）彦悰著录《集沙门不应拜俗等事》第444页，《大正藏》第2108册，东京：大藏出版株式会社，1988年。

③ 《集沙门不应拜俗等事》第444页。

④ 《集沙门不应拜俗等事》第444页。

⑤ 《集沙门不应拜俗等事》第444页。

⑥ 《佛教征服中国》第2页。

要首先把注意力“集中到僧团以及佛法在中古社会上层和最上层的渗透过程”，由此亦可见僧团的重要意义。许理和在《佛教征服中国》一书中着重讲述了分别以道安和慧远为中心的两个僧团。第一，以道安为中心的僧团。据《高僧传》记载，东晋兴宁三年（365）道安到达襄阳时，他的弟子人数已经达到了400人。大量僧人的出现也引发了大量的组织管理问题，为了管理、约束僧人，道安创立了大量的戒规与制度，如将“释”字作为僧人法名的姓，以此取代先前用于标记血统的“竺”“康”“支”；明确日常讲经、焚香、礼拜、饮食等问题；规定每隔半个月需要举行仪式进行斋戒与忏悔等。得益于道安对僧团的英明管理，襄阳在短时间内成了远近闻名的佛教中心。第二，道安的得意门生慧远也逐渐成为僧团领袖。总体而言，慧远对于僧团发展的贡献主要表现为规范僧人管理和阐释佛教生活方式与传统生活方式的不同两点。首先，规范僧人管理。随着佛教的发展，伪滥僧人日益增多。对此现象，慧远说：

> 佛教凌迟，秽杂日久，每一寻至，慨愤盈怀。常恐运出非意，沦渭将及。窃见清澄诸道人教，实应其本心。夫泾以渭分，则清浊殊势；枉以直正，则不仁自远。此命既行，必一理斯得，然后令饰伪者绝假通之路，怀真者无负俗之嫌。①

明确表明沙汰伪滥僧人、规范僧人管理能够正本清源，促进佛教健康发展。其次，阐释佛教生活方式与传统生活方式的不同。僧俗界限问题是佛教发展过程中不可避免的问题之一，针对俗人驳斥佛教徒违背传统观念，不拜王者，不敬父母的行为，慧远做《沙门不敬王者论》反驳。释慧皎曾概括是论：

> 凡有五篇：一曰在家：谓在家奉法，则是顺化之民，情未变俗，迹同方内，故有天属之爱，奉主之礼，礼敬有本，遂因之以成教。二曰出家：谓出家者能遁世以求其志，变俗以达其道。变俗则服章不得与世典同礼，遁世则宜高尚其迹。大德故能拯溺俗于沉流，拔玄根于重劫。远

① （南朝）释慧皎著，汤用彤校注，汤一玄整理《高僧传》第219页，中华书局，1992年。

> 通三乘之津，近开人天之路。如令一夫全德，则道洽六亲，泽流天下。虽不处王侯之位，固已协契皇极，在宥生民矣。是故内乖天属之重，而不逆其孝；外阙奉主之恭，而不失其敬也。三曰：求宗不顺化：谓反本求宗者，不以生累其神，超落尘封者，不以情累其生。不以情累其生，则生可灭；不以生累其神，则神可冥。冥神绝境，故谓之泥洹。故沙门虽抗礼万乘，高尚其事，不爵王侯，而沾其惠者也。四曰：体极不兼应：谓如来之与周孔，发致虽殊，潜相影响；出处咸异，终期必同。故虽曰道殊，所归一也。不兼应者，物不能兼受也。五曰：形尽神不灭：谓识神驰骛，随行东西也。①

综而观之，《沙门不敬王者论》一文是慧远对佛教生活方式与传统生活方式不同的具体阐释，不仅清晰地划分了僧俗界限，还坚定了佛教徒的立场，捍卫了佛教徒的精神世界。

许理和在《佛教征服中国》的序言中说道："研究中国佛教的初期发展，应基于详细分析中国人对外来教义的回应，并详细分析他们遭遇这种教义时的具体历史状况。"② 以上所述三点关注中，"士大夫佛教"与"僧团的发展"实可看作中国人对外来教义的回应，而社会因素，尤其是政治因素对佛教发展的影响，实为中国人遇到外来教义时的具体历史状况。

二

1959 年，许理和以《佛教征服中国》获得博士学位，该著除了上述三点内容特色外，还表现出鲜明的形式特征。具体而言，可归纳为重视汉学、附录翔实和注释丰富三点：

第一，重视汉学。许理和曾长期担任荷兰莱顿大学汉学院院长的职务，他最大的兴趣就是"当东方遇上西方"。就《佛教征服中国》一书而言，在内容上，该著清晰地展现了佛教在中国中古早期的传播与适应，是一幅"东方遇上西方"的图景；在形式上，许理和引用了许多知名汉学家对佛教中国

① 《高僧传》第 220—221 页。

② 《佛教征服中国》第 1 页。

化的相关见解，是一幅“西方遇上东方”的图景。不管是内容上，还是形式上，都极大程度展现了许理和对汉学的重视。举例而言，在阐述永嘉之乱致使民不聊生的惨景时，许理和就引用了康居商人那奈·温达克（Nanai Vandak）写给雇主的信，从局外人的视角、借与外人的口吻真实地展现了一篇血债累累的故事、一场弥漫全国的恐慌。除了对汉学材料的直接引用外，许理和还经常使用一些知名汉学家的学术研究成果，或将中外研究相结合，使观点更具说服力。首先，直接引用汉学家的学术成果。以佛教传入中国的诸传说为例：许理和在阐释佛教或起源于世界终尽劫火洞烧的一种黑色物质时，提及此传说已经形成了一种故事模式，接着，引用法国汉学家马伯乐（Henri Maspero，1883—1945）的观点，认为该故事模式最早是出现在曹毗的《志怪》中。其次，中外研究相结合。在具体的研究过程中，许理和不仅十分注重国外汉学家的学术成果，还时常将国内的研究成果与国外研究成果相结合，使得论证更加充分，观点更具说服力。同样，在讲述佛教传入中国的诸传说时，许理和指出，梁启超认同是秦始皇时期以室利防（Sramana）为首的僧人将佛教传入中国，[①] 除了梁启超外，日本佛教学者羽溪了谛和小野玄妙亦持此观点。如此，就将国内学者和日本汉学家的观点结合起来，为室利防将佛教传入中国的传说增加了说服力。而在论及汉明帝官方引进佛教的传说时，许理和再次将汤用彤和法国著名汉学家马伯乐的观点相结合，指出汤用彤先生“仍然正面假设此传说背后核心史实的可能性”[②]，马伯乐则“认为这是一个虚构的、充满年代错误的、带有传教性质的传说”[③]，所以“我们必须考察这个虔诚的学说”[④]。

第二，附录翔实。一般而言，汉学家受先天文化环境及语言环境影响，对于古典文献的掌握或稍逊色于本土学者。但许理和却在《佛教征服中国》一书中展现出了扎实的文献功底，具体表现在正文章节后的文献附录上。附录内容翔实由此成了该著在形式上的又一鲜明特征。具体而言，许理和在正文章节后的文献附录不仅在内容上对正文进行了补充，作者还对附录文献进行了简要整理，有利于读者查阅，丰富了读者对于中古史料的认识，具有十

① 梁启超《佛学研究十八篇》第17—19页，天津古籍出版社，2005年。

② 《佛教征服中国》第30页。

③ 《佛教征服中国》第30页。

④ 《佛教征服中国》第30页。

分珍贵的文献参考价值。以第四章《襄阳、江陵和庐山的佛教中心及北方佛教的影响》为例，许理和在正文中阐述了以释慧远为领导的庐山佛教中心的形成与发展，分别讲述了慧远与王室、士大夫的联系，慧远的俗家信众，慧远对阿弥陀佛信仰的传播以及慧远和佛像使用等问题。正文内容重在阐述慧远与庐山佛教中心密不可分的关系，突出了慧远对于庐山佛教中心形成与发展的重大贡献。而在第四章正文之后的附录部分，许理和则附录了梁释慧皎《高僧传·释慧远传》的全部内容。一方面，附录内容不仅对正文中庐山慧远有关佛教发展的理论（如《沙门不敬王者论》等）进行了补充，还完整地展现了慧远的人生经历，有助于读者进一步了解慧远思想理论变化的原因及进程。另一方面，许理和不只是简单地附录了《高僧传·释慧远传》的全文，还在附录中用方括号标注出了《高僧传》与《出三藏记集》的不同部分。由此可见，附录部分不仅在文献的保存与流传上立下汗马功劳，还对文献进行了简要的整理与校勘，初步指出《高僧传》与《出三藏记集》这两部中古佛教文献中有关同一问题的不同之处。不但有利于读者全面了解慧远的生平事迹，掌握中古史料，而且有利于后学进一步区别《高僧传》与《出三藏记集》所载僧人传记的不同，探讨中古僧传文学的发展。

第三，注释丰富。许理和曾师从许多知名汉学家，接受过良好的古典文学训练，拥有着扎实的古典文学基础。他弱冠之年便师从莱比锡大学汉文系创始人戴文达学习汉语，后又师从西方汉学界第一代领军人物、瑞典著名美术史家喜仁龙短暂地学习了中国绘画与雕刻史，之后辗转巴黎，师从法国著名敦煌学者戴密微，开启了中国佛教研究之路。得益于他扎实的古典文学基础，文献注释丰富成了《佛教征服中国》一书在形式上的又一鲜明特征。具体来看，该著注释丰富主要表现在标注文献出处和注释正文内容两个方面。第一，标注文献出处。许理和学识渊博，正文内容旁征博引，所引内容必注出处，不仅符合文献规范，展现出一个学者的基本素养，还十分方便后学按图索骥，查找相关文献资料。第二，注释正文内容。不同于上文提及的标注文献出处，许理和在正文中提及一些观点时，常在注释中对正文的观点进行详细解说，甚至会对引文中的内容进行再注释。举例言之：在言及公元2世纪下半叶洛阳的僧人阶层及其史料时，许理和指出："现存最早的经录是公元6世纪初的《出三藏记集》；它的目录部分（卷2到卷5）实际上是对更早的经录即公元374年道安撰《综理众经目录》的扩展。”① 在此观点的注释中，许理和不仅点出有关《综理众经目录》的研究可以参考林屋友次郎的《经录研究》，还补充说明了《综理众经目录》的两种版本，认为释僧祐《出三藏记集》第一次对“古译”和“今译”作出了区分，这是对道安《综理众经目录》的扩展。除了对正文内容的注释丰富外，有些引文内容，作者亦常常精心注释。例如：在讲述东汉末年彭城地区的佛教时，许理和引用了一段出自《三国志・吴志》的史料，并对该则史料中提及的浴佛节进行了详细解说。一方面，许理和详细说明了浴佛节的各种仪式；另一方面，他又辨析了该史料所表现的当时不止一次举行过浴佛节之事的不实之处。

综而观之，《佛教征服中国》一书在形式上亦具有鲜明地特征，这些形式特征与前文所述的内容特征相辅相成，形成了一个有关中古早期佛教传播的整体。正如前文提及作者对于引文中浴佛节的再注释，从形式而言，当属注释内容丰富；从内容而言，作者的再注释实际上亦是对正文观点的补充与说明。总体来看，不管是对汉学的重视，还是文献附录、注释丰富，都从不同的角度展现出作者扎实的文学、文献功底。

三

任何一本学术著作之所以能够历久弥新，是因为他们不但具有丰富的学术内涵，而且具有一定的学术研究方法或书写策略，能够在方法论上给后学于启迪。《佛教征服中国》一书正是如此。它之所以能够在半个多世纪后的今天依然散发着光彩，正是因为他不但内容翔实，形式鲜明，而且具有一定的学术效应。笔者以为，《佛教征服中国》一书的学术效应可总结为以下几点：

第一，系统性的材料使用。众所周知，文献的搜集、整理和分析对进一步深入探讨学术问题至关重要，甚至可以说，文献整理是学术研究的基础。在对材料的整理、归纳与使用上，许理和为后学提供了范式，有着系统的材料使用方法。“除了常规的语言文献学的问题，每一种材料都当以如下方法审视：它是在哪一层面上产生的，作者是谁，资助者是谁，面向的公众是

① 《佛教征服中国》第39页。

谁。”[①] 在对中古早期的佛教发展进行研究时，许理和亦言：“有关佛教传入士大夫阶层和士大夫佛教发展的情况，不得不从大量纷纭复杂的材料中去搜集”[②]，文献资料的重要性可见一斑。但是，有关中国中古早期佛教发展的材料杂乱无章且十分匮乏，这些弥足珍贵的材料应当如何使用就成了重要问题。在《佛教征服中国》一书中，许理和极具系统性地将与主题研究相关的早期佛教材料划分为二，一是有关早期著名僧尼传记的史传著作和汉文佛经的形成历史，一是早期护教与传教文献，并在正文中对所提及的材料进行简要介绍。除此之外，许理和十分重视历史材料。前文已述及许理和教授对于士大夫佛教和中古早期政治环境的关注。在探讨中国中古早期佛教发展的相关问题时，许理和还引用了大量史料作为论述的背景。《佛教征服中国》的第二章，即题为“历史概观”，第三章中亦言及永嘉之乱及士族专权，第四章中则多次使用了道安及慧远的传记。从读者和其他领域的学者的角度来看，许理和对于材料的系统性选择、归纳，无疑为后续深入研究打下基础、提供佐证。但是更值得我们关注的，是许理和教授对于材料的系统性划分及使用方法，以及，除去上述材料之外，是否还有未曾关注的问题。

第二，利用传统文献学方法解决中古早期佛教传播的相关问题。诚如冯国栋教授所说：“中国传统文献学的问题意识主要源于‘文献本身’，关注之焦点集中于以下两端：一为文献（特别是书籍）特征外貌之描述，二为文本的辨伪、校订与勘误。对文献与社会、文化之间的互动关系则关注不多。”[③] 而许理和教授则充分利用了文献学研究中的训诂与音译之法，将文献学与佛教研究相结合，从文献出发，梳理出了中国中古早期佛教发展的脉络。在对早期中国佛教发展的整体情况进行简介时，许理和对“寺”字的词源进行了细致而深入的考证。根据他的考察，“寺”与“祠”为通假，“祠”是中国人对于修行场所的原始称谓，但是在汉代的文献中几乎专指政府机构，“寺”最早在《般舟三昧经》的题记中作为“佛教修行场所”的意义出现。因此，“仅就‘寺’字而言，似乎可以说‘修行场所’的意思是从‘政府机构’这个通常用法中演化出来的，进一步说，是源于作为‘外事机构’的

① 姚平编《当代西方汉学研究集萃·宗教史卷》第202页，上海古籍出版社，2012年。

② 《佛教征服中国》第12页。

③ 冯国栋《“活的”文献：古典文献学新探》，载《中国社会科学》2020年第11期。

'鸿胪寺'这个名称"[①]。一个小小的"寺"字，许理和却能深入至此。通过词源的探索，不但解释了"寺"的含义，而且有利于读者把握僧人之"寺"在中国中古佛教发展中的意义。这种追根溯源的词汇考察，亦是初学者的治学门径之一。紧接着，许理和教授又谈到了佛教音译系统的起源问题，并指出用汉字表示印度专有名称和一些佛教术语的读音，可以追溯到西汉的时速文献，并不是佛教的独特发明。显而易见，许理和教授具有扎实的中国古典文献基础，利用音译和训诂之法，考证了佛教寺庙之"寺"的原始含义及早期佛教传播过程中的音译问题，这种研究方法值得借鉴。

第三，研究中国佛教史需立足于中国佛教所处的文化场所。就佛教研究的传统而言，"我国的佛教学者一直习惯于汤用彤先生、吕澂先生的研究传统，始终以高僧、经典与义理为核心"[②]。但是综观许理和的研究，他却带给了我们一种新的学术视角，即"关注佛教在不同社会阶层的反应，揭示中国文化在遭遇佛教这种外来文化或宗教时的回应"[③]。如前文所言，士大夫对于佛教发展的种种贡献，如推动了玄学观念与大乘佛教观念的融合，清谈促进了佛教思想观念的传播以及士大夫僧人借助统治集团的力量传播佛教等，实际上都是士大夫阶层对于佛教文化的回应。除了积极性的回应之外，许理和还关注到了排佛者的态度。该著单列"信仰的辩护"一章，讲述公元4世纪及5世纪初时有关佛教徒与排佛者的辩论。在排佛者看来，佛教是夷狄之教，适用于未开化的外国人，要在中国发展，就必须完全服从征服管理，佛教徒则对上述观点一一辩驳。如果说"信仰的辩护"可视为士大夫阶层对于佛教发展的回应，那"蛮族的皈依"一章就是道教徒阶层对于佛教的回应。道教徒认为佛教不过是老子西去"化胡"后所传播的教义，在道教徒编纂《化胡经》之后，佛教徒不仅论证道教教义的荒谬还编纂佛经以示反驳。不管是士大夫阶层还是道教徒阶层，许理和对于佛教徒与排佛者辩论的书写，都展现出了其独特的研究视野——还原真实的历史，且不割裂跨境文化之间的关系。显而易见，在有关信仰辩护的论述中，许理和是将中国本土文化与外来文化放置于一起，并且重在探讨中国人是如何用自身已有的观念来看待佛教、谈

① 《佛教征服中国》第49页。

② 《佛教征服中国》第555页。

③ 《佛教征服中国》第555页。

论佛教。这种立足于中国佛教所的文化场所的研究视野，值得关注并学习。

总而言之，《佛教征服中国》一书主要介绍了东晋庐山释慧远之前的中国佛教史。佛教为何？佛法又为何？汤用彤先生曾言：

> 佛法，亦宗教，亦哲学。宗教情绪，深存人心，往往以莫须有之史实为象征，发挥神妙之用。故如仅凭陈迹之搜讨，而无同情之默应，必不能得其真。哲学精微，悟入实相。古哲慧发天真，慎思明辨，往往言约旨远，取譬虽近，而见道深弘。故如徒于文字考证上寻求，而乏心性之体会，则所获者其糟粕而已。①

汤先生此言为后学提供了一种近乎完美的治佛教学的范例，在笔者看来，许理和的治学方法与汤先生亦有异曲同工之妙，他正是以一种平和、真诚的心态还原了保存在文献中的中国中古早期佛教史。整体而言。许理和以一位西方人的视角，立足于文献资料，深入观察早期佛教的历史，并着重剖析佛教中国中古早期佛教传播过程中的政教关系等社会问题，借此厘清了佛教这种外来文化与中国本土文化之间的斗争与融合。诚然，许理和为中国佛教研究做出了巨大贡献，但我们依然需要使用辩证的眼观来看问题。例如，在基础文献的使用中，缺乏对汉译佛经的关注；再就书名而言，该著重在表明自印度而来的佛教文化与中土文化的同化过程，“征服”一词似乎欠妥。白璧固有微瑕，我们更看重的应当是许理和对佛教史精辟入里的学理分析和立足文献的研究方法。

（胡炜　四川大学文学与新闻学院博士研究生）

① 汤用彤《汉魏两晋南北朝佛教史》第722页，商务印书馆，2017年。

“经”“史”“文”多元化文本的文学史书写

——以《哥伦比亚中国文学史》《剑桥中国文学史》中的《左传》书写为中心

王祖琪

摘　要：自中国文学史诞生以来，以《左传》为代表的中国传统经典便因具有“经”“史”“文”的多重性质，存在是否入文学史，如何书写的争议。《哥伦比亚中国文学史》与《剑桥中国文学史》书写《左传》的方式与近年来国内的中国文学史迥然不同，提供了“他者”的视角。就编撰者的文学史观而言，虽然中国早期文学史与二史的呈现形式有相似之处，但是观念却有根本不同。本土的中国文学史编撰者始终坚持“文学本位”观，而二史编撰者则立足于有意识的“文化本位”。就二史的得失而言，二史之得在于呈现了《左传》“经”“史”“文”多方面的内容，之失则在于著者难免西方本位，在论述中遮蔽了中国学术传统的本来面貌。

关键词：《哥伦比亚中国文学史》　《剑桥中国文学史》　《左传》　文学史　多元化文本

“中国文学史”这一概念，是来自西方、取道日本的“舶来品”。学者戴燕在《文学史的权力》一书中提到了文学史的“比较文学”渊源：“以民族性为基础和以国别为单位的文学史，是在‘世界文学’的观念下产生的。”① 自百年前林传甲《中国文学史》问世以来至今，国内的文学史著作层

① 戴燕《文学史的权力》第246页，北京大学出版社，2018年。

出不穷，在取得丰硕成果的同时，也带来了趋同性强，难以突破经典的问题。①《哥伦比亚中国文学史》（*The Columbia History of Chinese Literature*）与《剑桥中国文学史》（*The Cambridge History of Chinese Literature*）的相继出版，为我们提供了另一种视域，近年来对于这两部文学史著作的研究颇丰。② 中国学者们回到"中国文学史"发轫之西方，最终都是希望以"他山之石"为参考，进一步完善文学史的书写。

传统学术视野下的中国典籍往往具有"经""史""文"多重性质，其中"四书五经"及相关著作最具代表性。在传统学术史中，学者从未将之看作纯粹的"文学"，但是这些作品却因为其文学性与经典地位，成为现代中国文学史著作中无法回避的书写对象。由此，经典文本的"多元化"与中国文学史的书写模式形成了一组张力。

《左传》作为"春秋三传"之一，与《公羊传》《穀梁传》相比，具有特殊性。自汉代以来，《左传》的起源与真实性就存在争议，关于这些问题的讨论构成了经学史的一部分。同时，《左传》言简事博，叙事有法，为后代研究者提供了不同于经学传统解读的可能性。在传统的学术分类中，《左传》被归于经部"春秋"类，这是无可争议的。而在现代学术分科的大背景下，新的研究视角与方法带来了新的学术分野，传统学术的分类方式已不再适用于现代学科研究分类。《左传》涉及经学、史学、文学的特殊性于此际加以放大，

① 20世纪90年代以来，对以往的文学史进行反思成了学界新的学术增长点，涌现出了一大批研究专著，诸如陈国球《文学史书写形态与文化政治》，北京大学出版社，2004年；戴燕《文学史的权力》，北京大学出版社，2002年；陈平原《文学史的形成与建构》，广西教育出版社，1999年；陶东风《文学史哲学》，河南人民出版社，1994年。除了专著，关于文学史本身的研究论文也是层出不穷。

② 相关论文有：周睿《他者视野下的两部域外中国文学史书写——〈哥伦比亚中国文学史〉与〈剑桥中国文学史〉对比研究》，载《国际汉学》2020年第2期；张洪波、魏崇新《当代西方中国文学史中的古代小说叙述——对〈哥伦比亚中国文学史〉与〈剑桥中国文学史〉的研究》，载《国际汉学》2019年第2期；田恩铭《文化与文类之间：对文学史书写样态的省思——以〈剑桥中国文学史〉和〈哥伦比亚中国文学史〉"唐代"部分为例》，载《中国海洋大学学报》（社会科学版）2019年第1期；韩高年《他山之石，可以为错——评梅维恒主编〈哥伦比亚中国文学史〉》，载《文艺评论》2017年第9期；徐志啸《文学史研究的启示与思考——以〈剑桥中国文学史〉为例》，载《文学评论》2015年第1期；顾伟列、梁诗宸《"文学文化史"：〈剑桥中国文学史〉的编撰新范式》，载《中国比较文学》2014年第3期。

不同时期不同版本的《中国文学史》中的《左传》书写，很大程度上反映了背后的文学观与文学史观。我们不妨以“义经，史体，而用文”的《左传》为切入点，通过揭橥《剑桥中国文学史》（以下简称《剑史》）与《哥伦比亚中国文学史》（以下简称《哥史》）中《左传》书写的整体面貌、文学史观与得失，进一步探讨中国文学史应该如何书写的问题。

一、二史《左传》书写的整体面貌

随着20世纪60年代至90年代卷帙浩繁的新的文学研究资料的出现，学者们认识到“重写文学史”是很大的难题。美国汉学家梅维恒（Victor H. Mair）在《哥史》引言中提道：“学术研究井喷式的进展（许多研究是非常高水准的），既是一种可喜的现象，也是一种噩梦。”① 《哥伦比亚中国文学史》与《剑桥中国文学史》便是在这种学术极大繁荣，文学史趋于反思的背景下诞生。《哥史》出版较早，其英文版付梓于2001年，中文版则于2016年7月由北京新星出版社翻译出版。与《哥史》相比，《剑史》的中英文出版相隔时间很短，2010年英文版出版，2013年即由三联书店出版社推出中文本。同时，荷兰的布瑞尔（Brill）公司也在计划着出版一套更庞大的多卷本。所以“在西方的中国文学研究的发展史上，这是一个非同寻常的时刻”②。对中国文学史研究来说，二史有极大的再反思价值。

第一，考察《哥史》的《左传》书写。《哥史》以文类为主要划分依据，按照文体内部的时间顺序进行文学史书写，同时兼顾最新的学术成果，③ 以“超越时间与文类的全新棱镜来审视中国文学史”④。这种打破传统时间顺序分类的方式，使得一些具有多重阐释角度的文学对象可能出现在不同的章节之中，《左传》便是其中非常明显的一个例证。《哥史》中有3编涉及《左传》书写。直接涉及的部分是第三编《散文》部分中的第二十六章《史书的

① ［美］梅维恒主编，马小悟等译《哥伦比亚中国文学史·上》第Ⅲ页，新星出版社，2016年。

② ［美］孙康宜、［美］宇文所安主编《剑桥中国文学史·上卷·1375年之前》第1页，生活·读书·新知三联书店，2013年。

③ 以“文类”为主要划分依据的中国文学史有赵义山《中国分体文学史》，上海古籍出版社，2007年；胡吉星《分体文学史》，辽海出版社，2011年，等等。

④ 《哥伦比亚中国文学史·上》第Ⅳ页。

文学特征》以及二十七章《早期传记》。

《史书的文学特征》一章的作者为美国奥尔冈大学的杜润特（Stephen Durrant）。此章中，杜润特以时间的顺序为脉络，从甲骨卜辞与青铜铭文这两种最古老的历史文献一直谈到《资治通鉴》。《左传》是此章的重点书写对象，在这一部分，杜润特介绍了《左传》简练质朴的叙述风格，历史学家（叙事者）在《左传》中的角色，《左传》中稳定的人物角色，《左传》对后世的影响，《左传》的战争描写，《左传》与《春秋》的关系，《左传》与《国语》《晏子春秋》《战国策》的关系等问题，可以说是对《左传》文学、文化乃至学术史研究层面简约而全景式的展示。

《早期传记》一章的作者为美国威斯康星大学的倪豪士（William H. Nienhauser，Jr）。这一章主要讨论了中国早期的传记，倪豪士认为《左传》是研究早期传记的根源，他特别强调了《左传》中的“轶事”描写开创了后世的一种史书叙述模式。

《哥史》中另有两编的内容也涉及《左传》。首先是由宾夕法尼亚大学的金鹏程（Paul Rakita Goldin）编写的第一编《基础》部分的第四章《十三经》，该部分作为基础知识，以概括的语言勾勒出《十三经》的整体面貌。除此之外还有第六编《注疏、批评和解释》中的第四十三章《前现代散文文体的修辞》与第四十四章《经学》。《前现代散文文体的修辞》由何莫邪（Christoph Harbsmeier）编写。此章中何莫邪对中国古代散文文体的修辞进行了整体的研究，这也是此书中最能够体现“解读中国文学的新方法”① 的一章。虽然没有直接对《左传》进行书写，但是涉及作为史传散文的《左传》的文体修辞形式，其中对“述而不作”“微言大义”等文学传统都进行了深入的研讨。《经学》部分由美国芝加哥大学的苏源熙（Haun Saussy）编写。此章梳理了中国的经学学术传统，从经学的角度介绍了《左传》。将经学作为独立一章纳入《中国文学史》写作，是一种大胆的尝试与突破。

第二，考察《剑史》的《左传》书写。《剑史》的编写体例相对保守，总体上采取了传统的朝代分期法，但是在具体问题上，又遵照文学自身的发展规律进行了调整，并没有严格按照政治上朝代的更迭而划分分期。因而，与《哥史》相比，《剑史》中的《左传》书写是相对集中的。主要在第一章

① 《哥伦比亚中国文学史·上》第Ⅳ页。

《早期中国文学：开端至西汉》中的第Ⅵ部分《战国时期的叙事文学与修辞》，同时，第Ⅶ部分《读写能力的问题》与第Ⅷ部分《战国文本谱系的汉代建构》可以看作对《左传》相关问题的间接书写，此章的作者是普林斯顿大学东亚研究所的柯马丁（Martin Kern）。

《战国时期的叙事文学与修辞》部分从文学、文化学、经学、史学等各个层面对战国叙事性著作展开宏观而整体的分析，分类的方式与《左传》自身的性质决定了《左传》是此章的重点书写对象。柯马丁于此章把握住了战国后期将宇宙论与政治神话合为一体这一典型现象，围绕这一文化现象聚合起《尚书》《穆天子传》《山海经》《左传》等文本。同时又遵从儒家文学传统与文本自身的发展规律，突出《春秋》作为战国时期叙事的主流地位。与《哥史》相比，《剑史》对于《春秋》的书写明显增多，以较大篇幅梳理了《春秋》的简要学术史，既包括《春秋》的得名、作者、性质等基础问题，又包括《公羊传》《穀梁传》的经学史发展脉络。此章中，文化传统是连接众文本的根本，《春秋》《左传》又是文本的中心。

《读写能力的问题》与《战国文本谱系的汉代建构》两部分是与《左传》密切相关的背景知识补充。前者讨论了战国时期知识分子的读写能力，进而对此期经典的产生方式进行讨论。后者紧承前者，研讨了汉代对于战国文本谱系的建构，涉及目录学相关领域。

由以上的分析可以较为清楚地看到二史对于《左传》书写的体例、风格、内容侧重点等方面的不同，同时又呈现出一些共性，恰恰是这些共性体现了二史作为西方视域下的中国文学史与中国本土的文学史在书写方面的差异，亦是二史最具特色的地方。以下对这些共性做简要的总结。

第一，从编写者分工来看，二史的每一章节由相关领域的专家以一种专题论文的形式呈现。而中国的中国文学史则往往在总主编指挥下由各分卷主编完成一整卷的撰写。过于分散的分工导致二史的书写风格很难达到内部统一，尤其是《哥史》，单就《左传》相关内容而言就非常分散，这就导致这两部文学史的整体形式颇类论文集。

第二，从形式结构上来看，二史中《左传》没有作为单独的经典文本被专门书写，而是被纳入专题中进行研究，因此《左传》的相关书写既具有分散性，又与相关经典文本与文化相黏合。这种书写形式与 20 世纪 50 年代的中国本土编写的中国文学史有相似之处，比如：郑振铎的《插图本中国文学史》第五章《先秦的散文》;柳存仁的《上古秦汉文学史》第四章《春秋战国时期》;台静农的《中国文学史》第一篇第五章《春秋战国诸子散文》。[①] 直到60年代,在游国恩编纂的《中国文学史》中,《左传》也是被纳入第三章《先秦历史散文》的第一节《殷商至春秋时代的散文》进行书写。可见,早期的《中国文学史》书写并没有形成《左传》独立成章的趋势,而50年代以后的文学史书写主流,则是将《左传》作为专门的对象去书写。

第三,从阐释的对象与方式上来看,二史对于《左传》的书写并不拘泥于文学阐释,而是将关注点同样置于文化与学术背景等层面。这一点也是与近年来中国的《中国文学史》书写主流形式大相径庭。以目前大陆高校最为流行的文学史教材之一,袁行霈主编的《中国文学史》为例。该史对《左传》叙事的特点展开了全面深入的分析,而《左传》与《春秋》的关系、《左传》的作者问题、《左传》的学术史等"文本外部"的问题,则放诸注释中补充,体现了侧重文学阐释的倾向性。阐释对象的不同导致阐释方式的差异,二史与中国的中国文学史相比,前者倾向于"论",后者倾向于"述"。

第四,从研究的视域上来看,二史都倾向于中西方比较,《哥史》尤为明显。如涉及《左传》的《前现代散文文体的修辞》一章中,何莫邪不仅明确了在比较中研究中国古典散文的必要性,同时还进一步提出了比较的具体方法思路。中国的中国文学史著作虽然也会在阐释中与西方进行比较,但是并不作为一种主要的视角与方法。而在二史中,这种纯粹的比较文学的研究视角时时可见。

二、二史《左传》书写的文学史观

《剑史》的主编之一孙康宜教授在中文版序言中提到了该著文学史观:"它尽量脱离那种将该领域机械地分割为'文类'(genres)的做法,而采取更具整体性的文化史方法:即一种文学文化史(history of literary culture)。"[②]《哥史》虽然没有像《剑史》那样直接提出一个名称,但是主编

---

① 台静农《中国文学史》虽然2004年才以"书"的形式出版,但是据编者何寄澎论,可能早于1940年于重庆白沙女师讲授文学史时已开始撰写,并以之为台湾大学、辅仁大学教材。

② 《剑桥中国文学史·上卷·1375年之前》第2—3页。

也在序言中介绍了编写原则:"一般来说,本书将中国文学视为与社会紧密联系的存在,因为文学从社会中得到滋养和流传。文学不是自在自为之物,而是社会政治的力量和文化事实之无尽序列的产物。每一章都尽可能多地揭示这些交织互动关系。"[①] 可见,除了对于具体归类方法,即如何处理"文类"的态度不同之外,二史对于文化的关注是一致的,可以统称为一种"文化本位"的文学史观。

以"文化"写作文学史是西方书写东方的一种传统。西方研究者对于中国古老文明的观望,不仅带有对异域文化的好奇心,还有对整个人类文明探寻的使命感,这使得他们不愿意错漏过文明史上的任何一点,何况是以《左传》为代表的这种经典文本。西方的第一部中国文学史,翟理斯(Herbert Allen Giles, 1845—1935)于 1901 年编写的《中国文学史》(*A History of Chinese Literature*)便以一种"全景掠影,局部概述"的方式对整个中国文化与文学进行观照。二史与百年前西人编著的《中国文学史》相比,自然在文章的统筹、资料的翔实、内容的准确上有了很大的进步,但是这种"全景掠影,局部概述"的方式仍然没变。

文学史的概念源自西方,林传甲的《中国文学史》便是仿日本笹川种郎的《中国文学史》,笹川此书亦源自欧美,所以早期国内的中国文学史著作也是侧重《左传》经学与史学层面的书写,以包罗万象的姿态出现。随着对文学概念的辨析,有关"杂文学""纯文学"之争兴起,很多学者开始反思这种文学史的建构,比如朱希祖在 1902 年刊行的《中国文学史要略》中提到了自身"文学"观念的变化:"盖此编所讲,乃广义之文学。今则主张狭义之文学矣,以为文学必须独立,与哲学、史学及其他科学,可以并立,所谓纯文学也。"[②] 林传甲、谢无量、朱希祖等人的文学史著作受到了后来学者的批判,"这若叫作'中国文化史',也许较为妥些"[③]。"举凡字学、哲学、史学等,无不纳之文学史中;名曰《文学史》,实不啻《中国学术史》也","犹有不适于学校教科者"。[④] 可见,中国的学者始终反对将"文化"介入文学史写作

---

① 《哥伦比亚中国文学史·上》第Ⅴ页。

② 朱希祖《〈中国文学文学史要略〉叙》,载朱希祖《中国文学史要略》,北京大学刊本,1920 年。

③ 张希之《中国文学流变史论》第 1 页,北平文化学社,1935 年。

④ 胡怀琛《中国文学史略》第 2 页,上海新文化书社,1924 年。

中，其争论点聚焦的是"狭义的文学""广义的文学""杂文学""纯文学"。

1964年，霍加特（R. Hoggart，1918—2014）在英国创立了伯明翰文化研究中心，对世界范围内的文化研究起到先驱作用。20世纪70年代末，以格林布拉特（Stephen Greenblatt）为代表的一批学者在对文艺复兴时期的经典文学作品展开研究时，尝试将包括英国早期社会活动和政治机构在内的"场外"各要素与文学研究联系起来，他指出："文学以三种相互锁联的方式在此文化系统中发挥自己的功能：其一是作为特定作者的具体行为的体现，其二是作为文学自身对于构成行为规范的密码的表现，其三是作为对这些密码的反省观照。"① 80年代，解构主义倡导者希利斯·米勒（J. H. Miller，1928—2021）认识到文学研究内部重心的转移。将"场外诸要素"介入文学，以文化观照文学史成了此期的理论热潮。

> 日益学科化的文学研究把注意力集中在文学自身的形式特征方面，导致了文学研究的封闭和僵化，鲜活的思想和复杂的体验被简化为一些刻板形式的教条……文化研究应该说正是对这种境况的回应，它突破了狭隘的文学研究学科化的格局，把研究的视野从只限于经典名著转向了诸多边缘文化现象。②

20世纪80年代，新的文学研究成果日益增多，研究者的视野极为开阔。文学史研究者认为，不仅应该"一代有一代之学术"，也要"一代有一代之文学史"。随着"重写文学史"的提出，越来越多的学者提到了"文化"的视角，比如蒋述卓曾撰文呼吁建立文学史研究的文化史派，③ 这是对西方"文化阐释学"的一种回应与探索。在"文化"介入文学史写作的呼吁下，袁行霈版《中国文学史》的总绪论第一节就明确提出了做文学史要有"文学本位、史学思维与文化学视角"。④ 章培恒、骆玉明版《中国文学史新著》在原有的文学史上做了修改，但是仍然坚持"在人性的发展制约下的文学的美感及其

---

① ［美］格林布拉特著，赵一凡译《〈文艺复兴自我造型〉导论》，载中国社会科学院外国文学研究所编《文艺学和新历史主义》第78页，社会科学文献出版社，1993年。

② 周宪《文化研究：学科抑或策略?》，载《文艺研究》2002年第4期。

③ 蒋述卓《应当建立文学史研究的文化史派》，载《江海学刊》1994年第6期。

④ 袁行霈主编《中国文学史·第1卷·秦汉》第1页，高等教育出版社，1999年。

发展。这既牵涉到文学与人性的关系，也离不开文学的艺术形式。”① 袁世硕、张可礼版《中国文学史》直接开门见山提出：“文学史是文学的历史，意思就是以文学作品为文学的主体，以历史上相继产生的文学作品及演进的情况为文学的历史主体。”② 在20世纪90年代以来涌现的这批文学史著作中，傅璇琮、蒋寅主编的《中国古代文学通论》是比较特殊的一部。“它是多角度地宏观把握中国古代文学史的尝试，同时也是一项跨学科的综合性的学术探索。它的基本思路和内容构成都不同于现有的文学史著作。”③ 这部著作不仅从“历史—文化”的角度做跨学科的综合研究，而且注重梳理历代文学典籍的成果以及整个学术史的发展脉络。所以，这部著作整体呈现出的面貌与《剑史》和《哥史》有很大程度的相似性。宇文所安在承担《剑史》主编任务之前，就受到了傅璇琮编著的《唐五代文学史》的影响，随后在《中国“中世纪”终结——中唐文学文化论集》中提出“透过不同类型的文本和文体来探讨一系列相关的问题。这些具体的问题就其本身的性质而言与文化史或社会史等更大的领域息息相关。在一个层面上，这里讨论的文本本身就是文化史的一部分”④。宇文所安的尝试为后来《剑史》的编著打下了基础。但是，将傅著与《剑史》《哥史》比较就会发现，傅著每一编都整饬地划分为上编、中编、下编。上编重点在文学，中编谈文学与文化的关系，下编谈基本文献。上编的内容便是传统意义上的“文学史”部分，而后两编更像是对前者的补充，所以此著命名为《中国古代文学通论》而不是《中国古代文学史》，其作为文学史的部分仍然是以“文学”为本位。

总而言之，一直以来，中国的文学史编撰者始终坚持“文学本位”，虽然二史与中国20世纪20年代即早期文学史书写《左传》的面貌有相似之处，但是出发点是截然不同的。如果说《剑史》《哥史》是有意为“文化本位”，那么中国早期的文学史写作则是在传统学术惯性下，坚持“文学本位”的无意识的“文化史”写作。

---

① 章培恒、骆玉明主编《中国文学史新著·上》第1页，复旦大学出版社，2007年。

② 袁世硕、张可礼主编《中国文学史·上》第1页，中国人民大学出版社，2006年。

③ 傅璇琮、蒋寅《中国古代文学通论·总序》，载傅璇琮、蒋寅总主编《中国古代文学通论·先秦两汉卷》第2页，辽宁人民出版社，2005年。

④ ［美］宇文所安著，陈引驰、陈磊译《中国“中世纪”的终结：中唐文学文化论集》第1页，生活·读书·新知三联书店，2006年。

三、二史《左传》书写的得与失

《哥史》的序言提道：

> 随着美国大众对中国文化越来越熟悉，越来越多的东亚裔美国公民开始对自己原民族文化遗产感兴趣，许多人希望能够读到一部全面而且目标多元的中国文学史。最理想的状态是，这是一部当所有专家和非专家需要获得中国文学的文学类型、作品文本、人物和运动方面的背景知识时，都能够依靠的一部参考书。[①]

《剑史》的序言也指出本书的主要阅读对象是受过教育的普通英文读者。“除了配合在西方研究中国文学的读者需要之外，《剑桥中国史》的目的之一就是要面对研究领域之外的那些读者，为他们提供一个基本的叙述背景，让他们在读完本书之后，还希望进一步获得更多的有关中国文学和文化的知识。”[②] 二史将读者接受置于最高鹄的，我们在考察二史《左传》书写的得与失时，尊重这一出发点，否则，以溢出受众与书写范围而展开批评的话，显然是不公平的。

文学史的受众很大一部分是文学爱好者与即将迈入该领域的“预备研究者”。中国文学与文化对于二史的预设读者来说，往往是陌生而新奇的。中国本土《中国文学史》大多是作为高校教材，其读者绝大部分是高校的学生。虽然生于兹长于兹，但是同样没有受到过系统化的学术训练，面对《左传》这样一部熟悉而又陌生的经典著作，中国的高校学生或是其他初学者也需要文学史的引导才能进一步进入到学术领域中。从这个层面来说，中国的文学史中对《左传》的书写直接影响了阅读者对于《左传》从学术层面的接受。受“文学本位”文学史观的影响，本土的中国文学史叙述往往淹没了《左传》文学性以外的经学、史学特点。所以，没有学术基础的读者，就很容易受其影响，更多着眼于文学层面，而忽视了其他方面的研究。与之相比，二

① 《哥伦比亚中国文学史 上》第Ⅶ页。

② 《剑桥中国文学史·上卷·1375年之前》第2页。

史的读者会在一部书中触摸到《左传》更加全面的内容，可以为下一步的研究提供更多的可能。

与单纯叙述文学发展脉络展现文本面貌相比，二史的《左传》书写更倾向于启发读者，这是编著者与读者有意识的互动，是对扩大汉学影响的期待。正如梅维恒所说，“《哥伦比亚中国文学史》要做的，就是将最新的学术成果聚拢在一个框架中”①，“作为一部力求真实的文学史，更重要的是具有启发性，而不是面面俱到”②。二史在《左传》相关章节中，都谈到了伍子胥故事在不同叙事文本中的流变，这为《左传》研究提供了超出文本本身的思路，虽然中国学界已经有不少学者关注到了《左传》中的叙事流变这一问题，但是对于此领域的陌生读者而言，无疑是具有极大启发性的。

综上所述，二史《左传》书写主要之“得”便是文化本位下，对于《左传》经史文多方面的呈现与学术脉络的分析，这种全景式的展示能够使对此领域陌生的读者短时间内对《左传》有较全面的认识，也为“预备研究者”们提供了一个快速进入中国文学文化研究语境的通道。

从文学自身发展来看，西方文学重叙事，中国文学重抒情。美国当代著名批评家乔纳森·卡勒（Jonathan Culler）在其《文学理论入门》一书中提出“文学和文化理论越来越认为，叙述在文化中占有中心地位”③。二史的编著者，便是在这种学术研究传统下言说，他们对于《左传》的叙事性表现出了极大的兴趣。正是这种西方文学文化传统下的思维惯性与驾轻就熟的阐释方式，使得二史的《左传》书写带有明显的西方理论色彩。

《哥史》将早期传记溯源到《左传》，并提出“轶事”是早期中国传记的基本组成部分。倪豪士在这一部分举的例子，便是著名的“郑伯克段于鄢”。这个故事是海外汉学家津津乐道的，因为它满足叙事文学的期待，契合西方的叙事学传统，著名翻译家理雅各（James Legge，1815—1897）将庄公誉为《左传》第一部分的“主人公”。《哥史》也对这个经典故事进行了充分的阐释：

① 《哥伦比亚中国文学史·上》第Ⅳ页。

② 《哥伦比亚中国文学史·上》第Ⅴ页。

③ ［美］乔纳森·卡勒著，李平译《文学理论入门》第86页，译林出版社，2013年版。

> 事实上，《左传》第一段关于郑庄公的叙述就以轶事开始。……尽管庄公试图满足他们的要求，但他最后不得不驱逐其弟，流放其母。……庄公显得既宽容又能干，富有同情心而又充满洞察力，严厉而又能宽恕。①

回到《春秋》《左传》文本中，就会发现倪豪士笔下的《郑伯克段于鄢》的故事以及郑庄公的形象很明显蒙了一层西方的面纱。《春秋》原文曰："夏五月，郑伯克段于鄢。"②《左传》中，这是一个情节非常丰富的故事，史家的评价是："郑伯克段于鄢。段不弟，故不言弟；如二君，故曰克；称郑伯，议失教也：谓之郑志。不言出奔，难之也。"③ 无论是文本的描述还是史家的解释，直接为这个故事定下了"兄不兄，弟不弟"的基调，在中国传统学术视野下，郑庄公与叔段也成了被"讥"的固化形象。而在《哥史》书写中的庄公完全区别于中国传统学术话语中的郑庄公形象，对人物理解的不同源于介入文本视角的不同。倪豪士对于《左传》的文本与相关研究并不陌生，但是仍然选择向读者展示西方叙事理论视角下，脱离了中国经史学术传统的《左传》故事。

通过分析近百年《左传》的研究趋势也可以看到以西方理论介入《左传》文本研究的倾向。早期西方学者对于《左传》的兴趣一方面是翻译，出现了诸如英国人理雅各的《左传》英文翻译，法国人顾赛芬（Séraphin Couvreur，1835—1919）的《左传》法文翻译等。另一方面是对作者、成书年代、编纂过程以及经史性质等问题展开讨论，基本与中国学者的研究倾向一致。20 世纪 80 年代以后的《左传》研究则呈现出以西方理论介入文本分析的倾向，如美国学者王靖宇的《左传与传统小说论集》，便采用西方比较文学的观点，将《左传》纳入叙事文研究领域，并与《水浒传》和《红楼梦》相提并论。随后又出版《中国早期叙事学研究》一书，从西方叙事学角度对《左传》展开研究。《剑史》主编宇文所安也著有《叙事的内驱力》一文，收录于自选集《他山的石头记》中，该文将《左传》作为纯粹的叙事文本进行

① 《哥伦比亚中国文学史·上》第 561 页。

② 杨伯峻编著《春秋左传注》（修订本）第 7 页，中华书局，2016 年。

③ 《春秋左传注》（修订本）第 15 页。

研究。

《左传》研究重点的转移是受汉学典范的转移影响，余英时回顾 20 世纪 60 年代的汉学研究时讲道："这不只是名词之争，而代表了研究取向的重大改变"，"在研究取径上，理论先行是一个显著的新动向。恰好近二三十年西方人文社会学界的新理论层出不穷，文学界更是热闹。"① 近年来，中西方研究者都对"理论先行"进行了反思，但是，却仍然不自觉带有西方理论的烙印。比如王靖宇的《中国早期叙事学研究》就于前言中特别申明不是用西方叙事学理论硬性框架中国早期叙事文学，但是《左传》作为中国早期史官文化的载体，史书性质和史官职责却在王靖宇的"中国早期叙事文"的分析解读中缺失。②

显然，二史书写的仍然是西方视域下的《左传》，并没有呈现出纯粹的中国传统学术面貌。这就存在一种矛盾，一方面如上文分析的那样，二史《左传》书写之得在于尽可能向读者全面介绍《左传》的经学、史学、文学特点以及背景。而另一方面，在对《左传》进行分析阐释时，包括倪豪士、宇文所安在内的西方研究者却忽视了《左传》的经史传统，以西方叙事学话语强势介入，使之呈现出"作为经典文学的《左传》研究"的单一面貌。说明西方对《左传》的理解和研究存在脱节现象。就二史《左传》书写本身而言，不能不说是一种遗憾。

结　语

一方面是重写文学史的呼吁，一方面是海外汉学的兴盛。《哥伦比亚中国文学史》与《剑桥文学史》的相继出现为我们提供了"他者"的视角。《左传》作为一部具有经学、史学、文学多重特点的复杂文本，在以往的文学史中存在很大的争议，也展现出了不同的面目，二史的"文化本位"观很大程度上消解了这一矛盾，使得《左传》在既定书写规范下，以更加全面的形象出现在文学史中。

---

① 陈致访谈《余英时访谈录》第 79—80 页，中华书局，2012 年。

② 罗军凤《文化和传统在"中国早期叙事文"中的迷失——对王靖宇〈左传〉研究的批评》，载《中国文化研究》2006 年第 2 期。

虽然致力于《左传》背后的文学文化全景化的展现，但是二史在对《左传》文本的具体分析中，仍然难免西方本位，使包括经史在内的传统文化的真实面貌在阐释中迷失。这种论述与实践的不和谐导致"文化"只是作为一种背景，而不是主编期待的那样将文学与文化融为一体。

"文学本位"下的本土中国文学史书写主要失之"全"，而"西方视域"下的中国文学史则主要失之"真"。这引发我们进一步思考，今天的我们到底应该怎样书写中国文学史，尤其是涉及传统学术中经史子集各层面的文本，这个问题也许不能立时给出准确答案，但是中西方的不同视角可以给我们启发。中西方的中国文学史编撰者的共同目标是将中国文学列入世界经典之林，因而，无论是"文学本位"还是"文化本位"都不能一味固守，而是要适当变通，根据书写对象的性质量体裁衣。在双向对话的过程中不断探索符合中国文学文化自身发展脉络的文学史书写方式。

（王祖琪　南京大学文学院博士生）

琉球与暹罗关系研究

——以琉球汉籍《历代宝案》为中心

刘志强　侯燕妮

摘　要：本文以中国新出版琉球汉籍《历代宝案》为中心，结合中外相关史料和研究成果，对琉球与暹罗早期关系的建立，《历代宝案》所载琉球与暹罗贸易及往来，琉球与暹罗关系产生的影响，《历代宝案》所载琉球与暹罗文书所体现的汉文化进行梳理和分析。

关键词：琉球　暹罗　《历代宝案》

《历代宝案》是1424—1867年琉球王国外交文书的集成，共三大集，一别集、一目录，合计270册（卷），均由汉文写成。内容绝大部分为中国与琉球册封、进贡、留学及护送海上漂风难民等往来文书，少量是琉球与朝鲜、东南亚诸国、法国、英国的交往文件，其中也有间接涉及中日关系的史料。① 其中第一集收录了琉球与东南亚诸国往来文书，这些东南亚国家包括暹罗、安南、满剌加、爪哇、三佛齐、苏门答腊、巽他等。而所存与东南亚诸多文书中，以与暹罗数量为最，李光涛先生所辑录的琉暹往来咨文达56封，鹭江出版社出版的《传世汉文琉球文献辑稿》有57封，历来为国内外学界研究琉球与暹罗关系史者所重视。

过去80余年，学界有关琉球与暹罗关系的研究，散见于国内外相关专著和期刊。日本在这一领域较早的研究始于20世纪30年代，此后相关成果不断。其视角多聚焦琉球与中国或东南亚整体的海上贸易往来，专门论及琉球与暹罗的论著见少。其中尤其值得一提的是滨下武志教授在《中国、东亚与

① 谢必震、胡新《中琉关系史料与研究》第1、5页，海洋出版社，2010年。

全球经济——区域和历史的视角》中专门论及琉球与暹罗的关系，尽管篇幅不大。① 安东尼·瑞德（Anthony John Stanhope Reid）在《东南亚的贸易时代：1450—1680》对琉球与暹罗的贸易也有所提及。② 2004 年，泰国学者皮雅达（Piyada Chonlaworn）发表了《大城与琉球的关系》③ 一文，此文主要利用《历代宝案》的翻译版本和相关考古研究进行论述。这是泰国学界为数不多的较为全面梳理琉球和暹罗（大城）关系的文章。

中国较早研究者，要数明清史专家李光涛先生。20 世纪 70 年代，其发表《明代琉球所谓“事大”与“交邻”史料辑要》，收录在《“中央”研究院成立五十周年纪念论文集》中。该文后辑入其个人著作《明清档案论文集》中。④李光涛先生在此文第三部分，辑录了琉球汉文史料《历代宝案》中琉球与暹罗往来的共 56 封汉文文书。⑤ 2010 年，福建师范大学谢必震、胡新所著《中琉关系：史料与研究》中，也提供了一些琉球与暹罗的信息。2012 年，《传世汉文琉球文献辑稿》（第一辑）出版，共 30 册，其中便收录了《历代宝案》。本文在借鉴前人学者相关研究的基础上，结合现存《历代宝案》中涉及琉球和暹罗文书，尝试对 15—16 世纪琉球和暹罗的关系进行一次较为宏观的梳理，谨供学界参考。

一、琉球与暹罗早期关系的建立

滨下武志教授在《中国、东亚与全球经济——区域和历史的视角》一书中曾指出，《历代宝案》所载琉球和暹罗关系的最早咨文是洪熙元年。⑥ 由于翻译的原因，滨下武志教授该书的中文版并未能引用原文，而洪熙元年

① ［日］滨下武志著，王玉茹、赵劲松、张玮译《中国、东亚与全球经济——区域和历史的视角》第 81—85 页，社会科学文献出版社，2009 年。

② ［澳］安东尼·瑞德著，孙来臣、李塔娜、吴小安译《东南亚的贸易时代：1450—1680》（卷 2）第 25 页，商务印书馆，2017 年。

③ Piyada Chonlaworn, “Relations Between Ayutthaya and Ryukyu”, *Journal of the Siam Society*, vol. 92（2004）, pp. 43-63.

④ 李光涛《明清档案论文集》第 945—1003 页，台北：联经出版事业公司，1986 年。

⑤ 李光涛先生在《明清档案论文集》中未注明所录《历代宝案》的出处，笔者判断应是中国台湾省于 1972 年出版的版本。

⑥ 《中国、东亚与全球经济——区域和历史的视角》第 82 页。

(1425) 琉球发给暹罗一共是两封咨文，首封咨文内容如下：

琉球国中山王为朝贡事。近据使者佳期巴那同通事梁复告称：永乐十七年间，蒙差使者阿乃佳等，坐驾海船三只，赍捧礼物前到暹罗国奉献，事毕回国。告称：蒙所在官司言称，礼物短少，以致官买瓷器，又禁约本处不许私卖，苏木俱蒙官卖，要补其船钱。切照事有艰紧，深是有损。使往来人员，告乞施行。当蒙敬奉王令旨，何不早说，惶恐之甚。今后去船，加感礼物奉献，以表远意，敬此外。除自永乐十八年至今加感礼物，遣使佳期巴那、通事梁复等，坐驾船只，经涉海洋，动有数万余里，历涉风波，十分艰险。及至到彼，除将礼物交进外，蒙所在官司，仍行官买，瓷器更甚，因致盘缠缺乏，深为靠损，难以奉命往复，告乞施行。据告再三，因此永乐二十二年停止船。除外，参照自洪武至永乐年来，曾祖及祖王父王至今，递年累遣使者，赍捧菲仪，前诣贵国奉献，盖今年多矣。荷蒙贵国亲爱，怀念四海，以为一家，累蒙回惠珍贶，及宠爱远人，常复从容贸易，并无官买之事，切思感戴之甚。今告事，理合贵国，烦为照前矜怜远人航海之劳，免行官买瓷器，容令收号苏木胡椒等货回国，庶使永通往来，远人悦服，异域怀柔。今将奉献礼物数目开坐于后，须至咨者。今开：织金缎五匹，素缎二十匹，硫黄三千斤（小），报二千五百斤（正），腰刀五柄，折纸扇三十柄，青盘二十个，小青盘四百个，青碗二千个。右咨暹罗国。洪熙元年月日咨。①

由咨文所知，琉球与暹罗外交关系的建立可追溯至洪武年间。泰国学者皮雅达认为琉球与暹罗建立关系始于洪武四年（1371）。②笔者认为确切日期仍有待进一步考证。因洪武三年（1370）明朝遣吕宗俊诏谕暹罗国，洪武四年（1371），暹罗国即遣使入贡。洪武五年（1372），朱元璋才遣行人杨载诏谕琉球。洪武六年（1373），琉球遣使入贡，尽管洪武六年，暹罗也遣使入贡明朝，但暹罗和琉球并非首次同年入贡明朝，1371 年两国即建立关系的可能

① 《传世汉文琉球文献辑稿》编委会编《传世汉文琉球文献辑稿》（第一辑，第一册）卷 40 第 570—571 页，鹭江出版社，2012 年。李光涛先生所录咨文与本文所引仍有不少出入。

② “Relations Between Ayuthaya and Ryukyu”.

性仍有待考证。

明代外交政策的两大基调是“怀柔远人”和厉行海禁。海禁的实行反映了在倭患日重的海疆形势面前，明朝消极防御的保守倾向。[①]当时明朝仅允许朝贡国家来华贸易，并严禁中国商人下海。此时，日本海商尚未发展起来，西方殖民者也尚未东来，琉球抓住了这一良机，利用明朝赐予的海舟和海航技术力量（闽人三十六姓），打着采购贡品的旗号，积极发展海上贸易，[②] 琉球经营北至日本和朝鲜，南至满剌加和暹罗等大航海贸易，使其一度成为当时中外贸易的中转站之一。关于琉球与东南亚开始贸易的年代，由于史料匮乏，难以断定。但从琉球在1390年后向明朝进贡的物品中，有出产于东南亚的胡椒、苏木等考察，二者贸易关系的发生当不晚于洪武晚期。[③]

与其他东南亚国家一样，琉球与暹罗贸易关系的建立和发展受益于明朝建立的朝贡体系或者说是明朝建立的东亚政治秩序。首先是明初琉球和暹罗都获特许入贡。《明实录》载：

（洪武二十六年春正月）甲寅，禁民间用番香、番货。先是，上以海外诸夷多诈，绝其往来，唯琉球、真腊、暹罗斛许入贡。而沿海之人，往往私下诸番，贸易香货，用诱蛮夷为盗，命礼部严禁绝之。[④]

其次是尽管地方官员仍有其他考虑，但明朝对于朝贡国之间的和平交往是支持的。如《明实录》载：

（永乐二年九月壬寅）福建布政司奏：“有番船漂泊海岸，询之，是暹国遣使与琉球通好，因风漂至。已籍船中之物，请命。”上谓礼部尚书李至刚等曰：“暹国与琉球修好，是番邦美事。不幸船为风漂至此，正宜嘉恤。岂可利其物而籍之。乡有善人，犹能援人于危，助人于善，况朝廷统御天下哉！其令布政司，舟坏者为之修理，人乏者给之粟；候风便，

① 李云泉《朝贡制度史论——中国古代对外关系体制研究》第63页，新华出版社，2004年。

② 《中琉关系史料与研究》第5页。

③ 徐勇、汤重南主编《琉球史论》第63—64页，中华书局，2016年。

④ 《太宗实录》卷34，载王玉德等编《明实录类纂 涉外史料卷》第432页，武汉大学出版社，1991年。

其人欲归或往琉球，导之去。①

二、《历代宝案》反映的琉球与暹罗之间的贸易与交往

2012年鹭江出版社影印出版的《历代宝案》共收录有105封琉球与东南亚国家的官方文书，其中琉球与暹罗文书数量最多，达到57封。时间自洪熙元年（1425）至嘉靖四十三年（1564）。在这57封往来文书中，以琉球发往暹罗的为主，达51封，暹罗至琉球仅6封。

由《历代宝案》第一封咨文内容可知，琉球与暹罗关系的建立始于洪武，至永乐十七年（1419），暹罗禁止琉球使节团进行自由贸易，令琉球蒙受较大损失。永乐十八年（1420），琉球曾增加对暹罗的礼物，但暹罗并未同意，此后琉球与暹罗的贸易一直受到限制，琉球于永乐二十二年（1424）停止向暹罗发船。实际上，《历代宝案》收录了琉球发往暹罗的两封文书，另外一封内容如下：

琉球国中山王为进贡事。切照本国稀少贡物，为此，今遣正使浮那姑是等坐驾仁字号海船，装载瓷器，前往贵国出产地面，收买胡椒苏木等货回国，以便进贡大明御前。仍备礼物诣前奉献。少伸远意，幸希收纳。仍烦听今差去人员及早打□，赶趁风迅回国，庶使四海一家，永通盟好。今将奉献礼物数目开坐于后，须至咨者。今开：织金缎五匹，素缎二十匹，腰刀五柄，折纸扇三十柄，硫黄五千斤，今报二千五百斤正，大青盘二十个，小青盘四百个，小青碗二千个。右咨暹罗国。洪熙元年月日。②

由洪熙元年的这封咨文以及《历代宝案》保留的琉球与暹罗的其他文书可知，琉球与暹罗交往的理由通常包括两个，一是“为进贡事”或“为礼仪事”，即为朝贡明朝准备贡品。二是“为酬谢事”，即感谢暹罗对琉球往来货物买卖的宽松政策。明朝给予琉球充分的政治信任，给琉球国王颁赐的是“镀金银印”，相当于赠予郡王（皇帝孙辈）一级的物品。同时，琉球与朝鲜

① 《太宗实录》卷34，载《明实录类纂 涉外史料卷》第432页。

② 《传世汉文琉球文献辑稿》（第一辑，第一册）第572页。

一样，起初使者往来通常不需要查验真实身份。《皇明外夷朝贡考》称：“琉球国入贡、谢恩使者往来，一以文移相通，不待符勒、勘合为信。”[①]“四海一家”理念和措辞在琉球与暹罗的文书中屡见不鲜。

琉球与暹罗的贸易自洪熙之后，逐渐频繁，尤其是在宣德、正德和嘉靖年间。结合《历代宝案》和《明实录》记载，这一时期，琉球赴暹罗贸易的航船次数最多，达到50次。[②]

何以琉球往暹罗的贸易船只最多？一则暹罗（阿瑜陀耶）当时为东南亚贸易大港。二则其恃强凌弱，占城、苏门答腊、满剌加等曾一度受制于阿瑜陀耶。阿瑜陀耶曾一度拘他国贡使，夺明朝所赐他国印诰，明永乐间，中国曾敕谕暹罗国王，要安分守己。《明实录》载：

> 永乐五年（1407）冬十月，……至是，赐敕谕（暹罗国王）昭禄群膺哆罗谛剌曰“占城、苏门答腊、满剌加与尔均受朝命，比肩而立，尔安得独恃强拘其朝使，夺其诰印。天有显道，福善祸淫，安南黎贼父子覆辙在前，可以鉴矣。其即还占城使者及苏门答腊、满剌加所受印诰，自今安分守礼，睦邻境，庶几影响太平。[③]

琉球船只赴暹罗装载的货物主要是缎、腰刀、纸扇、硫黄、青盘等。而到暹罗采购的则以苏木和胡椒为主。据《历代宝案》记载，琉球出口暹罗数额较大的是小青盘、小青碗和硫黄，通常小青盘可达400个，小青碗2000个，硫黄2500斤至3000斤。暹罗与琉球的货物中有少则400斛，多则3000斛不等的苏木。此类货物《历代宝案》自洪熙至成化年间共记载了29次，可见琉球与暹罗往来之密切。《历代宝案》57封文书中，琉球发往暹罗的咨文大多明确提及要购买胡椒、苏木。尽管汉语“苏木”一词译自马来语，但当明之时，爪哇、满剌加所产苏木却不如暹罗，琉球赴暹罗购买苏木的次数反而远超过赴满剌加，其原因为何？郑和的随从马欢在其《瀛涯胜览》中尽管记录爪哇国时，提及其出产苏木，满剌加国并不提苏木，而对暹罗国记载却说“其苏木如薪之广，颜

① （明）佚名撰《皇明外夷朝贡考》（卷下）第9页，国家图书馆藏抄本。

② 《中琉关系史料与研究》第205页。

③ 《太宗实录》卷72，载王玉德等编《明实录类纂 涉外史料卷》第845页。

色绝胜他处出者”[①]。可见当时暹罗苏木的口碑较佳。

较之琉球的主动，暹罗对琉球的交往，显得有点“不慌不忙”。《历代宝案》保存的暹罗至琉球的文书仅6封，均署日期或可推断为成化年间。6封咨文中有3封署名“暹罗国王”，2封署名“暹罗国长”，1封署名“暹罗国礼部尚书”。其中第一封未署具体日期，从内容看，应是成化年间文书：

> 暹罗国王谨回咨琉球国王殿下。恭维体天行道，以善牧民，盛德不孤，仁亲为宝，曩古至今，两国通财之美，至迩历遐，贸有易无之交，尝遣使来，络绎不绝。况前岁差使臣澹马巴等来到，不幸船财被殃，皆是命也。新措舟航一只，专差正使奈闷英谢替、副使奈曾谢替、通事奈荣等，装载方物，伴送正副使等回还贵国，舟行将近，又遭风水，船溺洋中，人□船散。近蒙咨来，方知其事，此乃天降祸也。或有番众逃命存者，咸赖发挥回来，实为怜恤。蒙差使臣泰剌、通事红锦等持咨厚礼，依数收讫，回之不及，受之有愧。今差护送奈呐，带领番梢三名，擎咨赍礼，随同来使前来回贵国，伏乞海涵允纳，以表献芹之意。伴送来使，望赐早回贵国，须至咨者。今开礼物：苏木三阡觔，红布一十匹。回奉礼物：苏木二万觔。右咨琉球国王。[②]

由暹罗国王给琉球国王的回咨可知，琉球船只使往暹罗，道远路遥，常有遭风溺洋的情况发生，暹罗国王慷慨体恤，回奉琉球国王苏木达2万斛，这是《历代宝案》有关琉球和暹罗交往记载中，最大额度的一次苏木礼物，此额度之大，超过了任何一次两国的苏木交易额。

尤其值得一提，从文书记载的名字观之，琉球派往暹罗的航船中的随同通事（翻译）均为华人，其中有郑智、梁德伸、沈志良、王元、郑彬等。

三、琉球与暹罗双边关系产生的影响

琉球与暹罗关系对彼此产生的影响主要体现在经济上。首先是让琉球成

---

① （明）马欢著，万明校注《瀛涯胜览》第35页，海洋出版社，2005年。

② 《传世汉文琉球文献辑稿》（第一辑，第一册）第551页。

为“万国津梁”提供了有力的支撑。正如琉球于1458年铸造的“万国津梁”铜钟铭文曰：

> 琉球国者，南海胜地也，钟三韩之秀，以大明为辅车，以日月为唇齿，在此二中间涌出之蓬莱岛也。以舟楫为万国之津梁，异产至宝充满十万刹。①

明朝实行海禁，但东南亚对中国瓷器等产品的需求和中国对东南亚等国产品的需求并没有减少。因此，琉球成为中国与东南亚贸易中转站还间接为各方提供了市场所需的产品，实际上在一定程度上也丰富了琉球提供给明朝的贡品。琉球与暹罗等东南亚国家贸易使长期经营中国与东南亚贸易的中国商人影响力逐渐下降。因为琉球与暹罗等的直接贸易在一定程度上替代了过去长期依靠中国商人与东南亚直接的贸易。

琉球与暹罗的海上贸易较大地促进了琉球经济实力增长的同时，也增强了暹罗（阿瑜陀耶）的经济实力。美国学者戴维·K. 怀亚特（David K. Wyatt，1937—2006）认为，15至16世纪，在国际贸易大幅增加这一刺激下的经济发展对阿瑜陀耶的影响是不可低估的，阿瑜陀耶通过贸易获得的财富越多，他就更有能力来吓住或者战胜国内和邻国的竞争对手，并且把他们的疆土合并到自己里面，同时进一步改善贸易能力。②这一点，在中国明代史籍的相关记载可以得到旁证。

四、《历代宝案》中琉球与暹罗汉文文书体现的汉文化

历史上，琉球崇尚汉文化，以汉字作为官方文字已为不争之事实，难得的是暹罗与琉球文书也用汉字。《历代宝案》中，共有29封琉球至暹罗的咨文，6封暹罗至琉球的咨文，余下为琉球至暹罗航船的执照。57封文书约1.6万多个汉字，其中汉文文书篇幅最长的达500多字，最短的为108字。

明朝建立起的东亚朝贡秩序，各国朝贡明朝的表文一律需译为汉字，琉

① 转引自《中琉关系史料与研究》第5页。

② ［美］戴维·K. 怀亚特著，郭继光译《泰国史》第73—74页，东方出版中心，2009年。

球本国原用汉字，而暹罗则有自己的文字。对于均为明朝贡国的琉球和暹罗而言，本属平等国家，相互交往时，琉球往暹罗的文书需译为暹罗文，暹罗至琉球的文书则应译为汉文。但相互之间都选择了汉字，这说明当时汉字汉文化获得琉球和暹罗的高度认可。尽管明朝时仍有“华夷之辨”和“夷狄之别”，但从明朝与琉球和暹罗的文书可以看出明朝对于周边是“志诚恤小”的态度。如洪武五年（1372），明遣行人杨载诏琉球曰：

> 昔帝王之治天下，凡日月所临，无有远迩，一视同仁，故中国奠安，四夷得所，非有意于臣服之也……。[①]

明与暹罗谕诏类似，且明还赐《大统历》与暹罗。李光涛先生曾谓：“暹罗当有明之世，为一极端亲明的国家，而琉球（包括朝鲜）之亲明，亦与暹罗同。”[②]笔者认为暹罗之亲明，主要出于政治地位和经济利益的诉求。

《历代宝案》所载琉球至暹罗文书中，儒家思想多体现其中，如洪熙元年咨文中有“兹荷贵国亲爱，怀念四海，以为一家，累蒙回惠珍贶，及宠爱远人，常复从容贸易，并无官买之事，切思感戴之甚”字句；宣德年间有“烦为怀柔远人，……应备进贡大明御前，庶为四海一家，永通往来便益”字句；正统年间有“感激情怀，……而为四海一家，共享万载太平，诚感殷勤，深用喜谢”字句。琉球赴暹罗船用“仁”“义”“恭”“永”“顺”“安”等字号。

如果说这些对于原本在本国使用汉字，推崇汉文化的琉球并不意外的话，那么崇尚佛教的暹罗往琉球的文书也直接使用汉字，文书带有儒风，则说明了汉文化在这一时期的共享共融和认可度。如前文所引暹罗回琉球第一封咨文有“恭维体天行道，以善牧民，盛德不孤，仁亲为宽”字句。又以成化十七年暹罗国王回琉球国王一封咨文为例：

> 暹罗国王谨咨回奉琉球国王殿下。因心孝友，赋性温文，延宝祚于万年施至仁于外国。夫为邦之道，贵在睦邻，常遣使以相通，以贸无而易有。前使遣来，不幸遭风，伤嗟尸飘潮瀼，命陨洋中，乃天丧者乎？

① （明）严丛简著，余思黎点校《殊域周咨录》（卷4）第125页，中华书局，1993年。

② 《明清档案论文集》第945页。

后遣李妠为使，带领番众三名，因便搭来，启探实情，蒙遣使武志马等赍咨驾护舶送到国，附来厚礼，依数收讫。春景将暮，贵使武志马等告换贵国，谨备薄菲仪，附与回使，前来酬谢殿下，伏希海纳春毓是幸。须至咨者。今开：苏木三千斤，红布一十匹。壹、回奉礼物：香花酒上等一埕，内有椰子香花酒五埕。右咨琉球国。成化十七年三月十五日咨。①

咨文中字句如："因心孝友，赋性温文，延宝祚于万年施至仁于外国。夫为邦之道，贵在睦邻……乃天哀者乎？"凸显了儒文化特点。当然，可以猜测暹罗往琉球的文书出自华人之手，但即便如此，也必先获得暹罗官方的认可，否则一旦被查出，难免被问罪。不仅暹罗与琉球的咨文如此，《历代宝案》所载满剌加与琉球的咨文亦然，如成化年间满剌加发往琉球的文书：

满剌加国王微礼事谨奉琉球国王金阶殿下

朝闻收览沧海之由，务其负贩经商，乃以薄土，然其宝景通四方舟车，商贾之所，积聚金银锦绣，百货之处，茂竹青松，桃源之仪，圣承先世，聿修之德，□□欲昌，贵国朝混一海宇，仁育万物，其生之盛非前代交邻，于天感皇恩福德，蒙殿下咨遣使臣安远、通事蔡回保等掌管宝舟，到于微国，丰乐民安，琼瑶歌武之勇，任从贸易，毋违咨旨，荷遗礼重之仪，微国聊备素宝，奉献回国，深幸万异怀盖之景览旧明之意。呜呼万岁！帝王诚意，廷臣有望清风高节，御蟠谿周富之思，锦帆高挂称风回国，欢因永远，广甚二渡宝舟平安，岁率再复为使，须至启者，今开微礼：别布好咱十一个，别底咱十九个，南母掌十个，山南八好咱五个，左达五个。右咨琉球国。成化五年（1469）正月二十六日发行。②

由此可见，有明一代，东南亚各国与东亚中日琉之间的官方文书往来多以汉文为主，这其中难免以华人充当通事，充当汉文文书执笔者居多。日本学者上田信的研究提供的信息说，在琉球的首里王府附近，离那霸港步行约

① 《传世汉文琉球文献辑稿》（第一辑，第一册）第556页。

② 《传世汉文琉球文献辑稿》（第一辑，第一册）第549页。

15分钟，有一处被称作“久米村”的地方。过去这个地方曾被称作“唐荣”，在15至19世纪之间居住着中国人以及他们的子孙。他们会航海、造船等技术，他们充当进贡时所必需的外交文书的执笔者、翻译以及商业贸易之责，是承担琉球王国与中国、东南亚进行海外贸易的职业群体。①尽管这些文书背后不排除谋取经济利益的目的，但是由文书行文可以看出儒家文化获得东南亚各国的认可，尤其是本国并非奉儒家思想为主的暹罗、满剌加、爪哇、苏门答腊等国。由此而论，在历史上，琉球也好，暹罗也罢，华人在沟通两国贸易往来和文化交流领域，起到了不可替代的作用。

结　语

15—16世纪琉球与暹罗关系的本质是在明朝建立的东亚朝贡秩序基础上产生的贸易关系。由于琉球地理位置优越，国王重视利用海外贸易弥补自身资源的短缺，再加上明朝给予琉球和暹罗诸多的便利政策，如直接赐予琉球海船和“赐闽人三十六姓善操舟者，令往来朝贡”。有明一代，暹罗阿瑜陀耶王朝曾一度强盛。同时，与琉球一样，暹罗亦重视发展与明朝的朝贡关系。琉球和暹罗获得朝贡明朝的次数较多，使这两个国家获得了发展彼此国家经济的重要政治基础，两国的贸易关系促进了对方经济的发展，在一定程度上使双方国力增强。《历代宝案》保存下来的双方汉文文书多出自琉球和暹罗两国华人之手，在一定程度上证明华人在明代海上贸易时代的重要性，同时也说明汉字和儒学在明代时获得各国交往时的认可。

16世纪下半叶以后，随着中国民间海上贸易的扩大，日本对琉球的骚扰和西方势力的东来等诸多原因，明代东亚的秩序逐渐被破坏，琉球和暹罗的贸易关系逐渐衰落了。

（刘志强　广东外语外贸大学东方语言文化学院教授；
侯燕妮　广东外语外贸大学东方语言文化学院讲师）

① ［日］上田信著，高莹莹译《海与帝国——明清时代》第159页，广西师范大学出版社，2014年。

·汉语教学国际传播研究·

从西方汉学家的语言意识谈汉语语构文化

韩玉国

摘　要：我国汉学研究主要集中于汉学家学者身份的学术思想，鲜有将其作为汉语学习者的研究。本文从二语习得角度提炼西方汉学家的汉语语言意识与语言哲学意识，并以此为映照，反思当前对汉语语构文化的理解及教学应用中存在的问题，认为应从发生视角认识语构文化，并基于认知语言学理论进行语构文化教学。

关键词：西方汉学家　二语习得　语言意识　语构文化　汉语教学

对于汉学的研究，不同角度的挖掘和探寻总能给我们带来意外的惊喜和对当下的审思。收获的多领域性源于汉学家身份的多元性——面对中国语言文化，他们既是学习者，也是研究者与传播者。我国汉学研究主要集中于他们学者身份的学术思想，鲜有将其作为汉语学习者的研究。可见的代表性成果是王建勤对马若瑟（Joseph Mariede Prémare，1666—1735）汉语习得观的提炼与概括，体现出学科史以古鉴今的作用与价值。① 对成功学习者（Good Language Learner）的关注和研究正是二语习得理论发端的主要源头，作为其先发之声，美国学者 Rubin 从 7 个方面阐明了他们给二语习得策略带来的教益和启示：第一，他们善于猜测；第二，他们乐于交际；第三，他们勇于面对交际失败的尴尬；第四，他们聚焦于语言形式；第五，他们勤于练习；第六，

① 王建勤《马若瑟汉语习得观今释》，载《语言教学与研究》2012 年第 5 期。

他们留心于监控自己与他人的言语；第七，他们专注于对意义的理解。① 我们有理由相信，作为成功学者的典范，西方汉学家们一定不同程度地具备这些优秀的学习态度和品质。本文立足于 Rubin 所说的第四点“他们聚焦于语言形式”，对他们的汉语语言意识进行探索和思考，并以此为映照，反思当前对语构文化的理解及教学应用。

一、西方汉学家的汉语语言意识

（一）语言意识及其研究视角

Rubin 对“聚焦于语言形式”的具体阐释是：

> 好的语言学习者总是在语言中寻找模式。他以一种特殊的方式关注目的语的形式特征，不断地进行分析、分类和综合，努力寻找信息分类的方法，以便把相关的和不相关的线索区分开来。他利用既有的语言形式特征处理经验来探寻目的语语言要素之间的关系及相互作用，而这种语言处理经验往往使得他们的二语学习甚至比一语还要成功。②

这一表述与随后出现的“语言意识”概念高度契合。20 世纪 80 年代，针对功能教学法导致的语言形式教学弱化，以 Hawkins 为代表的一批学者倡导了“语言意识运动”（Language Awareness Movement），反对过分专注于言语技能传授的“学徒制”倾向（Language Apprenticeship），呼吁通过必要的语言形式教学培养学习者对语言本质、形式及功能的敏感性与意识性，也即语言意识。③ 语言意识研究主要从语言学、心理学两个角度展开，前者认为语言意识是语言产生、运用及发展过程中的重要因素，致力于语言意识在语言教学中的应用及研究；后者认为语言意识是人类处理语言信息的内在能力，反映了语言使用者对客观世界的整体认知，研究内容主要涉及语言意识与思维、语言意识与文化等主题。通过文献爬梳，我们发现，无论是从语言本体论视

---

① Joan Rubin, “What the ‘good language learner’ can teach us”, *TESOL Quarterly*, No. 1 (1975), pp. 41-51.

② “What the ‘good language learner’ can teach us”.

③ Gillian Donmall, *Language Awareness: NCLE Papers and Reports 6*, London: CILT, 1985, p. 7.

角还是心理学视角，西方汉学家的著述中都蕴含着学习者自发、朴素而直接的汉语语言意识，体现了他们对汉语本身和汉语学习的批判性思考。

（二）西方汉学家的汉语语言意识

词语的多功能性、语法的灵活性是汉学家们对汉语本体特征的核心认识，有如一条红线贯穿于这一群体的相关研究之中。卫匡国（Martinus Martint，1614—1661）在首创西人汉语语法研究之时就提到了汉语词类的变位问题，关于名词的变位，他认为“由于位置的变化，同一个词可分别做名词、形容词和副词”[①]，然而对于动词的变位却囿于时体形态、被动形态而显得不足。威妥玛（T. F. Wade，1818—1895）明确提出了汉语词语的“多功能”概念，并断言：

> 任何把语言权威性地划分到像我们语言中“词性”的范畴里去的努力，都将枉费心机。而且，我们语言中的词类分析当然得有它们相对应的汉语语法，且不管能否对它们做词类分析；在所有的别的语言中用屈折变化生效而产生的大部分结果所需要的那些方法，汉语自身也拥有，否则汉语就不成其为一种语言。[②]

词语多功能性与语义的变化互为因果，也许正是因为如此，西方汉学家不约而同地注重挖掘形式结构之下潜藏的语义，经典案例如马若瑟具有语法化意义的“实词虚化”语义演化路线，[③] 又如威妥玛对助词性成分“来”“去”的语义分析——表动作推进的方向性及与说话人位置的相关性，[④] 直至甲柏连孜（G. von der Gabelentz，1840—1893）从语义角度对动词进行分类、对名词进行格梳理，使语序和虚词在汉语语法中的重要作用得以进一步凸显，

① ［意］卫匡国著，［意］白佐良、白桦译《中国文法》第 75 页，华东师范大学出版社，2009 年。

② ［英］威妥玛著，张卫东译《语言自迩集：19 世纪中期的北京话》第 19 页，北京大学出版社，2002 年。

③ Joseph de Prémare，Translated into English by Bridgman，*Notitia Linguae Sinicae*，Canton：Printed at the Office of the Chinese Repository，1847，p. 27.

④ 《语言自迩集：19 世纪中期的北京话》第 65 页。

进而认为"汉语语法其实就是句法，也只能理解为句法"[①]。此类思考与描写在西方汉学家著述中反复出现，体现了面对汉语这种具有语法灵活性的语言，学习者对其形、义配对理据的强烈诉求。

时至今日，注重意合性、尊重柔性已成为汉语语法研究的共识，而结合词语的语义特征及语义动态性、多功能性来构建语法已是主流研究方法。古今互鉴之下，西方汉学家作为文化他者（Cultural Other）对汉语语法系统特征的敏锐捕捉令人赞叹。当然，也有一些汉学家就此认为汉语没有语法，这种说法虽嫌极端，但也应看到其词类研究对此的补偿功能，毕竟词类的功能也是语法的重要组成部分，在彼时的学习者眼中，这就是汉语最鲜明的特征，是与他们母语最大的系统性差异所在。

（三）西方汉学家的语言哲学意识

从语言功能的角度，西方汉学家将对汉语整体的理性认识表述为"汉语思维"，通过甲柏连孜的"民族性语言意识""语言精神"上升到了语言哲学的高度。早期的论述直接而质朴，如马若瑟所言："希望传教士们能摆除本族语对他们思想的影响，给赤裸的思想穿上汉语的外衣。"[②] 甲柏连孜注重从语法手段入手谈语言表意功能的达成，他认为："汉语拥有的表达的灵活性和多样性是惊人的，能够用简单的手段克服单调僵硬的词序规则造成的不便，把活力和优雅赋予了话语，同时并不损害理解。"[③] 连同"心理主语"概念所体现的句法分析心理观，甲柏连孜的汉语语法观为其后续在普通语言学领域提出"语言精神""语言类型"概念奠定了基础。语法手段的选择对语言类型的塑造作用，对于我们今天理解汉语语构文化仍有借鉴意义。

西方汉学家的理论认识固然是一种学术思想，但也绝不能否认其来源于二语学习者最初的语言意识，同时也深刻体现了成功学习者的习得诉求。其中的一些核心词语如"语义""心理""思维""民族""语法手段"等让我们自然地联想到当前汉语教学中的语构文化，促使我们对语构文化的含义及

① ［德］甲柏连孜著，姚小平译《汉文经纬》第 22、175—189、208—217 页，外语教学与研究出版社，2015 年。

② Knud Lundbaek, *Joseph de Prémare*（1666－*1736*）: *Chinese Philology and Figurism*, Denmark: Aarhus University Press, 1991, p. 81.

③ 《汉文经纬》第 521 页。

教学应用进行反思。

二、对汉语语构文化及其教学应用的反思

（一）语构文化概念的提出及相关问题

20 世纪 90 年代，我国汉语教学界对文化教学进行了一次集中的反思与讨论。其中，基于“与语言教学相关”的原则，以三足鼎立模式提出的“语义文化—语构文化—语用文化”广为肯定和接受。然而，在教学实践中，侧重词汇文化色彩的语义文化和侧重跨文化交际的语用文化内涵清晰，教学应用较为充分。而侧重语法，关乎语言结构规则理解和运用的语构文化却明显薄弱。这一现象的产生与对语构文化的理解、文化观察视角直接相关。

“语构文化”概念最早由陈光磊提出：“语构文化是与语言结构相关的文化，指语言中词、词组（短语）、句子以及语段（句群）乃至篇章的构造所体现的文化特点。”① 并认为应通过语构文化教学对语言本体结构（主要是语法规则和语义系统）中有关的文化含义做出阐释，为学习者使用目的语做好必要的文化上的准备。② 总体而言，语构文化概念的提出突破了以往“语言是文化载体”的工具论表述，从语言与文化的接口层面出发，认为语构本身也是文化，使语法教学的意义和价值得到了提升。后续的研究集中于“民族心理”“思维方式/模式”“心理—思维文化”等宏观概念，可以归结为心理视角。如吕必松所说：“汉语的结构方式反映了说汉语者的思维方式。汉语学习者只有深刻了解汉语的结构方式，才能学到中华文化的精髓，逐渐学会用汉语思维。”③ 这些隐含着“语言形式与心理、思维方式同构”的说法无疑是正确的。

不难发现，语构文化关涉到语义和形式的对应、心理表征、民族性思维方式等要素，与西方汉学家的语言意识及习得诉求相暗合，可以喻为当代汉语教学对历史上这些成功学习者的学习需求所做出的回应。然而，从定义上

① 陈光磊《语言教学中的文化导入》，载《语言教学与研究》1992 年第 3 期。

② 陈光磊《关于对外汉语课中的文化教学问题》，载《语言文字应用》1997 年第 1 期。

③ 吕必松《汉语教学路子研究刍议》，载《暨南大学华文学院学报》2003 年第 1 期。

看，语构文化的内容是对文化表象的归纳，止于形式的概括，而对教学的期待也限于做出阐释，与二语习得的建构、发生路向相左。这一结构主义色彩的定义视角也使得其教学应用流于语际形式对比，其心理视角也因过于宏大而缺乏具体的教学指导意义。

在语法教学中，赵金铭倡导从意义到形式的发生学路径，而非由形式到意义的分析与阐释路径。[①] 作为语法教学的一部分，我们认为，语构文化及其教学也应与语法教学保持一致。从这个角度看，语构文化重在发生，是人类使用语言认知和反映客观世界时，语言结构在由义到形的构造过程中所体现出的文化，包括认知方式及相应的语码化方式，也即甲柏连孜理论中所蕴含的通过语法手段塑造语言精神。这一视角无疑会给语构文化教学带来生机，从我国近十余年来的语法教学创新中我们可以提炼出其对语构文化的揭示意义。

（二）近期语法教学创新对语构文化发生的揭示

近十余年来的语法教学创新均基于认知语言学展开，主要成果包括“认知—强化—创新”教学模式[②]、认知功能教学法[③]、“构式—语块”教学法[④]。通过教学案例分析我们发现，这 3 种教学法虽然具体的操作方式有所不同，但一致指向了语构文化——展示语构文化的发生及语码化过程，引导学习者感受和认知汉语形—义配对理据中所蕴含的语构文化信息。其中，以“构式-语块”教学法最具代表性。

“构式—语块”教学法的本体论基础是“构式—语块”分析法。以动态存在句为例，陆俭明细致刻画了从客观世界范畴到语言形式表达的 5 个层次，体现了认知方式对于语码化构建的重要作用。5 个层次依次为：客观存在、通过感觉器官感知客观存在而形成认知图式、认知图式投射到人类语言层面形成意义框架、意义框架投射到一个具体语言（如汉语）而形成构式、根据构式意义的需要在词库中物色具体词语而构成具体句子。就此，

① 赵金铭《教外国人汉语语法的一些原则问题》，载《语言教学与研究》1994 年第 2 期。

② 卢福波《语法教学与认知理念》，载《汉语学习》2007 年第 3 期。

③ 邵菁、金立鑫《认知功能教学法》，北京语言大学出版社，2007 年；邵菁《认知功能教学法：理论、设计和程序》，华东师范大学博士学位论文，2013 年。

④ 苏丹洁、陆俭明《“构式—语块”句法分析法和教学法》，载《世界汉语教学》2010 年第 4 期。

他认为："作为现实世界客体或状态的空间存在并不是直接在语言中影射，而都得通过人的认知域。"① 我们认为，"人的认知域"实际上就是民族心理模式、思维方式的具体所在，由此可见认知语言学对语构文化发生过程的揭示作用。

基于"构式—语块"分析法，苏丹洁、陆俭明进一步提出了"构式—语块"教学法。我们将苏丹洁"V着"存在句的语法导入过程分解为3步：第一步，教学准备，通过语言类型学考察，揭示不同语言"存在"范畴的语块构成和构式语块链；第二步，语法引入，首先呈现"有"字存在句，激活学习者对汉语"存在"范畴的知识图式和意义框架；第三步，语法展示，用"V着"替换"有"，引导学习者注意"V着"表"存在方式"的意义，生成目标语句。② 这一导入方式既满足了学习者思维过程中"模式识别"的需要，同时也使语法教学触及到了语构文化的深度。

（三）认知语言学对语构文化教学的擅场

语构文化既然诉诸语法教学，最佳的途径无疑是与语法教学共享理论，并假设该理论体系能够触及与人类认知相关的文化层面，而认知语法显然是一个满足条件的理论依托。以Lakoff等为代表的第二代认知语言学家提出：人的认知是以现实体验为基础的，因此必须回归现实以揭示人类心智过程。基于这一认识，他们进一步提炼出语言的体验性——语言主要是人们通过感觉器官在对世界体验的基础上经过认知加工逐步形成，是主客观互动的结果，这一过程被概括为"现实—认知—语言"。③

可以看到，从现实到语言之间，"认知"环节的加入对语构文化意义重大，因为这使得位于中间位置的认知主体——人的民族性或群体性特征有机会得以凸显，语构文化的深层动因也因此而昭然，见图1。

如此，能指与所指之间存在着特定的联系，两者的结合是可以论证的，形和义的配对是有理可据的，而这一理据体现了认知方式、概念化方式、语码化方式的民族性、群体性特征，因而具有文化意义。正如认知语言学奠基

① 陆俭明《构式语法的理论价值与局限》，载《南京师范大学文学院学报》2008年第3期。

② 苏丹洁《试析"构式—语块"教学法——以存现句教学实验为例》，载《汉语学习》2010年第2期。

③ George Lakoff, *Women, Fire, and Dangerous Things: What Categories Reveal about the Mind*, Chicago: University of Chicago Press, 1987, p. xv.

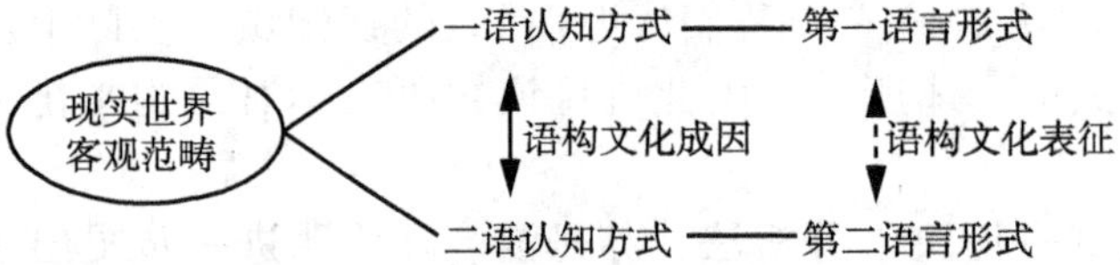

图1　认识视角下语构文化的发生

人之一 Langacker 所说："认知语言学的到来可以被看作是文化语言学的先兆。认知语言学理论应意识到，文化知识不仅仅是词汇的基础，更是语法的中心层面。"①

结　语

吕叔湘先生格外强调对外汉语教学对汉语本体研究的推动作用，认为教外国学生汉语对我们的启发比教汉族学生汉语更大，更容易推动我们的研究工作。②。西方汉学家们透过异域视角，最先关注到了那些母语者习而不察的现象，张西平指出："如果以《马氏文通》的诞生作为中国语言学走向现代形态的标志，那么从 16 世纪到晚清西方人学习汉语的历史以及对汉语的深入研究，则构成了中国现代语言学前史。"③ 这主要说的是西方汉学家对汉语本体研究做出的贡献，却也不是他们身份意义的全部。作为成功的汉语学习者，他们是汉语教学史乃至世界二语教育史上罕见的一个群体、一种现象，在汉语习得与教学方面的典范意义和研究价值永远存在。

多元文化学者 Kramsch 提出了文化"划界"说：

> 学习外语的过程是一个打破"界限"的过程——通过学习，学习者会认识到同一事件可以用不同的参考框架来表示。这种学习不是去单纯

---

① Ronald Langacker, "Culture, cognition and grammar", M. Pütz (ed.) *Language Contact and Language Conflict*, Amsterdam/Philadelphia: John Benjamins, 1994, pp. 25-3.

② 吕叔湘《教书与研究》，载《对外汉语教学》1984 年第 1 期

③ 张西平《传教士汉学研究》第 225 页，大象出版社，2005 年。

模仿和迁就另一种文化，而是在超越本民族文化和另一种文化时，达到“第三种位置”，或称“第三类文化”（a culture of a third kind），从而明了语言所给予人们的力量与控制。①

这让我们想到阎纯德教授对汉学的反思：“中国文化经过外国人的智慧理解和消化，变成了‘汉学’，使其既是中国文化，也不完全是中国文化，形成一种独特的学术史，于是又被中国学界重视着，并构成中国的汉学研究。”② 他所说的即是“第三类文化”相对于目的语文化的异质性。西方汉学家们在汉语言文化带来的巨大心理冲击下努力构建的“第三类文化”，不但是汉学研究的主要内容，也使得汉学研究具有独立的学科价值。

（韩玉国　北京语言大学预科教育学院副教授）

① Claire Kramsch, *Context and Culture in Language Teaching*, Oxford: Oxford University Press, 1993, p. 225.

② 阎纯德《关于汉学的命运》，载《汉学研究》（第三集）第1—3页，中国和平出版社，1999年。

中古汉语声类在冲绳语中的读音特点*

石　晨

摘　要：本文以中古汉语音韵地位为研究框架，以中古汉语声母的发音部位为序，从音值和音韵两个角度考察中古汉语声类在冲绳语中的读音特点，从而反观汉语对冲绳语的影响。

关键词：中古汉语声类　冲绳语　读音特点

冲绳语具体指的是冲绳县的主岛冲绳本岛及其所属岛屿即冲绳群岛地区所使用的语言。冲绳语又分为北部方言和中南部方言，北部方言以今归仁方言为代表，中南部方言以首里那霸方言为代表。本文所研究的冲绳语具体指的是首里那霸方言。

本文利用日本冲绳语研究中心首里那霸方言语音数据库②中的13624个名词语料来讨论中古汉语声类在冲绳语中的读音特点。具体方法为：首先根据音频文件核对国际音标，再以语义相同或相近为基础，通过将冲绳语读音与汉语中古音韵结构以及日语音读进行比较来确定该读音所对应的汉字，如果该词条中的某音节读音能够与中古汉语声韵母结构或日语音读中的元辅音存在对应关系，同时该义项与中古汉语或日语音读所对应的汉字的义项一致，即可确定词条中的音节与该汉字相对应。由此最终确定了877个音节及其对应的汉字，然后结合中古汉语音韵框架归纳出中古汉语声类在冲绳语中的读音，在此基础上探讨这些读音的音值和音韵特点，进而反观汉语对冲绳语的影响。

* 本成果受北京语言大学校级项目资助（中央高校基本科研业务费专项资金）（项目批准号17YBB05）。

② http：//ryukyu-lang. lib. u-ryukyu. ac. jp/srnh/index. html.

一、帮非组

1. 基本情况

表 1　帮非组声母在冲绳语中的读音

	帮	滂	並	明	非	敷	奉	微
p	+	+	|		+	|		
b	+	|	+++	+	+	|	+++	+++
φ	+++	+++	+		+++	+++	+++	
ç	+	|	|					
h	+	|	|		+	|	|	
m				+++				+++

注：“+++” 表示字数多，“+” 表示字数较少，“|” 表示只有极个别例字，无符号的表示无字。余表同。

（1）帮滂並

中古汉语帮滂並母字在冲绳语中的声母读音为［p b φ ç h］（限于篇幅，以下均简称为冲绳语中帮滂並母字声母为［p b φ ç h］，其他类似情况均这样表述），其中帮滂母字声母以［φ］为主，並母字声母以［b］为主。［b φ h］无明显的出现条件，［ç］只出现在［i］的前面。［p］与古帮滂母清塞音和並母塞音的特点一致，［b］与古帮滂母塞音和並母浊塞音的特点一致。

（2）非敷奉

冲绳语中非敷奉母字声母为［p b φ h］，非敷母字声母以［φ］为主，奉母字声母以［b φ］为主。［b φ h］无明显的出现条件。［φ］和［h］与古非敷奉母擦音的特点一致。

（3）明微

冲绳语中明母字和微母字声母读［b］和［m］，这两类声母无明显的出现条件。［m］与古明母双唇鼻音和微母鼻音的特点一致。

2. 音值特征

（1）帮滂並和非敷奉母——塞音声母的擦化

帮滂並和非敷奉母字声母在冲绳语中出现了擦化。从声母的发音部位和发音方法来看，［ɸ］与［b］发音部位相同，发音方法不同，是［b］同部位的清化和擦化，而［ɸ ç h］是不同部位的擦化，发音部位由双唇到舌面中再到喉部。从发音原理和发音便利来看，这种擦化过程应该首先是同部位的擦化，即由［b］擦化为［ɸ］，然后唇化摩擦逐渐减少，舌面后或喉部位的摩擦逐渐加强成为主要发音部位，成了［ç］或［h］。

汉语中也有类似的擦化现象，只是路径和条件不同。古汉语的重唇变轻唇是发音部位的变化，也是发音方法的变化，应该是经过唇齿塞擦的阶段，即经过［pf］、［pf^h］、［bv］、［mv］的阶段，然后变为［f］、［v］、［ɱ］的①。也就是说重唇变轻唇经历了由塞音擦化为不同部位的塞擦音，再进一步擦化为同部位的擦音的过程。这个擦化是有条件的，即合口三等字从重唇中分化出来，擦化为后来的轻唇音。从擦化的结果来看，在北京话里，非敷奉母字读［f］，但在闽语厦门话等中多数保持了古代的合口介音 u，并在 u 所具有唇和舌面后或喉两个发音紧张点中选择了保持后面的紧张点，受此影响声母转化为［h］，如：罚［huat］。

冲绳语中擦化的结果也有一部分是［h］，只是冲绳语除非敷奉母字外，帮滂並母字也加入其中。

（2）明微母——鼻音声母的非鼻音化

明微母字声母在冲绳语中既有读［m］的，也有读［b］的。在今汉语方言中，明母多读［m］，微母多读零声母或［v］，也有读［b］的，如厦门话中古明母字声母［m］多转入［b］，如：莫［bɔk］，末［buat］；微母字古属明母，所以厦门话的微母字声母白读也读［b］，如：襪［beʔ］，无［bu］。

此外，冲绳语中帮非组字的声母没有送气与不送气之分。如：布$_{帮}$［bu］、分$_{非}$［bun］。

3. 音韵特征

从中古音类来看，冲绳语中的帮滂並明和非敷奉微各母字声母整体表现非常一致，比如帮组读［p b ɸ ç h］，非组读［p b ɸ h］，与古汉语不分轻重

① 王力《汉语语音史》第 598 页，商务印书馆，2012 年。

唇相似，但冲绳语的轻重唇不分和汉语的“古无轻唇音”略有不同。王力认为直到《切韵》时代，帮滂並明和非敷奉微在反切中还是混用的，唇音分化为重唇（双唇）、轻唇（唇齿），是从晚唐五代时期开始的①。分化的条件是在合口三等字前重唇音由双唇塞音变为唇齿擦音。而冲绳语中，帮滂並和非敷奉母字的塞音擦化现象无明显条件，帮滂並和非敷奉母字的内部均出现了擦化，且两组字内部变化一致，这与汉语的轻重唇分化性质不同。根据类同变化同的原则，这种现象可能也说明进入冲绳语时汉语的帮滂並和非敷奉母尚未分开，这也反映了当时的汉语尚无轻唇音。

二、端知组

1. 基本情况

表 2　端知组声母在冲绳语中的读音

	端	透	定	知	彻	澄
t	+++	+++	+++		+++	+
d	|	|	+++			
ʧ	+	|	|	+++	+++	|
ʤ			|	|		+++

（1）端透定

冲绳语中端母字声母以［t］为主，部分为［ʧ］，个别为［d］。［t］与古端母清塞音的特点一致，［ʧ］体现了部分声母出现了塞擦化。

透母字声母主要为［t］，个别为［ʧ］和［d］。［t］与古透母字清塞音的特点一致，［ʧ］为［t］的塞擦化，［d］与古透母塞音的特点一致。

定母字声母以［d］和［t］为主，部分为［ʤ］和［ʧ］。［d］与古定母浊塞音的特点一致，［t］反映了古浊声母的清化，［ʤ］和［ʧ］则体现了［d］和［t］的塞擦化。

（2）知彻澄

① 《汉语语音史》第 20、259 页。

冲绳语中知母字声母以［ʧ］为主，个别读［ʤ］。［ʧ］与古知母清音的特点一致。

彻母字声母为［t］和［ʧ］。［t］与古彻母清塞音的特点一致，［ʧ］则反映了部分声母出现了塞擦化。

澄母字声母以［ʤ］为主，部分读［t］和［ʧ］，个别读［d］，且存在［d］和［t］两读。［ʤ］与古澄母浊音的特点一致，同时体现了这部分字声母出现了塞擦化，［t］与古澄母塞音的特点一致，同时反映了浊音的清化，［ʧ］则体现了古澄母的清化和塞擦化，而［d］与古澄母浊塞音的特点一致。

2. 音值特征——塞音声母的塞擦化

冲绳语中端透定母字声母与中古汉语声母塞音的特点一致，同时出现了少量的塞擦化现象。少量知彻澄母字声母与中古汉语声母塞音的特点一致，大部分字的声母已出现了塞擦化。知彻澄母塞擦化最明显，大部分读［ʧ］和［ʤ］，端透定母塞擦化程度较弱，仅部分或个别声母出现了塞擦化现象。全浊声母定母和澄母除有塞擦化的趋势外，还有浊音清化的倾向，定母浊音清化的程度较澄母浊音的清化稍高些。此外，端知组字的声母没有送气与不送气之分。

在汉语语音发展史上，知组的语音演变也曾经历过塞擦化的过程。上古汉语舌音声母只有端透定泥四个，这一点已为钱大昕所证明。中古端组几乎只在一四等，知组只在二三等，二者互补。端知分化的原因是等的不同，即二等有 r/ɯ 介音，三等有 i 介音。上古的［t］，后来受 r 和 i 介音的影响，逐渐高化而成为舌面前音［ȶ］，今普通话读为［tʂ］，其间必定经过了［tɕ］这一阶段，其发展过程为 * t>ȶ>tɕ>ʧ>tʂ。到《中原音韵》知彻并入照穿。[①] 可以看出，知彻澄母在最初从端透定母中分化到最终与庄章组合并，中间经历了塞擦化的过程。

知组字声母在汉语和冲绳语中均出现了塞擦化现象，不同的是在汉语方言中知组字声母的塞擦化有［ʧ tɕ ʦ tʂ］等多种类型，而在冲绳语中仅有［ʧ］和［ʤ］两种类型。此外，冲绳语中除知组外，端组部分字的声母也出现了塞擦化现象。

3. 音韵特征

钱大昕在《十驾斋养心录》卷五“舌音类隔之说不可信”条中说：“古

① 杨剑桥《汉语音韵学讲义》第 156、157 页，复旦大学出版社，2005 年。

无舌头、舌上之分。知、徹、澄三母，以今音读之，与照、穿、床无别也。求之古音，则与端、透、定无异。”① 古无舌上音已成定论。《经典释文》的反切证明，直到隋代，知系还没有从端系分化出来。② 根据《汉语方言地图集》③，如今在闽语如厦门话等方言中知组还保留着与端组一致的读音。

从中古音类的角度来看，冲绳语中端、知两组的声母类型一致，即都包括塞音［t］、［d］，塞擦音［ʧ］、［ʤ］，同时两组声母内部均出现了一定程度的塞擦化现象，冲绳语中端、知两组声母类型一致反映了汉语历史上端组和知组不分的特点。不同之处在于，汉语语音发展史上知组声母在从端组声母分化出来时出现了塞擦化现象，从而与端组分道扬镳，端透定和知彻澄声母的发音存在较为整齐的区别，而在冲绳语中两组声母内部均出现了一定程度的塞擦化，其中知组声母塞擦化程度较高，但端透定和知彻澄之间并未出现泾渭分明的差别。

三、精庄章组

1. 基本情况

表 3　精庄章组声母在冲绳语中的读音

<table>
<tr><th></th><th>精</th><th>清</th><th>心</th><th>从</th><th>邪</th><th>庄</th><th>初</th><th>生</th><th>崇</th><th>章</th><th>昌</th><th>书</th><th>船</th><th>禅</th></tr>
<tr><td>s</td><td>+
++</td><td>+</td><td>+
++</td><td>|</td><td>|</td><td>+
++</td><td>+
++</td><td>+
++</td><td>+</td><td>+
++</td><td>+
++</td><td>+
++</td><td>+
++</td><td>|</td></tr>
<tr><td>ʃ</td><td>+
++</td><td>+
++</td><td>+
++</td><td>+</td><td></td><td>+</td><td></td><td>+
++</td><td>+</td><td>+
++</td><td></td><td>+
++</td><td>+
++</td><td>+</td></tr>
<tr><td>ʧ</td><td>+</td><td></td><td></td><td>+</td><td></td><td></td><td></td><td></td><td></td><td>+</td><td></td><td></td><td></td><td></td></tr>
<tr><td>ʤ</td><td>|</td><td>+</td><td>+</td><td>+
++</td><td>+
++</td><td></td><td></td><td>|</td><td>+
++</td><td>+</td><td>|</td><td>|</td><td>+
++</td><td>+
++</td></tr>
<tr><td>ç</td><td></td><td>|</td><td></td><td></td><td></td><td></td><td></td><td></td><td></td><td></td><td>|</td><td></td><td></td><td></td></tr>
</table>

① 转引自《汉语音韵学讲义》第 99 页。

② 《汉语语音史》第 20 页。

③ 曹志耘主编《汉语方言地图集》，商务印书馆，2008 年。

（1）精组

冲绳语中精母字声母为［s ʃ ʧ ʤ］，其中［ʧ］和［ʤ］与古精母塞擦音的特点一致。

清母字声母主要为［s］和［ʃ］，个别读［ʤ］，［ʤ］与古清母塞擦音的特点一致。

心母字声母主要为［s］和［ʃ］，个别读［ʤ］。［ʃ］后接［i］，其他情况读［s］。［ʃ］体现了古心母在细音前的腭化现象。［s］和［ʃ］与古心母擦音的特点一致。

从母字声母主要为［ʤ］，与古从母浊塞擦音的特点一致。个别为［ʃ ʧ s］，其中［ʃ］、［ʧ］后接［i］或［e］。［ʧ］与古从母塞擦音的特点一致。

邪母字声母主要为［ʤ］，个别读［s］。［ʤ］与古邪母浊音的特点一致，［s］与古邪母擦音的特点一致。

（2）庄组

冲绳语中庄母字声母主要为［s］，少数为［ʃ］。［ʃ］与古庄母清音的特点一致。

初母字声母均为［s］。［s］与古初母清音的特点一致。

生母字声母主要为［s］和［ʃ］（［ʃ］后接［i］），个别为［ʤ］。［s］和［ʃ］与古生母清擦音的特点一致。

崇母字声母主要为［ʤ］，个别为［s］和［ʃ］。［ʤ］与古崇母浊塞擦音的特点一致。

（3）章组

冲绳语中章母字声母以［s］和［ʃ］为主，部分为［ʧ］和［ʤ］。［ʧ］和［ʤ］与古章母字塞擦音的特点一致。

昌母字声母主要为［s］，个别读［s］和［ʤ］，［ʤ］与古昌母塞擦音的特点一致。

书母字声母主要为［s］和［ʃ］（［ʃ］后接［i］），个别为［ʤ］，其中［s］和［ʃ］与古书母清擦音的特点一致。

船母字声母为［s ʃ ʤ］，其中［ʤ］与古船母浊塞擦音的特点一致。

禅母字声母为［s ʃ ʤ］，其中［s］和［ʃ］与古禅母擦音的特点一致。

2. 音值特征——塞擦音声母的擦化

冲绳语中精清庄初章昌母出现了明显的擦化现象。从崇船母的读音特点与中古汉语浊塞擦音的特点一致，其中仅部分从崇母出现了擦化倾向，而船母擦化程度稍高，擦音声母和塞擦音声母数量基本持平。心生书母的读音特点与中古汉语擦音的特点一致。部分浊擦音邪禅母的读音特点与中古汉语擦音的特点一致，其中邪母与中古汉语擦音特点一致的较少，其他为浊塞擦音声母，与中古汉语浊音的特点一致，而禅母的擦音声母与浊塞擦音声母基本持平。此外，精庄章组在冲绳语中没有送气与不送气之分。

闽语一些方言中也存在类似的擦化现象，精庄章组字声母也有读［s ʃ ʧ］等的，如：足$_{精}$［ʧy］（永安）；寸$_{清}$［suən］（漳浦）；写$_{心}$［ʃia］（永定）等。

3. 音韵特征

在汉语语音史上，知庄章的分合历来都是研究的重点。在《切韵》音系中，知、庄、章组声母呈现三组分立，到唐末形成了知组、庄章组的二分状态，宋人三十六字母分别用知组、照组表示它们。《切韵》以后知组按等分化为知二、知三两组，然后分别逐渐与庄组、章组合并。最后知组开始并入照组，三组声母合一。现代许多官话方言的情况正反映了上述分类格局。①

从中古音类来看，冲绳语中精庄章组声母之间音值略有差异，但其发音部位和发音方法的类型大致相同，这反映了中古汉语齿音声母内部一致的特点。冲绳语知组声母主要为［ʧ］和［ʤ］，部分为［t］和［d］，与中古汉语舌上音特点一致，尚未完全脱离端组；而庄章组声母多数为［s］和［ʃ］，部分为［ʧ］和［ʤ］。可见在冲绳语中知、庄、章组处于知组、庄章组二分的状态。同时庄章组在冲绳语中“不分”与中古汉语不同。唐末时期庄、章组声母虽合，但是韵母互补，差别在于庄组没有［i］介音，而章组有，现代福州和厦门方言还保留有这种形式②。而冲绳语中的庄组和章组字的韵母不是互补的，如师$_{生}$［ʃi］、湿$_{书}$［ʃi］。

① 桑宇红《知庄章组声母在现代南方方言的读音类型》，载《河北师范大学学报》（哲学社会科学版）2008 年第 3 期。

② 桑宇红《知、照组声母合一与知二庄、知三章对立》，载《语文研究》2008 年第 3 期。

四、见晓组

1. 基本情况

表 4　见晓组声母在冲绳语中的读音

<table>
<tr><th></th><th>见</th><th>溪</th><th>群</th><th>疑</th><th>晓</th><th>匣</th></tr>
<tr><td>k</td><td>+++</td><td>+++</td><td></td><td></td><td>+++</td><td>+++</td></tr>
<tr><td>g</td><td>+</td><td>|</td><td>+</td><td>+++</td><td>|</td><td>+++</td></tr>
<tr><td>ʧ</td><td>+++</td><td>+</td><td>+++</td><td>|</td><td>+</td><td>|</td></tr>
<tr><td>ʤ</td><td>|</td><td></td><td></td><td>+</td><td></td><td>+++</td></tr>
<tr><td>ʃ</td><td>|</td><td></td><td></td><td></td><td>|</td><td></td></tr>
<tr><td>ɸ</td><td></td><td></td><td></td><td></td><td>|</td><td>|</td></tr>
<tr><td>h</td><td></td><td></td><td></td><td></td><td>|</td><td></td></tr>
<tr><td>ʔ</td><td></td><td></td><td></td><td>|</td><td></td><td>|</td></tr>
<tr><td>∅</td><td></td><td></td><td></td><td></td><td></td><td>+</td></tr>
</table>

(1) 见组

冲绳语中见母字声母主要为［k］和［ʧ］，部分为［g］，个别为［ʃ］和［ʤ］。［k］与古见母清塞音的特点一致，［ʧ］主要出现在三等和四等字里，表现出在细音前的腭化现象；［g］与古见母塞音的特点一致，［ʃ］和［ʤ］主要用于细音前。

溪母字声母主要为［k］，部分为［ʧ］，个别声母为［g］。［k］与古溪母清塞音的特点一致，［ʧ］主要出现在三等和四等字里，表现出在细音前的腭化现象，［g］与古溪母塞音的特点一致。

群母字均为中古汉语三等字，声母为［ʧ］，个别为［g］。［ʧ］反映了古群母浊音清化，同时也反映了这部分字在细音前的腭化现象，［g］与古群母浊塞音的特点一致。

疑母字声母主要为［g］，少数为［ʤ］，个别声母为［ʧ］和［ʔ］。［g］和［ʤ］与古疑母浊音的特点一致，［ʤ］和［ʧ］主要出现在三等和四等字中，反映了疑母在细音前的腭化现象，同时［ʧ］反映了浊音的清化，至于声母［ʔ］，我们认为是向零声母过渡的状态。

（2）晓组

晓母字声母主要为［k］，在三等字中为［ʧ］，个别字为［h ɸ ʃ］，仅“献”字在词语“三献$_{\text{交杯换盏仪式}}$”［saŋguŋ］中声母为［g］，位于鼻音后。［k］为古晓母擦音同部位的塞音，［ʧ］反映了晓母在细音前的腭化现象。

匣母字声母主要为［k］和［g］，部分为［ʧ］、［ʤ］和零声母，个别为［ɸ］和［ʔ］。［k］和［g］为古匣母擦音同部位的塞音，其中［g］与古匣母浊塞音的特点一致，［k］反映了浊塞音的清化，［ʧ］、［ʤ］主要出现于细音前或者三四等字中，反映了这部分声母在细音前的腭化现象。

2. 音值特征

见组字和晓匣母字在冲绳语中声母主要为［k］和［g］，与古见组声母的特点一致。晓匣母字与见组字使用同一套声母，为古晓匣母同部位的塞音。两组声母在细音前均出现了一定程度的腭化现象，为［ʧ］和［ʤ］。上述声母读音均与古见组声母的读音特点一致。另有个别读音，如海［h］与现代汉语中的声母读音完全一致。

3. 音韵特征——关于“分尖团”

从中古音类来看，尖团音的分合是考察现代汉语方言经常要面对的问题之一。在北京话中古精见晓组洪细分化，两组细音合流。精组一等字读［ʦ ʦ^{h} s］，三等和四等字读［ʨ ʨ^{h} ɕ］，见晓组一等和二等字读［k k^{h} x］，三等和四等字读［ʨ ʨ^{h} ɕ］。可以看出精见晓组在细音前读音一致，不分尖团。在汉语官话方言中，多数不分尖团，少数分尖团，如河北、山东方言，而在东南方言里，两类声母一般还是不同的。

冲绳语中精组和见晓组声母在细音前有腭化现象。精组字声母除个别清母字外，在细音前主要读［ʃ］，部分读［ʧ］或［ʤ］，见晓组字声母在细音前读［ʧ］或［ʤ］，个别见母字声母读［ʃ］。可以看出精组和见晓组在细音前的声母类型是一致的，只是数量略有不同。不过由于晓组字和见组字使用一套舌根塞音声母，而非古舌根擦音声母［x］，因此其在细音前相应的擦音声母［ʃ］也就未出现，也就是说晓组字声母在细音前主要读［ʧ］或［ʤ］，而非［ʃ］，与晓组字声母在冲绳语中使用的声母类型有很大关系。因此从整体上看，冲绳语中精见晓组是不分尖团的。

五、影组

1. 基本情况

表5　影组声母在冲绳语中的读音

	影	云	以
ʔ	+++	+++	|
∅	+++	|	+
∅-j	+++	|	+++
∅-w	+		

冲绳语中影母字声母主要为［ʔ］，部分为零声母和以［j］、［w］开头的零声母；云母字声母主要为［ʔ］，个别为零声母和以［j］开头的零声母；以母字声母主要为以［j］开头的零声母，个别为零声母和［ʔ］。

以i、u、y起头的零声母字，声母的实际音值可能是半元音j、w、ɥ，从音位归纳的角度来看一般不加以区别，没有辅音开头或者以半元音开头的字的声母均可归为零声母。冲绳语中的影云以母字的声母主要为［ʔ］和零声母两类，所不同的是影云母字的声母以喉塞音声母为主，而以母字的声母绝大多数读零声母。此外，一个字出现在词头时读音往往带有除阻现象，可记作喉塞音声母［ʔ］，如果出现在词中或词尾，或者单独出现，则除阻现象不明显，多记为零声母。

2. 音值特征

汉语音韵学家对《切韵》的声类系联的结果基本上都是影、以母独立成类，云母归匣母，拟音分别为喉塞音［*ʔ］、零声母、舌根浊塞音［*ɣ］，其中只有以母为零声母。最迟到宋代，云母也变成了零声母，云以二母合并为喻母并读为零声母是晚唐五代发生的。这方面最重要的证据就是宋人36字母中云以合流为喻母。后来，影母也加入到零声母的行列。

冲绳语中影母为喉塞音，与古影母喉塞音的特点一致，部分读零声母，但与喉塞音声母没有分化条件，与古影母喉塞弱化成零声母的趋势一致。冲绳语中云母读喉塞音，个别读零声母，这反映了古云母脱离匣母向零声母转变的过程，与古云母在晚唐五代时期向零声母转化的状态一致。冲绳语中以母读零声母，与古以母零声母的特点一致。

3. 音韵特征

在冲绳语中晓匣母和见组使用一套声母［k］或［g］，为古晓匣母同部位的塞音，云母与匣母不同，为喉塞音声母，个别为零声母，而以母绝大多数为零声母，可以看出云母在向以母靠拢，但尚未完全合流，而影母多数为喉塞音声母，部分为零声母，正处于向零声母转变的过程中。因此冲绳语中的影云以母与古影云以母在晚唐五代或宋代变化过程中的状态一致。

六、泥日组

1. 基本情况

表6　泥日组声母在冲绳语中的读音

	泥	来	日
n	+++		+++
r		+++	|
ʤ			+++
∅-j			|
ʧ	|		|

（1）泥母字声母主要为［n］，个别为［ʧ］。

（2）来母字声母均为［r］。

（3）日母字声母主要为［n］和［ʤ］，个别为［r j ʧ］。

2. 音值特征

冲绳语中泥母字声母与古泥母鼻音的特点完全一致。来母字声母与古来母浊音的特点一致。日母字声母与古日母鼻音的特点一致，同时部分声母读［ʤ］，反映了古日母由鼻音演变为浊塞擦音的现象。

3. 音韵特征

在冲绳语中泥母读［n］，来母读［r］，两者有区分，不相混。在今汉语方言中有的方言泥来母不相混，如北京话中泥母读［n］，来母读［l］；有的方言泥来母则相混，如福建沙县话中“暖泥”［nɔ̃］、“脓泥”［laŋ］、“流来”［liu］、“兰来”［nɔ̃］。

结 语

从整体上看，中古汉语声类在冲绳语中的读音具有如下特点：第一，各类声母均具有多种读音，每种读音均零散分布，体现出一定的时间层次。如影母多数为喉塞音声母，部分为零声母，根据汉语语音发展史，喉塞音声母较零声母出现早。第二，各类声母之间有一定的时间层次。如端知组处于不分的状态，与隋朝以前的读音特点一致，即古无舌上音，而云母读喉塞音，个别读零声母，与中古汉语云母在晚唐五代时期向零声母转化的状态一致。第三，帮非组、端知组、精庄章组字声母读音较见晓组、影组、泥日组字声母读音复杂，与中古时期汉语读音特点相比，变化较大。如帮非组、精庄章组声母出现了擦化，端知组声母出现了塞擦化，见晓组、影组、泥日组声母基本与中古汉语时期该类声母特点或变化中的特点一致。

（石　晨　北京语言大学图书馆馆员）

·书评与信息·

诗史互证架构唐代丝绸之路诗性品格*

——石云涛《唐诗镜像中的丝绸之路》评介

王早娟

摘　要：丝绸之路与文学关系研究近年来引起学界关注，石云涛《唐诗镜像中的丝绸之路》是这一领域里开风气之先的创新之作。作者全面系统地搜集整理唐诗中有关丝绸之路的资料，运用诗史互证和文学地理学研究方法，对丝绸之路沙漠绿洲路、草原丝绸之路、海上丝路和南方丝路在唐诗中的描写进行了全方位的考察和探讨，开拓了丝绸之路研究的新视角和唐诗研究的新空间，展现出富有历史纵深感的诗意的丝路图景。

关键词：唐诗　丝绸之路　诗史互证

1877年，德国地理学家李希霍芬（F. Von Richthofen，1833—1905）提出了“丝绸之路”概念，表述联系古代中国与西方进行物质沟通的交通道路。百余年来，经国内外学者的研究，中西方交流又有“海上丝绸之路”“草原丝绸之路”“南方丝绸之路”等多条交通道路，丝路沿线相关问题在历史学者那里得到更多关注。有关丝绸之路的交通道路、政治交往、民族关系、经济贸易、宗教交流、出土文献等问题都是近年来学术研究中的荦荦大端，相关成果不断推陈出新，有力推动了与这一主题相关的研究。

近年来，唐代文学研究领域与丝绸之路相关的内容不断受到关注，研究

* 本文为陕西省社科基金项目“唐代关中地区佛寺园林的生态文化研究”的成果，批准号（2017C004）；陕西省教育厅重点项目“生态文化视域下的唐代园林文学研究”的成果，批准号（21JY040）。

成果大多涉及唐代诗人李白、杜甫、岑参等人与丝绸之路的关系。近年来举行的唐代学术会议涉及这一主题的有：2014 年 9 月在兰州举行的“丝绸之路与唐代文学”学术研讨会、2015 年 10 月在吉尔吉斯国立民族大学召开的“李白与丝绸之路国际学术研讨会”、2019 年 10 月在陕西师范大学召开的“丝绸之路与唐代文学高端学术论坛”等，丝绸之路与文学的关系逐渐成为学界研究的新热点。

石云涛先生的新书《唐诗镜像中的丝绸之路》就是在这样的学术背景中出现的一部学术专著，该书运用诗史互证的方法，打破学科界限，将唐代丝绸之路的交通道路、物质交流、情感表达及唐诗的空间研究提升到了一个新的高度，尤其是在唐诗的空间研究方面做出了重要创新。目前学界有关唐诗的空间研究以唐诗的地域空间研究、唐诗的城市空间研究、唐诗的路段生成与传播三大领域为主，石云涛的研究则将这三者融合起来，以丝绸之路为主线，把地域空间、城市空间、自然地理空间和道路生成与传播空间结合起来，形成宏大的历史叙事，建构起丝绸之路的诗性品格。

一、诗史互证还原丝路史实

《唐诗镜像中的丝绸之路》一书是基于历史学和文学的跨学科研究，诗史互证是其主要研究方法。诗史互证可以为历史研究提供文学方面的资料，也可以厘清文学作品中艺术描写和文学夸张的表现方法，阐释其与史实若即若离的关系，甚至可以指出文学创作中谬误的原因，让读者更好地理解诗歌。如柳宗元《唐铙歌鼓吹曲十二篇》第十一篇《高昌》诗序记录创作的历史背景：“李靖灭高昌，为《高昌》第十一。”① 石云涛对比史实后指出：“这与史实不符，史无李靖灭高昌之事。侯君集为交河道大总管，率兵数万平高昌。但后来侯君集因谋反被诛，唐时避言其功，故柳宗元诗以李靖代之，这是政治避讳。”② 由此可见，以史证诗可以钩沉出诗歌背后更多的历史事实，揭示真相，丰富诗歌的思想内涵。

诗与史在有些情况下是不能互证的。金圣叹《读第五才子书法》中论

① （唐）柳宗元《柳宗元集》（第 1 卷）第 24 页，中华书局，1979 年。

② 石云涛《唐诗镜像中的丝绸之路》第 319 页，中国社会科学出版社，2020 年。

《史记》与《水浒》之不同："《史记》是以文运事，《水浒》是因文生事。以文运事，是先有事生成如此如此，却要算计出一篇文字来，虽是史公高才，也毕竟是吃苦事；因文生事即不然，只是顺着笔性去，削高补低都由我。"① 金圣叹见出因文生事的文学作品具有非现实特征，用这样的文学作品来证史则无异于缘木求鱼，不仅不可得，反而会贻笑于大方之家。艺术创造形成的文本是史料中较为特殊的一部分，一定要非常谨慎地使用。但并非所有的文学作品都是因文生事的虚幻作品，这正是孔子提出"诗可以观"、《史记》被誉为"无韵之离骚"的原因，也是杜甫的作品被称为"诗史"的依据。从这一点上说，诗是可以用来证史的。以诗证史的意义在于，从最基本的层面来讲，可证历史事实；从较高层面来讲，诗歌反应的是人的精神层面，因而更可作为心态史和思想史的材料加以使用。

石云涛先生《唐诗镜像中的丝绸之路》有意识地"把唐诗作为史料，探讨唐代丝绸之路盛衰和唐诗中反映的唐朝中国与世界各国的关系和文化交流"②。对丝绸之路研究而言，唐诗的重要价值之一在于，全面反映了丝绸之路上的人员交流、商业往来、战争和平、城镇关隘、山脉河流、民族关系、文化交往等内容，这些内容有助于我们还原出唐代丝绸之路的基本风貌。《唐诗镜像中的丝绸之路》以交通道路为纲，几乎穷尽了唐诗中与丝绸之路有关的讯息，诗史互证，形成了唐代丝绸之路的全息影像。在研究资料的使用上，作者的研究视野并未拘囿于清代康熙年间所编《全唐诗》，而是积极采用唐诗整理和补遗中的新成果，重视童养年、王重民、孙望、陈尚君等所辑录、辑校《全唐诗》补遗著作，重视敦煌文献整理的最新成果。除了这些传统文献资料之外，作者还把考古新发现运用到研究中去，采用"二重证据法"进行研究。他指出："丝绸之路沿线诸名山大川城镇关隘，几乎每一处都有考古方面的成果，这些成果不断提供新的材料。"③ 全面占有最新的研究资料，采用合理的研究方法，这样的研究能够跟随学术的脚步，能够反应学术新气象。

唐诗中包含着非常重要的史料信息，这是一部分具有特殊价值的材料，它的形象性、情感性和审美特征是其他材料不能代替的。对于丝绸之路研究

---

① 陈曦钟等辑校《水浒传会评本》第 16 页，北京大学出版社，1981 年。

② 《唐诗镜像中的丝绸之路》第 8 页。

③ 《唐诗镜像中的丝绸之路》第 9 页。

而言，如果没有这部分材料，丝路研究一定是不够全面的。从这个方面来讲，《唐诗镜像中的丝绸之路》这部书对于推动当前的丝绸之路研究具有非常重要的意义。同时，该书作者能够清晰地认识到诗与史的区别，将诗史结合起来，形成一条丝路全息影像，其中既有事件、人物、物事又有时代情感的介入，分寸把握恰当，既能够还原历史，同时也“不至于把艺术的描写误解为历史的真实”①。石云涛善于从诗性的角度解读唐诗中的丝路信息，这体现在研究过程中对文学符号学理论的运用。他说：“唐诗中触及的丝路物象往往意象化符号化了，诸如楼兰、凉州、交河、天山、金微山、乌孙、白龙堆、萧关、玉门关、阳关、大宛马等一系列丝路意象。文学符号学为我们提供了新的思路。”②

例如，书中对唐诗中“玉门关”诗歌的历史意义及诗性解读详尽而深刻。据作者统计，唐诗中以玉门关为意象创作的诗歌多达 119 首。③ 这些作品有的描写了“玉门关城迥且孤，黄沙万里白草枯”（岑参《玉门关盖将军歌》）这种孤远和衰飒的景观；有的展现了经由玉门关到西域这段道路“车马相交错，歌吹日纵横”（温子升《凉州乐歌·远游武威郡》）的商贸繁荣景象；有的则是对当时丝路畅通、边疆太平、中外物品交流的情景的描述，如：“不知玉塞沙中路，苜蓿残花几处开”（张仲素《天马辞》）；“当时无外守，方物四夷通”（张惟俭《赋得西戎献白玉环》）等。还有如李白《从军行二首》其二“从军玉门道，逐虏金微山”所写，强调玉门关战略要塞地位的诗句。这些内容均可与敦煌遗书、两《唐书》、《元和郡县图志》等史书记载相互佐证。

唐诗中玉门关意象的诗性意义在于，这些作品承载了唐人在边疆建功立业的豪情壮志，如：“天子庙堂拜，将军玉门出”（刘希夷《从军行》）；对边塞和平生活的向往，如：“歌吹金微返，振旅玉门旋”（虞羽客《结客少年场行》）；对国土沦丧的愁思，如：“春至金河雪似花，萧条玉塞但胡沙”（陈去疾《塞下曲》）；对故土的无限眷恋与思念，如：“半夜帐中停烛坐，唯思生入玉门关”（胡曾《咏史诗·玉门关》）；对远赴边疆及西域者的无限

① 《唐诗镜像中的丝绸之路》第 12 页。

② 《唐诗镜像中的丝绸之路》第 11 页。

③ 《唐诗镜像中的丝绸之路》第 273—277 页。

怀念之情，如："魂迷金阙路，望断玉门关"（骆宾王《在军中赠先还知己》）。这思念与怀念中蕴含不少缠绵悱恻的男女之情，如："独上小楼春欲暮，愁望玉关芳草路"（韦庄《木兰花》词）。

如果说历史类典籍更倾向于对历史事件的写实记录，那么诗歌则更长于对心理和情绪的抒写。《唐诗镜像中对丝绸之路》对这些作品的梳理与解读实际上是对唐人丝路情怀的解读。这种解读展现了唐代丝绸之路所及各处人们的喜怒哀乐，诗性还原了历史上作为中外交通的丝绸之路上留下的情感特质，"通过这些诗，我们可以感受到当时的社会心理、时代精神、历史脉搏和诗人的褒贬爱憎，可以接触到许多形象化和情感性的资料，这是一般历史著作中缺乏的，这也是研究唐史和丝绸之路时唐诗资料的独特价值和不可替代性"①。这条路不仅具有历史性意义，它更具有史诗性意义。

二、拓展唐诗空间研究

石云涛首次系统解读了唐诗镜像中的丝绸之路。《丝绸之路上的唐诗镜像》全书从丝绸之路起点长安城写起，展现了丝绸之路上众多城市空间对唐诗创作的重要意义。在唐诗的路段生成空间及传播空间中写到关陇道、河西路、西域道、草原丝绸之路、吐谷浑之路、唐蕃古道、南方丝绸之路、海上丝绸之路等各条线路在唐诗中的反映。书中对丝绸之路上重要的自然地理空间对唐诗生成的重要意义也做了详尽阐释。

城市是文明的中介，在各条线路上城市空间生活是非常重要的内容。唐诗呈现了中外交往带给长安的繁荣富庶，朝堂上"九天阊阖开宫殿，万国衣冠拜冕旒"（王维《和贾舍人早朝大明宫之作》），市井间"胡姬酒垆日未午，丝绳玉缸酒如乳"（岑参《青门歌·送东台张判官》），"梯航万国来，争先贡金帛"（王贞白《长安道》）。来自域外的客人从衣、食、住、行各方面丰富了长安的文化，展现出一幅开放包容的盛世文化图景。从长安向西，秦州是一个重要城市。安史乱中杜甫携家小在这里居留 3 个月，创作的《秦州杂诗二十首》《山寺》等作品多方面反映了当时秦州的人文地理环境和紧迫的政治形势，也寄寓了作者对个人命运及国家前途的慨叹与忧虑。从秦州向

① 《唐诗镜像中的丝绸之路》第 753 页。

西是洮州，唐诗中多以隋时临洮称之，王勃、高适、王昌龄、岑参等诗人的诗作中表现了此地以“黄尘足今古，白骨乱蓬蒿”（王昌龄《塞下曲》）为特征的自然风物及边疆战争情况。

丝绸之路经过的地方，处处都有唐诗的印记。从长安通往河西走廊有南北道，南道上的秦州、兰州和北道上的原州及萧关都在唐诗中留下了记载。河西路上的凉州、武威、瓜州、张掖、酒泉、敦煌、河湟地区以及玉门关和阳关的风物人情、战争与和平无不纳入唐人诗笔之下。出玉门关和阳关便进入西域地区，狭义的西域大体上指今天新疆地区和葱岭。唐诗中表现了朝廷在西域地区攻破东突厥、平高昌、灭西突厥等几大战事，对西域南道上的蒲昌海、石城镇、且末、播仙镇、白龙堆、于阗、莎车以及西域北道上的莫贺延碛、高昌、西州、交河、焉耆、铁门关、乌垒、龟兹、姑墨州、疏勒都有多样描写。

过葱岭向西就是中亚地区，唐代文人足迹鲜有能够到达者。唐诗写到了这个地区的“热海”“碎叶城”“大宛”“条支”等地。唐人岑参、张宣明、高适都有表现热海的作品，但真正到过热海的只有曾任郭元振判官的张宣明。善于描述塞外风物的高、岑诗歌所写只是想象中的热海，“侧闻阴山胡儿语，西头热海水如煮”（岑参《热海行送崔侍御还京》）。张宣明《使至三姓咽面》及高适《东平留赠狄司马》诗中的“西海”也表现的是“热海”。“碎叶城”“大宛”这些地方远离中原，唐代诗人在诗歌中写到这些地方时要么写这些地方的名物，如大宛的名马，要么写及这些地方的战事，连唐时久已不存的“月氏”也作为边境的敌对势力意象经常在唐诗中出现。

除了沙漠绿洲之路沿线城市，唐诗描写草原丝绸之路的城域空间有伊吾、蒲类城、庭州、北庭都护府、轮台、康居等，反映了这些城市空间的生活风俗和自然风物。唐诗对草原丝绸之路上的自然空间天山、瀚海、金山关注较多，这条道路上的回纥、黠戛斯、沙陀、党项、乌孙等少数民族也成为唐诗表现的重要对象。唐诗在表现唐蕃古道时记录了唐蕃古道上的少数民族吐谷浑，记录了唐王朝与吐谷浑政权及吐蕃政权之间的交往和战争。对吐蕃都城逻娑城及唐蕃古道上的大小勃律国也有记录。南方丝绸之路有安南道和蜀身毒道。这条道路上的南诏文化及骠国文化在唐诗中多有表现。这条道路上的五尺道、灵关道、岷山、邛崃关、峨眉山、清溪关、泸水、永昌道、牂牁道、滇缅道等自然空间亦成为唐诗表现空间。海上丝绸之路上的广州、交州、交趾、安南、爱州、象州等地的新奇物产、风土人情，以及这些地方与中原地区的交通贸易、人员流通、物产交流都在唐诗中可见其影像。

在几条重要的丝绸之路交通道路上，不同地区的城市、自然、民族、战争、贸易在唐诗中的反映各有不同，《唐诗镜像中的丝绸之路》生动解读了不同路段上的空间文化特征，具有极大的空间包容性，从而展示了唐代丝绸之路伸向域外的不同触角，揭示了唐代丝路辉煌发展的形象画卷。

三、架构丝路诗性品格

丝绸之路不仅仅是一条互通有无的商道，更承载了一代又一代行旅者的悲欢离合。唐代诗歌繁荣兴盛，无论是帝王将相还是商贾庶民都能吟唱诗歌，那些留存下来的诗歌赋予了丝绸之路鲜活灵动的意蕴。没有经过系统整理的唐诗无法系统地反映出丝绸之路各个路段的人情风物和人文气息。《唐诗镜像中的丝绸之路》对丝绸之路在唐诗中文学性的描写进行了细致分析，反映出丝绸之路上唐人好奇、多情、多义而又不畏艰险求知探奇的诗性品格。

明人胡应麟在《少室山房笔丛》中谈到唐人小说创作时说：“凡变异之谈，盛于六朝。然多是传录舛讹，未必尽幻设语。至唐人乃作意好奇，假小说以寄笔端。”① 胡氏认为在小说创作上到唐代才有了文学上自发的对新奇事物的追求。实际上，唐人的这种好奇并非只表现在小说上，唐人诗歌中对丝绸之路上新奇事物的记录同样充分体现了这种好奇心理。通过《唐诗镜像中的丝绸之路》一书的探讨，让我们如身临其境般地体验到丝绸之路上的大漠风沙、驼铃悠扬、金戈铁马、公主幽怨、旌节飘荡、奇花异石、琳琅珠宝……那些奇情异物异事曾经吸引了唐人的目光，激发了他们吟咏的灵感和兴趣。本书则揭示了唐代社会生活的这一重要侧面，这是别样的丝路风情，是与一般历史著作叙事不同的情景，它展现了丝绸之路富于诗情画意的一面。

唐诗写到经由丝绸之路传入的象牙、翡翠、水晶、琉璃、玻璃、犀牛角、珊瑚等稀罕宝贝，胡马、鹦鹉、狮子、犀牛、大象等珍禽异兽，也写到龙涎香、龙脑香、沉香、檀香等名贵香料，亦涉及葡萄酒、火浣布、白螺杯等新奇物品，还有西市沽酒的胡姬、妙解音律善歌舞的胡人、长于讲经的胡

---

① （明）胡应麟《少室山房笔丛》（第36卷）第486页，中华书局，1958年。

僧……这些名品和人物代表着一种生活品位，也代表着对外部世界的好奇，同时还透出无限难以掩饰的神秘气息。唐人对丝路沿途和边疆、异域与中原地区截然不同的自然风物也表现出极大的好奇。陇山的流水、塞外的风沙、天山的雪都是诗人妙笔捕捉的对象。这些都极大地满足了唐代诗人“好奇”的心理，借助其生花妙笔，创作出一首又一首与丝绸之路有关的美好诗篇。在缺少传媒的慢生活时代，那些经由丝绸之路传入的物品，犹如饮食中的调味品一般，为唐人生活注入了无比新鲜的滋味，激发起他们更大的好奇心和想象力。他们用眼睛看，用耳朵听，用鼻翼嗅，用嘴巴品尝，用身体碰触，用心灵感受，把这样的新奇记录下来，创造出更多的新奇。《唐诗镜像中的丝绸之路》分析了丝绸之路和文化交流在唐诗中得到丰富表现的这一重要原因。

丝绸之路上不仅仅有城市、道路、驿站、人、物、宗教、语言、歌舞，还有一颗颗珍珠般散落的诗歌，这些诗歌记录着人们对一条道路的深情。对丝绸之路研究而言，这就是唐诗的又一个重要价值，它们深刻表现了丝绸之路上唐人的情感心理，这些情感内容赋予了丝绸之路诗性的品格，这是纯粹历史研究容易忽视的内容，《唐诗镜像中的丝绸之路》则弥补了这一缺陷。

（王早娟　西北大学中国文化研究中心副教授）

一种非东方主义的内视反听

——读叶隽之《汉学家的中国碎影》

叶　瑶

理解近代以降的“西人东来”，萨义德（Edward Waefie Said，1935—2003）的东方学无疑是一个能够给出有力解释、给人拨云见日之感的利器。依之，东方乃是在西方的凝视中生成的，甚至“几乎是被欧洲人凭空创造出来的地方”①，是西方借以明晰自身身份与生存空间之边界的他者，并服从着西方人试图对之加以宰制的现实需求。东方虽为建构物，但始终有地理上的对应之地；它最初指近东地区，后来随着近世欧洲人之航海征途的延展，逐渐扩大至远东地带。中国亦是在这一过程中实质性地被西方“发现”，成为其凝视与宰制的对象。西人所谓“发现”，不是船到港、人登岸，客随主便，两相尽欢，倒是要登堂入室、喧宾夺主，其中之高潮即国人刻骨铭心的屈辱近代史。西人之来华，先沿海后内陆，先行营后扎寨，由点及面，足迹遍布；入华之西人，亦不只海员、兵士、工厂主、资本家，更有传教士、学者、技术人员、留学生，其中即包括醉心于华夏文化的汉学家。叶隽先生的新著《汉学家的中国碎影》（以下简称“叶著”）关注的正是一批来自德、法、美三国的代表性汉学家，以期通过抓取他们的在华活动及其与近代中国学人的交谊，为中西文化的相识相知相融提供一种非东方主义的阐释可能。

非东方主义首先意味着否定以西方为中心的视角，但也不表示把中心移换至东方。东方学本身作为一门深具批判力道的后殖民理论，所求就是破除西方殖民者投向东方、投向世界的掠夺目光；它不为西方的凝视服务，而旨在反思力量占先占优的西方人何以使近代世界史成为一段殖民史，反思他们

① ［美］爱德华·W. 萨义德著，王宇根译《东方学》第1页，生活·读书·新知三联书店，1999年。

在面对弱势的东方世界时的思维方式、话语方式与行为方式。东方学的反思是对东方主义这一历史真实逻辑的有力揭示，叶著对此亦有所提及，比如书中指明德国第一个汉学教席的设立，便是基于东方主义式的利益考量，而且或必然或偶然，该教席所在机构正是汉堡殖民学院。不过，东方学固然直面了东方主义强加给非西方世界的被殖民处境，要求不歪曲地恰当地认识东方，但却较少质疑东方与西方的二元分立，较少考虑两者间的交互效应。东方，无论是作为西方的想象物或依附者，还是后殖民时代看似自立的主权者，其与西方之间仍旧延续着二元对立的结构，而这一结构则是叶著试图加以反思与突破的。

“善事必先利器”，叶著的“器”即在于叶隽先生创立的侨易学理论。侨易学之缘起，即与叶隽先生多年倾力于研究中西文化交流紧密相关，尤其与他积极突破中国近代思想史上单边性的西学东渐叙事范式有关。侨易学之要义，可一言概述为“物质位移导致精神质变”，其中对“物质位移”的强调，可谓一大特色，借之可恰当把握不同文化在具体时空中的相遇相交所能激起的蝴蝶效应，此效应绝不限于异文化的学习者迎来个体精神世界的易革，更在于文化本身因侨易经历而渐进嬗变。故此，侨易学在择其研究对象时往往对穿梭于不同文化之间的跨界者、搭桥者多有偏爱，比如近代中国的留洋精英、驻外使节等旅欧、旅日群体，亦比如传教士、汉学家等来华西人，以期通过透析他们的活动来揭示“大道侨易”。如果说以留洋为代表的对外交往仍保有着使西学东传的直接意图与行动，那么叶著此次对汉学家在华交谊的聚焦，对其真挚求知、推进互知的面相的凸显，则意在呼应陈寅恪所言的“今世治学以世界为范围”。换言之，学术当着眼于作为整体的世界，而不应囿于虚幻的东西两分乃至对立，当超越狭隘的自我中心主义，最大限度地欣赏他山之玉。同样用陈寅恪的话来说，“其真能于思想上自成系统，有所创获者，必须一方面吸收输入外来之学说，一方面不忘本来民族之地位”，而在侨易学看来，所谓“吸收”与“不忘”，不是专就中国向西方学习或西方到中国取材而言，而毋宁说是世界内部的人与知识因侨动而交汇而致易，以达到有无互通、长短互补、文明共襄，其中典范即如汉学家中的卫礼贤（Richard Wilhelm，1873—1930）、伯希和（Paul Pelliot，1878—1945）等。

侨易学的讨论往往多关注“侨”，如个体或群体的迁徙，或如器物层面上的“典籍旅行”，但侨动者无非载体而已，侨易之真正主体实乃道或知识，其紧要的追问是关于知识的融通与变创。关于“易”，叶隽先生有另著表明“易”之形式多样，但根本上遵循着二元三维的原则，即处于流动、多变关系中的接触双方在相互认可、吸收、转化的过程中孕育出亦旧亦新的第三维度。二元，不是东方主义所秉持的主客对立，而指向精神层面上的有所差异者，但又你中有我、我中有你；第三维亦指精神性、知识性的创生，它脱胎于二元的交互，同时以人充当不可或缺的接生婆。人作为有思维的能动者与知识的直接载体，容易误解自身为一切之中心，但在侨易学的视域中，人实是旧知与新知之间的中介或通道。如叶隽先生所言，“个体仿佛是多线行道的交叉点，他是一个可以从不同的透视镜角度来把握的镜像，可以以他为中心来观察事物，也可以将其只视作一种时空隧道中暂时过客，甚至仅将他视作一个链接”[①]，即对于知识之“易”而言，人之作用集结于承前启后，使大道流转，具体到汉学家，他们作为链接又添了一项连通东西的任务。实际上，依从叶著的思路，世界应当理解作一个宏大的交叉系统，其中含有器物-制度-文化构成的立体结构，而它们莫不发挥着通道的功能，承载与传递着观念、知识与道。

或许正因有此考量，叶著开篇瞄准了两卷《永乐大典》从故土到汉堡复至华盛顿而最终落脚台北的迁移简史，以此为明线，巧妙地展露出汉堡大学三代汉学家的与华交往，具体而言，即福兰阁（Otto Franke，1863—1946）与商衍鎏，颜复礼（Fritz Jäger，1873—1949）、傅吾康（Wolfgang Franke，1912—2007）与袁同礼，进而又以他们的个体联系为支点，勾勒出背后的时代因缘和德、中学术场域中的关联者，包括曾有力推动双边学术交流的中德学会。典籍作为一种器物，虽有非同寻常之处，即它是知识的物化与“精神之符”，但典籍之精神价值的实现依赖人与人、文化与文化之间活生生的接触、互动与交融。两卷《永乐大典》的全球旅行，不是故纸堆中的逸事一桩或器物的位移而已，也不光折射着德国汉学学科形成之际中国因素的直接在场，譬如商衍鎏在福兰阁开建汉堡汉学系时助其采购图书，它实则隐喻着中国古典知识的他乡移植，为其在异境激发精神质变、开启第三维预备了必要因素。换言之，明为典籍的流徙，实乃知识的侨易。不过稍显遗憾的是，《永

① 叶隽《辞章与语言的思想史力量——读王风〈世运推移与文章兴替〉》，载《北京观察》2017年第3期。

乐大典》在汉堡近40年，是否他乡得遇知音，如何被学习、解读与批判，有无成功促成知识之“易”，未能在叶著中得见，但这显然另需庞大而繁复的考证。另需点明的是，对于知识侨易而言，作为侨动者的典籍，非任意普通书刊均可担当，而须是有着文化符号意义、蕴含丰厚阐释潜力的经典之作，恰如叶著对卫礼贤之德译《易经》的推崇，唯如此典籍，才能成为世界范围内促进知识之推陈出新、人之精神成长的动因。

相较于书籍对于知识侨易的婉转沉静，知识精英的往来交际则更为直接而热烈。叶著的主体即可初步视作对西方汉学领域之代表性学者在华交际网的探究，故而在章节设计上分别侧重于德国汉学家对于近代中国德文学科之建设的介入，以及德、法、美三国汉学家的在华私谊及其对西方汉学学术的影响。人际交往是具体而细微的，而要重新发现隐没在历史中的错综关系，由人及事，由具体场域至时代风云，从点滴细节捕捉文明趋势，给之既开阔又具纵深的立体呈现，非有长久的学识积淀、敏锐的学术直觉与独到的治学视野而不能成。人际交往，尤其是精英个体之间的聚散离合，绝非纯粹个人性质的，以侨易学的语言来说，它所能引发的从来不只是个体因具体时空之转换而发生精神质变，而很可能如投石入水，开出改变文化演进轨迹的涟漪。诚如叶著对西方汉学家在华活动的判断，那“是一种异文化相遇过程中的最好个案阐释，而走到尽头，就是观念侨易在文明体结构中的支配性功能的探索”。观念侨易亦即知识侨易，它始终隐在地贯穿着汉学家的工作，比如卫礼贤、傅吾康等任职北大德文系，非止于传播德国思想与文化而已，他们与中国师生的交往、授课时对德国资源的调用、始终如一地对汉学的兴趣也给自身“反观自我”的机会。再如艾锷风（Gustave Ecke，1896—1971）任教清华，除了引出国内对荷尔德林（Friedrich Holderlin，1770—1843）的重视，他倾心于中国古塔的研究，从与梁思成的交游中得到助力，他在中国的南北游历，则明显增进其对中国书法、绘画、古家具的欣赏眼界。

各国汉学家或亲身，或远程间接地参与中国外文学科的建设与发展，以及通过对华学术交往保持自己的在场性，提升自身的专业能力，无疑彰显着人之侨动与知识之“易”的有力关联。对之，叶著还通过追溯杨丙辰（中国日耳曼学最初的建构者）、冯至（日耳曼学的真正奠基者）与德国汉学界的深交厚谊，尤其是对冯至与福兰阁、付吾康父子的交情予以进一步的佐证。此外，在关注华人留洋之外，叶著同样把目光投向来华留学生及其承载的知识侨易，比如“中国学”在美国的兴起与20世纪上半叶美国留华生的勾连及其与现代学术中心由欧入美、与社科研究渐成主流治学范式的应合。在这些实证研究之上，叶著中不可忽视的一个维度是对知识之主体地位与知识侨易之独立性的强调。所谓“心随身侨，无处非道”，其意重在人作为知识的载体，其侨动终究不脱知识侨易所形成的侨易空间，置身其中，个体的所遇所得都与“道”相关，其精神质变方才有所依托，而个体的观念变化，无非是为整体性的知识侨易做着“蚂蚁搬家”的工作。例如德国汉学与中国日耳曼学作为学科的出现，前者有东方主义的驱使，后者需考虑到近代志士对“师夷长技以制夷”的主动姿态，但除了看到一时一势与个体精英的能动作用外，更应看到它们乃是知识侨易的必然结果，是不同文明体在世界互联之大势下的必然选择，比如紧随汉堡之后，柏林大学于1912年设立汉学教席，莱比锡在1922年跟进，而法兰克福在1925年也聘任卫礼贤出任一个私立性质的教职，并助其创办中国学院。

要在方法上使知识侨易的痕迹突出显眼，莫过于在有着大差异的二元之间“观侨取象”，寻其相交相融的现象，因此，叶著所思的知识侨易，常给人留下多在不同文化、不同民族或不同文明体之间跨越的印象。但知识的侨易并不局限于此，它同样发生在不同知识领域、不同代际，对此方面，叶著虽未重点展开，却也未忘提及。比如福兰阁与傅吾康父子先后在汉堡大学汉学系就事，延续汉学学术事业；又如冯至追忆在北京大学求学时受学校“但开风气不为师”之氛围的熏陶，并将之溯源至胡适，后者是任职北京大学的文化名人，又曾直接教导冯至，两人间的交互似无涉他国，但若要深究，则胡适的留美背景与崇美情怀同样不该忽视。

考察汉学家的人生轨迹，梳理他们的工作关系、私人友谊，借之不仅窥探他们的个人思想变化，亦窥见知识侨易的脉络，看到侨易二元有常、有变，而最关键则在于二元相接之际的第三维的绽出，后者根本上又指向“大道元一”，由之，叶著以范例与原则相互印证的方式提供了其破除东方主义式二元对立的方案。西方以先发者的优势——率先实现社会诸领域的现代化，曾试图单边主义地使世界全方位殖民化，但在后殖民时代，任何单边主义的行动已不可行，因为历史的行动者不再限于西方。在整个世界之联系越发紧密的当下，东西方世界既进入一种互为阻滞的状态，也越发联结为一个整体，或如叶隽先生所言，形成一种交叉系统。东方或西方，已然被解构为想象之物，如今虽仍作为具有文化指示意义的符号予以沿用，但以侨易学的角度视之，文明体尽管可以冠名以东西，却是出于指称的需要，为了叙述的方便，而非意味着永久地本质性地将它们区隔看待，甚至强调其必然的对立。侨易学是一门从后发者之境遇出发的理论，其优势可谓在于真切地体验过先发者之肆意所带来的“己所不欲”，因而能真挚地践行后东方主义、非东方主义的“勿施于人”。

（叶瑶　同济大学人文学院博士研究生）

多维视域中的汉籍文献学研究

——"汉籍文献学"国际学术研讨会会议综述

葛旭莹

因历史上中外之间的人员往来与文化交流，作为中国文化重要载体的汉籍流布到了世界各地，被不断抄录、翻刻、注释、改写、翻译与研究，最终促成了海外汉学的兴起。汉籍文献的研究也日益成为当下海外汉学研究中的热点话题。鉴于此，2021年8月17日至18日，由山东大学国际汉学研究中心主办的"汉籍文献学"国际学术研讨会以线上方式顺利召开，来自海内外16所高校和科研院所的22名学者参加了本次会议。研讨会以汉籍文献学相关问题的研讨为中心议题，涉及一系列与汉籍与汉学研究相关的话题。

一、汉籍与汉学关系探讨

北京语言大学阎纯德教授交流的主题是"汉籍传播与汉学研究"，阎教授细致地介绍了从有文化载体以来到秦汉时期的中外文化交流，特别举例阐释了西方以汉籍为依据研究中国的过程，回顾了传教士来华之前的大航海，并讲述了西班牙传教士汉学家门多萨所作的《中华大帝国史》，从而引发中国学人对汉籍传播与研究、汉学的诞生与发展关系的思考。

北京语言大学徐宝锋教授交流的主题是"海外汉籍文献的区域流布样态分析"，他以开阔的视野，结合自己的具体研究，从海外汉籍文献区域流布、汉籍调研工作进展、目前全球汉籍调查所面临的困难与解决方案3个方面展开讨论。

山东大学任增强副教授交流的主题是"汉籍在海外的流布样态与研究取向"，他提出应在汉学坐标下界认汉籍，并结合汉籍流布的历史与现实，将汉籍置于汉字文化圈与非汉字文化圈两大文化地理空间中加以探讨，倡导在文献整理和理论创新两个维度，将汉学与汉籍加以会通而开展研究。

二、汉籍文献学的学理性与可行性

四川大学金惠敏教授交流的主题是“当代学科划分的依据兼及汉籍文献学作为学科之可能”，他从方法论的视角对“汉学主义”观点提出疑问，指出汉学研究的本质是“兼在的对话”，为汉学与汉籍的研究扫清理论障碍。

山东大学王培源教授交流的主题是“从“辨章学术，考镜源流”谈起——关于汉籍文献学的初步设想”，从传统的校雠学到现代文献学的发展历程做了细致的梳理，对汉籍文献学的内涵与外延进行界认，说明建立汉籍文献学学科设想的必要性。

山东大学王承略教授交流的主题是“构建“汉籍文献学”的可能性及其内容、意义与方法”，他的讨论分为何谓“汉籍”、何谓“汉籍文献”、汉籍的流布即传播途径与方式、汉籍或汉籍文献的学术影响和文化意义、汉籍的整理研究与保护、汉籍文献学独特的理论和方法 6 个方面，有力说明了“汉籍文献学”作为一门专门的学科应受到充分重视。

山东大学刘心明教授主要论述了关于汉籍文献学研究思路的问题和古典文献学与汉籍文献学的关系问题，他指出，在汉籍文献学的研究工作中要采用宏阔的视野，应该在跨学科、跨国界、多元化、现代化等多个方面与古典文献学并驾齐驱，而不应成为古典文献学的新分支。

三、汉籍与数字化

日本关西大学内田庆市教授交流的主题是“东亚文献数位化的各种问题”，他重点介绍了关西大学的开放式亚洲研究中心（KU-ORCAS），指出目前在数字化方面存在的各研究机构的数据库彼此封闭、各自为战的“筒仓”问题，提倡应该打破一国主义，加强国际联系，希望 KU-ORCAS 的主动开放能够有益于东亚文化和人文研究。

洛阳师范学院王国强副教授交流的主题是“融合背景下的文献资源检索及相关问题”，在数据库建设从特色到融合的变化、融合背景下如何进行文献资源检索、对汉籍合璧工程数据库建设的提议 3 个方面展开讨论，详细介绍融合、一键检索的优势与缺点，对汉籍合璧工程数据库提出向融合方向发展的建议。

四、特定汉籍的整理与研究

南京大学苗怀明教授交流的主题是“海外中国说唱文学文献的收藏与著录”，苗教授从时间和地域两个维度对海外中国说唱文学文献的收藏与著录进行讲解，从亚、欧、北美 3 个区域，就公私藏书机构、说唱文学的品种、规模、数量都进行了非常详细的介绍，并做出深入思考。

台北大学王国良教授交流的主题是“谈《太平广记汇校》进行之始末——着重介绍台湾，韩国、日本保存之珍贵版本”，把视野放到整个韩国、日本、海峡两岸，通过讲述对汉籍的寻访情况，把理论问题转化为具体的学术研究问题，并对“太平广记汇校”做出情况说明。

中国社会科学院王莹研究员交流的主题是“海外对汉籍科技文献人文底蕴的发掘与探索”，她讲述了海外汉学对汉籍科技文献中谱录类著作的人文意蕴的发掘与探索，分析艾朗诺（Ronald Egan）、杨晓山等汉学家如何在各自的研究中发掘文化意蕴、文化心理、精神境界、家国情怀等内容。

韩国京东大学朴载福教授交流的主题是“韩国儒家经典的受容与教育相关考察——以在韩半岛出土的《论语》本为例”，他以新出土的文字资料为基础，具体考察汉字与儒家经典的接受过程，介绍了汉字传入的 3 个阶段和韩国儒学接受的 4 个阶段，通过古乐浪地区出土竹简来谈汉字文化在韩半岛地区形成的时间和过程。

蒙古国立大学温德华教授交流的主题是“20 世纪蒙古国的汉籍翻译及研究”，她从蒙古国汉学历史背景、蒙古近当代汉学汉籍文献研究及翻译介绍、个人学术成果总结 3 个方面进行讲述，勾勒出相对完整的蒙古汉学史，引起了与会专家的高度关注。

东华大学张西艳副教授交流的主题是“日本学人《山海经》研究的文献学视角与方法”，对日本学人关于《山海经》的篇目研究、版本研究、成书研究、作者研究、错简讹字研究、注释研究的视角与方法进行系统的梳理，勾勒出日本研究《山海经》的整体情况。

中山大学高薇副研究员交流的主题是“海外汉籍古钞本研究的方法论思

考——以《文选》日藏古钞为例”，主要讲述对日藏古钞及其存古价值的发现和研究、日藏古钞研究与其他文献研究的关联、日藏古钞本研究方法等问题的思考，提出对日藏古钞本的研究应该坚持刻本校法当中同一系统优先对照的理念，在实操中来注意区分文本形态、文献形态的不同，继承前人的研究目标，努力追寻文本的原貌。

长江师范学院彭卫民副教授交流的主题是“渊源同一圣贤书：朱熹《家礼》在东亚世界的传播与影响”，他运用朱熹“理一分殊”的思想，分析了礼书、礼制、礼学的关系，对朝鲜、日本、越南《家礼》的文献学进行了系统梳理，最后还谈到“同曲异调”、文化互鉴等问题。

西北师范大学马晓舟副教授交流的题目是“《汉籍解题》及其中国知识体系的建构”，主要论述《汉籍解题》是否为《钦定四库全书总目》的简单翻译、《汉籍解题》收书特点、伟烈亚力（Alexander Wylie，1815—1887）试图展现出什么样的中国知识体系和文化面貌等问题。

五、汉籍目录学研究

韩国延世大学全寅初教授交流的主题是“韩国所藏中国汉籍总目简介”，对《韩国所藏中国汉籍总目》的编撰过程和价值做了简要说明，计划要继续对本《书目》进行修订、出版《补编》，他希望这部书能够成为中韩两国合作的基础，推进中韩两国的学术合作。

中国矿业大学孟庆波副教授以“西方汉学目录学研究概述”为题做了发言，认为在汉籍文献学的研究中应充分重视目录学的重要作用，并以大量例证详尽说明了西方汉学目录著作的六大类别和三大历史时期，对国内的西方汉学目录学研究做出分析与展望。

山东大学王培源教授主持闭幕式并发言，希望以此次研讨会为契机，使海内外学者的交流更加密切，双方携手合作，共同促进汉籍文献学学科建设，推动汉籍与汉学研究的新发展。

（葛旭莹　山东大学儒学高等研究院2020级硕士研究生）

沉痛悼念汉学家施舟人

阎纯德

我在巴黎结识，又在中国多次学术会议上邂逅的著名汉学家施舟人（Kristofer Marinus Schipper，1934—2021）先生，于2021年2月18日凌晨驾鹤西去，我们悲痛地祝他一路走好！

施舟人1934年生于瑞典，祖籍荷兰，早年留学法国，先后获法国高等研究院博士学位和法国国家博士学位，历任法国远东研究院中国宗教研究员，法兰西学院高等实践学院特级教授、汉学研究所所长，荷兰国立莱顿大学中国历史讲座教授，荷兰皇家科学院院士。他是中国道教正一派道士、四川大学道教与宗教研究所客座教授，法国国家科研中心"道教文献目录提要"和"圣城北京"两大研究团队负责人，精通八种语言，与顾彬（Wolfgang Kubin，1945—）、施寒微（Helwig Schmidt-Glintzer，1948—）并称欧洲当代三大汉学家。

施舟人从小热爱中国文化。1952年，因在远东美术展览中看到中国那些"太丰富、太美丽、太了不起"的艺术展品而深深爱上中国。1958年，师从康德谟（Maxime Kaltenmark，1910—2002）和石泰安（Rolf Alfred Stein，1911—1999）教授，专事道教研究。他的博士论文《汉武帝内传》，彻底将其带入对神秘的中国文化不懈的追求与研究之中。他这样解释自己的名字"施舟人"：一是取"道"，春秋战国时代，诸子百家中的老子是"周朝人"，庄子名庄周，都有"周"字，故取其谐音"舟人"；其二，"舟"即"船"，可以"渡人"，也可以"渡文化"，做东西方文化的桥梁和摆渡人，即是汉学家的人生大义。

1962年，施舟人到中国台湾留学七年。1964年拜台南著名正一派天师曾赐、陈荣盛、陈聪和为师。1975年，施舟人作为重要的参与者，在巴黎成立欧洲汉学家协会（AFEC），创办学术刊物《中国研究》（*Etudes Chinoises*）。

翌年，在巴黎欧洲汉学会议上，他发起成立欧洲“道藏工程”（Tao-tsang Project）。完成1500多种道家文化经典的梳理与研究的《道藏通考》由美国芝加哥大学出版社出版，翌年获全美宗教学会（American Academy of Religion）学术最高奖，成为欧洲道教研究史上的里程碑。

1979年，施舟人来中国专事中国文化研究，与复旦大学袁冰凌博士结为连理。2001年，施舟人举家迁居福州，在福州大学建立世界文明研究中心，创办专门收藏西方经典文献的“西观藏书楼”，收藏1万余册西方各种语言的经典名著及流失海外的部分中国古代珍本。2004年中国政府授予他外国专家最高荣誉奖——友谊奖。2005年，施舟人定居中国，获得在华永久居留权；这一年，法国总统授予他荣誉骑士勋位。

“五经”是中国传统文化之根，但历来国际上的外文译本杂芜。施舟人与饶宗颐教授联袂组织大型国际合作学术工程：“诗、书、礼、易、春秋，《五经》——中华文明之源”（The Wujing Project：The idea of making a new translation of the five Chinese Classics into the major languages of the world was first conceived in 1979 by Jao Tsung-I and Kristofer Schipper），用多种西方语言重译“五经”。

大汉学家施舟人走了，留下的是他的道教研究和“五经”研究的学术精神，无论是国外的汉学家，还是中国学者，都会沿着他的治学精神走下去……

（阎纯德 《汉学研究》主编，北京语言大学教授）

沉痛悼念汉学家汪德迈

阎纯德

2021 年 10 月 16 日，法国著名汉学家汪德迈（Léon Vandermeersch，1928—2021）教授逝世于巴黎，享年 93 岁。

汪德迈 1928 年出生于法国北部农村，1945 年就读于法国东方语言文化学院（INALCO），学习汉语与越南语，并分别获得汉语本科文凭和越南语本科文凭，同时在巴黎大学选修哲学与法律，1951 年获哲学硕士与法律学博士。为了生计，曾任越南西贡和河内中学教师，受聘于法国远东学院，任越南河内大学西贡法学院研究员、法国远东学院研究员兼河内路易·飞诺博物馆馆长。他曾赴日本学习和工作，师从京都大学重泽俊郎、小川环树、吉川幸次郎及日本同志社大学内田智雄。1961 年留学香港大学，师从饶宗颐；翌年获法国高等社会科学研究院法学研究硕士学位。1975 年，以中国古代体制研究的论文获法国国家博士。历任埃克斯-普罗旺斯大学和巴黎第七大学教授、法国高等社会科学研究院研究员、日佛会馆馆长、法国远东学院院长。

汪德迈的学术研究与法国大汉学家沙畹（Edouard Chavannes，1865—1918）和戴密微（Paul Demiéville，1894—1979）一脉相承。他是欧洲首位掌握甲骨文的学者；认为“研究中国传统文化，必须知道其来源，来源必然是文字，中国最古老的文字是甲骨文”，“表意文字是中国文化的核心”。他以法国传统汉学和中国文化为基础，吸收日本汉学和越南汉学之成果，运用甲骨文之考古学，对中国古代社会制度、中国儒学、中国哲学史、中国思想史、汉文化圈和中国文学的独特起源等进行了长达 70 多年的研究，终生致力于传播中国文化，被国际汉学界誉为“法国大儒”，2019 年被授予“会林文化奖”。著有《新汉文化圈》、《中国文化思想研究》、《中国思想的两种理性——占卜与表意》、《天》（远近丛书；与汤一介合著)、《跨文化中国学》、《中国学论稿》、《中国文学的独特起源》、《王道》等。

（阎纯德 《汉学研究》主编，北京语言大学教授）